DIFERENÇA E REPETIÇÃO

Gilles Deleuze

DIFERENÇA E REPETIÇÃO

Tradução
Luiz Orlandi e Roberto Machado

7ª edição

PAZ & TERRA
Rio de Janeiro
2025

Título original *Différence et Répétition*

Os tradutores agradecem a contribuição de Aurélio Guerra Neto, Guilherme Ivo, Jean-Robert Weisshaupt, Mariana Toledo e Ovídio de Abreu a esta revisão.

3ª edição Graal, 2009

1ª edição Paz e Terra, 2018

Editora Paz e Terra
Rua Argentina, 171, 3º andar – São Cristóvão
Rio de Janeiro, RJ – 20921-380
http://www.record.com.br

Texto revisado segundo o novo Acordo Ortográfico da Língua Portuguesa.

Coleção Biblioteca de Filosofia

CIP-BRASIL. CATALOGAÇÃO NA PUBLICAÇÃO
SINDICATO NACIONAL DOS EDITORES DE LIVROS, RJ

Deleuze, Gilles, 1925-1995
D39d Diferença e repetição/Gilles Deleuze; tradução
7ª ed. Luiz Orlandi, Roberto Machado. – 7ª ed. –
Rio de Janeiro: Paz e Terra, 2025.

420 pp.; 23 cm. (Biblioteca de Filosofia)

Tradução de: Différence et répétition
Inclui bibliografia
ISBN 978-85-7753-388-6

1. Diferença (Filosofia). 2. Repetição (Filosofia). I. Machado, Roberto. II. Orlandi, Luiz. III. Título. IV. Série.

CDD: 194
18-48938 CDU: 1(44)

Meri Gleice Rodrigues de Souza – Bibliotecária – CRB-7/6439

Impresso no Brasil
2025

Sumário

Glossário da tradução

A-fundamento	Effondement
Correlação	Relation
Diferençação	Différenciation
Diferençado	Différencié
Diferençar	Différencier
Diferenciação	Différentiation
Diferenciado	Différentié
Diferenciador	Différenciant
Diferencial	Différentiel
Diferenciar	Différentier
Diferendo	Différend
Disparação	Disparation
Eu	Je (substantivado)
Eu	Moi
Extensão	Extension
Extenso	Étendue
Isso	Ça
Notável	Remarquable
Objetidade	Objectité
Rachadura	Fêlure
Relação	Rapport
Subversão	Renversement
Subverter	Renverser

Prólogo

Os pontos fracos de um livro são com frequência a contrapartida de intenções vazias que não se soube realizar. Neste sentido, uma declaração de intenção dá testemunho de uma real modéstia em relação ao livro ideal. É frequentemente dito que os prefácios devem ser lidos apenas no fim e que, inversamente, as conclusões devem ser lidas no início. Isto vale para nosso livro, de modo que a leitura de sua conclusão poderia tornar inútil a leitura do restante.

O assunto aqui tratado está, sem dúvida, no ar. Podemos assinalar seus signos: a orientação cada vez mais acentuada de Heidegger na direção de uma filosofia da Diferença ontológica; o exercício do estruturalismo, fundado numa distribuição de caracteres diferenciais num espaço de coexistência; a arte do romance contemporâneo, que gira em torno da diferença e da repetição não só em sua mais abstrata reflexão, mas também em suas técnicas efetivas; a descoberta, em vários domínios, de uma potência própria de repetição, potência que também seria a do inconsciente, da linguagem, da arte. Todos estes signos podem ser atribuídos a um anti-hegelianismo generalizado: a diferença e a repetição tomaram o lugar do idêntico e do negativo, da identidade e da contradição, pois a diferença só implica o negativo e se deixa levar até a contradição na medida em que se continua a subordiná-la ao idêntico. O primado da identidade, seja qual for a maneira pela qual esta é concebida, define o mundo da representação. Mas o pensamento moderno nasce da falência da representação, assim como da perda das identidades e da descoberta de todas as forças que agem sob a representação do idêntico. O mundo moderno é o dos simulacros. Nele, o homem não sobrevive a Deus, nem a identidade do sujeito sobrevive à identidade da substância. Todas as identidades são apenas simuladas, produzidas como um "efeito" ótico por um jogo mais profundo, que é o da diferença e da repetição. Queremos pensar a diferença em si mesma e a relação do diferente com o diferente, independentemente das formas da representação que as conduzem ao Mesmo e as fazem passar pelo negativo.

Nossa vida moderna é tal que, quando nos encontramos diante das repetições mais mecânicas, mais estereotipadas, fora de nós e em nós, não cessamos de extrair delas pequenas diferenças, variantes e modificações. Inversamente, repetições secretas, disfarçadas e ocultas, animadas pelo deslocamento perpétuo de uma diferença, restituem em nós e fora de nós repetições nuas, mecânicas e estereotipadas. No simulacro, a repetição já incide sobre repetições e a diferença já incide sobre diferenças. São repetições que se repetem e é o diferenciador que se diferencia. A tarefa da vida é fazer com que coexistam todas as repetições num espaço em que se distribui a diferença. Há duas direções de pesquisa na origem deste livro: uma diz respeito a um conceito de diferença sem negação, precisamente porque a diferença, não sendo subordinada ao idêntico, não iria ou "não teria que ir" até a oposição e a contradição; a outra diz respeito a um conceito de repetição tal que as repetições físicas, mecânicas ou nuas (repetição do Mesmo) encontrariam sua razão nas estruturas mais profundas de uma repetição oculta, em que se disfarça e se desloca um "diferencial". Essas duas pesquisas juntaram-se espontaneamente, pois *esses conceitos de uma diferença pura e de uma repetição complexa* sempre pareciam reunir-se e confundir-se. À divergência e ao descentramento perpétuos da diferença correspondem rigorosamente um deslocamento e um disfarce na repetição.

Há muitos perigos em invocar diferenças puras, libertadas do idêntico, tornadas independentes do negativo. O maior perigo é cair nas representações da bela-alma: apenas diferenças, conciliáveis e federáveis, longe das lutas sangrentas. A bela-alma diz: somos diferentes, mas não opostos... E a *noção de problema*, que veremos estar ligada à noção de diferença, também parece nutrir os estados de uma bela-alma: só contam os problemas e as questões... Todavia, acreditamos que, quando os problemas atingem o grau de *positividade* que lhes é próprio, e quando a diferença torna-se objeto de uma *afirmação* correspondente, eles liberam uma potência de agressão e de seleção que destrói a bela-alma, destituindo-a de sua própria identidade e aniquilando sua boa vontade. O problemático e o diferencial determinam lutas ou destruições, relativamente às quais as do negativo não passam de aparências, e os votos da bela-alma, de mistificações apreendidas na aparência. Não é próprio do simulacro ser uma cópia, mas subverter todas as cópias, subvertendo *também* os modelos: todo pensamento torna-se uma agressão.

Um livro de filosofia deve ser, por um lado, um tipo muito particular de romance policial e, por outro, uma espécie de ficção científica. Por romance policial, queremos dizer que os conceitos devem intervir, com uma zona de presença, para resolver uma situação local. Eles se modificam com os problemas. Têm esferas de influência em que, como veremos, se exercem em relação a "dramas" e por meio de uma certa "crueldade". Devem ter uma coerência entre si, mas tal coerência não deve vir deles. Devem receber sua coerência de outro lugar.

Este é o segredo do empirismo. De modo algum o empirismo é uma reação contra os conceitos, ou um simples apelo à experiência vivida. Ao contrário, ele empreende a mais louca criação de conceitos jamais vista ou ouvida. O empirismo é o misticismo do conceito e seu matematismo. Mais precisamente, ele trata o conceito como o objeto de um encontro, como um aqui-agora, ou melhor, como um *Erewhon*, de onde saem, inesgotáveis, os "aqui" e os "agora" sempre novos, diversamente distribuídos. Só o empirista pode dizer: os conceitos são as próprias coisas, mas as coisas em estado livre e selvagem, para além dos "predicados antropológicos". Eu faço, refaço e desfaço meus conceitos a partir de um horizonte movente, de um centro sempre descentrado, de uma periferia sempre deslocada que os repete e os diferencia. Cabe à filosofia moderna superar a alternativa temporal-intemporal, histórico-eterno, particular-universal. A partir de Nietzsche, descobrimos o intempestivo como sendo mais profundo que o tempo e a eternidade: a filosofia não é filosofia da história nem filosofia do eterno, mas intempestiva, sempre e somente intempestiva, isto é, "contra este tempo, a favor, espero, de um tempo por vir". A partir de Samuel Butler, descobrimos o *Erewhon* como aquilo que significa, ao mesmo tempo, o "em nenhum lugar" originário, e o "aqui-agora" deslocado, disfarçado, modificado, sempre recriado. Nem particularidades empíricas nem universal abstrato: *Cogito* para um eu dissolvido. Acreditamos num mundo em que as individuações são impessoais e em que as singularidades são pré-individuais: o esplendor do "SE". Daí o aspecto de ficção científica que deriva necessariamente desse *Erewhon*. O que este livro deveria apresentar, portanto, é o acesso a uma coerência que já não é a nossa, a do homem, nem a de Deus, nem a do mundo. Neste sentido, deveria ser um livro apocalíptico (o terceiro tempo na série do tempo).

Ficção científica também no sentido em que os pontos fracos se revelam. Como escrever senão sobre aquilo que não se sabe ou se sabe mal? É necessariamente neste ponto que imaginamos ter algo a dizer. Só escrevemos no limite de nosso saber, na extremidade que separa nosso saber e nossa ignorância *e que transforma um no outro*. É só deste modo que somos determinados a escrever. Suprir a ignorância é deixar a escrita para depois, ou melhor, torná-la impossível. Talvez tenhamos aí, entre a escrita e a ignorância, uma relação ainda mais ameaçadora do que a relação geralmente apontada entre a escrita e a morte, entre a escrita e o silêncio. Falamos, pois, de ciência de uma maneira que, infelizmente, sentimos não ser científica.

Aproxima-se o tempo em que já não será possível escrever um livro de filosofia como há muito tempo se faz: "Ah! o velho estilo..." A pesquisa de novos meios de expressão filosófica foi inaugurada por Nietzsche e deve prosseguir, hoje, relacionada à renovação de outras artes, como, por exemplo, o teatro ou o cinema. A esse respeito, podemos, desde já, levantar a questão da utilização da história da filosofia. Parece-nos que a história da filosofia deve desempenhar um papel bastante análogo ao da *colagem* numa pintura. A história da filosofia é a reprodução da própria filosofia. Seria preciso que a resenha em história da filosofia atuasse como um verdadeiro duplo e comportasse a modificação máxima própria do duplo. (Imagina-se um Hegel *filosoficamente* barbudo, um Marx *filosoficamente* imberbe do mesmo modo que uma Gioconda bigoduda.) Seria preciso conseguir apresentar um livro real da filosofia passada como se fosse um livro imaginário e fingido. Sabe-se que Borges se sobressai na resenha de livros imaginários. Mas ele vai mais longe quando considera um livro real, o *Dom Quixote*, por exemplo, como se fosse um livro imaginário, ele próprio reproduzido por um autor imaginário, Pierre Menard, que ele, por sua vez, considera como real. Então, a repetição mais exata, a mais rigorosa, tem, como correlato, o máximo de diferença ("O texto de Cervantes e o de Menard são verbalmente idênticos, mas o segundo é quase infinitamente mais rico."). As resenhas de história da filosofia devem representar uma espécie de desaceleração, de congelamento ou de imobilização do texto: *não só* do texto ao qual se referem, *mas também* do texto no qual se inserem. Deste modo, elas têm uma existência dupla e comportam, como duplo ideal, a pura repetição do texto antigo e do texto atual *um no outro*. Eis por que, para nos aproximarmos dessa dupla existência, tivemos algumas vezes que integrar notas históricas em nosso próprio texto.

Introdução

Repetição e diferença

Repetição e generalidade: primeira distinção, do ponto de vista das condutas

A repetição não é a generalidade. A repetição deve ser distinguida da generalidade de várias maneiras. Toda fórmula que implique sua confusão é deplorável, como quando dizemos que duas coisas se assemelham como duas gotas de água ou quando identificamos "só há ciência do geral" e "só há ciência do que se repete". Entre a repetição e a semelhança, mesmo extrema, a diferença é de natureza.

As duas ordens da generalidade: semelhança e igualdade

A generalidade apresenta duas grandes ordens: a ordem qualitativa das semelhanças e a ordem quantitativa das equivalências. Os ciclos e as igualdades são seus símbolos. Mas, de toda maneira, a generalidade exprime um ponto de vista segundo o qual um termo pode ser trocado por outro, substituído por outro. A troca ou a substituição dos particulares define nossa conduta correspondente à generalidade. Eis por que os empiristas não se enganam ao apresentar a ideia geral como uma ideia em si mesma particular, à condição de a ela acrescentar um sentimento de poder substituí-la por qualquer outra ideia particular que se lhe assemelhe sob a relação de uma palavra. Nós, ao contrário, vemos bem que a repetição só é uma conduta necessária e fundada em relação ao que não pode ser substituído. Como conduta e como ponto de vista, a repetição diz respeito a uma singularidade não permutável, insubstituível. Os reflexos, os ecos, os duplos, as almas não são do domínio da semelhança ou da equivalência; e assim como não há substituição possível entre os gêmeos idênticos, também não há possibilidade de se trocar de alma. Se a troca é o critério da generalidade, o roubo e o dom são os critérios da repetição. Há, pois, uma diferença econômica entre as duas.

Repetir é comportar-se, mas em relação a algo único ou singular, algo que não tem semelhante ou equivalente. Como conduta externa, esta repetição talvez seja o eco de uma vibração mais secreta, de uma repetição interior e mais profunda no singular que a anima. A festa não tem outro paradoxo aparente: repetir um "irrecomeçável". Não acrescentar uma segunda e uma terceira vez à primeira, mas elevar a primeira vez à "enésima" potência. Sob essa relação da potência, a repetição se inverte, interiorizando-se. Como diz Péguy, não é a festa da Federação que comemora ou representa a tomada da Bastilha; é a tomada da Bastilha que festeja e repete de antemão todas as Federações; ou, ainda, é a primeira ninfeia de Monet que repete todas as outras.[1] Opõe-se, pois, a generalidade como generalidade do particular e a repetição como universalidade do singular. Repete-se uma obra de arte como singularidade sem conceito, e não é por acaso que um poema deve ser aprendido de cor. A cabeça é o órgão das trocas, mas o coração é o órgão amoroso da repetição. (É verdade que a repetição diz respeito também à cabeça, mas precisamente porque ela é seu terror ou seu paradoxo.) Pius Servien distinguia, com razão, duas linguagens: a linguagem das ciências, dominada pelo símbolo da igualdade, em que cada termo pode ser substituído por outros, e a linguagem lírica, em que cada termo, insubstituível, só pode ser repetido.[2] Pode-se sempre "representar" a repetição como uma semelhança extrema ou uma equivalência perfeita. Mas passar gradativamente de uma coisa à outra não impede que haja diferença de natureza entre as duas.

Segunda distinção, do ponto de vista da lei

Por outro lado, a generalidade é da ordem das leis. Mas a lei só determina a semelhança dos sujeitos que estão a ela submetidos e sua equivalência a termos que ela designa. Em vez de fundar a repetição, a lei mostra, antes de tudo, como a repetição permaneceria impossível para puros sujeitos da lei – os particulares. Ela os condena a mudar. Forma vazia da diferença, forma invariável da variação, a lei constrange seus sujeitos a só ilustrá-la à custa de suas próprias mudanças. Provavelmente, há constantes assim como variáveis nos termos designados pela lei; e, na natureza, há permanências, perseveranças, assim como fluxos e variações. Mas uma perseverança não constitui uma repetição. As constantes de uma lei, por sua vez, são as variáveis de uma lei mais geral, algo assim como os mais duros rochedos tornam-se matérias moles e fluidas na escala geológica de um milhão de anos. A cada nível, é com relação a grandes objetos permanentes na natureza que um sujeito da lei experimenta sua própria impotência em repetir e descobre que essa impotência já está compreendida no objeto, refletida no objeto permanente, onde ele lê sua condenação. A lei reúne a mudança das águas à permanência do rio. Élie Faure diz de Watteau: "Ele colocou o que há de mais passageiro naquilo que nosso olhar encontra de mais durável, o espaço e os grandes bosques." É o método do século XVIII. Em *Júlia ou a nova Heloísa,* Wolmar fez disso um sistema: a impossibilidade da repetição, a mudança como condição geral a que a lei da Natureza parece condenar todas as criaturas particulares, era apreendida em relação a termos fixos (eles próprios, provavelmente, variáveis em relação a outras permanências, em função de outras leis mais gerais). Tal é o sentido do pequeno bosque, da gruta, do objeto "sagrado". Saint-Preux aprende que não pode repetir, não só em razão de suas mudanças e das de Julie, mas em razão das grandes permanências da natureza, que adquirem um valor simbólico e não deixam de excluí-lo de uma verdadeira repetição. Se a repetição é possível, é por ser mais da ordem do milagre que da lei. Ela é contra a lei: contra a forma semelhante e o conteúdo equivalente da lei. Se a repetição pode ser encontrada, mesmo na natureza, é em nome de uma potência que se afirma contra a lei, que trabalha sob as leis, talvez superior às leis. Se a repetição existe, ela exprime ao mesmo tempo uma singularidade contra o geral, uma universalidade contra o particular, um notável contra o ordinário, uma instantaneidade contra a variação, uma eternidade contra a permanência. Sob todos os aspectos, a repetição é a transgressão. Ela põe a lei em questão, denuncia seu caráter nominal ou geral em proveito de uma realidade mais profunda e mais artística.

Todavia, do ponto de vista da própria experimentação científica, parece difícil negar qualquer relação da repetição com a lei. Devemos perguntar, porém, em que condições a experimentação assegura uma repetição. Os fenômenos da natureza produzem-se ao ar livre, toda inferência sendo possível em vastos ciclos de semelhança: é neste sentido que tudo reage sobre tudo e que tudo se assemelha a tudo (semelhança do diverso consigo mesmo). Mas a experimentação constitui meios relativamente fechados, em que definimos um fenômeno em função de um pequeno número de fatores selecionados (dois, no mínimo, o espaço e o tempo, por exemplo, para o movimento de um corpo em geral no vazio). Assim, não há por que se interrogar sobre a aplicação das matemáticas à física: a física é imediatamente matemática, sendo que os fatores conservados ou os meios fechados constituem, do mesmo modo, sistemas de coordenadas geométricas. Nessas condições, o fenômeno aparece necessariamente como *igual* a uma determinada correlação quantitativa entre fatores selecionados. Trata-se, pois, na experimentação, de substituir uma ordem de generalidade por outra: uma ordem de semelhança por uma ordem de igualdade. Desfazem-se as semelhanças para se descobrir uma igualdade que permita identificar um fenômeno nas condições particulares da experimentação. A repetição só aparece, aqui, na passagem de uma ordem de generalidade a outra, aflorando por ocasião dessa passagem e graças a ela. Tudo se passa como se a repetição despontasse num instante, entre as duas generalidades, sob duas generalidades. Mas, ainda aí, corre-se o risco de tomar como uma diferença de grau o que difere por natureza, pois a generalidade só representa e supõe uma repetição hipotética: dadas as mesmas circunstâncias, então... Esta fórmula significa: em totalidades semelhantes, poder-se-á sempre conservar e selecionar fatores idênticos que representam o ser-igual do fenômeno. Assim procedendo, não nos damos conta, porém, daquilo que instaura a repetição, nem daquilo que há de categórico ou que é de direito na repetição (o que é de direito é "n" vezes como potência de uma só vez, sem que haja necessidade de se passar por uma segunda, por uma terceira vez). Em sua essência, a repetição remete a uma potência singular que difere por natureza da generalidade, mesmo quando ela, para aparecer, se aproveita da passagem artificial de uma ordem geral a outra.

Repetição, lei da natureza e lei moral

O erro "estoico" é esperar a repetição da lei da natureza. O sábio deve converter-se em virtuoso; o sonho de encontrar uma lei que torne possível a repetição passa para o lado da lei moral. Sempre uma tarefa a ser recomeçada, uma fidelidade a ser retomada numa vida cotidiana que se confunde com a reafirmação do Dever. Büchner faz Danton dizer: "É enfadonho primeiro vestir a camisa, depois, a ceroula e, à noite, se arrastar para a cama e dela sair com dificuldade pela manhã, e colocar sempre um pé depois do outro. Há muito pouca esperança de que isso venha a mudar. É muito triste que milhões de pessoas tenham feito assim, que outros milhões venham a fazê-lo depois de nós e que, ainda por cima, sejamos constituídos por duas metades que fazem, ambas, a mesma coisa, de modo que tudo se produza duas vezes." Mas de que serviria a lei moral se ela não santificasse a reiteração e, sobretudo, se ela não a tornasse possível, dando-nos um poder legislativo, do qual a lei da natureza nos exclui? Acontece que o moralista apresenta as categorias do Bem e do Mal da seguinte forma: toda vez que tentamos repetir segundo a natureza, como seres da natureza (repetição de um prazer, de um passado, de uma paixão), lançamo-nos numa tentativa demoníaca, já maldita, que só leva ao desespero ou ao tédio. O Bem, ao contrário, nos daria a possibilidade da repetição, do sucesso da repetição e da espiritualidade da repetição, porque dependeria de uma lei que já não seria a da natureza, mas a do dever, da qual só seríamos sujeitos se fôssemos legisladores, como seres morais. O que Kant chama de a mais alta prova, o que é senão uma prova de pensamento que deve determinar o que *pode* ser reproduzido de direito, isto é, o que pode ser repetido sem contradição sob a forma da lei moral? O homem do dever inventou uma "prova" da repetição, determinou o que poderia ser repetido do ponto de vista do direito. Ele considera, pois, ter vencido o demoníaco e o enfadonho, ao mesmo tempo. Como um eco das preocupações de Danton, como uma resposta a essas preocupações, não haverá moralismo até no surpreendente substituto às ligas para meias que Kant confeccionou para si, neste aparelho de repetição que seus biógrafos descrevem com tanta precisão, assim como na fixidez de seus passeios cotidianos (no sentido em que a negligência no vestuário e a falta de exercício fazem parte das condutas cuja máxima não pode, sem contradição, ser pensada como lei universal, nem ser, portanto, objeto de uma repetição de direito)?

Mas é esta a ambiguidade da consciência: ela só pode pensar-se, colocando a lei moral como exterior, superior, indiferente à lei da natureza, mas só pode pensar a aplicação da lei moral, restaurando nela a imagem e o modelo da lei da natureza. Deste modo, a lei moral, em vez de nos dar uma verdadeira repetição, deixa-nos ainda na generalidade. Desta vez, a generalidade já não é a da natureza, mas a do hábito como segunda natureza. É inútil invocar a existência de hábitos imorais, de maus hábitos; o que é essencialmente moral, o que tem a forma do bem, é a forma do hábito ou, como dizia Bergson, o hábito de adquirir hábitos (o todo da obrigação). Ora, neste todo ou nesta generalidade do hábito, reencontramos as duas grandes ordens: a ordem das semelhanças, na conformidade variável dos elementos da ação em relação a um modelo dado, enquanto o hábito não foi adquirido; a ordem das equivalências, com a igualdade dos elementos da ação em situações diversas, desde que o hábito foi adquirido. Desse modo, o hábito nunca forma uma verdadeira repetição: ora é a ação que muda e se aperfeiçoa, uma intenção permanecendo constante; ora a ação permanece igual em meio a intenções e contextos diferentes. Mesmo assim, se a repetição é possível, ela só aparece entre essas duas generalidades, a de aperfeiçoamento e a de integração, sob estas duas generalidades, ameaçando subvertê-las, dando testemunho de uma outra potência.

Se a repetição é possível, ela o é tanto contra a lei moral quanto contra a lei da natureza. São conhecidas duas maneiras de subverter a lei moral. Seja por uma ascensão aos princípios, contestando-se, então, a ordem da lei como secundária, derivada, emprestada, "geral", denunciando-se na lei um princípio de segunda mão, que desvia uma força ou usurpa uma potência originais. Seja, ao contrário, e neste caso a lei é ainda melhor subvertida, por uma descida às consequências e uma submissão minuciosa demais; à força de aderir à lei, uma alma falsamente submissa chega a contorná-la e a provar os prazeres que ela deveria proibir. Vemos bem isto em todas as demonstrações por absurdo, nas operações-tartaruga, mas também em alguns comportamentos masoquistas de escárnio por submissão. A primeira maneira de subverter a lei é irônica, e a ironia aí aparecendo como uma arte dos princípios, da ascensão aos princípios e da subversão dos princípios. A segunda é o humor, que é uma arte das consequências e das descidas, das suspensões e das quedas. Significará isso que a repetição surge tanto na suspensão quanto na ascensão, como se a existência se retomasse e se "reiterasse" em si mesma, não mais coagida pelas leis? A repetição pertence ao humor e à ironia, sendo por natureza transgressão, exceção, manifestando sempre uma singularidade contra os particulares submetidos à lei, um universal contra as generalidades que têm força de lei.

Programa de uma filosofia da repetição segundo Kierkegaard, Nietzsche e Péguy

Há uma força comum a *Kierkegaard* e a *Nietzsche*. (Seria preciso incluir Péguy para se formar o tríptico do pastor, do anticristo e do católico. Cada um dos três, à sua maneira, fez da repetição não só uma potência própria da linguagem e do pensamento, um *pathos* e uma patologia superior, mas também a categoria fundamental da filosofia do futuro. A cada um deles corresponde um Testamento e também um Teatro, uma concepção de teatro e uma personagem eminente nesse teatro, como herói da repetição: Jó-Abraão, Dioniso- Zaratustra, Joana d'Arc-Clio.) O que os separa é considerável, manifesto, bem conhecido. Mas nada apagará este prodigioso encontro em torno de um pensamento da repetição: *eles opõem a repetição a todas as formas da generalidade.* E eles não tomam a palavra "repetição" de maneira metafórica; ao contrário, têm uma determinada maneira de tomá-la ao pé da letra e de introduzi-la no estilo. Pode--se, deve-se, inicialmente, enumerar as principais proposições que marcam a coincidência entre eles:

1ª) Fazer da própria repetição algo novo; ligá-la a uma prova, a uma seleção, a uma prova seletiva; colocá-la como objeto supremo da vontade e da liberdade. Kierkegaard esclarece: não tirar da repetição algo novo, não lhe extrair algo novo, pois só a contemplação, o espírito que contempla de fora, "extrai". Trata--se, ao contrário, de agir, de fazer da repetição como tal uma novidade, isto é, uma liberdade e uma tarefa da liberdade. E Nietzsche: libertar a vontade de tudo o que a aprisiona, fazendo da repetição o próprio objeto do querer. Talvez a repetição aprisione; mas, se morremos por causa da repetição, ela também salva e cura, e cura, antes de tudo, da outra repetição. Há, portanto, na repetição, ao mesmo tempo, todo o jogo místico da perdição e da salvação, todo o jogo teatral da morte e da vida, todo o jogo positivo da doença e da saúde (cf. Zaratustra doente e Zaratustra convalescente, graças a uma mesma potência, que é a da repetição no eterno retorno).

2ª) Assim sendo, opor a repetição às leis da Natureza. Kierkegaard declara que de modo algum ele fala da repetição na natureza, dos ciclos ou das estações, das trocas e das igualdades. Ainda mais: se a repetição diz respeito ao âmago da vontade, é porque tudo *muda* em torno da vontade, conforme a lei da natureza. Segundo a lei da natureza, a repetição é impossível. Eis por que Kierkegaard condena, com o que chama de repetição estética, todo esforço para obter a repetição das leis da natureza, não só como o epicurista, mas até mesmo como o estoico que se identifica com o princípio que legisla. Talvez se diga que a situação não é tão clara em Nietzsche. Todavia, as declarações de Nietzsche são formais. Se ele descobre a repetição na própria *Physis*, é porque descobre nela algo superior ao reino das leis: uma vontade querendo a si própria através de todas as mudanças, uma potência contra a lei, um interior da terra que se opõe às leis da superfície. Nietzsche opõe "sua" hipótese à hipótese cíclica. Ele concebe a repetição no eterno retorno como Ser, mas opõe este ser a toda forma legal, tanto ao ser-semelhante quanto ao ser-igual. E como poderia o pensador que levou mais longe a crítica da noção de lei reintroduzir o eterno retorno como lei da natureza? Em que se fundamentaria Nietzsche, conhecedor dos gregos, ao estimar seu próprio pensamento como prodigioso e novo, caso se contentasse em formular esta banalidade natural, esta generalidade da natureza, tão conhecida pelos Antigos? Por duas vezes, Zaratustra corrige as más interpretações do eterno retorno: com raiva, contra seu demônio ("Espírito de gravidade... não simplifiques demasiado as coisas!"); com doçura, contra seus animais ("Ó travessos, ó repetidores... já fizestes disto uma cantilena!"). A *cantilena* é o eterno retorno como ciclo ou circulação, como ser-semelhante e como ser-igual, em suma, como certeza animal natural e como lei sensível da própria natureza.

3ª) Opor a repetição à lei moral, fazer dela a suspensão da ética, o pensamento para além do bem e do mal. A repetição aparece como o *logos* do solitário, do singular, o *logos* do "pensador privado". Em Kierkegaard e em Nietzsche desenvolve-se a oposição entre o pensador privado, o pensador-cometa, portador da *repetição*, e o professor público, doutor da lei, cujo discurso de segunda mão procede por *mediação* e tem como fonte moralizante a generalidade dos conceitos (cf. Kierkegaard contra Hegel, Nietzsche contra Kant e Hegel, e, deste ponto de vista, Péguy contra a Sorbonne). Jó é a contestação infinita, Abraão, a resignação infinita, mas os dois são a mesma coisa. Jó põe em questão a lei, de maneira irônica, recusa todas as explicações de segunda mão, destitui o geral para atingir o mais singular como princípio, como universal. Abraão se submete humoristicamente à lei, mas, nesta submissão, reencontra, precisamente, a singularidade do filho único que a lei ordenava sacrificar. Tal como a entende Kierkegaard, a repetição é o correlato transcendente, comum à contestação e à resignação como intenções psíquicas. (E os dois aspectos podem ser reencontrados no desdobramento de Péguy, Joana d'Arc e Gervaise.) No fulgurante ateísmo de Nietzsche, o ódio à lei e o *amor fati*, a agressividade e o consentimento são a dupla face de Zaratustra, tirada da Bíblia e contra ela voltada. De uma certa maneira, ainda, vê-se Zaratustra, com a prova da repetição na lei moral, rivalizar com Kant. O eterno retorno diz: o que quiseres, queira-o de tal maneira que também queiras seu eterno retorno. Há aí um "formalismo" que subverte Kant em seu próprio terreno, uma prova que vai mais longe, pois, em vez de remeter a repetição a uma suposta lei moral, parece fazer da própria repetição a única forma de uma lei para além da moral. Na realidade, porém, a coisa é mais complicada. A forma da repetição no eterno retorno é a forma brutal do imediato, do universal e do singular reunidos, que destrona toda lei geral, dissolve as mediações, faz perecer os particulares submetidos à lei. Há um além e um aquém da lei que se unem no eterno retorno, como a ironia e o humor negro de Zaratustra.

4ª) Opor a repetição não só às generalidades do hábito, mas às particularidades da memória. Pois talvez seja o hábito que consiga "tirar" algo novo de uma repetição contemplada de fora. No hábito, só agimos com a condição de que haja em nós um pequeno Eu que contempla: é ele que extrai o novo, isto é, o geral, da pseudorrepetição dos casos particulares. E a memória talvez reencontre os particulares fundidos na generalidade. Pouco importam estes movimentos psicológicos; em Nietzsche e Kierkegaard, eles se apagam diante da repetição considerada como a dupla condenação do hábito e da memória. É por isso que a repetição é o pensamento do futuro: ela se opõe à antiga categoria da reminiscência e à moderna categoria do *habitus*. É na repetição, é pela repetição que o Esquecimento se torna uma potência positiva e o inconsciente, um inconsciente superior positivo (por exemplo, o esquecimento, como força, é parte integrante da experiência vivida do eterno retorno). Tudo se resume à *potência*. Quando Kierkegaard fala da repetição como segunda potência da consciência, "segunda" não significa uma segunda vez, mas o infinito que se diz de uma só vez, a eternidade que se diz de um instante, o inconsciente que se diz da consciência, a potência "n". E quando Nietzsche apresenta o eterno retorno como a expressão imediata da vontade de potência, de modo algum vontade de potência significa "querer a potência", mas, ao contrário: seja o que for que se queira, elevar o que se quer à "enésima" potência, isto é, extrair sua forma superior graças à operação seletiva do pensamento no eterno retorno, graças à singularidade da repetição no próprio eterno retorno. Forma superior de tudo o que é, eis a identidade imediata do eterno retorno e do super-homem.[3]

O verdadeiro movimento: o teatro e a representação

Não sugerimos qualquer semelhança entre o Dioniso de Nietzsche e o Deus de Kierkegaard. Ao contrário, supomos, acreditamos que a diferença seja intransponível. Mas então, de onde vem a coincidência quanto ao tema da repetição, quanto a este objetivo fundamental, mesmo que ele seja concebido de maneira diversa? Kierkegaard e Nietzsche estão entre os que trazem à filosofia novos meios de expressão. A propósito deles, fala-se de bom grado em ultrapassagem da filosofia. Ora, o que está em questão nas obras deles é o *movimento*. O que eles criticam em Hegel é permanecer no falso movimento, no movimento lógico abstrato, isto é, na "mediação". Eles querem colocar a metafísica em movimento, em atividade, querem fazê-la passar ao ato e aos atos imediatos. Não lhes basta, pois, propor uma nova representação do movimento; a representação já é mediação. Ao contrário, trata-se de produzir, na obra, um movimento capaz de comover o espírito fora de toda representação; trata-se de fazer do próprio movimento uma obra, sem interposição; de substituir representações mediatas por signos diretos; de inventar vibrações, rotações, giros, gravitações, danças ou saltos que atinjam diretamente o espírito. Esta é uma ideia de homem de teatro, uma ideia de encenador – avançada para seu tempo. É neste sentido que algo completamente novo começa com Kierkegaard e Nietzsche. Eles já não refletem sobre o teatro à maneira hegeliana. Tampouco fazem um teatro filosófico. Eles inventam, na filosofia, um incrível equivalente do teatro, fundando, com isso, o teatro do futuro e, ao mesmo tempo, uma nova filosofia. Dir-se-á, pelo menos do ponto de vista do teatro, que não há realização; nem Copenhague, por volta de 1840, e a profissão de pastor, nem Bayreuth e a ruptura com Wagner eram condições favoráveis. Uma coisa é certa, porém: quando Kierkegaard fala do teatro antigo e do drama moderno, já se mudou de elemento, não mais se está no elemento da reflexão. Descobre-se um pensador que vive o problema das máscaras, que experimenta este vazio interior próprio da máscara e que procura supri-lo, preenchê-lo, mesmo que seja com o "absolutamente diferente", isto é, introduzindo nele toda a diferença do finito e do infinito e criando, assim, a ideia de um teatro do humor e da fé. Quando Kierkegaard explica que o cavaleiro da fé se assemelha a um burguês endomingado, a ponto de com ele confundir-se, é preciso tomar esta indicação filosófica como uma observação de encenador indicando como deve o papel de cavaleiro da fé ser *desempenhado*. E quando ele comenta Jó ou Abraão, quando imagina variantes do conto "Agnès et le Triton", a maneira não engana, trata-se de uma maneira de roteiro. Até em Abraão e em Jó ressoa a música de Mozart: e trata-se de "pular" ao som dessa melodia. "Olho somente os movimentos", eis uma frase de encenador, que põe o mais importante problema teatral, o problema de um movimento que atingisse diretamente a alma e que fosse o movimento da alma.[4]

Isto acontece ainda mais com Nietzsche. *O nascimento da tragédia* não é uma reflexão sobre o teatro antigo, mas a fundação prática de um teatro do futuro, a abertura de uma via pela qual Nietzsche crê ser ainda possível conduzir Wagner. E a ruptura com Wagner não é questão de teoria nem de música; ela diz respeito ao papel respectivo do texto, da história, do ruído, da música, da luz, da canção, da dança e do cenário no teatro sonhado por Nietzsche. *Assim falou Zaratustra* retoma as duas tentativas dramáticas sobre Empédocles. E se Bizet é melhor que Wagner, é do ponto de vista do teatro e para as danças de *Assim falou Zaratustra*. O que Nietzsche critica em Wagner é ter subvertido e desnaturado o "movimento": ter-nos feito patinhar e nadar, um teatro náutico, em vez de andar e dançar. *Assim falou Zaratustra* é inteiramente concebido na filosofia, mas também para a cena. Tudo é sonorizado, visualizado, posto em movimento, em andamento e em dança. E como ler esse livro sem procurar o som exato do grito do homem superior? Como ler o prólogo sem encenar o funâmbulo que abre toda a história? Em certos momentos, é uma ópera bufa sobre coisas terríveis; e não é por acaso que Nietzsche fala do cômico do super-homem. Recorde-se a canção de Ariadne posta nos lábios do velho Encantador. Duas máscaras são aqui superpostas: a de uma jovem, quase uma *Koré*, que é colocada sobre uma máscara de velho repugnante. O ator deve fazer o papel de um velho que está fazendo o papel da *Koré*. Trata-se, também aí, para Nietzsche, de preencher o vazio interior da máscara num espaço cênico: multiplicando as máscaras superpostas, inscrevendo a onipresença de Dioniso nesta superposição, colocando aí o infinito do movimento real como a diferença absoluta na repetição do eterno retorno. Quando Nietzsche diz que o super-homem se assemelha mais a Borgia que a Parsifal, quando sugere que o super-homem participa, ao mesmo tempo, da ordem dos jesuítas e do corpo de oficiais prussianos, mesmo assim só se pode compreender estes textos se forem tomados pelo que são, observações de encenador indicando como o super-homem deve ser "desempenhado".

O teatro é o movimento real e de todas as artes que utiliza extrai o movimento real. Eis o que nos é dito: este movimento, a essência e a interioridade do movimento, é a repetição, *não a oposição, não a mediação.* Hegel é denunciado como aquele que propõe um movimento do conceito abstrato em vez do movimento da *Physis* e da *Psyque.* Hegel substitui a verdadeira relação do singular e do universal na Ideia pela relação abstrata do particular com o conceito em geral. Ele permanece, pois, no elemento refletido da "representação", na simples generalidade. Ele representa conceitos em vez de dramatizar Ideias: faz um falso teatro, um falso drama, um falso movimento. É preciso ver como Hegel trai e desnatura o imediato para fundar sua dialética sobre esta incompreensão e introduzir a mediação num movimento que é apenas o movimento de seu próprio pensamento e das generalidades deste pensamento. As sucessões especulativas substituem as coexistências; as oposições vêm recobrir e ocultar as repetições. Quando, ao contrário, se diz que o movimento é a repetição e que é este nosso verdadeiro teatro, não se está falando do esforço do ator que "fica ensaiando" enquanto ainda não sabe a peça. Pensa-se no espaço cênico, no vazio deste espaço, na maneira como ele é preenchido, determinado por signos e máscaras através dos quais o ator desempenha um papel que está desempenhando outros papéis; pensa-se como a repetição se tece de um ponto notável a um outro, compreendendo em si as diferenças. (Quando Marx também critica o falso movimento abstrato ou a mediação dos hegelianos, ele próprio é levado a uma ideia essencialmente "teatral", ideia que ele mais indica do que desenvolve: na medida em que a história é um teatro, a repetição, o trágico e o cômico na repetição formam uma condição do movimento sob a qual os "atores" ou os "heróis" produzem na história algo efetivamente novo.) O teatro da repetição opõe-se ao teatro da representação, como o movimento opõe-se ao conceito e à representação que o relaciona ao conceito. No teatro da repetição, experimentamos forças puras, traçados dinâmicos no espaço que, sem intermediário, agem sobre o espírito, unindo-o diretamente à natureza e à história, experimentamos uma linguagem que fala antes das palavras, gestos que se elaboram antes dos corpos organizados, máscaras antes dos rostos, espectros e fantasmas antes das personagens – todo o aparelho da repetição como "potência terrível".

Torna-se fácil, então, falar das diferenças entre Kierkegaard e Nietzsche. Esta questão, porém, não deve mais ser colocada no nível especulativo de uma natureza última do Deus de Abraão ou do Dioniso de *Assim falou Zaratustra.* Trata-se antes de saber o que quer dizer "fazer o movimento", ou repetir, obter a repetição. Trata-se de pular, como acredita Kierkegaard? Ou então de dançar, como pensa Nietzsche, que não gosta que se confunda dançar com pular (só pula o macaco de Zaratustra, seu demônio, seu anão, seu bufão)?[5] Kierkegaard nos propõe um teatro da fé; e o que ele opõe ao movimento lógico é o movimento espiritual, o movimento da fé. Assim, ele pode nos convidar a ultrapassar toda repetição estética, a ultrapassar a ironia e até mesmo o humor, sabendo, com sofrimento, que está nos propondo apenas a imagem estética, irônica e humorística, de uma tal ultrapassagem. Em Nietzsche, o que se tem é um teatro da descrença, do movimento como *Physis*, já um teatro da crueldade. O humor e a ironia são aí inultrapassáveis, operando no fundo da natureza. E o que seria o eterno retorno, se esquecêssemos que ele é um movimento vertiginoso, dotado de uma força capaz de selecionar, de expulsar assim como de criar, de destruir assim como de produzir, e não de fazer retornar o Mesmo em geral? A grande ideia de Nietzsche é fundar a repetição no eterno retorno, ao mesmo tempo, na morte de Deus e na dissolução do Eu. Mas, no teatro da fé, a aliança é totalmente distinta; Kierkegaard sonha com uma aliança entre um Deus e um eu reencontrados. Diferenças de todo tipo se encadeiam: estaria o movimento na esfera do espírito ou nas entranhas da terra, terra que não conhece nem Deus nem eu? Onde estaria ele mais bem protegido contra as generalidades, contra as mediações? Seria a repetição sobrenatural na medida em que está acima das leis da natureza? Ou seria ela o mais natural, vontade da Natureza em si mesma e querendo a si mesma como *Physis,* dado que a natureza é por ela mesma superior a *seus próprios* reinos e a *suas próprias* leis? Em sua condenação da repetição "estética", Kierkegaard não teria misturado todo tipo de coisas: uma pseudorrepetição, que se atribuiria às leis gerais da natureza, com uma verdadeira repetição na própria natureza e uma repetição das paixões de um modo patológico com uma repetição na arte e na obra de arte? Não podemos resolver nenhum destes problemas agora; foi suficiente encontrar a confirmação teatral de uma diferença irredutível entre a generalidade e a repetição.

Repetição e generalidade: terceira distinção, do ponto de vista do conceito

Repetição e generalidade se opunham do ponto de vista da conduta e do ponto de vista da lei. Mas é necessário esclarecer a terceira oposição, agora do ponto de vista do conceito ou da representação. Coloquemos uma questão *quid juris*:

de direito, o conceito pode ser o de uma coisa particular existente, tendo então uma compreensão infinita. A compreensão infinita é o correlato de uma extensão = 1. É muito importante que este infinito da compreensão seja posto como atual, não como virtual ou simplesmente indefinido. É sob esta condição que os predicados, como momentos do conceito, se conservam e têm um efeito no sujeito a que são atribuídos. Assim, a compreensão infinita torna possível a rememoração e a recognição, a memória e a consciência de si (até mesmo quando essas duas faculdades não são infinitas). Chama-se representação a relação entre o conceito e seu objeto, tal como se encontra efetuada nessa memória e nessa consciência de si. Pode-se tirar daí os princípios de um leibnizianismo vulgarizado. De acordo com um princípio de diferença, toda determinação é conceitual em última instância ou faz atualmente parte da compreensão de um conceito. De acordo com um princípio de razão suficiente, há sempre um conceito por cada coisa particular. De acordo com a recíproca, princípio dos indiscerníveis, há apenas uma coisa e apenas uma por conceito. O conjunto desses princípios forma a exposição da diferença como diferença conceitual ou o desenvolvimento da representação como mediação.

A compreensão do conceito e o fenômeno do "bloqueio"

Mas um conceito pode sempre ser bloqueado no nível de cada uma de suas determinações, de cada um dos predicados que ele compreende. O próprio do predicado como determinação é permanecer fixo no conceito, ao mesmo tempo que se torna outro na coisa (animal se torna outro em homem e em cavalo, humanidade se torna outra em Pedro e Paulo). Eis por que a compreensão do conceito é infinita: tornando-se outro na coisa, o predicado é como o objeto de outro predicado no conceito. Mas eis também por que cada determinação permanece geral, ou define uma semelhança, enquanto fixada no conceito e convindo de direito a uma infinidade de coisas. Portanto, o conceito é aqui constituído de tal modo que sua compreensão vai ao infinito em seu uso real, mas é sempre passível, em seu uso lógico, de um bloqueio artificial. Toda limitação lógica da compreensão do conceito dota-o de uma extensão superior a 1, de direito infinita; dota-o, pois, de uma generalidade tal que *nenhum* indivíduo existente *pode* corresponder-lhe *hic et nunc* (regra da relação inversa da compreensão e da extensão). Assim, como diferença no conceito, o princípio de diferença não se opõe à apreensão das semelhanças, mas, ao contrário, deixa-lhe o maior espaço de jogo possível. Já a questão "que diferença há?", do ponto de vista do jogo de adivinhações, sempre pode se transformar em: que semelhança há? Mas sobretudo nas classificações, a determinação das espécies implica e supõe uma avaliação contínua das semelhanças. Talvez a semelhança não seja uma identidade parcial; mas isto só acontece porque o predicado no conceito, em virtude do seu tornar-se-outro na coisa, não é uma parte desta coisa.

Os três casos de "bloqueio natural" e a repetição: conceitos nominais, conceitos da natureza, conceitos da liberdade

Gostaríamos de marcar a diferença entre esse tipo de bloqueio artificial e um tipo totalmente distinto, que se deve chamar de bloqueio natural do conceito. Um remete à simples lógica, o outro remete a uma lógica transcendental, ou a uma dialética da existência. Suponhamos, com efeito, que um conceito, tomado num momento determinado em que sua compreensão é finita, seja forçado a ocupar um lugar no espaço e no tempo, isto é, uma existência correspondendo normalmente à extensão = 1. Dir-se-ia, então, que um gênero, uma espécie, passa à existência *hic et nunc* sem aumento de compreensão. Há ruptura entre essa extensão = 1, imposta ao conceito, e a extensão = ∞, exigida em princípio por sua fraca compreensão. O resultado será uma "extensão discreta", isto é, um pulular de indivíduos absolutamente idênticos quanto ao conceito e participando da mesma singularidade na existência (paradoxo dos duplos, ou dos gêmeos).[6] Esse fenômeno da extensão discreta implica um bloqueio natural do conceito, que difere, por sua natureza, do bloqueio lógico: ele forma uma verdadeira repetição na existência, em vez de constituir uma ordem de semelhança no pensamento. Há uma grande diferença entre a generalidade, que sempre designa uma potência lógica do conceito, e a repetição, que atesta sua impotência ou seu limite real. A repetição é o fato puro de um conceito com compreensão finita, forçado a passar como tal à existência: conhecemos exemplos de tal passagem? O átomo epicurista seria um desses exemplos: indivíduo localizado no espaço, ele não deixa de ter uma compreensão pobre que se recupera em extensão discreta, a tal ponto que existe uma infinidade de átomos de mesma forma e mesmo tamanho.

Mas pode-se duvidar da existência do átomo epicurista. Em compensação, não se pode duvidar da existência das palavras, que, de certa maneira, são átomos linguísticos. A palavra possui uma compreensão necessariamente finita, pois, por natureza, ela é objeto de uma definição apenas nominal. Dispomos aí de uma razão pela qual a compreensão do conceito *não pode* ir ao infinito: só se define uma palavra por meio de um número finito de palavras. Todavia, a fala e a escrita, das quais a palavra é inseparável, dão a esta uma existência *hic et nunc;* o gênero, portanto, passa à existência enquanto tal; e, mesmo assim, a extensão se recupera em dispersão, em discrição, sob o signo de uma repetição que forma a potência real da linguagem na fala e na escrita.

A questão é a seguinte: haveria outros bloqueios naturais, além da extensão discreta ou da compreensão finita? Suponhamos um conceito com compreensão indefinida (virtualmente infinita). Por mais longe que se vá nessa compreensão, sempre se poderá pensar que tal conceito subsume objetos perfeitamente idênticos. Contrariamente ao que acontece no infinito atual, em que, de direito, o conceito basta para distinguir seu objeto de *qualquer* outro objeto, encontramo-nos agora diante de um caso em que o conceito pode prosseguir indefinidamente em sua compreensão, subsumindo sempre uma pluralidade de objetos, pluralidade ela própria indefinida. Ainda assim o conceito é o Mesmo – indefinidamente o mesmo – para objetos distintos. Devemos, então, reconhecer a existência de diferenças não conceituais entre estes objetos. Kant foi quem melhor marcou a correlação entre conceitos dotados de uma especificação somente indefinida e determinações não conceituais, puramente espaçotemporais ou oposicionais (paradoxo dos objetos simétricos).[7] Mas essas determinações são apenas figuras da repetição: o espaço e o tempo são, eles próprios, meios repetitivos; e a oposição real não é um máximo de diferença, mas um mínimo de repetição, uma repetição reduzida a dois, ecoando e retornando sobre si mesma, uma repetição que encontrou o meio de se *definir*. A repetição aparece, pois, como a diferença sem conceito, que escapa da diferença conceitual indefinidamente continuada. Ela exprime uma potência própria do existente, uma obstinação do existente na intuição, que resiste a toda especificação pelo conceito, por mais longe que esta seja levada. Por mais longe que se vá no conceito, diz Kant, sempre se poderá repetir, isto é, fazer-lhe corresponder vários objetos, ao menos dois, um para a esquerda e um para a direita, um para o mais e um para o menos, um para o positivo e um para o negativo.

Compreende-se melhor esta situação ao se considerar que os conceitos com compreensão indefinida são os conceitos da Natureza. Sob este aspecto, eles estão sempre em outra coisa: não estão na Natureza, mas no espírito que a contempla ou que a observa e que a representa a si próprio. Eis por que se diz que a Natureza é conceito alienado, espírito alienado, oposto a si mesmo. A tais conceitos correspondem objetos que são desprovidos de memória, isto é, que não possuem e não recolhem em si seus próprios momentos. Pergunta-se por que a Natureza repete: porque, responde-se, ela é *partes extra partes, mens momentanea*. A novidade, então, encontra-se do lado do espírito que se representa: é porque o espírito tem uma memória ou porque adquire hábitos que ele é capaz de formar conceitos em geral, de tirar algo novo, de extrair algo novo da repetição que ele contempla.

Os conceitos com compreensão finita são os conceitos nominais; os conceitos com compreensão indefinida, mas sem memória, são os conceitos da Natureza. Ora, esses dois casos ainda não esgotam os exemplos de bloqueio natural. Considere-se uma noção individual ou uma representação particular com compreensão infinita, dotada de memória, mas sem consciência de si. A representação compreensiva é em si, a lembrança aí está, abarcando toda a particularidade de um ato, de uma cena, de um acontecimento, de um ser. Mas o que falta para uma razão natural determinada é o para-si da consciência, é a recognição. O que falta à memória é a rememoração ou, antes, a elaboração. Entre a representação e o *Eu*, a consciência estabelece uma relação muito mais profunda do que a que aparece na expressão "eu tenho uma representação"; ela relaciona a representação ao *Eu* como a uma livre faculdade que não se deixa encerrar em nenhum de seus produtos, mas para quem cada produto já é pensado e reconhecido como passado, ocasião de uma mudança determinada no sentido íntimo. Quando falta a consciência do saber ou a elaboração da lembrança, o saber, tal como é em si, não é mais do que a repetição de seu objeto: ele é *desempenhado*, isto é, repetido, posto em ato, em vez de ser conhecido. A repetição aparece aqui como o inconsciente do livre conceito, do saber ou da lembrança, o inconsciente da representação. Coube a Freud ter assinalado a razão natural de tal bloqueio: o recalque, a resistência, que faz da própria repetição uma verdadeira "coerção", uma "compulsão". Eis aí, portanto, um terceiro caso de bloqueio que desta vez diz respeito aos conceitos da liberdade. Pode-se destacar também, do ponto de vista de um certo freudismo, o princípio da relação inversa entre repetição e consciência, repetição e rememoração, repetição e recognição (paradoxo das "sepulturas" ou dos objetos enterrados): repete-se tanto mais o passado quanto menos ele é relembrado, quanto menos se tem consciência de lembrar-se dele – lembrem-se, elaborem a lembrança, para não repetir.[8] A consciência de si, na recognição, aparece como a faculdade do futuro ou a função do futuro, a função do novo. Não seria verdade que os únicos mortos que retornam são aqueles que foram enterrados muito rápido e profundamente demais, sem que lhes tenham sido prestadas as devidas exéquias, e que o remorso testemunha menos um excesso de memória que uma impotência ou um malogro na elaboração de uma lembrança?

Há um trágico e um cômico de repetição. A repetição aparece sempre duas vezes, uma vez no destino trágico, outra no caráter cômico. No teatro, o herói repete porque está separado de um saber essencial infinito. Esse saber está nele, mergulha nele, age nele, mas age como coisa oculta, como representação bloqueada. A diferença entre o cômico e o trágico decorre de dois elementos: da natureza do saber recalcado, ora saber natural imediato, simples dado do senso comum, ora terrível saber esotérico; por conseguinte, também da maneira pela qual o personagem é excluído desse saber, da maneira pela qual "ele não sabe que sabe". O problema prático consiste, em geral, no seguinte: o saber não sabido deve ser representado como banhando toda a cena, impregnando todos os elementos da peça, compreendendo em si todas as potências da natureza e do espírito; ao mesmo tempo, porém, o herói não pode representar tal saber para *si próprio*, devendo, ao contrário, colocá-lo em ato, desempenhá-lo, repeti-lo. Até o momento agudo que Aristóteles chamava de "reconhecimento", em que a repetição e a representação se misturam, se defrontam, sem, contudo, haver confusão entre esses dois níveis, um refletindo-se no outro, nutrindo-se do outro, sendo o saber, então, reconhecido como o mesmo, enquanto representado na cena, e repetido pelo ator.

A repetição não se explica pela identidade do conceito; nem mesmo por uma condição apenas negativa

O discreto, o alienado, o recalcado são os três casos de bloqueio natural, correspondendo aos conceitos nominais, aos conceitos da natureza e aos conceitos da liberdade. Mas, em todos esses casos, para se dar conta da repetição, invoca-se a forma do idêntico no conceito, a forma do Mesmo na representação: a repetição se diz de elementos que são realmente distintos e que, todavia, têm, estritamente, o mesmo conceito. A repetição aparece, pois, como uma diferença, mas uma diferença absolutamente sem conceito e, nesse sentido, uma diferença indiferente. Supõe-se que as palavras "realmente", "estritamente", "absolutamente" remetem ao fenômeno do bloqueio natural, por oposição ao bloqueio lógico que só determina uma generalidade. Mas um grave inconveniente compromete toda esta tentativa. Ao invocarmos a identidade absoluta do conceito para objetos distintos, sugerimos apenas uma explicação negativa e por insuficiência. Não muda nada se a insuficiência for fundada na natureza do conceito ou da representação. No primeiro caso, há repetição porque o conceito nominal tem naturalmente uma compreensão finita. No segundo caso, há repetição porque o conceito da natureza é naturalmente sem memória, é alienado, está fora de si. No terceiro caso, há repetição porque o conceito da liberdade permanece inconsciente, a lembrança e a representação permanecem recalcadas. Em todos estes casos, *aquilo que* repete só o faz à força de não "compreender", de não se lembrar, de não saber ou de não ter consciência. É sempre a insuficiência do conceito e de seus concomitantes representativos (memória e consciência de si, rememoração e recognição) que deve dar conta da repetição. É essa, pois, a insuficiência de todo argumento fundado na forma da identidade no conceito: esses argumentos só nos dão uma definição nominal e uma explicação negativa da repetição. Talvez se possa opor a identidade formal, que corresponde ao simples bloqueio lógico, e a identidade real (*o Mesmo*), tal como aparece no bloqueio natural. Mas o próprio bloqueio natural tem necessidade de uma força positiva supraconceitual capaz de explicá-lo e de, ao mesmo tempo, explicar a repetição.

As funções do "instinto de morte": a repetição em sua relação com a diferença e como sendo aquilo que exige um princípio positivo. (Exemplo dos conceitos da liberdade)

Voltemos ao exemplo da psicanálise: repete-se porque se recalca... Freud nunca se satisfez com tal esquema negativo, em que se explica a repetição pela amnésia. É verdade que, desde o início, o recalque designa uma potência positiva. Mas é do princípio de prazer ou do princípio de realidade que ele extrai esta positividade: positividade apenas derivada e de oposição. A grande virada do freudismo aparece em *Além do princípio do prazer*: o instinto de morte é descoberto não em relação com as tendências destrutivas, não em relação com a agressividade, mas em função de uma consideração direta dos fenômenos de repetição. Curiosamente, o instinto de morte vale como princípio positivo originário para a repetição, é esse seu domínio e seu sentido. Ele desempenha o papel de um princípio transcendental, ao passo que o princípio de prazer é tão somente psicológico. Eis por que ele é antes de tudo silencioso (não dado na experiência), ao passo que o princípio de prazer é ruidoso. A primeira questão seria, portanto, a seguinte: como o tema da morte, que parece reunir o que existe de mais negativo na vida psicológica, pode ser em si o mais positivo, transcendentalmente positivo, a ponto de afirmar a repetição? Como poderia ser ele relacionado a um *instinto* primordial? Mas uma segunda questão se mescla imediatamente a essa primeira. Sob que forma seria a repetição afirmada e prescrita pelo instinto de morte? No fundo, trata-se da relação entre a repetição e os disfarces. Os disfarces no trabalho do sonho ou do sintoma – a condensação, o deslocamento, a dramatização – vêm recobrir, atenuando-a, uma repetição bruta e nua (como repetição do Mesmo)? Desde a primeira teoria do recalque, Freud indicava outra via: Dora só elabora seu próprio papel e só repete seu amor pelo pai através de outros papéis desempenhados por outros e que ela própria desempenha em relação a esses outros (K, Senhora K, a governanta...). Os disfarces e as variantes, as máscaras ou os figurinos não vêm "por cima", mas são, ao contrário, os elementos genéticos internos da própria repetição, suas partes integrantes e constituintes. Essa via poderia ter orientado a análise do inconsciente na direção de um verdadeiro teatro. No entanto, se ela não chega a esse ponto, é porque Freud mantém, ao menos como tendência, o modelo de uma repetição bruta, o que pode ser bem constatado quando ele atribui a fixação ao Isso; o disfarce é então compreendido na perspectiva de uma simples oposição de forças, a repetição disfarçada sendo o fruto de um compromisso secundário entre as forças opostas do Eu e do Isso. Mesmo no além do princípio de prazer, a forma de uma repetição nua subsiste, pois Freud interpreta o instinto de morte como uma tendência a retornar ao estado de uma matéria inanimada, o que mantém o modelo de uma repetição totalmente física ou material.

A morte nada tem a ver com um modelo material. Ao contrário, basta compreender o instinto de morte em sua relação espiritual com as máscaras e os figurinos. A repetição é verdadeiramente o que se disfarça ao se constituir, o que só se constitui ao se disfarçar. Ela não está sob as máscaras, mas se forma de uma máscara a outra, como de um ponto notável a outro, de um instante privilegiado a outro, com e nas variantes. As máscaras nada recobrem, a não ser outras máscaras. Não há primeiro termo que seja repetido; e mesmo nosso amor de infância pela mãe repete outros amores adultos por outras mulheres, mais ou menos como o herói de *Em busca do tempo perdido* reencena com sua mãe a paixão de Swann por Odette. Portanto, nada há de repetido que possa ser isolado ou abstraído da repetição em que ele se forma e também se oculta. Não há repetição nua que possa ser abstraída ou inferida do próprio disfarce. A mesma coisa é disfarçante e disfarçada. Um momento decisivo da psicanálise foi aquele em que Freud renunciou em alguns pontos à hipótese de acontecimentos reais da infância que seriam como que termos últimos disfarçados, para substituí-los pela potência da fantasia que mergulha no instinto de morte, em que tudo já é máscara e ainda disfarce. Em suma, a repetição é simbólica na sua essência; o símbolo, o simulacro, é a letra da própria repetição. Pelo disfarce e pela ordem do símbolo, a diferença está contida na repetição. É por isso que as variantes não vêm de fora, não exprimem um compromisso secundário entre uma instância recalcante e uma instância recalcada, e não devem ser compreendidas a partir das formas ainda negativas da oposição, do retorno ou da inversão. As variantes exprimem antes de tudo mecanismos diferenciais que são da essência e da gênese do que se repete. Seria preciso até mesmo subverter as relações do "nu" e do "vestido" na repetição. Considere-se uma repetição nua (como repetição do Mesmo), por exemplo, um cerimonial obsessivo ou uma estereotipia esquizofrênica: o que há de mecânico na repetição, o elemento de ação aparentemente repetido, serve de cobertura para uma repetição mais profunda que ocorre em outra dimensão, verticalidade secreta em que os papéis e as máscaras se alimentam no instinto de morte. Teatro do terror, dizia Binswanger a propósito da esquizofrenia. E o "nunca visto" não é neste caso o contrário do "já visto", ambos significam a mesma coisa e são vividos um no outro. *Sylvie*, de Nerval, já nos introduzia nesse teatro, e *Gradiva*, tão próxima de uma inspiração nervaliana, mostra-nos o herói que vive a repetição como tal e, ao mesmo tempo, aquilo que se repete como sempre disfarçado na repetição. Na análise da obsessão, o aparecimento do tema da morte coincide com o momento em que o obsessivo dispõe de todos os personagens de seu drama e os reúne numa repetição cujo "cerimonial" é apenas o invólucro exterior. A verdade do nu é sempre a máscara, o figurino, o vestido. O verdadeiro sujeito da repetição é a máscara. É porque a repetição difere por natureza da representação que o repetido não pode ser representado, mas deve sempre ser significado, mascarado por aquilo que o significa, ele próprio mascarando aquilo que ele significa.

Não repito porque recalco. Recalco porque repito, esqueço porque repito. Recalco, antes de tudo, porque não posso viver certas coisas ou certas experiências a não ser como repetição. Sou determinado a recalcar aquilo que me impediria de vivê-las desse modo, isto é, a representação, a representação que mediatiza o vivido ao relacioná-lo com a forma de um objeto idêntico ou semelhante. Eros e Tânatos distinguem-se no seguinte: Eros deve ser repetido, só pode ser vivido na repetição; mas Tânatos (como princípio transcendental) é o que dá a repetição a Eros, o que submete Eros à repetição. Somente este ponto de vista é capaz de nos fazer avançar nos problemas obscuros da origem do recalque, de sua natureza, de suas causas e dos termos exatos sobre os quais ele incide. Pois, quando Freud, para além do recalque "propriamente dito" que incide sobre *representações,* mostra a necessidade de postular um recalque originário que diz respeito antes de tudo a *apresentações* puras ou à maneira como as pulsões são necessariamente vividas, acreditamos que ele se aproxima ao máximo de uma razão positiva interna da repetição, razão que lhe parecerá mais tarde determinável no instinto de morte e que deve explicar o bloqueio da representação no recalque propriamente dito, em vez de ser explicado por ele. É por isso que a lei de uma relação inversa repetição-rememoração é pouco satisfatória sob todos os aspectos, na medida em que faz a repetição depender do recalque.

Desde o início, Freud assinalava que, para deixar de repetir, não bastava lembrar-se abstratamente (sem afeto), nem formar um conceito em geral, nem mesmo representar, em toda sua particularidade, o acontecimento recalcado: seria preciso procurar a lembrança onde ela estivesse, instalar-se imediatamente no passado para operar a junção viva entre o saber e a resistência, entre a representação e o bloqueio. Não se cura, pois, por simples mnésia, como tampouco se está doente por amnésia. Neste caso, como em outros, a tomada de consciência é pouca coisa. Teatral e dramática à sua maneira, a operação pela qual se cura e pela qual também se deixa de curar tem um nome: transferência. Ora, a transferência é ainda repetição, é, antes de tudo, repetição.[9] Se a repetição nos faz adoecer, é também ela que nos cura; se nos aprisiona e nos destrói, é ainda ela que nos liberta, dando, nos dois casos, o testemunho de sua potência "demoníaca". Toda cura é uma viagem ao fundo da repetição. Sem dúvida, na transferência há algo de análogo ao que se encontra na experimentação científica, pois se supõe que o doente deva repetir o conjunto de seu distúrbio em condições artificiais privilegiadas, tomando a pessoa do analista como "objeto". Mas, na transferência, a repetição tem menos a função de identificar acontecimentos, pessoas e paixões do que de *autenticar* papéis, selecionar máscaras. A transferência não é uma experiência, mas um princípio que funda toda a experiência analítica. Por natureza, os próprios papéis são eróticos, mas a prova dos papéis apela para este mais elevado princípio, para este juiz mais profundo que é o instinto de morte. Com efeito, a reflexão sobre a transferência foi um motivo determinante para a descoberta de um "além". É neste sentido que a repetição constitui, por si mesma, o jogo seletivo de nossa doença *e* de nossa saúde, de nossa perdição *e* de nossa salvação. Como é possível relacionar este jogo ao instinto de morte? Sem dúvida, num sentido bastante próximo daquele em que Miller diz, em seu admirável livro sobre Rimbaud: "Compreendi que era livre, que a morte, que experimentara, me havia libertado." Assim, a ideia de um instinto de morte deve ser compreendida em função de três exigências paradoxais complementares: dar à repetição um princípio original positivo, uma potência autônoma de disfarce e, finalmente, um sentido imanente em que o terror se mistura intimamente com o movimento da seleção e da liberdade.

As duas repetições: por identidade do conceito e condição negativa; por diferença e excesso na Ideia. (Exemplos dos conceitos naturais e nominais)

Nosso problema diz respeito à essência da repetição. Trata-se de saber por que a repetição não pode ser explicada pela forma de identidade no conceito ou na representação em que sentido ela exige um princípio "positivo" superior. Esta pesquisa deve incidir sobre o conjunto dos conceitos da natureza e da liberdade. Na fronteira destes dois casos, consideremos a repetição de um motivo de decoração: uma figura encontra-se reproduzida sob um conceito absolutamente idêntico... Mas, na realidade, o artista não procede assim. Ele não justapõe exemplares da figura; a cada vez, ele combina um elemento de um exemplar com *outro* elemento de um exemplar seguinte. No processo dinâmico da construção, ele introduz um desequilíbrio, uma instabilidade, uma dissimetria, uma espécie de abertura, e tudo isto só será conjurado no efeito total. Comentando um caso como este, Lévi-Strauss escreve: "Esses elementos imbricam-se uns nos outros desligando-se uns dos outros, e é somente no final que a figura encontra uma estabilidade que confirma e desmente, ao mesmo tempo, o procedimento dinâmico segundo o qual ela foi executada."[10] Essas observações valem para a noção de causalidade em geral, pois o que conta na causalidade artística ou natural não são os elementos de simetria presentes, mas aqueles que faltam e que não estão na causa – o que conta é a possibilidade de haver menos simetria na causa que no efeito. Além disso, a causalidade permaneceria eternamente hipotética, simples categoria lógica, se tal possibilidade não fosse efetivamente realizada em determinado momento. Eis por que a relação lógica de causalidade não é separável de um processo físico de *sinalização,* sem o qual essa relação não passaria ao ato. Chamamos "sinal" um sistema dotado de dissimetria, provido de ordens de grandeza díspares; chamamos "signo" o que se passa num tal sistema, o que fulgura no intervalo, como uma comunicação que se estabelece entre os díspares. O signo é certamente um efeito, mas o efeito tem dois aspectos: um pelo qual, enquanto signo, ele exprime a dissimetria produtora; o outro, pelo qual ele tende a anulá-la. O signo não é inteiramente da ordem do símbolo; todavia, ele o prepara, ao implicar uma diferença interna (mas ainda deixando no exterior as condições de sua reprodução).

A expressão negativa "falta de simetria" não nos deve enganar: ela designa a origem e a positividade do processo causal. Ela é a própria positividade. Para nós, o essencial, como é sugerido pelo exemplo do motivo de decoração, é desmembrar a causalidade para nela distinguir dois tipos de repetição, sendo que um deles diz respeito apenas ao efeito total abstrato e, o outro, à causa atuante. Uma é uma repetição estática, a outra é uma repetição dinâmica. Uma resulta da obra, mas a outra é como a "evolução" do gesto. Uma remete a um mesmo conceito, que deixa subsistir apenas uma diferença exterior entre os exemplares ordinários de uma figura; a outra é repetição de uma diferença interna que ela compreende em cada um de seus momentos e que ela transporta de um ponto notável a outro. Pode-se tentar assimilar essas repetições dizendo que, do primeiro ao segundo tipo, é somente o conteúdo do conceito que muda, ou é a figura que se articula de outro modo. Mas isto seria desconhecer a ordem respectiva de cada repetição, pois, na ordem dinâmica, já não há conceito representativo nem figura representada num espaço preexistente. Há uma Ideia e um puro dinamismo criador de espaço correspondente.

Os estudos sobre o ritmo ou sobre a simetria confirmam essa dualidade. Distingue-se uma assimetria aritmética, que remete a uma escala de coeficientes inteiros ou fracionários, e uma simetria geométrica, fundada em proporções ou relações irracionais; uma simetria estática, de tipo cúbico ou hexagonal, e uma simetria dinâmica, de tipo pentagonal, que se manifesta num traçado espiralado ou numa pulsação em progressão geométrica, em suma, numa "evolução" viva e mortal. Ora, esse segundo tipo está no âmago do primeiro, é seu âmago, seu procedimento ativo, positivo. Numa rede de duplos quadrados, descobrem-se traçados radiais que têm, como polo assimétrico, o centro de um pentágono ou de um pentagrama. A rede é como um tecido sobre uma armação, "mas o corte, o ritmo principal dessa armação, é quase sempre um tema independente dessa rede": como o elemento de dissimetria que serve, ao mesmo tempo, de princípio de gênese e de reflexão para um conjunto simétrico.[11] Na rede de duplos quadrados, a repetição estática remete, pois, a uma repetição dinâmica formada por um pentágono e pela "série decrescente dos pentagramas que aí se inscrevem naturalmente". Da mesma maneira, a ritmologia convida-nos a distinguir imediatamente dois tipos de repetição. A repetição-compasso é uma divisão regular do tempo, um retorno isócrono de elementos idênticos. Mas uma duração só existe determinada por um acento tônico, comandada por intensidades. Dizer que os acentos se reproduzem em intervalos iguais seria um engano quanto a sua função. Os valores tônicos e intensivos agem, ao contrário, criando desigualdades, incomensurabilidades, em durações ou espaços metricamente iguais. Eles criam pontos notáveis, instantes privilegiados que marcam sempre uma polirritmia. Aí também o desigual é o mais positivo. O compasso é apenas o invólucro de um ritmo, de uma relação de ritmos. A retomada de pontos de desigualdade, de pontos de flexão, de acontecimentos rítmicos, é mais profunda que a reprodução de elementos ordinários homogêneos, de tal modo que devemos sempre distinguir a repetição-compasso e a repetição-ritmo, a primeira sendo apenas a aparência ou o efeito abstrato da segunda. Uma repetição material e nua (como repetição do Mesmo) só aparece no sentido em que uma outra repetição nela se disfarça, constituindo-a e constituindo a si própria ao se disfarçar. Mesmo na natureza, as rotações isócronas são apenas a aparência de um movimento mais profundo, sendo os ciclos revolutos apenas abstrações; postos em relação, eles revelam ciclos de evolução, espirais de razão de curvatura variável, cuja trajetória tem dois aspectos dissimétricos, como a direita e a esquerda. É sempre nessa abertura, que não se confunde com o negativo, que as criaturas tecem sua repetição, ao mesmo tempo que recebem o dom de viver e de morrer.

Retornemos, finalmente, aos conceitos nominais. É Será que a identidade do conceito nominal que explica a repetição da palavra? Considere-se o exemplo da rima: ela é, sem dúvida, uma repetição verbal, mas uma repetição que compreende a diferença entre duas palavras e que a inscreve no âmago de uma Ideia poética, num espaço que ela determina. Assim, ela não tem o sentido de marcar intervalos iguais, mas antes, como se vê numa concepção da rima forte, o de colocar os valores de timbre a serviço do ritmo tônico, o de contribuir para a independência dos ritmos tônicos em relação aos ritmos aritméticos. Quanto à repetição de uma mesma palavra, devemos concebê-la como uma "rima generalizada"; e não a rima, como uma repetição reduzida. São dois os procedimentos dessa generalização: ou uma palavra, tomada em dois sentidos, assegura uma semelhança paradoxal ou uma identidade paradoxal entre esses dois sentidos; ou, então, tomada num único sentido, a palavra exerce sobre suas vizinhas uma força atrativa, comunica-lhes uma prodigiosa gravitação, até que uma das palavras contíguas a substitua e se torne, por sua vez, centro de repetição. Raymond Roussel e Charles Péguy foram os grandes repetidores da literatura; souberam elevar a potência patológica da linguagem a um nível artístico superior. Roussel parte de palavras com duplo sentido ou de homônimos e preenche toda a distância entre esses sentidos com uma história e objetos desdobrados, apresentados duas vezes; assim, ele triunfa sobre a homonímia em seu próprio terreno e inscreve o máximo de diferença na repetição, como no espaço aberto no âmago da palavra. Esse espaço é ainda apresentado por Roussel como o das máscaras e da morte, espaço em que se elaboram, ao mesmo tempo, uma repetição que aprisiona e uma repetição que salva – que salva, antes de tudo, daquela que aprisiona. Roussel criou uma pós-linguagem em que tudo se repete e recomeça, uma vez que tudo foi dito.[12] Muito diferente é a técnica de Péguy: ela substitui a sinonímia, e não a homonímia, pela repetição; ela diz respeito ao que os linguistas denominam função de contiguidade, não de similaridade, e ela forma uma pré-linguagem, uma linguagem auroral, em que se procede por pequenas diferenças para engendrar, pouco a pouco, o espaço interior das palavras. Tudo desemboca, dessa vez, no problema das mortes prematuras e do envelhecimento, mas também na oportunidade inaudita de afirmar, contra uma repetição que aprisiona, uma repetição que salva. Péguy e Roussel, cada um leva a linguagem a um dos seus limites (a similaridade ou a seleção, em Roussel, o "traço distintivo" entre *b*ilhar e *p*ilhar; a contiguidade ou a combinação, em Péguy, os famosos *pontos de tapeçaria)*. Ambos substituem a repetição horizontal, a das palavras ordinárias que se repetem, por uma repetição de pontos notáveis, uma repetição vertical em que se remonta ao interior das palavras. Substituem a repetição por falta, a repetição por insuficiência do conceito nominal ou da representação verbal, por uma repetição positiva, uma repetição por excesso de uma Ideia linguística e estilística. Como a morte inspira a linguagem, estando sempre presente quando a repetição se afirma?

A reprodução do Mesmo não é um motor dos gestos. Sabe-se que até mesmo a mais simples imitação compreende a diferença entre o exterior e o interior. Mais do que isso, a imitação tem apenas um papel regulador secundário na montagem de um comportamento, ela permite corrigir movimentos que estão sendo feitos, mas não os instaurar. O aprendizado não se faz na relação da representação com a ação (como reprodução do Mesmo), mas na relação do signo com a resposta (como encontro com o Outro). O signo compreende a heterogeneidade, pelo menos, de três maneiras: primeiro, no objeto que o porta ou que o emite e que apresenta necessariamente uma diferença de nível, como duas ordens díspares de grandeza ou de realidade, entre as quais o signo fulgura; depois, em si mesmo, porque pois o signo envolve um outro "objeto" nos limites do objeto portador e encarna uma potência da natureza ou do espírito (Ideia); finalmente, na resposta que ele solicita, não havendo "semelhança" entre o movimento da resposta e o do signo. O movimento do nadador não se assemelha ao movimento da onda; e, precisamente, os movimentos do professor de natação, movimentos que reproduzimos na areia, nada são em relação aos movimentos da onda, movimentos que só aprendemos a antecipar quando os apreendemos praticamente como signos. Eis por que é tão difícil dizer como alguém aprende: há uma familiaridade prática, inata ou adquirida, com os signos, que torna toda educação amorosa, mas também mortal. Nada aprendemos com aquele que nos diz: faça como eu. Nossos únicos mestres são aqueles que nos dizem "faça comigo" e que, em vez de nos propor gestos a serem reproduzidos, sabem emitir signos a serem desenvolvidos no heterogêneo. Em outros termos, não há ideomotricidade, mas somente sensório-motricidade. Quando o corpo conjuga alguns de seus pontos notáveis com os da onda, ele estabelece o princípio de uma repetição, que não é a do Mesmo, mas que compreende o Outro, que compreende a diferença, de uma onda e de um gesto a outro, e que transporta essa diferença pelo espaço repetitivo assim constituído. Aprender é constituir esse espaço do encontro com signos, espaço em que os pontos notáveis se retomam uns nos outros e em que a repetição se forma ao mesmo tempo que se disfarça. Há sempre imagens de morte no aprendizado, graças à heterogeneidade que ele desenvolve, nos limites do espaço que ele cria. Perdido no longínquo, o signo é mortal; e também quando nos atinge em cheio. Édipo recebe o signo, uma vez, de muito longe e, outra vez, de muito perto; e entre as duas vezes se tece uma terrível repetição do crime. Zaratustra recebe seu "signo", ora de muito perto, ora de muito longe, e só no final pressente a boa distância que vai transformar numa repetição libertadora, salvadora, aquilo que o torna doente no eterno retorno. Os signos são os verdadeiros elementos do teatro. Dão testemunho das potências da natureza e do espírito, potências que agem sob as palavras, os gestos, os personagens e os objetos representados. Eles significam a repetição, entendida como movimento real, em oposição à representação como falso movimento do abstrato.

O nu e o travestido na repetição

Temos o direito de falar de repetição quando nos encontramos diante de elementos idênticos que têm absolutamente o mesmo conceito. Mas, desses elementos discretos, desses objetos repetidos, devemos distinguir um sujeito secreto que se repete por meio deles, verdadeiro sujeito da repetição. É preciso pensar a repetição no pronominal, encontrar o Si da repetição, a singularidade naquilo que se repete, pois não há repetição sem um repetidor, nada de repetido sem alma repetidora. Da mesma maneira, mais do que distinguir o repetido e o repetidor, o objeto e o sujeito, devemos distinguir duas formas de repetição. De todo modo, a repetição é a diferença sem conceito. Mas em um caso, a diferença é posta somente como exterior ao conceito, diferença entre objetos representados sob o mesmo conceito, caindo na indiferença do espaço e do tempo. No outro caso, a diferença é interior à Ideia; ela se desenrola como puro movimento criador de um espaço e de um tempo dinâmicos que correspondem à Ideia. A primeira repetição é repetição do Mesmo, que se explica pela identidade do conceito ou da representação: a segunda é a que compreende a diferença e compreende a si mesma na alteridade da Ideia, na heterogeneidade de uma "apresentação". Uma é negativa por insuficiência do conceito, a outra, afirmativa por excesso da Ideia. Uma é hipotética, a outra, categórica. Uma é estática, a outra, dinâmica. Uma é repetição no efeito, a outra, na causa. Uma, em extensão, a outra é intensiva. Uma, ordinária, a outra, notável e singular. Uma é horizontal, a outra, vertical. Uma é desenvolvida, explicada, a outra é envolvida, devendo ser interpretada. Uma é revolutiva, a outra, evolutiva. Uma é de igualdade, de comensurabilidade, de simetria; a outra, fundada no desigual, no incomensurável ou no dissimétrico. Uma é material, a outra, espiritual, mesmo na natureza e na terra. Uma é inanimada, a outra tem o segredo de nossos mortos e de nossas vidas, de nossos aprisionamentos e de nossas libertações, do demoníaco e do divino. Uma é repetição "nua", a outra, repetição vestida, que forma a si própria vestindo-se, mascarando-se, disfarçando-se. Uma é de exatidão, a outra tem a autenticidade como critério.

As duas repetições não são independentes. Uma é o sujeito singular, o âmago e a interioridade, a profundidade da outra. A outra é somente o invólucro exterior, o efeito abstrato. A repetição de dissimetria oculta-se nos conjuntos ou efeitos simétricos; uma repetição de pontos notáveis sob a repetição dos pontos ordinários; e, em todos os casos, o Outro na repetição do Mesmo. É a repetição secreta, a mais profunda: só ela dá a razão da outra, a razão do bloqueio dos conceitos. E nesse domínio, assim como em *Sartor Resartus*, é na máscara, no disfarce, no figurino que está a verdade do nu. Isto acontece necessariamente, pois a repetição não é ocultada por outra coisa, mas se forma disfarçando-se; não preexiste a seus próprios disfarces e, ao se formar, constitui a repetição nua na qual se envolve. As consequências disto são importantes. Quando nos encontramos em presença de uma repetição que avança mascarada, ou então que comporta deslocamentos, precipitações, desacelerações, variantes, diferenças que são capazes, em última análise, de nos levar muito longe do ponto de partida, temos a tendência de ver aí um estado misto em que a repetição não é pura, mas somente aproximativa: a própria palavra "repetição" parece-nos, então, empregada simbolicamente, como metáfora ou por analogia. É verdade que definimos rigorosamente a repetição como diferença sem conceito. Mas seria um erro reduzi-la a uma diferença que recai na exterioridade, sob a forma do Mesmo no conceito, sem ver que ela pode ser interior à Ideia e possuir em si própria todos os recursos do signo, do símbolo e da alteridade que ultrapassam o conceito enquanto tal. Os exemplos anteriormente invocados dizem respeito aos mais diversos casos, conceitos nominais, da natureza ou da liberdade; seria possível criticar o fato de termos misturado todo tipo de repetições, físicas e psíquicas, assim como, no domínio psíquico, repetições nuas do tipo estereotipia e repetições latentes e simbólicas. Queríamos mostrar, em toda estrutura repetitiva, a coexistência dessas instâncias e como a repetição manifesta de elementos idênticos remetia necessariamente a um sujeito latente que se repetia por meio desses elementos, formando uma "outra" repetição no âmago da primeira. Dessa outra repetição, diremos que ela de modo algum é aproximativa ou metafórica. Ao contrário, ela é o espírito de toda repetição. Ela é, inclusive, a letra de toda repetição, em estado de filigrana ou de cifra constituinte. É ela que constitui a essência da diferença sem conceito, da diferença não mediatizada em que consiste toda repetição. Ela é o sentido primeiro, literal e espiritual, da repetição. Da outra, o que resulta é o sentido material, secretado como uma concha.

Iniciamos distinguindo a generalidade e a repetição. Em seguida, distinguimos duas formas de repetição. Essas duas distinções encadeiam-se; a primeira só desenvolve suas consequências na segunda. Pois, se nos contentarmos em tomar a repetição de maneira abstrata, esvaziando-a de sua interioridade, continuaremos incapazes de compreender como e por que um conceito pode ser naturalmente bloqueado e deixar aparecer uma repetição que não se confunde com a generalidade. Inversamente, quando descobrimos o interior literal da repetição, temos o meio não só de compreender a repetição de exterioridade como cobertura, mas também de recuperar a ordem da generalidade (e de operar, segundo o desejo de Kierkegaard, a reconciliação do singular com o geral). Pois, na medida em que a repetição interior se projeta por meio de uma repetição nua que a recobre, as diferenças que ela compreende aparecem como fatores que se opõem à repetição, que a atenuam e a fazem variar segundo leis "gerais". Mas, sob o trabalho geral das leis, subsiste sempre o jogo das singularidades. As generalidades de ciclos na natureza são a máscara de uma singularidade que desponta por meio de suas interferências; e, sob as generalidades do hábito, na vida moral, reencontramos singulares aprendizagens. O domínio das leis deve ser compreendido, mas sempre a partir de uma Natureza e de um Espírito superiores a suas próprias leis e que tecem suas repetições antes de tudo nas profundezas da terra e do coração, onde as leis ainda não existem. O interior da repetição é sempre afetado por uma ordem de diferença; na medida em que algo está relacionado a uma repetição de ordem diferente da sua, a repetição, por sua vez, aparece como exterior e nua, e a própria coisa, submetida às categorias da generalidade. É a inadequação da diferença e da repetição que instaura a ordem do geral. Gabriel Tarde sugeria, neste sentido, que a própria semelhança não passava de uma repetição deslocada: a verdadeira repetição é aquela que corresponde diretamente a uma diferença de mesmo grau. Ninguém soube melhor que Tarde elaborar uma nova dialética, descobrindo na natureza e no espírito o esforço secreto para instaurar uma adequação cada vez mais perfeita entre a diferença e a repetição.[13]

Diferença conceitual e diferença sem conceito

Enquanto tomarmos a diferença como uma diferença conceitual, intrinsecamente conceitual, e a repetição como uma diferença extrínseca entre objetos representados sob um mesmo conceito, parece que o problema de suas relações pode ser resolvido pelos fatos. Há ou não há repetições? Ou toda diferença, em última instância, é intrínseca e conceitual? Hegel zombava de Leibniz, porque este convidara damas da corte para fazer metafísica experimental em passeios pelos jardins, a fim de verificar que duas folhas de árvore não tinham o mesmo conceito. Substituamos damas da corte por policiais científicos: não há dois grãos de poeira absolutamente idênticos, duas mãos que tenham os mesmos pontos notáveis, duas máquinas de escrever que tenham a mesma impressão, dois revólveres que estriem suas balas da mesma maneira... Mas por que pressentimos que o problema não está bem formulado, enquanto procuramos nos fatos o critério de um *principium individuationis*? É que uma diferença pode ser interna e, entretanto, não ser conceitual (já é esse o sentido do paradoxo dos objetos simétricos). Um espaço dinâmico deve ser definido do ponto de vista de um observador ligado a esse espaço e não de uma posição exterior. Há diferenças internas que dramatizam uma Ideia antes de representar um objeto. A diferença, aqui, é interior a uma Ideia, embora seja exterior ao conceito como representação de objeto. Eis por que a oposição entre Kant e Leibniz parece atenuar-se bastante, na medida em que nos damos conta dos fatores dinâmicos presentes nas duas doutrinas. Se Kant reconhece nas formas da intuição diferenças extrínsecas irredutíveis à ordem dos conceitos, nem por isso tais diferenças deixam de ser "internas", ainda que não possam ser assinaladas como "intrínsecas" por um entendimento e sejam representáveis apenas em sua relação exterior com o espaço inteiro.[14] Isto quer dizer, conforme certas interpretações neokantianas, que há, pouco a pouco, uma construção dinâmica interna do espaço, construção que deve preceder a "representação" do todo como forma de exterioridade. O elemento dessa gênese interna parece consistir mais na quantidade intensiva que no esquema e relacionar-se mais com as Ideias do que com os conceitos do entendimento. Se a ordem espacial das diferenças extrínsecas e a ordem conceitual das diferenças intrínsecas têm, finalmente, uma harmonia, como o esquema dá testemunho, isto se dá, mais profundamente, graças a esse elemento diferencial intensivo, síntese do contínuo no instante, que, sob a forma de uma *continua repetitio*, engendra de início, interiormente o espaço em conformidade com as Ideias. Ora, em Leibniz, a afinidade das diferenças extrínsecas com as diferenças conceituais intrínsecas já exigia o processo interno de uma *continua repetitio,* processo fundado num elemento diferencial intensivo que opera a síntese do contínuo no ponto para engendrar o espaço de dentro.

Mas o conceito da diferença (Ideia) não se reduz a uma diferença conceitual, assim como a essência positiva da repetição não se reduz a uma diferença sem conceito

Há repetições que não são apenas diferenças extrínsecas; há diferenças internas que não são intrínsecas ou conceituais. Estamos, assim, em melhores condições de situar a fonte das ambiguidades precedentes. Quando determinamos a repetição como diferença sem conceito, acreditamos ser possível concluir pelo caráter apenas extrínseco da diferença na repetição; estimamos, então, que toda "novidade" interna seja suficiente para nos distanciar da letra e que só seja conciliável com uma repetição aproximativa, dita por analogia. Não é assim, pois não sabemos ainda qual é a essência da repetição, o que é positivamente designado pela expressão "diferença sem conceito", a natureza da interioridade que ela é capaz de implicar. Inversamente, quando determinamos a diferença como diferença conceitual, acreditamos ter feito o bastante para a determinação do conceito de diferença enquanto tal. Todavia ainda não temos nenhuma ideia de diferença, nenhum conceito da diferença própria. Talvez o engano da filosofia da diferença, de Aristóteles a Hegel, passando por Leibniz, tenha sido o de confundir o conceito da diferença com uma diferença simplesmente conceitual, contentando-se em inscrever a diferença no conceito em geral. Na realidade, enquanto se inscreve a diferença no conceito em geral, não se tem nenhuma Ideia singular da diferença, permanecendo-se apenas no elemento de uma diferença já mediatizada pela representação. Encontramo-nos, pois, diante de duas questões: qual é o conceito da diferença – que não se reduz à simples diferença conceitual, mas que exige uma Ideia própria, como uma singularidade na Ideia? Qual é, por outro lado, a essência da repetição – que não se reduz a uma diferença sem conceito, que não se confunde com o caráter aparente dos objetos representados sob um mesmo conceito, mas que, por sua vez, dá testemunho da singularidade como potência da Ideia? O encontro das duas noções, diferença e repetição, não pode ser posto desde o início, mas deve aparecer graças a interferências e cruzamentos entre estas duas linhas que dizem respeito, uma, à essência da repetição, a outra, à ideia de diferença.

Notas

1. C. PÉGUY, *Clio,* 1917 (N.R.F., 33ª ed.), p. 45, p. 114.
2. P. SERVIEN, *Principes d'esthétique.* Boivin, 1935, pp. 3-5; *Science et poésie.* Flammarion, 1947, pp. 44-47.
3. Na comparação precedente, os textos aos quais nos referimos estão entre os mais conhecidos de Nietzsche e Kierkegaard. Quanto a KIERKEGAARD, trata-se de: *La répétition* (trad. e ed. TISSEAU); passagens do *Journal* (publicados em apêndice à tradução de TISSEAU, IV, B 117); *Crainte et tremblement;* a nota muito importante do *Concept d'angoisse* (trad. FERLOV e GATEAU, N.R.F., pp. 26-28). E sobre a crítica da memória, cf. *Miettes philosophiques* e *Étapes sur le chemin de la vie.* Quanto a NIETZSCHE, *Assim falou Zaratustra* (sobretudo II, "Da redenção"; e as duas grandes passagens do livro III, "Da visão e do enigma" e "O convalescente", um relativo a Zaratustra doente e discutindo com seu demônio e concernente a Zaratustra convalescente discutindo com seus animais); mas também *As notas de 1881-1882* (em que Nietzsche opõe explicitamente "sua" hipótese à hipótese cíclica e critica todas as noções de semelhança, de igualdade, de equilíbrio e de identidade. Cf. *Volonté de puissance.* trad. BIANQUIS, N.R.F., t. I, pp. 295-301). Quanto a PÉGUY, enfim, reportar-se essencialmente a *Jeanne d'Arc* e a *Clio.*

4. Cf. KIERKEGAARD, Crainte et tremblement (trad. TISSEAU, Aubier, pp. 52-67), sobre a natureza do movimento real, que é "repetição" e não mediação e que se opõe ao falso movimento lógico abstrato de Hegel; cf. as observações do *Journal* em apêndice à *Répétition*, trad. ed. TISSEAU. Encontra-se também em PÉGUY uma crítica profunda do "movimento lógico". Este é denunciado por Péguy como pseudomovimento, conservador, acumulador e capitalizador: cf. Clio, N.R.F., 4 p. 5 ss. Esta crítica está próxima da crítica kierkegaardiana.
5. Cf. NIETZSCHE, *Assim falou Zaratustra,* liv. III. "Das velhas e novas tábuas", § 4: "Mas só o bufão pensa: pode-se também pular por cima do homem."
6. A fórmula e o fenômeno da extensão discreta são destacados por Michel Tournier num texto a ser publicado.
7. Em Kant, há uma especificação infinita do conceito; mas, como este infinito é apenas virtual (indefinido), não se pode tirar daí nenhum argumento favorável à posição de um princípio dos indiscerníveis. Para Leibniz, ao contrário, é muito importante que a compreensão do conceito de um existente (possível ou real) seja *atualmente* infinita: Leibniz afirma isto claramente em *Da Liberdade* ("Só Deus vê, não certamente, o fim da resolução, fim que não ocorre..."). Quando Leibniz emprega a palavra "virtualmente" para caracterizar a inerência do predicado no caso das verdades de fato (por exemplo, *Discurso de metafísica*, § 8), *virtual* deve então ser entendido não como o contrário de atual, mas como significando "envolvido", "implicado", "impresso", o que de modo algum exclui a atualidade. Em sentido estrito, a noção de virtual é invocada por Leibniz, mas só a propósito de uma espécie de verdades necessárias (proposições não recíprocas): cf. *Da Liberdade.*
8. S. FREUD, *Remémoration, répétition et élaboration,* 1914 (trad. BERMAN, *De la technique psychanalytique,* Presses Universitaires de France). Nesta via de uma interpretação negativa da repetição psíquica (repetimos porque nos enganamos, porque não elaboramos a lembrança, porque não temos consciência, porque não temos instintos), ninguém foi mais longe, e com mais rigor, que Ferdinand ALQUIÉ, *Le désir d'éternité* (1943, Presses Universitaires de France, caps. II-IV).
9. FREUD invoca a transferência para questionar sua lei global da relação inversa. Cf. *Au-delà du principe de plaisir* (trad. S. JANKÉLÉVITCH, Payot, pp. 24-25): lembrança e reprodução, rememoração e repetição opõem-se em princípio, mas é preciso praticamente se resignar com o fato de que o doente revive na cura certos elementos recalcados; "a relação que se estabelece, assim, entre a reprodução e a lembrança varia de um caso para outro". Aqueles que mais profundamente insistiram no aspecto terapêutico e libertador da repetição, tal

como esta aparece na transferência, foram FERENCZI e RANK, em "Entwicklungziele der Psychoanalyse" (*Neue Arbeiten zur ärtzlichen Psychoanalyse*, Viena, 1924).

10. C. LÉVI-STRAUSS. *Tristes tropiques*, Plon, 1955, pp. 197-199.
11. M. GHYKA, *Le nombre d'or*, N.R.F., 1931, t. I, p. 65.
12. Sobre a relação da repetição com a linguagem, mas também com as máscaras e a morte, na obra de *Raymond Roussel*, cf. o belo livro de Michel FOUCAULT (N.R.F., 1963): "A repetição e a diferença estão tão bem intrincadas uma na outra e se ajustam com tanta exatidão que não é possível dizer o que é primeiro..." (pp. 35-37). "Em vez de ser uma linguagem que procura começar, ela é a figura secundária das palavras já faladas. É a linguagem de sempre trabalhada pela destruição e pela morte... É repetitiva, por natureza... (não mais a repetição) lateral das coisas que se repetem, mas aquela, radical, que passou acima da não linguagem e que deve a este vazio transposto ser poesia..." (pp. 61-63). Pode ser igualmente consultado o artigo de Michel BUTOR sobre Roussel *(Répertoire,* I, Éditions de Minuit), que analisa o duplo aspecto da repetição que aprisiona e que salva.
13. Em *Lois de l'imitation* (Alcan, 1890), Gabriel TARDE mostra como a semelhança, por exemplo, entre espécies de tipos diferentes, remete à identidade do meio físico, isto é, a um processo repetitivo que afeta elementos inferiores às formas consideradas. Toda a filosofia de Tarde, como veremos mais precisamente, está fundada nas duas categorias de diferença e de repetição: a diferença é, ao mesmo tempo, a origem e o destino da repetição, num movimento cada vez mais "potente e engenhoso" que "cada vez mais leva em conta graus de liberdade". Em todos os domínios, Tarde pretende substituir a oposição por esta repetição diferencial e diferenciadora. Roussel ou Péguy poderiam reivindicar a fórmula dele: "A repetição é um procedimento de estilo diferentemente enérgico e menos cansativo do que a antítese, sendo também muito mais apropriado para renovar um assunto" (*L'opposition universelle,* Alcan, 1897, p. 119). Na repetição, Tarde via uma ideia bem francesa; é verdade que Kierkegaard também via nela um conceito bem dinamarquês. Eles querem dizer que ela funda uma dialética completamente distinta da de Hegel.
14. Sobre a diferença interna que, todavia, não é intrínseca nem conceitual, cf. KANT, *Prolégomènes,* § 13 (cf. a oposição entre *innere Verschiedenheit e innerlich V.*)

1

A diferença em si mesma

A diferença e o fundo obscuro

A indiferença tem dois aspectos: o abismo indiferençado, o nada negro, o animal indeterminado em que tudo é dissolvido – mas também o nada branco, a superfície tornada calma em que flutuam determinações não ligadas, como membros esparsos, cabeças sem pescoço, braços sem ombro, olhos sem fronte. O indeterminado é totalmente indiferente, mas as determinações flutuantes também não deixam de ser indiferentes umas em relação às outras. Será a diferença intermediária entre estes dois extremos? Ou não seria ela o único extremo, o único momento da presença e da precisão? A diferença é esse estado em que se pode falar d'A determinação. A diferença "entre" duas coisas é apenas empírica e *as* determinações correspondentes são extrínsecas. Mas, em vez de uma coisa que se distingue de outra, imaginemos algo que se distingue – e, todavia, *aquilo de que* ele se distingue não se distingue dele. O relâmpago, por exemplo, distingue-se do céu negro, mas deve trazê-lo consigo, como se ele se distinguisse daquilo que não se distingue. Poderia-se dizer que o fundo sobe à superfície sem deixar de ser fundo. Dos dois lados há algo de cruel e mesmo de monstruoso nessa luta contra um adversário inapreensível, na qual aquilo que se distingue opõe-se a algo que não pode distinguir-se dele e que continua a esposar o que dele se divorcia. A diferença é esse estado da determinação como distinção unilateral. Da diferença, portanto, é preciso dizer que ela é feita ou que ela se faz, como na expressão "fazer a diferença". Essa diferença, ou A determinação, é igualmente a crueldade. Os platônicos diziam que o não Uno se distingue do Uno, mas não o inverso, pois o Uno não se subtrai ao que dele se subtrai e, no outro polo, a forma se distingue da matéria ou do fundo, mas não o inverso, pois a própria distinção é uma forma. Para dizer a verdade, são todas as formas que se dissipam quando se refletem nesse fundo que emerge. Ele próprio deixou de ser o puro indeterminado que permanece no fundo, mas também as formas deixaram de ser determinações coexistentes ou complementares. O fundo que emerge não está mais no fundo, mas adquire uma existência autônoma; a forma que se reflete nesse fundo não é mais uma forma, mas uma linha abstrata que atua diretamente sobre a alma. Quando o fundo emerge à superfície, o rosto humano se decompõe nesse espelho em que tanto o indeterminado quanto as determinações vêm confundir-se numa só determinação que "faz" a diferença. Amontoar determinações heteróclitas ou sobredeterminar o animal é uma receita barata para se produzir um monstro. É melhor trazer o fundo à superfície e dissolver a forma. Goya procedia por meio da água-tinta e da água-forte, da grisalha de uma e do rigor da outra. Odilon Redon procedia por meio do claro-escuro e da linha abstrata. Renunciando ao modelado, isto é, ao símbolo plástico da forma, a linha abstrata adquire toda a sua força e participa do fundo ainda mais violentamente por dele se distinguir sem que ele se distinga dela.[1] A que ponto os rostos se deformam em tal espelho. Não é certo que apenas o sono da Razão engendre os monstros. Também a vigília, a insônia do pensamento, os engendra, pois o pensamento é o momento em que a determinação se faz una, de tanto manter uma relação unilateral e precisa com o indeterminado. O pensamento "faz" a diferença, mas a diferença é o monstro. Não deve causar espanto o fato de que a diferença pareça maldita, que ela seja a falta ou o pecado, a figura do Mal destinada à expiação. O único pecado é fazer com que o fundo venha à tona e dissolva a forma. Recorde-se a ideia de Artaud: a crueldade é somente A determinação, o ponto preciso em que o determinado mantém sua relação essencial com o indeterminado, a linha rigorosa, abstrata, que se alimenta do claro-escuro.

Será preciso representar a diferença? Os quatro aspectos da representação (quádrupla raiz)

Tirar a diferença de seu estado de maldição parece ser, então, a tarefa da filosofia da diferença. Não poderia a diferença tornar-se um organismo harmonioso e relacionar a determinação com outras determinações numa forma, isto é, no elemento coerente de uma representação orgânica? Como "razão", o elemento da representação tem quatro aspectos principais: a identidade na forma do conceito *indeterminado*, a analogia na relação entre conceitos *determináveis* últimos, a oposição na relação das *determinações* no interior do conceito, a semelhança no objeto *determinado* do próprio conceito. Essas formas são como que as quatro cabeças ou os quatro liames da mediação. Diz-se que a diferença é "mediatizada" na medida em que se chega a submetê-la à quádrupla raiz da identidade e da oposição, da analogia e da semelhança. A partir de uma primeira impressão (a diferença é o mal), propõe-se "salvar" a diferença, representando-a, e, para representá-la, relacioná-la às exigências do conceito em geral. Trata-se então de determinar um momento feliz – o momento feliz grego – em que a diferença é como que reconciliada com o conceito. A diferença deve sair de sua caverna e deixar de ser um monstro; ou, pelo menos, só deve subsistir como monstro aquilo que se subtrai ao momento feliz, aquilo que constitui somente um mau encontro, uma má ocasião. Aqui, portanto, a expressão "fazer a diferença" muda de sentido. Ela agora designa uma prova seletiva, que deve determinar quais diferenças podem ser inscritas no conceito em geral, e como. Tal prova, tal seleção parece efetivamente realizada pelo Grande e pelo Pequeno. Com efeito, o Grande e o Pequeno não são ditos naturalmente do Uno, mas, antes de tudo, da diferença. Pergunta-se, pois, até onde a diferença pode e deve ir – qual grandeza? qual pequenez? – para entrar nos limites do conceito, sem perder-se aquém dele e sem escapar para além dele. Evidentemente, é difícil saber se o problema está sendo, assim, bem formulado: seria a diferença verdadeiramente um mal em si? Seria preciso pôr a questão em termos morais? Seria preciso "mediatizar" a diferença para torná-la ao mesmo tempo vivível e pensável? Deveria a seleção consistir em tal prova? Deveria a prova ser concebida dessa maneira e com esse objetivo? Só poderemos responder a essas questões se determinarmos mais precisamente a suposta natureza do momento feliz.

O momento feliz, a diferença, o Grande e o Pequeno

Aristóteles diz: há uma diferença que é, ao mesmo tempo, a maior e a mais perfeita, *μεγίστη* e *τέλειος*. A diferença em geral se distingue da diversidade ou da alteridade, pois dois termos diferem quando são outros, não por si mesmos, mas por alguma coisa; portanto, eles diferem quando convêm também em outra coisa, em gênero, para as diferenças de espécie, ou mesmo em espécie, para as diferenças de número, ou ainda "em ser segundo a analogia", para as diferenças de gênero. Qual é, nessas condições, a maior diferença? A maior diferença é sempre a oposição. Mas, de todas as formas de oposição, qual é a mais perfeita, a mais completa, aquela que melhor "convém"? Os relativos se dizem um do outro; a contradição já se diz de um sujeito, mas para tornar sua subsistência impossível, e qualifica somente a mudança pela qual ele começa ou deixa de ser; a privação exprime ainda uma impotência determinada do sujeito existente. Só a contrariedade representa a potência de um sujeito para receber opostos, permanecendo substancialmente o mesmo (pela matéria ou pelo gênero). Em que condições, todavia, a contrariedade comunica sua perfeição à diferença? Enquanto consideramos o ser concreto tomado em sua matéria, as contrariedades que o afetam são modificações corporais que apenas nos darão o conceito empírico acidental de uma diferença ainda extrínseca (*extra quidditatem*). O acidente pode ser separável do sujeito, como "branco" e "negro" o são de "homem", ou pode ser inseparável, como "macho" e "fêmea" o são de "animal": segundo o caso, a diferença será dita *communis* ou *propria*, mas será sempre acidental, na medida em que vem da matéria. Portanto, só uma contrariedade na essência ou na forma nos dá o conceito de uma diferença que seja ela mesma essencial (*differentia essentialis aut propriissima*). Os contrários, então, são modificações que afetam um sujeito considerado em seu gênero. Na essência, com efeito, é próprio do gênero ser dividido por diferenças, tais como "pedestre" e "alado", que se coordenam como contrárias. Em suma, a diferença perfeita e máxima é a contrariedade no gênero, e a contrariedade no gênero é a diferença específica. Além e aquém, a diferença tende a confundir-se com a simples alteridade e quase se subtrai à identidade do conceito: a diferença genérica é grande demais, instalando-se entre incombináveis que não entram em relações de contrariedade; a diferença individual é pequena demais, instalando-se entre indivisíveis que tampouco têm contrariedade.[2]

Diferença conceitual: a maior e a melhor

Em compensação, parece que a diferença específica responde a todas as exigências de um conceito harmonioso ou de uma representação orgânica. Ela é pura, porque formal; intrínseca, pois opera na essência. Ela é qualitativa; e, na medida em que o gênero designa a essência, a diferença é mesmo uma qualidade muito especial, "segundo a essência", qualidade da própria essência. Ela é sintética, pois a especificação é uma composição, e a diferença se acrescenta atualmente ao gênero que só a contém em potência. Ela é mediatizada, ela própria é mediação, meio-termo em pessoa. Ela é produtora, pois o gênero não se divide em diferenças, mas é dividido por diferenças que nele produzem as espécies correspondentes. Eis por que ela é sempre causa, causa formal: o mais curto é a diferença específica da linha reta; o comprimente é a diferença específica da cor preta; o dissociante, a da cor branca. Eis por que ela é também um predicado de tipo tão particular, pois se atribui à espécie, mas, ao mesmo tempo, lhe atribui o gênero e constitui a espécie a que ela se atribui. Tal predicado, sintético e constituinte, mais atribuidor que atribuído, verdadeira regra de produção, tem, finalmente, uma última propriedade: a de levar consigo o que atribui. Com efeito, a qualidade da essência é suficientemente especial para fazer do gênero alguma coisa distinta e não simplesmente uma outra qualidade.[3] Portanto, compete ao gênero permanecer o mesmo para si, tornando-se outro nas diferenças que o dividem. A diferença transporta consigo o gênero e todas as diferenças intermediárias. Transporte da diferença, diáfora da diáfora, a especificação encadeia a diferença com a diferença nos níveis sucessivos da divisão, até que uma última diferença, a *species infima,* condense na direção escolhida o conjunto da essência e de sua qualidade continuada, reúna esse conjunto num conceito intuitivo e o amalgame com o termo a ser definido, ela mesma tomando-se uma coisa única indivisível (*ἄτομον, ἀδιάφορον εἶδος*). A especificação garante, assim, a coerência e a continuidade na compreensão do conceito.

A lógica da diferença segundo Aristóteles e a confusão do conceito da diferença com a diferença conceitual

Voltemos à expressão "a maior diferença". Ficou evidente que a diferença específica só muito relativamente é a maior. Absolutamente falando, a contradição é maior que a contrariedade – e sobretudo a diferença genérica é maior que a específica. Já a maneira como Aristóteles distingue a diferença da diversidade ou da alteridade nos mostra o caminho: é somente em relação à suposta identidade de um conceito que a diferença específica é tida como a maior. Além disso, é em relação à forma de identidade no conceito genérico que a diferença vai até a oposição, é impelida até a contrariedade. Portanto, a diferença específica de modo algum representa um conceito universal para todas as singularidades e sinuosidades da diferença (isto é, uma Ideia), mas designa um momento particular em que a diferença se concilia apenas com o conceito em geral. Assim, a diáfora da diáfora é, em Aristóteles, apenas um falso transporte: nunca se vê a diferença mudar de natureza, nunca se descobre um *diferenciador da diferença*, que possa relacionar, em sua imediatidade respectiva, o mais universal e o mais singular. A diferença específica apenas designa um máximo inteiramente relativo, um ponto de acomodação para o olho grego, e ainda para o olho grego do justo meio, olho que perdeu o sentido dos transportes dionisíacos e das metamorfoses. Aí está o princípio de uma confusão danosa para toda a filosofia da diferença: confunde-se a formulação de um conceito próprio da diferença com a inscrição da diferença no conceito em geral – confunde-se a determinação do conceito de diferença com a inscrição da diferença na identidade de um conceito indeterminado. É o passe de mágica implicado no momento feliz (e disso talvez derive todo o restante: a subordinação da diferença à oposição, à analogia, à semelhança, todos os aspectos da mediação). Deste modo, a diferença fica sendo apenas um predicado na compreensão do conceito. Essa natureza predicativa da diferença específica é constantemente lembrada por Aristóteles, mas ele é forçado a outorgar-lhe estranhos poderes: tanto o de atribuir quanto o de ser atribuído, ou tanto o de alterar o gênero quanto o de modificar-lhe a qualidade. Todas as maneiras pelas quais a diferença específica parece satisfazer às exigências de um conceito próprio (pureza, interioridade, produtividade, transporte...) revelam-se, assim, ilusórias e mesmo contraditórias a partir da confusão fundamental.

Diferença específica e diferença genérica

A diferença específica, portanto, é pequena em relação a uma diferença maior concernente aos próprios gêneros. Mesmo na classificação biológica, ela se torna bem pequena em relação aos grandes gêneros: não tanto diferença material, mas simples diferença "na" matéria, operando pelo mais e pelo menos. É que a diferença específica é o máximo e a perfeição, mas apenas sob a condição da identidade de um conceito indeterminado (gênero). Ela é pouca coisa, ao contrário, quando comparada à diferença entre os gêneros tomados como conceitos últimos determináveis (categorias), pois estes já não estão submetidos à condição de terem, por sua vez, um conceito idêntico ou gênero comum. Lembremos a razão pela qual o próprio Ser não é um gênero: é porque as diferenças *são,* diz Aristóteles (seria preciso, pois, que o gênero pudesse ser atribuído às suas diferenças em si: como se animal fosse dito, uma vez, da espécie humana, outra vez, da diferença "racional", constituindo uma outra espécie...).[4] É, portanto, um argumento tirado da natureza da diferença específica que permite concluir haver uma *outra* natureza das diferenças genéricas. Tudo se passa como se houvesse dois "*Logos*", diferentes por natureza, mas misturados: há o *logos* das Espécies, o *logos* do que se pensa e do que se diz, que se baseia na condição de identidade ou de univocidade de um conceito em geral tomado como gênero; e há o *logos* dos Gêneros, o *logos* do que se pensa e do que se diz por nosso intermédio e que, livre da condição, move-se na equivocidade do Ser como na diversidade dos conceitos mais gerais. Quando dizemos o unívoco, não será ainda o equívoco que se diz em nós? Não será preciso reconhecer aqui uma espécie de rachadura introduzida no pensamento, que se aprofunda incessantemente numa outra atmosfera (não aristotélica)? Mas, sobretudo, já não será uma nova oportunidade para a filosofia da diferença? Não se aproximará ela de um conceito absoluto, uma vez liberada da condição que a mantém num máximo inteiramente relativo?

Os quatro aspectos, ou a subordinação da diferença: identidade do conceito, analogia do juízo, oposição dos predicados, semelhança do percebido

Todavia, não se tem isto em Aristóteles. O fato é que a diferença genérica ou categorial continua sendo uma diferença, no sentido aristotélico, e não cai na simples diversidade ou alteridade. É que um conceito idêntico ou comum subsiste ainda, se bem que de modo muito especial. Esse conceito de Ser não é coletivo, como um gênero em relação a suas espécies, mas somente distributivo e hierárquico: não tem conteúdo em si, mas somente um conteúdo proporcionado aos termos formalmente diferentes dos quais é predicado. Esses termos (categorias) não precisam ter uma relação igual com o ser; basta que a relação de cada um com o ser seja *interior* a cada um. As duas características do conceito de ser – ter, apenas distributivamente, um sentido comum e ter, hierarquicamente, um sentido primeiro – mostram bem que ele não tem, em relação às categorias, o papel de um gênero em relação a espécies unívocas. Mas mostram também que a equivocidade do ser é inteiramente particular: trata-se de uma analogia.[5] Ora, caso se pergunte qual é a instância capaz de proporcionar o conceito aos termos ou aos sujeitos dos quais é ele afirmado, é evidente que tal instância é o juízo, pois ele tem, precisamente, duas e apenas duas funções essenciais: a distribuição, que ele assegura com a *partilha* do conceito, e a hierarquização, que ele assegura pela *medida* dos sujeitos. A uma, corresponde a faculdade que, no juízo, se chama senso comum; à outra, corresponde a faculdade que se chama bom senso (ou sentido primeiro). Ambas constituem a justa medida, a "justiça" como valor do juízo. Neste sentido, toda filosofia das categorias toma o juízo como modelo – conforme se vê em Kant e até mesmo em Hegel. Mas, com o seu senso comum e seu sentido primeiro, a analogia do juízo deixa subsistir a identidade de um conceito, seja sob forma implícita e confusa, seja sob forma virtual. A analogia é o análogo da identidade no juízo. A analogia é a essência do juízo, mas a analogia do juízo é o análogo da identidade do conceito. Eis por que não podemos esperar que a diferença genérica ou categorial, não mais que a diferença específica, nos propicie um conceito próprio da diferença. Enquanto a diferença específica se contenta em inscrever a diferença na identidade do conceito indeterminado em geral, a diferença genérica (distributiva e hierárquica) se contenta, por sua vez, em inscrever a diferença na quase identidade dos conceitos determináveis mais gerais, isto é, na analogia do próprio juízo. Toda a filosofia aristotélica da diferença está contida nesta dupla inscrição complementar, fundada num mesmo postulado, traçando os limites arbitrários do momento feliz.

A DIFERENÇA E A *REPRESENTAÇÃO ORGÂNICA*

Entre as diferenças genéricas e específicas se estabelece o liame de uma cumplicidade na representação. Não que elas tenham a mesma natureza: só de fora o gênero é determinável pela diferença específica, e a identidade dele, em relação às espécies, contrasta com a impossibilidade em que se encontra o Ser de formar, com relação aos próprios gêneros, tal identidade. Mas é a natureza das diferenças específicas (o fato de que elas *sejam*) que funda essa impossibilidade, impedindo que as diferenças genéricas se relacionem com o ser como a um gênero comum (se o ser fosse um gênero, suas diferenças seriam assimiláveis a diferenças específicas, mas já não se poderia dizer que elas "são", pois o gênero não se atribui a suas diferenças em si). Neste sentido, a univocidade das espécies num gênero comum remete à equivocidade do ser nos gêneros diversos: uma reflete a outra. Observa-se isso nas exigências do ideal da classificação: as grandes unidades – *γένη μέγιστα*, que serão, finalmente, chamadas de ramificações – são determinadas segundo relações de analogia que supõem uma escolha de caracteres operada pelo juízo na representação abstrata e, ao mesmo tempo, as pequenas unidades, os pequenos gêneros ou as espécies, são determinadas numa percepção direta das *semelhanças* que supõe uma continuidade da intuição sensível na representação concreta. Mesmo o neoevolucionismo reencontrará esses dois aspectos, ligados às categorias do Grande e do Pequeno, ao distinguir grandes diferenciações embriológicas precoces e pequenas diferenciações tardias, adultas, intraespecíficas ou específicas. Ora, ainda que os dois aspectos possam entrar em conflito, conforme os grandes gêneros ou as espécies sejam tomados como conceitos da Natureza, ambos constituem os limites da representação orgânica e *requisitos* igualmente necessários para a classificação: a continuidade metódica na percepção das semelhanças não é menos indispensável que a distribuição sistemática no juízo de analogia. Mas, tanto de um ponto de vista quanto do outro, a Diferença aparece apenas como um *conceito reflexivo*. Com efeito, a diferença permite passar das espécies semelhantes vizinhas à identidade de um gênero que as subsume; permite, pois, extrair ou recortar identidades genéricas no fluxo de uma série contínua sensível. No outro polo, ela permite passar dos gêneros respectivamente idênticos às relações de analogia que eles entretêm no inteligível. Como conceito de reflexão, a diferença dá testemunho de sua plena submissão a todas as exigências da representação, que se torna, precisamente graças a ela, "representação orgânica". No conceito de reflexão, com efeito, a diferença mediadora e mediatizada submete-se de pleno direito à *identidade* do conceito, à *oposição* dos predicados, à *analogia* do juízo, à *semelhança* da percepção. Reencontra-se aqui o caráter necessariamente quadripartito da representação. A questão é saber se sob todos estes aspectos reflexivos a diferença não perde, ao mesmo tempo, seu conceito e sua realidade. A diferença só deixa, com efeito, de ser um conceito reflexivo e só reencontra um conceito efetivamente real, na medida em que designa catástrofes: sejam rupturas de continuidade na série das semelhanças, sejam falhas intransponíveis entre as estruturas análogas. Ela só deixa de ser reflexiva para tornar-se catastrófica, e talvez não possa ser uma coisa sem a outra. Mas, justamente, a diferença como catástrofe não daria testemunho de um fundo rebelde irredutível que continua a agir sob o equilíbrio aparente da representação orgânica?

Univocidade e diferença

Houve apenas uma proposição ontológica: o Ser é unívoco. Houve apenas uma ontologia, a de Duns Scot, que dá ao ser uma só voz. Falamos de Duns Scot porque ele soube levar o ser unívoco ao mais elevado ponto de sutileza, mesmo que à custa de abstração. Mas, de Parmênides a Heidegger, a mesma voz é retomada num eco que forma por si só todo o desdobramento do unívoco. Uma só voz faz o clamor do ser. Não temos dificuldade em compreender que o Ser, embora seja absolutamente comum, nem por isso é um gênero; basta substituir o modelo do juízo pelo da proposição. Na proposição, tomada como entidade complexa, distinguem-se: o sentido ou o expresso pela proposição; o designado (o que se expressa na proposição); os expressantes ou designantes, que são modos numéricos, isto é, fatores diferenciais que caracterizam os elementos providos de sentido e de designação. Concebe-se que nomes ou proposições não tenham o mesmo sentido, ainda que designem estritamente a mesma coisa (como nos exemplos célebres: estrela vespertina-estrela matutina, Israel-Jacó, *p*lan-*b*lanc). A distinção entre estes sentidos é uma distinção real (*distinctio realis*), mas nada tem de numérico, menos ainda de ontológico: é uma distinção formal, qualitativa ou semiológica. A questão de saber se as categorias são diretamente assimiláveis a tais sentidos ou se deles derivam, como é mais verossímil, deve ser deixada de lado por enquanto. O importante é que se possam conceber vários sentidos formalmente distintos, mas que se reportam ao ser como a um só designado, ontologicamente uno. É verdade que tal ponto de vista ainda não basta para nos impedir de considerar estes sentidos como análogos e essa unidade do ser como uma analogia. É preciso acrescentar que o ser, o designado comum, enquanto se expressa, se diz, por sua vez, *num único sentido* de todos os designantes ou expressantes numericamente distintos. Na proposição ontológica, portanto, não só o designado é ontologicamente o mesmo para sentidos qualitativamente distintos, mas também o sentido é ontologicamente o mesmo para modos individuantes, para designantes ou expressantes numericamente distintos: essa é a circulação na proposição ontológica (expressão em seu conjunto).

Com efeito, o essencial na univocidade não é que o Ser se diga num único sentido. É que ele se diga, num único sentido, *de* todas as suas diferenças individuantes ou modalidades intrínsecas. O Ser é o mesmo para todas estas modalidades, mas estas modalidades não são as mesmas. Ele é "igual" para todas, mas elas mesmas não são iguais. Ele se diz num único sentido de todas, mas elas mesmas não têm o mesmo sentido. É da essência do ser unívoco reportar-se a diferenças individuantes, mas essas diferenças não têm a mesma essência e não variam a essência do ser – como o branco se reporta a intensidades diversas, mas permanece essencialmente o mesmo branco. Não há duas "vias", como se acreditou no poema de Parmênides, mas uma única "voz" do Ser, que se reporta a todos os seus modos, os mais diversos, os mais variados, os mais diferençados. O Ser se diz num único sentido de tudo aquilo de que ele se diz, mas aquilo de que ele se diz difere: ele se diz da própria diferença.

Os dois tipos de distribuição

Talvez, ainda haja no ser unívoco uma hierarquia e uma distribuição, concernentes aos fatores individuantes e seu sentido. Mas distribuição e até mesmo hierarquia têm duas acepções completamente diferentes, sem conciliação possível; o mesmo acontece com as expressões *logos, nomos,* na medida em que elas próprias remetem a problemas de distribuição. Devemos, por um lado, distinguir uma distribuição que implica uma partilha do distribuído: trata-se de repartir o distribuído como tal. É aí que as regras de analogia no juízo são todo-poderosas. O senso comum ou o bom senso, enquanto qualidades do juízo, são, pois, representados como princípios de repartição, eles mesmos declarados como sendo *o melhor partilhado.* Esse tipo de distribuição procede por determinações fixas e proporcionais, assimiláveis a "propriedades" ou territórios limitados na representação. Pode ser que a questão agrária tenha tido uma grande importância nessa organização do juízo como faculdade de distinguir partes ("de uma parte e de outra parte"). Mesmo entre os deuses, cada um tem seu domínio, sua categoria, seus atributos, e todos distribuem aos mortais limites e lotes em conformidade com o destino. Há, por outro lado, uma distribuição totalmente diferente dessa, que é preciso chamar de nomádica, um *nomos* nômade, sem propriedade, sem cerca e sem medida. Aí já não há partilha de um distribuído, mas antes repartição daqueles que *se* distribuem num espaço aberto ilimitado ou, pelo menos, sem limites precisos.[6] Nada cabe ou pertence a alguém, mas todas as pessoas estão dispostas aqui e ali, de maneira a cobrir o maior espaço possível. Mesmo quando se trata da seriedade da vida, dir-se-ia haver um espaço de jogo, uma regra de jogo, em oposição tanto ao espaço quanto ao *nomos* sedentário. Preencher um espaço, partilhar-se nele, é muito diferente de partilhar o espaço. É uma distribuição de errância e até mesmo de "delírio", em que as coisas se desdobram em todo o extenso de um Ser unívoco e não partilhado. Não é o ser que se partilha segundo as exigências da representação; são todas as coisas que se repartem nele na univocidade da simples presença (o Uno-Todo). Tal distribuição é mais demoníaca que divina, pois a particularidade dos demônios é operar nos intervalos entre os campos de ação dos deuses, como saltar por cima das barreiras ou das cercas confundindo as propriedades. O coro de Édipo exclama: "Que demônio saltou com mais ímpeto que o mais longo salto?" O salto testemunha, aqui, os distúrbios subversivos que as distribuições nômades introduzem nas estruturas sedentárias da representação. O mesmo deve ser dito da hierarquia. Há uma hierarquia que mede os seres segundo seus limites e segundo seu grau de proximidade ou distanciamento em relação a um princípio. Mas há também uma hierarquia que considera as coisas e os seres do ponto de vista da potência: não se trata de graus de potência absolutamente considerados, mas somente de saber se um ser "salta" eventualmente, isto é, ultrapassa seus limites, indo até o extremo daquilo que pode, seja qual for o grau. Dir-se-á que "até o extremo" define ainda um limite. Mas o limite, *πέρας*, já não designa aqui o que mantém a coisa sob uma lei, nem o que a termina ou a separa, mas, ao contrário, aquilo a partir do que ela se desenvolve e desenvolve toda sua potência; a *hybris* deixa de ser simplesmente condenável e *o menor torna-se igual ao maior,* desde que não seja separado daquilo que pode. Esta medida envolvente é a mesma para todas as coisas, a mesma também para a substância, a qualidade, a quantidade etc., pois ela forma um só máximo, em que a diversidade desenvolvida de todos os graus atinge a igualdade que a envolve. Essa medida ontológica está mais próxima da desmesura das coisas que da primeira medida; essa hireraquia ontológica está mais próxima da *hybris* e da anarquia dos seres que da primeira hierarquia. Ela é o monstro de todos os demônios. Então, as palavras "Tudo é igual" podem ressoar, mas como palavras alegres, com a condição de se dizê-las *do* que não é igual neste Ser igual unívoco: o ser igual está imediatamente presente em todas as coisas, sem intermediário nem mediação, se bem que as coisas se mantenham desigualmente neste ser igual. Mas todas estão numa proximidade absoluta, onde a *hybris* as conduz e, grande ou pequena, inferior ou superior, nenhuma delas participa mais ou menos do ser ou o recebe por analogia. Portanto, a univocidade do ser significa também a igualdade do ser. O Ser unívoco é, ao mesmo tempo, distribuição nômade e anarquia coroada.

Impossibilidade de reconciliar a univocidade e a analogia

Contudo, não se poderia conceber uma conciliação entre a analogia e a univocidade? Se o ser é unívoco em si mesmo, enquanto ser, não seria ele "análogo", desde que considerado em seus modos intrínsecos ou fatores individuantes (o que anteriormente denominamos expressantes, designantes)? Se é igual em si mesmo, não seria desigual nas modalidades que nele se mantêm? Se designa uma entidade comum, não seria para existentes que nada têm "realmente" em comum? Se tem um estado metafísico de univocidade, não teria ele um estado físico de analogia? E se a analogia reconhece um quase conceito idêntico, a univocidade, por sua vez, não reconheceria um quase juízo de analogia, mesmo que seja para reportar o ser a estes existentes particulares?[7] Mas tais questões correm o risco de desnaturar as duas teses que elas tentam aproximar, pois o essencial da analogia, como vimos, repousa numa certa cumplicidade (apesar de sua diferença de natureza) entre as diferenças genéricas e específicas: o ser não pode ser considerado como um gênero comum sem que se destrua a razão pela qual ele é assim considerado, isto é, a possibilidade de *ser* para as diferenças específicas... Portanto, não é de se estranhar que, do ponto de vista da analogia, tudo se passe em mediação e em generalidade – identidade do conceito em geral e analogia dos conceitos mais gerais – nas regiões médias do gênero e da espécie. Assim, é inevitável que a analogia caia numa dificuldade sem saída: ela deve, essencialmente, reportar o ser a existentes particulares, mas, ao mesmo tempo, não pode dizer o que constitui sua individualidade. Com efeito, retendo no particular apenas aquilo que é conforme ao geral (forma e matéria), ela busca o princípio de individuação neste ou naquele elemento dos indivíduos já constituídos. Ao contrário, quando dizemos que o ser unívoco se reporta essencial e imediatamente a fatores individuantes, certamente não entendemos esses fatores como indivíduos constituídos na experiência, mas como aquilo que neles age como princípio transcendental, como princípio plástico, anárquico e nômade, contemporâneo do processo de individuação, e que é tão capaz de dissolver e destruir os indivíduos quanto de constituí-los temporariamente: modalidades intrínsecas do ser, passando de um "indivíduo" a outro, circulando e comunicando sob as formas e as matérias. O individuante não é o simples individual. Nessas condições, não basta dizer que a individuação difere por natureza da especificação. Nem mesmo basta dizê-lo à maneira de Duns Scot, que não se contentava em analisar os elementos de um indivíduo constituído, mas se alçava à concepção de uma individuação como "última atualidade da forma". É preciso mostrar não apenas como a diferença individuante difere por natureza da diferença específica, mas, antes e sobretudo, como a individuação *precede* de direito a forma e a matéria, a espécie e as partes, e qualquer outro elemento do indivíduo constituído. Na medida em que se reporta imediatamente à diferença, a univocidade do ser exige que se mostre como a diferença individuante precede, no ser, as diferenças genéricas, específicas e mesmo individuais – como um campo prévio de individuação no ser condiciona a especificação das formas, a determinação das partes e suas variações individuais. Se a individuação não se faz nem pela forma nem pela matéria, nem qualitativa nem extensivamente, é por já estar suposta pelas formas, pelas matérias e pelas partes extensivas (não só porque ela difere por natureza).

Portanto, não é da mesma maneira que, na analogia do ser, as diferenças genéricas e as diferenças específicas se mediatizam em geral com relação a diferenças individuais, e que, na univocidade, o ser unívoco se diz imediatamente das diferenças individuantes ou que o universal se diz do mais singular, independentemente de toda mediação. Se é verdade que a analogia nega que o ser seja um gênero comum, porque as diferenças (específicas) "são", o ser unívoco, inversamente, é comum, na medida em que as diferenças (individuantes) "não são" e não têm de ser. Veremos talvez que elas não são, mas num sentido muito particular: se elas não são, é porque dependem, no ser unívoco, de um não ser sem negação. Mas, na univocidade, já aparece que não são as diferenças que são e têm de ser. O ser é que é Diferença, no sentido em que ele se diz da diferença. E não somos nós que somos unívocos num Ser que não o é; somos nós, é nossa individualidade que permanece equívoca num Ser, para um Ser unívoco.

Os momentos do unívoco: Duns Scot, Espinosa, Nietzsche

A história da filosofia determina três momentos principais na elaboração da univocidade do ser. O primeiro é representado por Duns Scot. No *Opus Oxoniense,* o maior livro de ontologia pura, o ser é pensado como unívoco, mas o ser unívoco é pensado como neutro, *neuter,* indiferente ao infinito e ao finito, ao singular e ao universal, ao criado e ao incriado. Duns Scot merece, pois, o nome de "doutor sutil", porque seu olhar discerne o ser aquém do entrecruzamento do universal e do singular. Para neutralizar as forças da analogia no juízo, ele toma a dianteira e neutraliza antes de tudo o ser num conceito abstrato. Eis por que ele somente *pensou* o ser unívoco. Vê-se o inimigo que ele se esforça por evitar, em conformidade com as exigências do cristianismo: o panteísmo, em que ele cairia se o ser comum não fosse neutro. Todavia, ele soube definir dois tipos de distinção que reportavam à diferença este ser neutro indiferente. A *distinção formal,* com efeito, é uma distinção real, pois é fundada no ser ou na coisa, mas não é necessariamente uma distinção numérica, porque se estabelece entre essências ou sentidos, entre "razões formais" que podem deixar subsistir a unidade do sujeito a que são atribuídas. Assim, não só a univocidade do ser (em relação a Deus e às criaturas) se prolonga na univocidade dos "atributos", mas, sob a condição de sua infinitude, Deus pode possuir esses atributos unívocos formalmente distintos sem nada perder de sua unidade. O outro tipo de distinção, a *distinção modal,* se estabelece entre o ser ou os atributos, por um lado, e, por outro, as variações intensivas de que são capazes. Essas variações, como os graus do branco, são modalidades individuantes das quais o infinito e o finito constituem precisamente as intensidades singulares. Do ponto de vista de sua própria neutralidade, o ser unívoco não implica, pois, somente formas qualitativas ou atributos distintos, eles mesmos unívocos, mas se reporta e os reporta a fatores intensivos ou graus individuantes que variam seu modo sem modificar-lhe a essência enquanto ser. Se é verdade que a distinção em geral reporta o ser à diferença, a distinção formal e a distinção modal são os dois tipos sob os quais o ser unívoco, em si mesmo, por si mesmo, se reporta à diferença.

Com o segundo momento, Espinosa opera um progresso considerável. Em vez de pensar o ser unívoco como neutro ou indiferente, faz dele um objeto de afirmação pura. O ser unívoco se confunde com a substância única, universal e infinita: é posto como *Deus sive Natura.* E a luta que Espinosa empreende contra Descartes não é sem relação com aquela que Duns Scot conduzia contra santo Tomás. Contra a teoria cartesiana das substâncias, totalmente penetrada de analogia, contra a concepção cartesiana das distinções, que mistura estreitamente o ontológico, o formal e o numérico (substância, qualidade e quantidade) – Espinosa organiza uma admirável repartição da substância, dos atributos e dos modos. Desde as primeiras páginas da *Ética,* ele defende que as distinções reais nunca são numéricas, mas apenas formais, isto é, qualitativas ou essenciais (atributos essenciais da substância única); e, inversamente, que as distinções numéricas nunca são reais, mas somente modais (modos intrínsecos da substância única e de seus atributos). Os atributos comportam-se realmente como sentidos qualitativamente diferentes que se reportam à substância como a um mesmo designado; e esta substância, por sua vez, comporta-se como um sentido ontologicamente uno em relação aos modos que a exprimem e que, nela, são como fatores individuantes ou graus intrínsecos intensos. Decorrem daí uma determinação do modo como grau de potência e uma única "obrigação" para o modo, que é desenvolver toda sua potência ou seu ser *no* próprio limite. Os atributos são, pois, absolutamente comuns à substância e aos modos, embora a substância e os modos não tenham a mesma essência; o próprio ser se diz num mesmo sentido da substância e dos modos, embora os modos e a substância não tenham o mesmo sentido ou não tenham este ser da mesma maneira (*in se* e *in alio*). Toda hierarquia, toda eminência é negada, na medida em que a substância é igualmente designada por todos os atributos em conformidade com sua essência, igualmente exprimida por todos os modos em conformidade com seu grau de potência. É com Espinosa que o ser unívoco deixa de ser neutralizado, tornando-se expressivo, tornando-se uma verdadeira proposição expressiva afirmativa.

A repetição no eterno retorno define a univocidade do ser

Todavia, subsiste ainda uma indiferença entre a substância e os modos: a substância espinosista aparece independente dos modos, e os modos dependem da substância, mas como de outra coisa. Seria preciso que a própria substância fosse dita *dos* modos e somente *dos* modos. Tal condição só pode ser preenchida à custa de uma subversão categórica mais geral, segundo a qual o ser se diz do devir, a identidade se diz do diferente, o uno se diz do múltiplo etc. Que a identidade não é primeira, que ela existe como princípio, mas como segundo princípio, como algo *tornado* princípio, que ela gira em torno do Diferente, tal é a natureza de uma revolução copernicana que abre à diferença a possibilidade de seu conceito próprio, em vez de mantê-la sob a dominação de um conceito em geral já posto como idêntico. Com o eterno retorno, Nietzsche não queria dizer outra coisa. O eterno retorno não pode significar o retorno do Idêntico, pois ele supõe, ao contrário, um mundo (o da vontade de potência) em que todas as identidades prévias são abolidas e dissolvidas. Revir é o ser, mas somente o ser do devir. O eterno retorno não faz "o mesmo" retornar, mas o revir constitui o único Mesmo do que se torna. Revir é o devir-idêntico do próprio devir. Revir é, pois, a única identidade, mas a identidade como potência segunda, a identidade da diferença, o idêntico que se diz do diferente, que gira em torno do diferente. Tal identidade, produzida pela diferença, é determinada como "repetição". Do mesmo modo, a repetição no eterno retorno consiste em pensar o mesmo a partir do diferente. Mas esse pensamento já não é de modo algum uma representação teórica: ele opera praticamente uma seleção das diferenças segundo sua capacidade de produzir, isto é, de retornar ou de suportar a prova do eterno retorno. O caráter seletivo do eterno retorno aparece nitidamente na ideia de Nietzsche: o que retorna não é o Todo, o Mesmo ou a identidade prévia em geral. Nem mesmo é o pequeno ou o grande como partes do todo ou como elementos do mesmo. Só as formas extremas retornam – aquelas que, pequenas ou grandes, se desenvolvem no limite e vão ao extremo da potência, transformando-se e passando umas nas outras. Só retorna o que é extremo, excessivo, o que passa no outro e se torna idêntico. Eis por que o eterno retorno se diz somente do mundo teatral das metamorfoses e das máscaras da Vontade de potência, das intensidades puras dessa Vontade, como fatores móveis individuantes que não se deixam reter nos limites factícios deste ou daquele indivíduo, desse ou daquele Eu. O eterno retorno, o revir, expressa o ser comum de todas as metamorfoses, a medida e o ser comum de tudo o que é extremo, de todos os graus de potência na medida em que são realizados. É o ser-igual de tudo o que é desigual e que soube realizar plenamente sua desigualdade. Tudo o que é extremo, ao se tornar o mesmo, entra em comunicação num Ser igual e comum que determina o retorno. Eis por que o super-homem é definido como forma superior de tudo o que "é". É preciso adivinhar o que Nietzsche chama de nobre: empregando a linguagem do físico da energia, ele chama de nobre a energia capaz de se transformar. Quando Nietzsche diz que a *hybris* é o verdadeiro problema de todo heraclitiano, ou que a hierarquia é o problema dos espíritos livres, ele quer dizer uma mesma coisa: que é na *hybris* que cada um encontra o ser que o faz retornar, como também uma espécie de anarquia coroada, uma hierarquia subvertida, que, para assegurar a seleção da diferença, começa por subordinar o idêntico ao diferente.[8] Sob todos esses aspectos, o eterno retorno é a univocidade do ser, a realização efetiva da univocidade. No eterno retorno, o ser unívoco não é somente pensado, nem mesmo somente afirmado, mas efetivamente realizado. O Ser se diz num mesmo sentido, mas este sentido é o do eterno retorno, como retorno ou repetição daquilo de que ele se diz. A roda no eterno retorno é, ao mesmo tempo, produção da repetição a partir da diferença e seleção da diferença a partir da repetição.

A diferença e a *representação orgíaca* (o infinitamente grande e o infinitamente pequeno)

A prova do Pequeno e do Grande nos pareceu falsear a seleção, porque renunciava a um conceito próprio da diferença em proveito das exigências da identidade do conceito em geral. Ela fixava somente os limites entre os quais a determinação tornava-se diferença, ao se inscrever no conceito idêntico ou nos conceitos análogos (mínimo e máximo). Eis por que a seleção, que consiste em "fazer a diferença", pareceu-nos ter outro sentido: mais deixar que apareçam e se desenrolem as formas extremas na simples presença de um Ser unívoco do que medir e repartir formas médias segundo as exigências da representação orgânica. Todavia, seria possível dizer que esgotamos todos os recursos do Pequeno e do Grande, na medida em que eles se aplicam à diferença? Não os reencontraríamos como uma alternativa característica das próprias formas extremas? Perguntamos isto porque o extremo parece definir-se pelo infinito no pequeno ou no grande. O infinito, neste sentido, significa a identidade do pequeno e do grande, a identidade dos extremos. Quando a representação encontra em si o infinito, ela aparece como uma representação *orgíaca* e não mais *orgânica*: ela descobre em si o tumulto, a inquietude e a paixão sob a calma aparente ou sob os limites do organizado. Ela reencontra o monstro. Então, já não se trata de um momento feliz que marcaria a entrada e a saída da determinação no conceito em geral, o mínimo e o máximo relativos, o *punctum proximum* e o *punctum remotum*. É preciso, ao contrário, um olho míope, um olho hipermétrope, para que o conceito assuma todos os momentos: o conceito é agora o Todo, seja porque estende sua bênção sobre todas as partes, seja porque a cisão e a desgraça das partes nele se refletem para receber uma espécie de absolvição. Portanto, o conceito segue e esposa a determinação de um extremo a outro, em todas as suas metamorfoses, e a representa como pura diferença, entregando-a a um *fundamento* em relação ao qual já não importa saber se estamos diante de um mínimo ou de um máximo relativos, diante de um grande ou de um pequeno, nem diante de um início ou de um fim, pois os dois coincidem no fundamento como um mesmo momento "total", que é também o do esvaecimento e da produção da diferença, o do desaparecimento e do aparecimento.

É de se observar, neste sentido, a que ponto Hegel, não menos que Leibniz, atribui importância ao movimento infinito do esvaecimento como tal, isto é, ao momento em que a diferença se esvaece, momento que é também aquele no qual ela se produz. É a própria noção de limite que muda completamente de significação: não designa mais os marcos da representação finita, mas, ao contrário, a matriz em que a determinação finita não para de desaparecer e de nascer, de se envolver e de se desenvolver na representação orgíaca. Ela já não designa a limitação de uma forma, mas a *convergência* em direção a um fundamento; não mais a distinção das formas, mas a correlação do fundado e do fundamento; não mais a interrupção da potência, mas o elemento em que a potência é efetuada e fundada. Com efeito, tanto quanto a dialética, o cálculo diferencial não deixa de ser um caso de "potência" e de potência do limite. Se os marcos da representação finita são tratados como duas determinações matemáticas abstratas, que seriam as do Pequeno e do Grande, observa-se ainda ser totalmente indiferente a Leibniz (como a Hegel) saber se o determinado é pequeno ou grande, o maior ou o menor; a consideração do infinito torna o determinado independente dessa questão, submetendo-o a um elemento arquitetônico que descobre em todos os casos o mais perfeito ou o mais bem fundado.[9] É neste sentido que se deve dizer que a representação orgíaca *faz* a diferença, pois ela a seleciona ao introduzir esse infinito que a remete ao fundamento (seja um fundamento pelo Bem, que age como princípio de escolha e de jogo, seja um fundamento pela negatividade, que age como dor e trabalho). E se os marcos da representação finita, isto é, o Pequeno e o Grande, são tratados com base no caráter ou no conteúdo concretos que lhes dão os gêneros e as espécies, mesmo assim a introdução do infinito na representação torna o determinado independente do gênero como determinável e da espécie como determinação, ao reter num meio-termo tanto a universalidade verdadeira, que escapa ao gênero, quanto a singularidade autêntica, que escapa à espécie. Em suma, a representação orgíaca tem o fundamento como princípio e o infinito como elemento – contrariamente à representação orgânica, que guardava a forma como princípio e o finito como elemento. É o infinito que torna a determinação pensável e selecionável: a diferença aparece, pois, como a representação orgíaca da determinação e não mais como sua representação orgânica. Em vez de animar juízos sobre as coisas, a representação orgíaca faz das próprias coisas expressões, proposições: proposições analíticas ou sintéticas infinitas. Mas por que haveria uma alternativa na representação orgíaca, se os dois pontos, o pequeno e o grande, o máximo e o mínimo, se tornaram indiferentes ou idênticos no infinito, e a diferença se tornou totalmente independente deles no fundamento? É que o infinito não é o lugar onde a determinação finita desapareceu (isto seria projetar no infinito a falsa concepção do limite). A representação orgíaca só pode descobrir em si o infinito deixando subsistir a determinação finita; além disso, ela só o pode ao dizer o infinito *da* própria determinação finita, ao representá-la não como esvaecida e desaparecida, mas como esvaecente e a ponto de desaparecer, portanto, também como engendrando-se no infinito. Nessa representação, o infinito e o finito têm a mesma "inquietação", o que permite representar um no outro. Mas quando o infinito se diz do próprio finito sob as condições da representação, ele tem duas maneiras de se dizer: como infinitamente pequeno ou como infinitamente grande. Essas duas maneiras, essas duas "diferenças", de modo algum são simétricas. Assim, a dualidade se reintroduz na representação orgíaca, não mais sob a forma de uma complementaridade ou de uma reflexão de dois momentos finitos assinaláveis (como era o caso para a diferença específica e a diferença genérica), mas sob a forma de uma alternativa entre dois processos inassinaláveis infinitos, sob a forma de uma alternativa entre Leibniz e Hegel. Se é verdade que o pequeno e o grande se identificam no infinito, o infinitamente pequeno e o infinitamente grande voltam a se separar, e mais energicamente, na medida em que o infinito se diz do finito. Leibniz e Hegel, cada um deles separadamente, escapam da alternativa do Grande e do Pequeno, mas ambos tornam a cair na alternativa do infinitamente pequeno e do infinitamente grande. Eis por que a representação orgíaca desemboca numa dualidade que redobra sua inquietação ou que é até mesmo sua verdadeira razão e a divide em dois tipos.

Lógica e ontologia da diferença segundo Hegel: a contradição

Segundo Hegel, parece que a "contradição" suscita muito pouco problema. Ela tem uma função totalmente distinta: a contradição se resolve e, resolvendo-se, resolve a diferença, ao remetê-la a um fundamento. O único problema é a diferença. O que Hegel critica em seus predecessores é terem permanecido num máximo totalmente relativo, sem atingir o máximo absoluto da diferença, isto é, a contradição, o infinito (como infinitamente grande) da contradição. Eles não ousaram ir até o fim: "A diferença em geral já é contradição em si... Só quando *levado ao extremo* da contradição, o variado, o multiforme, desperta e se anima, e as coisas participantes dessa variedade recebem a negatividade, que é a pulsação imanente do movimento autônomo, espontâneo e vivo... Quando se leva *suficientemente longe* a diferença entre as realidades, vê-se a diversidade tornar-se oposição e, por conseguinte, contradição, de modo que o conjunto de todas as realidades se torna, por sua vez, contradição absoluta em si."[10] Assim como Aristóteles, Hegel determina a diferença pela oposição dos extremos ou dos contrários. Mas a oposição permanece abstrata enquanto não vai ao infinito, e o infinito permanece abstrato toda vez que é posto fora das oposições finitas: a introdução do infinito acarreta, nesse caso, a identidade dos contrários ou faz do contrário do Outro um contrário de Si. É verdade que somente no infinito a contrariedade representa o movimento da interioridade: esse movimento deixa subsistir a indiferença, pois cada determinação, enquanto contém a outra, é independente da outra como de uma relação com o exterior. É preciso também que cada contrário expulse seu outro, que expulse, pois, a si próprio e se torne o outro que ele expulsa. Tal é a contradição como movimento da exterioridade ou da objetivação real, constituindo a verdadeira pulsação do infinito. Nela, portanto, encontra-se ultrapassada a simples identidade dos contrários, como identidade do positivo e do negativo. Com efeito, não é da mesma maneira que o positivo e o negativo são o Mesmo; o negativo é agora, ao mesmo tempo, o devir do positivo, quando o positivo é negado, e o revir do positivo, quando ele nega a si próprio ou se exclui. Talvez cada um dos contrários determinados como positivo e negativo já fosse a contradição, "mas o positivo só é essa contradição em si, ao passo que a negação é a contradição posta". Na contradição posta a diferença encontra seu conceito próprio, é determinada como negatividade, se torna pura, intrínseca, essencial, qualitativa, sintética, produtora, e não deixa subsistir a indiferença. Suportar, suscitar a contradição, é a prova seletiva que "faz" a diferença (entre o efetivamente-real e o fenômeno passageiro ou contingente). Assim, a diferença é levada ao extremo, isto é, até o fundamento, que é tanto seu retorno ou sua reprodução quanto seu aniquilamento.

Este infinito hegeliano, embora se diga da oposição ou da determinação finitas, é ainda o infinitamente grande da teologia, do *Ens quo nihil majus*... Deve-se mesmo considerar que a natureza da contradição real, enquanto distingue uma coisa de *tudo aquilo que ela não é*, foi formulada pela primeira vez por Kant, que a faz depender, sob o nome de "determinação completa", da posição de um todo da realidade como *Ens summum*. Portanto, não há por que esperar um tratamento matemático desse infinitamente grande teológico, desse sublime do infinitamente grande. O mesmo não acontece em Leibniz, pois, pela modéstia das criaturas, para evitar toda mistura de Deus com as criaturas, Leibniz só pode introduzir o infinito no finito sob a forma do infinitamente pequeno. Neste sentido, todavia, não se pode afirmar que ele vá "menos longe" que Hegel. Ele também ultrapassa a representação orgânica na direção da representação orgíaca, embora o faça por um outro caminho. Se, na representação serena, Hegel descobre a embriaguez e a inquietação do infinitamente grande, Leibniz descobre, na ideia clara finita, a inquietação do infinitamente pequeno, também feita de embriaguez, de atordoamento, de esvaecimento e mesmo de morte. Parece, pois, que a diferença entre Hegel e Leibniz está nas duas maneiras de ultrapassar o orgânico. Certamente, o essencial e o não essencial são inseparáveis, como o uno e o múltiplo, o igual e o desigual, o idêntico e o diferente. Mas Hegel parte do essencial como gênero; e o infinito é o que põe a cisão no gênero e a supressão da cisão na espécie. O gênero é, pois, ele próprio e a espécie, o todo é ele próprio e a parte. Assim, ele contém o outro *em essência,* e o contém essencialmente.[11] Leibniz, ao contrário, no que se refere aos fenômenos, parte do não essencial – do movimento, do desigual, do diferente. É o não essencial, em virtude do infinitamente pequeno, que é agora posto como espécie e como gênero e que, por esta razão, termina na "quase espécie oposta": o que significa que ele não contém o outro em essência, mas só em propriedade, em *caso.* É falso impor à análise infinitesimal a seguinte alternativa: ser uma linguagem das essências ou uma ficção cômoda. É falso, porque a subsunção sob o "caso" ou a linguagem das propriedades tem sua originalidade própria. Esse procedimento do infinitamente pequeno, que mantém a distinção das essências (na medida em que uma desempenha para a outra o papel do não essencial), é totalmente diferente da contradição; é preciso também dar-lhe um nome particular, o de "vice-dicção". No infinitamente grande, o igual contradiz o desigual, na medida em que o possui em essência, e contradiz a si próprio, na medida em que nega a si próprio ao negar o desigual. Mas, no infinitamente pequeno, o desigual vice-diz o igual e vice-diz a si próprio, na medida em que inclui como caso o que exclui em essência. O não essencial compreende o essencial como caso, ao passo que o essencial continha o não essencial em essência.

Lógica e ontologia da diferença segundo Leibniz: a vice-dicção (continuidade e indiscerníveis)

Dever-se-ia dizer que a vice-dicção vai menos longe que a contradição sob o pretexto de que ela só diz respeito às propriedades? Na verdade, a expressão "diferença infinitamente pequena" indica que a diferença se desvanece diante da intuição; mas ela encontra seu conceito, e é antes a própria intuição que se desvanece em proveito da relação diferencial. Isso é mostrado dizendo-se que dx nada é em relação a x, nem dy em relação a y, mas que $\frac{dy}{dx}$ é a relação qualitativa interna, expressando o universal de uma função separada de seus valores numéricos particulares. Mas, se a relação não tem determinações numéricas, ela não deixa de ter graus de variação correspondendo a formas e equações diversas. Esses graus são como que as relações do universal; e as relações diferenciais, neste sentido, dão-se no processo de uma determinação recíproca, processo que traduz a interdependência dos coeficientes variáveis.[12] Além disso, a *determinação recíproca* expressa apenas o primeiro aspecto de um verdadeiro princípio de razão; o segundo aspecto é a *determinação completa,* pois cada grau ou relação, tomado como o universal de uma função, determina a existência e a repartição de pontos notáveis da curva correspondente. Devemos ter aqui o grande cuidado de não confundir o "completo" com o "inteiro"; é que, no caso da equação de uma curva, por exemplo, a relação diferencial remete somente a linhas retas determinadas pela natureza da curva; ela já é determinação completa do objeto e, todavia, expressa apenas uma parte do objeto inteiro, a parte considerada "derivada" (a outra parte, expressa pela função dita primitiva, só pode ser encontrada pela integração, que de modo algum se contenta em ser o inverso da diferenciação; da mesma maneira, é a integração que define a natureza dos pontos notáveis anteriormente determinados). Eis por que um objeto pode ser completamente determinado – *ens omni modo determinatum* – sem dispor, por isso, de sua integridade, a única a constituir sua existência atual. Mas, sob o duplo aspecto da determinação recíproca e da determinação completa, o limite já coincide com a própria potência. O limite é definido pela convergência. Os valores numéricos de uma função atingem seu limite na relação diferencial; as relações diferenciais atingem seu limite nos graus de variação; e, a cada grau, os pontos notáveis são o limite de séries que se prolongam analiticamente umas nas outras. Não só a relação diferencial é o elemento puro da potencialidade, mas o limite é a potência do contínuo, como a continuidade é a potência dos próprios limites. Assim, a diferença encontra seu conceito num negativo, mas um negativo de pura limitação, um *nihil respectivum* (*dx* nada é em relação a *x*). De todos estes pontos de vista, a distinção do notável e do ordinário, ou do singular e do regular, forma no contínuo as duas categorias próprias do não essencial. Elas animam toda a linguagem dos limites e das propriedades, constituem a estrutura do fenômeno como tal; veremos, neste sentido, tudo o que a filosofia deve esperar de uma distribuição dos pontos notáveis e dos pontos ordinários para a descrição da experiência. Mas as duas espécies de pontos já preparam, no não essencial, a constituição das próprias essências. O não essencial não designa, aqui, o que é sem importância, mas, ao contrário, o mais profundo, o estofo ou o *continuum* universal, aquilo de que as próprias essências são finalmente feitas.

Com efeito, o próprio Leibniz nunca viu contradição entre a lei de continuidade e o princípio dos indiscerníveis. Uma rege as propriedades, as afecções ou os casos completos; o outro rege as essências, compreendidas como noções individuais inteiras. Sabe-se que cada uma dessas noções inteiras (mônadas) expressa a totalidade do mundo; mas cada uma o expressa precisamente sob uma certa relação diferencial e em torno de certos pontos notáveis correspondentes a essa relação.[13] Neste sentido as relações diferenciais e os pontos notáveis já indicam, no contínuo, centros de envolvimento, centros de implicação ou de involução possíveis, que se encontram efetuados pelas essências individuais. Basta mostrar que o contínuo das afecções e das propriedades de certo modo precede, de direito, a constituição destas essências individuais (o que significa dizer que os pontos notáveis são singularidades pré-individuais, o que de modo algum contradiz a ideia de que a individuação precede a especificação atual, embora seja precedida por todo o contínuo diferencial). Na filosofia de Leibniz, essa condição é satisfeita da seguinte maneira: o mundo, como expresso comum de todas as mônadas, preexiste a suas expressões. É bem verdade que ele não *existe* fora do que o expressa, fora das próprias mônadas; mas essas expressões remetem ao expresso como ao *requisito* de sua constituição. Neste sentido (como Leibniz o lembra constantemente em suas cartas a Arnauld), a inerência dos predicados a cada sujeito supõe a compossibilidade do mundo expresso por todos esses sujeitos: Deus não criou Adão pecador, mas, primeiramente, o mundo em que Adão pecou. É provavelmente a continuidade que define a compossibilidade de cada mundo; e se o mundo real é o melhor, é na medida em que ele apresenta um máximo de continuidade num máximo de casos, num máximo de relações e de pontos notáveis. Isto quer dizer que, para cada mundo, uma série que converge em torno de um ponto notável é capaz de, em todas as direções, prolongar-se em outras séries que convergem em torno de outros pontos, a incompossibilidade dos mundos definindo-se, ao contrário, na vizinhança dos pontos que fariam divergir as séries obtidas. Vê-se por que de modo algum a noção de incompossibilidade se reduz à contradição, nem mesmo implica oposição real: ela só implica a divergência; e a compossibilidade traduz somente a originalidade do processo da vice-dicção como prolongamento analítico. No *continuum* de um mundo compossível, as relações diferenciais e os pontos notáveis determinam, pois, centros expressivos (essências ou substâncias individuais) nos quais, a cada vez, o mundo inteiro é envolvido de um determinado ponto de vista. Inversamente, esses centros se desenrolam e se desenvolvem, restituindo o mundo e desempenhando, então, o papel de simples pontos notáveis e de "casos" no *continuum* expresso. A lei de continuidade aparece aqui como uma lei das propriedades ou dos casos do mundo, uma lei de desenvolvimento que se aplica ao mundo expresso, mas também às próprias mônadas no mundo; o princípio dos indiscerníveis é um princípio das essências, um princípio de envolvimento, que se aplica às expressões, isto é, às mônadas e ao mundo nas mônadas. As duas linguagens não param de se traduzir uma na outra. As duas juntas relacionam a diferença, ao mesmo tempo como diferença infinitamente pequena e como diferença finita, à razão suficiente como fundamento que seleciona, isto é, que escolhe o melhor mundo – o melhor dos mundos, neste sentido, implica uma comparação, mas não é um comparativo; sendo infinito, cada mundo é um superlativo que leva a diferença a um máximo absoluto na própria prova do infinitamente pequeno. A diferença finita é determinada na mônada como a região do mundo expressa claramente; a diferença infinitamente pequena é determinada como o fundo confuso que condiciona esta clareza. Dessas duas maneiras, a determinação orgíaca mediatiza a determinação, faz dela um conceito da diferença, atribuindo-lhe uma "razão".

Como a representação orgíaca ou infinita da diferença não escapa aos quatro aspectos precedentes

A representação finita é a de uma forma que compreende uma matéria, mas uma matéria segunda, na medida em que é informada pelos contrários. Vimos que ela representava a diferença, mediatizando-a, subordinando-a à identidade como gênero e assegurando essa subordinação na analogia dos próprios gêneros, na oposição lógica das determinações, como também na semelhança dos conteúdos propriamente materiais. O mesmo não se dá com a representação infinita, porque ela compreende o Todo, isto é, o fundo como matéria primeira e a essência como sujeito, como Eu ou forma absoluta. A representação infinita remete, ao mesmo tempo, a essência, o fundo e a diferença entre ambos a um fundamento ou razão suficiente. A própria mediação se torna fundamento. Mas, ora o fundo é a continuidade infinita das propriedades do universal que se envolve nos Eus particulares finitos considerados essências, ora os particulares são apenas propriedades ou figuras que se desenvolvem no fundo universal infinito, mas que remetem às essências como às verdadeiras determinações de um Eu puro ou, antes, de um "Si" envolvido nesse fundo. Nos dois casos, a representação infinita é objeto de um duplo discurso: o das propriedades e o das essências – o dos pontos físicos e o dos pontos metafísicos ou pontos de vista, em Leibniz, o das figuras e o dos momentos ou categorias, em Hegel. Não se pode dizer que Leibniz vai menos longe que Hegel; há nele até mesmo mais profundidade, mais componente orgíaco ou delírio báquico, no sentido de que o fundo goza de uma iniciativa maior. Mas, nos dois casos, não parece que a representação infinita baste para tornar o pensamento da diferença independente da simples analogia das essências ou da simples similitude das propriedades. Em última instância, *a representação infinita não se separa do princípio de identidade como pressuposto da representação.* Eis por que ela permanece submetida à condição da convergência das séries, em Leibniz, e à condição da monocentragem dos círculos, em Hegel. A representação infinita invoca um fundamento. Mas se o fundamento não é o próprio idêntico, ele não deixa de ser uma maneira de se levar particularmente a sério o princípio de identidade, de dar-lhe um valor infinito, de torná-lo coextensivo ao todo e levá-lo, assim, a reinar sobre a própria existência. Pouco importa que a identidade (como identidade do mundo e do eu) seja concebida como analítica, sob a espécie do infinitamente pequeno, ou como sintética, sob a espécie do infinitamente grande. Num caso, a razão suficiente, o fundamento, é o que vice-diz a identidade; no outro, o que a contradiz. Mas, em todos os casos, a razão suficiente, o fundamento, através do infinito, apenas leva o idêntico a *existir* em sua própria identidade. E, a esse respeito, o que é evidente em Leibniz também o é em Hegel. A contradição hegeliana não nega a identidade ou a não contradição; ela consiste, ao contrário, em inscrever no existente os dois Não da *não* contradição, de tal maneira que a identidade, sob essa condição, nessa fundação, baste para pensar o existente como tal. As fórmulas segundo as quais a "coisa nega o que ela não é" ou "se distingue de tudo o que ela não é" são monstros lógicos (o Todo do que a coisa não é) a serviço da identidade. Diz-se que a diferença é a negatividade, que ela vai ou deve ir até a contradição, desde que levada ao extremo. Isto só é verdade na medida em que a diferença já esteja posta num caminho, num fio estendido pela identidade, na medida em que é a identidade que a leve até lá. A diferença é o fundo, mas apenas o fundo para manifestação do idêntico. O círculo de Hegel não é o eterno retorno, mas somente a circulação infinita do idêntico por meio da negatividade. A audácia hegeliana é a última e a mais poderosa homenagem prestada ao velho princípio. Entre Leibniz e Hegel, pouco importa que o negativo suposto da diferença seja pensado como limitação vice-dizente ou como oposição contradizente, assim como não importa que a identidade infinita seja posta como analítica ou sintética. De qualquer modo, a diferença permanece subordinada à identidade, reduzida ao negativo, encarcerada na similitude e na analogia. Eis por que, na representação infinita, o delírio é apenas um falso delírio pré-formado, que em nada perturba o repouso ou a serenidade do idêntico. A representação infinita tem, pois, a mesma insuficiência da representação finita: a de confundir o conceito próprio da diferença com a inscrição da diferença na identidade do conceito em geral (embora tome a identidade como puro princípio infinito, em vez de tomá-la como gênero, e estenda ao todo os direitos do conceito em geral, em vez de fixar-lhe os limites).

A diferença, a afirmação e a negação

A diferença tem sua experiência crucial: toda vez que nos encontramos diante de ou em uma limitação, diante de ou em uma oposição, devemos perguntar o que tal situação supõe. Ela supõe um formigamento de diferenças, um pluralismo das diferenças livres, selvagens ou não domadas, um espaço e um tempo propriamente diferenciais, originais, que persistem através das simplificações do limite ou da oposição. Para que oposições de forças ou limitações de formas se delineiem, é preciso, primeiramente, um elemento real mais profundo que se defina e se determine como uma multiplicidade informal e potencial. As oposições são grosseiramente talhadas num meio refinado de perspectivas sobrepostas, de distâncias, de divergências e de disparidades comunicantes, de potenciais e de intensidades heterogêneas; não se trata, primeiramente, de resolver tensões no idêntico, mas de distribuir disparidades numa multiplicidade. As limitações correspondem a uma simples potência da primeira dimensão – num espaço de uma única dimensão e de uma única direção, como no exemplo de Leibniz invocando barcos levados pela correnteza, pode haver choques, mas esses choques têm, necessariamente, valor de limitação e de igualização, não de neutralização nem de oposição. Quanto à oposição, ela representa a potência da segunda dimensão, como uma disposição das coisas num espaço plano, como uma polarização reduzida a um só plano; e a própria síntese se faz somente numa falsa profundidade, isto é, numa terceira dimensão fictícia que se acrescenta às outras e se contenta em desdobrar o plano. De qualquer modo, o que nos escapa é a profundidade original, intensiva, que é a matriz do espaço inteiro e a primeira afirmação da diferença; nela, vive e fervilha em estado de livres diferenças, o que, em seguida, só aparecerá como limitação linear e oposição plana. Em toda parte, os pares, as polaridades, supõem feixes e redes; as oposições organizadas supõem irradiações em todas as direções. As imagens estereoscópicas só formam uma oposição plana e rasa; elas remetem, de modo totalmente distinto, a uma superposição de planos coexistentes móveis, a uma "disparação" na profundidade original. Em toda parte, a profundidade da diferença é primeira; e de nada adianta reencontrar a profundidade como terceira dimensão se ela não foi posta de início como envolvendo as duas outras e envolvendo a si própria como terceira. O espaço e o tempo só manifestam oposições (e limitações) na superfície, mas, em sua profundidade real, supõem diferenças bem mais volumosas, afirmadas e distribuídas, que não se deixam reduzir à superficialidade do negativo. Como no espelho de Lewis Carroll, em que tudo aparece ao contrário e invertido na superfície, mas "diferente" em espessura. Veremos que isso acontece em qualquer espaço, o geométrico, o físico, o biopsíquico, o social, o linguístico (como se revela pouco correta a declaração de princípio de Trubetskoy a esse respeito: "A ideia de diferença supõe a ideia de oposição..."). Há uma falsa profundidade do combate, mas, sob o combate, há o espaço de jogo das diferenças. O negativo é a imagem da diferença, mas sua imagem achatada e invertida, como a vela no olho do boi – o olho do dialético sonhando com um vão combate?

Ainda neste sentido, Leibniz vai mais longe, isto é, mais fundo que Hegel, quando distribui, na profundidade, os pontos notáveis e os elementos diferenciais de uma multiplicidade, e quando descobre um jogo na criação do mundo: dir-se-ia, pois, que a primeira dimensão, a do limite, apesar de toda sua imperfeição, permanece mais próxima da profundidade original. Não será o único erro de Leibniz ter ligado a diferença ao negativo de limitação, dado que ele mantinha a dominação do velho princípio, dado que ele ligava as séries a uma condição de convergência, sem ver que a própria divergência era objeto de afirmação ou que as incompossibilidades pertenciam a um mesmo mundo e se afirmavam, como o maior crime e a maior virtude, de um mesmo mundo do eterno retorno?

Não é a diferença que supõe a oposição, mas a oposição que supõe a diferença; e, em vez de resolvê-la, isto é, de conduzi-la a um fundamento, a oposição trai e desnatura a diferença. Dizemos não só que a diferença em si não é "desde o início" contradição, mas também que ela não se deixa reduzir e levar à contradição, pois esta é menos e não mais profunda do que ela. Com efeito, sob que condição a diferença é levada, projetada num espaço plano? Quando foi colocada à força numa identidade prévia, quando foi colocada nesse declive do idêntico que a leva necessariamente para onde a identidade quer e a refletir-se onde a identidade quer, isto é, no negativo.[14] Frequentemente foi assinalado o que se passa no início da *Fenomenologia*, o pontapé inicial da dialética hegeliana: o aqui e o agora são postos como identidades vazias, universalidades abstratas que pretendem levar consigo a diferença, mas de modo algum a diferença segue, permanecendo presa à profundidade de seu espaço próprio, no aqui-agora de uma realidade diferencial sempre feita de singularidades. Ocorria a pensadores, diz-se, explicar que o movimento era impossível, e isso não impedia que o movimento se fizesse. Com Hegel, é o contrário: ele faz o movimento, e mesmo o movimento do infinito, mas como ele o faz com palavras e representações, é um falso movimento e nada segue. E assim acontece toda vez que há mediação ou representação. O representante diz: "Todo mundo reconhece que...", mas há sempre uma singularidade, não representada, que não reconhece, porque precisamente ela não é todo mundo ou não é o universal. "Todo mundo" reconhece o universal, pois ele próprio é o universal, mas o singular não o reconhece, isto é, a profunda consciência sensível que, no entanto, deve arcar com as consequências. A infelicidade de se falar não está em falar, mas em falar pelos outros ou representar alguma coisa. A consciência sensível (isto é, alguma coisa, a diferença ou *τὰ ἄλλα* obstina-se). Pode-se sempre mediatizar, passar à antítese, combinar a síntese, mas a tese não segue, subsiste em sua imediatidade, em sua diferença, que faz em si o verdadeiro movimento. A diferença é o verdadeiro conteúdo da tese, a obstinação da tese. O negativo, a negatividade, não captura nem mesmo o fenômeno da diferença, mas dele recebe apenas o fantasma ou o epifenômeno, e toda a *Fenomenologia* é uma epifenomenologia.

A ilusão do negativo

O que a filosofia da diferença recusa: *omnis determinatio negatio*... Recusa a alternativa geral da representação infinita: ou o indeterminado, o indiferente, o indiferençado, ou então uma diferença já determinada como negação, implicando e envolvendo o negativo (assim, recusa também a alternativa particular: negativo de limitação ou negativo de oposição). Em sua essência, a diferença é objeto de afirmação, ela própria é afirmação. Em sua essência, a afirmação é ela própria diferença. Mas, assim, a filosofia da diferença não correria o risco de aparecer como uma nova figura da bela alma? Com efeito, é a bela alma que vê diferenças em toda parte, que exige diferenças respeitáveis, conciliáveis, federáveis, ali onde a história continua a fazer-se por contradições sangrentas. A bela alma se comporta como um juiz de paz lançado num campo de batalha e que veria simples "diferendos", talvez mal-entendidos, em lutas inexpiáveis. Todavia, e inversamente, para remeter o gosto pelas diferenças puras à bela alma e ligar o destino das diferenças reais à do negativo e da contradição, não basta fincar pé gratuitamente e invocar as complementaridades bem conhecidas da afirmação e da negação, da vida e da morte, da criação e da destruição – como se elas fossem suficientes para fundar uma dialética da negatividade –, pois tais complementaridades ainda não nos fazem conhecer a relação de um termo com outro (será que a afirmação determinada resulta de uma diferença já negativa e negadora ou o negativo resulta de uma afirmação já diferencial?). Geralmente dizemos que há duas maneiras de invocar "destruições necessárias": a do poeta, que fala em nome de uma potência criadora, apta a subverter todas as ordens e todas as representações, para afirmar a Diferença no estado de revolução permanente do eterno retorno; e a do político, que se preocupa, antes de tudo, em negar o que "difere" para conservar, prolongar uma ordem estabelecida na história ou para estabelecer uma ordem histórica que já exige no mundo as formas de sua representação. Pode ser que as duas coincidam num momento particularmente agitado, mas elas jamais são a mesma coisa. Ninguém menos que Nietzsche pode passar por uma bela alma. Sua alma é extremamente bela, mas não no sentido de bela alma; ninguém mais do que ele tem o sentido da crueldade, o gosto da destruição. Mas, em toda sua obra, ele não para de opor duas concepções da relação afirmação-negação.

Num caso, a negação é o motor e a potência. A afirmação resulta daí – como um *ersatz*, digamos. E talvez não sejam demais duas negações para fazer um fantasma de afirmação, um *ersatz* de afirmação. Mas como a afirmação resultaria da negação se ela não conservasse o que é negado? Do mesmo modo, Nietzsche assinala o conservadorismo assustador de tal concepção. A afirmação é de fato produzida, mas para dizer sim a tudo o que é negativo e negador, a tudo que *pode ser negado*. Assim, o Asno de Zaratustra diz sim; mas, para ele, afirmar é carregar, assumir, encarregar-se. Ele carrega tudo: os fardos de que é encarregado (os valores divinos), aqueles de que ele próprio se encarrega (os valores humanos) e o peso de seus músculos fatigados, quando nada mais tem para carregar (a ausência de valores).[15] Há um gosto terrível pela responsabilidade nesse asno ou nesse boi dialético e um ranço moral, como se só fosse possível afirmar à força de expiar, como se fosse preciso passar pelas infelicidades da cisão e do dilaceramento para chegar a dizer sim. Como se a Diferença fosse o mal e como se ela já fosse o negativo que só poderia produzir a afirmação expiando, isto é, encarregando-se, ao mesmo tempo, do peso do negado e da própria negação. Sempre a velha maldição a retumbar do alto do princípio de identidade: será salva apenas, não o que é simplesmente representado, mas a representação infinita (o conceito) que conserva todo o negativo para, enfim, entregar a diferença ao idêntico. De todos os sentidos de *Aufheben*, nenhum é mais importante que o de levantar. Há, de fato, um círculo da dialética, mas esse círculo infinito só tem em toda parte um único centro que nele retém todos os outros círculos, todos os outros centros momentâneos. As retomadas ou repetições da dialética apenas exprimem a conservação do todo, todas as figuras e todos os momentos, numa Memória gigantesca. A representação infinita é memória que conserva. A repetição nesse caso nada mais é que um conservatório, uma potência da própria memória. Há, de fato, uma seleção circular dialética, mas sempre em proveito do que se conserva na representação infinita, isto é, do que carrega e do que é carregado. A seleção funciona às avessas e elimina impiedosamente o que tornaria o círculo tortuoso ou quebraria a transparência da lembrança. Como as sombras da caverna, o carregador e o carregado entram sem cessar na representação infinita e dela saem para voltar a entrar – e eis que eles pretendem ter-se apossado da potência propriamente dialética.

Segundo a outra concepção, porém, a afirmação é primeira: ela afirma a diferença, a distância. A diferença é leve, aérea, afirmativa. Afirmar não é carregar, muito pelo contrário, é descarregar, aliviar. Já não é o negativo que produz um fantasma de afirmação, como um *ersatz*. É o Não que resulta da afirmação: ele é, por sua vez, a sombra, mas antes de tudo no sentido de consequência, dir-se-ia de *nachfolge*. O negativo é o epifenômeno. A negação é o efeito de uma afirmação forte demais, diferente demais. E talvez sejam necessárias duas afirmações para produzir a sombra da negação como *nachfolge*; talvez haja dois momentos, que são a Diferença como meia-noite e meio-dia, onde a própria sombra desaparece. É neste sentido que Nietzsche opõe o Sim *e* o Não do Asno e o Sim *e* o Não de Dioniso-Zaratustra – o ponto de vista do escravo, que tira do Não o fantasma de uma afirmação, e o ponto de vista do "senhor", que tira do Sim uma consequência de negação, de destruição – o ponto de vista dos conservadores dos valores antigos e o dos criadores de novos valores.[16] Aqueles a quem Nietzsche chama de senhores são seguramente homens de potência, mas não homens de poder, pois o poder se julga pela atribuição dos valores vigentes; ao escravo, não basta tomar o poder para deixar de ser escravo; é mesmo a lei do curso ou da superfície do mundo ser conduzido por escravos. A distinção dos valores estabelecidos e da criação não deve mais ser compreendida no sentido de um relativismo histórico, como se os valores estabelecidos tivessem sido novos em sua época e os novos devessem estabelecer-se em seu tempo. Ao contrário, há uma diferença de natureza, como entre a ordem conservadora da representação e uma desordem criadora, um caos genial, que só pode coincidir com um momento da história sem confundir-se com ele. A mais profunda diferença de natureza está entre as formas médias e as formas extremas (valores novos): não se atinge o extremo levando-se ao infinito as formas médias, servindo-se de sua oposição no finito para afirmar sua identidade no infinito. Na representação infinita, a pseudoafirmação não nos faz sair das formas médias. Do mesmo modo, Nietzsche critica, em todos os procedimentos de seleção fundados na oposição ou no combate, o fato de operarem em prol da média e de atuarem em benefício do "grande número". Cabe ao eterno retorno operar a verdadeira seleção, porque ele, ao contrário, elimina as formas médias e extrai "a forma superior de tudo o que é". O extremo não é a identidade dos contrários, mas, antes, a univocidade do diferente; a forma superior não é a forma infinita, mas, antes, o eterno informal do próprio eterno retorno através das metamorfoses e das transformações. O eterno retorno "faz" a diferença, porque cria a forma superior. O eterno retorno serve-se da negação como *nachfolge* e inventa uma nova fórmula da negação da negação: é negado, deve ser negado *tudo o que pode ser negado.* O gênio do eterno retorno não está na memória, mas no desperdício, no esquecimento tornado ativo. Tudo o que é negativo e tudo o que nega, todas essas afirmações médias que carregam o negativo, todos esses pálidos Sim mal vindos que saem do não, *tudo o que não suporta a prova do eterno retorno,* tudo isso deve ser negado. Se o eterno retorno é uma roda, é preciso ainda dotá-la de um movimento centrífugo violento que expulsa tudo o que "pode" ser negado, o que não suporta a prova. Nietzsche só anuncia uma leve punição aos que não vierem a "crer" no eterno retorno: eles apenas sentirão e terão uma vida fugitiva! Eles se sentirão e se conhecerão pelo que são – epifenômenos; será esse seu Saber absoluto. Assim, a negação como consequência resulta da plena afirmação, consome tudo o que é negativo e consome a si própria no centro móvel do eterno retorno. Se o eterno retorno é um círculo, é a Diferença que está no centro, estando o Mesmo somente na circunferência – círculo descentrado a cada instante, constantemente tortuoso, que gira apenas em torno do desigual.

A negação é a diferença, mas a diferença vista do lado menor, vista de baixo. Ao contrário, endireitada, vista de cima para baixo, a diferença é a afirmação. Mas essa proposição tem muitos sentidos; que a diferença é objeto de afirmação; que a própria afirmação é múltipla; que ela é criação, mas também que deve ser criada, afirmando a diferença, sendo diferença em si mesma. Não é o negativo que é o motor. Pelo contrário, há elementos diferenciais positivos que determinam, ao mesmo tempo, a gênese da afirmação e da diferença afirmada. Que haja uma gênese da afirmação como tal é o que nos escapa toda vez que deixamos a afirmação no indeterminado ou toda vez que colocamos a determinação no negativo. A negação resulta da afirmação: isto quer dizer que a negação surge em consequência da afirmação ou ao lado dela, *mas somente como a sombra do elemento genético mais profundo* – dessa potência ou dessa "vontade" que engendra a afirmação e a diferença na afirmação. Os que carregam o negativo não sabem o que fazem: tomam a sombra pela realidade, alimentam fantasmas, separam a consequência das premissas, dão ao epifenômeno o valor do fenômeno e da essência.

A representação deixa escapar o mundo afirmado da diferença. A representação tem apenas um centro, uma perspectiva única e fugidia e, portanto, uma falsa profundidade; ela mediatiza tudo, mas não mobiliza nem move nada. O movimento, por sua vez, implica uma pluralidade de centros, uma superposição de perspectivas, uma imbricação de pontos de vista, uma coexistência de momentos que deformam essencialmente a representação: por exemplo, um quadro ou uma escultura são "deformadores" que nos forçam a fazer o movimento, isto é, a combinar uma visão rasante e uma visão mergulhante, ou a subir e descer no espaço na medida em que se avança. Bastaria multiplicar as representações para se obter um tal "efeito"? A representação infinita compreende uma infinidade de representações, seja porque assegura a convergência de todos os pontos de vista sobre um mesmo objeto ou um mesmo mundo, seja porque faz de todos os momentos as propriedades de um mesmo Eu. Mas ela conserva, assim, um centro único que recolhe e representa todos os outros como uma unidade de série que ordena, que organiza de uma vez por todas os termos e suas relações. É que a representação infinita não é separável de uma lei que a torna possível: a forma do conceito como forma de identidade que constitui ora o em-si do representado (A é A), ora o para-si do representante (Eu = Eu). O prefixo RE-, na palavra representação, significa a forma conceitual do idêntico que subordina as diferenças. Portanto, não é multiplicando as representações e os pontos de vista que se atinge o imediato definido como "sub-representativo". Ao contrário, cada representação componente é que deve ser deformada, desviada, arrancada de seu centro. É preciso que cada ponto de vista seja ele mesmo a coisa ou que a coisa pertença ao ponto de vista. É preciso, pois, que a coisa nada tenha de idêntico, mas que seja esquartejada numa diferença em que se desvanece tanto a identidade do objeto visto quanto a do sujeito que vê. É preciso que a diferença se torne o elemento, a última unidade, que ela remeta, pois, a outras diferenças que nunca a identificam, mas a diferenciam. É preciso que cada termo de uma série, sendo já diferença, seja colocado numa relação variável com outros termos e constitua, assim, outras séries desprovidas de centro e de convergência. É preciso afirmar a divergência e o descentramento na própria série. Cada coisa, cada ser deve ver sua própria identidade tragada pela diferença, cada qual sendo só uma diferença entre as diferenças. É preciso mostrar a diferença *diferindo*. Sabe-se que a obra de arte moderna tende a realizar estas condições: neste sentido, ela se torna um verdadeiro *teatro* feito de metamorfoses e de permutações. Teatro sem nada fixo ou labirinto sem fio (Ariadne se enforcou). A obra de arte abandona o domínio da representação para se tornar "experiência", empirismo transcendental ou ciência do sensível.

É estranho que se tenha podido fundar a estética (como ciência do sensível) no que *pode* ser representado no sensível. É verdade que não é melhor o procedimento inverso, que subtrai da representação o puro sensível e tenta determiná-lo como aquilo que resta, uma vez eliminada a representação (um fluxo contraditório, por exemplo, uma rapsódia de sensações). Na verdade, o empirismo se torna transcendental e a estética se torna uma disciplina apodítica quando apreendemos diretamente no sensível o que só pode ser sentido, o próprio ser *do* sensível: a diferença, a diferença de potencial, a diferença de intensidade como razão do diverso qualitativo. É na diferença que o fenômeno fulgura, que se explica como signo, e que o movimento se produz como "efeito". O mundo intenso das diferenças, no qual as qualidades encontram sua razão e o sensível encontra seu ser, é precisamente o objeto de um empirismo superior. Esse empirismo nos ensina uma estranha "razão", o múltiplo e o caos da diferença (as distribuições nômades, as anarquias coroadas). São sempre as diferenças que se assemelham, que são análogas, opostas ou idênticas: a diferença está atrás de toda coisa, mas nada há atrás da diferença. É próprio de cada diferença passar através de todas as outras e de se "querer" ou de se reencontrar através de todas as outras. Eis por que o eterno retorno não surge em segundo lugar, nem vem depois, mas já está presente em toda metamorfose, é contemporâneo do que ele faz retornar. O eterno retorno reporta-se a um mundo de diferenças implicadas umas nas outras, a um mundo complicado, *sem identidade*, propriamente caótico. Joyce apresenta o *vicus of recirculation* como aquilo que faz girar um *caosmos*; e Nietzsche já dizia que o caos e o eterno retorno não eram duas coisas distintas, mas uma mesma *afirmação*. O mundo não é finito, nem infinito, como na representação: ele é acabado e ilimitado. O eterno retorno é o ilimitado do próprio acabado, o ser unívoco que se diz da diferença. No eterno retorno, a cao-errância opõe-se à coerência da representação; ela exclui a coerência de um sujeito que se representa, bem como de um objeto representado. A *re*petição opõe-se à *re*presentação: o prefixo mudou de sentido, pois, num caso, a diferença se diz somente em relação ao idêntico, mas, no outro, é o unívoco que se diz em relação ao diferente. A repetição é o ser informal de todas as diferenças, a potência informal do fundo que leva cada coisa a esta "forma" extrema em que sua representação se desfaz. O *díspar* é o último elemento da repetição que se opõe à identidade da representação. Assim, o círculo do eterno retorno, o da diferença e da repetição (que desfaz o do idêntico e do contraditório), é um círculo tortuoso que só diz o Mesmo daquilo que difere. O poeta Blood expressa a profissão de fé do empirismo transcendental como verdadeira estética: "A natureza é contingente, excessiva e mística, essencialmente... As coisas são estranhas... O universo é selvagem... O mesmo só retorna para trazer o diferente. O lento movimento circular que o gravador executa adquire apenas a espessura de um fio de cabelo. Mas a diferença se distribui na curva inteira, nunca exatamente adequada."[17]

Costuma-se assinalar uma mudança filosófica considerável entre dois momentos representados pelo pré-kantismo e pelo pós-kantismo. O primeiro se definiria pelo negativo de limitação, o outro, pelo negativo de oposição. Um, pela identidade analítica, o outro, pela identidade sintética. Um, do ponto de vista da substância infinita, o outro, do ponto de vista do Eu finito. Na grande análise leibniziana, é já o Eu finito que se introduz no desenvolvimento do infinito, mas, na grande síntese hegeliana, é o infinito que se reintroduz na operação do Eu finito. Todavia, a importância de tais mudanças é duvidosa. Para uma filosofia da diferença, pouco importa que o negativo seja concebido como negativo de limitação ou de oposição, e a identidade, como analítica ou sintética, dado que a diferença, de todo modo, é reduzida ao negativo e subordinada ao idêntico. A unicidade e a identidade da substância divina são na verdade a única garantia do Eu uno e idêntico, e Deus se conserva enquanto se preserva o Eu. Eu finito sintético ou substância divina analítica são a mesma coisa. Eis por que as permutações Homem-Deus são tão decepcionantes e não nos fazem dar nenhum passo. Nietzsche parece ser de fato o primeiro a ver que a morte de Deus só se torna efetiva com a dissolução do Eu. O que então se revela é o ser que se diz de diferenças que nem estão na substância nem num sujeito: tantas afirmações subterrâneas. Se o eterno retorno é o pensamento mais elevado, isto é, o mais intenso, é porque sua extrema coerência, no ponto mais alto, exclui a coerência de um sujeito pensante, de um mundo pensado, de um Deus fiador.[18] Convém que nos interessemos menos por aquilo que se passa antes e depois de Kant (o que dá na mesma) e mais por um momento preciso do kantismo, momento furtivo fulgurante que não se prolonga nem mesmo em Kant, que se prolonga ainda menos no pós-kantismo – salvo, talvez, em Hölderlin, na experiência e na ideia de um "afastamento categórico" –, pois, quando Kant põe em questão a teologia racional, ele introduz, *no mesmo lance*, uma espécie de desequilíbrio, de fissura ou de rachadura, uma alienação de direito, insuperável de direito, no Eu puro do *Eu penso*: o sujeito só pode representar sua própria espontaneidade como sendo a de Outro, invocando, com isto, em última instância, uma misteriosa coerência, que exclui a sua própria, a do mundo e a de Deus. *Cogito* para um eu dissolvido: o Eu do "*Eu* penso" comporta, em sua essência, uma receptividade de intuição em relação à qual, desde então, *EU* é outro. Pouco importa que a identidade sintética e, depois, a moralidade da razão prática restaurem a integridade do eu, do mundo e de Deus, e preparem as sínteses pós-kantianas; entramos, por um momento, na esquizofrenia de direito que caracteriza a mais alta potência do pensamento e que abre diretamente o Ser à diferença, desprezando todas as mediações, todas as reconciliações do conceito.

Lógica e ontologia da diferença segundo Platão

A tarefa da filosofia moderna foi definida: subversão do platonismo. Que essa subversão conserve muitas características platônicas, isto não só é inevitável, como desejável. É verdade que o platonismo já representa a subordinação da diferença às potências do Uno, do Análogo, do Semelhante e até mesmo do Negativo. É como o animal em vias de ser domado, cujos movimentos, numa última crise, dão melhor testemunho, do que em estado de liberdade, de uma natureza logo perdida: o mundo heraclitiano freme no platonismo. Com Platão o resultado é ainda duvidoso; a mediação não concluiu seu movimento. A Ideia ainda não é um conceito de objeto que submete o mundo às exigências da representação, mas antes uma presença bruta que só pode ser evocada no mundo em função do que não é "representável" nas coisas. A Ideia, portanto, ainda não escolheu remeter a diferença à identidade de um conceito em geral; ela não renunciou a encontrar um conceito puro, um conceito próprio da diferença enquanto tal. O labirinto ou o caos são destrinçados, mas sem fio, sem a ajuda de um fio. O que há de insubstituível no platonismo foi bem-visto por Aristóteles, embora ele faça precisamente disso uma crítica a Platão: a dialética da diferença tem um método que lhe é próprio – a divisão –, mas esta opera sem mediação, sem meio-termo ou razão, age no imediato e se baseia nas inspirações da Ideia mais do que nas exigências de um conceito em geral. É verdade que a divisão, em relação à suposta identidade de um conceito, é um procedimento caprichoso, incoerente, que salta de uma singularidade a outra.

Mas, do ponto de vista da Ideia, não será essa a sua força? E em vez de ser um procedimento dialético entre outros, que devesse ser completado ou substituído por outros, não será a divisão, no momento em que ela aparece, que substitui os outros procedimentos, que reúne toda a potência dialética em proveito de uma verdadeira filosofia da diferença e que mede, ao mesmo tempo, o platonismo e a possibilidade de subverter o platonismo?

As figuras do método da divisão: os pretendentes, a prova-fundamento, as questões-problema, o (não)-ser e o estatuto do negativo

Nosso erro é tentar compreender a divisão platônica a partir das exigências de Aristóteles. Segundo Aristóteles, trata-se de dividir um gênero em espécies opostas; ora, esse procedimento não carece apenas de "razão" por si mesmo, mas também de uma razão pela qual se decida que algo está do lado de tal espécie mais que de outra. Por exemplo, divide-se a arte em artes de produção e de aquisição; mas por que a pesca com linha estaria do lado da aquisição? O que está faltando é a mediação, isto é, a identidade de um conceito capaz de servir de meio-termo. Mas é evidente que a objeção cai, se a divisão platônica de modo algum se propuser a determinar as espécies de um gênero. Ou melhor, ela se propõe a isto, mas superficial e mesmo ironicamente, para melhor esconder, sob essa máscara, seu verdadeiro segredo.[19] A divisão não é o inverso de uma "generalização", não é uma especificação. De modo algum se trata de um método de especificação, mas de seleção. Não se trata de dividir um gênero determinado em espécies definidas, mas de dividir uma espécie confusa em linhas puras, ou de selecionar uma linhagem pura a partir de um material que não o é. Poder-se-ia falar de "platonons", que se opõem aos "aristotelons", como os biólogos opõem os "jordanons" aos "lineanos". Com efeito, a espécie de Aristóteles, mesmo indivisível, mesmo ínfima, é ainda uma espécie ampla demais. A divisão platônica opera num domínio totalmente distinto, que é o das pequenas espécies ou das linhagens. Logo, seu ponto de partida é, indiferentemente, um gênero ou uma espécie; mas esse gênero, essa espécie ampla demais, é posto como uma matéria lógica indiferençada, um material indiferente, um misto, uma multiplicidade indefinida representando o que deve ser eliminado para evidenciar a Ideia como linhagem pura. A busca do ouro, eis o método da divisão. A diferença não é específica entre duas determinações do gênero, mas está inteiramente de um lado, na linhagem que se seleciona: não mais os contrários de um mesmo gênero, mas o puro e o impuro, o bom e o mau, o autêntico e o inautêntico, num misto que forma uma espécie ampla demais. A pura diferença, o puro conceito de diferença, e não a diferença mediatizada no conceito em geral, no gênero e nas espécies. O sentido e o objetivo do método da divisão é a seleção dos rivais, a prova dos pretendentes – não a *ἀντίφασις*, mas a *ἀμφισβήτησις* (vê-se bem isto nos dois exemplos principais de Platão; no *Político*, em que o político é definido como aquele que sabe "apascentar os homens", mas muita gente se apresenta, comerciantes, lavradores, padeiros, ginastas, médicos, dizendo: o verdadeiro pastor de homens sou eu!, e no *Fedro*, em que se trata de definir o bom delírio e o verdadeiro amante e em que muitos pretendentes aparecem para dizer: o amante, o amor sou eu!). Em tudo isso não se trata de espécie, a não ser por ironia. Nada de comum com as preocupações de Aristóteles: não se trata de identificar, mas de autenticar. O único problema que atravessa toda a filosofia de Platão, que preside sua classificação das ciências ou das artes, é sempre o de avaliar os rivais, de selecionar os pretendentes, de distinguir *a coisa e seus simulacros* no seio de um pseudogênero ou de uma espécie ampla demais. Trata-se de fazer a diferença: trata-se, assim, de operar, nas profundidades do imediato, a dialética do imediato, a prova perigosa, sem fio e sem rede, pois, segundo antigo costume, presente no mito e na epopeia, os falsos pretendentes devem morrer.

Nossa questão não é ainda saber se a diferença seletiva está entre os verdadeiros e os falsos pretendentes, do modo como Platão diz, mas, antes, saber como Platão faz essa diferença graças ao método de divisão. O leitor tem aqui uma viva surpresa, pois Platão faz intervir um "mito". Dir-se-ia, portanto, que a divisão, desde que abandona sua máscara de especificação e descobre seu verdadeiro objetivo, renuncia, todavia, a realizá-lo, sendo substituída pelo simples "jogo" de um mito. Com efeito, desde que se chega à questão dos pretendentes, o *Político* invoca a imagem de um Deus que comanda o mundo e os homens no período arcaico: só esse deus merece, propriamente falando, o nome de Rei-pastor dos homens. Mas em relação a ele os pretendentes não se equivalem: há um certo "cuidado" da comunidade humana que remete, por excelência, ao homem político, porque ele está mais próximo do modelo do Deus-pastor arcaico. Os pretendentes são de algum modo avaliados segundo uma ordem de participação eletiva; e, entre os rivais do político, seria possível distinguir (segundo essa medida ontológica fornecida pelo mito) parentes, serventes, auxiliares, enfim, charlatães, contrafações.[20] Mesmo procedimento no *Fedro*: quando se trata de distinguir os "delírios", Platão invoca bruscamente um mito. Ele descreve a circulação das almas antes da encarnação, a lembrança que elas guardam das Ideias que puderam contemplar. É a contemplação mítica, é a natureza ou o grau da contemplação, é o gênero de ocasiões necessárias para a recordação que determinam o valor e a ordem dos diferentes tipos de delírios atuais: podemos determinar quem é o falso amante e quem é o amante verdadeiro; poderíamos até mesmo determinar quem, entre amantes, poetas, padres, adivinhos, filósofos, participa eletivamente da reminiscência e da contemplação – quem é o verdadeiro pretendente, o verdadeiro participante, e em que ordem estão os outros. (Pode-se objetar que o terceiro grande texto concernente à divisão, o *Sofista*, não apresenta mito algum; é que, por uma utilização paradoxal do método, por uma contrautilização, Platão tem, nesse caso, o propósito de isolar o falso pretendente por excelência, aquele que a tudo pretende sem qualquer direito: o "sofista".)

Mas essa introdução do mito parece confirmar todas as objeções de Aristóteles: a divisão, carente de mediação, não teria qualquer força probante e deveria ser substituída por um mito que lhe forneceria um equivalente de mediação sob uma forma imaginária. Todavia, ainda aí traímos o sentido deste método tão misterioso, pois, se é verdade que o mito e a dialética são duas forças distintas no platonismo em geral, essa distinção deixa de valer no momento em que a dialética descobre na divisão seu verdadeiro método. É a divisão que supera a dualidade e integra o mito na dialética, faz do mito um elemento da própria dialética. A estrutura do mito aparece claramente em Platão: é o círculo com suas duas funções dinâmicas, girar e retornar, distribuir ou repartir – a repartição dos lotes pertence à roda que gira, como a metempsicose pertence ao eterno retorno. As razões pelas quais Platão não é certamente um protagonista do eterno retorno não nos importam aqui. Acontece que o mito, no *Fedro*, no *Político* ou em outros textos, estabelece o modelo de uma circulação parcial, em que aparece um fundamento próprio para fazer a diferença, isto é, para avaliar os papéis ou as pretensões. O fundamento encontra-se determinado no *Fedro* sob a forma das Ideias, tais como são contempladas pelas almas que circulam acima da abóbada celeste; encontra-se determinado no *Político* sob a forma do Deus-pastor, que preside o movimento circular do universo. Centro ou motor do círculo, o fundamento é instituído no mito como o princípio de uma prova ou de uma seleção, que dá todo seu sentido ao método da divisão, fixando os graus de uma participação eletiva. Em conformidade com a mais velha tradição, o mito circular é, pois, a narrativa-repetição de uma fundação. A divisão o exige como o fundamento capaz de fazer a diferença; inversamente, ele exige a divisão como o estado da diferença naquilo que deve ser fundado. A divisão é a verdadeira unidade da dialética e da mitologia, do mito como fundação e do *logos* como *λόγος τομεύς*.

Este papel do fundamento aparece com toda clareza na concepção platônica da participação. (Sem dúvida, é ele que fornece à divisão a mediação de que ela parecia carecer e que, no mesmo lance, remete a diferença ao Uno; mas de uma maneira tão particular...) Participar quer dizer ter parte, ter após, ter em segundo lugar. O que possui em primeiro lugar é o próprio fundamento. Só a Justiça é justa, diz Platão; quanto àqueles que chamamos de justos, eles possuem em segundo, em terceiro ou em quarto lugar... ou em simulacro a qualidade de ser justo. Que apenas a justiça seja justa não é uma simples proposição analítica. É a designação da Ideia como fundamento que possui em primeiro lugar. E o próprio do fundamento é dar a participar, dar em segundo lugar. Assim, aquele que participa e que participa mais ou menos, em graus diversos, é necessariamente um pretendente. É o pretendente que remete a um fundamento, é a pretensão que deve ser fundada (ou denunciada como sem fundamento). A pretensão não é um fenômeno entre outros, mas a natureza de todo fenômeno. O fundamento é uma prova que dá aos pretendentes uma participação maior ou menor no objeto da pretensão; é neste sentido que o fundamento mede e faz a diferença. Deve-se, pois, distinguir: a Justiça, como fundamento; a qualidade de justo, como objeto da pretensão possuído pelo que funda; os justos, como pretendentes que participam desigualmente do objeto. Eis por que os neoplatônicos nos dão uma compreensão tão profunda do platonismo quando expõem sua tríade sagrada: o Imparticipável, o Participado, os Participantes. O princípio que funda é como o imparticipável, mas que dá algo a participar e que o dá ao participante, possuidor em segundo lugar, isto é, ao pretendente que soube passar pela prova do fundamento. Dir-se-ia: o pai, a filha e o pretendente. E porque a tríade se reproduz ao longo de uma série de participações, porque os pretendentes participam numa ordem e em graus que representam a diferença em ato, os neoplatônicos viram o essencial: que o objetivo da divisão não era a distinção das espécies em extensão, mas o estabelecimento de uma dialética serial, de séries ou de linhagens em profundidade, que marcam as operações de um fundamento seletivo assim como de uma participação eletiva (Zeus I, Zeus II etc.). Vê-se, assim, que a contradição, em vez de significar a prova do próprio fundamento, representa, ao contrário, o estado de uma pretensão não fundada, no limite da participação. Se o justo pretendente (o primeiro fundado, o bem-fundado, o autêntico) tem rivais que são como seus parentes, como seus auxiliares, como seus serventes, participando diversamente de sua pretensão, ele também tem seus simulacros, suas contrafações denunciados pela prova: tal é, segundo Platão, o "sofista", bufão, centauro ou sátiro, que pretende tudo e, pretendendo tudo, nunca é fundado, mas contradiz tudo e contradiz a si próprio...

Mas em que consiste, exatamente, a prova do fundamento? O mito nos diz: sempre uma tarefa a ser cumprida, um enigma a ser resolvido. Apresenta-se uma questão ao oráculo, mas a resposta do oráculo é ainda um problema. A dialética é a ironia, mas a ironia é a arte dos problemas e das questões. A ironia consiste em tratar as coisas e os seres como respostas a questões ocultas, em tratá-los como casos para problemas a serem resolvidos. Recorde-se que Platão define a dialética como aquilo que procede por "problemas" através dos quais nos elevamos até o puro princípio que funda, isto é, que os avalia enquanto tais e distribui as soluções correspondentes; e o *Menon* expõe a reminiscência justamente em relação com um problema geométrico, problema que é preciso compreender antes de ser resolvido e que deve ter a solução que ele merece, segundo o modo como o reminiscente o compreendeu. Não temos de nos preocupar agora com a distinção que convém estabelecer entre as duas instâncias do problema e da questão, mas temos, antes, de considerar como seu complexo desempenha na dialética platônica um papel essencial – papel comparável em importância àquele que o negativo terá mais tarde, por exemplo, na dialética hegeliana. Mas *não é* o negativo que desempenha esse papel em Platão, a tal ponto que é preciso perguntar se a célebre tese do *Sofista*, apesar de certos equívocos, não deve ser assim compreendida: o "não", na expressão "não ser", expressa *alguma coisa distinta do negativo*. Sobre esse ponto, o erro das teorias tradicionais é impor-nos uma alternativa duvidosa: quando procuramos conjurar o negativo, declaramo-nos satisfeitos se mostramos que o ser é plena realidade positiva e não admite qualquer não ser; inversamente, quando procuramos fundar a negação, ficamos satisfeitos se chegamos a colocar no ser, ou em relação com o ser, um não ser qualquer (parece-nos que esse não ser é necessariamente o ser do negativo ou o fundamento da negação). A alternativa, portanto, é a seguinte:

ou não há não ser, e a negação é ilusória e não fundada; ou há não ser, que põe o negativo no ser e funda a negação. Todavia, talvez tenhamos razões para dizer, *ao mesmo tempo*, que há não ser e que o negativo é ilusório.

O problema e a questão não são determinações subjetivas, privativas, que marcam um momento de insuficiência no conhecimento. A estrutura problemática faz parte dos objetos e permite apreendê-los como signos, assim como a instância questionante ou problematizante faz parte do conhecimento e permite apreender-lhe a positividade, a especificidade no ato de *aprender*. Mais profundamente ainda, é o Ser (Platão dizia a Ideia) que "corresponde" à essência do problema ou da questão como tal. Há como que uma "abertura", uma "fenda", uma "dobra" ontológica que remete o ser e a questão um ao outro. Nessa relação, o ser é a própria Diferença. O ser é também não ser, *mas o não ser não é o ser do negativo*, é o ser do problemático, o ser do problema e da questão. A Diferença não é o negativo, ao contrário, o não ser é que é a Diferença: *ἕτερον*, não *ἐναντίον*. Eis por que o não ser deveria antes ser escrito (não)-ser, ou, melhor ainda, ?-ser. Acontece, neste sentido, que o infinitivo, o *esse*, designa menos uma proposição que a interrogação que se supõe esteja sendo respondida pela proposição. Esse (não)-ser é o Elemento diferencial em que a afirmação, como afirmação múltipla, encontra o princípio de sua gênese. Quanto à negação, ela é apenas a sombra deste mais elevado princípio, a sombra da diferença ao lado da afirmação produzida. Quando confundimos o (não)-ser com o negativo, é inevitável que a contradição seja levada ao ser; mas a contradição é ainda a aparência ou o epifenômeno, a ilusão projetada pelo problema, a sombra de uma questão que permanece aberta e do ser que, como tal, corresponde a essa questão (antes de lhe dar uma resposta). Já não será neste sentido que a contradição caracteriza, em Platão, o estado dos diálogos ditos aporéticos? Para além da contradição, a diferença – para além do *não ser*, o (não)-ser; para além do negativo, o problema e a questão.[21]

O QUE É DECISIVO NO PROBLEMA DA DIFERENÇA: O SIMULACRO, A RESISTÊNCIA DO SIMULACRO

As quatro figuras da dialética platônica são, portanto, as seguintes: a seleção da diferença, a instauração de um círculo mítico, o estabelecimento de uma fundação, a posição de um complexo questão-problema. Mas, por meio dessas figuras, a diferença é ainda remetida ao Mesmo ou ao Uno. Sem dúvida, o *mesmo* não deve ser confundido com a identidade do conceito em geral; ele caracteriza antes a Ideia como sendo a coisa "mesma". Mas, na medida em que ele desempenha o papel de um verdadeiro fundamento, não se vê bem qual é seu efeito, a não ser o de fazer com que o idêntico exista no fundado, o de servir-se da diferença para fazer com que o idêntico exista. Na verdade, a distinção do mesmo e do idêntico só é proveitosa se levarmos o Mesmo a submeter-se a uma conversão que o remeta ao diferente, ao mesmo tempo que as coisas e os seres que se distinguem no diferente sofram de modo correspondente uma destruição radical de sua *identidade*. É somente sob essa condição que a diferença é pensada em si mesma e não representada, mediatizada. Todo o platonismo, ao contrário, é dominado pela ideia de uma distinção a ser feita entre "a coisa mesma" e os simulacros. Em vez de pensar a diferença em si mesma, ele já a remete a um fundamento, subordina-a ao mesmo e introduz a mediação sob uma forma mítica. Subverter o platonismo significa o seguinte: recusar o primado de um original sobre a cópia, de um modelo sobre a imagem. Glorificar o reino dos simulacros e dos reflexos. Pierre Klossowski, nos artigos que citamos anteriormente, assinalou esse ponto: o eterno retorno, tomado em sentido estrito, significa que cada coisa só existe retornando, cópia de uma infinidade de cópias que não deixam subsistir original nem mesmo origem. Eis por que o eterno retorno é dito "paródico": ele qualifica o que ele faz ser (e retornar) como sendo simulacro.[22] O simulacro é o verdadeiro caráter ou a forma do que é – "o ente" – quando o eterno retorno é a potência do Ser (o informal). Quando a identidade das coisas é dissolvida, o ser escapa, atinge a univocidade e se põe a girar em torno do diferente. O que é ou retorna não tem qualquer identidade prévia e constituída: a coisa é reduzida à diferença que a esquarteja e a todas as diferenças implicadas nesta e pelas quais ela passa. É neste sentido que o simulacro é o próprio símbolo, isto é, o signo na medida em que ele interioriza as condições de sua própria repetição. O simulacro apreendeu uma *disparidade* constituinte na coisa que ele destitui do lugar de modelo. Se o eterno retorno, como vimos, tem a função de estabelecer uma diferença de natureza entre as formas médias e as formas superiores, há também uma diferença de natureza entre as posições médias ou moderadas do eterno retorno (sejam os ciclos parciais, seja o retorno global aproximativo, *in specie*) e sua posição estrita ou categórica, pois, afirmado em toda sua potência, o eterno retorno não permite qualquer instauração de uma fundação-fundamento: ao contrário, ele destrói, aniquila todo fundamento como instância que introduziria a diferença entre o originário e o derivado, a coisa e os simulacros. Ele nos faz assistir ao *a-fundamento* universal. Por "a-fundamento" é preciso entender a liberdade não mediatizada do fundo, a descoberta de um fundo atrás de qualquer outro fundo, a relação do sem-fundo com o não fundado, a reflexão imediata do informal e da forma superior que constitui o eterno retorno. Cada coisa, animal ou ser é levado ao estado de simulacro; então, o pensador do eterno retorno, que não se deixa certamente tirar da caverna, mas antes encontraria outra caverna mais adiante, sempre outra onde se esconder, pode legitimamente dizer que ele próprio é encarregado da forma superior de tudo o que é, como o poeta, "encarregado da humanidade, até mesmo dos animais". Essas palavras ecoam nas cavernas superpostas. E a crueldade que no início nos parecia constituir o monstro, que parecia dever ser expiada e só poder ser apaziguada pela mediação representativa, parece-nos agora formar a Ideia, isto é, o conceito puro da diferença no platonismo subvertido: o mais inocente, o estado de inocência e seu eco.

Platão assinalou o objetivo supremo da dialética: fazer a diferença. Acontece, no entanto, que a diferença não está entre a coisa e os simulacros, entre o modelo e as cópias. A coisa é o próprio simulacro; o simulacro é a forma superior, e o difícil para toda coisa é atingir seu próprio simulacro, seu estado de signo na coerência do eterno retorno. Platão opunha o eterno retorno ao caos, como se o caos fosse um estado contraditório que devesse receber de fora uma ordem ou uma lei, tal como a operação do Demiurgo ao vergar uma matéria rebelde. Platão remetia o sofista à contradição, ao suposto estado de caos, isto é, à mais baixa potência, ao último grau de participação. Mas, na verdade, a *enésima* potência não passa por dois, três, quatro; ela se afirma imediatamente para constituir o mais elevado: ela se afirma do próprio caos, e, como diz Nietzsche, o caos e o eterno retorno não são duas coisas diferentes. O sofista não é o ser (ou o não ser) da contradição, mas aquele que porta todas as coisas ao estado de simulacro e as suporta todas nesse estado. Não era preciso que Platão tivesse levado a ironia até aí – até essa paródia? Não era preciso que Platão tivesse sido o primeiro a subverter o platonismo, que, ao menos, tivesse sido o primeiro a mostrar a direção de tal subversão? Recorde-se o grandioso final do *Sofista*: a diferença é deslocada, a divisão se volta contra si mesma, funciona às avessas e, à força de aprofundar o simulacro (o sonho, a sombra, o reflexo, a pintura), demonstra a impossibilidade de distingui-lo do original ou do modelo. O *Estrangeiro* dá uma definição do sofista que *não pode mais* distinguir-se do próprio

Sócrates: o imitador irônico, procedendo por argumentos breves (questões e problemas). Então, cada momento da diferença deve encontrar sua verdadeira figura, a seleção, a repetição, o a-fundamento, o complexo questão-problema.

Opusemos a representação a uma formação de outra natureza. Os conceitos elementares da representação são as categorias definidas como condições da experiência possível. Mas estas são gerais demais, amplas demais para o real. A rede é tão frouxa que os peixes maiores passam através dela. Então, não é de se admirar que a estética se cinda em dois domínios irredutíveis, o da teoria do sensível, que só retém do real a conformidade com a experiência possível, e o da teoria do belo, que recolhe a realidade do real na medida em que ela se reflete. Tudo muda quando determinamos as condições da experiência real, que não são mais amplas que o condicionado e que, por natureza, diferem das categorias: os dois sentidos da estética se confundem a tal ponto que o ser do sensível se revela na obra de arte ao mesmo tempo que a obra de arte aparece como experimentação. O que se censura à representação é permanecer na forma da identidade sob a dupla relação da coisa vista e do sujeito que vê. A identidade é conservada tanto em cada representação componente quanto no todo da representação infinita como tal. A representação infinita pode multiplicar os pontos de vista e organizá-los em séries; nem por isso essas séries deixam de ser submetidas à condição de convergir para um mesmo objeto, para um mesmo mundo. A representação infinita pode multiplicar as figuras e os momentos, organizá-los em círculos dotados de um automovimento, mas nem por isso esses círculos deixam de ter um único centro, que é o do grande círculo da consciência. Quando a obra de arte moderna, ao contrário, desenvolve suas séries permutantes e suas estruturas circulares, ela indica à filosofia um caminho que conduz ao abandono da representação. Não basta multiplicar as perspectivas para fazer perspectivismo. É preciso que a cada perspectiva ou ponto de vista corresponda uma obra autônoma, dotada de um sentido suficiente: o que conta é a divergência das séries, o descentramento dos círculos, o "monstro". O conjunto dos círculos e das séries é, pois, um caos informal, *a-fundado*, que só tem por "lei" sua própria repetição, sua reprodução no desenvolvimento do que diverge e descentra. Sabe-se como essas condições já se encontram efetuadas em obras como o *Livre*, de Mallarmé, ou *Finnegans Wake*, de Joyce: elas são, por natureza, obras problemáticas.[23] Nelas, a identidade da coisa lida se dissolve realmente nas séries divergentes definidas pelas palavras esotéricas, assim como a identidade do sujeito que lê se dissolve nos círculos descentrados da multileitura possível. Todavia, nada se perde, cada série só existindo pelo retorno das outras. Tudo se tornou simulacro. Com efeito, por simulacro não devemos entender uma simples imitação, mas antes o ato pelo qual a própria ideia de um modelo ou de uma posição privilegiada é contestada, subvertida. O simulacro é a instância que compreende uma diferença em si, como duas séries divergentes (pelo menos) sobre as quais ele atua, toda semelhança tendo sido abolida, sem que se possa, por conseguinte, indicar a existência de um original e de uma cópia. É nessa direção que é preciso procurar as condições não mais da experiência possível, mas da experiência real (seleção, repetição etc.). É aí que encontramos a realidade vivida de um domínio sub-representativo. Se é verdade que a representação tem a identidade como elemento e um semelhante como unidade de medida, a pura presença, tal como aparece no simulacro, tem o "díspar" como unidade de medida, isto é, sempre uma diferença de diferença como elemento imediato.

Notas

1. Cf. Odilon REDON (*A soi-même: Journal*, Floury, ed., p. 63): "Nenhuma forma plástica, isto é, percebida, objetivamente, por si mesma, sob as leis da sombra e da luz, pelos meios convencionais do modelado, poderia ser encontrada em minhas obras... Toda minha arte se limita unicamente aos recursos do claro-escuro, e também deve muito aos efeitos da linha abstrata, esse agente de fonte profunda, que age diretamente sobre o espírito."
2. ARISTÓTELES, *Métaphysique*, X, 4, 8 e 9. Sobre as três espécies de diferença, comum, própria e essencial, cf. PORFÍRIO, *Isagoge*, pp. 8-9. Cf. também os manuais tomistas: por exemplo, o capítulo "*de differentia*" nos *Elementa philosophiae aristotelico-thomisticae*, de Joseph GREDT (Friburgo), t. I, pp. 122-125.
3. PORFIRIO, *Isagoge*, 8, 20: "A diferença 'racional' vindo acrescentar-se à animal faz deste um outro, ao passo que a diferença 'mover-se' dota-o somente de outra qualidade que não a de estar em repouso."
4. ARISTÓTELES, *Métaphysique*, III, 3, 998b, pp. 20-27; e *Tópicos*, VI, 6, 144a, pp. 35-40.
5. Sabe-se que o próprio Aristóteles não fala de analogia a propósito do ser. Ele determina as categorias como *πρὸς ἕν* e, provavelmente, também como *ἐφεξῆς* (são os dois casos, fora da equivocidade pura, em que há "diferença" sem gênero comum). Os *πρὸς ἕν* se dizem em relação a um termo único. Este

é como um *sentido comum;* mas este sentido comum não é um gênero, pois ele forma somente uma unidade distributiva (implícita e confusa), e não, como o gênero, uma unidade coletiva, explícita e distinta. Quando a escolástica traduz *πρὸς ἕν* por "analogia de proporcionalidade", tem, portanto, razão. Essa analogia, com efeito, não deve ser compreendida no sentido estrito do matemático, nem supõe qualquer *igualdade de relação.* Ela se define, o que é inteiramente diferente, por uma *interioridade* da relação: a relação de cada categoria com o ser é interior a cada categoria; é por sua própria conta, em virtude de sua natureza própria, que cada uma tem unidade e ser. Esse caráter distributivo é bem marcado por Aristóteles, quando identifica as categorias a διαίρεσις. E apesar de certas interpretações recentes, certamente há uma partilha do ser correspondendo às maneiras pelas quais ele se distribui aos "entes". Mas, nos *πρὸς ἕν*, o termo único não é simplesmente o ser como sentido comum, é já a substância como *sentido primeiro.* Daí o deslizamento em direção à ideia de *ἐφεξῆς* implicando uma hierarquia. A escolástica falará nesse caso de "analogia de proporção": não há mais um conceito distributivo relacionando-se formalmente com termos diferentes, mas um conceito serial que se relaciona formalmente-eminentemente com um termo principal e, em menor grau, com os outros. O Ser é, primeiramente, em ato, analogia de proporcionalidade; mas não apresentaria também, "virtualmente", uma analogia de proporção?

6. Cf. E. LAROCHE, *Histoire de la racine nem – en grec ancien* (Klincksieck, 1949). E. Laroche mostra que a ideia de distribuição em *νόμος-νέμω* não está numa relação simples com a de partilha (*τέμνω, δαίω, διαιρέω*). O sentido pastoral de *νέμω* (apascentar) só tardiamente implica uma partilha da terra. A sociedade homérica ignora cercas e propriedade das pastagens: não se trata de distribuir a terra para os animais, mas, ao contrário, de distribuí-los, de reparti-los aqui e ali num espaço ilimitado, floresta ou flanco de montanha. O *νόμος* designa, inicialmente, um lugar de ocupação, mas sem limites precisos (por exemplo, o espaço em torno de uma cidade). Daí também o tema do "nômade".
7. Étienne GILSON levanta todas essas questões em seu livro sobre Jean Duns Scot (Vrin, 1952), pp. 87-88, 114, 236-237, 629. Ele insiste na relação da analogia com o juízo e, mais particularmente, com o juízo de existência (p. 101).
8. Cf. NIETZSCHE: "Essa palavra perigosa, a *hybris*, é a pedra de toque de todo heraclitiano" ("La philosophie à l'époque de la tragédie grecque", in: *La naissance de la philosophie,* trad. BIANQUIS, N.R.F., p. 66). E sobre o problema da hierarquia, "nosso problema, problema para nós, espíritos livres", *Humain trop humain,* prefácio, § 6-7 – O super-homem como "forma superior de tudo o que é": *Ecce Homo* (*Assim falou Zaratustra*, § 6).

9. Sobre a indiferença ao pequeno ou ao grande, cf. LEIBNIZ. *Tentamen anagogicum* (*G., Ph. Schr.*, t. VII). É de se observar que, para Leibniz, não menos que para Hegel, a representação infinita não se deixa reduzir a uma estrutura matemática: no cálculo diferencial e na continuidade, há um elemento arquitetônico não matemático ou supramatemático. Inversamente, Hegel parece reconhecer no cálculo diferencial a presença de um verdadeiro infinito, que é o infinito da "relação"; o que Hegel critica no cálculo é expressar esse verdadeiro infinito apenas sob a forma matemática da "série", que é um falso infinito. Cf. HEGEL. *Logique* (trad. S. JANKÉLÉVITCH, Aubier), t. I, p. 264 ss. Sabe-se que a interpretação moderna dá conta inteiramente do cálculo diferencial nos termos da *representação finita*; analisaremos este ponto de vista no capítulo IV.

10. HEGEL. *Logique*, t. II, pp. 57, 70 e 71. Cf. também *Enciclopédia*, § 116-122. Sobre esta passagem da diferença à oposição e à contradição, cf. os comentários de Jean HYPPOLITE, *Logique et existence* (Presses Universitaires de France, 1953, pp. 146-157).

11. Sobre o infinito, o gênero e a espécie, cf. *Phénoménologie* (trad. HYPPOLITE, Aubier, t. I, pp. 135-138, 149-151, 243-247).

12. Cf. LEIBNIZ, *Nova calculi differentialis applicatio...* (1964). Sobre um princípio de determinação recíproca, tal como Salomon Maïmon retira de Leibniz, cf. M. GUÉROULT, *La philosophie transcendantale de Salomon Maïmon, ed.* Alcan, p. 75 ss. (Mas nem Maïmon nem Leibniz distinguem a determinação recíproca das relações e a determinação completa do objeto.)

13. LEIBNIZ, *Lettre à Arnauld* (Janet, 2ª ed., t. I, p. 593): "Eu disse que a alma, ao expressar naturalmente todo o universo em certo sentido e segundo a relação que os outros corpos têm com o seu, e, por conseguinte, ao expressar mais imediatamente o que pertence às partes do seu corpo, deve, em virtude de leis de relação que lhe são essenciais, expressar particularmente alguns movimentos extraordinários das partes do seu corpo." Cf. também na *Lettre du 30 avril 1687*, os "graus de relação" (p. 573).

14. Louis ALTHUSSER denuncia, na filosofia de Hegel, o caráter todo-poderoso da identidade, isto é, a *simplicidade de um princípio interno:* "A simplicidade da contradição hegeliana só é possível, com efeito, pela simplicidade do princípio interno que constitui a essência de todo período histórico. É por ser possível reduzir, de direito, a totalidade, a infinita diversidade de uma sociedade histórica dada... a um princípio interno simples, que esta mesma simplicidade, atribuída assim, de direito, à contradição, pode nela refletir-se." Eis por que ele critica, no círculo hegeliano, a existência de um único centro, em que todas as figuras se refletem e se conservam. Louis Althusser opõe a Hegel um princípio

de contradição múltipla, ou sobredeterminada, que ele acredita encontrar em Marx: "As *diferenças* que constituem cada uma das instâncias em jogo... se elas se *fundem* numa unidade real, não se *dissipam* como um puro *fenômeno* na unidade interior de uma contradição *simples*." (Acontece que, segundo Louis Althusser, é a contradição que é sobredeterminada e diferencial, e que o conjunto de suas diferenças se funda legitimamente numa contradição principal.) Cf. *Pour Marx*, "Contradition e surdétermination" (Maspéro, 1965, pp. 100-103).

15. NIETZSCHE não para de denunciar a assimilação de "afirmar" com "carregar" (cf. *Par-delà le bien et le mal*, § 213: "Pensar e levar uma coisa a sério, assumir seu peso, é para eles o mesmo, eles não têm outra experiência"). É que *carregar* implica uma falsa atividade, uma falsa afirmação que só se encarrega dos produtos do *niilismo*. Assim, Nietzsche define Kant e Hegel como "operários da filosofia" que acumulam e conservam uma massa enorme de juízos de valores estabelecidos, mesmo que se trate, para eles, de triunfar sobre o passado; neste sentido, eles ainda são escravos do negativo (§ 211).
16. *Par-delà le bien et le mal*, § 211. Sobre o "não" do senhor, que é consequência, em oposição ao "não" do escravo, que é princípio, cf. *Génealogé de la morale*, I, § 10.
17. Citado por Jean WAHL, *Les philosophies pluralistes d'Angleterre et d'Amérique* (Alcan, 1920, p. 37). Toda a obra de Jean Wahl é uma profunda meditação sobre a diferença; sobre as possibilidades de o empirismo expressar sua natureza poética, livre e selvagem; sobre a irredutibilidade da diferença ao simples negativo; sobre as relações *não hegelianas* entre a afirmação e a negação.
18. Em dois artigos que renovam a interpretação de Nietzsche, Pierre KLOSSOWSKI pôs em evidência esse elemento: "*Deus está morto* não significa que a divindade cesse como explicitação da existência, mas que o fiador absoluto da identidade do eu responsável desaparece no horizonte da consciência de Nietzsche, que, por sua vez, se confunde com esse desaparecimento... Só resta (à consciência) declarar que sua própria identidade é um caso fortuito arbitrariamente mantido como necessário, sob pena de ela se tomar a si mesma por essa roda universal da fortuna, sob pena de ela abarcar, se possível, a totalidade dos casos, o próprio fortuito em sua totalidade necessária. O que subsiste é, pois, o ser e o verbo ser, que nunca se aplica ao próprio ser, mas ao fortuito" ("Nietzsche, le polythéisme et la parodie", em *Un si funeste désir*, N.R.F., 1963, pp. 220-221). "Quer isto dizer que o sujeito pensante perderia sua identidade a partir de um pensamento coerente que o excluiria de si mesmo?... Qual é a minha parte nesse movimento circular em relação ao qual eu sou incoerente? Qual é a minha parte em relação a esse pensamento tão perfeitamente coerente que me exclui no próprio instante em que o penso?... Como ameaçaria ele a

atualidade do eu, desse eu que, todavia, ele exalta? Liberando as flutuações que o significavam como eu, de tal modo que só o passado ressoa em seu presente... O *Circulus vitiosus deus* é apenas uma denominação desse signo que adquire aqui uma fisionomia divina a exemplo de Dioniso." ("Oubli et anamnèse dans l'expérience de l'éternel retour du Même", em *Nietzsche, Cahiers de Royaumon,* Éditions de Minuit, 1966, pp. 233-235.)

19. Sobre a crítica da divisão platônica por ARISTÓTELES, cf. *Premiers analythiques,* I, 31; *Seconds analythiques,* II, 5 e 13 (é nesse último texto que Aristóteles mantém para a divisão um certo papel na determinação da espécie, sob pena de corrigir, por um princípio de continuidade, as insuficiências que acredita descobrir na concepção de Platão). Mas vê-se bem, por exemplo, *em Le Politique,* 266b-d, a que ponto a determinação de espécies é somente uma aparência irônica, e não o objetivo da divisão platônica.

20. É sob esse aspecto que o mito deve ser completado por um modelo de outro tipo, o paradigma, que permite distinguir por analogia os parentes, os serventes, os auxiliares, as contrafações. Da mesma maneira, a prova do ouro comporta várias seleções: eliminação das impurezas, eliminação dos outros metais "da mesma família" (cf. *Politique,* 303d-e).

21. NOTA SOBRE A FILOSOFIA DA DIFERENÇA DE HEIDEGGER. Parece que os principais mal-entendidos que Heidegger denunciou como contrassensos sobre sua filosofia, após *Ser e tempo* e *Que é metafísica?,* incidiam sobre o seguinte: o NÃO heideggeriano remetia, não ao negativo no ser, mas ao ser como diferença; e não à negação, mas à questão. Quando Sartre, no início de *O ser e o nada,* analisava a interrogação, ele fazia disto uma preliminar para a descoberta do negativo e da negatividade. De certo modo, era o contrário do procedimento de Heidegger. É verdade que não havia nisso qualquer mal-entendido, visto que Sartre não se propunha a comentar Heidegger. Mas Merleau-Ponty, sem dúvida, tinha uma inspiração heideggeriana mais real, quando falava de "dobra" ou de "franzido", desde a *Fenomenologia da percepção* (em oposição aos "buracos" e "lagos de não ser" sartrianos) e quando voltava a uma ontologia da diferença e da questão em seu livro póstumo, *O visível e o invisível.*

As teses de Heidegger podem ser assim resumidas: 1ª: o *não* não expressa o negativo, mas a diferença entre o ser e o ente. Cf. prefácio de *Vom Wesen des Grundes,* 3ª ed., 1949: "A diferença ontológica é o não entre o ente e o ser" (e posfácio de *Was ist Metaphysik?,* 4ª ed., 1943: "O que nunca é em parte alguma um ente não se desvelará como o Se-diferenciador de todo ente?" (p. 25); 2ª: essa diferença não é "entre...", no sentido ordinário da palavra. Ela é a Dobra, *Zwiefalt.* Ela é constitutiva do ser e da maneira pela qual o ser constitui o ente no duplo movimento da "clareira" e do "velamento". O ser é verdadeiramente o diferenciador da diferença. Daí a expressão: diferença ontológica. Cf. *Dépassement de la métaphysique,* tradução francesa, em *Essais et conférences,* p. 89 ss.; 3ª: a diferença ontológica está em correspondência com a questão. Ela é o ser da questão que se desenvolve em problemas, balizando campos determinados em relação ao ente. Cf. *Vom Wesen des Grundes*, tradução francesa, em *Q'est-ce que la métaphysique?,* pp. 57-58; 4ª: assim compreendida, a diferença não é objeto de representação. A representação, como elemento da metafísica, subordina a diferença à identidade, relacionando-a a um *tertium* como centro de uma comparação *entre* dois termos julgados diferentes (o ser *e* o ente). Heidegger reconhece que esse ponto de vista da representação metafísica ainda está presente em *Vom Wesen* (cf. tradução francesa, p. 59, onde o terceiro é encontrado na "transcendência do ser-aí"). Mas a metafísica é impotente para pensar a diferença em si mesma e a importância daquilo que separa como daquilo que une (o diferenciador). Não há síntese, mediação nem reconciliação na diferença, mas, ao contrário, uma obstinação na diferenciação. É essa a "virada", para além da metafísica: "Se o próprio ser pode aclarar em sua verdade a diferença, que ele preserva em si, do ser e do ente, ele o pode somente quando a própria diferença se manifesta especialmente..." (*Dépassement de la métaphysique,* p. 89). Sobre esse ponto, cf. Beda Allemann, *Hölderlin et Heidegger,* tradução francesa, Presses Universitaires de France, pp.157-162, 168-172, e Jean Beaufret, Introdução ao *Poème de Parménide,* Presses Universitaires de France, pp. 45-55, 69-72; 5ª: portanto, a diferença não se deixa subordinar ao Idêntico ou ao Igual, mas deve ser pensada no Mesmo e como o Mesmo. Cf. *Identität und Differenz* (Günther Neske, 1957) e *L'homme habite en poète,* tradução francesa, em *Essais et conférences,* p. 231: "O mesmo e o igual não se recobrem, não mais do que o mesmo e a uniformidade vazia do puro idêntico. O igual sempre se liga ao sem-diferença, a fim de que tudo se ajuste nele. O mesmo, ao contrário, é o pertencimento mútuo do diferente a partir da reunião operada pela diferença. Só se pode dizer o mesmo quando a diferença é pensada... O mesmo descarta todo desvelo em resolver as diferenças no igual: sempre igualar e nada mais. O mesmo reúne o diferente numa união original. O igual, ao contrário, dispersa na unidade insípida do uno simplesmente uniforme."

Guardamos como fundamental essa "correspondência" entre diferença e questão; entre a diferença ontológica e o ser da questão. Pode-se perguntar, todavia, se o próprio Heidegger não favoreceu os mal-entendidos com sua concepção do "Nada", com sua maneira de "barrar" o ser, em vez de colocar entre parênteses o (não) do não ser. Além disso, bastaria opor o Mesmo ao Idêntico para pensar a diferença original e arrancá-la das mediações? Se é verdade que certos comentadores puderam reencontrar em Husserl ecos tomistas, Heidegger, ao contrário, está do lado de Duns Scot e dá um novo esplendor à Univocidade do ser. Mas será que ele opera a conversão pela qual o ser unívoco só deve dizer-se da diferença e, neste sentido, girar em torno do ente? Será que ele concebe o *ente* de tal modo que este escape verdadeiramente de toda subordinação à identidade da representação? Não parece, levando-se em conta sua crítica do eterno retorno nietzschiano.

22. Cf. *supra,* p. 81, n.1. (Sobre essa ideia do simulacro, tal como aparece em Klossowski, em relação com o eterno retorno, cf. Michel FOUCAULT, "La prose d'Actéon", *Nouvelle Revue Française,* março de 1964, e Maurice BLANCHOT, "Le rire des dieux", *Nouvelle Revue Française,* julho de 1965.)
23. Cf. Umberto ECO, L'œuvre ouverte (trad. ROUX, Le Seuil, 1965). Eco mostra que a obra de arte "clássica" é vista sob várias perspectivas e passível de várias interpretações, mas que a cada ponto de vista ou interpretação não corresponde ainda uma obra autônoma, compreendida no caos de uma grande obra. A característica da obra de arte "moderna" aparece como a ausência de centro ou de convergência (cf. c. I e IV).

2

A repetição para si mesma

A repetição: alguma coisa mudou

A repetição nada muda no objeto que se repete, mas muda alguma coisa no espírito que a contempla: esta célebre tese de Hume leva-nos ao âmago de um problema. Como a repetição mudaria alguma coisa no caso ou no elemento que se repete, visto que ela, de direito, implica uma perfeita independência de cada apresentação? A regra de descontinuidade ou de instantaneidade na repetição é assim formulada: um não aparece sem que o outro tenha desaparecido. Esse é o estado da matéria como *mens momentanea*. Mas como seria possível dizer "o segundo", "o terceiro" e "é o mesmo", visto que a repetição se desfaz à medida que se faz? Ela não tem em si. Em compensação, ela muda algo no espírito que a contempla. É esta a essência da modificação. Como exemplo, Hume toma uma repetição de caso do tipo AB, AB, AB, A... Cada caso, cada sequência objetiva AB é independente da outra. A repetição (mas, justamente, não se pode falar ainda de repetição) nada muda no objeto, no estado de coisas AB. Em compensação, uma mudança se produz no espírito que contempla: uma diferença, algo de novo *no* espírito. Quando A aparece, aguardo o aparecimento de B. Estará aí o para-si da repetição, como uma subjetividade originária que deve entrar necessariamente em sua constituição? O paradoxo da repetição não estará no fato de que não se pode falar em repetição a não ser pela diferença ou mudança que ela introduz no espírito que a contempla? A não ser por uma diferença que o espírito *extrai da* repetição?

Primeira síntese do tempo: o presente vivo

Em que consiste essa mudança? Hume explica que os casos idênticos ou semelhantes independentes se fundem na imaginação. A imaginação se define aqui como um poder de contração: placa sensível, ela retém um quando o outro aparece. Ela contrai os casos, os elementos, os abalos, os instantes homogêneos e os funde numa impressão qualitativa interna de determinado peso. Quando A aparece, esperamos B com uma força correspondente à impressão qualitativa de todos os AB contraídos. É preciso notar, sobretudo, que não se trata de uma memória nem de uma operação do entendimento: a contração não é uma reflexão. Propriamente falando, ela forma uma síntese do tempo. Uma sucessão de instantes não faz o tempo; ela também o desfaz; nele, ela somente marca o ponto de nascimento, sempre abortado. O tempo só se constitui na síntese originária que incide sobre a repetição dos instantes. Esta síntese contrai uns nos outros os instantes sucessivos independentes. Ela constitui, desse modo, o presente vivido, o presente vivo; e é nesse presente que o tempo se desenrola. É a ele que pertence o passado e o futuro: o passado, na medida em que os instantes precedentes são retidos na contração; o futuro, porque a expectativa é antecipação nessa mesma contração. O passado e o futuro não designam instantes, distintos de um instante supostamente presente, mas as dimensões do próprio presente, na medida em que ele contrai os instantes. O presente não tem de sair de si para ir do passado ao futuro. O presente vivo vai, pois, do passado ao futuro que ele constitui no tempo, isto é, também do particular ao geral, dos particulares que ele envolve na contração ao geral que ele desenvolve no campo de sua expectativa (a diferença produzida no espírito é a própria generalidade, na medida em que ela forma uma regra viva do futuro). Sob todos os aspectos, esta síntese deve ser denominada síntese passiva. Constituinte, nem por isso ela é ativa. Não é feita pelo espírito, mas se faz *no* espírito que contempla, precedendo toda memória e toda reflexão. O tempo é subjetivo, mas é a subjetividade de um sujeito passivo. A síntese passiva, ou contração, é essencialmente assimétrica: vai do passado ao futuro no presente; portanto, do particular ao geral e, assim, orienta a flecha do tempo.

Considerando a repetição no objeto, permanecemos aquém das condições que tornam possível uma ideia de repetição. Mas, considerando a mudança no sujeito, já nos encontramos além, diante da forma geral da diferença. A constituição ideal da repetição implica, portanto, uma espécie de movimento retroativo entre estes dois limites. Ela se tece entre os dois. É este movimento que Hume analisa profundamente, quando mostra que os casos contraídos ou fundidos na imaginação nem por isso deixam de permanecer distintos na memória ou no entendimento. Não que se retorne ao estado da matéria, que não produz um caso sem que o outro tenha desaparecido. Mas, a partir da impressão qualitativa da imaginação, a memória reconstitui os casos particulares como distintos, conservando-os no "espaço de tempo" que lhe é próprio. O passado, então, não é mais o passado imediato da retenção, mas o passado reflexivo da representação, a particularidade refletida e reproduzida. Correlativamente, o futuro também deixa de ser o futuro imediato da antecipação para tornar-se o futuro reflexivo da previsão, a generalidade refletida do entendimento (o entendimento proporciona a expectativa da imaginação em relação ao número de casos semelhantes distintos observados e lembrados). Quer dizer que as sínteses ativas da memória e do entendimento se superpõem à síntese passiva da imaginação e se apoiam nela. A constituição da repetição já implica três instâncias: o em-si que a deixa impensável, ou que a desfaz à medida que ela se faz; o para-si da síntese passiva; e, fundada nesta, a representação refletida de um "para-nós" nas sínteses ativas. O associacionismo tem uma sutileza insubstituível. Não é de admirar que Bergson reencontre as análises de Hume quando se depara com um problema análogo: quatro horas soam... Cada batida, cada abalo ou excitação é logicamente independente do outro, *mens momentanea*. Mas nós os contraímos numa impressão qualitativa interna, longe de toda lembrança ou cálculo distinto, neste presente vivo, nesta *síntese passiva* que é a duração. Depois, nós os restituímos a um espaço auxiliar, a um tempo derivado, em que podemos reproduzi-los, refleti-los, contá-los como impressões-exteriores quantificáveis.[1]

Sem dúvida, o exemplo de Bergson não é o mesmo de Hume. Um designa uma repetição fechada, o outro, aberta. Além disso, um designa uma repetição de elementos do tipo A A A A (tic, tic, tic, tic), o outro, uma repetição de casos, AB AB AB A... (tic-tac, tic-tac, tic-tac, tic...). A principal distinção dessas formas repousa no seguinte: na segunda, a diferença não aparece apenas na contração dos elementos em geral, existindo também em cada caso particular, entre dois elementos determinados e reunidos por uma relação de oposição. A função da oposição, aqui, é de limitar de direito a repetição elementar, de encerrá-la no grupo mais simples, de reduzi-la ao mínimo de dois (sendo o tac um tic invertido). A diferença parece, pois, abandonar sua primeira figura de generalidade; ela se distribui no particular que se repete, mas para suscitar novas generalidades vivas. A repetição acha-se encerrada no "caso", reduzida a dois, mas abre-se um novo infinito, que é a repetição dos próprios casos. Portanto, seria falso acreditar que toda repetição de caso é, por natureza, aberta, como acreditar que toda repetição de elementos é fechada. A repetição dos casos só é aberta passando pelo fechamento de uma oposição binária entre elementos; inversamente, a repetição dos elementos só é fechada ao remeter a estruturas de casos, nas quais ela mesma, em seu conjunto, desempenha o papel de um dos dois elementos opostos: não só quatro é uma generalidade em relação às quatro badaladas, mas "quatro horas" entra em duelo com a meia hora precedente ou subsequente e, até mesmo, no horizonte do universo perceptivo, com as quatro horas invertidas da manhã e da tarde. As duas formas de repetição remetem sempre uma a outra na síntese passiva: a dos casos supõe a dos elementos, mas a dos elementos se ultrapassa necessariamente na dos casos (daí a tendência natural da síntese passiva em sentir o tic-tic como um tic-tac).

Habitus, síntese passiva, contração, contemplação

Eis por que, mais ainda que a distinção das duas formas, conta a distinção dos níveis, em que uma *e* outra se exercem e se combinam. Tanto quanto o de Bergson, o exemplo de Hume nos deixa no nível das sínteses sensíveis e perceptivas. A qualidade sentida confunde-se com a contração de excitações elementares; mas o objeto percebido implica tal contração de casos que uma qualidade é lida na outra, como também uma estrutura em que a forma de objeto se acopla à qualidade, pelo menos como parte intencional. Mas, na ordem da passividade constituinte, as sínteses perceptivas remetem a sínteses orgânicas, como a sensibilidade dos sentidos remete a uma sensibilidade primária que *somos*. Somos água, terra, luz e ar contraídos, não só antes de reconhecê-los ou de representá-los, mas antes de senti-los. Em seus elementos receptivos e perceptivos, como também em suas vísceras, todo organismo é uma soma de contrações, de retenções e de expectativas. No nível desta sensibilidade vital primária, o presente vivido já constitui no tempo um passado e um futuro. Esse futuro aparece na necessidade como forma orgânica da expectativa; o passado da retenção aparece na hereditariedade celular. Bem mais: estas sínteses orgânicas, combinando-se com as sínteses perceptivas erguidas sobre elas, tornam a se desdobrar nas sínteses ativas de uma memória e de uma inteligência psico-orgânicas (instinto e aprendizado). Portanto, não devemos apenas distinguir formas de repetição em relação à síntese passiva, mas níveis de sínteses passivas, combinações desses níveis entre si e combinações desses níveis com as sínteses ativas. Tudo isso forma um rico domínio de *signos*, envolvendo sempre o heterogêneo e animando o comportamento, pois cada contração, cada síntese passiva é constitutiva de um signo que se interpreta ou se desdobra nas sínteses ativas. Os signos em relação aos quais o animal "sente" a presença da água não se assemelham aos elementos dos quais o organismo sedento do animal carece. A maneira pela qual a sensação, a percepção, assim como a necessidade e a hereditariedade, o aprendizado e o instinto, a inteligência e a memória participam da repetição é medida, em cada caso, pela combinação das formas de repetição, pelos níveis em que estas combinações se elaboram, pelo relacionamento desses níveis, pela interferência das sínteses ativas com as sínteses passivas.

O problema do hábito

De que se trata em todo esse domínio que tivemos de estender até o orgânico? Hume o diz com precisão: trata-se do problema do hábito. Mas como explicar que nas batidas de relógio, no exemplo de Bergson, assim como nas sequências causais de Hume, nos sentimos, com efeito, tão próximos do mistério do hábito e, todavia, nada reconhecemos aí daquilo que "habitualmente" se chama de hábito? Talvez se deva procurar a razão disso nas ilusões da psicologia. Ela fez da atividade o seu fetiche. Seu furioso temor da introspecção faz com que ela observe apenas o que se mexe. Ela pergunta como, agindo, se adquirem hábitos. Mas, assim, todo o estado de *learning* corre o risco de ser falseado enquanto não se levanta a questão prévia: é agindo que se adquirem hábitos... *ou, ao contrário, contemplando*? A psicologia considera como adquirido que o eu não pode contemplar a si próprio. Mas essa não é a questão; a questão é saber se o próprio eu não é uma contemplação, se não é em si mesmo uma contemplação – e se é possível aprender, formar um comportamento e formar a si próprio a não ser contemplando.

O hábito *extrai* da repetição algo de novo: a diferença (inicialmente posta como generalidade). Em sua essência, o hábito é contração. A linguagem dá testemunho disso quando fala em "contrair" um hábito e só emprega o verbo contrair com um complemento capaz de constituir um *habitus*. Objeta-se que o coração tem (ou é) hábito tanto quando se contrai quanto quando se dilata. Mas a objeção confunde dois tipos de contração totalmente diferentes: a contração pode designar um dos dois elementos ativos, um dos dois tempos opostos numa série do tipo tic-tac..., sendo o outro elemento a descontração ou a dilatação. Mas a contração designa também a fusão dos tic-tac sucessivos numa alma contemplativa. É assim a síntese passiva que constitui nosso hábito de viver, isto é, nossa expectativa de que "isto" continue, que um dos dois elementos ocorra após o outro, assegurando a perpetuação do nosso *caso*. Quando dizemos que o hábito é contração, não falamos, pois, da ação instantânea que se compõe com outra para formar um elemento de repetição, mas da fusão dessa repetição no espírito que contempla. É preciso atribuir uma alma ao coração, aos músculos, aos nervos, às células, mas uma alma contemplativa cujo papel é contrair o hábito. Não há nisso qualquer hipótese bárbara ou mística: o hábito manifesta aí, ao contrário, sua plena generalidade, que não só concerne aos hábitos sensório-motores que temos (psicologicamente), mas, em primeiro lugar, aos hábitos primários que somos, aos milhares de sínteses passivas que nos compõem organicamente. É contraindo que somos hábitos, mas é pela contemplação que contraímos. Somos contemplações, somos imaginações, somos generalidades, somos pretensões, somos satisfações. Com efeito, o fenômeno da pretensão é somente a contemplação contraente, pela qual afirmamos nosso direito e nossa expectativa sobre o que contraímos, pela qual afirmamos nossa própria satisfação enquanto contemplamos. Não nos contemplamos, mas só existimos contemplando, isto é, contraindo aquilo de que procedemos. A questão de saber se o prazer é uma contração, uma tensão, ou se está sempre ligado a um processo de descontração não é uma questão bem formulada; serão encontrados elementos de prazer na sucessão ativa das descontrações e das contrações de excitantes. Mas se trata de uma questão totalmente distinta perguntar por que o prazer não é simplesmente um elemento ou um caso em nossa vida psíquica, mas um *princípio* que a rege soberanamente em todos os casos. O prazer é um princípio, na medida em que ele é a comoção de uma contemplação que preenche, que contrai em si mesma os casos de descontração *e* de contração. Há uma beatitude da síntese passiva; e somos todos Narcisos, pelo prazer que sentimos ao contemplar (autossatisfação), se bem que contemplemos outra coisa que não nós mesmos. Somos sempre Actéon pelo que contemplamos, se bem que sejamos Narciso pelo prazer que tiramos disso. Contemplar é extrair. É sempre outra coisa, é a água, Diana ou os bosques que se precisa contemplar primeiramente para se preencher de uma imagem de si mesmo.

Ninguém melhor que Samuel Butler mostrou que não havia outra continuidade a não ser a do hábito e que não tínhamos outras continuidades a não ser aquelas dos nossos mil hábitos componentes, formando em nós vários eus supersticiosos e contemplativos, vários pretendentes e satisfações: "Pois o próprio trigo dos campos funda seu crescimento numa base supersticiosa no que se refere a sua existência, e só transforma a terra e a umidade em frumento graças à presunçosa confiança que tem em sua própria habilidade de fazê-lo; confiança ou fé em si mesmo, sem a qual ele seria impotente."[2] Só o empirista pode, com felicidade, correr o risco de enunciar tais fórmulas. Há uma contração da terra e da umidade que se chama frumento, e esta contração é uma contemplação e a autossatisfação desta contemplação. O lírio dos campos, por sua simples existência, canta a glória dos céus, das deusas e dos deuses, isto é, dos elementos que ele contempla, contraindo. Que organismo não é feito de elementos e de casos de repetição, de água, de azoto, de carbono, de cloretos, de sulfatos contemplados e contraídos, entrelaçando, assim, todos os hábitos pelos quais ele se compõe? Os organismos despertam com as palavras sublimes da terceira *Enéada*: tudo é contemplação! Talvez seja uma "ironia" dizer que tudo é contemplação, mesmo os rochedos e os bosques, os animais e os homens, mesmo Actéon e o cervo, Narciso e a flor, mesmo nossas ações e nossas necessidades. Mas a ironia, por sua vez, é ainda uma contemplação, nada além de uma contemplação... Plotino diz: ninguém determina sua própria imagem nem goza dela a não ser se voltando, para contemplar, para aquilo de onde se procede.

É fácil multiplicar as razões que tornam o hábito independente da repetição: agir nunca é repetir, nem na ação que se prepara nem na ação totalmente preparada. Vimos como a ação tinha, antes, o particular como variável e a generalidade como elemento. Mas, se é verdade que a generalidade é totalmente distinta da repetição, ela remete, todavia, à repetição como à base oculta sobre a qual ela se constrói. Na ordem de generalidade e no campo de variáveis que lhe correspondem, a ação só se constitui pela contração de elementos de repetição. Acontece que essa contração não se faz nela, mas num eu que contempla e duplica o agente. E para integrar ações numa ação mais complexa, é preciso que as ações primárias, por sua vez, desempenhem num "caso" o papel de elementos de repetição, mas sempre em relação a uma alma contemplativa subjacente ao sujeito da ação composta. Sob o eu que age há pequenos eus que contemplam e que tornam possíveis a ação e o sujeito ativo. Não dizemos "eu" a não ser por essas mil testemunhas que contemplam em nós; é sempre um terceiro que diz eu. E mesmo no rato do labirinto e em cada músculo do rato é preciso colocar essas almas contemplativas. Ora, como a contemplação não surge em nenhum momento da ação, como ela está sempre recuada, como ela nada "faz" (se bem que alguma coisa, e alguma coisa de totalmente nova, se faça nela), é fácil esquecê-la e interpretar o processo completo da excitação e da reação sem qualquer referência à repetição, pois essa referência somente aparece na relação das reações como das excitações com as almas contemplativas.

Extrair da repetição algo novo, extrair-lhe a diferença, é o papel da imaginação ou do espírito que contempla em seus estados múltiplos e fragmentados. Do mesmo modo, a repetição, em sua essência, é imaginária, pois só a imaginação forma aqui o "momento" da *vis repetitiva* [força repetitiva] do ponto de vista da constituição, fazendo com que exista aquilo que ela contrai como elementos ou casos de repetição. A repetição imaginária não é uma falsa repetição que viria suprir a ausência da verdadeira; a verdadeira repetição é a da imaginação. Entre uma repetição que não para de se desfazer em si e uma repetição que se desdobra e se conserva para nós no espaço da representação, houve a diferença, que é o para-si da repetição, o imaginário. A diferença habita a repetição. Por um lado, como se fosse em comprimento, a diferença nos faz passar de uma ordem a outra da repetição: da repetição instantânea, que se desfaz em si, à repetição ativamente representada por intermédio da síntese passiva. Por outro lado, em profundidade, a diferença nos faz passar de uma ordem de repetição a outra e de uma generalidade a outra nas próprias sínteses passivas. Os batimentos de cabeça do frango acompanham as pulsações cardíacas numa síntese orgânica, antes de servir para bicar na síntese perceptiva do grão. Originalmente, a generalidade formada pela contração dos "tic" se redistribui em particularidades na repetição mais complexa dos "tic-tac", por sua vez contraídos na série das sínteses passivas. De qualquer modo, a repetição material e nua, a repetição dita do mesmo, é o invólucro exterior, como uma pele que se desfaz em favor de um núcleo de diferença e das repetições internas mais complicadas. *A diferença está entre duas repetições.* Não será isso dizer, inversamente, que a *repetição também está entre duas diferenças*, que ela nos faz passar de uma ordem de diferença a outra? Gabriel Tarde assinalava assim o desenvolvimento dialético: a repetição como passagem de um estado das diferenças gerais à diferença singular, das diferenças exteriores à diferença interna – em suma, a repetição como o diferenciador da diferença.[3]

A síntese do tempo constitui o presente no tempo. Não que o presente seja uma dimensão do tempo. Só o presente existe. A síntese constitui o tempo como presente vivo e o passado e o futuro como dimensões desse presente. Todavia, esta síntese é intratemporal, o que significa que esse presente passa. Pode-se, sem dúvida, conceber um perpétuo presente, um presente coextensivo ao tempo; basta fazer com que a contemplação incida sobre o infinito da sucessão de instantes. Mas não há possibilidade física de tal presente: a contração na contemplação opera sempre a qualificação de uma ordem de repetição de acordo com elementos ou casos. Ela forma necessariamente um presente de certa duração, um presente que se esgota e que passa, variável segundo as espécies, os indivíduos, os organismos e as partes de organismo consideradas. Dois presentes sucessivos podem ser contemporâneos de um terceiro, mais extenso pelo número de instantes que ele contrai. Um organismo dispõe de uma duração de presente, de diversas durações de presente, segundo o alcance natural de contração de suas almas contemplativas. Quer dizer que o cansaço pertence realmente à contemplação. Diz-se que se cansa aquele que nada faz; o cansaço marca o momento em que a alma já não pode contrair o que contempla, em que contemplação e contração se desfazem. Somos compostos tanto de cansaços quanto de contemplações. Eis por que um fenômeno como a necessidade pode ser compreendido sob a espécie da "falta", do ponto de vista da ação e das sínteses ativas que ele determina, mas pode, ao contrário, ser compreendido como uma extrema "saciedade", como um "cansaço", do ponto de vista da síntese passiva que o condiciona. A necessidade marca os limites do presente variável. O presente se estende entre duas emergências da necessidade e se confunde com o tempo que dura uma contemplação. A *repetição da necessidade* e de tudo o que dela depende expressa o tempo próprio da síntese do tempo, o caráter intratemporal desta síntese. A repetição está essencialmente inscrita na necessidade, porque a necessidade repousa numa instância que diz respeito essencialmente à repetição, que forma o para-si da repetição, para-si de certa duração. A partir de nossas contemplações, definem-se todos os nossos ritmos, nossas reservas, nossos tempos de reações, os mil entrelaçamentos, os presentes e os cansaços que nos compõem. A regra é que não se pode ir mais depressa que seu próprio presente ou, antes, que seus presentes. Os *signos,* tais como os definimos como *habitus,* ou contrações que remetem umas às outras, pertencem sempre ao presente. Uma das grandezas do estoicismo foi ter mostrado que todo signo é signo de um presente, do ponto de vista da síntese passiva, em que passado e futuro são precisamente apenas dimensões do próprio presente (a cicatriz é o signo, não da ferida passada, mas do "fato presente de ter havido uma ferida": digamos que ela é contemplação da ferida, ela contrai todos os instantes que dela me separam num presente vivo). Ou melhor, tem-se aí o verdadeiro sentido da distinção entre natural e artificial. São naturais os signos do presente, que remetem ao presente no que eles significam, os signos fundados na síntese passiva. São artificiais, ao contrário, os signos que remetem ao passado ou ao futuro como dimensões distintas do presente, dimensões das quais o presente, por sua vez, talvez venha a depender; tais signos implicam sínteses ativas, isto é, a passagem da imaginação espontânea às faculdades ativas da representação refletida, da memória e da inteligência.

A própria necessidade, portanto, é muito imperfeitamente compreendida segundo estruturas negativas que a remetem à atividade. Nem mesmo é suficiente invocar a atividade que está se fazendo, se preparando, caso não se determine o solo contemplativo sobre o qual ela se prepara. Sobre este solo, somos levados a ver no negativo (a necessidade como falta) a sombra de uma instância mais elevada. A necessidade expressa a abertura de uma questão antes de expressar o não ser ou a ausência de uma resposta. Contemplar é questionar. Não é próprio da questão "extrair" uma resposta? É a questão que apresenta ao mesmo tempo a insistência, ou a obstinação, e o cansaço, a fadiga, que correspondem à necessidade. Que diferença existe...? É a questão que a alma contemplativa formula à repetição e cuja resposta ela extrai da repetição. As contemplações são questões e as contrações que nela se fazem e que vêm preenchê-las são afirmações finitas que se engendram como os presentes se engendram a partir do perpétuo presente na síntese passiva do tempo. As concepções do negativo vêm de nossa precipitação em compreender a necessidade em relação com as sínteses ativas que, de fato, somente se elaboram sobre este fundo. Além disso, se recolocarmos as próprias sínteses ativas sobre esse fundo que elas supõem, veremos que a atividade significa antes de tudo a constituição de campos problemáticos em relação com as questões. Todo o domínio do comportamento, o entrelaçamento dos signos artificiais e dos signos naturais, a intervenção do instinto e do aprendizado, da memória e da inteligência, mostram como as questões da contemplação se desenvolvem em campos problemáticos ativos. À primeira síntese do tempo corresponde um primeiro complexo questão-problema tal como ele aparece no presente vivo (urgência da vida). Esse presente vivo e, com ele, toda a vida orgânica e psíquica repousam sobre o hábito. Graças a Condillac, devemos considerar o hábito como a fundação da qual derivam todos os outros fenômenos psíquicos. Mas acontece que todos os outros fenômenos ou repousam sobre contemplações ou são eles próprios contemplações: mesmo a necessidade, mesmo a questão, mesmo a "ironia".

Os mil hábitos que nos compõem – as contrações, as contemplações, as pretensões, as presunções, as satisfações, os cansaços, os presentes variáveis – formam, pois, o domínio de base das sínteses passivas. O Eu passivo não se define simplesmente pela receptividade, isto é, pela capacidade de ter sensações, mas pela contemplação contraente que constitui o próprio organismo antes de constituir suas sensações. Assim, esse eu não tem nenhum caráter de simplicidade: nem mesmo basta relativizar, pluralizar o eu, reservando-lhe cada vez uma forma simples atenuada. Os eus são sujeitos larvares; o mundo das sínteses passivas constitui o sistema do eu em condições a serem determinadas, mas trata-se do sistema do eu dissolvido. Há eu desde que se estabeleça em algum lugar uma contemplação furtiva, desde que funcione em algum lugar uma máquina de contrair, capaz, durante um momento, de extrair uma diferença à repetição. O eu não tem modificações; ele próprio é modificação, sendo que esse termo designa, precisamente, a diferença extraída. Finalmente, só se é o que se *tem*; é por um ter que o ser aqui se forma, ou que o eu passivo *é*. Toda contração é uma presunção, uma pretensão, isto é, emite uma expectativa ou um direito sobre o que ela contrai e se desfaz desde que seu objeto lhe escape. Samuel Beckett, em todos os seus romances, descreveu o inventário das propriedades a que os sujeitos larvares se entregam com cansaço e paixão: a série dos seixos de Molloy, dos biscoitos de Murphy, das propriedades de Malone – trata-se sempre de extrair uma pequena diferença, pobre generalidade, da repetição dos elementos ou da organização dos casos. Sem dúvida, uma das mais profundas intenções do *nouveau roman* é atingir, aquém da síntese ativa, o domínio de sínteses passivas que nos constituem, modificações, tropismos e pequenas propriedades. Em todos os seus cansaços componentes, em todas as suas autossatisfações medíocres, em suas presunções irrisórias, em sua miséria e sua pobreza, o eu dissolvido ainda canta a glória de Deus, isto é, do que ele contempla, contrai e possui.

Segunda síntese do tempo: o passado puro

A primeira síntese do tempo, embora seja originária, não deixa de ser intratemporal. Ela constitui o tempo como presente, mas como presente que passa. O tempo não sai do presente, mas o presente não para de se mover por saltos que se recobrem parcialmente. Eis o paradoxo do presente: constituir o tempo, mas passar nesse tempo constituído. Não devemos recusar a consequência necessária: *é preciso outro tempo em que se opera a primeira síntese do tempo*. Esta remete necessariamente a uma segunda síntese. Ao insistir na finitude da contração, mostramos o efeito, mas não mostramos por que o presente passava, nem o que o impedia de ser coextensivo ao tempo. A primeira síntese, a do hábito, é verdadeiramente a fundação do tempo; mas devemos distinguir a fundação e o fundamento. A fundação diz respeito ao solo e mostra como algo se estabelece sobre este solo, ocupa-o e o possui; mas o fundamento vem sobretudo do céu, vai do ápice às fundações, avalia o solo e o possuidor de acordo com um título de propriedade. O hábito é a fundação do tempo, o solo movente ocupado pelo presente que passa. Passar é precisamente a pretensão do presente. Mas o que faz com que o presente passe e o que se apropria do presente e do hábito deve ser determinado como fundamento do tempo. O fundamento do tempo é a Memória. Foi visto que a memória, como síntese ativa derivada, repousa sobre o hábito: com efeito, tudo repousa sobre a fundação. Mas o que constitui a memória não é dado desse modo. No momento em que ela se funda sobre o hábito, a memória deve ser fundada por uma outra síntese passiva, distinta do hábito. E a síntese passiva do hábito remete a essa síntese passiva mais profunda que é a da memória: *Habitus* e Mnemósina, ou a aliança do céu e da terra. O Hábito é a síntese originária do tempo que constitui a vida do presente que passa; a Memória é a síntese fundamental do tempo que constitui o ser do passado (o que faz passar o presente).

Dir-se-ia, primeiramente, que o passado se encontra encerrado entre dois presentes: aquele que ele foi e aquele em relação ao qual ele é passado. O passado não é o antigo presente, mas o elemento no qual este é visado. Assim, a particularidade está agora no visado, isto é, no que "foi", ao passo que o próprio passado, o "era", é, por natureza, geral. O passado em geral é o elemento em que se visa cada antigo presente em particular e como particular. Conforme a terminologia husserliana, devemos distinguir a retenção e a reprodução. Mas o que há pouco chamamos de retenção do hábito era o estado dos instantes sucessivos contraídos num atual presente de certa duração. Estes instantes formavam a particularidade, isto é, um passado imediato que pertence naturalmente ao atual presente; quanto ao próprio presente, aberto para o futuro pela expectativa, ele constituía o geral. Ao contrário, do ponto de vista da reprodução da memória, é o passado (como mediação dos presentes) que se tornou geral, e o presente (tanto o atual quanto o antigo) que se tornou particular. Na medida em que o passado em geral é o elemento em que se pode visar a cada antigo presente que aí se conserva, o antigo presente encontra-se "representado" no atual. Os limites dessa representação ou reprodução são de fato determinados pelas relações variáveis de semelhança e de contiguidade conhecidas pelo nome de associação, pois o antigo presente, para ser representado, assemelha-se ao atual e se dissocia em presentes parcialmente simultâneos de durações muito diferentes, contíguos, assim, uns aos outros e, em última análise, contíguos ao atual. A grandeza do associacionismo é ter fundado toda uma teoria dos signos artificiais nas relações de associação.

A Memória, o passado puro e a representação dos presentes

Ora, o antigo presente não é representado no atual sem que o atual seja representado nesta representação. É essencial à representação representar não só alguma coisa, mas sua própria representatividade. O antigo e o atual presentes não são, pois, como dois instantes sucessivos na linha do tempo, mas o atual comporta necessariamente uma dimensão a mais pela qual ele re-presenta o antigo e na qual ele também representa a si próprio. O atual presente não é tratado como o objeto futuro de uma lembrança, mas como o que se reflete ao mesmo tempo que forma a lembrança do antigo presente. Portanto, a síntese ativa tem dois aspectos correlativos, conquanto não simétricos: reprodução e reflexão, rememoração e recognição, memória e entendimento. Foi frequentemente observado que a reflexão implicava algo a mais que a reprodução; mas esse algo a mais é só a dimensão suplementar em que todo presente se reflete como atual ao mesmo tempo que representa o antigo. "Todo estado de consciência exige uma dimensão a mais do que aquele implicado pela lembrança."[4] Desse modo, pode-se chamar de síntese ativa da memória o princípio da representação sob esse duplo aspecto: reprodução do antigo presente *e* reflexão do atual. A síntese ativa da memória funda-se na síntese passiva do hábito, pois esta última constitui todo presente possível em geral. Mas ela difere profundamente desta: a assimetria reside agora no aumento constante das dimensões, em sua proliferação infinita. A síntese passiva do hábito constituía o tempo como *contração* dos instantes sob a condição do presente, mas a síntese ativa da memória o constitui como *encaixe* dos próprios presentes. Todo o problema é: sob que condição? É pelo elemento puro do passado, como passado em geral, como passado *a priori*, que tal antigo presente é reprodutível e que o atual presente se reflete. Em vez de derivar do presente ou da representação, o passado é suposto por toda representação. É neste sentido que a síntese ativa da memória pode muito bem fundar-se na síntese passiva (empírica) do hábito, mas, em compensação, ela só pode ser fundada por outra síntese passiva (transcendental) própria à memória. Enquanto a síntese passiva do hábito constitui o presente vivo no tempo e faz do passado e do futuro os dois elementos assimétricos desse presente, a síntese passiva da memória constitui o passado puro no tempo e faz do antigo presente e do atual (logo, do presente, na reprodução, e do futuro, na reflexão) os dois elementos assimétricos desse passado como tal. Mas o que significa passado puro, *a priori*, em geral ou como tal? Se *Matéria e memória* é um grande livro, talvez seja porque Bergson penetrou profundamente no domínio dessa síntese transcendental de um passado puro e destacou todos os seus paradoxos constitutivos.

Os quatro paradoxos do passado

É em vão que se pretende recompor o passado a partir de um dos presentes que o encerram, seja aquele que ele foi, seja aquele em relação ao qual ele é agora passado. Não podemos acreditar, com efeito, que o passado se constitua após ter sido presente nem porque um novo presente apareça. Se o passado esperasse um novo presente para constituir-se como passado, jamais o antigo presente passaria nem o novo chegaria. Nunca um presente passaria se ele não fosse "ao mesmo tempo" passado e presente; nunca um passado se constituiria se ele não tivesse sido antes constituído "ao mesmo tempo" em que foi presente. Aí está o primeiro paradoxo: o da contemporaneidade do passado com o presente que ele *foi*. Ele nos dá a razão do presente que passa. É porque o passado é contemporâneo de si como presente que todo presente passa, e passa em proveito de um novo presente. Um segundo paradoxo deriva daí, o paradoxo da coexistência, pois se cada passado é contemporâneo do presente que ele foi, *todo* o passado coexiste com o novo presente em relação ao qual ele é agora passado. O passado está tanto "neste" segundo presente quanto "depois" do primeiro. Daí a ideia bergsoniana segundo a qual cada atual presente não é senão o passado inteiro em seu estado mais contraído. O passado não faz passar um dos presentes sem fazer com que o outro advenha, mas ele nem passa nem advém. Eis por que, em vez de ser uma dimensão do tempo, o passado é a síntese do tempo inteiro, de que o presente e o futuro são apenas dimensões. Não se pode dizer: ele era. Ele não existe mais, não existe, mas insiste, consiste, *é*. Ele insiste com o antigo presente, ele consiste com o atual ou o novo. Ele é o em-si do tempo como fundamento último da passagem. É neste sentido que ele forma um elemento puro, geral, *a priori*, de todo tempo. Com efeito, quando dizemos que ele é contemporâneo do presente que ele *foi*, falamos necessariamente de um passado que nunca *foi* presente, pois ele não se forma "após". Sua maneira de ser contemporâneo de si como presente é colocar-se já aí, pressuposto pelo presente que passa e fazendo-o passar. Sua maneira de coexistir com o novo presente é colocar-se em si, conservando-se em si, pressuposto pelo novo presente que só advém contraindo-o. O paradoxo da preexistência, portanto, completa os dois outros: cada passado é contemporâneo do presente que ele foi, todo o passado coexiste com o presente em relação ao qual ele é passado, mas o elemento puro do passado em geral preexiste ao presente que passa.[5] Há, portanto, um elemento substancial do tempo (Passado que jamais foi presente) desempenhando o papel de fundamento. Ele próprio não é representado. O que é representado é sempre o presente, como antigo ou atual. Mas é pelo passado puro que o tempo se desdobra assim na representação. A síntese passiva transcendental diz respeito a esse passado puro do triplo ponto de vista da contemporaneidade, da coexistência e da preexistência. A síntese ativa, ao contrário, é a representação do presente sob o duplo aspecto da reprodução do antigo e da reflexão do novo. Esta é fundada por aquela; e se o novo presente sempre dispõe de uma dimensão suplementar é porque ele se reflete *no* elemento do passado puro em geral, ao passo que o antigo presente é somente visado como particular *através* deste elemento.

A repetição no hábito e na memória

Se compararmos a síntese passiva do hábito com a síntese passiva da memória, veremos quanto, de uma a outra, mudou a repartição da repetição e da contração. De qualquer maneira, sem dúvida, o presente aparece como fruto de uma contração, mas referida a dimensões totalmente diferentes. Num caso, o presente é o estado mais contraído de instantes ou de elementos sucessivos, independentes uns dos outros em si. No outro caso, o presente designa o grau mais contraído de um passado inteiro, que é em si como uma totalidade coexistente. Suponhamos, com efeito, em conformidade com as necessidades do segundo paradoxo, que o passado não se conserve no presente em relação ao qual ele é passado, mas se conserve em si, sendo o atual presente apenas a contração máxima de todo este passado que coexiste com *ele*. Será necessário, primeiramente, que esse passado inteiro coexista *consigo mesmo*, em graus diversos de descontração... e de contração. O presente só é o grau mais contraído do passado que com ele coexiste se o passado coexistir primeiramente consigo mesmo numa infinidade de graus diversos de descontração e de contração, numa infinidade de níveis (é este o sentido da célebre metáfora bergsoniana do cone, ou quarto paradoxo do passado).[6] Consideremos o que se chama repetição numa vida, mais precisamente, numa vida espiritual. Presentes se sucedem, recobrindo-se parcialmente. Todavia, temos a impressão de que, por mais fortes que sejam a incoerência e a oposição possíveis dos presentes sucessivos, cada um deles põe em jogo "a mesma vida" num nível diferente. É o que se chama destino. O destino não consiste em relações de determinismo, que se estabelecem pouco a pouco, entre presentes que se sucedem conforme a ordem de um tempo representado. Entre os presentes sucessivos, ele implica ligações não localizáveis, ações à distância, sistemas de retomada, de ressonância e de ecos, de acasos objetivos, de sinais e signos, de papéis que transcendem as situações espaciais e as sucessões temporais. Dos presentes que se sucedem e expressam um destino, dir-se-ia que eles põem em jogo sempre a mesma coisa, a mesma história, apenas com uma diferença de nível: aqui, mais ou menos descontraído, ali, mais ou menos contraído. Eis por que o destino se concilia tão mal com o determinismo, mas tão bem com a liberdade: a liberdade é de escolher o nível. A sucessão dos presentes atuais é apenas a manifestação de alguma coisa mais profunda: a maneira pela qual cada um retoma toda a vida, mas num nível ou grau diferente do precedente, todos os níveis ou graus coexistindo e se oferecendo à nossa escolha, do fundo de um passado que jamais foi presente. Chamamos de caráter empírico as relações de sucessão e de simultaneidade entre presentes que nos compõem, suas associações segundo a causalidade, a contiguidade, a semelhança e mesmo a oposição. Mas chamamos de caráter numênico as relações de coexistência virtual entre níveis de um passado puro, cada presente só atualizando ou representando um desses níveis. Em suma, o que vivemos empiricamente como uma sucessão de presentes diferentes, do ponto de vista da síntese ativa, é também *a coexistência sempre crescente dos níveis do passado na síntese passiva*. Cada presente contrai um nível do todo, mas esse nível já é de descontração ou de contração. Isto é: o signo do presente é uma *passagem* ao limite, uma contração máxima que vem sancionar a escolha de um nível qualquer, ele próprio, em si, contraído ou descontraído, entre uma infinidade de outros níveis possíveis. E o que dizemos de uma vida, podemos dizer de várias. Sendo, cada uma, um presente que passa, uma vida pode retomar outra em outro nível: como se o filósofo e o porco, o criminoso e o santo vivessem o mesmo passado, em níveis diferentes de um gigantesco cone. O que se chama metempsicose. Cada um escolhe sua altura ou seu tom, talvez suas palavras, mas a melodia é a mesma e há um mesmo trá-lá-lá sob todas as palavras, em todos os tons possíveis e em todas as alturas.

Repetição material e espiritual

Há uma grande diferença entre as duas repetições, a material e a espiritual. Uma é repetição de instantes ou de elementos sucessivos independentes; a outra é repetição do Todo, em níveis diversos coexistentes (como dizia Leibniz, "em toda parte e sempre a mesma coisa, exceto pelo grau de perfeição").[7] Portanto, as duas repetições estão numa relação bastante diferente com a própria "diferença". A diferença é extraída de uma, na medida em que os elementos ou instantes se contraem num presente vivo. Ela está incluída na outra, na medida em que o Todo compreende a diferença entre seus níveis. Uma está nua, a outra está vestida; uma é das partes, a outra é do Todo; uma é de sucessão, a outra é de coexistência; uma é atual, a outra é virtual; uma é horizontal, a outra é vertical. O presente é sempre diferença contraída; mas, num caso, ele contrai os instantes indiferentes e, no outro, ele contrai, passando ao limite, um nível diferencial do todo que é, ele próprio, de descontração ou de contração. Assim, a diferença dos próprios presentes está entre as duas repetições, a dos instantes elementares, dos quais é ela extraída, e a dos níveis do todo, nos quais é ela compreendida. Segundo a hipótese bergsoniana, é preciso conceber a repetição nua como o invólucro exterior da vestida: isto é, conceber a repetição sucessiva dos instantes como o mais descontraído dos níveis coexistentes e a matéria como o sonho ou como o passado mais descontraído do espírito. Propriamente falando, nenhuma dessas duas repetições é representável, pois a repetição material se desfaz à medida que se faz e só é representada pela síntese ativa que projeta seus elementos num espaço de cálculo e de conservação; mas, ao mesmo tempo, tornada objeto de representação, essa repetição encontra-se subordinada à identidade dos elementos ou à semelhança dos casos conservados e adicionados. E a repetição espiritual se elabora no ser em si do passado, ao passo que a representação só chega e diz respeito aos presentes na síntese ativa, subordinando toda repetição à identidade do atual presente na reflexão como também à semelhança do antigo presente na reprodução.

As sínteses passivas são evidentemente sub-representativas. Mas toda a questão está em saber se podemos penetrar na síntese passiva da memória. Viver de algum modo o ser em si do passado, como vivemos a síntese passiva do hábito. Todo o passado se conserva em si, mas como salvá-lo para nós, como penetrar neste em-si sem reduzi-lo ao antigo presente que ele foi ou ao atual presente em relação ao qual ele é passado? Como salvá-lo *para nós?* É mais ou menos neste ponto que Proust retoma, dá continuidade a Bergson. Ora, parece que a resposta já foi dada há muito tempo: a reminiscência. Com efeito, ela designa uma síntese passiva ou uma memória involuntária que difere por natureza de toda síntese ativa da memória voluntária. Combray não ressurge como esteve presente nem como poderia estar, mas num esplendor que jamais foi vivido, como um passado puro que revela, finalmente, sua dupla irredutibilidade ao presente que ele foi como também ao atual presente que ele poderia ser, e isto graças a uma interpenetração dos dois. Os antigos presentes se deixam representar na síntese ativa para além do esquecimento, na medida em que o esquecimento é empiricamente vencido. Mas é *no* Esquecimento, e como imemorial, que Combray surge sob a forma de um passado que jamais esteve presente: o em-si de Combray. Se há um em-si do passado, a reminiscência é seu númeno ou o pensamento que o investe. A reminiscência não nos remete simplesmente de um presente atual a antigos presentes, de nossos amores recentes a amores infantis, de nossas amantes a nossas mães. Mesmo assim, a relação dos presentes que passam não dá conta do passado puro que se aproveita para, graças a eles, surgir sob a representação: a Virgem, aquela que nunca foi vivida, para além da amante e da mãe, coexistindo com uma e sendo contemporânea da outra. O presente existe, mas só o passado insiste e fornece o elemento em que o presente passa e em que os presentes se interpenetram. O eco dos dois presentes forma apenas uma questão persistente, que se desenvolve na representação como um campo de problema, com o imperativo rigoroso de procurar, de responder, de resolver. Mas a resposta vem sempre de outra parte: toda reminiscência é erótica, quer se trate de uma cidade ou de uma mulher. É sempre Eros, o númeno, quem faz penetrar nesse passado puro em si, nessa repetição virginal, Mnemósina. Ele é o companheiro, o noivo de Mnemósina. De onde virá esse poder, por que será erótica a exploração do passado puro? Por que terá Eros, ao mesmo tempo, o segredo das questões e de suas respostas e o de uma insistência em toda nossa existência? A menos que não tenhamos ainda a última palavra e que haja uma terceira síntese do tempo...

Cogito cartesiano e *cogito* kantiano

Nada é mais instrutivo, temporalmente, isto é, do ponto de vista da teoria do tempo, do que a diferença entre o *cogito* kantiano e o *cogito* cartesiano. Tudo se passa como se o *cogito* de Descartes operasse com dois valores lógicos: a determinação e a existência indeterminada. A determinação (eu penso) implica uma existência indeterminada (eu sou, pois "para pensar é preciso ser") – e a determina, precisamente, como a existência de um ser pensante: penso, logo sou, sou uma coisa que pensa.

O indeterminado, a determinação, o determinável

Toda a crítica kantiana consiste em objetar, contra Descartes, que é impossível fazer com que a determinação incida diretamente sobre o indeterminado. A determinação "eu penso" implica evidentemente algo de indeterminado ("eu sou"), mas nada nos diz ainda como esse indeterminado é determinável pelo *eu penso*. "Na consciência que tenho de mim mesmo com o puro pensamento, sou o próprio ser; é verdade que dessa maneira nada deste ser me é ainda dado a pensar."[8] Kant acrescenta, pois, um terceiro valor lógico: o determinável, ou, antes, a forma pela qual o indeterminado é determinável (pela determinação). Esse terceiro valor basta para fazer da lógica uma instância transcendental. Ele constitui a descoberta da Diferença, não mais como diferença empírica entre duas determinações, mas Diferença transcendental entre A determinação e o que ela determina – não mais como diferença exterior que separa, mas Diferença interna e que relaciona *a priori* o ser e o pensamento um ao outro. A resposta de Kant é célebre: a forma pela qual a existência indeterminada é determinável pelo Eu penso é a forma do tempo...[9] As consequências disso são extremas: minha existência indeterminada só pode ser determinada *no tempo*, como a existência de um fenômeno, de um sujeito fenomênico, passivo ou receptivo, *aparecendo no tempo*. Deste modo, a espontaneidade, da qual tenho consciência no Eu penso, não pode ser compreendida como o atributo de um ser substancial e espontâneo, mas somente como a afecção de um eu passivo que sente seu próprio pensamento, sua própria inteligência, aquilo pelo qual ele diz *EU*, exercer-se nele e sobre ele, mas não por ele. Começa, então, uma longa história inesgotável: *EU* é outro ou o paradoxo do sentido íntimo. A atividade do pensamento aplica-se a um ser receptivo, a um sujeito passivo, que, portanto, representa para si essa atividade mais do que age, que sente seu efeito mais do que possui a iniciativa em relação a ela e que a vive como Outro nele. Ao "Eu penso" e ao "Eu sou" é preciso acrescentar o eu, isto é, a posição passiva (o que Kant denomina receptividade de intuição); à determinação e ao indeterminado é preciso acrescentar a forma do determinável, isto é, o tempo. Mesmo assim "acrescentar" é um mau termo, visto tratar-se, antes, de fazer a diferença e interiorizá-la no ser e no pensamento. De um extremo a outro, o *EU* é como que atravessado por uma rachadura: ele é rachado pela forma pura e vazia do tempo. Sob essa forma, ele é o correlato do eu passivo aparecendo no tempo. Uma falha ou uma rachadura no *Eu*, uma passividade no eu, eis o que significa o tempo; e a correlação do eu passivo e do *Eu* rachado constitui a descoberta do transcendental ou o elemento da revolução copernicana.

O *Eu* rachado, o eu passivo e a forma vazia do tempo

Descartes só concluía por reduzir o *Cogito* ao instante e expulsar o tempo, confiá-lo a Deus na operação da criação contínua. Mais geralmente, a identidade suposta do *Eu* só tem como garantia a unidade do próprio Deus. É por isso que a substituição do ponto de vista de "Deus" pelo ponto de vista do "*Eu*" tem muito menos importância do que se diz, na medida em que um conserva uma identidade que ele deve precisamente ao outro. Deus continua a viver enquanto o *Eu* dispõe da subsistência, da simplicidade, da identidade que expressa toda sua semelhança com o divino. Inversamente, a morte de Deus não deixa subsistir a identidade do *Eu*, mas instaura e interioriza nele uma dessemelhança essencial, uma "desmarcação" no lugar da marca ou do selo de Deus. Eis o que Kant viu tão profundamente, ao menos uma vez, na *Crítica da razão pura*: o desaparecimento simultâneo da teologia racional e da psicologia racional, o modo pelo qual a morte especulativa de Deus acarreta uma rachadura do *Eu*. Se a maior iniciativa da filosofia transcendental consiste em introduzir a forma do tempo no pensamento como tal, essa forma, por sua vez, como forma pura e vazia, significa, indissoluvelmente, o Deus morto, o *Eu* rachado e o eu passivo. É verdade que Kant não continua sua iniciativa: o Deus e o *Eu* têm uma ressurreição prática. E mesmo no domínio especulativo, a rachadura é logo preenchida por uma nova forma de identidade, a identidade sintética ativa, ao passo que o eu passivo é somente definido pela receptividade, não possuindo, por essa razão, qualquer poder de síntese. Vimos, ao contrário, que a receptividade, como capacidade de ter afecções, era apenas uma consequência e que o eu passivo era mais profundamente constituído por uma síntese ela mesma passiva (contemplação-contração). A possibilidade de receber impressões ou sensações decorre disso. É impossível manter a repartição kantiana, que consiste num esforço supremo para salvar o mundo da representação: a síntese é aí concebida como ativa e apela para uma nova forma de identidade no *Eu*; a passividade é aí concebida como simples receptividade sem síntese. É numa avaliação totalmente distinta do eu passivo que a iniciativa kantiana pode ser retomada, e que a forma do tempo mantém, ao mesmo tempo, o Deus morto e o *Eu* rachado. Neste sentido, é justo dizer que a saída do kantismo não está em Fichte ou em Hegel, mas somente em Hölderlin, que descobre o vazio do tempo puro e, nesse vazio, o afastamento contínuo do divino, a rachadura prolongada do *Eu* e a paixão constitutiva do Eu.[10] Hölderlin via nesta forma do tempo a essência do trágico ou a aventura de Édipo como um instinto de morte com figuras complementares. Será possível, assim, que a filosofia kantiana seja a herdeira de Édipo?

Será a prestigiosa contribuição de Kant introduzir o tempo no pensamento como tal? Pois parecia que a reminiscência platônica já tinha este sentido. O inatismo é um mito, assim como a reminiscência; mas é um mito do instantâneo, e é por isso que ele convém a Descartes. Quando Platão opõe expressamente a reminiscência ao inatismo, ele quer dizer que este apenas representa a imagem abstrata do saber, mas que o movimento real de aprender implica, na alma, a distinção de um "antes" e de um "depois", isto é, a introdução de um tempo primeiro para esquecer o que soubemos, visto que, num tempo segundo, acontece-nos redescobrir o que esquecemos.[11] Mas toda a questão é a seguinte: de que forma a reminiscência introduz o tempo? Até mesmo para a alma, trata-se de um tempo físico, de um tempo da *Physis*, periódico ou circular, subordinado aos acontecimentos que se passam nele ou aos movimentos que ele mede, aos avatares que o escandem. Sem dúvida, esse tempo encontra seu fundamento num em-si, isto é, no passado puro da Ideia, que organiza em círculo a ordem dos presentes, segundo suas semelhanças decrescentes e crescentes com o ideal, mas que também faz sair do círculo a alma que soube conservar para si mesma ou redescobrir o país do em-si. Acontece também que a Ideia é como o fundamento a partir de que os presentes sucessivos se organizam no círculo do tempo, de tal modo que o puro passado que a define ainda se expresse necessariamente em termos de presente, como um antigo presente *mítico*. Já era esse todo o equívoco da segunda síntese do tempo, toda a ambiguidade de Mnemósina, pois esta, do alto de seu passado puro, ultrapassa e domina o mundo da representação: ela é fundamento, em-si, número, Ideia. Mas ela ainda é relativa à representação que ela funda. Ela exalta os princípios da representação, a saber, a identidade, que ela converte na característica do modelo imemorial, e a semelhança, que ela converte na característica da imagem presente: o Mesmo e o Semelhante. Ela é irredutível ao presente, superior à representação; e, todavia, ela apenas torna circular ou infinita a representação dos presentes (mesmo em Leibniz ou em Hegel é ainda Mnemósina que funda o desdobramento da representação no infinito). A insuficiência do fundamento é ser relativo ao que funda, assumir as características daquilo que funda e se provar através delas. É até mesmo neste sentido que ele é circular: ele introduz o movimento na alma, mais que o tempo no pensamento. Da mesma maneira que o fundamento é, por assim dizer, "curvado", devendo precipitar-nos num além, a segunda síntese do tempo é ultrapassada em direção a uma terceira síntese, que denuncia a ilusão do em-si como ainda sendo um correlato da representação. O em-si do passado e a repetição na reminiscência seriam uma espécie de "efeito", como um efeito ótico, ou, antes, o efeito erótico da própria memória.

Insuficiência da memória: *a terceira síntese do tempo*

O que significa: forma vazia do tempo ou terceira síntese? O príncipe do Norte diz: "o tempo está fora dos eixos". Será possível que o filósofo do Norte diga a mesma coisa e que seja hamletiano, visto ser edipiano? O eixo, *cardo*, é o que assegura a subordinação do tempo aos pontos cardinais por onde passam os movimentos periódicos que ele mede (o tempo, número do movimento, para a alma tanto quanto para o mundo). O tempo fora dos eixos significa, ao contrário, o tempo enlouquecido, saído da curvatura que um deus lhe dava, liberado de sua figura circular demasiado simples, libertado dos acontecimentos que compunham seu conteúdo, subvertendo sua relação com o movimento, descobrindo-se, em suma, como forma vazia e pura. O próprio tempo se desenrola (isto é, deixa aparentemente de ser um círculo), em vez de alguma coisa desenrolar-se nele (segundo a figura simples demais do círculo). Ele deixa de ser cardinal e se torna ordinal, uma pura *ordem* do tempo. Hölderlin dizia que ele para de "rimar", porque se distribui desigualmente de uma parte e de outra de uma "cesura" segundo a qual início e fim já não coincidem. Podemos definir a ordem do tempo como sendo esta distribuição puramente formal do desigual em função de uma cesura. Distingue-se, então, um passado mais ou menos longo, um futuro em proporção inversa, mas o futuro e o passado não são aqui determinações empíricas e dinâmicas do tempo: são características formais e fixas que decorrem da ordem *a priori* como uma síntese estática do tempo. Estática, forçosamente, pois o tempo já não é subordinado ao movimento; forma da mudança mais radical, mas a forma da mudança não muda. É a cesura e o antes e o depois que ela ordena uma vez por todas que constituem a rachadura do *Eu* (a cesura é exatamente o ponto de nascimento da rachadura).

Forma, ordem, conjunto e série do tempo

Tendo abjurado seu conteúdo empírico, tendo subvertido seu próprio fundamento, o tempo não se define apenas por uma ordem formal vazia, mas ainda por um *conjunto* e uma *série*. Em primeiro lugar, a ideia de um conjunto do tempo corresponde ao seguinte: que a cesura, seja ela qual for, deve ser determinada na imagem de uma ação, de um acontecimento único e formidável, adequado ao tempo inteiro. A própria imagem existe sob uma forma dilacerada, em duas porções desiguais; todavia, ela reúne assim o conjunto do tempo. Ela deve ser chamada um símbolo em função das partes desiguais que subsume e reúne, mas que reúne como desiguais. Tal símbolo, adequado ao conjunto do tempo, se expressa de muitas maneiras: tirar o tempo dos eixos, explodir o sol, precipitar-se no vulcão, matar Deus ou o pai. Essa imagem simbólica constitui o conjunto do tempo, na medida em que ela reúne a cesura, o antes e o depois. Mas ela torna possível uma série do tempo, na medida em que opera sua distribuição no desigual. Há sempre um tempo, com efeito, em que a ação, em sua imagem, é posta como "grande demais para mim". Eis o que define *a priori* o passado ou o antes: pouco importa que o próprio acontecimento tenha se realizado ou não, que a ação já tenha sido praticada ou não; não é segundo este critério empírico que o passado, o presente e o futuro se distribuem. Édipo já praticou a ação, Hamlet ainda não; mas, de qualquer modo, eles vivem a primeira parte do símbolo no passado, vivem eles próprios e são rejeitados no passado enquanto sentem a imagem da ação como grande demais para eles. O segundo tempo, que remete à própria cesura, é, pois, o presente da metamorfose, o devir-igual à ação, o desdobramento do eu, a projeção de um eu ideal na imagem da ação (ele é marcado pela viagem de Hamlet pelo mar ou pelo resultado do inquérito de Édipo: o herói se torna "capaz" da ação). Quanto ao terceiro tempo, que descobre o futuro – ele significa que o acontecimento e a ação têm uma coerência secreta que exclui a do eu, voltando-se contra o eu que se lhe tornou igual, projetando-o em mil pedaços, como se o gerador do novo mundo fosse arrebatado e dissipado pelo fragmento daquilo que ele faz nascer no múltiplo: aquilo a que o eu é igualado é o desigual em si. É assim que o *Eu* rachado segundo a ordem do tempo e o Eu dividido segundo a série do tempo se correspondem e encontram uma saída comum: no homem sem nome, sem família, sem qualidades, sem eu nem *Eu*, o "plebeu" detentor de um segredo, já super-homem com seus membros esparsos gravitando em torno da imagem sublime.

A repetição na terceira síntese: sua condição por insuficiência, seu agente de metamorfose, seu caráter incondicionado

Tudo é repetição na série do tempo em relação a essa imagem simbólica. O próprio passado é repetição por insuficiência e prepara essa outra repetição constituída pela metamorfose no presente. Acontece de o historiador procurar correspondências empíricas entre o presente e o passado; mas, por mais rica que seja, essa rede de correspondências históricas só é repetição por similitude ou analogia. Na verdade, é o passado, como também o presente, que é repetição em si mesmo, de dois modos diferentes que se repetem um no outro. Não há fatos de repetição na história, mas a repetição é a condição histórica sob a qual algo novo é efetivamente produzido. Não é à reflexão do historiador que se manifesta uma semelhança entre Lutero e Paulo, entre a Revolução de 1789 e a República Romana etc., mas é antes de tudo por eles mesmos que os revolucionários são determinados a viver como "romanos ressuscitados" antes de se tornarem capazes da ação que eles começaram por repetir ao modo de um passado próprio: logo, em condições tais que eles se identificavam necessariamente com uma figura do passado histórico. *A repetição é uma condição da ação antes de ser um conceito da reflexão.* Só produzimos algo novo à condição de repetir uma vez ao modo que constitui o passado e outra vez no presente da metamorfose. E o que é produzido, o absolutamente novo, é, por sua vez, apenas repetição, a terceira repetição, desta vez por excesso, a repetição do futuro como eterno retorno. Com efeito, ainda que possamos expor o eterno retorno como se ele afetasse toda a série ou o conjunto do tempo, o passado e o presente como também o futuro, tal exposição permanece apenas introdutória, tem apenas um valor problemático e indeterminado, apenas a função de colocar o problema do eterno retorno. Em sua verdade esotérica, o eterno retorno só concerne e só pode concernir ao terceiro tempo da série. É somente aí que ele se determina. Eis por que ele é literalmente chamado de crença do futuro, crença no futuro. O eterno retorno só afeta o novo, isto é, o que é produzido sob a condição da insuficiência e por intermédio da metamorfose. Mas ele não faz retornar nem a *condição* nem o *agente*; ao contrário, ele os expulsa, os renega com toda a sua força centrífuga. Ele constitui a autonomia do produto, a independência da obra. Ele é a repetição por excesso, que nada deixa subsistir da insuficiência nem do devir-igual. Ele é o novo, é toda a novidade. Ele é, sozinho, o terceiro tempo da série, o futuro enquanto tal. Como diz Klossowski, ele é a secreta coerência que só se afirma excluindo minha própria coerência, minha própria identidade, a do eu, a do mundo e a de Deus. Ele só faz retornar o plebeu, o homem sem nome. Ele arrasta em seu círculo o deus morto e o eu dissolvido. Não faz o sol retornar, pois supõe sua explosão; concerne apenas às nebulosas, confunde-se com elas e só tem movimento por elas. Por isso, enquanto expusermos o eterno retorno como se ele afetasse o conjunto do tempo, estaremos simplificando as coisas, como Zaratustra o diz uma vez ao demônio; estaremos fazendo dele uma cantilena, como Zaratustra o diz uma outra vez a seus animais. Ou seja, permaneceremos no círculo simples demais que tem como conteúdo o presente que passa e como figura o passado da reminiscência. Mas a ordem do tempo, o tempo como forma pura e vazia desfez esse círculo. Ora, ela o desfez, mas em prol de um círculo menos simples e muito mais secreto, muito mais tortuoso, mais nebuloso, círculo eternamente excêntrico, círculo descentrado da diferença, que se reforma unicamente no terceiro tempo da série. A ordem do tempo só quebrou o círculo do Mesmo e só colocou o tempo em série para reformar um círculo do Outro no término da série. O "uma vez por todas" da ordem só existe para o "todas as vezes" do círculo final esotérico. A forma do tempo só existe para a revelação do informal no eterno retorno. A extrema formalidade só existe para um informal excessivo (o *Unförmliche* de Hölderlin). É assim que o fundamento foi ultrapassado em direção a um sem-fundo, a-fundamento universal que gira em si mesmo e só faz retornar o por-vir.[12]

O trágico e o cômico, a história, a fé, do ponto de vista da repetição no eterno retorno

Eis que o presente e o passado, nessa última síntese do tempo, são apenas dimensões do futuro: o passado, como condição, e o presente, como agente. A primeira síntese, a do hábito, constituía o tempo como um presente vivo, numa fundação passiva da qual dependiam o passado e o futuro. A segunda síntese, a da memória, constituía o tempo como um passado puro, do ponto de vista de um fundamento que faz com que o presente passe e dele advenha outro. Mas, na terceira síntese, o presente é apenas um ator, um autor, um agente destinado a apagar-se; e o passado é apenas uma condição operando por insuficiência. A síntese do tempo constitui aqui um futuro que afirma de uma só vez o caráter incondicionado do produto em relação a sua condição e a independência da obra em relação a seu autor ou ator. O presente, o passado e o futuro se revelam como Repetição através das três sínteses, mas de modos muito diferentes. O presente é o repetidor, o passado é a própria repetição, mas o futuro é o repetido. Ora, o segredo da repetição, em seu conjunto, está no repetido, como duas vezes significado. A repetição régia é a do futuro, que subordina as duas outras e as destitui de sua autonomia. Com efeito, a primeira síntese diz apenas respeito ao conteúdo e à fundação do tempo; a segunda diz respeito a seu fundamento; mas, para além das duas primeiras, a terceira assegura a ordem, o conjunto, a série e o objetivo final do tempo. Uma filosofia da repetição passa por todos os "estágios", condenada a repetir a própria repetição. Mas, através desses estágios, ela assegura seu programa: fazer da repetição a categoria do futuro; servir-se da repetição do hábito e da repetição da memória, mas delas servir-se como estágios e deixá-las pelo caminho; com uma das mãos, lutar contra o Hábito; com a outra, lutar contra Mnemósina; recusar o conteúdo de uma repetição que bem ou mal permite "extrair" a diferença (*Habitus*); recusar a forma de uma repetição que compreende a diferença, mas para subordiná-la ainda ao Mesmo e ao Semelhante (Mnemósina); recusar os ciclos simples demais, tanto aquele submetido a um presente habitual (ciclo costumeiro) quanto aquele que organiza um passado puro (ciclo memorial ou imemorial); transformar o fundamento da memória em simples condição por insuficiência, mas também a fundação do hábito em falência do "*habitus*", em metamorfose do agente; expulsar o agente e a condição em nome da obra ou do produto; fazer da repetição não aquilo de que se "extrai" uma diferença, nem aquilo que compreende a diferença como variante, mas o pensamento e a produção do "absolutamente diferente"; fazer com que, para si mesma, a repetição seja a diferença em si mesma.

A maior parte dos pontos desse programa anima uma pesquisa protestante e católica: Kierkegaard e Péguy. Ninguém soube, como esses dois autores, opor "sua" repetição à repetição do hábito e da memória. Ninguém soube denunciar melhor a insuficiência de uma repetição presente ou passada, a simplicidade dos ciclos, a armadilha das reminiscências, o estado das diferenças que se pretende "extrair" da repetição ou, ao contrário, compreender como simples variantes. Ninguém invocou tanto a repetição como categoria do futuro. Ninguém recusou com tanta segurança o fundamento antigo de Mnemósina e, com ele, a reminiscência platônica. O fundamento não passa de uma condição por insuficiência, pois, perdida no pecado, deve ser dada novamente em Cristo. Igualmente recusada é a fundação presente do *Habitus*: ela não escapa da metamorfose do ator ou do agente no mundo moderno, mesmo que ele perca sua coerência, sua vida, seus hábitos.[13]

Acontece que, embora sejam os maiores repetidores, Kierkegaard e Péguy não estavam, todavia, prontos para pagar o preço necessário. Essa repetição suprema como categoria do futuro era por eles confiada à fé. Ora, talvez a fé tenha força suficiente para desfazer o hábito e a reminiscência, o eu dos hábitos e o deus das reminiscências, a fundação e o fundamento do tempo. Mas a fé nos convida a redescobrir *de uma vez por todas* Deus e o eu numa ressurreição comum. Kierkegaard e Péguy completavam Kant, realizavam o kantismo, ao confiar à fé o cuidado de superar a morte especulativa de Deus e de cicatrizar a ferida do eu. É o problema deles, de Abraão a Joana d'Arc: o noivado de um eu redescoberto e de um deus restabelecido, de modo que não se sai verdadeiramente da condição nem do agente. Além disso: renova-se o hábito, refresca-se a memória. Mas há uma aventura da fé segundo a qual sempre se é o bufão de sua própria fé, o cômico de seu próprio ideal. É que a fé tem um *Cogito* que lhe é próprio e que, por sua vez, a condiciona: o sentimento da graça como luz interior. É neste *cogito* bastante particular que a fé se reflete, experimenta que sua condição só pode ser-lhe estabelecida como "re-estabelecida", e que não só está separada dessa condição, mas também desdobrada nessa condição. Então, o crente se sente não somente pecador trágico, por estar privado da condição, mas também ator e bufão, simulacro de si mesmo, enquanto desdobrado e refletido na condição. Dois crentes não se olham sem rir. A graça exclui tanto como dada quanto como ausente. Bem dizia Kierkegaard ser ele mais poeta da fé do que cavaleiro, em suma, um "humorista". A culpa não é sua, mas do conceito de fé; e a terrível aventura de Gogol talvez seja ainda mais exemplar. Como não seria a fé seu próprio hábito e sua própria reminiscência, e como a repetição que ela toma como objeto – uma repetição que procede, paradoxalmente, *de uma vez por todas* – não seria cômica? Sob ela outra repetição freme, a nietzschiana, a do eterno retorno. E outro noivado, mais mortuário, entre o Deus morto e o eu dissolvido, que forma a verdadeira condição por insuficiência, a verdadeira metamorfose do agente, ambos desaparecendo no caráter incondicionado do produto. O eterno retorno não é uma fé, mas a verdade da fé: ele isolou o duplo ou o simulacro, liberou o cômico para dele fazer um elemento do super-homem.

Eis por que, como diz ainda Klossowski, o eterno retorno não é uma doutrina, mas o simulacro de toda doutrina (a mais elevada ironia); não é uma crença, mas a paródia de toda crença (o mais elevado humor): crença e doutrina eternamente por vir. Propuseram-nos demais que julgássemos o ateu do ponto de vista da crença, da fé de que se pensa estar ele ainda animado, em suma, do ponto de vista da graça, para que não sejamos tentados pela operação inversa: avaliar o crente pelo ateu violento que o habita, anticristo eternamente dado na graça e por "todas as vezes".

A repetição e o inconsciente: *Além do princípio do prazer*

A vida biopsíquica implica um campo de individuação em que diferenças de intensidade se distribuem aqui e ali sob a forma de excitações. Chama-se prazer o processo, ao mesmo tempo quantitativo e qualitativo, de resolução da diferença. Tal conjunto, repartição movente de diferenças e resoluções locais num campo intensivo, corresponde ao que Freud denominava Isso ou, pelo menos, à camada primária do Isso. A palavra *ça* [isso] não designa somente, neste sentido, um temível pronome desconhecido, mas também um advérbio de lugar móvel, um *çà et là* [aqui e ali] das excitações e de suas resoluções. E aqui começa o problema de Freud: trata-se de saber como o prazer vai deixar de ser um processo para tornar-se um princípio, deixar de ser um processo local para adquirir o valor de um princípio empírico que tende a organizar a vida biopsíquica no Isso. É evidente que o prazer dá prazer, mas, de modo algum, essa é uma razão para que ele adquira um valor sistemático, segundo o qual é procurado "por princípio". É o que significa, inicialmente, *Além do princípio do prazer*: de modo algum se trata das exceções a esse princípio, mas, ao contrário, da determinação das condições sob as quais o prazer se torna efetivamente princípio. A resposta freudiana é que a excitação, como diferença livre, deve, por assim dizer, ser "investida", "ligada", amarrada, de tal maneira que sua resolução seja sistematicamente possível. É a ligação ou o investimento da diferença que torna possível, em geral, não o próprio prazer, mas o valor de princípio adquirido pelo prazer: passa-se, assim, de um estado de resolução esparsa a um estatuto de integração, que constitui a segunda camada do Isso ou o início de uma organização.

Ora, essa ligação é uma verdadeira síntese de reprodução, isto é, um *Habitus*. Um animal forma para si um olho, determinando que excitações luminosas esparsas e difusas se reproduzam numa superfície privilegiada de seu corpo. O olho liga a luz; ele próprio é uma luz ligada. Esse exemplo basta para mostrar o quanto a síntese é complexa, pois há, com efeito, uma atividade de reprodução que toma como objeto a diferença a ser ligada; mais profundamente, porém, há uma paixão da repetição, de onde sai uma nova diferença (o olho formado ou o eu vidente). A excitação, como diferença, *já* era a contração de uma repetição elementar. Na medida em que a excitação se torna elemento de uma repetição, a síntese contraente é elevada a uma segunda potência, representada precisamente pela ligação ou pelo investimento. Os investimentos, as ligações ou integrações são sínteses passivas, contemplações-contrações de um segundo grau. As pulsões nada mais são que excitações ligadas. No nível de cada ligação, um eu se forma no Isso; mas um eu passivo, parcial, larvar, contemplante e contraente. O Isso se povoa de eus locais que constituem o tempo próprio do Isso, o tempo do presente vivo, onde se operam as integrações correspondentes às ligações. Explica-se facilmente que esses eus sejam imediatamente narcísicos, quando se considera que o narcisismo não é uma contemplação de si mesmo, mas o preenchimento de uma imagem de si quando se contempla outra coisa: o olho, o eu vidente, se preenche com uma imagem de si ao contemplar a excitação que ele liga. Ele produz a si mesmo ou "se extrai" daquilo que contempla (e naquilo que ele contrai e investe por contemplação). Eis por que a satisfação que deriva da ligação é forçosamente uma satisfação "alucinatória" do próprio eu, embora a alucinação de modo algum contradiga a efetividade da ligação. Em todos estes sentidos, a ligação representa uma síntese passiva pura, um *Habitus* que confere ao prazer o valor de um princípio de satisfação em geral; a organização do Isso é a organização do hábito.

A primeira síntese e a ligação: *Habitus*

O problema do hábito, portanto, estará mal formulado enquanto este for subordinado ao prazer. Às vezes, considera-se que a repetição no hábito se explica pelo desejo de reproduzir um prazer obtido; às vezes, que ela pode dizer respeito às tensões desagradáveis em si mesmas, mas para dominá-las tendo como objetivo um prazer a ser obtido. É claro que essas duas hipóteses já supõem o princípio de prazer: a *ideia* do prazer obtido e a *ideia* do prazer a ser obtido só agem sob o princípio e formam suas duas aplicações, a passada e a futura. Mas o hábito, como síntese passiva de ligação, precede, ao contrário, o princípio de prazer e o torna possível. A ideia de prazer deriva dele, assim como o passado e o futuro derivam, como vimos, da síntese do presente vivo. A ligação tem como efeito a instauração do princípio de prazer; ela não pode ter como objeto alguma coisa que pressuponha esse princípio. Quando o prazer adquire a dignidade de um princípio, então, e somente então, a ideia de prazer age, como subsumida pelo princípio, numa lembrança ou num projeto. O prazer extrapola então sua própria instantaneidade para adquirir o aspecto de uma satisfação em geral (e as tentativas de substituir a instância do prazer, julgada subjetiva demais, por conceitos "objetivos", como os de êxito ou de sucesso, dão ainda testemunho dessa extensão conferida pelo princípio, em tais condições que a ideia de prazer, desta vez, passa apenas pela cabeça do experimentador). Pode acontecer que, empiricamente, vivamos a repetição como subordinada a um prazer obtido ou a ser obtido. Mas é o inverso que se dá na ordem das condições. A síntese de ligação não pode ser explicada pela intenção ou pelo esforço destinado a *dominar* uma excitação, embora tenha esse efeito.[14] Devemos evitar, uma vez mais, confundir a atividade de reprodução com a paixão de repetição que ela recobre. O verdadeiro objeto da repetição da excitação é elevar a síntese passiva a uma potência da qual derivam o princípio de prazer e suas aplicações, a futura e a passada. Portanto, a repetição no hábito, ou seja, a síntese passiva de ligação, está "para-além" do princípio.

Esse primeiro para-além já constitui uma espécie de Estética transcendental. Se essa Estética nos parece mais profunda que a de Kant, isso se deve às seguintes razões: definindo o eu passivo pela simples receptividade, Kant considerava sensações já dadas, reportando-as somente à forma *a priori* de sua representação determinada como espaço e tempo. Desse modo, ele não só unificava o eu passivo, impedindo-se de compor pouco a pouco o espaço, não só privava o eu passivo de todo poder de síntese (estando a síntese reservada à atividade), como ainda separava as duas partes da Estética, o elemento objetivo da sensação, garantido pela forma espacial, e o elemento subjetivo encarnado no prazer e na pena. As análises precedentes tiveram a finalidade de mostrar, ao contrário, que a receptividade deveria ser definida pela formação de eus locais, por sínteses passivas de contemplação ou de contração que dão conta, ao mesmo tempo, da possibilidade de ter sensações, da potência de reproduzi-las e do valor de princípio adquirido pelo prazer.

Mas, a partir da síntese passiva, aparece um duplo desenvolvimento, em duas direções muito diferentes. De um lado, uma síntese ativa se estabelece sobre a fundação das sínteses passivas: ela consiste em reportar a excitação ligada a um objeto posto como real e como termo de nossas ações (síntese de recognição, que se apoia na síntese passiva de reprodução). É o teste de realidade numa relação [*relation*] dita "objetal" que define a síntese ativa. E, precisamente, é de acordo com o princípio de realidade que o Eu tende a "ativar-se", a unificar-se ativamente, a reunir todos os seus pequenos eus passivos componentes, contemplantes, e a distinguir-se topicamente do Isso. Os eus passivos já eram integrações, mas, como dizem os matemáticos, integrações somente locais; o eu ativo é tentativa de integração global. Seria totalmente inexato considerar a posição de realidade como um efeito produzido pelo mundo exterior, ou até mesmo como o resultado dos fracassos sofridos pela síntese passiva. Ao contrário, o teste de realidade mobiliza e anima, inspira toda a atividade do eu: não tanto sob a forma de um juízo negativo, mas sob a forma da ultrapassagem da ligação na direção de um "substantivo" que serve de suporte ao liame. Seria também inexato considerar o princípio de realidade como se ele se opusesse ao princípio de prazer, como se ele o limitasse e lhe impusesse renúncias. Os dois princípios estão no mesmo compasso, ainda que um ultrapasse o outro. Com efeito, as renúncias ao prazer imediato já estão compreendidas no papel de princípio a que acede o próprio prazer, isto é, no papel que a ideia de prazer assume em relação a um passado e a um futuro. Tornar-se princípio implica ter deveres. A realidade e as renúncias que ela nos inspira apenas povoam a margem ou a extensão adquirida pelo princípio de prazer, e o princípio de realidade apenas determina uma síntese ativa, fundada nas sínteses passivas precedentes.

Segunda síntese: os objetos virtuais e o passado

Mas os objetos reais, o objeto posto como realidade ou suporte do liame, não constituem os únicos objetos do eu, assim como não esgotam o conjunto das relações ditas objetais. Distinguimos duas dimensões simultâneas: é assim que a síntese passiva só é ultrapassada na direção de uma síntese ativa aprofundando-se também numa outra direção em que ela permanece síntese passiva e contemplativa, servindo-se da excitação ligada para atingir outra coisa, mas de uma maneira diferente daquela do princípio de realidade. Além disso, a síntese ativa jamais poderia construir-se sobre a síntese passiva se esta não persistisse simultaneamente, não se desenvolvesse contemporaneamente por conta própria e não encontrasse uma nova fórmula, ao mesmo tempo dissimétrica e complementar, da atividade. Uma criança que começa a andar não se contenta em ligar excitações numa síntese passiva, mesmo supondo que tais excitações sejam endógenas e nasçam de seus próprios movimentos. Nunca se andou de maneira endógena. Por um lado, a criança ultrapassa as excitações ligadas em direção à posição ou à intencionalidade de um objeto, a mãe, por exemplo, como alvo de um esforço, termo ao qual se procura ativamente reunir-se "na realidade", termo em relação ao qual a criança mede seus fracassos e sucessos. Mas, *por outro lado e ao mesmo tempo*, a criança constitui para si outro objeto, um tipo totalmente diferente de objeto, objeto ou foco *virtual* que vem regrar e compensar os progressos, os fracassos de sua atividade real: põe vários dedos na boca, envolve esse foco com o outro braço e aprecia o conjunto da situação do ponto de vista dessa mãe virtual. O fato de que o olhar da criança se volte para a mãe real, de que o objeto virtual seja o termo de uma aparente atividade (a sucção, por exemplo) pode levar um observador a emitir um juízo errôneo. A sucção é realizada apenas para fornecer um objeto virtual a ser contemplado num aprofundamento da síntese passiva; inversamente, a mãe real só é contemplada para servir de alvo para a ação e de critério para a avaliação da ação numa síntese ativa. Não é sério falar de um egocentrismo da criança. A criança que começa a manusear um livro por imitação, sem saber ler, nunca se engana: ela o põe sempre de cabeça para baixo, como se o estendesse a outrem, termo real de sua atividade, ao mesmo tempo que ela própria apreende o livro invertido como foco virtual de sua paixão, de sua contemplação aprofundada. Fenômenos bastante diversos, como o canhotismo, a escrita em espelho, certas formas de gagueira, certas estereotipias, poderiam ser explicados a partir dessa dualidade de focos no mundo infantil. Mas o importante é que nem um nem outro desses dois focos é o eu. É com a mesma incompreensão que se interpretam as condutas da criança como dependendo de um pretenso "egocentrismo" e que se interpretava o narcisismo infantil como excluindo a contemplação de outra coisa. Na verdade, a partir da síntese passiva de ligação, a partir das excitações ligadas, a criança se constrói sobre uma dupla série. Mas as duas séries são objetais: a dos objetos reais, como correlatos da síntese ativa, e a dos objetos virtuais, como correlatos de um aprofundamento da síntese passiva. É contemplando os focos virtuais que o eu passivo aprofundado se preenche agora com uma imagem narcísica. Uma série não existiria sem a outra; e, todavia, elas não se assemelham. Eis por que Henri Maldiney, analisando, por exemplo, o procedimento da criança, tem razão ao dizer que o mundo infantil de modo algum é circular ou egocêntrico, mas elíptico, com duplo foco, sendo os dois focos diferentes por natureza, ambos, porém, objetivos ou objetais.[15] De um foco a outro, em virtude mesmo de sua dessemelhança, talvez se forme um cruzamento, uma torção, uma hélice, uma forma de 8. E o eu, o que será, onde estará, em sua distinção tópica relativa ao Isso, senão no cruzamento do 8, no ponto de junção dos dois círculos dissimétricos que se cortam, o círculo dos objetos reais e o dos objetos ou focos virtuais?

É a essa dualidade de duas séries correlativas que se deve conectar a diferença das pulsões de conservação e das pulsões sexuais. Com efeito, as pulsões de conservação são inseparáveis da constituição do princípio de realidade, da fundação da síntese ativa e do eu global ativo, das relações com o objeto real apreendido como satisfatório ou ameaçador. As pulsões sexuais, por sua vez, são inseparáveis da constituição dos focos virtuais ou do aprofundamento da síntese passiva e do eu passivo que lhe correspondem: na sexualidade pré-genital, as ações são sempre observações, contemplações, mas o contemplado, o observado, é sempre um virtual. O fato de que as duas séries não existam uma sem a outra significa não apenas que são complementares, mas que se solicitam e alimentam uma à outra em virtude de sua dessemelhança ou de sua diferença de natureza. Constata-se que os virtuais são destacados da série dos reais e, ao mesmo tempo, incorporados à série dos reais. Esse destaque implica, primeiramente, um isolamento ou uma suspensão que congela o real a fim de extrair dele uma pose, um aspecto, uma parte. Mas esse isolamento é qualitativo; não consiste simplesmente em subtrair uma parte do objeto real, pois a parte subtraída adquire uma nova natureza ao funcionar como objeto virtual. O objeto virtual é um objeto *parcial* não simplesmente porque lhe falte uma parte permanecida no real, mas em si mesmo e para si mesmo, pois ele se cinde, se desdobra em duas partes virtuais, uma das quais sempre falta à outra. Em suma, o virtual não está submetido ao caráter global que afeta os objetos reais. Não só por sua origem, mas em sua própria natureza, ele é trapo, fragmento, despojo. Ele falta à sua própria identidade. A boa mãe e a má, ou o pai sério e o pai brincalhão, segundo a dualidade paterna, não são dois objetos parciais, mas o mesmo, na medida em que foi perdida sua identidade no duplo. Enquanto a síntese ativa ultrapassa a síntese passiva na direção de integrações globais e da posição de objetos totalizáveis idênticos, a síntese passiva, aprofundando-se, ultrapassa a si própria na direção da contemplação de objetos parciais que permanecem não totalizáveis. Do mesmo modo, esses objetos parciais ou virtuais também se encontram, diversamente enunciados, no bom *e* no mau objeto de Melanie Klein, no objeto "transicional", no objeto fetiche e, sobretudo, no objeto *a* de Lacan. Freud tinha mostrado de modo definitivo como a sexualidade pré-genital consistia em pulsões parciais destacadas do exercício das pulsões de conservação; tal destaque supõe a constituição de objetos que são objetos parciais funcionando como focos virtuais, polos sempre desdobrados da sexualidade.

Inversamente, esses objetos virtuais são incorporados a objetos reais. Neste sentido, eles podem corresponder a partes do corpo do sujeito ou de uma outra pessoa, ou até mesmo a objetos muito especiais do tipo brinquedo, fetiche. De modo algum a incorporação é uma identificação, nem mesmo uma introjeção, pois ela transborda os limites do sujeito. Em vez de opor-se ao isolamento, a incorporação é dele complementar. Seja qual for a realidade à qual se incorpora o objeto virtual, ele não se integra nela: é antes plantado nela, fixado, e não encontra no objeto real uma metade que o complete, mas, ao contrário, dá testemunho, nesse objeto, da outra metade virtual que continua a faltar-lhe. Quando Melanie Klein mostra o quanto o corpo materno contém objetos virtuais, não se trata de compreender que ele os totalize ou os englobe, nem os possua, mas, antes, que eles são plantados nele como árvores de outro mundo, como o nariz em Gogol ou as pedras de Deucalião. Não há dúvidas, entretanto, de que a incorporação é a condição sob a qual as pulsões de conservação e a síntese ativa que lhe corresponde podem, por sua vez e com seus próprios recursos, rebater a sexualidade sobre a série dos objetos reais e integrá-la de fora ao domínio regido pelo princípio de realidade.

O objeto virtual é essencialmente passado. Bergson, em *Matéria e memória*, propunha o esquema de um mundo com dois focos, um real e outro virtual, do qual emanavam, por um lado, a série das "imagens-percepções" e, por outro lado, a série das "imagens-lembranças", as duas séries organizando-se num circuito sem fim. O objeto virtual não é um antigo presente, pois a qualidade do presente e a modalidade de passar afetam agora de maneira exclusiva a série do real enquanto constituída pela síntese ativa. Mas o que qualifica o objeto virtual é o passado puro, tal como foi definido precedentemente como contemporâneo de seu próprio presente, preexistindo ao presente que passa e fazendo passar todo presente. O objeto virtual é um trapo de passado puro. É do alto de minha contemplação dos focos virtuais que assisto e presido a meu presente que passa e à sucessão dos objetos reais em que eles se incorporam. Encontra-se a razão disso na natureza desses focos. Destacado do objeto real presente, o objeto virtual dele difere por natureza. Não lhe falta somente alguma coisa em relação ao objeto real de onde ele se subtrai; falta-lhe algo nele mesmo, sendo sempre uma metade de si mesmo, em relação à qual ele coloca a outra metade como diferente, ausente. Ora, essa ausência é, como veremos, o contrário de um negativo: eterna metade de si, ele só está onde está à condição de não estar onde deve estar. Ele só está onde é encontrado à condição de ser procurado onde não está. Ele não é possuído por aqueles que o têm, mas, ao mesmo tempo, é tido por aqueles que não o possuem. *Ele é sempre um "era"*. Neste sentido, parecem-nos exemplares as páginas em que Lacan assimila o objeto virtual à carta roubada, de Edgar Allan Poe. Lacan mostra que os objetos reais, em virtude do princípio de realidade, estão submetidos à lei de estar *ou* de não estar em alguma parte, mas que o objeto virtual, ao contrário, tem a propriedade de estar *e* de não estar onde ele está, aonde quer que ele vá. "O que está oculto é somente o que falta ao seu lugar, como o expressa a procura de um volume quando está extraviado na biblioteca... É que só se pode dizer literalmente que isso falta ao seu lugar daquilo que pode mudar de lugar, isto é, o simbólico. Pois, qualquer perturbação que se possa ocasionar ao real, ele está sempre e em qualquer circunstância carregando-a consigo, sem nada conhecer que possa exilá-la."[16] Nunca se opôs melhor o presente que passa, e que se leva consigo, ao passado puro, cuja universal mobilidade, universal ubiquidade, faz passar o presente e perpetuamente difere de si mesmo. O objeto virtual nunca é passado em relação a um novo presente; tampouco é passado em relação a um presente que ele foi. É passado como contemporâneo do presente que ele é, é passado num presente imobilizado; como faltando, por um lado, à parte que ao mesmo tempo ele é por outro lado; como deslocado quando está em seu lugar. Eis por que o objeto virtual só existe como fragmento de si mesmo: só é encontrado como perdido – só existe como reencontrado. A perda ou o esquecimento não são aqui determinações que devam ser superadas, mas designam, ao contrário, a natureza objetiva do que se reencontra no seio do esquecimento, como perdido. Contemporâneo de si como presente, sendo para si mesmo seu próprio passado, preexistindo a todo presente que passa na série real, o objeto virtual é passado puro. Ele é puro fragmento e fragmento de si mesmo; mas, como na experiência física, é a incorporação do puro fragmento que muda a qualidade e introduz o presente na série dos objetos reais.

Eros e Mnemósina

É esse o liame entre Eros e Mnemósina. Do passado puro, Eros arranca objetos virtuais que ele nos dá para viver. Sob todos os objetos virtuais ou parciais, Lacan descobre o "falo" como órgão simbólico. Se ele pode dar essa extensão ao conceito de falo (subsumir todos os objetos virtuais), é porque esse conceito compreende efetivamente as características precedentes: dar testemunho de sua própria ausência e de si como passado, estar essencialmente deslocado em relação a si mesmo, ser encontrado apenas como perdido, existência sempre fragmentária que perde a identidade no duplo – pois ele só pode ser procurado e descoberto do lado da mãe, tendo a propriedade paradoxal de mudar de lugar, não sendo possuído por aqueles que têm um "pênis" e, todavia, tendo *sido* por aquelas que não têm um pênis, como é mostrado pelo tema da castração. O falo simbólico significa tanto o modo erótico do passado puro quanto o imemorial da sexualidade. O símbolo é o fragmento sempre deslocado, valendo por um passado que nunca foi presente: o objeto = *x*. Mas o que significará essa ideia de que os objetos virtuais remetem, em última instância, a um elemento ele próprio simbólico?

Provavelmente, encontra-se aí em causa todo o jogo psicanalítico, isto é, amoroso, da repetição. A questão está em saber se é possível conceber a repetição como se efetuando de um presente a outro, um atual e o outro antigo, na série real. Nesse caso, o antigo presente desempenharia o papel de um ponto complexo, como de um termo último ou original que permaneceria em seu lugar e exerceria um poder de atração: ele forneceria a *coisa* a ser repetida, condicionaria todo o processo da repetição, mas, neste sentido, seria independente desse processo. Os conceitos de fixação e de regressão, como também o de trauma, de cena original, expressam esse primeiro elemento. Desse modo, o processo da repetição se conformaria, de direito, ao modelo de uma repetição material, bruta e nua, como repetição do mesmo: a ideia de um "automatismo" expressa aqui o modo da pulsão fixada ou, antes, da repetição condicionada pela fixação ou pela regressão. E se esse modelo material é de fato perturbado e recoberto por todo tipo de disfarce, mil travestimentos ou deslocamentos, que distinguem o novo presente do antigo, isso acontece apenas de maneira secundária, embora necessariamente fundada: a deformação, na maior parte dos casos, não pertenceria nem à fixação nem à própria repetição, mas se juntaria a elas, se superporia, viria necessariamente vesti-las, mas como que de fora, explicando-se pelo recalque que traduz o conflito (na repetição) do repetidor com o repetido. Os três conceitos bastante diferentes de fixação, automatismo de repetição e recalque dão testemunho dessa distribuição entre um termo suposto último ou primeiro em relação à repetição, uma repetição suposta nua em relação aos disfarces que a recobrem e os disfarces que aí se acrescentam necessariamente pela força de um conflito. Até mesmo a concepção freudiana do instinto de morte, como retorno à matéria inanimada, permanece inseparável, ao mesmo tempo, da posição de um termo último, do modelo de uma repetição material e nua, do dualismo conflitante entre a vida e a morte. Pouco importa que o antigo presente aja não em sua realidade objetiva, mas na forma em que foi vivido ou imaginado, pois a imaginação só intervém aqui para recolher as ressonâncias e assegurar os disfarces entre os dois presentes na série do real como realidade vivida. A imaginação recolhe os traços do antigo presente, modela o novo presente no antigo. A teoria tradicional da compulsão à repetição, em psicanálise, permanece essencialmente realista, materialista e subjetiva ou individualista. Realista, porque tudo se "passa" entre presentes. Materialista, porque o modelo de uma repetição bruta, automática, permanece subjacente. Individualista, subjetiva, solipsista ou monádica, porque o antigo presente, isto é, o elemento repetido, disfarçado, e o novo presente, isto é, os termos atuais da repetição travestida são considerados apenas como *representações* do sujeito, representações inconscientes e conscientes, latentes e manifestas, recalcantes e recalcadas. Toda a teoria da repetição encontra-se, assim, subordinada às exigências da simples representação, do ponto de vista de seu realismo, de seu materialismo e de seu subjetivismo. Submete-se a repetição a um princípio de identidade no antigo presente e a uma regra de semelhança no atual. Não acreditamos que a descoberta freudiana de uma filogênese nem a descoberta junguiana dos arquétipos corrijam as insuficiências de tal concepção. Mesmo que se oponham em bloco os direitos do imaginário aos fatos da realidade, trata-se ainda de uma "realidade" psíquica, considerada como última ou original; mesmo que se oponha o espírito à matéria, trata-se ainda de um espírito nu, desvelado, assentado sobre sua identidade última, apoiado em suas analogias derivadas; mesmo que se oponha ao inconsciente individual um inconsciente coletivo ou cósmico, este só age por seu poder de inspirar representações a um sujeito solipsista, seja ele o sujeito de uma cultura ou do mundo.

Repetição, deslocamento e disfarce: a diferença

Foram frequentemente sublinhadas as dificuldades de se pensar o processo da repetição. Caso se considerem os dois presentes, as duas cenas ou os dois acontecimentos (o infantil e o adulto) em sua realidade separada pelo tempo, como poderia o antigo presente agir à distância sobre o atual e modelá-lo, se deve receber deste, retrospectivamente, toda sua eficácia? E se forem invocadas as operações imaginárias indispensáveis para preencher o espaço de tempo, por que essas operações não absorveriam em última análise toda a realidade dos dois presentes, deixando subsistir a repetição apenas como a ilusão de um sujeito solipsista? Mas, se é verdade que os dois presentes são sucessivos, a uma distância variável na série dos reais, eles formam, antes de tudo, *duas séries reais coexistentes em relação ao objeto virtual de outra natureza,* que não deixa de circular e de se deslocar nelas (mesmo que os personagens, os sujeitos que efetuam as posições, os termos e as relações de cada série permaneçam, por sua vez, temporalmente distintos). A repetição não se constitui de um presente a outro, mas entre duas séries coexistentes que esses presentes formam em função do objeto virtual (objeto = *x*). É porque circula constantemente, sempre deslocado em relação a si mesmo, que ele determina, nas duas séries reais em que aparece, entre os dois presentes, transformações de termos e modificações de relações imaginárias. Portanto, o deslocamento do objeto virtual não é um disfarce entre outros, mas o princípio de onde deriva na realidade a repetição como repetição disfarçada. A repetição só se constitui com e nos *disfarces* que afetam os termos e as relações das séries da realidade; mas isso se dá porque ela depende do objeto virtual como de uma instância imanente a que é próprio, antes de tudo, o *deslocamento.* Não podemos, então, considerar que o disfarce se explique pelo recalque. Ao contrário, é porque a repetição é necessariamente disfarçada, em virtude do deslocamento característico de seu princípio determinante, que o recalque se produz como uma consequência que incide sobre a representação dos presentes. Freud sentia isso muito bem quando procurava uma instância mais profunda que a do recalque, mesmo que a concebesse ainda do mesmo modo, como um recalque dito "primário". Não se repete porque se recalca, mas se recalca porque se repete; e, o que dá no mesmo, não se disfarça porque se recalca, recalca-se porque se disfarça, e se disfarça em virtude do foco determinante da repetição. Assim como o disfarce não é segundo em relação à repetição, a repetição também não é segunda em relação a um termo fixo, supostamente último ou originário. Pois, se os dois presentes, o antigo e o atual, formam duas séries coexistentes em função do objeto virtual que se desloca nelas e em relação a si mesmo, *nenhuma das duas séries pode ser designada como sendo a original ou a derivada.* Elas põem em jogo termos e sujeitos diversos, numa intersubjetividade complexa, cada sujeito devendo seu papel e sua função em sua série à posição intemporal que ocupa em relação ao objeto virtual.[17] Quanto a esse objeto, ele pode menos ainda ser tratado como um termo último ou original: isto seria dar-lhe um lugar fixo e uma identidade que repugna a sua natureza. Se ele pode ser "identificado" ao falo, é somente na medida em que este, segundo as expressões de Lacan, falta sempre a seu lugar, falta a sua identidade, falta a sua representação. Em suma, não há termo último; nossos amores não remetem à mãe, pois esta simplesmente ocupa, na série constitutiva de nosso presente, determinado lugar em relação ao objeto virtual, lugar que é necessariamente preenchido por outro personagem na série que constitui o presente de outra subjetividade, levando-se sempre em conta os deslocamentos desse objeto = *x*. Um pouco como o herói de *Em busca do tempo perdido*, amando sua mãe, já repete o amor de Swann por Odette. Os personagens paternos não são os termos últimos de um sujeito, mas os meios-termos de uma intersubjetividade, as formas de comunicação e de disfarce de uma série a outra, para sujeitos diferentes, na medida em que essas formas são determinadas pelo transporte do objeto virtual. Portanto, atrás das máscaras ainda há máscaras, e o mais oculto é ainda um esconderijo e assim indefinidamente. Desmascarar alguma coisa ou alguém é uma ilusão. O falo, órgão simbólico da repetição, não deixa de ser uma máscara por estar oculto. É que a máscara tem dois sentidos. "Dá-me, imploro-te, dá-me... o quê, então? outra máscara." A máscara significa, em primeiro lugar, o *disfarce* que afeta imaginariamente os termos e as relações de duas séries reais coexistentes de direito; mas ela significa, mais profundamente, o *deslocamento* que afeta essencialmente o objeto virtual simbólico em sua série, como nas séries reais em que ele está sempre circulando. (Assim, o deslocamento que faz com que os olhos do portador correspondam à boca da máscara, ou que só deixa ver o rosto do portador como um corpo sem cabeça, mesmo correndo o risco que uma cabeça se delineie, por sua vez, sobre esse corpo.)

Consequências para a natureza do inconsciente: inconsciente serial, diferencial e questionante

Em sua essência, portanto, a repetição é simbólica, espiritual, intersubjetiva ou monadológica. Uma última consequência, que diz respeito à natureza do inconsciente, decorre disto. Os fenômenos do inconsciente não são compreendidos na forma simples demais da oposição ou do conflito. Não é somente a teoria do recalque, mas o dualismo na teoria das pulsões que favorece, em Freud, o primado de um modelo conflitual. Todavia, os conflitos são a resultante de mecanismos diferenciais muito mais sutis (deslocamentos e disfarces). E se as *forças* entram naturalmente em relações de oposição, isto se dá a partir de elementos diferenciais que expressam uma instância mais profunda. O negativo em geral, em seu duplo aspecto de limitação e de oposição, pareceu-nos secundário em relação à instância dos problemas e das questões: isto quer dizer, ao mesmo tempo, que o negativo expressa apenas na consciência a sombra de questões e de problemas fundamentalmente inconscientes, e que o poder aparente que ele adquire vem da parte inevitável do "falso" na posição natural desses problemas e questões. É verdade que o inconsciente deseja e só faz desejar. Mas, ao mesmo tempo que o desejo encontra o princípio de sua diferença na necessidade do objeto virtual, ele aparece não como uma potência de negação, nem como elemento de uma oposição, mas antes como uma força de procura, uma força questionante e problematizante que se desenvolve num campo diferente do da necessidade e da satisfação. As questões e os problemas não são atos especulativos que, por essa razão, permaneceriam totalmente provisórios e marcariam a ignorância momentânea de um sujeito empírico. São atos vivos, que investem as objetividades especiais do inconsciente, destinados a sobreviver ao estado provisório e parcial que, ao contrário, afeta as respostas e as soluções. Os problemas "correspondem" ao disfarce recíproco dos termos e das relações que constituem as séries da realidade. As questões, como fontes de problemas, correspondem ao deslocamento do objeto virtual, em função do qual as séries se desenvolvem. É porque se confunde com seu espaço de deslocamento que o falo, como objeto virtual, é sempre designado, no lugar em que ele falta, por enigmas e adivinhações. Até mesmo os conflitos de Édipo dependem, primeiramente, da questão da Esfinge. O nascimento e a morte, a diferença dos sexos são temas complexos de problemas antes de serem termos simples da oposição. (Antes da oposição dos sexos, determinada pela posse ou privação do pênis, há a "questão" do falo, que determina em cada série a posição diferencial dos personagens sexuados.) Em toda questão, em todo problema, como em sua transcendência em relação às respostas, em sua insistência através das soluções, na maneira pela qual eles mantêm sua abertura própria, pode ser que haja alguma coisa de louco.[18]

Como em Dostoievski ou em Chestov, basta que a questão seja levantada com suficiente insistência para calar, em vez de suscitar, qualquer resposta. É então que ela descobre seu alcance propriamente ontológico, (não)-ser da questão, que não se reduz ao não ser do negativo. Não há respostas nem soluções originais ou últimas; apenas são desse tipo as questões-problema, graças a uma máscara atrás de toda máscara e a um deslocamento atrás de todo local. Seria ingênuo acreditar que os problemas da vida e da morte, do amor e da diferença dos sexos estejam sujeitos a suas soluções e mesmo a suas posições científicas, embora essas posições e soluções sobrevenham necessariamente, devam necessariamente intervir em determinado momento durante o processo de seu desenvolvimento. Os problemas dizem respeito ao eterno disfarce, e as questões, ao eterno deslocamento. Os neuropatas, os psicopatas exploram, talvez à custa de seus sofrimentos, esse fundo original último, uns perguntando *como deslocar o problema*, outros, *onde pôr a questão*. Seu sofrimento, seu *pathos*, é a única resposta a uma questão que não para de se deslocar em si mesma, a um problema que não para de se disfarçar em si mesmo. Não é o que eles dizem ou o que eles pensam; é sua vida que é exemplar e os ultrapassa. Eles dão testemunho dessa transcendência e do jogo mais extraordinário do verdadeiro e do falso tal como ele se estabelece, não mais no nível das respostas e soluções, mas nos próprios problemas, nas próprias questões, isto é, em condições tais que o falso venha a ser o modo de exploração do verdadeiro, o espaço próprio de seus disfarces essenciais ou de seu deslocamento fundamental: *pseudos* se torna aqui o *pathos* do Verdadeiro. A potência das questões vem sempre de outra parte que não das respostas e desfruta de um livre fundo que não se deixa resolver. A insistência, a transcendência, a permanência ontológica das questões e dos problemas não se expressam na forma da finalidade de uma razão suficiente (para quê? por quê?), mas sob a forma discreta da diferença e da repetição: que diferença há? e "repita!". Nunca há diferença; não porque ela dê no mesmo na resposta, mas porque ela só está na questão e na repetição da questão, que lhe assegura o transporte e o disfarce. Os problemas e as questões pertencem, pois, ao inconsciente, mas este, do mesmo modo, é, por natureza, diferencial e iterativo, serial, problemático e questionante. Quando se pergunta se o inconsciente, no final das contas, é oposicional ou diferencial, inconsciente das grandes forças em conflito ou dos pequenos elementos em série, das grandes representações opostas ou das pequenas percepções diferençadas, tem-se a impressão de estar ressuscitando antigas hesitações e antigas polêmicas entre a tradição leibniziana e a tradição kantiana. Mas se Freud estava inteiramente do lado de um pós-kantismo hegeliano, isto é, de um inconsciente de oposição, por que prestava ele tanta homenagem ao leibniziano Fechner e a sua fineza diferencial, que é a de um "sintomatologista"? Na verdade, de modo algum se trata de saber se o inconsciente implica um não ser de limitação lógica ou um não ser de oposição real, pois esses dois não seres são, de qualquer modo, figuras do negativo. Nem limitação nem oposição – nem inconsciente da degradação nem inconsciente da contradição –, o inconsciente diz respeito aos problemas e questões em sua diferença de natureza relativamente às soluções-respostas: (não)-ser do problemático, que recusa, igualmente, as duas formas do não ser negativo, formas estas que regem apenas as proposições da consciência. É ao pé da letra que se deve tomar a célebre expressão segundo a qual o inconsciente ignora o Não. Os objetos parciais são os elementos das pequenas percepções. O inconsciente é diferencial e de pequenas percepções, mas, por isso mesmo, difere, por natureza, da consciência; ele diz respeito aos problemas e questões que nunca se reduzem às grandes oposições ou aos efeitos de conjunto que a consciência delas recolhe (veremos que a teoria leibniziana já indica essa via).

Encontramos, pois, um segundo para além do princípio de prazer, segunda síntese do tempo no próprio inconsciente. A primeira síntese passiva, a do *Habitus*, apresentava a repetição como *liame*, no modo recomeçado de um presente vivo. Ela assegurava a fundação do princípio de prazer em dois sentidos complementares, pois dela resultavam, ao mesmo tempo, o valor geral do prazer como instância a que a vida psíquica estava agora submetida no Isso e a satisfação particular alucinatória que vinha preencher cada eu passivo como uma imagem narcísica de si mesmo. A segunda síntese é a de Eros-Mnemósina, que estabelece a repetição como *deslocamento e disfarce* e funciona como fundamento do princípio de prazer: trata-se, então, de saber como esse princípio se aplica ao que ele rege, sob que condições de uso, à custa de que limitações e que aprofundamentos. A resposta é dada em duas direções: a de uma lei geral de realidade, segundo a qual a primeira síntese passiva é ultrapassada na direção de uma síntese e de um eu ativos; e outra direção segundo a qual, ao contrário, a primeira síntese aprofunda-se numa segunda síntese passiva, que recolhe a satisfação narcísica particular e a remete à contemplação de objetos virtuais. O princípio de prazer recebe aqui novas condições, tanto com respeito a uma realidade produzida quanto com respeito a uma sexualidade constituída. A pulsão, que se definia somente como excitação ligada, aparece agora sob uma forma diferençada: como pulsão de conservação segundo a linha ativa de realidade, como pulsão sexual nessa nova profundidade passiva. Se a primeira síntese passiva constitui uma "estética", é correto definir a segunda como equivalente a uma "analítica". Se a primeira síntese passiva é a do presente, a segunda é a do passado. Se a primeira se serve da repetição para dela extrair uma diferença, a segunda síntese passiva compreende a diferença no seio da repetição, pois as duas figuras da diferença, o transporte e o travestimento, o deslocamento que afeta simbolicamente o objeto virtual e os disfarces que afetam imaginariamente os objetos reais, nos quais o objeto virtual se incorpora, tornaram-se os elementos da própria repetição. Eis por que Freud tem alguma dificuldade em distribuir a diferença e a repetição do ponto de vista de Eros, na medida em que mantém a oposição desses dois fatores e compreende a repetição segundo o modelo material da diferença anulada, ao passo que define Eros pela introdução ou até mesmo pela produção de novas diferenças.[19] Mas, de fato, a força de repetição de Eros deriva diretamente de uma potência da diferença, a que Eros recebe de Mnemósina e que afeta os objetos virtuais como fragmentos de um passado puro. Não é a amnésia, mas, antes, uma hipermnésia, como Janet o havia pressentido sob certos aspectos, que explica o papel da repetição erótica e sua combinação com a diferença. O "nunca-visto", que caracteriza um objeto sempre deslocado e disfarçado, mergulha no "já-visto" como caráter do passado puro em geral de onde esse objeto é extraído. Não se sabe *quando* nem *onde* foi ele visto, conforme a natureza objetiva do problemático; e, em última análise, só o estranho é familiar e só a diferença se repete.

Rumo à terceira síntese ou ao terceiro "para além": o eu narcísico, o instinto de morte e a forma vazia do tempo

É verdade que a síntese de Eros e de Mnemósina ainda é ambígua. Com efeito, a série do real (ou dos presentes que passam no real) e a série do virtual (ou de um passado que, por natureza, difere de todo presente) formam duas linhas circulares divergentes, dois círculos ou até mesmo dois arcos de um mesmo círculo em relação à primeira síntese passiva de *Habitus*. Mas, em relação ao objeto = x, tomado como limite imanente da série dos virtuais e como princípio da segunda síntese passiva, são os presentes sucessivos da realidade que formam agora séries coexistentes, círculos ou até mesmo arcos de um mesmo círculo. É inevitável que as duas referências se confundam e que o passado puro recaia, assim, no estado de um antigo presente, mesmo que seja mítico, reconstituindo a ilusão que se julgava vir a ser denunciada por ele, ressuscitando a ilusão de um originário e de um derivado, de uma identidade na origem e de uma semelhança no derivado. Além disso, é Eros que se sente como ciclo ou como elemento de um ciclo, cujo elemento oposto só pode ser Tânatos, no fundo da memória, combinando-se como o amor e o ódio, a construção e a destruição, a atração e a repulsão. Sempre a mesma ambiguidade do fundamento, a ambiguidade de se representar no círculo que ele impõe àquilo que ele funda, de entrar como elemento no circuito da representação que ele determina em princípio.

O caráter essencialmente perdido dos objetos virtuais e o caráter essencialmente travestido dos objetos reais são as potentes motivações do narcisismo. Mas quando a libido se volta ou reflui para o eu, quando o eu passivo se torna inteiramente narcísico, isso acontece porque ele interioriza a diferença entre as duas linhas e se experimenta como perpetuamente deslocado numa e perpetuamente disfarçado na outra. O eu narcísico é inseparável não só de uma ferida constitutiva, mas dos disfarces e deslocamentos que se tecem de um extremo a outro e constituem sua modificação. Máscara para outras máscaras, travestimento sob outros travestimentos, o eu não se distingue de seus próprios bufões e anda claudicando sobre uma perna verde e uma perna vermelha. Todavia, nunca é demais salientar a importância da reorganização que se produz nesse nível em oposição ao estágio precedente da segunda síntese, pois, ao mesmo tempo que o eu passivo se torna narcísico, a atividade deve ser *pensada* e só pode ser pensada como afecção, como a própria modificação que o eu narcísico *sente* passivamente, remetendo, assim, à forma de um *Eu* que se exerce sobre ele como um "Outro". O *Eu* ativo, mas rachado, não está somente na base do supereu; ele é o correlato do eu narcísico, passivo e ferido, num conjunto complexo que Paul Ricœur acertadamente nomeou de "*cogito* abortado".[20] Aliás, só há *cogito* abortado, só há sujeito larvar. Vimos anteriormente que a rachadura do *Eu* era somente o tempo como forma vazia e pura, livre de seus conteúdos. É que o eu narcísico aparece de fato no tempo, mas de modo algum constitui um conteúdo temporal; a libido narcísica, o refluxo da libido para o eu fez abstração de todo conteúdo. O eu narcísico é antes de tudo o fenômeno que corresponde à forma do tempo vazio sem preenchê-la, o fenômeno espacial dessa forma em geral (é esse fenômeno de espaço que se apresenta de maneira diferente na castração neurótica e no despedaçamento psicótico). A forma do tempo no *Eu* determinava uma ordem, um conjunto e uma série. A ordem formal estática do antes, do durante e do depois marca, no tempo, a divisão do eu narcísico ou as condições de sua contemplação. O conjunto do tempo se recolhe na imagem da ação formidável, tal como ela é ao mesmo tempo apresentada, interdita e predita pelo supereu: a ação = x. A série do tempo designa a confrontação do eu narcísico dividido com o conjunto do tempo ou a imagem da ação. O eu narcísico repete uma vez, no modo do antes ou da insuficiência, no modo do *Isso* (esta ação é grande demais para mim): ele repete uma segunda vez, no modo de um devir-igual infinito próprio ao eu *ideal*; repete uma terceira vez, no modo do depois que realiza a predição do *supereu* (o isso e o eu, a condição e o agente serão eles mesmos aniquilados)! Com efeito, a própria lei prática nada significa além dessa forma do tempo vazio.

Instinto de morte, oposição e repetição material

Quando o eu narcísico toma o lugar de objetos virtuais e reais, quando toma para si o deslocamento de uns assim como o disfarce dos outros, ele não substitui um conteúdo do tempo por outro. Ao contrário, entramos na terceira síntese. Dir-se-ia que o tempo abandonou todo conteúdo mnemorial possível e, assim, interrompeu o círculo para o qual Eros o arrastava. Ele se desenrolou, se endireitou, tomou a última figura do labirinto, o labirinto em linha reta, que é, como diz Borges, "invisível, incessante". O tempo vazio fora dos eixos, com sua ordem formal e estática rigorosa, seu conjunto esmagador, sua série irreversível é exatamente o instinto de morte. O instinto de morte não entra num ciclo com Eros, não é de modo algum complementar ou antagonista deste e, de maneira alguma, simétrico a este, mas dá testemunho de uma síntese totalmente distinta. A correlação de Eros e Mnemósina é substituída pela de um eu narcísico sem memória, grande amnésico, e um instinto de morte sem amor, dessexualizado. O eu narcísico só tem um corpo morto, tendo perdido o corpo ao mesmo tempo que os objetos. É através do instinto de morte que ele se reflete no eu ideal e pressente seu fim no supereu, como em dois pedaços do *Eu* rachado. É essa relação entre o eu narcísico e o instinto de morte que Freud marca tão profundamente quando diz que a libido não reflui para o eu sem *dessexualizar-se*, sem formar uma energia neutra *deslocável*, capaz essencialmente de colocar-se a serviço de Tânatos.[21] Mas por que Freud coloca, assim, o instinto de morte como preexistente em relação a essa energia dessexualizada, independente dela em princípio? Possivelmente por duas razões: uma remete à persistência do modelo dualista e conflitual que inspira toda a teoria das pulsões; a outra, ao modelo material que preside a teoria da repetição. Eis por que Freud ora insiste na diferença de natureza entre Eros e Tânatos, segundo a qual Tânatos deve ser qualificado por ele mesmo em oposição a Eros, ora insiste numa diferença de ritmo ou de amplitude, como se Tânatos atingisse o estado da matéria inanimada e se identificasse, assim, à potência de repetição bruta e nua que é, supõe-se, apenas recoberta ou contrariada pelas diferenças vitais vindas de Eros. Mas, de qualquer maneira, a morte, determinada como retorno qualitativo e quantitativo do vivente à matéria inanimada, tem apenas uma definição extrínseca, científica e objetiva; Freud, curiosamente, recusa qualquer outra dimensão da morte, qualquer protótipo ou apresentação da morte no inconsciente, embora conceda a existência de tais protótipos no caso do nascimento e da castração.[22] Ora, a redução da morte à determinação objetiva da matéria manifesta o preconceito segundo o qual a repetição deve ter como princípio último um modelo material indiferençado, para além dos deslocamentos e disfarces de uma diferença segunda ou oposta. Mas, na verdade, a estrutura do inconsciente não é conflitual, oposicional ou de contradição; é questionante e problematizante. A repetição também não é uma potência bruta e nua para além dos disfarces que viriam a afetá-la secundariamente como variantes; ela se tece, ao contrário, no disfarce e no deslocamento, como elementos constitutivos a que ela não preexiste. A morte não aparece no modelo objetivo de uma matéria indiferente inanimada a que o vivente "retornaria"; ela está presente no vivente, como experiência subjetiva e diferençada provida de um protótipo. Ela não responde a um estado de matéria, mas corresponde, ao contrário, a uma pura forma que abjurou a toda matéria – a forma vazia do tempo. (Subordinar a repetição à identidade extrínseca de uma matéria morta ou à identidade intrínseca de uma alma imortal é exatamente a mesma coisa, uma maneira de preencher o tempo.) É que a morte não se reduz à negação, nem ao negativo de oposição, nem ao negativo de limitação. Nem a limitação da vida mortal pela matéria nem a oposição de uma vida imortal à matéria dão à morte seu protótipo. A morte é antes de tudo a forma derradeira do problemático, a fonte dos problemas e das questões, a marca de sua permanência acima de toda resposta, o Onde e o Quando? que designa o (não)-ser em que toda afirmação se alimenta.

Instinto de morte e repetição no eterno retorno

Blanchot dizia que a morte tem dois aspectos: um, pessoal, que diz respeito ao *Eu*, o eu, e que posso enfrentar numa luta ou a que posso juntar-me num limite, que posso em todo caso encontrar num presente que faz tudo passar; mas o outro aspecto, estranhamente impessoal, sem relação com o "eu", nem presente nem passado, mas sempre por vir, fonte de uma aventura múltipla incessante numa questão que persiste: "É o fato de morrer, que inclui uma subversão radical pela qual a morte, que era a forma extrema do meu poder, não se torna somente o que me abandona, atirando-me para fora do meu poder de começar e até mesmo de acabar, mas se torna o que é sem relação comigo, sem poder sobre mim, o que é desprovido de toda possibilidade, a irrealidade do indefinido. Subversão que não posso representar, que nem mesmo posso conceber como definitiva, que não é a passagem irreversível para além da qual não há retorno, pois ela é o que não se realiza, o interminável e o incessante... Tempo sem presente, com o qual não tenho relação, ao qual não posso lançar-me, pois em (ele) *eu* não morro, estou destituído do poder de morrer, em (ele) morre-*se*, não se para e não se acaba de morrer... Não o termo, mas o interminável, não a morte própria, mas a morte qualquer, não a morte verdadeira, mas, como diz Kafka, a chacota do seu erro capital..."[23] Confrontando esses dois aspectos, vê-se bem que até mesmo o suicídio não os torna adequados e não os faz coincidir. Ora, o primeiro significa o desaparecimento pessoal da pessoa, a anulação *dessa* diferença representada pelo *Eu*, pelo eu. Diferença que estava somente para morrer e cujo desaparecimento pode ser objetivamente representado num retorno à matéria inanimada, como que calculada numa espécie de entropia. Apesar das aparências, essa morte vem sempre de fora, no momento mesmo em que ela constitui a mais pessoal possibilidade, e do passado, no momento mesmo em que ela é a mais presente. Mas a outra, a outra face, o outro aspecto, designa o estado das diferenças livres quando elas já não estão submetidas à forma que lhe davam um *Eu*, um eu, quando elas se desenvolvem numa figura que exclui *minha* própria coerência da mesma maneira que a de uma identidade qualquer. Há sempre um "morre-se" mais profundo do que o "eu morro", e não são só os deuses que morrem sem cessar e de múltiplas maneiras; como se surgissem mundos em que o individual já não está aprisionado na forma pessoal do *Eu* e do eu, nem o singular está aprisionado nos limites do indivíduo – em suma, o múltiplo insubordinado que não se "reconhece" no primeiro aspecto. No entanto, é ao primeiro aspecto que remete toda a concepção freudiana; mas é assim que ela não consegue dar conta do instinto de morte e da experiência ou do protótipo correspondentes.

Portanto, não vemos razão para estabelecer um instinto de morte que se distinguiria de Eros, seja por uma diferença de natureza entre duas forças, seja por uma diferença de ritmo ou de amplitude entre dois movimentos. Nos dois casos, a diferença já estaria dada, e Tânatos seria independente. Parece-nos, ao contrário, que Tânatos se confunde inteiramente com a dessexualização de Eros, com a formação desta energia neutra e deslocável de que fala Freud. Esta não está a serviço de Tânatos, ela o constitui: entre Eros e Tânatos não há uma diferença analítica, isto é, já dada numa mesma "síntese" que reuniria ambos ou os faria alternar. Não que a diferença seja menor; ao contrário, sendo sintética, ela é maior, precisamente porque Tânatos significa, em relação a Eros, uma síntese totalmente distinta do tempo, tanto mais exclusiva quanto é dele destacada, construída sobre seus restos. É ao mesmo tempo que Eros reflui para o eu, que o eu toma para si os disfarces e deslocamentos que caracterizam os objetos, para deles fazer sua própria afecção mortal, que a libido perde todo conteúdo mnésico, e que o Tempo perde sua figura circular, para assumir uma forma reta, impiedosa – e que o instinto de morte aparece, idêntico a essa forma pura, energia dessexualizada *da* libido narcísica. A complementaridade da libido narcísica e do instinto de morte define a terceira síntese, tanto quanto Eros e Mnemósina definiam a segunda. E quando Freud diz que talvez seja preciso ligar o processo geral de *pensar* a essa energia dessexualizada, como correlativa da libido tornada narcísica, devemos compreender que, contrariamente ao velho dilema, não se trata mais de saber se o pensamento é inato ou adquirido. Nem inato, nem adquirido, ele é genital, *isto é*, dessexualizado, destacado desse refluxo que nos abre ao tempo vazio. "Sou um genital inato", dizia Artaud, querendo dizer igualmente um "adquirido dessexualizado", para marcar essa gênese do pensamento num *Eu* sempre rachado. Não se trata de adquirir o pensamento, nem de exercê-lo como algo inato, mas de engendrar o ato de pensar no próprio pensamento, talvez sob o efeito de uma violência que faz com que a libido reflua para o eu narcísico e, paralelamente, faz com que Tânatos seja extraído de Eros e com que o tempo seja abstraído de todo conteúdo para que seja extraída dele a forma pura. Há uma experiência da morte que corresponde a essa terceira síntese.

Freud atribui ao inconsciente três grandes ignorâncias: o Não, a Morte e o Tempo. E, todavia, trata-se apenas de tempo, de morte e de não no inconsciente. Isso quer dizer somente que eles são atuados sem serem representados? Mais ainda: o inconsciente ignora o não porque vive do (não)-ser dos problemas e das questões, mas não do não ser do negativo, que afeta somente a consciência e suas representações. Ele ignora a morte porque toda representação da morte concerne ao aspecto inadequado, ao passo que o inconsciente apreende o avesso, descobre a outra face. Ele ignora o tempo porque nunca é subordinado aos conteúdos empíricos de um presente que passa na representação, mas opera as sínteses passivas de um tempo original. *É a essas três sínteses como constitutivas do inconsciente que é preciso retornar.* Elas correspondem às figuras da repetição como aparecem na obra de um grande romancista: o liame, o cordel sempre renovado; a mancha sobre o muro, sempre deslocada; a borracha, sempre apagada. A repetição-liame, a repetição-mancha, a repetição-borracha: os três para-além do princípio de prazer. A primeira síntese expressa a fundação do tempo num presente vivo, fundação que dá ao prazer seu valor de princípio empírico em geral, a que está submetido o conteúdo da vida psíquica no Isso. A segunda síntese expressa o fundamento do tempo por um passado puro, fundamento que condiciona a aplicação do princípio de prazer aos conteúdos do Eu. Mas a terceira síntese designa o sem-fundo em que o próprio fundamento nos precipita: Tânatos é descoberto em terceiro lugar, como o sem-fundo para além do fundamento de Eros e da fundação de *Habitus*. Assim, ele tem com o princípio de prazer um tipo de relação desconcertante, que se expressa frequentemente nos paradoxos insondáveis de um prazer ligado à dor (mas, de fato, trata-se de algo totalmente distinto: trata-se da dessexualização nesta terceira síntese, na medida em que ela inibe a aplicação do princípio de prazer como ideia diretriz e prévia, para proceder em seguida a uma ressexualização em que o prazer só investe um pensamento puro e frio, apático e gelado, como se vê no caso do sadismo ou do masoquismo). De uma certa maneira, a terceira síntese reúne todas as dimensões do tempo, passado, presente, futuro, e os faz atuar agora na pura forma. De outra maneira, ela ocasiona sua reorganização, pois o passado é rejeitado para o lado do Isso como a condição por insuficiência em função de um conjunto do tempo, e o presente se encontra definido pela metamorfose do agente no eu ideal. De outra maneira ainda, a última síntese só concerne ao futuro, pois ela anuncia no supereu a destruição do Isso e do eu, do passado como do presente, da condição como do agente. É nesse ponto extremo que a linha reta do tempo torna a formar um círculo, mas singularmente tortuoso, ou que o instinto de morte revela uma verdade incondicionada em sua "outra" face – precisamente o eterno retorno, no sentido em que este não faz com que tudo retorne, mas, ao contrário, afeta um mundo que se desembaraçou da insuficiência da condição e da igualdade do agente para apenas afirmar o excessivo e o desigual, o interminável e o incessante, o informal como produto da mais extrema formalidade. Assim acaba a história do tempo: cabe-lhe desfazer seu círculo físico ou natural, bem centrado demais, e formar uma linha reta, mas que, levada pelo seu próprio comprimento, torna a formar um círculo eternamente descentrado.

O eterno retorno é potência de afirmar, mas ele afirma tudo do múltiplo, tudo do diferente, tudo do acaso, *salvo* o que os subordina ao Uno, ao Mesmo, à necessidade, *salvo* o Uno, o Mesmo e o Necessário. Do Uno, diz-se que ele subordinou o múltiplo de uma vez por todas. E não será isso a face da morte? Mas a outra face não será a de fazer desaparecer de uma vez por todas tudo o que opera de uma vez por todas? Se o eterno retorno está em relação essencial com a morte, é porque promove e implica "de uma vez por todas" a morte do que é uno. Se ele está em relação essencial com o futuro, é porque o futuro é o desdobramento e a explicação do múltiplo, do diferente, do fortuito por si mesmos e "para todas as vezes". A repetição no eterno retorno exclui duas determinações: o Mesmo ou a identidade de um conceito subordinante e o negativo da condição que remeteria o repetido ao Mesmo e asseguraria a subordinação. A repetição no eterno retorno exclui ao mesmo tempo o devir-igual ou o devir-semelhante ao conceito e a condição por insuficiência de tal devir. Ela diz respeito, ao contrário, aos sistemas excessivos que ligam o diferente ao diferente, o múltiplo ao múltiplo, o fortuito ao fortuito, num conjunto de afirmações sempre coextensivas às questões levantadas e às decisões tomadas. Diz-se que o homem não sabe *jogar*: mesmo quando ele se dá um acaso ou uma multiplicidade, ele concebe suas afirmações como destinadas a limitá-lo, suas decisões como destinadas a conjurar-lhe o efeito, suas reproduções como destinadas a fazer retornar o mesmo sob uma hipótese de ganho. Esse é o mau jogo, em que corremos o risco tanto de perder quanto de ganhar, porque não afirmamos *todo* o acaso: o caráter preestabelecido da regra que fragmenta tem como correlato a condição por insuficiência no jogador, que não sabe qual fragmento sairá. O sistema do futuro, ao contrário, deve ser chamado jogo divino, porque a regra não preexiste, porque o jogo já incide sobre suas próprias regras, porque a criança-jogadora só pode ganhar – sendo todo o acaso afirmado cada vez e para todas as vezes. Não afirmações restritivas ou limitativas, mas coextensivas às questões levantadas e às decisões das quais emanam: tal jogo acarreta a repetição do lance necessariamente vencedor, pois ele só o é por abarcar todas as combinações e as regras possíveis no sistema de seu próprio retorno. Sobre esse jogo da diferença e da repetição, conduzido pelo instinto de morte, ninguém foi mais longe do que Borges, em toda sua obra insólita: "Se a loteria é uma intensificação do acaso, uma infusão periódica do caos no cosmo, não conviria que o acaso interviesse em todas as etapas do sorteio e não apenas numa única? Não seria evidentemente absurdo que o acaso dite a morte de alguém, mas que não estejam sujeitas ao acaso as circunstâncias desta morte: a reserva, a publicidade, a demora de uma hora ou de um século?... Na realidade, *o número de sorteios é infinito*. Nenhuma decisão é final, todas se ramificam. Os ignorantes supõem que infinitos sorteios necessitem de um tempo infinito; basta, com efeito, que o tempo seja infinitamente subdivisível... Em todas as ficções, a cada vez que diversas soluções se apresentam, o homem adota uma e elimina as outras; na ficção do quase inextricável *Ts' ui Pên*, ele as adota todas – simultaneamente. Ele *cria*, assim, diversos futuros, diversos tempos que proliferam e se bifurcam. Daí as contradições do romance. Fang, por exemplo, detém um segredo; um desconhecido bate à sua porta; Fang decide matá-lo. Naturalmente, há vários desfechos possíveis: Fang pode matar o intruso, o intruso pode matar Fang, ambos podem escapar, ambos podem morrer etc. Na obra *Ts' ui Pên*, todos os desfechos se produzem; cada um é o ponto de partida de outras bifurcações."[24]

Semelhança e diferença

Quais são os sistemas afetados pelo eterno retorno? Consideremos duas proposições: só o que se assemelha difere; só as diferenças se assemelham.[25] A primeira fórmula põe a semelhança como condição da diferença; provavelmente também exija a possibilidade de um conceito idêntico para as duas coisas que diferem, com a condição de se assemelharem; e implique ainda uma analogia na relação de cada coisa com esse conceito; e acarrete, enfim, a redução da diferença a uma oposição determinada por esses três momentos. Segundo a outra fórmula, ao contrário, a semelhança, a identidade, a analogia, a oposição só podem ser consideradas como efeitos, produtos de uma diferença primeira ou de um sistema primeiro de diferenças. Segundo essa outra fórmula, é preciso que a diferença relacione imediatamente uns aos outros os termos que diferem. Em conformidade com a intuição ontológica de Heidegger, é preciso que a diferença seja em si mesma articulação e ligação, que ela relacione o diferente ao diferente sem qualquer mediação pelo idêntico, pelo semelhante, pelo análogo ou pelo oposto. É preciso uma diferençação da diferença, um em-si como um *diferenciador*, um *Sich-unterscheidende*, pelo qual o diferente é ao mesmo tempo reunido, em vez de ser representado sob a condição de uma semelhança, de uma identidade, de uma analogia, de uma oposição prévias. Quanto a essas instâncias, deixando de ser condições, elas são apenas efeitos da diferença primeira e de sua diferençação, efeitos de conjunto ou de superfície que caracterizam o mundo desnaturado da representação e que exprimem a maneira pela qual o em-si da diferença oculta a si próprio ao suscitar aquilo que o recobre. Devemos perguntar se as duas fórmulas são simplesmente dois modos de falar que não mudam grande coisa, ou se elas se aplicam a sistemas totalmente diferentes, ou, ainda, se, aplicando-se aos mesmos sistemas (e, em última análise, ao sistema do mundo), elas não significam duas interpretações incompatíveis e de valor desigual, uma das quais é capaz de tudo mudar.

É nas mesmas condições que o em-si da diferença se oculta e que a diferença cai nas categorias da representação. Em que outras condições a diferença desenvolve o em-si como "diferenciador" e reúne o diferente para além de toda representação possível? A primeira característica parece-nos ser a organização em séries. É preciso que um sistema se constitua à base de duas ou várias séries, sendo cada uma definida pelas diferenças entre os termos que a compõem. Se supomos que as séries entram em comunicação sob a ação de uma força qualquer, vemos que essa comunicação relaciona diferenças a outras diferenças ou constitui, no sistema, diferenças de diferenças: essas diferenças em segundo grau desempenham o papel de "diferenciador", isto é, relacionam umas às outras as diferenças de primeiro grau. Esse estado de coisas expressa-se adequadamente em certos conceitos físicos: *acoplamento* entre séries heterogêneas; de onde deriva uma *ressonância interna* no sistema; de onde deriva um *movimento forçado* cuja amplitude ultrapassa as próprias séries de base. Pode-se determinar a natureza desses elementos que valem ao mesmo tempo por sua diferença numa série da qual fazem parte e por sua diferença de diferença, de uma série à outra: são intensidades, sendo próprio da intensidade ser constituída por uma diferença que remete, ela própria, a outras diferenças (E-E', em que E remete a *e-e'* e *e* a ε-ε'...). A natureza intensiva dos sistemas considerados não nos deve levar a prejulgar sua qualificação: mecânica, física, biológica, psíquica, social, estética, filosófica etc. Cada tipo de sistema talvez tenha suas condições particulares, mas elas se conformam às características precedentes, dando-lhes uma estrutura apropriada em cada caso: por exemplo, as palavras são verdadeiras intensidades em certos sistemas estéticos; os conceitos são também intensidades do ponto de vista do sistema filosófico. É de se observar, segundo o célebre *Projeto* freudiano de 1895, que a vida biopsíquica se apresenta sob a forma de tal campo intensivo em que se distribuem diferenças determináveis como excitações e diferenças de diferenças determináveis como trilhamentos. Mas, sobretudo, as sínteses da *Psyché*, encarnam as três dimensões dos sistemas em geral; pois a ligação psíquica (*Habitus*) opera um acoplamento de séries de excitações; Eros designa o estado específico de ressonância interna que decorre daí; o instinto de morte se confunde com o movimento forçado cuja amplitude psíquica ultrapassa as próprias séries ressonantes (daí a diferença de amplitude entre o instinto de morte e o Eros ressonante).

O QUE É UM SISTEMA?

Quando a comunicação é estabelecida entre séries heterogêneas, todo tipo de consequências ocorre no sistema. Alguma coisa "passa" entre as bordas; pipocam acontecimentos, fulguram fenômenos do tipo relâmpago ou raio. Dinamismos espaço-temporais preenchem o sistema, expressando ao mesmo tempo a ressonância das séries acopladas e a amplitude do movimento forçado que as transborda. Sujeitos povoam o sistema, ao mesmo tempo sujeitos larvares e eus passivos. São eus passivos, porque se confundem com a contemplação dos acoplamentos e das ressonâncias; sujeitos larvares, porque são o suporte ou o paciente dos dinamismos. Com efeito, em sua participação necessária no movimento forçado, um puro dinamismo espaçotemporal só pode ser sentido no limiar do vivível, em condições fora das quais ele acarretaria a morte de todo sujeito bem-constituído, dotado de independência e de atividade. A verdade da embriologia é que há movimentos vitais sistemáticos, deslizamentos, torções que só o embrião pode suportar: o adulto sairia disso dilacerado. Há movimentos dos quais só se pode ser paciente, mas o paciente, por sua vez, só pode ser uma larva. A evolução não se faz ao ar livre, e só o involuído evolui. O pesadelo talvez seja um dinamismo psíquico que nem o homem acordado *nem mesmo o sonhador* poderiam suportar, mas só o adormecido em sono profundo, em sono sem sonho. Não é certo, neste sentido, que o pensamento, que constitui o dinamismo próprio do sistema filosófico, possa ser relacionado, como no *cogito* cartesiano, com um sujeito substancial acabado, bem constituído: o pensamento é antes desses movimentos terríveis que só podem ser suportados nas condições de um sujeito larvar. O sistema só comporta tais sujeitos, pois apenas eles podem fazer o movimento forçado ao se colocar como pacientes dos dinamismos que o expressam. Até mesmo o filósofo é o sujeito larvar de seu próprio sistema. Portanto, o sistema não se define somente pelas séries heterogêneas que o delimitam; nem pelo acoplamento, ressonância e movimento forçado que constituem suas dimensões; mas também pelos sujeitos que o povoam, pelos dinamismos que o preenchem e, enfim, pelas qualidades e extensos que se desenvolvem a partir desses dinamismos.

O precursor sombrio e o "diferenciador"

Mas a dificuldade maior subsiste: será a diferença que relaciona o diferente ao diferente nesses sistemas intensivos? A diferença de diferença relacionará a diferença a ela mesma, sem outro intermediário? Quando falamos de uma comunicação entre séries heterogêneas, de um acoplamento e de uma ressonância, não será à condição de um mínimo de semelhança entre as séries e de uma identidade no agente que opera a comunicação? Diferença "demais" entre as séries não tornaria toda operação impossível? Não se estaria condenado a redescobrir um ponto privilegiado em que a diferença só se deixa pensar em virtude de uma semelhança de coisas que diferem e de uma identidade de um terceiro? É aqui que devemos prestar a maior atenção ao papel respectivo da diferença, da semelhança e da identidade. E, em primeiro lugar, qual será esse agente, essa força que assegura a comunicação? O raio fulgura entre intensidades diferentes, mas é precedido por um *precursor sombrio*, invisível, insensível, que lhe determina, de antemão, o caminho invertido, como no vazio. Do mesmo modo, todo sistema contém seu precursor sombrio, que assegura a comunicação das séries que o delimitam. Veremos que, segundo a variedade dos sistemas, esse papel é desempenhado por determinações bastante diversas. Mas, de qualquer modo, trata-se de saber como o precursor sombrio exerce esse papel. Não resta dúvida de que *há* uma identidade do precursor e uma semelhança das séries que ele põe em comunicação. Mas este "há" permanece perfeitamente indeterminado. A identidade e a semelhança serão aqui condições ou, ao contrário, efeitos de funcionamento do sombrio precursor que projetaria necessariamente sobre si mesmo a ilusão de uma identidade fictícia e sobre as séries que ele reúne a ilusão de uma semelhança retrospectiva? Então, identidade e semelhança seriam tão somente ilusões inevitáveis, isto é, conceitos da reflexão que dariam conta de nosso inveterado hábito de pensar a diferença a partir das categorias da representação; mas isto se daria porque o invisível precursor dissimularia a si próprio e seu funcionamento e, ao mesmo tempo, dissimularia o em-si como a verdadeira natureza da diferença. Dadas duas séries heterogêneas, duas séries de diferenças, o precursor age como o diferenciador dessas diferenças. É assim que ele as coloca em relação imediatamente por sua própria potência: ele é o em-si da diferença ou o "diferentemente diferente", isto é, a diferença em segundo grau, a diferença consigo, que relacionou o diferente ao diferente por si mesmo. Por ser invisível o caminho que ele traça e porque só se tornará visível invertido, enquanto recoberto e percorrido pelos fenômenos que ele induz no sistema, o precursor só tem como lugar aquele ao qual ele "falta" e só tem como identidade aquela à qual ele falta: ele é precisamente o objeto = x, aquele que "falta ao seu lugar" como à sua própria identidade. Desse modo, a identidade lógica, que a reflexão lhe atribui abstratamente, e a semelhança física, que a reflexão atribui às séries que ele reúne, exprimem apenas o efeito estatístico de seu funcionamento sobre o conjunto do sistema, isto é, a maneira pela qual ele se dissimula necessariamente sob seus próprios efeitos, porque ele se *desloca* perpetuamente em si mesmo e se *disfarça* perpetuamente nas séries. Assim, não podemos considerar que a identidade de um terceiro e a semelhança das partes sejam uma condição para o ser e para o pensamento da diferença, mas somente uma condição para sua representação, que exprime uma desnaturação deste ser e deste pensamento, como um efeito ótico que turvaria o verdadeiro estatuto da condição tal como ela é em si.

Chamamos *díspar* o sombrio precursor, a diferença em si, em segundo grau, que põe em relação as séries heterogêneas ou disparatadas. É, em cada caso, seu espaço de deslocamento e seu processo de disfarce que determinam uma grandeza relativa das diferenças relacionadas. Sabe-se bem que, em certos casos (em certos sistemas), a diferença das diferenças postas em jogo pode ser "muito grande"; em outros sistemas, ela deve ser "muito pequena".[26] Mas seria equivocado ver, nesse segundo caso, a expressão pura de uma exigência prévia de semelhança, exigência que não deixaria de afrouxar-se no primeiro caso, ao estender-se à escala do mundo. Insiste-se, por exemplo, na necessidade de que as séries disparatadas sejam *quase semelhantes*, que as frequências sejam *vizinhas* (ω vizinho de ω0), em suma, que a diferença seja *pequena*. Mas, justamente, não há diferença que não seja "pequena", mesmo à escala do mundo, caso se pressuponha a identidade do agente que põe em comunicação os diferentes. Pequeno e grande, vimos, aplicam-se muito mal à diferença, porque a julgam segundo critérios do Mesmo e do semelhante. Caso se reporte a diferença ao seu diferenciador, caso se evite atribuir ao diferenciador uma identidade que ele não tem e não pode ter, a diferença será dita pequena ou grande segundo suas possibilidades de fracionamento, isto é, segundo o deslocamento e o disfarce do diferenciador, mas em nenhum caso se poderá pretender que uma diferença pequena dê testemunho de uma condição estrita de semelhança, como também que uma grande diferença, por sua persistência, dê testemunho de uma semelhança simplesmente mais fraca. De qualquer modo, a semelhança é um efeito, um produto de funcionamento, um resultado externo – uma ilusão que surge desde que o agente se arroga uma identidade que lhe falta. Portanto, o importante não é que a diferença seja pequena ou grande e, finalmente, sempre pequena em relação a uma semelhança mais vasta. Para o em-si, o importante é que, pequena ou grande, a diferença seja interna. Há sistemas com grande semelhança externa e pequena diferença interna. O contrário é possível: sistemas com pequena semelhança externa e grande diferença interna. Mas o que é impossível é o contraditório; a semelhança está sempre no exterior, e a diferença, pequena ou grande, forma o núcleo do sistema.

O sistema literário

Consideremos exemplos tomados de sistemas literários bem diversos. Na obra de Raymond Roussel, encontramo-nos diante de séries verbais: o papel do precursor é desempenhado por um homônimo ou um quase homônimo (*b*ilhar-*p*ilhar), mas esse precursor sombrio é tanto menos visível e sensível quanto mais permanece oculta uma das duas séries. Estranhas histórias diminuirão a diferença entre as duas séries, de maneira a induzir um efeito de semelhança e de identidade externas. Ora, de modo algum o precursor age por sua identidade, seja esta uma identidade nominal ou homonímica; vê-se isto bem no quase homônimo, que só funciona confundindo-se inteiramente com o caráter diferencial de duas palavras (*b* e *p*). Do mesmo modo, o homônimo não aparece aqui como a identidade nominal de um significante, mas como o diferenciador de significados distintos que produz secundariamente um efeito de semelhança dos significados, como um efeito de identidade no significante. Desse modo, não bastaria dizer que o sistema se funda numa certa determinação negativa, a saber, a insuficiência das palavras em relação às coisas, o que condena uma palavra a designar várias coisas. É a mesma ilusão que nos faz pensar a diferença a partir de uma semelhança e de uma identidade supostamente prévias e que faz com que ela apareça como negativa. Na verdade, não é por sua pobreza de vocabulário, mas por seu excesso, por sua mais positiva potência sintática e semântica, que a linguagem inventa a forma em que ela desempenha o papel de precursor sombrio, isto é, em que, falando de coisas diferentes, ela diferencia essas diferenças, relacionando-as imediatamente umas às outras em séries que ela faz ressoar. Eis por que, como vimos, a repetição das palavras nem se explica negativamente nem pode ser apresentada como uma repetição nua, sem diferença. A obra de Joyce apela evidentemente para procedimentos totalmente diferentes. Mas ainda se trata de reunir um máximo de séries disparatadas (em última análise, todas as séries divergentes constitutivas do cosmo), pondo em funcionamento precursores sombrios linguísticos (nesse caso, palavras esotéricas, palavras-valises) que não repousam sobre qualquer identidade prévia, que não são sobretudo "identificáveis" em princípio, mas induzem um máximo de semelhança e de identidade no conjunto do sistema, como resultado do processo de diferençação da diferença em si (cf. a carta cósmica de *Finnegans Wake*). O que se passa entre séries ressonantes no sistema sob a ação do precursor sombrio chama-se "epifania". A extensão cósmica é o mesmo que a amplitude de um movimento forçado, varrendo e transbordando as séries, Instinto de morte, em última instância, "não" de Stephen, que não é o não ser do negativo, mas o (não)-ser de uma questão persistente, a que corresponde, sem responder, o Sim cósmico da sra. Bloom, porque só ele o ocupa e preenche adequadamente.[27]

A questão de saber se a experiência psíquica é estruturada como linguagem, ou mesmo se o mundo físico é assimilável a um livro, depende da natureza dos sombrios precursores. Um precursor linguístico, uma palavra esotérica não tem por si mesma uma identidade, mesmo nominal, assim como suas significações não têm uma semelhança, mesmo infinitamente mais fraca; não se trata somente de uma palavra complexa ou de uma simples reunião de palavras, mas de uma palavra sobre as palavras, que se confunde inteiramente com o "diferenciador" das palavras de primeiro grau e com o "dessemelhante" de suas significações. Portanto, ele só vale na medida em que pretende não dizer alguma coisa, mas dizer o *sentido* do que diz. Ora, a lei da linguagem, tal como se exerce na representação, exclui essa possibilidade; o sentido de uma palavra só pode ser dito por outra palavra que toma a primeira como objeto. Daí essa situação paradoxal: o precursor linguístico pertence a uma espécie de metalinguagem e só pode encarnar-se numa palavra destituída de sentido do ponto de vista das séries de representações verbais do primeiro grau. Trata-se do *refrão*. Esse duplo estado da palavra esotérica, que diz seu próprio sentido, mas só o diz ao se representar e ao representá-lo como não senso, expressa bem o perpétuo deslocamento do sentido e seu disfarce nas séries. Desse modo, a palavra esotérica é o objeto = *x* propriamente linguístico, mas o objeto = *x* também estrutura a experiência psíquica como a de uma linguagem – à condição de levar em conta o perpétuo deslocamento invisível e silencioso do sentido linguístico. De certa maneira, todas as coisas falam e têm um sentido, com a condição de que a fala seja também, ao mesmo tempo, o que se cala, ou, antes, de que o sentido seja o que se cala na fala. Em seu belo romance *Cosmos*, Gombrowicz mostra como duas séries de diferenças heterogêneas (a dos enforcamentos e a das bocas) exigem sua intercomunicação através de diversos signos até a instauração de um precursor sombrio (o assassinato do gato) que age, aqui, como o diferenciador de suas diferenças, como o sentido, encarnado numa representação absurda, mas a partir de que vão se desencadear dinamismos e se produzir acontecimentos no sistema Cosmos, dinamismos e acontecimentos que encontrarão sua saída final num instinto de morte que transborda as séries.[28] Aparecem, assim, as condições pelas quais um livro é um cosmo e o cosmo é um livro. Através de técnicas muito diversas, desenvolve-se a identidade joyciana última, reencontrada em Borges ou em Gombrowicz, caos = cosmo.

Cada série forma uma história: não pontos de vista diferentes sobre uma mesma história, como os pontos de vista sobre a cidade, segundo Leibniz, mas histórias totalmente distintas que se desenvolvem simultaneamente. As séries de base são divergentes. Não relativamente, no sentido em que bastaria retroceder para encontrar um ponto de convergência, mas absolutamente divergentes, no sentido em que o ponto de convergência, o horizonte de convergência está num caos, sempre deslocado nesse caos. Esse caos é o mais positivo, ao mesmo tempo que a divergência é objeto de afirmação. Ele se confunde com a grande obra, que mantém todas as séries *complicadas*, que afirma e complica todas as séries simultâneas. (Não é de espantar que Joyce manifestasse tanto interesse por Bruno, o teórico da *complicatio*.) A trindade complicação-explicação-implicação dá conta do conjunto do sistema, isto é, do caos que mantém tudo, das séries divergentes que dele saem e nele entram e do diferenciador que as relaciona umas às outras. Cada série se explica ou se desenvolve, mas *em* sua diferença com as outras séries que ela implica e que a implicam, que ela envolve e que a envolvem, *nesse* caos que complica tudo. O conjunto do sistema, a unidade das séries divergentes enquanto tais, corresponde à objetividade de um "problema"; daí o método das questões-problema com que Joyce anima sua obra; daí o modo como Lewis Carroll já ligava as palavras-valises ao estatuto do problemático.

O fantasma ou simulacro e as três figuras do idêntico em relação à diferença

O essencial é a simultaneidade, a contemporaneidade, a coexistência de todas as séries divergentes em conjunto. É certo que as séries são sucessivas, uma "antes", outra "depois", do ponto de vista dos presentes que passam na representação. É até mesmo desse ponto de vista que se diz que a segunda *se assemelha* à primeira. Mas já não é assim em relação ao caos que as compreende, ao objeto = *x* que as percorre, ao precursor que as põe em comunicação, ao movimento forçado que as transborda: é sempre o diferenciador que faz com que elas coexistam. Encontramos várias vezes este paradoxo dos presentes que se sucedem ou das séries que se sucedem na realidade, mas que coexistem simbolicamente em relação ao passado puro ou ao objeto virtual. Quando Freud mostra que um *fantasma* é constituído por duas séries de base, pelo menos, uma infantil e pré-genital, outra genital e pós-pubertária, é evidente que essas séries se sucedem no tempo, do ponto de vista do inconsciente solipsista do sujeito posto em causa. Pergunta-se, então, como dar conta do fenômeno da "demora", isto é, do tempo necessário para que a cena infantil, suposta originária, tenha seu efeito apenas a distância, numa cena adulta que se lhe assemelha e que se chama derivada.[29] Trata-se de um problema de ressonância entre duas séries. Mas esse problema só será bem estabelecido quando se levar em conta uma instância em relação à qual as duas séries coexistem num inconsciente intersubjetivo. Na verdade, as séries não se repartem, uma infantil e outra adulta, num mesmo sujeito. O acontecimento infantil não forma uma das duas séries reais, mas, antes, o sombrio precursor, que põe em comunicação as duas séries de base, a dos adultos que conhecemos quando éramos criança, a do adulto que somos com outros adultos e outras crianças. É o que ocorre com o herói de *Em busca do tempo perdido*: seu amor infantil pela mãe é o agente de uma comunicação entre duas séries adultas, a de Swann com Odette, a do herói, então já crescido, com Albertine – e sempre o mesmo segredo nas duas, o eterno deslocamento, o eterno disfarce da prisioneira, que indica também o ponto em que as séries coexistem no inconsciente intersubjetivo. Não é o caso de se perguntar como o acontecimento infantil só age com demora. Ele *é* essa demora, mas essa demora é a forma pura do tempo, que faz com que coexistam o antes e o depois. Quando Freud descobre que o fantasma talvez seja realidade última e que ele implica alguma coisa que transborda as séries, não se deve concluir que a cena infantil seja irreal ou imaginária, mas, antes, que a condição empírica da sucessão no tempo dá lugar, no fantasma, à coexistência das duas séries, a do adulto que seremos com os adultos que "fomos" (cf. o que Ferenczi chamava de identificação da criança com o agressor). O fantasma é a manifestação da criança como sombrio precursor. E o que é originário no fantasma não é uma série em relação à outra, mas a diferença das séries, na medida em que ela remete uma série de diferenças a outra série de diferenças, fazendo-se abstração de sua sucessão empírica no tempo.

Se já não é possível, no sistema do inconsciente, estabelecer uma ordem de sucessão entre as séries, se todas as séries coexistem, tampouco é possível considerar uma como originária e a outra como derivada, uma como modelo e a outra como cópia. É ao mesmo tempo que as séries são apreendidas como coexistentes, independente da condição de sucessão no tempo, e como *diferentes*, independente de qualquer condição segundo a qual uma gozaria da identidade de um modelo e, a outra, da semelhança de uma cópia. Quando duas histórias divergentes se desenvolvem simultaneamente, é impossível privilegiar uma em detrimento da outra; é o caso de dizer que tudo se equivale, mas "tudo se equivale" se diz da diferença, só se diz da diferença entre as duas. *Por menor* que seja a diferença interna entre as duas séries, entre as duas histórias, uma não reproduz a outra, uma não serve de modelo para a outra, mas semelhança e identidade são apenas efeitos do funcionamento dessa diferença, a única originária no sistema. Portanto, é justo dizer que o sistema exclui o assinalamento de um originário e de um derivado, assim como de uma primeira e de uma segunda vez, porque a diferença é a única origem, fazendo com que coexista, independentemente de toda semelhança, o diferente que ela relaciona com o diferente.[30] Sem dúvida, é sob esse aspecto que o eterno retorno se revela como a "lei" sem fundo desse sistema. O eterno retorno não faz retornar o mesmo e o semelhante, mas ele próprio deriva de um mundo da pura diferença. Cada série retorna não só nas outras que a implicam, mas por ela mesma, porque ela não é implicada pelas outras sem ser, por sua vez, integralmente restituída como aquilo que as implica. O eterno retorno não tem outro sentido além desse: a ausência de origem assinalável, isto é, o assinalamento da origem como sendo a diferença, que relaciona o diferente com o diferente para fazê-lo(s) retornar enquanto tal. Neste sentido, o eterno retorno é a consequência de uma diferença originária, pura, sintética, em si (o que Nietzsche chamava de vontade de potência). Se a diferença é o em-si, a repetição, no eterno retorno, é o para-si da diferença. Todavia, como negar que o eterno retorno seja inseparável do Mesmo? Ele próprio não será o eterno retorno *do* Mesmo? Mas devemos ser sensíveis às diferentes significações, ao menos três, da expressão "o mesmo, o idêntico, o semelhante".

O Mesmo pode designar um suposto sujeito do eterno retorno. Ele designa, então, a identidade do Uno como princípio. Mas, justamente, está aí o maior, o mais longo *erro*. Nietzsche diz: se fosse o Uno que retornasse, ele teria começado por não sair de si mesmo; se ele devesse determinar que o múltiplo se assemelhasse a ele, ele teria começado por não perder sua identidade nessa degradação do semelhante. A repetição não é a permanência do Uno nem a semelhança do múltiplo. O sujeito do eterno retorno não é o mesmo, mas o diferente, nem o semelhante, mas o dissimilar, nem o Uno, mas o múltiplo, nem a necessidade, mas o acaso. Mais do que isso: a repetição no eterno retorno implica a destruição de todas as formas que impedem seu funcionamento, categorias da representação encarnadas no caráter prévio do Mesmo, do Uno, do Idêntico e do Igual. Ou então o mesmo e o semelhante são apenas um efeito do funcionamento dos sistemas submetidos ao eterno retorno. É assim que uma identidade se acha necessariamente projetada ou, antes, retrojetada sobre a diferença originária e que uma semelhança se acha interiorizada nas séries divergentes. Dessa identidade, dessa semelhança, devemos dizer que elas são "simuladas": elas são produzidas no sistema que remete o diferente ao diferente pela diferença (daí por que tal sistema é, ele próprio, um simulacro). O mesmo e o semelhante são ficções engendradas pelo eterno retorno. O que se tem aí, dessa vez, não é mais um erro, mas uma *ilusão*: ilusão inevitável, que está na origem do erro, mas que pode ser dele separada. Ou, então, finalmente o mesmo e o semelhante não se distinguem do próprio eterno retorno. Eles não preexistem ao eterno retorno: não é o mesmo nem o semelhante que retornam, mas o eterno retorno é o único mesmo e a única semelhança do que retorna. Eles também não se deixam abstrair do eterno retorno para reagir sobre a causa. O mesmo se diz do que difere e permanece diferente. O eterno retorno é o mesmo *do* diferente, o uno *do* múltiplo, o semelhante *do* dessemelhante. Fonte da ilusão precedente, ele só a engendra e a conserva para nela regozijar-se e mirar-se como no efeito de sua própria ótica, sem jamais cair no erro contíguo.

A verdadeira motivação do platonismo está no problema do simulacro

Esses sistemas diferenciais com séries disparatadas e ressonantes, com precursor sombrio e movimento forçado, chamam-se simulacros ou fantasmas. O eterno retorno só diz respeito aos simulacros, aos fantasmas, e só faz retornar os simulacros e fantasmas. Talvez reencontremos aqui o ponto mais essencial do platonismo e do antiplatonismo, do platonismo e da subversão do platonismo, sua pedra de toque. Com efeito, no capítulo anterior, procedemos como se o pensamento de Platão girasse em torno de uma distinção particularmente importante, a do original e da imagem, a do modelo e da cópia. Supõe-se que o modelo goze de uma identidade originária superior (só a Ideia não é outra coisa a não ser aquilo que ela é, só a Coragem é corajosa, e a Piedade, piedosa), ao passo que a cópia é julgada segundo uma semelhança interior derivada. É até mesmo neste sentido que a diferença vem apenas no terceiro nível, após a identidade e a semelhança, e só pode ser pensada por elas. A diferença só é pensada no jogo comparado de duas similitudes, a similitude exemplar de um original idêntico e a similitude imitativa de uma cópia mais ou menos semelhante: essa é a prova ou a medida dos pretendentes. Mais profundamente, porém, a verdadeira distinção platônica desloca-se e muda de natureza: ela não é entre o original e a imagem, mas entre duas espécies de imagens. Ela não é entre o modelo e a cópia, mas entre duas espécies de imagens (*ídolos*), cujas cópias (*ícones*) são apenas a primeira espécie, sendo a outra constituída pelos simulacros (*fantasmas*). A distinção modelo-cópia existe apenas para fundar e aplicar a distinção cópia-simulacro, pois as cópias são justificadas, salvas, selecionadas em nome da identidade do modelo e graças a sua semelhança interior com o modelo ideal. A noção de modelo não intervém para opor-se ao mundo das imagens em seu conjunto, mas para selecionar as boas imagens, aquelas que se assemelham do interior, os ícones, e para eliminar as más, os simulacros. Todo o platonismo é construído sobre a vontade de expulsar os fantasmas ou simulacros, identificados ao próprio sofista, esse diabo, insinuador, simulador, falso pretendente sempre disfarçado e deslocado. Por isso nos parecia que, com Platão, estava tomada uma decisão filosófica da maior importância: a de subordinar a diferença às potências do Mesmo e do Semelhante, supostamente iniciais, a de declarar a diferença impensável em si mesma e de remetê-la, com os simulacros, ao oceano sem fundo. Mas, como Platão ainda não dispõe das categorias constituídas da representação (elas aparecerão com Aristóteles), é numa teoria da Ideia que ele deve fundar sua decisão. O que aparece, então, em seu mais puro estado, é uma visão moral do mundo, antes que se possa desdobrar a lógica da representação. É por razões morais, inicialmente, que o simulacro deve ser exorcizado e que a diferença deve ser subordinada ao mesmo e ao semelhante. Todavia, é por essa razão, é porque Platão *toma* a decisão, é porque a vitória não é conquistada como ela o será no mundo conquistado da representação, o inimigo freme, insinuando-se por toda parte no cosmo platônico, a diferença resiste a seu jugo, Heráclito e os sofistas fazem uma algazarra dos infernos. Estranho *duplo* que segue Sócrates passo a passo, que vem assombrar até o estilo de Platão, inserindo-se nas repetições e variações desse estilo.[31]

Simulacro e repetição no eterno retorno

Com efeito, o simulacro, ou fantasma, não é simplesmente uma cópia de cópia, uma semelhança infinitamente mais fraca, um ícone degradado. O catecismo, tão inspirado nos Padres platônicos, nos familiarizou com a ideia de uma imagem sem semelhança: o homem foi feito à imagem e semelhança de Deus, mas, pelo pecado, perdemos a semelhança, guardando a imagem... O simulacro é uma imagem demoníaca, destituída de semelhança; ou, antes, contrariamente ao ícone, ele colocou a semelhança no exterior e vive de diferença. Se ele produz um efeito exterior de semelhança, é como ilusão e não como princípio interno; ele é construído sobre uma disparidade, ele interiorizou a dissimilitude de suas séries constituintes, a divergência de seus pontos de vista, de modo que ele mostra várias coisas, conta várias histórias ao mesmo tempo. Eis sua primeira característica. Mas não significará isto dizer que, se o simulacro se refere a um modelo, esse modelo não goza mais da identidade do Mesmo ideal e que ele é, ao contrário, modelo do Outro, o outro modelo, modelo da diferença em si, da qual deriva a dissimilitude interiorizada? Entre as páginas mais insólitas de Platão, que manifestam o antiplatonismo no âmago do platonismo, há aquelas que sugerem que o diferente, o dessemelhante, o desigual, em suma, o devir, poderiam muito bem não ser apenas insuficiências que afetam a cópia, como uma compensação de seu caráter segundo, uma contrapartida de sua semelhança, mas eles próprios modelos, terríveis modelos do *pseudos*, no qual se desenvolve a potência do falso.[32] A hipótese é rapidamente descartada, maldita, interdita, mas ela surgiu, mesmo que num fulgor, dando testemunho, na noite, de uma atividade persistente dos simulacros, de seu trabalho subterrâneo e da possibilidade de seu mundo próprio. Em terceiro lugar, não significará isso dizer, ainda mais, que há de se contestar no simulacro *tanto* a noção de cópia *quanto* a de modelo? O modelo se abisma na diferença, ao mesmo tempo que as cópias se afundam na dissimilitude das séries que elas interiorizam, sem nunca ser possível dizer que uma é cópia, e a outra, modelo. É esse o final do *Sofista*: a possibilidade do triunfo dos simulacros, pois Sócrates se distingue do sofista, mas o sofista não se distingue de Sócrates, pondo em questão a legitimidade de tal distinção. Crepúsculo dos ícones. Não designará isto o ponto em que a identidade do modelo e a semelhança da cópia são erros, em que o mesmo e o semelhante são ilusões nascidas do funcionamento do simulacro? O simulacro funciona sobre si mesmo, passando e repassando pelos centros descentrados do eterno retorno. Já não se trata do esforço platônico para opor o cosmo ao caos, como se o Círculo fosse a marca da Ideia transcendental capaz de impor sua semelhança a uma matéria rebelde. É exatamente o contrário: a identidade imanente do caos e do cosmo, o ser no eterno retorno, um círculo bem mais tortuoso. Platão tentava disciplinar o eterno retorno, fazendo dele um efeito das Ideias, isto é, fazendo com que ele copiasse um modelo. Mas, no movimento infinito da semelhança degradada, de cópia em cópia, atingimos o ponto em que tudo muda de natureza, em que a própria cópia se transforma em simulacro, em que a semelhança, em que a imitação espiritual, enfim, dá lugar à repetição.

NOTAS

1. O texto de BERGSON está em *Données immédiates*, c. III (ed. du Centenaire, pp. 82-85). Bergson distingue aí os dois aspectos da fusão ou contração no espírito e do desdobramento no espaço. A contração, como essência da duração e como aquilo que opera sobre abalos materiais elementares para constituir a qualidade percebida, é ainda mais precisamente analisada em *Matéria e memória*.
   Os textos de HUME estão no *Traité de la nature humaine*, sobretudo na 3ª parte, seção 16 (trad. LEROY, Aubier, t. I, pp. 249-51). Hume distingue com ênfase a união ou a fusão dos casos na imaginação – união que se faz independentemente da memória ou do entendimento – e a distinção desses mesmos casos na memória e no entendimento.
2. Samuel BUTLER, *La vie et l'habitude* (trad. Valery LARBAUD, N.R.F., pp. 86-87).
3. A filosofia de Gabriel Tarde é uma das últimas grandes filosofias da Natureza, herdeira de Leibniz. Ela se desenvolve em dois planos. Num primeiro plano, ela põe em jogo três categorias fundamentais que regem todos os fenômenos: repetição, oposição, adaptação (cf. *Les lois sociales*, Alcan, 1898). Mas a oposição é apenas a figura sob a qual uma diferença se distribui na repetição para limitá-la e para abri-la a uma nova ordem ou a um novo infinito; por exemplo, quando a vida opõe suas partes duas a duas, ela renuncia a um crescimento ou multiplicação indefinidos para formar todos limitados, mas ganha, assim, um infinito de outra espécie, uma repetição de outra natureza, a da geração (*L'opposition universelle*, Alcan, 1897). A adaptação é a figura sob a qual correntes repetitivas se cruzam e se integram numa repetição superior. De modo que *a diferença aparece entre duas espécies de repetição* e cada repetição supõe uma diferença de mesmo grau que ela (a imitação como repetição de uma invenção, a reprodução como repetição de uma variação, a irradiação como repetição de uma perturbação, a somação como repetição de um diferencial... cf. *Les lois de l'imitation*, Alcan, 1890).
   Mas, num plano mais profundo, é sobretudo a repetição que existe "para" a diferença, pois nem a oposição nem mesmo a adaptação manifestam a figura livre da diferença: a diferença, "que a nada se opõe e que de nada serve", como "fim final das coisas" (*L'opposition universelle*, p. 445). Desse ponto de vista, a repetição está entre duas diferenças e nos faz passar de uma ordem a outra da diferença: da diferença externa à diferença interna, da diferença elementar à diferença transcendente, da diferença infinitesimal à diferença pessoal e monadológica. Portanto, a repetição é o processo pelo qual a diferença não

aumenta nem diminui, mas "vai diferindo" e "se dá ela mesma como objetivo" (cf. "Monadologie et sociologie" e "La variation universelle", em *Essais et mélanges sociologiques*, ed. Maloine, 1895).

É inteiramente falso reduzir a sociologia de Tarde a um psicologismo ou mesmo a uma interpsicologia. Tarde critica Durkheim por tomar como dado o que é preciso explicar, "a similitude de milhões de homens". Ele substitui a alternativa entre dados impessoais e Ideias dos grandes homens pelas pequenas ideias dos pequenos homens, pequenas invenções e interferências entre correntes imitativas. *O que Tarde instaura é a microssociologia*, que não se estabelece necessariamente entre dois indivíduos, mas já está fundada num mesmo indivíduo (por exemplo, a hesitação como "oposição social infinitesimal", ou a invenção como "adaptação social infinitesimal" – cf. *Les lois sociales*). É por meio desse método, procedendo por monografias, que se mostrará como a repetição soma e integra pequenas variações, sempre para extrair o "diferentemente diferente" (*La logique sociale*, Alcan, 1893). O conjunto da filosofia de Tarde apresenta-se assim: uma dialética da diferença e da repetição que funda a possibilidade de uma microssociologia numa cosmologia.

4. Michel SOURIAU, *Le Temps* (Alcan, 1937, p. 55).
5. Estes três paradoxos são o objeto do capítulo III de *Matéria e memória*. (Sob estes três aspectos, Bergson opõe o passado puro ou pura lembrança, que é sem ter *existência* psicológica, à representação, isto é, à realidade psicológica da imagem-lembrança.)
6. BERGSON, *Matière et mémoire*: "A mesma vida psicológica seria, pois, repetida um número indefinido de vezes nos estágios sucessivos da memória e o mesmo ato do espírito poderia ser realizado em diferentes alturas..." (ed. du Centenaire, p. 250); "há lugar para milhares e milhares de repetições de nossa vida psicológica, figuradas por outras seções A' B', A" B" etc., do mesmo cone..." (p. 302). É de se observar que a repetição diz respeito aqui à vida psicológica, mas ela própria não é psicológica: com efeito, a psicologia só começa com a imagem-lembrança, ao passo que as seções ou estágios do cone se delineiam no passado puro. Trata-se, pois, de uma repetição metapsicológica da vida psicológica. Por outro lado, quando Bergson fala de "estágios sucessivos", *sucessivo* deve ser compreendido de um modo totalmente figurado, em função de nosso olho, que percorre o desenho proposto por Bergson, pois, em sua realidade própria, todos os estágios coexistem uns com os outros, como é dito.
7. LEIBNIZ, *Nouveaux essais sur l'entendement humain,* liv. I, c. I.
8. KANT, *Critique de la raison pure,* "Remarque générale concernant le passage de la psychologie rationnelle à la cosmologie" (trad. BARNI, Gilbert ed., I, p. 335).

9. Ibid., Analytique, nota do § 25.
10. Sobre a forma pura do tempo e sobre a rachadura ou "cesura" que ela introduz no *Eu*, cf. HÖLDERLIN, *Remarques sur Œdipe, Remarques sur Antigone* (10/18), e o comentário de Jean BEAUFRET que sublinha fortemente a influência de Kant sobre Hölderlin, *Hölderlin et Sophocle,* sobretudo pp. 16-26.
(Sobre o tema de uma "rachadura" do *Eu*, em relação essencial com a forma do tempo, compreendida como instinto de morte, lembremos três grandes obras literárias, muito diversas entre si: *La bête humaine*, de ZOLA; *The crack-up*, de F. S. FITZGERALD; *Under the volcano*, de M. LOWRY.)
11. Sobre a oposição explícita entre a reminiscência e o inatismo, cf. *Fédon*, *76*a-d.
12. NOTA SOBRE AS TRÊS REPETIÇÕES. A teoria da repetição histórica de Marx, tal como aparece notadamente no *Dezoito Brumário*, gira em torno do seguinte princípio, que não parece ter sido suficientemente compreendido pelos historiadores: a repetição, em história, não é uma analogia ou um conceito da reflexão do historiador, mas, primeiramente, uma condição da própria ação histórica. Em páginas belíssimas, Harold Rosenberg esclareceu esse ponto: os atores, os agentes da história, só podem criar à condição de se identificarem com figuras do passado; é neste sentido que a história é um teatro. "Sua ação tornou-se espontaneamente a repetição de um papel antigo... É a crise revolucionária, o esforço despendido para criar algo inteiramente novo, que obriga a história a se velar com o mito..." (*La tradition du nouveau*, c. XII, intitulado "Les Romains ressuscités", trad. Anne Marchand, Éditions de Minuit, pp. 154-155.)
Segundo Marx, a repetição é cômica quando acaba de repente, isto é, quando, ao invés de conduzir à metamorfose e à produção do novo, forma uma espécie de involução, o contrário de uma criação autêntica. A máscara cômica substitui a metamorfose trágica. Mas parece que, para Marx, essa repetição cômica, ou grotesca, vem necessariamente *depois* da repetição trágica, evolutiva, ou criadora ("todos os grandes acontecimentos e personagens históricos se repetem por assim dizer duas vezes... a primeira vez, como tragédia, a segunda vez, como farsa"). Todavia, essa ordem temporal não parece ser absolutamente fundada. A repetição cômica opera por insuficiência, ao modo do passado próprio. O herói afronta necessariamente essa repetição, na medida em que "a ação é muito grande para ele": o assassinato de Polonius, por insuficiência, é cômico; o inquérito edipiano também. A repetição trágica vem em seguida; é o momento da metamorfose. É verdade que esses dois momentos não são independentes e só existem para o terceiro, além do cômico e do trágico: a repetição dramática na produção de algo novo, que exclui o próprio herói. Mas quando os dois primeiros momentos adquirem uma independência abstrata, ou se tornam *gêneros*,

o gênero cômico sucede o gênero trágico, como se o fracasso da metamorfose, elevado ao absoluto, supusesse uma antiga metamorfose já feita.

Convém observar que a estrutura em três tempos da repetição é tanto a de Hamlet quanto a de Édipo. Hölderlin, com um rigor incomparável, o havia mostrado em relação a Édipo: o antes, a cesura e o depois. Ele assinalava que as dimensões relativas do antes e do depois podiam variar segundo a posição da cesura (assim, por exemplo, a morte rápida de Antígona em oposição à longa errância de Édipo). Mas o essencial é a persistência da estrutura triádica. A esse respeito, Rosenberg interpreta Hamlet de uma maneira inteiramente conforme ao esquema de Hölderlin, sendo a cesura constituída pela viagem pelo mar: cf. c. XI, pp. 136-151. Não é somente pela matéria que Hamlet se assemelha a Édipo, mas também pela forma dramática. O drama tem apenas uma forma reunindo as três repetições. É evidente que *Assim falou Zaratustra*, de Nietzsche, é um drama, isto é, um teatro. O antes ocupa a maior parte do livro, como insuficiência, ou passado: a ação é grande demais para mim (cf. a ideia do "pálido criminoso", ou a história cômica da morte de Deus, ou então o medo de Zaratustra diante da revelação do eterno retorno – "Teus frutos estão maduros, mas tu, tu não estás maduro para teus frutos"). Depois vem o momento da cesura, ou da metamorfose, "o Signo", quando Zaratustra se torna *capaz*. Falta o terceiro momento, o da revelação e da afirmação do eterno retorno, implicando a morte de Zaratustra. Sabe-se que Nietzsche não teve tempo de escrever essa parte que ele planejava. Por isso sempre foi possível considerar que a doutrina nietzschiana do eterno retorno não tinha sido dita, que ela estava reservada para uma obra futura: Nietzsche só expôs a condição passada e a metamorfose presente, mas não o incondicionado que daí devia resultar como "futuro".

Reencontra-se, já se encontra o tema dos três tempos na maior parte das concepções *cíclicas*: assim, por exemplo, os três testamentos de Joachim de Flore; ou então as três idades de Vico, a idade dos deuses, a idade dos heróis, a idade dos homens. A primeira é necessariamente por insuficiência e como que fechada sobre si; a segunda, aberta, dá testemunho da metamorfose heroica; mas o mais essencial ou o mais misterioso está na terceira, a que desempenha o papel de "significado" em relação às duas outras (assim, Joachim escrevia: "Há duas coisas significadoras para uma coisa significada" – *L'Évangile Éternel*, trad. Aegester, Rieder edit., p.42). Pierre Ballanche, que deve muito a Joachim e a Vico reunidos, esforça-se por determinar esta terceira idade como sendo a do plebeu, Ulisses, ou "ninguém", o "Homem sem nome", o regicida ou o Édipo moderno que "procura os membros esparsos da grande vítima" (cf. os estranhos *Essais de palingénésie sociale*, 1827).

Desse ponto de vista, devemos distinguir várias repetições possíveis, que não se conciliam exatamente: 1ª: uma repetição intracíclica, que consiste no modo pelo qual as duas primeiras idades se repetem mutuamente ou, antes, repetem uma mesma "coisa", ação ou acontecimento por vir. É principalmente a tese de Joachim, que constitui uma tabela de concordâncias entre o antigo e o novo Testamento; mas essa tese ainda não pode ultrapassar as simples analogias da reflexão; 2ª: uma repetição cíclica, na qual se supõe que, no fim da terceira idade e no extremo de uma dissolução, tudo recomeça na primeira idade: as analogias, então, se estabelecem entre dois ciclos (Vico); 3ª: mas todo o problema está no seguinte: não haverá uma repetição própria à terceira idade, a única que mereceria o nome de eterno retorno? Pois o que as duas primeiras idades repetiam era alguma coisa que só aparece para si na terceira; mas, na terceira, essa "coisa" se repete em si mesma. As duas "significações" já são repetidoras, mas o próprio significado é pura repetição. Essa repetição superior, concebida como eterno retorno *no* terceiro estado, basta, ao mesmo tempo, para corrigir a hipótese intracíclica e para contradizer a hipótese cíclica. Por um lado, com efeito, a repetição nos dois primeiros momentos não mais expressa as analogias da reflexão, mas as condições da ação sob as quais o eterno retorno é efetivamente produzido; por outro lado, esses dois primeiros momentos não retornam, mas são, ao contrário, eliminados pela reprodução do eterno retorno no terceiro. Desses dois pontos de vista, Nietzsche tem profundamente razão em opor "sua" concepção a toda concepção cíclica (cf. Kröner, XII, 1ª parte, § 106).

13. Sobre a maneira pela qual, em Kierkegaard, a repetição se opõe ao ciclo costumeiro e também ao círculo das reminiscências, cf. os comentários de Mircea ELIADE concernentes ao sacrifício de Abraão, *Le mythe de l'éternel retour* (N.R.F., 1949, p. 161 ss.). O autor conclui daí a novidade das categorias da história e da fé. Sobre a verdadeira repetição, a que não permite a "extração" de uma diferença, o texto bastante importante de KIERKEGAARD encontra-se em *Le concept de l'angoisse* (trad. FERLOV e GATEAU, N.R.F., p. 28). A teoria kierkegaardiana da condição, do incondicionado e do absolutamente diferente é o objeto das *Miettes philosophiques*.

14. Daniel LAGACHE examinou a possibilidade de aplicar o conceito psicológico de hábito ao inconsciente e à repetição no inconsciente (mas talvez a repetição tenha sido considerada, então, unicamente na perspectiva de um domínio das tensões): cf. "Le problème du transfert", *Revue française de psychanalyse*, janeiro de 1952, pp. 84-97.

15. Cf. Henri MALDINEY, *Le Moi*, curso de curta duração, Bulletin Faculta de Lyon, 1967.

16. Jacques LACAN, "Le séminaire sur la lettre volée" (*Écrits*, Éditions du Seuil, p. 25). Provavelmente, esse é o texto em que Lacan desenvolve mais profundamente sua concepção da repetição. Certos discípulos de Lacan insistiram muito sobre esse tema do "não idêntico" e sobre a relação da diferença e da repetição que daí deriva: cf. J.-A. MILLER, "La suture"; J.-C. MILNER, "Le point du signifiant"; S. LECLAIRE, "Les éléments en jeu dans une psychanalyse", em *Cahiers pour l'analyse*, n. 1, 3 e 5, 1966.
17. A existência das séries é destacada por LACAN em dois textos muito importantes: *La lettre volée*, anteriormente citada (1ª série: "rei-rainha-ministro"; 2ª série: "polícia-ministro-Dupin"); e *Le mythe individuel du névrosé*, C.D.U., comentário de "homem dos ratos" (as duas séries, a dos pais e a dos filhos, que põem em jogo, em diferentes situações, a dívida, o amigo, a mulher pobre e a mulher rica). Em cada série, os elementos e as correlações são determinados em função de sua posição relativamente ao objeto virtual sempre deslocado: a carta, no primeiro exemplo, a dívida, no segundo. "Não é somente o sujeito, mas os sujeitos tomados em sua intersubjetividade que entram na fila... O deslocamento do significante determina os sujeitos em seus atos, em seu destino, em suas recusas, em suas cegueiras, em seu sucesso, em sua sorte, apesar de seus dons inatos e de suas aquisições sociais, sem consideração pelo seu caráter ou sexo..." (*Écrits*, p. 30.) Assim se define um inconsciente intersubjetivo que não se reduz a um inconsciente individual nem a um inconsciente coletivo, e em relação ao qual não se pode assinalar uma série como original e a outra como derivada (embora Lacan continue a empregar esses termos, parece que por comodidade de linguagem).
18. Serge LECLAIRE esboçou uma teoria da neurose e da psicose em relação com a noção de questão como categoria fundamental do inconsciente. Neste sentido, ele distingue o modo de questão no histérico ("serei um homem ou uma mulher?") e no obsessivo ("estarei morto ou vivo?"); ele distingue também a posição respectiva da neurose e da psicose em relação a essa instância da questão. Cf. "La mort dans la vie de l'obsédé", *La psychanalyse*, n. 2, 1956; "A la recherche des principes d'une psychothérapie des psychoses", *Evolution psychiatrique*, II, 1958. Essas pesquisas sobre a forma e o conteúdo das questões vividas pelo doente parecem-nos de grande importância e acarretam uma revisão do papel do negativo e do conflito no inconsciente em geral. Ainda nesse caso, tais pesquisas têm como origem indicações de Jacques LACAN. Sobre os tipos de questão na histeria e na obsessão, cf. *Écrits*, pp. 303-304; e sobre o desejo, sua diferença com respeito à necessidade, sua relação com a "demanda" e com a "questão", pp. 627-630, 690-693.

Já não estará aí um dos pontos mais importantes da teoria de Jung: a força de "questionamento" no inconsciente, a concepção do inconsciente como inconsciente dos "problemas" e das "tarefas"? JUNG tirava disso uma consequência: a descoberta de um processo de diferençação, mais profundo que as oposições resultantes (cf. *Eu e o inconsciente*). É verdade que FREUD critica violentamente este ponto de vista: em *L'homme aux loups*, § V, em que ele defende que a criança não questiona, mas deseja, não está em confronto com tarefas, mas com emoções regidas pela oposição – e também em *Dora*, § II, texto em que ele mostra que o núcleo do sonho só pode ser um desejo presente em conflito correspondente. Todavia, a discussão entre Jung e Freud talvez não esteja bem situada, pois trata-se de saber se o inconsciente pode ou não fazer outra coisa além de desejar. Na verdade, não será preciso perguntar antes se o desejo é somente uma força de oposição ou uma força inteiramente fundada na potência da questão? Mesmo o sonho de Dora, invocado por Freud, só se deixa interpretar na perspectiva de um problema (com as duas séries pai-mãe, sr. K.-sra. K.) que desenvolve uma questão de forma histérica (com a caixa de joias desempe-nhando o papel de objeto = *x*).

19. Na medida em que Eros implica a união de dois corpos celulares e introduz, assim, novas *diferenças vitais*, "não pudemos detectar no instinto sexual a tendência à repetição, cuja descoberta nos permitiu concluir pela existência de instintos de morte" (FREUD, "Au-delà du principe de plaisir", trad. JANKÉLÉVITCH, em *Essais de psychanalyse,* Payot ed., p. 70).
20. Cf. Paul RICŒUR, *De l'interprétation* (Editions du Seuil, 1965, pp. 413-414).
21. FREUD, "Le Moi et le Ça", *Essais de psychanalys* (trad. JANKÉLÉVITCH, ed. Payot, pp. 212-214).
22. FREUD, *Inhibition, symptôme, angoisse* (trad. TORT, 2ª ed., Presses Universitaires de France, 1968, p. 53 ss). É ainda mais estranho que Freud censure Rank por ter uma concepção objetiva demais do nascimento.
23. Maurice BLANCHOT, *L'espace littéraire* (N.R.F., 1955, p. 107, pp. 160-161).
24. Jorge Luis BORGES, *Fictions*, trad. VERDEVOYE e IBARRA (N.R.F., 1951, pp. 89-90, 129-130.
25. Cf. Claude LÉVI-STRAUSS, *Le totémisme aujourd'hui* (Presses Universitaires de France, 1962), p. 111: "Não são as semelhanças, mas as diferenças que se assemelham." Lévi-Strauss mostra como esse princípio se desenvolve na constituição de, pelo menos, duas séries, os termos de cada série diferindo entre eles (por exemplo, para o totemismo, a série das espécies animais distintas e a das posições sociais diferenciais): a semelhança está "entre esses dois sistemas de diferenças".

26. Léon SELME mostrava que a ilusão de uma anulação das diferenças devia ser tanto maior quanto menores fossem as diferenças realizadas num sistema (como nas máquinas térmicas): *Principe de Carnot contre formule empirique de Clausius* (Givors, 1917). Sobre a importância das séries disparatadas e de sua ressonância interna na constituição dos sistemas, deve-se reportar a Gilbert SIMONDON, *L'individu et sa genèse physico-biologique*, Presses Universitaires de France, 1964, p. 20. (Mas G. Simondon mantém como condição uma exigência de semelhança entre séries ou de que sejam pequenas as diferenças postas em jogo: cf. pp. 254-257.)

27. NOTA SOBRE AS EXPERIÊNCIAS PROUSTIANAS. Elas têm, evidentemente, uma estrutura totalmente distinta das epifanias de Joyce. Mas trata-se também de duas séries, a de um antigo presente (Combray, tal como foi vivida) e a de um presente atual. Sem dúvida, permanecendo numa primeira dimensão da experiência, há uma semelhança entre as duas séries (a *madeleine*, o café da manhã), e até mesmo uma identidade (o sabor como qualidade não somente semelhante, mas idêntica a si nos dois momentos). Todavia, não está aí o segredo. O sabor só tem poder porque *envolve* alguma coisa = *x*, que não mais se define por uma identidade: o sabor envolve Combray *tal como ela é em si*, fragmento de passado puro, em sua dupla irredutibilidade ao presente que ela foi (percepção) e ao atual presente, em que se poderia revê-la ou reconstituí-la (memória voluntária). Ora, essa Combray em si se define pela sua própria diferença essencial, "diferença qualitativa", da qual Proust diz que ela não existe "na superfície da terra", mas somente numa profundidade singular. E é ela que produz, envolvendo-se, a identidade da qualidade como a semelhança das séries. Identidade e semelhança, ainda neste caso, são apenas o resultado de um diferenciador. E se as duas séries são sucessivas uma em relação à outra, elas coexistem, ao contrário, em relação a Combray em si como objeto = *x* que as faz ressoar. Acontece, aliás, que a ressonância das séries abre-se a um instinto de morte que excede ambas: assim, a botina e a lembrança da avó. Eros é constituído pela ressonância, mas se ultrapassa em direção ao instinto de morte, constituído pela amplitude de um movimento forçado (é o instinto de morte que encontrará sua saída gloriosa na obra de arte, para além das experiências eróticas da memória involuntária). A fórmula proustiana "um pouco de tempo em estado puro" designa, em primeiro lugar, o passado puro, o ser em si do passado, isto é, a síntese erótica do tempo, mas designa, mais profundamente, a forma pura e vazia do tempo, a última síntese, a do instinto de morte que leva à eternidade do retorno no tempo.

28. Witold GOMBROWICZ, *Cosmos*, Denoël, 1966. O prefácio de *Cosmos* esboça uma teoria das séries disparatadas, de sua ressonância e do caos. Deve-se reportar também ao tema da repetição de *Ferdydurke* (Julliard, 1958, pp. 76-80).

29. Sobre esse problema, cf. Jean LAPLANCHE e J.-B. PONTALIS, "Fantasme originaire, fantasmes des origines, origine du fantasme", *Les Temps modernes*, abril de 1964.

30. Em páginas que se aplicam particularmente ao fantasma freudiano, Jacques DERRIDA escreve: "Portanto, a demora é que é originária, do contrário, a diferença [*différance*] seria o prazo que uma consciência concede a si, uma presença a si do presente... Dizer que (a diferença) [*différance*] é originária é, ao mesmo tempo, apagar o mito da origem presente. Eis por que é preciso entender 'originário' sob rasura, sem o que se derivaria a diferença [*différance*] de uma origem plena. É a não origem que é originária" (*L'écriture et la différence*, Editions du Seuil, 1967, pp. 302-303). Cf. também Maurice BLANCHOT, *Le rire des dieux*, N.R.F., julho de 1965: "A imagem deve deixar de ser segunda em relação a um pretenso primeiro objeto e deve reivindicar uma certa primazia, do mesmo modo que o original e, depois, a origem vão perder seus privilégios de potências iniciais... Não há mais original, mas uma eterna cintilação, em que se dispersa, no fulgor do desvio e do retorno, a ausência de origem."

31. Os raciocínios de Platão são escandidos por retomadas e repetições estilísticas que dão testemunho de uma minúcia assim como de um esforço, visando "endireitar" um tema, defendê-lo contra um tema vizinho, mas dessemelhante, que viria "insinuar-se". É o retorno dos temas pré-socráticos que se acha conjurado, neutralizado pela repetição do tema platônico: o parricídio é assim consumado várias vezes e nunca mais do que quando Platão imita aqueles que ele denuncia. Cf. P.-M. SCHUHL. "Remarques sur la technique de la répétition dans le Phédon", em *Etudes platoniciennes*, Presses Universitaires de France, 1960, pp. 118-125 (o que P.-M. Schuhl chama de "as litanias da ideia").

32. Sobre este "outro" modelo, que constitui no platonismo uma espécie de equivalente do gênio maligno ou do Deus enganador, cf. *Théélèle*, 176e e, sobretudo, *Timée*, 28b ss.

Sobre o fantasma, sobre a distinção dos ícones e dos fantasmas, os textos principais estão em *Le sophiste*, 235e-236d, 264c-268d. (Cf. também *République*, X, 601d ss.)

3

A IMAGEM DO PENSAMENTO

O PROBLEMA DOS PRESSUPOSTOS EM FILOSOFIA

O problema do começo em filosofia sempre foi considerado, com razão, como muito delicado, pois começar significa eliminar todos os pressupostos. Enquanto na ciência nos encontramos diante de pressupostos objetivos, que podem ser eliminados por uma axiomática rigorosa, os pressupostos filosóficos são tanto subjetivos quanto objetivos. Chamam-se pressupostos objetivos os conceitos explicitamente supostos por um conceito dado. Por exemplo, Descartes, na segunda *Meditação*, não quer definir o homem como um animal racional, porque tal definição supõe explicitamente conhecidos os conceitos de racional e de animal: apresentando o *Cogito* como uma definição, ele pretende, pois, conjurar todos os pressupostos objetivos que sobrecarregam os procedimentos que operam por gênero e diferença. Todavia, é evidente que ele não escapa de pressupostos de outra espécie, subjetivos ou implícitos, isto é, envolvidos num sentimento, em vez de o serem num conceito: supõe-se que cada um saiba, sem conceito, o que significa eu, pensar, ser. O eu puro do *Eu* penso é, portanto, uma aparência de começo apenas porque remeteu todos os seus pressupostos ao eu empírico. E se Hegel já criticava Descartes por isso, não parece que ele próprio proceda de outro modo: o ser puro, por sua vez, só é um começo à força de remeter todos os seus pressupostos ao ser empírico, sensível e concreto. Tal atitude, que consiste em recusar os pressupostos objetivos, mas à condição de se darem pressupostos subjetivos (que, aliás, talvez sejam os mesmos sob outra forma), é ainda a de Heidegger, ao invocar uma compreensão pré-ontológica do Ser. Pode-se tirar a conclusão de que não há verdadeiro começo em filosofia ou, antes, de que o verdadeiro começo filosófico, isto é, a Diferença, já é em si mesmo Repetição. Mas essa fórmula e a evocação da filosofia como Círculo estão sujeitas a tantas interpretações possíveis que toda prudência que se toma nunca será excessiva. Pois, se se trata de reencontrar no final o que estava no início, se se trata de reconhecer, de iluminar, de explicitar ou de conceituar o que era simplesmente conhecido sem conceito e de maneira implícita – seja qual for a complexidade desse esforço, quaisquer que sejam as diferenças entre os procedimentos desses ou daqueles autores –, é o caso de dizer que tudo isso é ainda simples demais e que esse círculo não é na verdade suficientemente tortuoso. No caso da filosofia, a imagem do círculo daria testemunho, antes de tudo, de uma impotência para começar verdadeiramente e para repetir autenticamente.

Procuremos melhor o que é um pressuposto subjetivo ou implícito: ele tem a forma de "todo mundo sabe...". Todo mundo sabe, antes do conceito e de um modo pré-filosófico... todo mundo sabe o que significa pensar e ser... de modo que, quando o filósofo diz "Penso, logo sou", ele pode supor que esteja implicitamente compreendido o universal de suas premissas, o que ser e pensar querem dizer... e ninguém pode negar que duvidar seja pensar, e pensar, ser... *Todo mundo sabe, ninguém pode negar* é a forma da representação e o discurso do representante. Quando a filosofia assegura seu começo com pressupostos implícitos ou subjetivos, ela pode, portanto, bancar a inocente, pois nada guardou, salvo, é verdade, o essencial, isto é, a forma desse discurso. Então, ela opõe o "idiota" ao pedante, Eudoxo a Epistemon, a boa vontade ao entendimento excessivo, o homem particular dotado apenas de seu pensamento natural ao homem pervertido pelas generalidades de seu tempo.[1] A filosofia se coloca do lado do idiota como de um homem sem pressupostos. Mas, na verdade, Eudoxo não tem menos pressupostos que Epistemon; ele os tem, só que sob outra forma, implícita ou subjetiva, "privada" e não "pública", a forma de um pensamento natural que permite à filosofia parecer começar e começar sem pressupostos.

Ora, eis que surgem gritos isolados e apaixonados. Como não seriam isolados, visto negarem que "todo mundo sabe..."? Como não seriam apaixonados, visto negarem o que ninguém, diz-se, pode negar? Esse protesto não se faz em nome de preconceitos aristocráticos: não se trata de dizer que poucas pessoas pensam e sabem o que significa pensar. Mas, ao contrário, há alguém, mesmo que seja apenas um, com a modéstia necessária, que não chega a saber o que todo mundo sabe e que nega modestamente o que se presume que todo mundo reconhece. Alguém que não se deixa representar e que também não quer representar coisa alguma. Não um particular dotado de boa vontade e de pensamento natural, mas um singular cheio de má vontade, que não chega a pensar nem na natureza nem no conceito. Só ele não tem pressupostos. Só ele começa efetivamente e repete efetivamente. Para ele, os pressupostos subjetivos não são menos preconceitos do que os objetivos, de modo que Eudoxo e Epistemon são um mesmo homem enganador, de quem é preciso desconfiar. Mesmo que tenhamos de nos fazer de idiota, façamo-lo à maneira russa: um homem do subsolo, que nem se reconhece nos pressupostos subjetivos de um pensamento natural nem nos pressupostos objetivos de uma cultura de seu tempo e que não dispõe de compasso para traçar um círculo. Ele é o Intempestivo, nem temporal nem eterno. Ah! Chestov e as questões que ele sabe levantar, a má vontade que ele sabe mostrar, a impotência para pensar que ele coloca no pensamento, a dupla dimensão que ele desenvolve nessas exigentes questões concernentes ao mais radical começo e à mais obstinada repetição.

Primeiro postulado: o princípio da *Cogitatio natura universalis*

Muita gente tem interesse em dizer que todo mundo sabe "isso", que todo mundo reconhece isso, que ninguém pode negar isso. (Eles triunfam facilmente, enquanto um interlocutor mal-humorado não se levanta para responder que não quer ser assim representado e que nega, não reconhece aqueles que falam em seu nome.) O filósofo, é verdade, procede com mais desinteresse: o que ele postula como universalmente reconhecido é somente o que significa pensar, ser e eu, quer dizer, não isto ou aquilo, mas a forma da representação ou da recognição em geral. Essa forma, todavia, tem uma matéria, mas uma matéria pura, um elemento. Esse elemento consiste somente na posição do pensamento como exercício natural de uma faculdade, no pressuposto de um pensamento natural, dotado para o verdadeiro, em afinidade com o verdadeiro, sob o duplo aspecto de uma *boa vontade do pensador* e de uma *natureza reta do pensamento*. É porque todo mundo pensa naturalmente que se presume que todo mundo saiba implicitamente o que quer dizer pensar. A forma mais geral da representação está, pois, no elemento de um senso comum como natureza reta e boa vontade (Eudoxo e ortodoxia). O pressuposto implícito da filosofia encontra-se no senso comum como *cogitatio natura universalis*, a partir do qual a filosofia pode ter seu ponto de partida. É inútil multiplicar as declarações dos filósofos, que vão desde "todo mundo tem, por natureza, o desejo de conhecer" até "o bom senso é a coisa do mundo mais bem partilhada", para verificar a existência do pressuposto, pois este vale menos pelas proposições explícitas que inspira do que pela sua persistência em filósofos que o deixam à sombra. Os postulados em filosofia não são proposições que o filósofo pede que se lhe conceda, mas, ao contrário, temas de proposições que permanecem implícitos e que são entendidos de um modo pré-filosófico. Neste sentido, o pensamento conceitual filosófico tem como pressuposto implícito uma Imagem do pensamento, pré-filosófica e natural, tirada do elemento puro do senso comum. De acordo com essa imagem, o pensamento está em afinidade com o verdadeiro, possui formalmente o verdadeiro e quer materialmente o verdadeiro. E é *sobre* essa imagem que cada um sabe, que se presume que cada um saiba o que significa pensar. Pouco importa, então, que a filosofia comece pelo objeto ou pelo sujeito, pelo ser ou pelo ente, enquanto o pensamento permanecer submetido a essa Imagem que já prejulga tudo, tanto a distribuição do objeto e do sujeito quanto do ser e do ente.

Podemos denominar essa imagem do pensamento de imagem dogmática ou ortodoxa, imagem moral. É certo que ela tem variantes: assim, não é absolutamente do mesmo modo que os "racionalistas" e os "empiristas" a supõem erigida. Além disso, os filósofos, como veremos, sentem inúmeros arrependimentos e só aceitam essa imagem implícita acrescentando-lhe numerosos traços vindos da reflexão explícita do conceito, que reagem a ela e tendem a subvertê-la. Todavia, ela resiste no implícito, mesmo que o filósofo sublinhe que a verdade, no final das contas, não é "uma coisa fácil de ser atingida e ao alcance de todos". Eis por que não falamos dessa ou daquela imagem do pensamento, variável segundo as filosofias, mas de uma só Imagem em geral, que constitui o pressuposto subjetivo da filosofia em seu conjunto. Quando Nietzsche se interroga sobre os pressupostos mais gerais da filosofia, diz serem eles essencialmente morais, pois só a Moral é capaz de nos persuadir de que o pensamento tem uma boa natureza, o pensador, uma boa vontade, e só o Bem pode fundar a suposta afinidade do pensamento com o Verdadeiro. Com efeito, quem, senão a Moral, quem, senão o Bem dá o pensamento ao verdadeiro e o verdadeiro ao pensamento...? Assim, as condições de uma filosofia isenta de pressupostos de qualquer espécie aparecem melhor: em vez de se apoiar na Imagem moral do pensamento, ela tomaria como ponto de partida uma crítica radical da Imagem e dos "postulados" que esta implica. Ela encontraria sua diferença, ou seu verdadeiro começo não num acordo com a Imagem *pré-filosófica*, mas numa luta rigorosa contra a Imagem, denunciada como *não filosofia*.[2] Ela encontraria, assim, sua repetição autêntica num pensamento sem Imagem, mesmo que fosse à custa das maiores destruições, das maiores desmoralizações, e de uma obstinação da filosofia que só teria como aliado o paradoxo, devendo renunciar à forma da representação assim como ao elemento do senso comum. Como se o pensamento só pudesse começar, e sempre recomeçar, a pensar ao se libertar da Imagem e dos postulados. É em vão que se pretende remanejar a doutrina da verdade, se antes de tudo não forem arrolados os postulados que projetam essa imagem deformadora do pensamento.

Segundo postulado: o ideal do senso comum

Não se pode entender *de fato* que pensar seja o exercício natural de uma faculdade, que essa faculdade tenha uma boa natureza e uma boa vontade. "Todo mundo" sabe que, de fato, os homens pensam raramente e o fazem mais sob um choque do que no elã de um gosto. E a célebre frase de Descartes, segundo a qual o bom senso (a potência de pensar) é a coisa do mundo mais bem partilhada, é apenas um velho gracejo, pois consiste em lembrar que os homens lamentam, a rigor, a falta de memória, de imaginação ou mesmo de ouvido, mas se sentem sempre muito bem-dotados do ponto de vista da inteligência e do pensamento. Mas se Descartes é filósofo, é porque se serve desse gracejo para erigir uma imagem do pensamento tal como ele é *de direito*: a boa natureza e a afinidade com o verdadeiro pertenceriam, de direito, ao pensamento, qualquer que fosse a dificuldade de traduzir o direito nos fatos ou de reencontrar o direito para além dos fatos. O bom senso ou o senso comum naturais são, pois, tomados como a determinação do pensamento puro. É próprio do sentido prejulgar sua própria universalidade e postular-se como universal de direito, comunicável de direito. Para impor, para reencontrar o direito, isto é, para *aplicar* o espírito bem-dotado, é preciso um método explícito. Sem dúvida, portanto, de fato é difícil pensar. Mas o que é de fato mais difícil passa ainda pelo mais fácil de direito; eis por que o próprio método é dito fácil do ponto de vista da natureza do pensamento (não é exagerado dizer que esta noção de fácil envenena todo o cartesianismo). Quando a filosofia encontra seu pressuposto numa Imagem do pensamento que pretende valer de direito, não podemos, então, contentar-nos em opor-lhe fatos contrários. É preciso levar a discussão para o plano do direito e saber se essa imagem não trai a própria essência do pensamento como pensamento puro. Na medida em que vale de direito, essa imagem pressupõe uma determinada repartição do empírico e do transcendental; e o que é preciso julgar é essa repartição, esse modelo transcendental implicado na imagem.

O pensamento e a doxa

Com efeito, existe um modelo: o da recognição. A recognição se define pelo exercício concordante de todas as faculdades sobre um objeto suposto como sendo o mesmo: é o mesmo objeto que pode ser visto, tocado, lembrado, imaginado, concebido... Ou, como diz Descartes do pedaço de cera, "é o mesmo que vejo, que toco, que imagino e, enfim, é o mesmo que sempre acreditei ter estado no começo". Sem dúvida, cada faculdade tem seus dados particulares, o sensível, o memorável, o imaginável, o inteligível... e seu estilo particular, seus atos particulares investindo o dado. Mas um objeto é reconhecido quando uma faculdade o visa como idêntico ao de uma outra ou, antes, quando todas as faculdades em conjunto referem seu dado e referem a si mesmas a uma forma de identidade do objeto. Simultaneamente, a recognição exige, pois, o princípio subjetivo da colaboração das faculdades para "todo mundo", isto é, um senso comum como *concordia facultatum*; e, para o filósofo, a forma de identidade do objeto exige um fundamento na unidade de um sujeito pensante do qual todas as outras faculdades devem ser modos. É este o sentido do *Cogito* como começo: ele expressa a unidade de todas as faculdades no sujeito; expressa, pois, a possibilidade de todas as faculdades se referirem a uma forma de objeto que reflita a identidade subjetiva; ele dá, assim, um conceito filosófico ao pressuposto do senso comum, ele é o senso comum tornado filosófico. Em Kant, assim como em Descartes, é a identidade do Eu no *Eu* penso que funda a concordância de todas as faculdades e seu acordo na forma de um objeto suposto como sendo o Mesmo. Objetar-se-á que nunca nos encontramos diante de um objeto formal, objeto qualquer universal, mas sempre diante desse ou daquele objeto, recortado e especificado numa contribuição determinada das faculdades. Mas é aqui que se deve fazer com que intervenha a diferença precisa de duas instâncias complementares, *senso comum* e *bom senso*, pois se o senso comum é a norma de identidade, do ponto de vista do Eu puro e da forma de objeto qualquer que lhe corresponde, o bom senso é a norma de partilha, do ponto de vista dos eus empíricos e dos objetos qualificados como esse ou aquele (daí por que ele se estima universalmente partilhado). É o bom senso que determina a contribuição das faculdades em cada caso, quando o senso comum traz a forma do Mesmo. E se o objeto qualquer só existe como qualificado, a qualificação, inversamente, só opera supondo o objeto qualquer. Veremos mais tarde como o bom senso e o senso comum se completam na imagem do pensamento de uma maneira inteiramente necessária: ambos constituem as duas metades da *doxa*. Por ora, basta assinalar a precipitação dos próprios postulados: a imagem de um pensamento naturalmente reto e que sabe o que significa pensar; o elemento puro do senso comum que daí deriva "de direito"; o modelo da recognição ou já a forma da representação que, por sua vez, dele deriva. O pensamento é suposto como sendo naturalmente reto, porque ele não é uma faculdade como as outras, mas, referido a um sujeito, é a unidade de todas as outras faculdades que são apenas seus modos e que ele orienta sob a forma do Mesmo no modelo da recognição. O modelo da recognição está necessariamente compreendido na imagem do pensamento. Quer se considere o *Teeteto* de Platão, as *Meditações* de Descartes, a *Crítica da razão pura* de Kant, é ainda esse modelo que reina e que "orienta" a análise filosófica do que significa pensar.

Terceiro postulado: o modelo da recognição

Tal orientação é deplorável para a filosofia, pois o triplo nível suposto de um pensamento naturalmente reto, de um senso comum natural de direito, de uma recognição como modelo transcendental, só pode constituir um ideal de ortodoxia. A filosofia não tem mais qualquer meio de realizar seu projeto, que era o de romper com a *doxa*. Sem dúvida, a filosofia recusa toda *doxa* particular; sem dúvida, ela não retém qualquer proposição particular do bom senso ou do senso comum. Sem dúvida, ela nada reconhece em particular. Mas, da *doxa*, ela conserva o essencial, isto é, a forma; do senso comum, ela conserva o essencial, isto é, o elemento; da recognição, ela conserva o essencial, isto é, o modelo (concordância das faculdades, fundada no sujeito pensante tido como universal e se exercendo sobre o objeto qualquer). A imagem do pensamento é apenas a figura sob a qual se universaliza a *doxa*, elevando-a ao nível racional.

Mas permanece-se prisioneiro da *doxa* quando apenas se faz abstração de seu conteúdo empírico, mantendo-se o uso das faculdades que lhe correspondem e que retêm implicitamente o essencial do conteúdo. Pode-se descobrir uma forma supratemporal, ou mesmo uma matéria-prima subtemporal, subsolo ou *Urdoxa*, mas, com isso, não avançamos um passo, prisioneiros da mesma caverna ou das ideias do tempo, ideias que somente por coquetismo "reencontramos", abençoando-as com o signo da filosofia. A forma da recognição nunca santificou outra coisa que não o reconhecível e o reconhecido, a forma nunca inspirou outra coisa que não fossem conformidades. E se a filosofia remete a um senso comum como a seu pressuposto implícito, que necessidade tem o senso comum da filosofia, ele que mostra todos os dias, infelizmente, ser capaz de fazer uma filosofia a sua maneira? Duplo perigo, ruinoso para a filosofia. De um lado, é evidente que os atos de recognição existem e ocupam grande parte de nossa vida cotidiana: é uma mesa, é uma maçã, é o pedaço de cera, bom-dia, Teeteto. Mas quem pode acreditar que o destino do pensamento está em jogo aí e que pensamos quando reconhecemos? Pode-se distinguir, à maneira de Bergson, dois tipos de recognição, o da vaca em presença do capim e o do homem evocando suas lembranças, mas nem o segundo nem o primeiro podem ser um modelo para o que significa pensar. Dizíamos que era preciso julgar a Imagem do pensamento por suas pretensões de direito, não segundo objeções de fato. Mas o que é preciso criticar nessa imagem do pensamento é ele ter fundado seu suposto direito na extrapolação de certos fatos, e fatos particularmente insignificantes, a banalidade cotidiana em pessoa, a Recognição, como se o pensamento não devesse procurar seus modelos em aventuras mais estranhas ou mais comprometedoras. Considere-se o exemplo de Kant: de todos os filósofos, Kant foi quem descobriu o prodigioso domínio do transcendental. Ele é o análogo de um grande explorador; não um outro mundo, mas montanha ou subterrâneo desse mundo. Entretanto, que fez ele? Na primeira edição da *Crítica da razão pura*, ele descreveu em detalhe três sínteses que medem a contribuição respectiva das faculdades pensantes, culminando todas na terceira, a da recognição, que se expressa na forma do objeto qualquer como correlato do *Eu* penso, ao qual todas as faculdades se reportam. É claro, assim, que Kant decalca as estruturas ditas transcendentais sobre os atos empíricos de uma consciência psicológica: a síntese transcendental da apreensão é diretamente induzida de uma apreensão empírica etc. É para ocultar um procedimento tão visível que Kant suprime esse texto na segunda edição. Por mais ocultado que esteja, o método do decalque, todavia, não deixa de subsistir, com todo o seu "psicologismo".

Em segundo lugar, a recognição só é insignificante como modelo especulativo, mas deixa de sê-lo nos fins a que ela serve e aos quais nos leva. O reconhecido é um objeto, mas também valores sobre o objeto (os valores intervêm, mesmo essencialmente, nas distribuições operadas pelo bom senso). Se a recognição encontra sua finalidade prática nos "valores estabelecidos", é toda a imagem do pensamento como *Cogitatio natura* que, sob esse modelo, dá testemunho de uma inquietante complacência. Como diz Nietzsche, a Verdade parece ser "uma criatura bonachona que ama suas comodidades, que dá, sem cessar, a todos os poderes estabelecidos a certeza de que jamais causará o menor embaraço a alguém, pois ela, definitivamente, é apenas *a ciência pura*...[3] O que é um pensamento que não faz mal a ninguém, nem àquele que pensa, nem aos outros? O signo da recognição celebra esponsais monstruosos em que o pensamento "reencontra" o Estado, reencontra a "Igreja", reencontra todos os valores do tempo que ele, sutilmente, fez passar sob a forma pura de um eterno objeto qualquer, eternamente abençoado. Quando Nietzsche distingue a criação de valores novos e a recognição de valores estabelecidos, essa distinção não deve, certamente, ser compreendida de uma maneira relativa, histórica, como se os valores estabelecidos tivessem sido novos em seu tempo e como se os novos valores precisassem apenas de tempo para se estabelecer. Trata-se, na verdade, de uma diferença formal e de natureza; o novo permanece para sempre novo, em sua potência de começo e de recomeço, como o estabelecido já estava estabelecido desde o início, mesmo que tivesse sido preciso um pouco de tempo empírico para reconhecê-lo. O que se estabelece no novo não é precisamente o novo, pois o próprio do novo, isto é, a diferença, é exigir, no pensamento, forças que não são as da recognição, nem hoje, nem amanhã, potências de um modelo totalmente distinto, numa *terra incognita* nunca reconhecida, nem reconhecível. E de que forças vem ele ao pensamento, de que má natureza e de que má vontade centrais, de que desmoronamento central que despoja o pensamento de seu "inatismo" e que a cada vez o trata como algo que nem sempre existiu, mas que começa, constrangido e forçado? Ao lado disto, como são irrisórias as lutas voluntárias pela recognição. Só há luta sob um senso comum e em torno de valores estabelecidos, luta para obter ou atribuir valores vigentes (honras, riqueza, poder). Estranha luta das consciências para a conquista do troféu constituído pela *Cogitatio natura universalis*, troféu da recognição e da representação puras. Nietzsche ria só com a ideia de que pudesse tratar-se disto no que ele chamava de vontade de potência. E não só a Hegel, mas também a Kant ele chamava de "operários da filosofia", porque a filosofia deles permanecia marcada pelo modelo indelével da recognição.

Ambiguidade da crítica kantiana

Kant parecia, entretanto, estar armado para subverter a Imagem do pensamento. Substituiu o conceito de erro pelo de ilusão: ilusões internas, interiores à razão, em vez de erros vindos de fora e que seriam apenas o efeito de uma causalidade do corpo. Substituiu o eu substancial pelo eu profundamente rachado pela linha do tempo; e foi num mesmo movimento que Deus e o eu encontraram uma espécie de morte especulativa. Mas, apesar de tudo, Kant não queria renunciar aos pressupostos implícitos, mesmo que isso comprometesse o aparelho conceitual das três Críticas. Era preciso que o pensamento continuasse a gozar de uma natureza reta e que a filosofia não pudesse ir mais longe, nem em outras direções que não a do próprio senso comum ou da "razão popular comum". Assim, a Crítica consiste, no máximo, em dar estados civis ao pensamento considerado do ponto de vista de sua *lei natural*: o empreendimento de Kant multiplica os sensos comuns, faz tantos sensos comuns quantos são os interesses naturais do pensamento racional. Com efeito, se é verdade que o senso comum em geral implica sempre uma colaboração das faculdades sob uma forma do Mesmo ou um modelo de recognição, acontece que uma faculdade ativa entre as outras é encarregada, segundo o caso, de fornecer a forma ou o modelo a que todas as outras submetem sua contribuição. Assim, a imaginação, a razão e o entendimento colaboram no conhecimento e formam um "senso comum lógico"; mas é o entendimento que é, nesse caso, a faculdade legisladora e que fornece o modelo especulativo sob o qual as duas outras são chamadas a colaborar. Para o modelo prático da recognição, ao contrário, é a razão que legifera no senso comum moral. Há ainda um terceiro modelo, em que as faculdades acedem a um livre acordo num senso comum propriamente estético. Se é verdade que todas as faculdades colaboram na recognição em geral, as fórmulas da colaboração diferem segundo as condições daquilo que está para ser reconhecido, objeto de conhecimento, valor moral, efeito estético... Em vez de subverter a forma do senso comum, Kant, portanto, somente a multiplicou. (Não seria preciso dizer o mesmo da fenomenologia? Não descobre ela um quarto senso comum, fundado desta vez na sensibilidade como síntese passiva e que, mesmo constituindo uma *Urdoxa*, não deixa de continuar prisioneira da forma da *doxa*?)[4] Nota-se a que ponto a crítica kantiana é finalmente respeitosa: nunca o conhecimento, a moral, a reflexão, a fé são postos em questão, presumindo-se em sua correspondência interesses naturais da razão, mas somente o uso das faculdades, que é declarado legítimo ou não de acordo com este ou aquele desses interesses. Em toda parte, o modelo variável da recognição fixa o bom uso, numa concórdia das faculdades determinada por uma faculdade dominante sob um senso comum. Eis por que o uso ilegítimo (a ilusão) é explicado somente por isso: que o pensamento, em seu *estado* de natureza, confunde seus interesses e deixa seus domínios imbricarem uns nos outros. O que não impede que ele tenha, no fundo, uma boa natureza, uma boa *lei* natural, a que a Crítica traz sua sanção civil; e que os domínios, interesses, limites e propriedades não sejam sagrados, fundados num direito inalienável. Há de tudo na Crítica, um tribunal de juiz de paz, um cartório de registros, um cadastro – salvo a potência de uma nova política que subverteria a imagem do pensamento. Até mesmo o Deus morto e o *Eu* rachado são apenas um mau momento a passar, o momento especulativo; eles ressuscitam, mais integrados e certos do que nunca, mais seguros de si mesmos, mas num outro interesse, no interesse prático ou moral.

Quarto postulado: o elemento da representação

É esse o mundo da *representação* em geral. Dizíamos, anteriormente, que a representação se definia por determinados elementos: a identidade no conceito, a oposição na determinação do conceito, a analogia no juízo, a semelhança no objeto. A identidade do conceito qualquer constitui a forma do Mesmo na recognição. A determinação do conceito implica a comparação dos predicados possíveis com seus opostos, numa dupla série regressiva e progressiva, percorrida, de um lado, pela rememoração e, de outro, por uma imaginação que tem o objetivo de reencontrar, recriar (reprodução memorial-imaginativa). A analogia incide sobre os mais elevados conceitos determináveis ou sobre as relações dos conceitos determinados com seu objeto respectivo e apela para a potência de repartição no juízo. Quanto ao objeto do conceito, em si mesmo ou em relação com outros objetos, ele remete à semelhança como ao requisito de uma continuidade na percepção. Portanto, cada elemento solicita particularmente uma faculdade, mas se estabelece também de uma faculdade a outra no seio de um senso comum (por exemplo, a semelhança entre uma percepção e uma rememoração). O *Eu* penso é o princípio mais geral da representação, isto é, a fonte desses elementos e a unidade de todas essas faculdades: eu concebo, eu julgo, eu imagino e me recordo, eu percebo – como os quatro ramos do *Cogito*. E, precisamente sobre esses ramos, é crucificada a diferença. Quádruplo cambão, em que só pode ser pensado como diferente o que é idêntico, semelhante, análogo e oposto; *é sempre em relação a uma identidade concebida, a uma analogia julgada, a uma oposição imaginada, a uma similitude percebida que a diferença se torna objeto de representação.*[5] É dada à diferença uma razão suficiente como *principium comparationis* sob estas quatro figuras ao mesmo tempo. Eis por que o mundo da representação se caracteriza por sua impotência em pensar a diferença em si mesma; e, ao mesmo tempo, em pensar a repetição por si mesma, pois esta só é apreendida através da recognição, da repartição, da reprodução, da semelhança, na medida em que elas alienam o prefixo RE nas simples generalidades da representação. O postulado da recognição era, pois, um primeiro passo na direção de um postulado da representação, muito mais geral.

Teoria diferencial das faculdades

"Há, nas percepções, determinadas coisas que não convidam o pensamento a um exame, porque a percepção basta para determiná-las, e há outras que o levam inteiramente a esse exame, na medida em que a percepção nada fornece de sadio. Falas, evidentemente, das coisas que aparecem de longe e das pinturas em perspectiva. Não compreendestes o que quero dizer..."[6] Esse texto distingue, portanto, duas espécies de coisas: as que deixam o pensamento tranquilo e (Platão o dirá mais adiante) aquelas que *forçam* a pensar. As primeiras são os objetos de recognição. O pensamento e todas as suas faculdades podem encontrar aí um pleno emprego; o pensamento pode aí ocupar-se, mas essa ocupação e esse emprego não têm nada a ver com pensar. O pensamento é aí preenchido apenas por uma imagem de si mesmo, imagem em que ele se reconhece tanto melhor quanto ele reconhece as coisas: é um dedo, é uma mesa, bom-dia, Teeteto. Daí a questão do interlocutor de Sócrates: será quando não se reconhece, quando se tem dificuldade em reconhecer, que se pensa verdadeiramente? O interlocutor já parece cartesiano. Mas é claro que o duvidoso não nos faz sair do ponto de vista da recognição. Portanto, ele inspira tão somente um ceticismo local, ou um método generalizado, com a condição de que o pensamento já tenha a vontade de reconhecer o que distingue essencialmente a certeza e a dúvida. Acontece com as coisas duvidosas o mesmo que com as certas: elas pressupõem a boa vontade do pensador e a boa natureza do pensamento concebidas como ideal de recognição, a pretensa afinidade com o verdadeiro, a *φιλία* que predetermina ao mesmo tempo a imagem do pensamento e o conceito de filosofia. E as coisas certas, tanto quanto as duvidosas, não forçam a pensar. O fato de que os três ângulos de um triângulo sejam necessariamente iguais a dois ângulos retos supõe o pensamento, a vontade de pensar, de pensar no triângulo e até mesmo de pensar em seus ângulos: Descartes observava que não se pode negar essa igualdade quando nela se pensa, mas que se pode muito bem pensar, até mesmo no triângulo, sem pensar nessa igualdade. Todas as verdades desse tipo são hipotéticas, pois são incapazes de fazer com que nasça o ato de pensar no pensamento, visto que elas supõem tudo o que está em questão. Na verdade, os conceitos designam tão somente possibilidades. Falta-lhes uma garra, que seria a da necessidade absoluta, isto é, de uma violência original feita ao pensamento, de uma estranheza, de uma inimizade, a única a tirá-lo de seu estupor natural ou de sua eterna possibilidade: assim como só há pensamento involuntário, suscitado, coagido no pensamento, com mais forte razão é absolutamente necessário que ele nasça, por arrombamento, do fortuito no mundo. O que é primeiro no pensamento é o arrombamento, a violência, é o inimigo, e nada supõe a filosofia; tudo parte de uma misosofia. Não contemos com o pensamento para embasar a necessidade relativa do que ele pensa; contemos, ao contrário, com a contingência de um encontro com aquilo que força a pensar, a fim de erguer e estabelecer a necessidade absoluta de um ato de pensar, de uma paixão de pensar. As condições de uma verdadeira crítica e de uma verdadeira criação são as mesmas: destruição da imagem de um pensamento que pressupõe a si próprio, gênese do ato de pensar no próprio pensamento.

O uso discordante das faculdades: violência e limite de cada uma

Há no mundo algo que força a pensar. Esse algo é o objeto de um *encontro* fundamental e não de uma recognição. O que é encontrado pode ser Sócrates, o templo ou o demônio. Pode ser apreendido sob tonalidades afetivas diversas, admiração, amor, ódio, dor. Mas, em sua primeira característica, e sob qualquer tonalidade, ele só pode ser sentido. É assim que ele se opõe à recognição, pois o sensível, na recognição, nunca é o que só pode ser sentido, mas o que se relaciona diretamente com os sentidos num objeto que pode ser lembrado, imaginado, concebido. O sensível não é somente referido a um objeto que pode ser outra coisa além de ser sentido, mas pode ser ele próprio visado por outras faculdades. Ele pressupõe, pois, o exercício dos sentidos e o exercício das outras faculdades num senso comum. O objeto do encontro, ao contrário, faz realmente nascer a sensibilidade no sentido. Não é um *αἰσθητόν*, mas um *αἰσθητέον*. Não é uma qualidade, mas um signo. Não é um ser sensível, mas o ser *do* sensível. Não é o dado, mas aquilo pelo qual o dado é dado. Ele é também, de certo modo, o insensível. É o insensível precisamente do ponto de vista da recognição, isto é, do ponto de vista de um exercício empírico em que a sensibilidade só apreende o que poderá também ser apreendido por outras faculdades e em que a sensibilidade se refere, sob um senso comum, a um objeto que também deve ser apreendido por outras faculdades. A sensibilidade, em presença daquilo que só pode ser sentido (o insensível, ao mesmo tempo), encontra-se diante de um limite próprio – o signo – e se eleva a um exercício transcendente – a enésima potência. O senso comum já não está aí para limitar a contribuição específica da sensibilidade às condições de um trabalho conjunto; ela entra, então, num jogo discordante e seus órgãos se tornam metafísicos.

Segunda característica: aquilo que só pode ser sentido (o *sentiendum* ou o ser do sensível) sensibiliza a alma, torna-a "perplexa", isto é, força-a a colocar um problema, como se o objeto do encontro, o signo, fosse portador de problema – como se ele suscitasse problema.[7] Será preciso, conforme outros textos de Platão, identificar o problema ou a questão ao objeto singular de uma Memória transcendental que torna possível um aprendizado nesse domínio, apreendendo aquilo que só pode ser lembrado? Tudo o indica; é verdade que a reminiscência platônica pretende apreender o ser *do* passado, imemorial ou memorando, ao mesmo tempo atingido por um esquecimento essencial, conforme à lei do exercício transcendente, segundo a qual o que só pode ser lembrado é também impossível de ser lembrado (no exercício empírico). Há uma grande diferença entre esse esquecimento essencial e um esquecimento empírico. A memória empírica dirige-se a coisas que podem e até mesmo devem ser apreendidas de outro modo: aquilo de que me lembro, é preciso que o tenha visto, ouvido, imaginado ou pensado. O esquecido, no sentido empírico, é o que não se chega a apreender novamente pela memória quando o procuramos uma segunda vez (está longe demais, o esquecimento me separa da lembrança ou a apagou). Mas a memória transcendental apreende aquilo que, na primeira vez, desde a primeira vez, só pode ser lembrado: não um passado contingente, mas o ser do passado como tal e desde sempre passado. *Esquecida*, é dessa maneira que a coisa *aparece* em pessoa à memória que a apreende essencialmente. Ela não se dirige à memória sem dirigir-se ao esquecimento na memória. O memorando é também o imemorável, o imemorial. O esquecimento não é mais uma impotência contingente que nos separa de uma lembrança contingente, mas existe na lembrança essencial como a enésima potência da memória em face de seu limite ou daquilo que só pode ser lembrado. O mesmo acontece com a sensibilidade: ao insensível contingente, pequeno demais, distante demais para nossos sentidos no exercício empírico, opõe-se um insensível essencial, que se confunde com aquilo que só pode ser sentido do ponto de vista do exercício transcendente. Eis, portanto, que a sensibilidade, forçada pelo encontro a sentir o *sentiendum*, força a memória, por sua vez, a recordar-se do memorando, daquilo que só pode ser lembrado. Finalmente, como terceira característica, a memória transcendental, por sua vez, força o pensamento a apreender aquilo que só pode ser pensado, o *cogitandum*, o *νοητέον*, a Essência: não o inteligível, pois esse é ainda apenas o modo sob o qual se pensa aquilo que pode ser outra coisa além de pensada, mas o ser do inteligível como última potência do pensamento, que é também o impensável. Do *sentiendum* ao *cogitandum* se desenvolveu a violência daquilo que força a pensar. Cada faculdade saiu dos eixos. Mas o que são os eixos a não ser a forma do senso comum que fazia com que todas as faculdades girassem e convergissem? Cada uma, por sua conta e em sua ordem, destruiu a forma do senso comum, forma que a mantinha no elemento empírico da *doxa*, para atingir a sua enésima potência, como o elemento do paradoxo no exercício transcendente. Em vez de todas as faculdades convergirem e contribuírem para o esforço comum de reconhecer um objeto, assiste-se a um esforço divergente, sendo cada uma colocada em presença do seu "próprio", daquilo que a concerne essencialmente. Discórdia das faculdades, cadeia de força e pavio de pólvora em que cada uma enfrenta seu limite e só recebe da outra (ou só comunica à outra) uma violência que a coloca em face de seu elemento próprio, como de seu disparate ou de seu incomparável.

Ambiguidade do platonismo

Detenhamo-nos, todavia, na maneira pela qual Platão determina a natureza dos limites em cada caso. O que é essencialmente encontrado, o que deve distinguir-se de toda recognição, é definido pelo texto da *República* como o objeto de uma "sensação contrária, ao mesmo tempo". Enquanto o dedo é tão somente um dedo, e é sempre um dedo que solicita o reconhecimento, o duro nunca é duro sem ser também mole, pois é inseparável de um devir ou de uma relação que nele coloca o contrário (assim também o grande e o pequeno, o uno e o múltiplo). Portanto, é a coexistência dos contrários, a coexistência do mais e do menos num devir qualitativo ilimitado, que constitui o signo ou o ponto de partida daquilo que força a pensar. Em compensação, a recognição mede e limita a qualidade, remetendo-a a alguma coisa e interrompendo, assim, seu devir-louco. Mas, ao definir a primeira instância por essa *forma de oposição ou de contrariedade qualitativa*, Platão já não estará confundindo o ser do sensível com um simples ser sensível, com um ser qualitativo puro (*αἰσθητόν*)? A suspeita se reforça, desde que se considere a segunda instância, a da reminiscência, pois só aparentemente a reminiscência rompe com o modelo da recognição. Ela se contenta, antes de tudo, em complicar o esquema: ao passo que o reconhecimento incide sobre um objeto perceptível ou percebido, a reminiscência incide sobre outro objeto, que se supõe associado ao primeiro ou, antes, envolvido nele, que exige ser reconhecido por si mesmo, independentemente de uma percepção distinta. Essa outra coisa envolvida no signo deveria ser, ao mesmo tempo, o nunca-visto e, no entanto, o já-reconhecido, a inquietante estranheza. É então tentador dizer, como poeta, que aquilo foi visto, mas numa outra vida, num presente mítico: tu és a semelhança... Mas, assim, tudo é traído. Em primeiro lugar, a natureza do encontro, na medida em que ele não propõe à recognição uma prova particularmente difícil, um envolvimento particularmente difícil de ser desdobrado, mas opõe-se a toda recognição possível. Em segundo lugar, a natureza da memória transcendental e daquilo que só pode ser lembrado, pois esta segunda instância é somente concebida sob a *forma da similitude na reminiscência*. E isso acontece a tal ponto que a mesma objeção surge; a reminiscência confunde o ser do passado com um ser passado e, por não poder consignar um momento empírico em que esse passado tivesse sido presente, invoca um presente original ou mítico. A grandeza do conceito de reminiscência (e a razão pela qual ele se distingue radicalmente do conceito cartesiano de inatismo) é introduzir o tempo, a duração do tempo no pensamento como tal: assim, ele estabelece uma opacidade própria ao pensamento, dando testemunho de uma má natureza e de uma má vontade que devem ser sacudidas de fora, pelos signos. Mas, como vimos, dado que o tempo só é aqui introduzido como um ciclo físico e não sob sua forma pura ou sua essência, supõe-se ainda que o pensamento tenha uma boa natureza, uma resplandecente clareza, que são simplesmente obscurecidas ou desviadas nos avatares do ciclo natural. A reminiscência é ainda um refúgio para o modelo da recognição; e, não menos que Kant, Platão decalca o exercício da memória transcendental sobre a figura do exercício empírico (vê-se bem isso na exposição do *Fédon*).

Quanto à terceira instância, a do pensamento puro ou daquilo que só pode ser pensado, Platão a determina como o contrário separado: a Grandeza, que é tão somente grande, a Pequenez, que é tão somente pequena, o Peso, que é tão somente pesado, ou a Unidade, somente una – eis o que somos forçados a pensar sob a pressão da reminiscência. Portanto, é a *forma da Identidade real* (o Mesmo compreendido como *αὐτὸ καθ' αὑτό*) que define a essência, segundo Platão. Tudo culmina com o grande princípio: que, apesar de tudo e antes de tudo, há uma afinidade, uma filiação, ou talvez seja melhor dizer philiação, do pensamento em relação ao verdadeiro, em suma, uma boa natureza e um bom desejo, fundados em última instância na *forma de analogia no Bem*. De modo que Platão, que escreveu o texto da *República*, foi também o primeiro a estabelecer a imagem dogmática e moralizante do pensamento, que neutraliza esse texto e só o deixa funcionar como um "arrependimento". Ao descobrir o exercício superior ou transcendente das faculdades, Platão o subordina às formas de oposição no sensível, de similitude na reminiscência, de identidade na essência, de analogia no Bem; desse modo, ele prepara o mundo da representação, operando uma primeira distribuição de seus elementos, e já recobre o exercício do pensamento com uma imagem dogmática que o pressupõe e o trai.

Pensar: sua gênese no pensamento

A forma transcendental de uma faculdade confunde-se com seu exercício disjunto, superior ou transcendente. Transcendente de modo algum significa que a faculdade se dirija a objetos situados fora do mundo, mas, ao contrário, que ela apreende no mundo o que a concerne exclusivamente e que a faz nascer para o mundo. Se o exercício transcendente não deve ser decalcado sobre o exercício empírico, é precisamente porque ele apreende aquilo que não pode ser apreendido do ponto de vista de um senso comum, que mede o uso empírico de todas as faculdades de acordo com o que cabe a cada uma sob a forma de sua colaboração. Eis por que, por sua vez, o transcendental está sujeito a um empirismo superior, único capaz de explorar seu domínio e suas regiões, pois, contrariamente ao que acreditava Kant, ele não pode ser induzido das formas empíricas ordinárias tais como elas aparecem sob a determinação do senso comum. O descrédito em que caiu hoje a doutrina das faculdades, peça, porém, inteiramente necessária no sistema da filosofia, explica-se pelo desconhecimento desse empirismo propriamente transcendental, em vão substituído por um decalque do transcendental sobre o empírico. É preciso levar cada faculdade ao ponto extremo de seu desregramento, ponto em que ela é como que presa de uma tríplice violência, violência daquilo que a força a exercer-se, daquilo que ela é forçada a apreender e daquilo que só ela tem o poder de apreender, todavia também o inapreensível (do ponto de vista do exercício empírico). Tríplice limite da última potência. Cada faculdade descobre, então, a paixão que lhe é própria, isto é, sua diferença radical e sua eterna repetição, seu elemento diferencial e repetidor, como o engendramento instantâneo de seu ato e o eterno reexame de seu objeto, sua maneira de nascer já repetindo. Perguntamos, por exemplo: o que força a sensibilidade a sentir?, o que só pode ser sentido e é o insensível ao mesmo tempo? E devemos ainda levantar essa questão não só a respeito da memória e do pensamento, mas a propósito da imaginação – haverá um *imaginandum*, um *φανταστέον*, que também seja o limite, o impossível de se imaginar? –, a propósito da linguagem – haverá um *loquendum*, silêncio, ao mesmo tempo? – e a propósito de outras faculdades, que teriam seu lugar numa doutrina completa – a vitalidade, cujo objeto transcendente também seria o monstro, a sociabilidade, cujo objeto transcendente também seria a anarquia – e até mesmo, enfim, a propósito de faculdades não ainda suspeitadas, a serem descobertas.[8] Com efeito, nada se pode dizer de antemão, não se pode prejulgar o resultado da pesquisa: pode acontecer que certas faculdades, bem conhecidas-por demais conhecidas, revelem não ter limite próprio, não ter adjetivo verbal, porque são impostas e têm exercício apenas sob a forma do senso comum;

pode acontecer, em compensação, que novas faculdades, que estavam recalcadas sob esta forma do senso comum, se ergam. Essa incerteza quanto aos resultados da pesquisa, essa complexidade no estudo do caso particular de cada faculdade nada têm de deplorável para uma doutrina em geral; ao contrário, o empirismo transcendental é o único meio de não decalcar o transcendental sobre as figuras do empírico.

Nosso tema aqui não é o estabelecimento de tal doutrina das faculdades. Procuramos apenas determinar a natureza de suas exigências. A esse respeito, porém, as determinações platônicas não podem ser satisfatórias. Com efeito, não são figuras já mediatizadas e referidas à representação, mas, ao contrário, estados livres ou selvagens da diferença em si mesma que são capazes de levar as faculdades a seus limites respectivos. Não é a oposição qualitativa no sensível, mas um elemento que é em si mesmo diferença e cria, ao mesmo tempo, a qualidade no sensível e o exercício transcendente na sensibilidade: esse elemento é a intensidade, como pura diferença em si, ao mesmo tempo o insensível para a sensibilidade empírica, que só apreende a intensidade já recoberta ou mediatizada pela qualidade que ela cria, e aquilo que, todavia, só pode ser sentido do ponto de vista da sensibilidade transcendente que o apreende imediatamente no encontro. E quando a sensibilidade transmite sua coerção à imaginação, quando a imaginação, por sua vez, se eleva ao exercício transcendente, é a fantasia, a disparidade na fantasia que constitui o *φανταστέον*, aquilo que só pode ser imaginado, o inimaginável empírico. E quando vem o momento da memória, não é a similitude na reminiscência, mas, ao contrário, o dessemelhante na forma pura do tempo que constitui o imemorial de uma memória transcendente. E é um *Eu* rachado por essa forma do tempo que se encontra, enfim, coagido a pensar aquilo que só pode ser pensado, não o Mesmo, mas o "ponto aleatório" transcendente, sempre Outro por natureza, em que todas as essências são envolvidas como diferenciais do pensamento e que só significa a mais alta potência de pensar por também designar o impensável ou a impotência de pensar no uso empírico. Lembremo-nos dos textos profundos de Heidegger, mostrando que, enquanto o pensamento permanece no pressuposto de sua boa natureza e de sua boa vontade, sob a forma de um senso comum, de uma *ratio*, de uma *cogitatio natura universalis*, ele nada pensa, prisioneiro da opinião, imobilizado numa possibilidade abstrata...: "O homem sabe pensar, na medida em que tem essa possibilidade, mas esse possível não nos garante ainda que sejamos capazes disso"; o pensamento só pensa coagido e forçado, em presença daquilo que "dá a pensar", daquilo que existe para ser pensado – e o que existe para ser pensado é do mesmo modo o impensável ou o não pensado, isto é, *o fato* perpétuo de que "nós não pensamos ainda" (segundo a pura forma do tempo).[9] É verdade que, no caminho que leva ao que existe para ser pensado, tudo parte da sensibilidade. Do intensivo ao pensamento, é sempre por meio de uma intensidade que o pensamento nos advém. O privilégio da sensibilidade como origem aparece nisso: o que força a sentir e aquilo que só pode ser sentido são uma mesma coisa no encontro, ao passo que as duas instâncias são distintas nos outros casos. Com efeito, o intensivo, a diferença na intensidade, é ao mesmo tempo o objeto do encontro e o objeto a que o encontro eleva a sensibilidade. Não são os deuses que são encontrados; mesmo ocultos, os deuses não passam de formas para a recognição. O que é encontrado são os demônios, potências do salto, do intervalo, do intensivo ou do instante, e que só preenchem a diferença com o diferente; eles são os porta-signos. E o mais importante: da sensibilidade à imaginação, da imaginação à memória, da memória ao pensamento – quando cada faculdade disjunta comunica à outra a violência que a leva a seu limite próprio – é a cada vez uma livre figura da diferença que desperta a faculdade, e a desperta como o diferente dessa diferença. Tem-se, assim, a diferença na intensidade, a disparidade na fantasia, a dessemelhança na forma do tempo, o diferencial no pensamento. *A oposição, a semelhança, a identidade e até mesmo a analogia são apenas efeitos produzidos por essas apresentações da diferença*, em vez de serem as condições que subordinam a diferença e fazem dela alguma coisa representada. Nunca se pode falar de uma *φιλία*, testemunhando um desejo, um amor, uma boa natureza ou uma boa vontade pelas quais as faculdades já possuiriam ou tenderiam em direção ao objeto a que a violência as eleva e apresentariam uma analogia com ele ou uma homologia entre elas. Cada faculdade, inclusive o pensamento, não tem outra aventura a não ser a do involuntário; o uso voluntário permanece cravado no empírico. O *Logos* se quebra em hieróglifos, cada um dos quais falando a linguagem transcendente de uma faculdade. Até mesmo o ponto de partida, a sensibilidade no encontro com aquilo que força a sentir, não supõe qualquer afinidade ou predestinação. Ao contrário, é o fortuito ou a contingência do encontro que garante a necessidade daquilo que ela força a pensar. Não é uma *amizade*, como a do semelhante com o Mesmo, ou ainda unindo os opostos, que liga a sensibilidade ao *sentiendum*. Basta o precursor sombrio, que faz com que o diferente como tal se comunique e o faz comunicar-se com a diferença: o sombrio precursor não é um amigo. O presidente Schreber, a sua maneira, retomava os três momentos de Platão, restituindo-lhes a sua violência original e comunicativa: os nervos e a junção dos nervos, as almas examinadas e a matança de almas, o pensamento coagido e a coerção a pensar.

O próprio princípio de uma comunicação, até mesmo violenta, parece manter a forma de um senso comum. Entretanto, não se trata disso. Existe um encadeamento das faculdades e uma ordem nesse encadeamento. Mas nem a ordem nem o encadeamento implicam uma colaboração sobre uma forma de objeto supostamente o mesmo ou uma unidade subjetiva na natureza do *Eu* penso. É uma cadeia forçada e rompida que percorre tanto os pedaços de um eu dissolvido quanto as bordas de um *Eu* rachado. O uso transcendente das faculdades é, propriamente falando, um uso paradoxal, que se opõe a que seu exercício se dê sob a regra de um senso comum. Assim, o acordo das faculdades só pode ser produzido como um *acordo discordante*, pois cada uma só comunica à outra a violência que a coloca em presença de sua diferença e de sua divergência com todas as outras.[10] Kant foi o primeiro a mostrar o exemplo de tal acordo pela discordância, com o caso da relação da imaginação e do pensamento, tal como se exercem no sublime. Há, pois, alguma coisa que se comunica de uma faculdade a outra, mas que se metamorfoseia e não forma um senso comum. Dir-se-ia, do mesmo modo, que há Ideias que percorrem todas as faculdades, não sendo objeto de qualquer uma em particular. Com efeito, como veremos, talvez seja preciso reservar o nome de Ideias não aos puros *cogitanda*, mas, antes, a instâncias que vão da sensibilidade ao pensamento e do pensamento à sensibilidade, capazes de engendrar em cada caso, seguindo uma ordem que lhes pertence, o objeto-limite ou transcendente de cada faculdade. As Ideias são os problemas, mas os problemas fornecem apenas as condições sob as quais as faculdades acedem a seu exercício superior. Sob este aspecto, as Ideias, em vez de terem um bom senso ou um senso comum como meio, remetem a um parassenso que determina a única comunicação das faculdades disjuntas. Assim, elas não são esclarecidas por uma luz natural; são, antes de tudo, luzentes, como clarões diferenciais que saltam e se metamorfoseiam. A própria concepção de uma luz natural não é separável de um certo valor suposto da Ideia, o "claro e distinto", e de uma certa origem suposta, o "inatismo". Mas o inatismo representa apenas a boa natureza do pensamento, do ponto de vista de uma teologia cristã ou, mais geralmente, das exigências da criação (eis por que Platão opunha a reminiscência ao inatismo, criticando este por ignorar o papel de uma forma do tempo na alma em função do pensamento puro, ou a necessidade de uma distinção formal entre um Antes e um Depois, capaz de fundar o esquecimento naquilo que força a pensar). O próprio "claro e distinto" não é separável do modelo da recognição como instrumento de toda ortodoxia, até mesmo racional. O claro e distinto é a lógica da recognição, como o inatismo é a teologia do senso comum; ambos já verteram a Ideia na representação. A restituição da Ideia, na doutrina das faculdades, acarreta a explosão do claro e distinto ou a descoberta de um valor dionisíaco, segundo o qual *a Ideia é necessariamente obscura na medida em que é distinta*, sendo tanto mais obscura quanto mais distinta ela for. O distinto-obscuro torna-se, aqui, a verdadeira tonalidade da filosofia, a sinfonia da Ideia discordante.

Nada é mais exemplar do que a troca de cartas entre Jacques Rivière e Antonin Artaud. Rivière mantém a imagem de uma função pensante autônoma, dotada de uma natureza e de uma vontade de direito. Sem dúvida, temos de fato as maiores dificuldades para pensar: falta de método, de técnica, de aplicação e até mesmo falta de saúde. Mas essas dificuldades são felizes: não só porque impedem que a natureza do pensamento devore nossa própria natureza, não só porque colocam o pensamento em relação com obstáculos que são "fatos", sem os quais ele não chegaria a orientar-se, mas também porque nossos esforços para ultrapassá-los permitem-nos manter um ideal do eu no pensamento puro, como um "grau superior de identidade conosco mesmos", por meio de todas as variações, diferenças e desigualdades que não param de nos afetar de fato. O leitor constata, admirado, que quanto mais Rivière crê aproximar-se de Artaud e compreendê-lo, mais se distancia e fala de outra coisa. Raramente houve tamanho mal-entendido, pois Artaud não fala simplesmente de seu "caso", mas já pressente, nas cartas de juventude, que seu caso o coloca em presença de um processo generalizado de pensar, que não pode mais se abrigar sob uma imagem dogmática tranquilizadora, mas se confunde, ao contrário, com a destruição completa dessa imagem. Portanto, as dificuldades que ele diz experimentar não devem ser compreendidas como fatos, mas como dificuldades de direito que concernem à essência do que significa pensar e afetam essa esência. Artaud diz que o problema (para ele) não é orientar seu pensamento, nem aprimorar a expressão do que ele pensa, nem adquirir aplicação e método ou aperfeiçoar seus poemas, mas simplesmente chegar a pensar alguma coisa. Aí está para ele a única "obra" concebível; ela supõe um impulso, uma compulsão de pensar, que passa por todo tipo de bifurcação, que parte dos nervos e se comunica à alma, para chegar ao pensamento. Assim, o que o pensamento é forçado a pensar é igualmente sua derrocada central, sua rachadura, seu próprio "impoder" natural, que se confunde com a maior potência, isto é, com os *cogitanda*, as forças informuladas, como também com outros tantos voos ou arrombamentos do pensamento. Artaud persegue em tudo isso a terrível revelação de um pensamento sem imagem e a conquista de um novo direito que não se deixa representar. Ele sabe que a *dificuldade* como tal e seu cortejo de problemas e de questões não são um estado de fato, mas uma estrutura de direito do pensamento. Sabe que há um acéfalo no pensamento, assim como um amnésico na memória, um afásico na linguagem, um agnósico na sensibilidade. Sabe que pensar não é inato, mas deve ser engendrado no pensamento. Sabe que o problema não é dirigir, nem aplicar metodicamente um pensamento preexistente por natureza e de direito, mas fazer com que nasça aquilo que ainda não existe (não há outra obra, todo o restante é arbitrário e enfeite). Pensar é criar, não há outra criação, mas criar é, antes de tudo, engendrar "pensar" no pensamento. Eis por que Artaud opõe, no pensamento, a *genitalidade* ao inatismo, mas, igualmente, à reminiscência, estabelecendo, assim, o princípio de um empirismo transcendental: "Sou um genital inato... Há imbecis que se creem seres, seres por inatismo. Quanto a mim, sou aquele que, para ser, deve açoitar seu inatismo. Aquele que, por inatismo, é aquele que deve ser um ser, isto é, sempre açoitar esta espécie de negativo canil, oh!, cadelas de impossibilidade... Sob a gramática, há o pensamento que é um opróbrio mais forte a ser vencido, uma virgem muito mais arisca a ser ultrapassada quando ela é tomada como um fato inato. Pois o pensamento é uma matrona que nem sempre existiu."[11]

Quinto postulado: o "negativo" do erro

Não se trata de opor à imagem dogmática do pensamento outra imagem, tomada, por exemplo, da esquizofrenia. Trata-se, antes, de lembrar que a esquizofrenia não é somente um fato humano, mas uma possibilidade do pensamento, que apenas se revela como tal na abolição da imagem. Com efeito, é notável que a imagem dogmática só reconheça o *erro* como desventura do pensamento e reduza tudo à figura do erro. Este é mesmo o quinto postulado que teremos de recensear: o erro, apresentado como único "negativo" do pensamento. Sem dúvida, esse postulado diz respeito aos outros tanto quanto os outros a ele: o que poderá acontecer a uma *Cogitatio natura universalis*, que supõe uma boa vontade do pensador bem como uma boa natureza do pensamento, salvo enganar-se, isto é, tomar o falso pelo verdadeiro (o falso segundo a natureza pelo verdadeiro segundo a vontade)? E não dará o erro testemunho da forma de um senso comum, visto que não pode acontecer a uma faculdade sozinha enganar-se, mas a pelo menos duas faculdades, do ponto de vista de sua colaboração, sendo um objeto de uma confundido com *outro* objeto da outra? E o que será o erro a não ser sempre uma falsa recognição? E de onde virá o erro senão de uma falsa repartição dos elementos da representação, de uma falsa avaliação da oposição, da analogia, da semelhança e da identidade? O erro é apenas o reverso de uma ortodoxia racional e ainda testemunha em favor daquilo de que ele se desvia, em favor de uma retidão, de uma boa natureza e de uma boa vontade daquele que é dito enganar-se. Portanto, o erro rende homenagem à "verdade", na medida em que, não tendo forma, dá ao falso a forma do verdadeiro. É neste sentido que Platão, no *Teeteto*, sob uma inspiração na aparência totalmente diferente daquela da *República*, estabelece ao mesmo tempo o modelo positivo da recognição ou do senso comum e o modelo negativo do erro. Não só o pensamento assume o ideal de uma "ortodoxia", não só o senso comum encontra seu objeto nas categorias de oposição, de similitude, de analogia e de identidade, mas é o erro que implica em si mesmo essa transcendência de um senso comum sobre as sensações e de uma alma sobre todas as faculdades que ela determina a colaborarem (*συλλογισμός*) na forma do Mesmo. Com efeito, se não posso confundir duas coisas que percebo ou que concebo, posso sempre confundir uma coisa que percebo com uma outra que concebo ou da qual me recordo, como quando introduzo o objeto presente de minha sensação no engrama de *outro* objeto de minha memória – digo "bom-dia, Teodoro", por exemplo, quando Teeteto passa. Em sua miséria, portanto, o erro dá ainda testemunho da transcendência da *Cogitatio natura*. Dir-se-ia do erro que ele é uma espécie de falha do bom senso sob a forma de um senso comum que permanece intacto, íntegro. Desse modo, ele confirma os postulados precedentes da imagem dogmática, tanto quanto deles deriva e deles dá uma demonstração por absurdo.

É verdade que essa demonstração é totalmente ineficaz, operando no mesmo elemento em que operam os próprios postulados. Quanto à conciliação do *Teeteto* e do texto da *República*, talvez se possa descobri-la mais facilmente do que parece à primeira vista. Não é por acaso que o *Teeteto* é um diálogo aporético; e, precisamente, a aporia com a qual ele se conclui é a da diferença ou *diaphora* (assim como o pensamento exige para a diferença uma transcendência em relação à "opinião", também a opinião exige para si mesma uma imanência da diferença). O *Teeteto* é a primeira grande teoria do senso comum, da recognição e da representação, bem como do erro como correlato. Mas, desde a origem, a aporia da diferença não mostrará o fracasso dessa teoria e a necessidade de se procurar uma doutrina do pensamento numa direção totalmente distinta: a indicada pelo livro VII da *República*?... Com uma reserva, porém: o modelo do *Teeteto* continua a agir de maneira subjacente, e os elementos persistentes da representação ainda comprometem a nova visão da *República*.

O erro é o "negativo" que se desenvolve naturalmente na hipótese da *Cogitatio natura universalis*. Todavia, a imagem dogmática de modo algum ignora que o pensamento tem outras desventuras além do erro, opróbrios mais difíceis de serem vencidos, negativos bem mais difíceis de serem revelados. Ela não ignora que a loucura, a besteira, a maldade – horrível trindade que não se reduz ao mesmo – também não são redutíveis ao erro. Mas, para a imagem dogmática, tem-se aí, uma vez mais, tão somente *fatos*. A besteira, a maldade e a loucura são consideradas como fatos de uma causalidade externa, fatos que põem em jogo forças, elas mesmas exteriores, capazes de desviar de fora a retidão do pensamento – e isto na medida em que não somos unicamente pensadores. Mas, precisamente, o único efeito dessas forças no pensamento é assimilado ao erro, tido como capaz de recolher de direito todos os efeitos das causalidades de fato externas. É *de direito*, portanto, que é preciso compreender a redução da besteira, da maldade e da loucura à figura única do erro. Daí o caráter híbrido desse insípido conceito, que não pertenceria ao pensamento puro se este não fosse desencaminhado de *fora*, mas que não resultaria desse fora se não estivesse *no* pensamento puro. Eis por que, de nossa parte, não podemos nos contentar em invocar certos fatos contra a imagem de direito do pensamento dogmático. Como para a recognição, devemos prosseguir a discussão no plano do direito, questionando a legitimidade da distribuição do empírico e do transcendental, tal como é operada pela imagem dogmática. Com efeito, parece-nos, antes de tudo, que há *fatos* de erro. Mas que fatos? *Quem* diz "bom-dia, Teodoro", quando Teeteto passa, *quem* diz "são três horas", *quando* são três e meia, quem diz que 7 + 5 = 13? O míope, o distraído, a criança na escola. São exemplos efetivos de erros, mas que remetem, como a maior parte dos "fatos", a situações perfeitamente artificiais ou pueris e que dão uma imagem grotesca do pensamento, porque o referem a interrogações muito simples que podem ou devem ser respondidas por proposições independentes.[12] O erro só ganha um sentido quando o jogo do pensamento deixa de ser especulativo para tornar-se uma espécie de jogo radiofônico. É preciso, pois, subverter tudo: o erro é que é um fato, arbitrariamente extrapolado, arbitrariamente projetado no transcendental; quanto às verdadeiras estruturas transcendentais do pensamento e quanto ao "negativo" que as envolve, talvez seja preciso procurá-las em outra parte, em outras figuras que não as do erro.

De certa maneira, os filósofos nunca deixaram de ter uma viva consciência dessa necessidade. Foram poucos os que não experimentaram a necessidade de enriquecer o conceito de erro com determinações de outra natureza. (Citemos alguns exemplos: a noção de superstição, tal como foi elaborada por Lucrécio, Espinosa e os filósofos do século XVIII, notadamente Fontenelle. É claro que o "absurdo" de uma superstição não se reduz a seu núcleo de erro. Do mesmo modo, a ignorância ou o esquecimento, em Platão, se distinguem do erro tanto quanto a própria reminiscência se distingue do inatismo. A noção estoica de *stultitia* é ao mesmo tempo loucura e besteira. A ideia kantiana de ilusão interna, interior à razão, distingue-se radicalmente do mecanismo extrínseco do erro. A alienação dos hegelianos supõe um remanejamento profundo da relação verdadeiro-falso. As noções schopenhaurianas de vulgaridade e de estupidez implicam uma subversão completa da relação vontade-entendimento.) Mas o que impede essas determinações mais ricas de se desenvolverem por si mesmas é, apesar de tudo, a conservação da imagem dogmática e dos postulados de senso comum, de recognição e de representação que a acompanham. Então, os corretivos só podem aparecer como "arrependimentos" que vêm complicar ou perturbar por um momento a imagem, sem subverter seu princípio implícito.

Problema da besteira

A besteira não é a animalidade. O animal está garantido por formas específicas que o impedem de ser "besta". Foram frequentemente estabelecidas correspondências formais entre o rosto humano e as cabeças animais, isto é, entre diferenças individuais do homem e diferenças específicas do animal. Mas, assim procedendo, não se dá conta da besteira como bestialidade propriamente humana. Quando o poeta satírico percorre todos os graus da injúria, ele não permanece nas formas animais, mas empreende regressões mais profundas, dos carnívoros aos herbívoros, e acaba por desembocar numa cloaca, num fundo universal digestivo e leguminoso. Mais profundo que o gesto exterior do ataque ou o movimento da voracidade, há o processo interior da digestão, a besteira nos movimentos peristálticos. Razão pela qual o tirano não é apenas um cabeça de boi, mas de pera, de couve ou de batata. Alguém jamais é superior ou exterior àquilo de que ele se aproveita: o tirano institucionaliza a besteira, mas é o primeiro serviçal de seu sistema, e o primeiro instituído é sempre um escravo que comanda escravos. Ainda nesse caso, como o conceito de erro daria conta da unidade de besteira e crueldade, de grotesco e terrificante, que duplica o curso do mundo? A covardia, a crueldade, a baixeza, a besteira não são simplesmente potências corporais ou fatos de caráter e de sociedade, mas estruturas do pensamento como tal. A paisagem do transcendental se anima; deve-se introduzir nela o lugar do tirano, do escravo e do imbecil – sem que o lugar se assemelhe àquele que o ocupa e sem que o transcendental seja decalcado sobre as figuras empíricas que ele torna possíveis. O que nos impede de fazer da besteira um problema transcendental é sempre nossa crença nos postulados da *Cogitatio*: a besteira, sendo apenas uma determinação empírica, remetendo à psicologia ou à anedota – pior ainda, à polêmica e às injúrias – e às coleções de tolices como gênero pseudoliterário particularmente execrável. Mas de quem será a culpa? Não seria a culpa inicialmente da filosofia, que se deixou convencer pelo conceito de erro, mesmo tendo de retirá-lo de fatos, e de fatos pouco significativos e bastante arbitrários? A pior literatura coleciona tolices; mas a melhor foi obcecada pelo problema da besteira, problema que ela soube conduzir até as portas da filosofia, dando-lhe sua dimensão cósmica, enciclopédica e gnoseológica (Flaubert, Baudelaire, Bloy). Teria sido suficiente que a filosofia tivesse retomado esse problema com seus próprios meios e com a modéstia necessária, considerando que a besteira nunca é a de outrem, mas, sim, o objeto de uma questão propriamente transcendental: como a besteira (e não o erro) é possível?

Ela é possível em virtude do liame do pensamento com a individuação. Esse liame é muito mais profundo do que aquele que aparece no *Eu* penso; ele se dá num campo de intensidade que já constitui a sensibilidade do sujeito pensante, pois o *Eu* ou o Eu talvez não sejam mais do que indícios de espécie: a humanidade como espécie e partes. Sem dúvida, a espécie passou ao estado implícito no homem; desse modo, *Eu*, como forma, pode servir de princípio universal à recognição e à representação, enquanto as formas específicas explícitas são apenas reconhecidas por ele, e a especificação é somente a regra de um dos elementos da representação. O *Eu* não é, pois, uma espécie; porque contém implicitamente o que os gêneros e as espécies desenvolvem explicitamente, a saber, o devir representado da forma. O destino deles é comum, Eudoxo e Epistemon. A individuação, ao contrário, nada tem a ver com a especificação, mesmo prolongada. Não só ela difere, por natureza, de toda especificação, mas, como veremos, a torna possível e a precede. Ela consiste em campos de fatores intensivos fluentes que nem tomam a forma do *Eu* nem do Eu. A individuação como tal, operando sob todas as formas, não é separável de um fundo puro que ela faz surgir e arrasta consigo. É difícil descrever esse fundo e, ao mesmo tempo, o terror e a atração que ele suscita. Revolver o fundo é a mais perigosa ocupação, mas também a mais tentadora nos momentos de estupor de uma vontade obtusa. Com efeito, com o indivíduo, esse fundo sobe à superfície e, todavia, não toma forma ou figura. Entretanto, ele está aí, fixando-nos sem olhos. O indivíduo se distingue dele, mas ele não se distingue do indivíduo, continuando a esposar o que dele se divorcia. Ele é o indeterminado, mas enquanto continua a cingir a determinação, como a terra faz com o sapato. Ora, os animais, por suas formas explícitas, são de algum modo premunidos contra esse fundo. O mesmo não acontece com o *Eu* e o Eu, minados pelos campos de individuação que os trabalham, sem defesa contra uma irrupção do fundo que lhes estende seu espelho disforme ou deformante em que todas as formas agora pensadas se dissolvem. A besteira não é o fundo nem o indivíduo, mas a relação em que a individuação eleva o fundo sem poder dar-lhe forma (ele se eleva através do *Eu*, penetrando o mais profundamente na possibilidade do pensamento, constituindo o não reconhecido de toda recognição). Todas as determinações se tornam cruéis e más, sendo apreendidas tão somente por um pensamento que as contempla e as inventa, esfoladas, separadas de sua forma viva, flutuando sobre o fundo morno. Tudo se torna violência sobre este fundo passivo, torna-se ataque sobre o fundo digestivo. Aí se opera o sabá da besteira e da maldade. Talvez seja essa a origem da melancolia que pesa sobre as mais belas figuras do homem: o pressentimento de uma hediondez própria do rosto humano, de uma irrupção da besteira, de uma deformação no mal, de uma reflexão na loucura. Com efeito, do ponto de vista da filosofia da natureza, a loucura surge no ponto em que o indivíduo se reflete no fundo livre e, por conseguinte, a besteira na besteira, a crueldade na crueldade e assim por diante, até não poder mais suportar-se. "Então, uma faculdade lamentável se desenvolve em seu espírito, a de ver a besteira e não mais tolerá-la..."[13] É verdade que essa faculdade mais lamentável torna-se também a faculdade régia quando ela anima a filosofia como filosofia do espírito, isto é, quando induz todas as outras faculdades ao exercício transcendente que torna possível uma violenta reconciliação do indivíduo, do fundo e do pensamento. Então, os fatores de individuação intensiva tomam a si próprios como objetos, de maneira a constituírem o elemento mais elevado de uma sensibilidade transcendente, o *sentiendum*; e, de faculdade em faculdade, o fundo é levado ao pensamento, sempre como não pensado e não pensante, mas o não pensado se tornou a forma empírica necessária sob a qual o pensamento, no *Eu* rachado (Bouvard *e* Pécuchet), pensa, enfim, o *cogitandum*, isto é, o elemento transcendente que só pode ser pensado ("o fato de que nós não pensamos ainda" ou o que é a besteira?).

Sexto postulado: o privilégio da designação

Os professores sabem muito bem que é raro encontrar erros ou alguma coisa de falso nos "deveres" (salvo nos exercícios em que é preciso traduzir proposição por proposição ou produzir um resultado fixo). O que mais se encontra são não sensos, observações sem interesse e sem importância, banalidades consideradas notáveis, confusão de "pontos" ordinários com pontos singulares, problemas mal formulados ou desviados de seu sentido: eis o pior e o mais frequente, todavia cheio de ameaças, destino de todos nós. Quando os matemáticos polemizam, é duvidoso que um critique o outro por ter-se enganado em seus resultados ou cálculos; eles se criticam, antes de tudo, por terem produzido um teorema insignificante, um problema destituído de sentido. Cabe à filosofia tirar as consequências disso. O elemento do sentido é bem reconhecido pela filosofia, tornou-se mesmo muito familiar. Todavia, isso talvez ainda não seja suficiente. Define-se o sentido como a condição do verdadeiro; mas, como se supõe que a condição tenha uma extensão maior que o condicionado, o sentido só funda a verdade tornando o erro possível. Uma proposição falsa, portanto, não deixa de continuar sendo uma proposição dotada de sentido. Quanto ao não senso, ele seria o caráter daquilo que não pode ser nem verdadeiro nem falso. Distinguem-se duas dimensões numa proposição: a *expressão*, de acordo com a qual a proposição enuncia, expressa alguma coisa de ideal; a *designação*, de acordo com a qual ela indica, ela designa objetos aos quais se aplica o enunciado ou o expresso. Uma seria a dimensão do sentido, a outra, a do verdadeiro e do falso. Mas, assim, o sentido não fundaria a verdade de uma proposição sem permanecer indiferente ao que ele funda. O verdadeiro e o falso seriam um caso de designação (como diz Russell, "a questão da verdade e da falsidade concerne ao que os termos e os enunciados indicam, não ao que eles expressam"). Encontramo-nos, então, numa estranha situação: descobre-se o domínio do sentido, mas ele é remetido apenas a um faro psicológico ou a um formalismo lógico. Se necessário, acrescenta-se aos valores clássicos do verdadeiro e do falso um novo valor, o do não senso ou do absurdo. Mas supõe-se que o verdadeiro e o falso continuem a existir no mesmo estado que antes, isto é, tais como eram, independentemente da condição que se lhes consigna ou do novo valor que se lhes acrescenta. Diz-se muito ou muito pouco: muito, porque a procura de um fundamento forma o essencial de uma "crítica", que deveria inspirar-nos novas maneiras de pensar; muito pouco, porque, enquanto o fundamento permanece maior que o fundado, esta crítica serve somente para justificar as maneiras de pensar tradicionais. Supõe-se que o verdadeiro e o falso permaneçam não afetados pela condição que só funda um tornando o outro possível. Ao remeter o verdadeiro e o falso à relação de designação na proposição, damo-nos um sexto postulado, postulado da proposição ou da designação, que recolhe os precedentes e se encadeia com eles (a relação de designação é apenas a forma lógica da recognição).

Sentido e proposição

De fato, a condição deve ser condição da experiência real e não da experiência possível. Ela forma uma gênese intrínseca, não um condicionamento extrínseco. A verdade, sob todos os aspectos, é caso de produção, não de adequação. Caso de genitalidade, não de inatismo nem de reminiscência. Não podemos acreditar que o fundado permaneça o mesmo, o mesmo que ele era antes, quando não estava fundado, quando não tinha passado pela prova do fundamento. Se a razão suficiente, se o fundamento é "curvado", é porque ele refere o que funda a um verdadeiro sem-fundo. É o caso de dizer: não o reconhecemos mais. Fundar é metamorfosear. O verdadeiro e o falso não dizem respeito a uma simples designação, que o sentido se contentaria em tornar possível, permanecendo-lhe indiferente. A relação da proposição com o objeto que ela designa deve ser estabelecida no próprio sentido; é próprio do sentido ideal ultrapassar-se em direção ao objeto designado. A designação nunca seria fundada se, enquanto efetuada no caso de uma proposição verdadeira, não devesse ser pensada como o limite das séries genéticas ou das ligações ideais que constituem o sentido. Se o sentido se ultrapassa em direção ao objeto, este já não pode ser posto na realidade como exterior ao sentido, mas apenas como o limite de seu processo. E a relação da proposição com o que ela designa, na medida em que essa relação é efetuada, acha-se constituída na unidade do sentido, ao mesmo tempo que o objeto que a efetua. Há apenas um caso em que o designado vale por si e permanece exterior ao sentido: o caso das proposições singulares, tomadas como exemplos, arbitrariamente destacadas de seu contexto.[14] Mas como acreditar, ainda nesse caso, que exemplos escolares, pueris e artificiais possam justificar a imagem do pensamento? Toda vez que uma proposição é recolocada no contexto do pensamento vivo, evidencia-se que tem exatamente a verdade que merece de acordo com seu sentido, a falsidade que lhe cabe de acordo com os não sensos que ela implica. Do verdadeiro, temos sempre a parte que merecemos de acordo com o sentido do que dizemos. O sentido é a gênese ou a produção do verdadeiro, e a verdade é tão somente o resultado empírico do sentido. Em todos os postulados da imagem dogmática, reencontramos a mesma confusão, que consiste em elevar ao transcendental uma simples figura do empírico, sob pena de deixar cair no empírico as verdadeiras estruturas do transcendental.

Os paradoxos do sentido

O sentido é o expresso da proposição, mas o que é o *expresso*? Ele não se reduz ao objeto designado nem ao estado vivido daquele que se exprime. Devemos mesmo distinguir o sentido e a significação da seguinte maneira: a significação remete apenas ao conceito e à maneira pela qual ele se refere a objetos condicionados num campo de representação; mas o sentido é como a Ideia que se desenvolve nas determinações sub-representativas. Não é de admirar que seja mais fácil dizer o que o sentido não é do que dizer aquilo que ele é. Com efeito, nunca podemos formular ao mesmo tempo uma proposição e seu sentido, nunca podemos dizer o sentido daquilo que dizemos. O sentido, desse ponto de vista, é o verdadeiro *loquendum*, aquilo que não pode ser dito no uso empírico e só pode ser dito no uso transcendente. A Ideia, que percorre todas as faculdades, não se reduz, todavia, ao sentido. É que, por sua vez, ela também é não senso; e não há qualquer dificuldade em conciliar esse duplo aspecto pelo qual a Ideia é constituída de elementos estruturais que não têm sentido por si mesmos, mas constitui o sentido de tudo o que ela produz (estrutura e gênese). Há somente uma palavra que diz a si própria e seu sentido, é precisamente a palavra não senso, abraxas, snark ou blituri. E se o sentido é necessariamente um não senso para o uso empírico das faculdades, inversamente, os não sensos, tão frequentes no uso empírico, são como que o segredo do sentido para o observador consciencioso, cujas faculdades estão tendendo a um limite transcendente. Como foi reconhecido de diversas maneiras por tantos autores (Flaubert ou Lewis Carroll), o mecanismo do não senso é a mais elevada finalidade do sentido, assim como o mecanismo da besteira é a mais elevada finalidade do pensamento. Se é verdade que não dizemos o sentido daquilo que dizemos, podemos, pelo menos, tomar o sentido, isto é, o *expresso* de uma proposição, como o *designado* de uma outra proposição – da qual, por sua vez, não dizemos o sentido, e assim indefinidamente. Desse modo, chamando de "nome" cada proposição da consciência, esta encontra-se arrastada numa regressão nominal indefinida, cada nome remetendo a outro nome que designa o sentido do precedente. Mas a impotência da consciência empírica é aqui como que a "enésima" potência da linguagem, e sua repetição transcendente é como que o poder infinito de falar das próprias palavras ou de falar sobre as palavras. De qualquer modo, o pensamento é traído pela imagem dogmática e no postulado das proposições, segundo o qual a filosofia encontraria um começo numa primeira proposição da consciência, *Cogito*. Mas talvez *Cogito* seja o nome que não tem sentido, nem outro objeto a não ser a regressão indefinida como potência de reiteração (eu penso que eu penso que eu penso...). Toda proposição da consciência implica um inconsciente do pensamento puro, que constitui a esfera do sentido, na qual se regressa ao infinito.

O primeiro paradoxo do sentido é, portanto, o da proliferação, segundo o qual o expresso de um "nome" é o designado de um outro nome que vem reduplicar o primeiro. E, sem dúvida, pode-se escapar desse paradoxo, mas para cair num outro: dessa vez, suspendemos a proposição, a imobilizamos pelo tempo suficiente para dela extrair um duplo que retém apenas o conteúdo ideal, o dado imanente. A repetição paradoxal essencial à linguagem já não consiste, então, numa reduplicação, mas num desdobramento; já não mais consiste numa precipitação, mas numa suspensão. É esse duplo da proposição que nos parece, ao mesmo tempo, ser distinto da própria proposição, daquele que a formula e do objeto a que ela remete. Ele se distingue do sujeito e do objeto, porque não existe fora da proposição que o expressa. Ele se distingue da própria proposição, porque se reporta ao objeto como seu atributo lógico, seu "enunciável" ou "exprimível". É o *tema complexo* da proposição e, assim, o termo primeiro do conhecimento. Para distingui-lo, ao mesmo tempo, do objeto (Deus, o céu, por exemplo) e da proposição (Deus é, o céu é azul), o enunciaremos sob uma forma infinitiva ou participial: Deus-ser ou Deus-ente; o ente-azul do céu. Esse complexo é um acontecimento ideal. É uma entidade objetiva, mas da qual não se pode nem mesmo dizer que ela existe em si mesma: ela insiste, ela subsiste, tendo um quase ser, um extra-ser, o mínimo de ser comum aos objetos reais, possíveis e mesmo impossíveis. Mas, assim, caímos num ninho de dificuldades secundárias, pois, como evitar que as proposições contraditórias tenham o mesmo sentido, visto que a afirmação e a negação são apenas modos proposicionais? E como evitar que um objeto impossível, contraditório em si mesmo, tenha um sentido, embora não tenha "significação" (o ente-quadrado do círculo)? E ainda: como conciliar a fugacidade de um objeto e a eternidade de seu sentido? Como fazer, enfim, para escapar do jogo de espelho: uma proposição deve ser verdadeira porque seu exprimível é verdadeiro, mas o exprimível só é verdadeiro quando a proposição é ela mesma verdadeira? Todas essas dificuldades têm uma origem comum: ao se extrair um duplo da proposição, invocou-se um simples fantasma. Assim definido, o sentido é apenas um vapor movendo-se no limite das coisas e das palavras. O sentido aparece aqui, após um dos mais potentes esforços da lógica, mas como o Ineficaz, estéril, incorpóreo, privado de seu poder de gênese.[15] Lewis Carroll fez um cômputo maravilhoso de todos estes paradoxos: o do desdobramento neutralizante encontra sua figura no sorriso sem gato, como o da reduplicação proliferante encontra sua figura no cavaleiro que dá sempre um novo nome ao nome da canção – e, entre os dois extremos, todos os paradoxos secundários que formam as aventuras de Alice.

Sentido e problema

Ganharíamos alguma coisa expressando o sentido de uma forma interrogativa, de preferência a uma infinitiva ou participial ("Deus é?", de preferência a Deus-ser ou o ente de Deus)? À primeira vista, o ganho é pequeno. Mas é pequeno porque uma interrogação é sempre calcada em respostas passíveis de serem dadas, em respostas prováveis ou possíveis. Ela é, pois, o duplo neutralizado de uma proposição que se supõe preexistente, que pode ou deve servir de resposta. O orador põe toda sua arte na construção de interrogações que estejam em conformidade com as respostas que ele quer suscitar, isto é, com as proposições de que ele nos quer convencer. E mesmo quando ignoramos a resposta, apenas interrogamos supondo-a já dada, preexistindo, de direito, numa outra consciência. Eis por que a interrogação, de acordo com sua etimologia, é sempre feita no âmbito de uma comunidade: interrogar implica não só um senso comum, mas um bom senso, uma distribuição do saber e do dado em relação às consciências empíricas, de acordo com suas situações, seus pontos de vista, suas funções e suas competências, de tal maneira que uma consciência é tida como já sabendo o que a outra ignora (que horas são? – você, que tem ou que está perto de um relógio. Quando nasceu César? – você, que conhece história romana). Apesar dessa imperfeição, a fórmula interrogativa não deixa de ter uma vantagem: ao mesmo tempo que nos convida a considerar a proposição correspondente como uma resposta, nos abre uma nova via. Uma proposição concebida como resposta é sempre um caso particular de solução, considerado por si mesmo abstratamente, separado da síntese superior que o relacionaria, juntamente com outros casos, a um problema como problema. A interrogação, por sua vez, expressa, portanto, a maneira pela qual um problema é desmembrado, monetizado, traído na experiência e para a consciência, de acordo com seus casos de solução apreendidos como diversos. Embora nos dê uma ideia insuficiente, ela nos inspira, assim, o pressentimento do que ela desmembra.

O sentido está no próprio problema. O sentido é constituído no tema complexo, mas o tema complexo é o conjunto de problema e de questões em relação a que as proposições servem de elementos de resposta e de casos de solução. Todavia, essa definição exige que nos desembaracemos de uma ilusão própria da imagem dogmática do pensamento: é preciso parar de decalcar os problemas e as questões sobre proposições correspondentes, que servem ou podem servir de respostas. Nós sabemos qual é o agente da ilusão; é a interrogação, que, no âmbito de uma comunidade, desmembra os problemas e as questões e os reconstituem de acordo com as proposições da consciência comum empírica, isto é, de acordo com verossimilhanças de uma simples *doxa*. Com isso, encontra-se comprometido o grande sonho lógico de um cálculo dos problemas, ou de uma combinatória. Acreditou-se que o problema e a questão eram apenas a neutralização de uma proposição correspondente. Como não acreditar, por conseguinte, que o tema ou o sentido é somente um duplo ineficaz, calcado no tipo das proposições que ele subsume, ou mesmo num elemento que se presume ser comum a toda proposição (a tese indicativa)? Por não ver que o sentido ou o problema é extraproposicional, que ele difere, por natureza, de toda proposição, perde-se o essencial, a gênese do ato de pensar, o uso das faculdades. A dialética é a arte dos problemas e das questões, e a combinatória é o cálculo dos problemas como tais. Mas a dialética perde seu poder próprio – e, então, começa a história de sua longa desnaturação, que faz com que ela caia sob a potência do negativo – quando ela se contenta em decalcar os problemas sobre as proposições. Aristóteles escreve: "Caso se diga, por exemplo: Animal-pedestre-bípede é a definição de homem, não é? ou Animal é o gênero do homem, não é?, obtém-se uma proposição; caso se diga, em contrapartida: Animal-pedestre-bípede é ou não a definição do homem?, eis aí um problema. E o mesmo acontece com as outras noções. Disso resulta, muito naturalmente, que os problemas e as proposições são em número igual, pois é possível fazer de toda proposição um problema, mudando-se simplesmente a construção da frase." (Até nos lógicos contemporâneos encontra-se a marcha da ilusão. O cálculo dos problemas é apresentado como extramatemático; o que é verdade, pois ele é essencialmente lógico, isto é, dialético; mas ele é inferido de um simples cálculo das proposições, sempre copiado, decalcado sobre as próprias proposições.)[16]

Sétimo postulado: a modalidade das soluções

Fazem-nos acreditar, ao mesmo tempo, que os problemas são dados já feitos e que eles desaparecem nas respostas ou na solução; já sob esse duplo aspecto, eles seriam apenas quimeras. Fazem-nos acreditar que a atividade de pensar, assim como o verdadeiro e o falso em relação a essa atividade, só começa com a procura de soluções, só diz respeito às soluções. É provável que essa crença tenha a mesma origem que a dos outros postulados da imagem dogmática: são sempre exemplos pueris separados do contexto, arbitrariamente erigidos em modelos. É um preconceito infantil, segundo o qual o mestre apresenta um problema, sendo nossa a tarefa de resolvê-lo e sendo o resultado dessa tarefa qualificado de verdadeiro ou falso por uma autoridade poderosa. E é um preconceito social, no visível interesse de nos manter crianças, que sempre nos propõe resolver problemas vindos de outro lugar e que nos consola ou nos distrai, dizendo-nos que venceremos se soubermos responder: o problema como obstáculo e o respondente como Hércules. É esta a origem de uma grotesca imagem da cultura, que se reencontra igualmente nos testes, nas instruções governamentais, nos concursos de jornais (em que se convida cada um a escolher segundo seu gosto, com a condição de que esse gosto coincida com o de todos). Seja você mesmo, ficando claro que esse eu deve ser o dos outros. Como se não continuássemos escravos até não dispormos dos próprios problemas, de uma participação nos problemas, de um direito aos problemas, de uma gestão dos problemas. É o destino da imagem dogmática do pensamento apoiar-se sempre em exemplos psicologicamente pueris, socialmente reacionários (os casos de recognição, os casos de erro, os casos de proposições simples, os casos de respostas ou de solução) para prejulgar o que deveria ser o mais elevado no pensamento, isto é, a gênese do ato de pensar e o *sentido* do verdadeiro e do falso. Há, portanto, um sétimo postulado a ser acrescentado aos outros: o das respostas e soluções, segundo o qual o verdadeiro e o falso só começam com as soluções ou quando qualificam as respostas. Todavia, quando, num exame científico, um falso problema é "dado", esse feliz escândalo está aí para lembrar às famílias que os problemas não são já dados, mas devem ser constituídos e investidos em campos simbólicos que lhes são próprios; e que o livro do mestre precisa necessariamente de um mestre, necessariamente falível, para ser feito. Tentativas pedagógicas procuraram obter a participação de alunos, mesmo muito jovens, na confecção de problemas, em sua constituição, em sua posição como problemas. Além disso, todo mundo "reconhece" de certa maneira que o mais importante são os problemas. Mas não basta reconhecê-lo de fato, como se o problema fosse tão somente um movimento provisório e contingente, fadado a desaparecer na formação do saber, e que só devesse sua importância às condições empíricas negativas a que se encontra submetido o sujeito cognoscente; é preciso, ao contrário, levar essa descoberta ao nível transcendental e considerar os problemas não como "dados" (*data*), mas como "objetidades" ideais que têm sua suficiência, que implicam atos constituintes e investimentos em seus campos simbólicos. Em vez de concernir às soluções, o verdadeiro e o falso afetam em primeiro lugar os problemas. Uma solução tem sempre a verdade que merece de acordo com o problema a que ela corresponde; e o problema tem sempre a solução que merece de acordo com *sua* própria verdade ou falsidade, isto é, de acordo com seu sentido. É isso o que significam fórmulas célebres como "os verdadeiros grandes problemas só são colocados quando são resolvidos" ou "a humanidade só se coloca problemas que é capaz de resolver": não que os problemas, práticos ou especulativos, sejam como que a sombra de soluções preexistentes, mas, ao contrário, porque a solução deriva necessariamente das condições completas sob as quais se determina o problema como problema, dos meios e dos termos de que se dispõe para colocá-lo. O problema ou o sentido é o lugar de uma verdade originária e, ao mesmo tempo, a gênese de uma verdade derivada. As noções de não senso, de falso sentido, de contrassenso devem ser reportadas aos problemas (há problemas que são falsos por indeterminação, outros, por sobredeterminação; e a besteira, enfim, é a faculdade dos falsos problemas, dando testemunho de uma inaptidão para constituir, apreender e determinar um problema como tal). Os filósofos e os cientistas sonham em levar a prova do verdadeiro e do falso aos problemas: é o objeto da dialética como cálculo superior ou como combinatória. Mas ainda aí este sonho funciona somente como "arrependimento", enquanto as consequências transcendentais não são dele tiradas explicitamente e enquanto subsiste, de direito, a imagem dogmática do pensamento.

A ilusão das soluções na doutrina da verdade

A ilusão natural (que consiste em decalcar os problemas sobre as proposições) prolonga-se, com efeito, numa ilusão filosófica. Reconhece-se a exigência crítica, esforça-se por levar a prova do verdadeiro e do falso até os problemas, mas mantém-se a ideia de que a verdade de um problema reside tão somente em sua possibilidade de receber uma solução. A figura nova da ilusão, seu caráter técnico, vem, dessa vez, do fato de se modelar a forma dos problemas sobre *a forma de possibilidade* das proposições. Já é este o caso em Aristóteles, que assinalava à dialética sua tarefa real, sua única tarefa efetiva: a arte dos problemas e das questões. Ao passo que a Analítica nos dá o meio de resolver um problema já dado, ou de responder a uma questão, a Dialética deve mostrar como se estabelece legitimamente a questão. A Analítica estuda o processo pelo qual o silogismo conclui necessariamente, mas a Dialética inventa os temas de silogismos (que Aristóteles chama de "problemas") e engendra os elementos de silogismo concernentes a um tema ("proposições"). Acontece que, para avaliar um problema, Aristóteles nos propõe considerar "as opiniões que são recebidas por todos os homens ou pela maior parte deles, ou pelos sábios", para referi-las a pontos de vista gerais (predicáveis) e formar, assim, os *lugares* que permitam estabelecê-las ou refutá-las numa discussão. Os lugares-comuns são, pois, a prova do próprio senso comum; será considerado falso problema todo aquele cuja proposição correspondente contenha um vício lógico concernente ao acidente, ao gênero, ao próprio ou à definição. Se a dialética é desvalorizada em Aristóteles, reduzida às simples verossimilhanças da opinião ou da *doxa*, não é porque ele tenha compreendido mal sua tarefa essencial, mas, ao contrário, porque concebeu mal a realização dessa tarefa. Preso à ilusão natural, ele decalca os problemas sobre as proposições do senso comum; preso à ilusão filosófica, ele faz com que a verdade dos problemas dependa de lugares-comuns, isto é, da *possibilidade lógica* de receber uma solução (as próprias proposições designando casos de soluções possíveis).

Quando muito, a forma da possibilidade varia no curso da história da filosofia. Assim, os partidários de um método matemático pretendem opor-se à dialética; todavia, eles guardam dela o essencial, a saber, o ideal de uma combinatória ou de um cálculo dos problemas. Mas, em vez de recorrer à forma lógica do possível, eles destacam outra forma de possibilidade, propriamente matemática – geométrica ou algébrica. Os problemas continuam, pois, a ser decalcados sobre proposições correspondentes e a ser avaliados de acordo com a possibilidade de receberem uma solução. Mais precisamente, de um ponto de vista geométrico e sintético, os problemas são inferidos de proposições de um tipo particular que chamamos teoremas. É uma tendência geral da geometria grega, de um lado, limitar os problemas em prol dos teoremas, de outro, subordinar os problemas aos próprios teoremas. É que os teoremas parecem expressar e desenvolver as propriedades da essência simples, ao passo que os problemas dizem respeito somente aos acontecimentos e às afecções que dão testemunho de uma degradação, de uma projeção da essência na imaginação. Mas, assim, o ponto de vista da gênese é forçosamente relegado a um plano inferior: demonstra-se que uma coisa não pode não ser, em vez de se mostrar que ela é e por que ela é (daí a frequência, em Euclides, de raciocínios negativos, indiretos e por absurdo, que mantêm a geometria sob o domínio do princípio de identidade e a impedem de ser uma geometria da razão suficiente). De um ponto de vista algébrico e analítico, o essencial da situação não muda. Os problemas são agora decalcados sobre equações algébricas e avaliados de acordo com a possibilidade de efetuar sobre os coeficientes da equação um conjunto de operações que fornece as raízes. Mas, assim como em geometria imaginamos o problema resolvido, em álgebra operamos sobre quantidades desconhecidas como se elas fossem conhecidas: continua-se, assim, a tarefa que consiste em reduzir os problemas à forma das proposições capazes de lhes servir de casos de solução. Vê-se bem isso em Descartes. O método cartesiano (a busca do claro e distinto) é um método para resolver problemas tidos como dados, não um método de invenção, próprio para a constituição dos problemas e a compreensão das questões. As regras que concernem aos problemas e às questões têm apenas um papel expressamente secundário e subordinado. Todavia, combatendo a dialética aristotélica, Descartes tem com ela um ponto em comum, um ponto decisivo: o cálculo dos problemas e das questões continua a ser inferido de um cálculo das "proposições simples" tidas como prévias; sempre o postulado da imagem dogmática.[17]

As variações prosseguem, mas na mesma perspectiva. Que fazem os empiristas, a não ser inventar uma nova forma de possibilidade: a probabilidade ou a possibilidade física de receber uma solução? E o próprio Kant? Mais que qualquer outro, todavia, Kant exigia que a prova do verdadeiro e do falso fosse levada aos problemas e questões; é assim que ele definia a Crítica. Sua profunda teoria da Ideia, como problematizante e problemática, permitia-lhe encontrar a verdadeira fonte da dialética e até mesmo introduzir os problemas na exposição geométrica da Razão prática. Acontece que, por permanecer a crítica kantiana sob a dominação da imagem dogmática ou do senso comum, Kant ainda define a verdade de um problema por sua possibilidade de receber uma solução: trata-se, dessa vez, de uma forma de possibilidade transcendental, em conformidade com um uso legítimo das faculdades tal como ele é determinado em cada caso por esta ou aquela organização do senso comum (a que o problema corresponde). Reencontramos sempre os dois aspectos da ilusão: a ilusão natural, que consiste em decalcar os problemas sobre proposições que se supõe preexistentes, opiniões lógicas, teoremas geométricos, equações algébricas, hipóteses físicas, juízos transcendentais; e a ilusão filosófica, que consiste em avaliar os problemas segundo sua "resolubilidade", isto é, de acordo com a forma extrínseca variável de sua possibilidade de solução. É fatal, então, que o próprio fundamento seja apenas um simples condicionamento exterior. Estranho marcar passo e círculo vicioso pelos quais o filósofo pretende levar a verdade das soluções aos problemas, mas, ainda permanecendo prisioneiro da imagem dogmática, ele remete a verdade dos problemas à possibilidade de suas soluções. O que se perde é a característica interna do problema como tal, o elemento imperativo interior que decide antes de tudo de sua verdade e de sua falsidade e que mede seu poder de gênese intrínseca: o próprio objeto da dialética ou da combinatória, o "diferencial". Os problemas são provas e seleções. O essencial é que, no seio dos problemas, faz-se uma gênese da verdade, uma produção do verdadeiro no pensamento. O problema é o elemento diferencial no pensamento, o elemento genético no verdadeiro. Portanto, podemos substituir o simples ponto de vista do condicionamento do ponto de vista da gênese efetiva. O verdadeiro e o falso não permanecem na indiferença do condicionado em relação a sua condição, nem a condição permanece na indiferença em relação ao que ela torna possível. Uma produção do verdadeiro e do falso pelo problema, e na medida do sentido, é esta a única maneira de se levar a sério as expressões "verdadeiro e falso problema". Para isso, basta renunciar a copiar os problemas das proposições possíveis e a definir a verdade dos problemas pela possibilidade de receberem uma solução. É a "resolubilidade", ao contrário, que deve depender de uma característica interna: deve ser determinada pelas condições do problema, ao mesmo tempo que as soluções reais devem ser engendradas pelo e no problema. Sem esta subversão, a famosa revolução copernicana nada significa. Assim, não há revolução enquanto se permanece na geometria de Euclides: é preciso chegar a uma geometria da razão suficiente, geometria diferencial do tipo riemanniano, que tende a engendrar o descontínuo a partir do contínuo ou a fundar as soluções nas condições dos problemas.

Importância ontológica e epistemológica da categoria de problema

Não só o sentido é ideal, mas os problemas são as próprias Ideias. Entre os problemas e as proposições há sempre uma diferença de natureza, um distanciamento essencial. Por si mesma, uma proposição é particular e representa uma *resposta* determinada. Um conjunto de proposições pode distribuir-se de tal maneira que as respostas que elas representam formem os casos de uma *solução* geral (assim, os valores de uma equação algébrica). Mas, gerais ou particulares, as proposições só encontram seu sentido no problema subjacente que as inspira. Só a Ideia, só o problema é universal. Não é a solução que confere sua generalidade ao problema, mas o problema que confere sua universalidade à solução. Nunca é suficiente resolver um problema com a ajuda de uma série de casos simples desempenhando o papel de elementos analíticos; ainda é preciso determinar as condições em que o problema adquire o máximo de compreensão e de extensão, tornando-se capaz de comunicar aos casos de solução a continuidade ideal que lhe é própria. Mesmo para um problema que tivesse apenas um caso de solução, a proposição que designasse esse caso só teria sentido num complexo capaz de compreender situações imaginárias e de integrar um ideal de continuidade. Resolver é sempre engendrar as descontinuidades sobre fundo de uma continuidade funcionando como Ideia. Quando "esquecemos" o problema, só temos diante de nós uma solução geral abstrata; e como nada mais pode sustentar essa generalidade, nada pode impedir que essa solução se desagregue nas proposições particulares que formam seus casos. Separadas do problema, as proposições tornam a cair no estado de proposições particulares cujo único valor é designativo. Então, a consciência se esforça por reconstituir o problema, mas de acordo com o duplo neutralizado das proposições particulares (interrogações, dúvidas, verossimilhanças, hipóteses) e de acordo com a forma vazia das proposições gerais (equações, teoremas, teorias...).[18] Começa, então, a dupla confusão que assimila o problema à série dos *hipotéticos* e o subordina à série dos *categóricos*. A natureza do universal é perdida; mas, com ela, é igualmente perdida a natureza do singular, pois o problema ou a Ideia é tanto a singularidade concreta quanto a universalidade verdadeira. Às relações que constituem o universal do problema correspondem repartições de pontos notáveis e singulares, constituindo estes a determinação das condições do problema. Proclus, embora mantendo o primado do teorema sobre o problema, havia definido rigorosamente este último como concernente a uma ordem de acontecimentos e de afecções.[19] E Leibniz enunciava o que separava o problema das proposições: todo tipo de acontecimentos, "o como e as circunstâncias", em que as proposições adquirem sentido. Mas esses acontecimentos são acontecimentos ideais, de outra natureza e mais profundos que os acontecimentos reais que eles determinam na ordem das soluções. Sob os grandes acontecimentos ruidosos, os pequenos acontecimentos do silêncio, como sob a luz natural, as pequenas fulgurâncias da Ideia. A singularidade está para além das proposições particulares tanto quanto o universal está para além da proposição geral. As Ideias problemáticas não são essências simples, mas complexas, multiplicidades de relações e de singularidades correspondentes. Do ponto de vista do pensamento, a distinção problemática do ordinário e do singular e os não sensos que vêm de uma má repartição nas condições do problema são sem dúvida mais importantes do que a dualidade hipotética ou categórica do verdadeiro e do falso, com os "erros" que vêm apenas de sua confusão nos casos de solução.

Um problema não existe fora de suas soluções. Mas, em vez de desaparecer, ele insiste e persiste nas soluções que o recobrem. Um problema se determina ao mesmo tempo que é resolvido; mas sua determinação não se confunde com a solução: os dois elementos diferem por natureza, e a determinação é como que a gênese da solução concomitante. (É assim que a repartição das singularidades pertence completamente às condições do problema, ao passo que sua especificação já remete às soluções construídas sob estas condições.) O problema é ao mesmo tempo transcendente e imanente em relação a suas soluções. Transcendente, porque consiste num sistema de ligações ideais ou de relações diferenciais entre elementos genéticos. Imanente, porque essas ligações ou relações se encarnam nas correlações atuais que não se assemelham a elas e que são definidas pelo campo de solução. Ninguém melhor do que Albert Lautman, em sua admirável obra, mostrou que os problemas eram antes de tudo Ideias platônicas, ligações ideais entre noções *dialéticas*, relativas a "situações eventuais do existente"; mas também que eles se atualizam nas correlações reais constitutivas da solução procurada num campo *matemático*, *físico* etc. É neste sentido, segundo Lautman, que a ciência participa sempre de uma dialética que a ultrapassa, isto é, de uma potência metamatemática e extraproposicional, embora essa dialética só encarne suas ligações nas proposições de teorias científicas efetivas.[20] Os problemas são sempre dialéticos; eis por que, quando a dialética "esquece" sua relação íntima com os problemas como Ideias, quando ela se contenta em decalcar os problemas sobre as proposições, ela perde sua verdadeira potência para cair sob o poder do negativo e substitui necessariamente a objetidade ideal do *problemático* por um simples confronto de proposições opostas, contrárias ou contraditórias. Longa desnaturação que começa com a própria dialética e encontra sua forma extrema no hegelianismo. Mas, se é verdade que o que é dialético, em princípio, são os problemas, e o que é científico são suas soluções, devemos distinguir de maneira mais completa: o problema, como instância transcendente; o campo simbólico, em que se expressam as condições do problema em seu movimento de imanência; o campo de resolubilidade científica, em que se encarna o problema e em função de que se define o simbolismo precedente. Somente uma teoria geral do problema e da síntese ideal correspondente poderá precisar a relação entre esses elementos.

Oitavo postulado: o resultado do saber

Os problemas e suas simbólicas estão em relação com os signos. São os signos que "criam problema" e que se desenvolvem num campo simbólico. O uso paradoxal das faculdades e, primeiramente, o da sensibilidade no signo remete, pois, às Ideias que percorrem todas as faculdades e, por sua vez, as despertam. Inversamente, a Ideia remete ao uso paradoxal de cada faculdade e atribui o sentido à linguagem. Dá na mesma explorar a Ideia e elevar cada uma das faculdades a seu exercício transcendente. Eis os dois aspectos de um *aprender*, de um aprendizado essencial. Com efeito, por um lado, o aprendiz é aquele que constitui e enfrenta problemas práticos ou especulativos como tais. Aprender é o nome que convém aos atos subjetivos operados em face da objetidade do problema (Ideia), ao passo que saber designa apenas a generalidade do conceito ou a calma posse de uma regra das soluções. Um célebre experimento em psicologia coloca em cena um macaco ao qual se propõe que encontre seu alimento em caixas de determinada cor entre outras de cores diversas; advém um período paradoxal em que o número de "erros" diminui, sem que, todavia, o macaco possua o "saber" ou a "verdade" de uma solução para cada caso. Feliz momento em que o macaco-filósofo se abre à verdade e produz o verdadeiro, mas somente na medida em que ele começa a penetrar na espessura colorida de um problema. Vê-se, aqui, como a descontinuidade das respostas se engendra sobre fundo de continuidade de um aprendizado ideal e como o verdadeiro e o falso se distribuem conforme o que se compreende do problema, como a verdade final, quando obtida, surge como o limite do problema inteiramente compreendido e determinado, como o produto de séries genéticas que constituem o sentido ou como o resultado de uma gênese que não se dá apenas na cabeça de um macaco. Aprender é penetrar no universal das relações que constituem a Ideia e nas singularidades que lhes correspondem. A Ideia de mar, por exemplo, como mostrava Leibniz, é um sistema de ligações ou de relações diferenciais entre partículas e de singularidades correspondentes aos graus de variação dessas relações, o conjunto do sistema encarnando-se no movimento real das ondas. Aprender a nadar é conjugar pontos notáveis de nosso corpo com os pontos singulares da Ideia objetiva para formar um campo problemático. Essa conjugação determina para nós um limiar de consciência no nível do qual nossos atos reais se ajustam às nossas percepções das correlações reais do objeto, fornecendo, então, uma solução de problema. Mas as Ideias problemáticas são ao mesmo tempo os elementos últimos da natureza e o objeto subliminar das pequenas percepções. Desse modo, "aprender" passa sempre pelo inconsciente, dá-se sempre no inconsciente, estabelecendo, entre a natureza e o espírito, o liame de uma cumplicidade profunda.

O que significa "aprender"?

O aprendiz, por outro lado, eleva cada faculdade ao exercício transcendente. Ele procura fazer com que nasça na sensibilidade esta segunda potência que apreende o que só pode ser sentido. É essa a educação dos sentidos. E de uma faculdade à outra, a violência se comunica, mas compreendendo sempre o Outro no incomparável de cada uma. A partir de que signos da sensibilidade, por meio de que tesouros da memória, sob torções determinadas pelas singularidades de que Ideia será o pensamento suscitado? Nunca se sabe de antemão como alguém vai aprender – que amores tornam alguém bom em latim, por meio de que encontros se é filósofo, em que dicionários se aprende a pensar. Os limites das faculdades se encaixam uns nos outros sob a forma partida daquilo que traz e transmite a diferença. Não há método para encontrar tesouros nem para aprender, mas um violento adestramento, uma cultura ou *paideia* que percorre inteiramente todo o indivíduo (um albino em que nasce o ato de sentir na sensibilidade, um afásico em que nasce a fala na linguagem, um acéfalo em que nasce pensar no pensamento). O método é o meio de saber quem regula a colaboração de todas as faculdades; portanto, ele é a manifestação de um senso comum ou a realização de uma *Cogitatio natura*, pressupondo uma boa vontade como uma "decisão premeditada" do pensador. Mas a cultura é o movimento de aprender, a aventura do involuntário, encadeando uma sensibilidade, uma memória, depois um pensamento, com todas as violências e crueldades necessárias, dizia Nietzsche, justamente para "adestrar um povo de pensadores", "fazer um adestramento do espírito".

Sem dúvida, reconhece-se frequentemente a importância e a dignidade de aprender. Mas é como uma homenagem às condições empíricas do Saber: vê-se nobreza nesse movimento preparatório, que, todavia, deve desaparecer no resultado. E mesmo se insistimos na especificidade de aprender e no *tempo* implicado no aprendizado, é para apaziguar os escrúpulos de uma consciência psicológica que, certamente, não se permite disputar com o saber o direito inato de representar todo o transcendental. Aprender é tão somente o intermediário entre não saber e saber, a passagem viva de um ao outro. Pode-se dizer que aprender, afinal de contas, é uma tarefa infinita, mas esta não deixa de ser rejeitada para o lado das circunstâncias e da aquisição, posta para fora da essência supostamente simples do saber como inatismo, elemento *a priori* ou mesmo Ideia reguladora. E, finalmente, o aprendizado está, antes de mais nada, do lado do rato no labirinto, ao passo que o filósofo fora da caverna considera somente o resultado – o saber – para dele extrair os princípios transcendentais. Mesmo em Hegel, o formidável aprendizado a que se assiste na *Fenomenologia* permanece subordinado, tanto em seu resultado quanto em seu princípio, ao ideal do saber como saber absoluto. É verdade que também nesse caso Platão é uma exceção, pois, com ele, aprender é verdadeiramente o movimento transcendental da alma, irredutível tanto ao saber quanto ao não saber. É do "aprender" e não do saber que as condições transcendentais do pensamento devem ser extraídas. Eis por que as condições são determinadas por Platão sob a forma da *reminiscência* e não do inatismo. Um tempo se introduz, assim, no pensamento, não como o tempo empírico do pensador submetido a condições de fato, e para quem pensar toma tempo, mas como tempo do pensamento puro ou condição de direito (o tempo se apodera do pensamento). E a reminiscência encontra seu objeto próprio, seu memorando, na matéria específica do aprendizado, isto é, nas questões e problemas como tais, na urgência dos problemas, independentemente de suas soluções, a Ideia. Por que será preciso que tantos princípios fundamentais concernentes ao que significa pensar estejam comprometidos pela própria reminiscência? Pois, como vimos, o tempo platônico só introduz sua diferença no pensamento e no aprendizado, só introduz sua heterogeneidade para submetê-los ainda à forma mítica da semelhança e da identidade, portanto, à imagem do próprio saber. Desse modo, toda a teoria platônica do aprendizado funciona como um arrependimento, esmagado pela imagem dogmática nascente, e suscita um sem-fundo que ela permanece incapaz de explorar. Um novo Mênon diria: é o saber que nada mais é que uma figura empírica, simples resultado que cai e torna a cair na experiência, mas o aprender é a verdadeira estrutura transcendental que une, sem mediatizá-las, a diferença à diferença, a dessemelhança à dessemelhança, e que introduz o tempo no pensamento, mas como forma pura do tempo vazio em geral e não como passado mítico, antigo presente mítico. Reencontramos sempre a necessidade de subverter as correlações ou as supostas repartições do empírico e do transcendental. E devemos considerar, como um oitavo postulado na imagem dogmática, o postulado do saber, postulado que apenas recapitula, que apenas recolhe todos os outros num resultado supostamente simples.

Recapitulação dos postulados como obstáculos a uma filosofia da diferença e da repetição

Recenseamos oito postulados, cada um deles tendo duas figuras: 1º: postulado do princípio ou da *Cogitatio natura universalis* (boa vontade do pensador e boa natureza do pensamento); 2º: postulado do ideal ou do senso comum (o senso comum como *concordia facultatum* e o bom senso como repartição que garante essa concórdia); 3º: postulado do modelo ou da recognição (a recognição instigando todas as faculdades a se exercerem sobre um objeto supostamente o mesmo e a possibilidade de erro que daí decorre na repartição, quando uma faculdade confunde um de seus objetos com outro objeto de uma outra faculdade); 4º: postulado do elemento ou da representação (quando a diferença é subordinada às dimensões complementares do Mesmo e do Semelhante, do Análogo e do Oposto); 5º: postulado do negativo ou do erro (onde o erro expressa ao mesmo tempo tudo o que pode acontecer de mal *no* pensamento, mas como produto de mecanismos *externos*); 6º: postulado da função lógica ou da proposição (a designação é tomada como o lugar da verdade, sendo o sentido tão somente o duplo neutralizado da proposição ou sua reduplicação indefinida); 7º: postulado da modalidade ou das soluções (sendo os problemas materialmente decalcados sobre as proposições ou formalmente definidos pela possibilidade de serem resolvidos); 8º: postulado do fim ou do resultado, postulado do saber (a subordinação do aprender ao saber e da cultura ao método). Se cada postulado tem duas figuras, é porque ele é uma vez natural e uma vez filosófico; uma vez no arbitrário dos exemplos e uma vez no pressuposto da essência. Os postulados não têm necessidade de serem ditos: eles agem muito melhor em silêncio, no pressuposto da essência como na escolha dos exemplos; todos eles formam a imagem dogmática do pensamento. Eles esmagam o pensamento sob uma imagem que é a do Mesmo e do Semelhante na representação, mas que trai profundamente o que significa pensar, alienando as duas potências da diferença e da repetição, do começo e do recomeço filosóficos. O pensamento que nasce no pensamento, o ato de pensar engendrado em sua genitalidade, nem dado no inatismo nem suposto na reminiscência, é o pensamento sem imagem. Mas o que serão esse pensamento e seu processo no mundo?

NOTAS

1. Cf. DESCARTES, *Recherche de la vérité par la lumière naturelle* (ed. Alquié, Garnier, t. II).
2. FEUERBACH é dos que foram mais longe no problema do começo. Ele denuncia os pressupostos implícitos na filosofia em geral e, em particular, na de Hegel. Ele mostra que a filosofia deve partir não de seu acordo com uma imagem *pré-filosófica*, mas de sua "diferença" em relação à *não filosofia*. (Acontece que ele estima estar suficientemente realizada essa exigência do verdadeiro começo quando se parte do ser empírico, sensível e concreto.) Cf. *Contribution à la critique de la philosophie de Hegel* (trad. ALTHUSSER, *Manifestes philosophiques*, Presses Universitaires de France, particularmente p. 33).
3. F. NIETZSCHE, *Considerações intempestivas, Schopenhauer educador,* § 3.
4. Sobre esse senso comum e a persistência do modelo da recognição, cf. Maurice MERLEAU-PONTY, *Phénoménologie de la perception* (N.R.F., p. 276 ss., 366 ss.). Sobre a teoria kantiana dos sensos comuns, cf., sobretudo, *Crítica da Faculdade do juízo,* § 18-22 e 40 e as declarações de princípio da *Crítica da razão pura*: "A mais elevada filosofia, em relação aos fins essenciais da natureza humana, não pode levar mais longe do que o faz a direção que esta atribuiu ao senso comum"; "as ideias da razão pura só produzem uma aparência enganadora pelo seu abuso, pois elas nos são dadas pela natureza da nossa razão, e é impossível que este supremo tribunal de todos os direitos e de todas as pretensões de nossa especulação encerre ilusões e prestígios originais".
5. Sobre a dupla subordinação da diferença à identidade concebida e à semelhança percebida, no mundo "clássico" da representação, cf. Michel FOUCAULT, *Les mots et les choses* (N.R.F., 1966, p. 66 ss., 82 ss).
6. PLATÃO, *República*, VII, 523b ss.
7. *Ibid.*, 524ab. É de se observar como, em *Le rationalisme appliqué* (Presses Universitaires de France, 1949, pp. 51-56), Gaston BACHELARD opõe o problema ou o objeto-portador de problema à dúvida cartesiana e denuncia o modelo da recognição em filosofia.
8. *O caso da imaginação*: esse caso é o único em que Kant considera uma faculdade liberada da forma de um senso comum e descobre para ela um exercício legítimo verdadeiramente "transcendente". Com efeito, a imaginação esquematizante, na *Crítica da razão pura*, ainda está sob o senso comum dito lógico; a imaginação reflexiva, no juízo de beleza, ainda está sob o senso comum estético. Mas, com o sublime, a imaginação, segundo Kant, é forçada, coagida a enfrentar seu limite próprio, seu *φανταστέον*, seu máximo, que é também o

inimaginável, o informe ou o disforme na natureza (*Crítica da Faculdade do juízo*, § 26). E ela transmite sua coerção ao pensamento, por sua vez forçado a pensar o suprassensível como fundamento da natureza e da faculdade de pensar: o pensamento e a imaginação entram aqui numa discordância essencial, numa violência recíproca que condiciona um novo tipo de acordo (§ 27). Desse modo, o modelo da recognição ou a forma do senso comum encontram-se ausentes no sublime, em prol de uma concepção do pensamento totalmente diferente (§ 29).

9. HEIDEGGER, *Qu'appelle-t-on penser?* (trad. BECKER e GRANEL, Presses Universitaires de France, p. 21). É verdade que Heidegger conserva o tema de um desejo ou de uma *φιλία*, de uma analogia, ou melhor, de uma homologia entre o pensamento e o que existe para ser pensado. É que ele mantém o primado do Mesmo, apesar de supor que este reúne e compreende a diferença como tal. Daí as metáforas do dom, que substituem as da violência. Em todos estes sentidos, Heidegger não renuncia ao que chamamos anteriormente de pressupostos subjetivos. Como se vê em *l'Être et le temps* (trad. BOEHM e WAEHLENS, N.R.F., p. 21), há, com efeito, uma compreensão pré-ontológica e implícita do ser, *se bem que*, precisa Heidegger, *o conceito explícito não deva dela derivar.*

10. A noção de um "acordo-discordante" é determinada por Kostas AXELOS, que a aplica ao mundo e que se serve de um signo particular ("ou/e") para designar, neste sentido, a diferença ontológica: cf. *Vers la pensée planétaire*, Éditions de Minuit, 1964.

11. Antonin ARTAUD, "Correspondance avec Rivière" (*Œuvres complètes*, N.R.F., t. I, pp. 9-11). Sobre esta correspondência, deve-se reportar aos comentários de Maurice BLANCHOT, *Le livre à venir*, N.R.F.

12. Cf. HEGEL, *Phénoménologie de l'esprit* (trad. HYPPOLITE, Aubier, t. I, p.35): "A maneira dogmática de pensar, no domínio do saber, não é outra coisa senão a opinião segundo a qual o verdadeiro consiste numa proposição que é um resultado fixo ou ainda numa proposição que é imediatamente sabida. A tais questões: quando César nasceu?, quantos pés tem um estádio? etc., deve-se dar uma resposta nítida... Mas a natureza de tal verdade assim nomeada é diferente das verdades filosóficas."

13. FLAUBERT, *Bouvard e Pécuchet* – Sobre o mal (besteira e maldade), sobre sua fonte, que é como o fundo é tornado autônomo (em relação essencial com a individuação), e sobre toda a história que se segue, SCHELLING escreveu páginas esplêndidas, *Recherches philosophiques sur la nature de la liberté humaine*, cf. *Essais*, trad. S. JANKÉLÉVITCH, ed. Aubier, pp. 265-267: "Deus deixou o fundo agir com toda independência..."

14. Daí a atitude de RUSSELL, que privilegia as proposições singulares: cf. sua polêmica com Carnap, em *Signification et vérité* (trad. DEVAUX, Flammarion, pp. 360-367).

15. Cf. o excelente livro de Hubert ELIE, *Le complexe significable* (Vrin, 1936), que mostra a importância e os paradoxos desta teoria do sentido, tal como se desenvolve no século XIV na escola de Ockham (Grégoire de Rimini, Nicolas d'Autrecourt) e também tal como Meinong a formulará. A esterilidade, a ineficácia do sentido assim concebido aparece também em HUSSERL, quando escreve: "A camada da expressão não é produtiva. Ou, se quiser, sua produtividade, sua ação noemática se esgotam com o exprimir e na forma do conceitual que se introduz com esta função" (*Idées directrices pour une phénoménologie*, tr. RICOUEUS, N.R.F, p. 421.

16. Cf. ARISTÓTELES, *Tópicos*, I, 4, 101b, pp. 30-35. A mesma ilusão continua na lógica moderna: o cálculo dos problemas, tal como é definido, notadamente, por KOLMOGOROV, encontra-se ainda calcado num cálculo das proposições, em "isomorfismo" com ele (cf. Paulette DESTOUCHES-FÉVRIER, "Rapports entre le calcul des problèmes et le calcul des propositions", *Comptes rendus des séances de l'Académie des Sciences*, abril de 1945). Veremos que um empreendimento de "matemática sem negação", como o de G. F. C. Griss, só encontra seu limite em função dessa falsa concepção da categoria de problema.

LEIBNIZ, ao contrário, pressente a distância variável, mas sempre profunda, entre os problemas ou os temas e as proposições: "Pode-se até mesmo dizer que há temas que são intermediários entre uma ideia e uma proposição. São as questões, dentre as quais existem as que apenas exigem sim e não, que são as mais próximas das proposições. Mas há também as que exigem o como e as circunstâncias etc., nas quais há mais a ser acrescentado para delas se fazer proposições" (*Nouveaux essais sur l'entendement humain*, IV, c.1, § 2).

17. DESCARTES distingue os preceitos relativos às "proposições simples" e os preceitos relativos às "questões" (*Regulae*, XII). Os últimos só começam com a regra XIII e são derivados dos primeiros. O próprio Descartes sublinha o ponto de semelhança entre seu método e a dialética aristotélica: "Eis o único caso em que imitamos os dialéticos: para ensinar as formas dos silogismos, eles supõem conhecidos seus termos e sua matéria; nós também, nós exigimos de antemão aqui que a questão seja perfeitamente compreendida" (XIII). Em MALEBRANCHE, tem-se igualmente o papel subordinado das "questões": cf. *Pesquisa da verdade*, VI, 2, c.7. E, em Espinosa, nenhum "problema" aparece no uso do método geométrico.

Todavia, na *Geometria*, DESCARTES sublinhava a importância do procedimento analítico do ponto de vista da constituição dos problemas e não somente de suas soluções (Auguste COMTE, em belíssimas páginas, insiste nesse ponto e mostra como a repartição de "singularidades" determina as "condições do problema": cf. *Tratado elementar de geometria analítica* 1843). Pode-se dizer, neste sentido, que Descartes geômetra vai mais longe do que Descartes filósofo.

18. Uma das características mais originais da epistemologia moderna é o reconhecimento desta dupla irredutibilidade do "problema" (neste sentido, o emprego da palavra *problemática* como substantivo parece-nos um neologismo indispensável). Cf. Georges BOULIGAND e sua distinção entre "o elemento-problema" e "o elemento-síntese global" (notadamente *Le déclin des absolus mathématico-logiques*, ed. D'Enseignement supérieur, 1949); Georges CANGUILHEM e sua distinção problema-teoria (notadamente *O normal e o patológico*, Forense Universitária, 2011).
19. PROCLUS, *Les commentaires sur le premier livre des Éléments d'Euclide* (trad. VER EECKE, Desclée de Brouwer, p. 65 ss).
20. Albert LAUTMAN, *Essai sur les notions de structure et d'existence en mathématiques* (Hermann, 1938), t. I, p. 13; t. II, p. 149 ("o único elemento *a priori* que concebíamos é dado na experiência dessa urgência dos problemas, anterior à descoberta de suas soluções..."). E, sobre o duplo aspecto das Ideias-problemas, transcendência e imanência, cf. *Nouvelles recherches sur la structure dialectique des mathématiques* (Hermann, 1939, pp. 14-15).

4

Síntese ideal da diferença

A Ideia como instância problemática

Kant não para de lembrar que as Ideias são essencialmente "problemáticas". Inversamente, os problemas são as próprias Ideias. Sem dúvida, ele mostra que as Ideias nos levam a falsos problemas. Mas essa característica não é a mais profunda: se a razão, segundo Kant, levanta, em particular, falsos problemas, carregando, portanto, a ilusão em seu seio, é porque ela é, em primeiro lugar, faculdade de levantar problemas em geral. Essa faculdade, tomada em seu estado de natureza, não tem ainda o meio de distinguir o que há de verdadeiro ou de falso, o que é ou não fundado num problema que ela levanta. Mas a operação crítica tem precisamente a finalidade de lhe dar esse meio: "A Crítica não deve se ocupar com objetos da razão, mas com a própria razão ou com os problemas que saem de seu seio."[1] Aprenderemos que os falsos problemas estão ligados a um uso ilegítimo da Ideia. Resulta daí que nem todo problema é falso: as Ideias, em conformidade com sua natureza crítica bem compreendida, têm um uso perfeitamente legítimo, chamado "regulador", segundo o qual elas constituem verdadeiros problemas ou colocam problemas bem-fundados. Eis por que regulador significa problemático. As Ideias, por si mesmas, são problemáticas, problematizantes – e Kant, apesar de alguns textos em que assimila os termos, esforça-se por mostrar a diferença entre "problemático", por um lado, e, por outro, "hipotético", "fictício", "geral" ou "abstrato". Em que sentido, pois, a razão kantiana, como faculdade das Ideias, levanta ou constitui problemas? É que só ela é capaz de reunir num todo os procedimentos do entendimento que dizem respeito a um conjunto de objetos.[2] Por si mesmo, o entendimento permaneceria mergulhado em procedimentos parcelados, prisioneiro de interrogações ou de pesquisas empíricas parciais que incidem sobre este ou aquele objeto, mas nunca se elevaria até a concepção de um "problema" capaz de dar a todos os seus procedimentos uma unidade sistemática. Sozinho, o entendimento obteria resultados ou respostas aqui e ali, mas estas nunca constituiriam uma "solução". Pois toda solução supõe um problema, isto é, a constituição de um campo sistemático unitário que orienta e subsume as pesquisas ou as interrogações, de tal maneira que as respostas, por sua vez, formam precisamente casos de solução. Às vezes, Kant diz que as Ideias são "problemas sem solução". Com isso ele quer dizer não que as Ideias sejam necessariamente falsos problemas, logo, insolúveis, mas, ao contrário, que os verdadeiros problemas são Ideias e que estas Ideias não são suprimidas por "suas" soluções, pois são a condição indispensável sem a qual nenhuma solução existiria. A Ideia só tem uso legítimo quando relacionada aos conceitos do entendimento; mas, inversamente, os conceitos do entendimento só encontram o fundamento de seu pleno uso experimental (máximo) na medida em que são referidos às Ideias problemáticas, seja organizando-se em linhas que convergem para um *foco* ideal fora da experiência, seja refletindo-se no fundo de um *horizonte* superior que abarca todos eles.[3] Tais focos, tais horizontes, são as Ideias, isto é, os problemas como tais, em sua natureza ao mesmo tempo imanente e transcendente.

Os problemas têm um valor objetivo, as Ideias têm, de algum modo, um objeto. "Problemático" não significa somente uma espécie particularmente importante de atos subjetivos, mas uma dimensão da objetividade como tal, investida por esses atos. Um objeto fora da experiência só pode ser representado sob uma forma problemática, o que não significa que a Ideia não tenha objeto real, mas que o problema como problema é o objeto real da Ideia. O objeto da Ideia, lembra Kant, não é uma ficção, nem uma hipótese, nem um ser de razão: é um objeto que não pode ser dado nem conhecido, mas que deve ser representado sem que se possa determiná-lo diretamente. Kant gosta de dizer que a Ideia como problema tem um valor ao mesmo tempo objetivo e indeterminado. O indeterminado não é mais uma simples imperfeição em nosso conhecimento, nem uma falta no objeto; é uma estrutura objetiva, perfeitamente positiva, agindo já na percepção como horizonte ou foco. Com efeito, o objeto indeterminado, o objeto em Ideia, serve-nos para representar outros objetos (os da experiência), aos quais ele confere um máximo de unidade sistemática. A Ideia não sistematizaria os procedimentos formais do entendimento se o objeto da Ideia não conferisse aos fenômenos uma unidade semelhante do ponto de vista de sua matéria. Mas, assim, o indeterminado é tão somente o primeiro momento objetivo da Ideia, pois, por outro lado, o objeto da Ideia se torna indiretamente determinável: ele é determinável por analogia com os objetos da experiência aos quais ele dá unidade, mas que lhe propõem, em troca, uma determinação "análoga" às relações que eles mantêm entre si. Finalmente, o objeto da Ideia traz consigo o ideal de uma determinação completa infinita, pois ele assegura uma especificação dos conceitos do entendimento pela qual estes compreendem cada vez mais diferenças, ao dispor de um campo de continuidade propriamente infinito.

Indeterminado, determinável e determinação: a diferença

A Ideia apresenta, portanto, três momentos: indeterminada em seu objeto, determinável em relação aos objetos da experiência, contendo o ideal de uma determinação infinita em relação aos conceitos do entendimento. É evidente que a Ideia retoma aqui os três aspectos do *Cogito*: o *Eu sou*, como existência indeterminada; o *tempo*, como forma sob a qual essa existência é determinável; o *Eu penso*, como determinação. As Ideias são exatamente os pensamentos do *Cogito*, as diferenciais do pensamento. E assim como o *Cogito* remete a um *Eu* rachado, fendido de um extremo a outro pela forma do tempo que o atravessa, é preciso dizer das Ideias que elas formigam na rachadura, que elas emergem constantemente nas bordas dessa rachadura, saindo e entrando sem parar, compondo-se de mil maneiras diversas. Portanto, não se trata de preencher o que não pode ser preenchido. Mas, assim como a diferença reúne e articula imediatamente o que ela distingue, a rachadura retém o que ela racha, as Ideias também contêm seus momentos dilacerados. É próprio da Ideia interiorizar a rachadura e seus habitantes, suas formigas. Não há na Ideia identificação ou confusão alguma, mas uma unidade objetiva problemática interna do indeterminado, do determinável e da determinação. É o que talvez não apareça suficientemente em Kant: dois dos três momentos, segundo ele, têm características extrínsecas (se a Ideia é em si mesma indeterminada, ela só é determinável em relação aos objetos da experiência e só contém o ideal de determinação em relação aos conceitos do entendimento). Além disso, Kant encarnava esses momentos em Ideias distintas: o Eu é sobretudo indeterminado, o Mundo é determinável e Deus é o ideal da determinação. Talvez seja necessário procurar aí as verdadeiras razões pelas quais Kant, como os pós-kantianos o criticaram, se atém ao ponto de vista do condicionamento, sem atingir o da gênese. E se o erro do dogmatismo é sempre preencher o que separa, o do empirismo é deixar exterior o separado; neste sentido, ainda há empirismo demais na Crítica (e dogmatismo demais nos pós-kantianos). O horizonte ou o foco, o ponto "crítico" em que a diferença, como diferença, exerce a função de reunir, ainda não é assinalado.

A diferencial

Opomos *dx*, como símbolo da diferença (*Differenzphilosophie*), a não A, símbolo da contradição – como opomos a diferença em si mesma à negatividade. É verdade que a contradição procura a Ideia do lado da maior diferença, ao passo que a diferencial corre o risco de cair no abismo do infinitamente pequeno. Mas, assim, o problema não está bem formulado: é um erro ligar o valor do símbolo *dx* à existência dos infinitesimais, mas é também um erro lhe negar todo valor ontológico ou gnoseológico em nome de uma recusa desses valores. Desse modo, nas interpretações antigas do cálculo diferencial, ditas bárbaras ou pré-científicas, há um tesouro a ser separado de sua ganga infinitesimal. É preciso muita ingenuidade verdadeiramente filosófica e muito entusiasmo para levar a sério o símbolo *dx*: Kant e até mesmo Leibniz renunciaram a isso. Mas na história esotérica da filosofia diferencial três nomes brilham intensamente: Salomon Maïmon, paradoxalmente, funda o pós-kantismo através de uma reinterpretação leibniziana do cálculo (1790); Hoëné Wronski, matemático profundo, elabora um sistema ao mesmo tempo positivista, messiânico e místico, que implica uma interpretação kantiana do cálculo (1814); Bordas-Demoulin, em uma reflexão sobre Descartes, dá uma interpretação platônica do cálculo (1843). Muitas riquezas filosóficas, aqui, não devem ser sacrificadas à técnica científica moderna: um Leibniz, um Kant, um Platão do cálculo. O princípio de uma filosofia diferencial em geral deve ser o objeto de uma exposição rigorosa e não depender em nada dos infinitamente pequenos. O símbolo *dx* aparece ao mesmo tempo como indeterminado, como determinável e como determinação. A esses três aspectos correspondem três princípios que formam a razão suficiente: ao indeterminado como tal (*dx*, *dy*), corresponde um princípio de determinabilidade; ao realmente determinável ($\frac{dy}{dx}$), corresponde um princípio de determinação recíproca; ao efetivamente determinado (valores de $\frac{dy}{dx}$), corresponde um princípio de determinação completa. Em suma, *dx* é a Ideia – a Ideia platônica, leibniziana ou kantiana, o "problema" e seu ser.

A QUANTITABILIDADE E O PRINCÍPIO DE DETERMINABILIDADE

A Ideia de fogo subsume o fogo como uma só massa contínua, suscetível de crescimento. A Ideia de prata subsume seu objeto como uma continuidade líquida de metal fino. Mas se é verdade que o contínuo deve ser referido à Ideia e a seu uso problemático, é com a condição de não ser mais definido por características tomadas da intuição sensível ou mesmo geométrica, como acontece ainda quando se fala de interpolação de intermediários, de sequências intercalares infinitas ou de partes que nunca são as menores possíveis. O contínuo só pertence verdadeiramente à Ideia na medida em que se determina uma causa ideal da continuidade. A continuidade, tomada com sua causa, forma o elemento puro da quantitabilidade. Este não se confunde com as quantidades fixas da intuição (*quantum*), nem com as quantidades variáveis como conceitos do entendimento (*quantitas*). Portanto, o símbolo que o expressa é inteiramente indeterminado: *dx* nada é em relação a *x*, como *dy* em relação a *y*. Mas todo problema está na significação desses zeros. Como objetos da intuição, os *quanta* têm sempre valores particulares; e até mesmo unidos numa relação fracionária, cada um mantém um valor independente de sua relação. Como conceito do entendimento, a *quantitas* tem um valor geral, a generalidade designando aqui uma infinidade de valores particulares possíveis, tantos quanto a variável pode recebê-los. Mas é preciso sempre um valor particular, encarregado de representar os outros e de valer por eles: é o caso da equação algébrica do círculo $x^2 + y^2 - R^2 = 0$. O mesmo não vale para $ydy + xdx = 0$, que significa "o universal da circunferência ou da função correspondente". Os zeros de *dx* e de *dy* expressam o aniquilamento do *quantum* e da *quantitas*, tanto do geral quanto do particular, em prol "do universal e de seu aparecimento". É esta a força da interpretação de Bordas-Demoulin: o que se anula em $\frac{dy}{dx}$ ou $\frac{0}{0}$ não são as quantidades diferenciais, mas somente o individual e as relações do individual na função (por "individual", Bordas entende ao mesmo tempo o particular e o geral). Passamos de um gênero a outro como de um ao outro lado do espelho; a função perdeu sua parte mutável ou a propriedade de variar, representando tão somente o imutável com a operação que o extraiu. "Nela se anula o que muda e, anulando-se, deixa ver, além, o que não muda."[4] Em suma, o limite não deve ser concebido como limite da função, mas como um verdadeiro corte, um limite do cambiante e do não cambiante na própria função. O erro de Newton, portanto, é igualar a zero as diferenciais, mas o de Leibniz é identificá-las ao individual ou à variabilidade. Assim, Bordas já está próximo da interpretação moderna do cálculo: o limite já não supõe as Ideias de variável contínua e de aproximação infinita. Ao contrário, é a noção de limite que funda uma nova definição estática e puramente ideal da continuidade e que, para ser definida, implica apenas o número ou antes o universal no número. Compete às matemáticas modernas precisar a natureza desse universal do número como consistindo no "corte" (no sentido de Dedekind): é o corte, neste sentido, que constitui o gênero próximo do número, a causa ideal da continuidade ou o elemento puro da quantitabilidade.

A qualitabilidade e o princípio de determinação recíproca

Dx é inteiramente indeterminado em relação a *x*, e *dy* em relação a *y*, mas eles são perfeitamente determináveis um em relação ao outro. Eis por que um princípio de determinabilidade corresponde ao indeterminado como tal. O universal não é um nada, porque há, segundo a expressão de Bordas, "relações do universal". *Dx* e *dy* são completamente indiferenç*a*dos, tanto no particular quanto no geral, mas são completamente diferen*ci*ados no universal e por ele. A relação $\frac{dy}{dx}$ não é como uma fração que se estabelece entre *quanta* particulares na intuição, nem mesmo uma relação geral entre grandezas variáveis ou quantidades algébricas. Cada termo só existe absolutamente em sua relação com o outro; não é necessário, nem mesmo possível, indicar uma variável independente. Eis por que, agora, um princípio de determinação recíproca corresponde à determinabilidade da relação. É numa síntese recíproca que a Ideia põe e desenvolve sua função efetivamente sintética. Portanto, toda a questão é a seguinte: sob que forma a relação diferencial é determinável? Ela o é, em primeiro lugar, sob forma qualitativa e, por isso, expressa uma função que difere por natureza da função dita primitiva. Quando a primitiva expressa a curva, $\frac{dy}{dx} = -\frac{x}{y}$ expressa a tangente trigonométrica do ângulo que a tangente à curva faz com o eixo das abscissas; e foi sublinhada com frequência a importância da diferença qualitativa ou da "mudança de função" compreendida na diferencial. Do mesmo modo, o corte designa números irracionais que diferem por natureza dos termos da série dos números racionais. Mas esse é apenas um primeiro aspecto, pois a relação diferencial, enquanto expressa outra qualidade, ainda permanece ligada aos valores individuais ou variações quantitativas correspondentes a essa qualidade (por exemplo, tangente). Portanto, ela é, por sua vez, diferenciável e apenas dá testemunho da potência da Ideia de dar lugar a uma Ideia da Ideia. O universal em relação a uma qualidade não deve, pois, ser confundido com os valores individuais que ele ainda possui em relação a uma outra qualidade. Em sua função de universal, ele não expressa simplesmente esta outra qualidade, mas um elemento puro da qualitabilidade. É neste sentido que a Ideia tem como objeto a relação diferencial: ela integra, então, a variação, de modo algum como determinação variável de uma relação supostamente constante ("variabilidade"), mas, ao contrário, como grau de variação da própria relação ("variedade"), a que corresponde, por exemplo, a série qualificada das curvas. se a Ideia elimina a variabilidade, é em prol do que se deve chamar de variedade ou multiplicidade. Como universal concreto, a Ideia opõe-se ao conceito do entendimento e possui uma compreensão tanto mais vasta quanto maior é sua extensão. A dependência recíproca dos graus da relação e, em última análise, a dependência recíproca das relações entre si, eis o que define a síntese universal da Ideia (Ideia da Ideia etc.).

É Salomon Maïmon quem propõe um remanejamento fundamental da Crítica, superando a dualidade kantiana do conceito e da intuição. Essa dualidade nos remetia ao critério extrínseco da construtibilidade e nos deixava numa relação exterior entre o determinável (o espaço kantiano como puro dado) e a determinação (o conceito enquanto pensado). O fato de que um se adapte ao outro por intermédio do esquema reforça ainda mais o paradoxo de uma harmonia apenas exterior na doutrina das faculdades: daí a redução da instância transcendental a um simples condicionamento e a renúncia a qualquer exigência genética. Em Kant, portanto, a diferença permanece exterior e, por essa razão, impura, empírica, suspensa na exterioridade da construção, "entre" a intuição determinável e o conceito determinante. O gênio de Maïmon consiste em mostrar quanto o ponto de vista do condicionamento é insuficiente para uma filosofia transcendental: os dois termos da diferença devem ser igualmente pensados – isto é, a determinabilidade deve ela própria ser pensada como ultrapassando-se na direção de um princípio de determinação recíproca. Os conceitos do entendimento conhecem bem a determinação recíproca, por exemplo, na causalidade ou na ação mútua, mas só de um modo totalmente formal e reflexivo. A síntese recíproca das relações diferenciais, como fonte da produção dos objetos reais, tal é a matéria da Ideia no elemento pensado da qualitabilidade em que ela se insere. Daí deriva uma tríplice gênese: a das qualidades produzidas como diferenças de objetos reais do conhecimento; a do espaço e do tempo como condições do conhecimento das diferenças; a dos conceitos como condições para a diferença ou distinção dos próprios conhecimentos. O juízo físico tende, assim, a assegurar seu primado sobre o juízo matemático, e a gênese da extensão não é separável da gênese dos objetos que a povoam. A Ideia aparece como o sistema das ligações ideais, isto é, das relações diferenciais entre elementos genéticos reciprocamente determináveis. O *Cogito* recupera toda a potência de um inconsciente diferencial, inconsciente do pensamento puro que interioriza a diferença entre o Eu determinável e o *Eu* determinante e que põe no pensamento como tal alguma coisa de não pensado, sem o que seu exercício seria para sempre impossível e vazio.

Maïmon escreve: "Quando digo, por exemplo: o vermelho é diferente do verde, o conceito da diferença, enquanto puro conceito do entendimento, não é considerado como sendo a relação das qualidades sensíveis (senão a questão kantiana *quid juris* permaneceria não resolvida). Mas: de acordo com a teoria de Kant, como sendo a relação de seus espaços como formas *a priori* ou, de acordo com minha teoria, como sendo a relação de suas diferenciais que são Ideias *a priori*... A regra particular da produção de um objeto, ou o modo de sua diferencial, eis o que faz dele um objeto particular, e as relações entre os diferentes objetos nascem das relações de suas diferenciais."[5] Para melhor compreender a alternativa apresentada por Maïmon, retornemos a um exemplo célebre: a linha reta é o caminho mais curto. *O mais curto* pode ser interpretado de duas maneiras: do ponto de vista do condicionamento, como um esquema da imaginação que determina o espaço em conformidade com o conceito (linha reta definida como suscetível de ser superposta a si mesma em todas as suas partes) – e, nesse caso, a diferença permanece exterior, encarnada por uma regra de construção que se estabelece "entre" o conceito e a intuição; ou, do ponto de vista da gênese, como uma Ideia que supera a dualidade do conceito e da intuição, que interioriza a diferença da reta e da curva, que expressa essa diferença interna sob a forma de uma determinação recíproca e nas condições de mínimo de uma integral. O mais curto já não é esquema, mas Ideia; ou esquema ideal e não mais esquema de um conceito. O matemático Houël observava, neste sentido, que a distância mais curta de modo algum era uma noção euclidiana, mas arquimediana, mais física do que matemática, era inseparável de um método de exaustão e servia menos para determinar a reta do que o comprimento de uma linha curva por meio da reta – "faz-se cálculo integral sem sabê-lo".[6]

A potencialidade e o princípio de determinação completa (a forma serial)

A relação diferencial apresenta finalmente um terceiro elemento, o da potencialidade pura. A potência é a forma da determinação recíproca de acordo com a qual as grandezas variáveis são tomadas como funções umas das outras; portanto, o cálculo considera apenas grandezas das quais pelo menos uma possui uma potência superior a outra. Sem dúvida, o primeiro ato do cálculo consiste numa "despotencialização" da equação (por exemplo, em vez de $2ax - x^2 = y^2$, tem-se $\frac{dy}{dx} = \frac{a-x}{y}$). Mas o análogo já se encontrava nas duas figuras precedentes, em que o desaparecimento do *quantum* e da *quantitas* era condição para o aparecimento do elemento da quantitabilidade, e a desqualificação, condição para o aparecimento do elemento da qualitabilidade. A despotencialização condiciona, desta vez, a potencialidade pura, segundo a apresentação de Lagrange, permitindo um desenvolvimento da função de uma variável numa série constituída pelas potências de i (quantidade indeterminada) e pelos coeficientes dessas potências (novas funções de x), de tal modo que a função de desenvolvimento dessa variável seja comparável às das outras. O elemento puro da potencialidade aparece no primeiro coeficiente ou primeira derivada, sendo que as outras derivadas e, por conseguinte, todos os termos da série, resultam da repetição das mesmas operações; mas o problema todo está, precisamente, em determinar esse primeiro coeficiente, ele próprio independente de i. É então que intervém a objeção de Wronski, dirigida tanto contra a interpretação de Lagrange (série de Taylor) como contra a de Carnot (compensação dos erros). Contra Carnot, ele objeta que as equações ditas auxiliares não são inexatas por implicarem dx e dy, mas porque negligenciam certas quantidades complementares que diminuem ao mesmo tempo que diminuem dx e dy: assim, em vez de explicar a natureza do cálculo diferencial, a apresentação de Carnot a supõe. O mesmo se dá com as séries de Lagrange, nas quais, do ponto de vista de um algoritmo rigoroso que caracteriza, segundo Wronski, a "filosofia transcendental", os coeficientes descontínuos só recebem significação pelas funções diferenciais que os compõem. Se é verdade que o entendimento fornece uma "somação descontínua", esta é apenas a matéria da geração das quantidades; só a "graduação" ou continuidade constitui sua forma, forma que pertence às Ideias da razão. Eis por que as diferenciais não correspondem certamente a nenhuma quantidade engendrada, mas são uma regra incondicionada para a gênese do conhecimento da quantidade e para a geração das descontinuidades que constituem sua matéria, ou para a construção das séries.[7] Como diz Wronski, a diferencial é "uma diferença ideal", sem a qual a quantidade indeterminada de Lagrange não poderia operar a determinação que se espera dela. Neste sentido, a diferencial é pura potência, como a relação diferencial é elemento puro da potencialidade.

Ao elemento da potencialidade corresponde um princípio de determinação completa. Não se deve confundir a determinação completa com a determinação recíproca. Esta concernia às relações diferenciais e seus graus, suas variedades na Ideia, correspondendo a formas diversas. A determinação completa diz respeito aos valores de uma relação, isto é, à composição de uma forma ou à repartição dos pontos singulares que a caracterizam, por exemplo, quando a relação se torna nula, ou infinita, ou $\frac{0}{0}$. Trata-se de uma determinação completa das partes do objeto: agora, é no objeto, na curva, que se devem encontrar elementos que apresentam a relação "linear" precedentemente definida. E é somente aí que a forma serial na potencialidade adquire todo o seu sentido; torna-se até mesmo necessário apresentar o que é uma relação como uma soma, pois uma série de potências com coeficientes numéricos circunda um ponto singular, e um só de cada vez. O interesse e a necessidade da forma serial aparecem na pluralidade das séries que ela subsume, em sua dependência em relação aos pontos singulares, na maneira pela qual se passa de uma parte do objeto, na qual a função é representada por uma série, a outra parte, na qual ela se expressa numa série diferente, seja quando as duas séries convergem ou se prolongam, seja quando elas, ao contrário, divergem. Assim como a determinabilidade se ultrapassava na direção da determinação recíproca, esta se ultrapassa na direção da determinação completa: as três formam a figura da razão suficiente, no tríplice elemento da quantitabilidade, da qualitabilidade e da potencialidade. A Ideia é um universal concreto em que a extensão e a compreensão caminham juntas, não só porque ela compreende em si a variedade ou a multiplicidade, mas porque compreende a singularidade em cada uma de suas variedades. Ela subsume a distribuição dos pontos notáveis ou singulares; toda sua distinção, isto é, o *distinto* como característica da Ideia, consiste precisamente em repartir o ordinário e o notável, o singular e o regular, e em prolongar o singular sobre os pontos regulares até a vizinhança de outra singularidade. Para além do individual, para além do particular e do geral, não há um universal abstrato: o que é "pré-individual" é a própria singularidade.

Inutilidade do infinitamente pequeno no cálculo diferencial

A questão da interpretação do cálculo diferencial é sem dúvida apresentada sob a seguinte forma: os infinitamente pequenos são reais ou fictícios? Mas, desde o início, trata-se também de outra coisa: o destino do cálculo está ligado aos infinitamente pequenos ou deve receber um estatuto rigoroso do ponto de vista da representação finita? A verdadeira fronteira que define as matemáticas modernas estaria não no próprio cálculo, mas em outras descobertas, como a da teoria dos conjuntos, que mesmo tendo necessidade de um axioma do infinito não deixa de impor uma interpretação estritamente finita do cálculo. Sabe-se, com efeito, que a noção de limite perdeu seu caráter foronômico e envolve tão somente considerações estáticas; que a variabilidade deixa de representar uma passagem progressiva através de todos os valores de um intervalo para significar apenas a assunção disjuntiva de um valor nesse intervalo; que a derivada e a integral se tornaram conceitos ordinais mais do que quantitativos; que a diferencial, enfim, designa apenas uma grandeza que se deixa indeterminada para, se preciso, fazê-la menor do que um número assinalado. Foi então que o estruturalismo nasceu, ao mesmo tempo que morriam as ambições genéticas ou dinâmicas do cálculo. Quando se fala da "metafísica" do cálculo, trata-se precisamente da alternativa entre a representação infinita e a representação finita. Essa alternativa e, portanto, a metafísica são estritamente imanentes à técnica do próprio cálculo. Por isso, a questão metafísica foi enunciada desde o início: por que, tecnicamente, as diferenciais são negligenciáveis e devem desaparecer no resultado? É evidente que invocar aqui o infinitamente pequeno e o caráter infinitamente pequeno do erro (se existe "erro") não tem qualquer sentido e prejulga a representação infinita. A resposta rigorosa foi dada por Carnot em suas célebres *Réflexions*, mas do ponto de vista de uma interpretação finita: as equações diferenciais são simples "auxiliares" que expressam as condições do problema a que responde uma equação procurada; mas entre elas produz-se uma estrita compensação dos erros que não deixa subsistir as diferenciais no resultado, pois este só pode estabelecer-se entre quantidades fixas ou finitas.

Mas, invocando essencialmente as noções de "problema" e de "condições de problema", Carnot abria à metafísica uma via que ultrapassava os limites de sua teoria. Leibniz já havia mostrado que o cálculo era o instrumento de uma combinatória, isto é, exprimia problemas que, anteriormente, não se podia resolver e que, sobretudo, não se podia colocar (problemas transcendentes). Pensamos, notadamente, no papel dos pontos regulares e singulares que entram na determinação completa de uma espécie de curva. Sem dúvida, a especificação dos pontos singulares (por exemplo, selas, nós, focos, centros) só se faz pela forma das curvas integrais que remetem às soluções da equação diferencial. Não deixa de haver uma determinação completa concernente à existência e à repartição desses pontos, determinação que depende de uma instância totalmente distinta: o campo de vetores definido pela própria equação. A complementaridade dos dois aspectos não suprime sua diferença de natureza, pelo contrário. E se a especificação dos pontos já mostra a necessária imanência do problema à solução, sua participação na solução que o recobre, a existência e a repartição dão testemunho da transcendência do problema e de seu papel diretor na organização das próprias soluções. Em suma, a determinação completa de um problema confunde-se com a existência, o número, a repartição dos pontos determinantes *que proporcionam suas condições* (um ponto singular dá lugar a duas equações de condição).[8] Mas, então, se torna cada vez mais difícil falar em erro ou em compensação de erros. As equações de condição não são simples auxiliares, nem, como dizia Carnot, equações imperfeitas. Elas são constitutivas do problema e de sua síntese. É por não compreender a natureza objetiva ideal do problemático que se reduzem essas equações a erros, mesmo que sejam úteis, ou a ficções, mesmo que sejam bem fundadas, de qualquer modo, a um momento subjetivo do saber imperfeito, aproximativo ou errôneo. Tínhamos denominado "problemático" o conjunto do problema e de suas condições. Se as diferenciais desaparecem no resultado, é na medida em que a instância-problema difere por natureza da instância-solução, é no movimento pelo qual as soluções vêm necessariamente recobrir o problema, é no sentido em que as condições do problema são objeto de uma síntese de Ideia que não se deixa expressar na análise dos conceitos proposicionais que constituem os casos de solução. De modo que desaparece a primeira alternativa: real ou fictício? Nem real, nem fictício, o diferencial expressa a natureza do problemático como tal, sua consistência objetiva, assim como sua autonomia subjetiva.

Talvez também desapareça a outra alternativa, a da representação infinita ou finita. Vimos que o infinito e o finito são as características da representação, na medida em que o conceito que ela implica desenvolve toda sua compreensão possível ou, ao contrário, a bloqueia. E, de qualquer modo, a representação da diferença remete à identidade do conceito como princípio. Portanto, pode-se tratar as representações como proposições da consciência, designando casos de solução em relação ao conceito considerado em geral. Mas o elemento do problemático, em seu caráter extraproposicional, não desaparece na representação. Nem particular nem geral, nem finito nem infinito, ele é o objeto da Ideia como universal. O elemento diferencial é o jogo da diferença como tal, que não se deixa mediatizar pela representação, nem subordinar-se à identidade do conceito. A antinomia do finito e do infinito surge precisamente quando Kant, em virtude do caráter especial da cosmologia, acredita-se obrigado a verter na representação o conteúdo correspondente da Ideia de mundo. E, segundo ele, a antinomia é resolvida quando, por um lado, ele descobre, sempre na representação, um elemento irredutível ao mesmo tempo ao finito e ao infinito (regressão); e quando, por outro lado, ele junta a esse elemento o puro pensamento de um outro elemento que difere por natureza da representação (númeno). Mas, na medida em que esse pensamento puro permanece indeterminado – não é determinado como diferencial –, a representação, por sua vez, não é realmente ultrapassada, nem as proposições da consciência que constituem a matéria e o detalhe das antinomias. Ora, de outra maneira, também as matemáticas modernas nos mantêm na antinomia, porque a estrita interpretação finita que elas dão do cálculo não deixa de supor um axioma do infinito na teoria dos conjuntos em que ela se funda, embora esse axioma não encontre ilustração no cálculo. O que sempre nos escapa é o elemento extraproposicional ou sub-representativo expresso na Ideia pelo diferencial, no modo preciso do problema.

É melhor falar de uma dialética do cálculo do que de uma metafísica. Por dialética, de modo algum entendemos uma circulação qualquer de representações opostas, circulação que as faria coincidir na identidade de um conceito; por dialética, entendemos o elemento do problema, na medida em que ele se distingue do elemento propriamente matemático das soluções. Em conformidade com as teses gerais de Lautman, o problema tem três aspectos: sua diferença de natureza com relação às soluções; sua transcendência em relação às soluções que ele engendra a partir de suas próprias condições determinantes; sua imanência às soluções que vêm recobri-lo, *sendo* o problema tanto mais bem resolvido quanto mais ele se determina. Portanto, as ligações ideais constitutivas da Ideia problemática (dialética) encarnam-se, aqui, nas correlações reais constituídas pelas teorias matemáticas e dadas como soluções aos problemas. Vimos como todos esses aspectos, esses três aspectos, estavam presentes no cálculo diferencial; as soluções são como as descontinuidades compatíveis com as equações diferenciais e se engendram numa continuidade ideal em função das condições do problema. Mas é necessário tornar preciso um ponto importante. O cálculo diferencial pertence evidentemente às matemáticas; é um instrumento inteiramente matemático. Portanto, seria difícil ver nele o testemunho platônico de uma dialética superior às matemáticas. Seria difícil, pelo menos, se o aspecto de imanência do problema não viesse nos dar uma justa explicação. *Os problemas são sempre dialéticos*; a dialética não tem outro sentido e os problemas, igualmente, não têm outro sentido. O que é matemático (ou físico, ou biológico, ou psíquico, ou sociológico...) são as soluções. Mas é verdade, por um lado, que a natureza das soluções remete a *ordens* diferentes de problemas na própria dialética; e, por outro lado, que os problemas, em virtude de sua imanência, não menos essencial que a transcendência, se expressam tecnicamente nesse domínio de soluções que eles engendram em função de sua ordem dialética. Como a reta e o círculo são duplicados pela régua e pelo compasso, cada problema dialético é duplicado por um campo simbólico em que ele se expressa. Eis por que se deve dizer que há problemas matemáticos, físicos, biológicos, psíquicos, sociológicos, embora todo problema seja dialético por natureza, havendo somente problema dialético. Portanto, a Matemática não compreende apenas soluções de problemas; ela compreende também a expressão dos problemas, expressão relativa ao campo de resolubilidade que eles definem, e que eles definem por sua própria ordem dialética. Eis por que o cálculo diferencial pertence inteiramente às matemáticas no momento mesmo em que ele adquire seu sentido na revelação de uma dialética que ultrapassa a matemática.

Diferencial e problemático

Nem mesmo é possível considerar que, tecnicamente, o cálculo diferencial seja a única expressão matemática dos problemas como tais. Em domínios bastante diversos, os métodos de exaustão assim como a geometria analítica tiveram esse papel. Mais recentemente, esse papel pôde ser mais bem desempenhado por outros procedimentos. Lembramo-nos, com efeito, do círculo em que gira a teoria dos problemas: um problema só é resolúvel na medida em que é "verdadeiro", mas temos sempre a tendência de definir a verdade de um problema por sua resolubilidade. Em vez de fundar o critério extrínseco da resolubilidade no caráter interior do problema (Ideia), fazemos com que o caráter interno dependa do simples critério exterior. Ora, se tal círculo foi quebrado, ele o foi primeiramente pelo matemático Abel, que elaborou todo um método de acordo com o qual a resolubilidade deve provir da forma do problema. Em vez de procurar, como que ao acaso, se uma equação é resolúvel em geral, é preciso determinar condições de problemas que especifiquem progressivamente campos de resolubilidade, de tal modo que "o enunciado contenha o germe da solução". Tem-se aí uma subversão radical na relação solução-problema, uma revolução mais considerável do que a copernicana. Foi possível dizer que Abel, desse modo, inaugurava uma nova *Crítica da razão pura* e ultrapassava o *extrinsecismo kantiano*. O mesmo juízo se confirma, quando aplicado aos trabalhos de Galois: a partir de um "corpo" de base (R), as adjunções sucessivas a esse corpo (R', R", R"'...) permitem uma distinção cada vez mais precisa das raízes de uma equação por limitação progressiva das substituições possíveis. Há, pois, uma cascata de "resolventes parciais" ou um encaixe de "grupos" que fazem com que a solução provenha das próprias condições do problema: que uma equação não seja, por exemplo, resolúvel algebricamente, isto já não é descoberto à custa de uma pesquisa empírica ou ao longo de tentativas, mas de acordo com as características dos grupos e dos resolventes parciais que constituem a síntese do problema e de suas condições (uma equação só é resolúvel algebricamente, isto é, por radicais, quando os resolventes parciais são equações binomiais, e os índices de grupos são números primos). A teoria dos problemas está completamente transformada, e finalmente fundada, porque já não estamos na situação clássica de um mestre e de um aluno – em que o aluno só compreende e segue um problema na medida em que o mestre conhece sua solução e faz, em consequência, as adjunções necessárias. Com efeito, como observa Gustave Verriest, o grupo da equação caracteriza em determinado momento não o que sabemos das raízes, mas a objetividade daquilo que delas não sabemos.[9] Inversamente, esse não saber já não é um negativo, uma insuficiência, mas uma regra, um *aprender* ao qual corresponde uma dimensão fundamental no objeto. Novo Mênon: é toda a relação pedagógica que se acha transformada, mas, com ela, muitas outras coisas, o conhecimento e a razão suficiente. A "discernibilidade progressiva" de Galois reúne num mesmo movimento contínuo o processo da determinação recíproca e o da determinação completa (pares de raízes e distinção das raízes num par). Ela constitui a figura total da razão suficiente e nela introduz o *tempo*. É com Abel e Galois que a teoria dos problemas está, matematicamente, em condições de preencher todas as suas exigências propriamente dialéticas e de quebrar o círculo que a afetava.

Portanto, coloca-se o ponto de partida das matemáticas modernas na teoria dos grupos, ou na teoria dos conjuntos, mais do que no cálculo diferencial. Todavia, não é por acaso que o método de Abel diz respeito antes de tudo à integração das fórmulas diferenciais. O que nos importa é menos a determinação desse ou daquele corte na história das matemáticas (geometria analítica, cálculo diferencial, teoria dos grupos...) do que, a cada momento dessa história, determinar a maneira pela qual se compõem os problemas dialéticos, sua expressão matemática e a gênese simultânea dos campos de resolubilidade. Desse ponto de vista, há tanto uma homogeneidade quanto uma teleologia contínua no devir das matemáticas que tornam secundárias as diferenças de natureza entre o cálculo diferencial e outros instrumentos. O cálculo reconhece diferenciais de ordem diferente. Mas é de uma maneira totalmente distinta que as noções de diferencial e de ordem combinam com a dialética. A Ideia dialética, problemática, é um sistema de ligações entre elementos diferenciais, um sistema de relações diferenciais entre elementos genéticos. Há diferentes ordens de Ideias, umas supondo as outras, segundo a natureza ideal das relações e dos elementos considerados (Ideia da Ideia etc.). Mas essas definições ainda não têm nada de matemático. As matemáticas surgem com os campos de solução, nos quais se encarnam as Ideias dialéticas de última ordem, e com a expressão dos problemas, expressão relativa a esses campos. Outras ordens na Ideia encarnam-se em outros campos e em outras expressões correspondentes a outras ciências. É assim que a partir dos problemas dialéticos e de suas ordens produz-se uma gênese dos domínios científicos diversos. No sentido mais preciso, o cálculo diferencial é apenas um instrumento matemático que, mesmo em seu domínio, não representa necessariamente a mais acabada forma da expressão dos problemas e da constituição das soluções em relação à ordem das Ideias dialéticas que ele encarna. Ele não deixa de ter um sentido amplo, pelo qual deve designar universalmente o conjunto do composto: Problema ou Ideia dialética; Expressão científica de um problema; Instauração do campo de solução. Mais geralmente, devemos concluir que não há dificuldade concernente à pretensa aplicação das matemáticas e, notadamente, do cálculo diferencial ou da teoria dos grupos a outros domínios. É antes cada domínio engendrado, em que se encarnam as Ideias dialéticas de tal ou qual ordem, que possui seu próprio cálculo. As Ideias têm sempre um elemento de quantitabilidade, de qualitabilidade, de potencialidade; têm sempre processos de determinabilidade, de determinação recíproca e de determinação completa; têm sempre distribuições de pontos notáveis e ordinários, corpos de adjunção que formam a progressão sintética de uma razão suficiente. Não há aí metáfora alguma, salvo a metáfora consubstancial à Ideia, a do transporte dialético ou da "diáfora". Aí reside a aventura das Ideias. Não são as matemáticas que se aplicam a outros domínios; é a dialética que instaura para seus problemas, em virtude de sua ordem e de suas condições, o cálculo diferencial direto correspondente ao domínio considerado, próprio ao domínio considerado. Neste sentido, à universalidade da dialética responde uma *mathesis universalis*. Se a Ideia é a diferencial do pensamento, há um cálculo diferencial correspondente a cada Ideia, alfabeto do que significa pensar. O cálculo diferencial não é o cálculo trivial do utilitarista, o tosco cálculo aritmético que subordina o pensamento a outra coisa e a outros fins, mas a álgebra do pensamento puro, a ironia superior dos próprios problemas – o único cálculo "para além do bem e do mal". É todo esse caráter aventuroso das Ideias que falta descrever.

Ideia e multiplicidade

As Ideias são multiplicidades; cada Ideia é uma multiplicidade, uma variedade. Nesse emprego riemanniano da palavra "multiplicidade" (retomada por Husserl e Bergson), é preciso dar a maior importância à forma substantiva: a multiplicidade não deve designar uma combinação de múltiplo e de uno, mas, ao contrário, uma organização própria do múltiplo como tal, que de modo algum tem necessidade da unidade para formar um sistema. O uno e o múltiplo são conceitos do entendimento que formam as malhas frouxas demais de uma dialética desnaturada, que procede por oposição. Até os maiores peixes passam através delas. Será possível acreditar que se apreende o concreto quando se compensa a insuficiência de um abstrato com a insuficiência de seu oposto? Pode-se dizer por muito tempo que "o uno é múltiplo e o múltiplo é uno" – como esses jovens de Platão, que não poupavam nem a ralé. Combinam-se os contrários, obtém-se a contradição; em nenhum momento se diz o importante, "quanto", "como", "em que caso". Ora, a essência nada é, ou é uma generalidade vazia, quando separada dessa medida, dessa maneira e dessa casuística. Combinam-se os predicados, perde-se a Ideia – discurso vazio, combinações vazias em que falta um substantivo. O verdadeiro substantivo, a própria substância, é "multiplicidade", que torna inútil o uno, mas também o múltiplo. A multiplicidade variável é o quanto, o como, o cada caso. Cada coisa é uma multiplicidade na medida em que encarna a Ideia. Mesmo o múltiplo é uma multiplicidade; mesmo o uno é uma multiplicidade. Que o uno seja *uma* multiplicidade (como também mostraram Bergson e Husserl), é o suficiente para rejeitar tanto as propostas de adjetivos do tipo uno-múltiplo quanto do tipo múltiplo-uno. As diferenças de multiplicidades e a diferença na multiplicidade sempre substituem as oposições esquemáticas e grosseiras. Só há variedade de multiplicidade, isto é, diferença, em vez da enorme oposição entre o uno e o múltiplo. E talvez seja uma ironia dizer: tudo é multiplicidade, até mesmo o uno, até mesmo o múltiplo. Mas a própria ironia é uma multiplicidade, ou melhor, a arte das multiplicidades, a arte de apreender nas coisas as Ideias, os problemas que elas encarnam, e de apreender as coisas como encarnações, como casos de solução para problemas de Ideias.

Uma Ideia é uma multiplicidade definida e contínua com *n* dimensões. A cor, ou melhor, a Ideia de cor, é uma multiplicidade com três dimensões. Por dimensões, é preciso entender as variáveis ou coordenadas das quais um fenômeno depende; por continuidade, é preciso entender o conjunto das relações entre as mudanças dessas variáveis, como, por exemplo, uma forma quadrática das diferenciais das coordenadas; por definição, é preciso entender os elementos reciprocamente determinados por essas relações, relações que não podem mudar sem que a multiplicidade mude de ordem e de métrica. Quando e em que condições devemos falar de multiplicidade? Essas condições são três e permitem definir o momento de emergência da Ideia: 1°: é preciso que os elementos da multiplicidade não tenham forma sensível, nem significação conceitual, nem, por conseguinte, função assinalável. Eles nem mesmo têm existência atual e são inseparáveis de um potencial ou de uma virtualidade. É neste sentido que eles não implicam qualquer identidade prévia, nenhuma posição de algo que se poderia dizer uno ou o mesmo; mas, ao contrário, sua indeterminação torna possível a manifestação da diferença enquanto liberada de toda subordinação. 2°: é preciso, com efeito, que esses elementos sejam determinados, mas reciprocamente, por relações recíprocas que não deixem subsistir qualquer independência. Tais relações são ligações ideais, não localizáveis, seja porque caracterizam a multiplicidade globalmente, seja porque procedem por justaposição de vizinhanças. Mas a multiplicidade é sempre definida de maneira intrínseca, sem que dela se saia e sem que se recorra a um espaço uniforme em que ela estaria mergulhada. As correlações espaço-temporais preservam, sem dúvida, a multiplicidade, mas perdem sua interioridade; os conceitos do entendimento preservam a interioridade, mas perdem a multiplicidade que eles substituem pela identidade de um *Eu* penso ou de um algo pensado. A multiplicidade interna, ao contrário, é o caráter da Ideia, e somente dela. 3°: uma ligação múltipla ideal, uma *relação* diferencial deve atualizar-se em *correlações* espaço-temporais diversas, ao mesmo tempo que seus *elementos* encarnam-se atualmente em *termos* e formas variadas. Assim, a Ideia se define como estrutura. A estrutura, a Ideia, é o "tema complexo", uma multiplicidade interna, isto é, um sistema de ligação múltipla não localizável entre elementos diferenciais, que se encarna em correlações reais e em termos atuais. Neste sentido, não vemos qualquer dificuldade em conciliar gênese e estrutura. Em conformidade com os trabalhos de Lautman e de Vuillemin concernentes às matemáticas, o "estruturalismo" parece-nos ser mesmo o único meio pelo qual um método genético pode realizar suas ambições. Basta compreender que a gênese não vai de um termo atual, por menor que seja, a outro termo atual no tempo, mas do virtual a sua atualização, isto é, da estrutura a sua encarnação, das condições de problemas aos casos de solução, dos elementos diferenciais e de suas ligações ideais aos termos atuais e às correlações reais diversas que, a cada momento, constituem a atualidade do tempo. Gênese sem dinamismo, evoluindo necessariamente no elemento de uma supra-historicidade, *gênese estática* que se compreende como o correlato da noção de *síntese passiva* e que, por sua vez, esclarece essa noção. Não será o erro da interpretação moderna do cálculo diferencial condenar as ambições genéticas deste sob o pretexto de que ela havia evidenciado uma "estrutura" que dissociava o cálculo de toda consideração foronômica e dinâmica? Há Ideias que correspondem às realidades e correlações matemáticas, há outras que correspondem aos fatos e leis físicas. E há outras, ainda, segundo sua ordem, que correspondem aos organismos, aos psiquismos, às linguagens, às sociedades: essas correspondências sem semelhança são estrutural-genéticas. Assim como a estrutura é independente de um princípio de identidade, a gênese é independente de uma regra de semelhança. Mas uma Ideia emerge com tantas aventuras que pode acontecer que ela já satisfaça a certas condições estruturais e genéticas, mas não a outras. Portanto, é preciso procurar a aplicação desses critérios em domínios muito diferentes, quase ao acaso dos exemplos.

As estruturas: seus critérios, os tipos de Ideias

Primeiro exemplo: o atomismo como Ideia física. O atomismo antigo não apenas multiplicou o ser parmenidiano; ele concebeu as Ideias como multiplicidades de átomos, sendo o átomo o elemento objetivo do pensamento. Assim, é essencial que o átomo se relacione com outro átomo em uma estrutura que se atualiza nos compostos sensíveis. A esse respeito, o *clinâmen* não é de modo algum uma mudança de direção no movimento do átomo e menos ainda uma indeterminação que testemunharia uma liberdade física. É a determinação original da direção do movimento, a síntese do movimento e de sua direção, relacionando o átomo a outro átomo. *Incerto tempore* não quer dizer indeterminado, mas inassinalável, ilocalizável. Se é verdade que o átomo, elemento do pensamento, move-se "tão rápido quanto o próprio pensamento", como diz Epicuro na carta a Heródoto, então o *clinâmen* é a determinação recíproca que se produz "num tempo menor que o mínimo de tempo contínuo pensável". Não é de admirar que Epicuro empregue nesse caso o vocabulário da exaustão: há no *clinâmen* algo análogo a uma relação entre diferenciais dos átomos em movimento. Há uma declinação que forma também a linguagem do pensamento, alguma coisa no pensamento que dá testemunho de um limite do pensamento, mas a partir do qual ele pensa: mais rápido que o pensamento, "num tempo menor...". Contudo, o átomo epicurista ainda conserva independência demais, uma figura e uma atualidade. A determinação recíproca ainda tem bastante o aspecto de uma correlação espaço-temporal. Ao contrário, a questão de saber se o atomismo moderno satisfaz a todas as condições da estrutura deve ser levantada em função das equações diferenciais que determinam as leis da natureza, em função dos tipos de "ligações múltiplas e não localizáveis" estabelecidas entre as partículas e do caráter de "potencialidade" expressamente reconhecido nessas partículas.

Segundo exemplo: o organismo como Ideia biológica. Geoffroy Saint-Hilaire parece ter sido o primeiro a solicitar que se considerem elementos que ele chama abstratos, tomados independentemente de suas formas e de suas funções. Eis por que ele critica seus predecessores, mas também seus contemporâneos (Cuvier), por permanecerem numa repartição empírica das diferenças e das semelhanças. Esses elementos puramente anatômicos e atômicos, como os ossinhos, por exemplo, são unidos por relações ideais de determinação recíproca: eles constituem, assim, uma "essência" que é como o Animal em si. São essas relações diferenciais entre elementos anatômicos puros que se encarnam nas diversas figuras animais, nos diversos órgãos e suas funções. Trata-se da tríplice característica da anatomia: atômica, comparativa e transcendente. Nas *Noções sintéticas e históricas de filosofia natural* (1837), Geoffroy pôde precisar seu sonho, que foi também, diz ele, o sonho do jovem Napoleão: ser o Newton do infinitamente pequeno, descobrir o "mundo dos detalhes" ou das conexões ideais "de curta distância", sob o jogo grosseiro das diferenças ou das semelhanças sensíveis e conceituais. Um organismo é um conjunto de termos e de correlações reais (dimensão, posição, número) que atualiza, nesse ou naquele grau de desenvolvimento, as relações entre elementos diferenciais: por exemplo, o hioide do gato tem nove ossinhos, ao passo que o do homem tem apenas cinco, encontrando-se os quatro restantes na direção do crânio, fora do órgão assim reduzido pela postura vertical. A gênese ou o desenvolvimento dos organismos devem, portanto, ser concebidos como atualização da essência, segundo velocidades e razões variadas, determinadas pelo meio, segundo acelerações ou paradas, mas independentemente de toda passagem transformista de um termo atual a um outro termo atual.

Genialidade de Geoffroy. Mesmo assim, a questão de um estruturalismo em biologia (em conformidade com a palavra "estrutura", frequentemente empregada por Geoffroy) depende da última determinação dos elementos diferenciais e de seus tipos de relações. Elementos anatômicos, principalmente ósseos, serão capazes de desempenhar esse papel, como se a necessidade dos músculos não impusesse limites a suas relações, e como se eles próprios não tivessem ainda uma existência atual – demasiado atual? Pode acontecer, então, que a estrutura renasça em nível totalmente distinto, por outros meios, com uma determinação inteiramente nova de elementos diferenciais e de ligações ideais. É o caso da genética. Há talvez tantas diferenças entre a genética e Geoffroy quanto entre o atomismo moderno e Epicuro. Mas os cromossomos aparecem como *loci*, isto é, não simplesmente como lugares no espaço, mas como complexos de relações de vizinhança; os genes expressam elementos diferenciais que caracterizam igualmente de maneira global um organismo e desempenham o papel de pontos notáveis num duplo processo de determinação recíproca e completa; o duplo aspecto do gene é comandar vários caracteres ao mesmo tempo e só agir na relação com outros genes; o conjunto constitui um virtual, um potencial; e essa estrutura encarna-se nos organismos atuais, tanto do ponto de vista de sua especificação quanto da diferençação de suas partes, segundo ritmos precisamente chamados "diferenciais", segundo velocidades ou lentidões comparativas que medem o movimento da atualização.

Terceiro exemplo: há Ideias sociais, num sentido marxista? No que Marx denomina "trabalho abstrato", faz-se abstração dos produtos qualificados do trabalho e da qualificação dos trabalhadores, mas não das condições de produtividade, da força de trabalho e dos meios de trabalho numa sociedade. A Ideia social é o elemento de quantitabilidade, de qualitabilidade, de potencialidade das sociedades. Ela expressa um sistema de ligações múltiplas ideais ou de relações diferenciais entre elementos diferenciais: relações de produção e de propriedade que se estabelecem não entre homens concretos, mas entre átomos portadores de força de trabalho ou representantes da propriedade. O econômico é constituído por essa multiplicidade social, isto é, pelas variedades dessas relações diferenciais. É essa variedade de relações, com os pontos notáveis que lhes correspondem, que se encarna nos trabalhos concretos diferençados que caracterizam uma sociedade determinada, nas correlações reais dessa sociedade (jurídicas, políticas, ideológicas), nos termos atuais dessas correlações (por exemplo, capitalista-assalariado). Althusser e seus colaboradores têm, portanto, toda razão de mostrar a presença, no *Capital*, de uma verdadeira estrutura e de recusar as interpretações historicistas do marxismo, pois essa estrutura de modo algum age transitivamente e segundo a ordem da sucessão no tempo, mas encarnando suas variedades em sociedades diversas e dando conta, em cada uma e a cada vez, da simultaneidade de todas as correlações e termos que constituem sua atualidade: eis por que o "econômico", propriamente falando, nunca é dado, mas designa uma virtualidade diferencial a ser interpretada, sempre recoberta por suas formas de atualização, um tema, uma "problemática" sempre recoberta por seus casos de solução.[10] Em suma, o econômico é a própria dialética social, isto é, o conjunto dos problemas que se colocam para uma sociedade dada, o campo sintético e problematizante dessa sociedade. Rigorosamente, não há problemas sociais que não sejam econômicos, embora suas soluções sejam jurídicas, políticas, ideológicas, e que os problemas se expressem também nesses campos de resolubilidade. A célebre frase da *Contribuição à crítica da economia política*, "a humanidade só se coloca problemas que ela é capaz de resolver", não significa que os problemas sejam apenas aparências, nem que já estejam resolvidos, mas, ao contrário, que as condições econômicas do problema determinam ou engendram a maneira pela qual ele encontra suas soluções no quadro das correlações reais de uma sociedade, sem que o observador, todavia, possa tirar disso o menor otimismo, pois essas "soluções" podem comportar a besteira e a crueldade, o horror da guerra ou da "solução do problema judaico". Mais precisamente, a solução é sempre aquela que uma sociedade merece, que ela engendra em função da maneira pela qual soube colocar, em suas correlações reais, os problemas que se colocam nela e para ela nas relações diferenciais que encarna.

As Ideias são complexos de coexistência; todas as Ideias coexistem de um certo modo. Mas por pontos, nas bordas, sob fulgores que nunca têm a uniformidade de uma luz natural. Zonas de sombra, obscuridades, correspondem, cada vez, a sua distinção. As Ideias se distinguem, mas de modo algum da mesma maneira pela qual se distinguem as formas e os termos em que elas se encarnam. Elas se fazem e se desfazem objetivamente, segundo as condições que determinam sua síntese fluente. Pois elas conjugam a maior potência em diferen*ci*ar-se com a impotência em diferençar-se. As Ideias são variedades que compreendem subvariedades em si mesmas. Distingamos três dimensões de variedades. Em primeiro lugar, *variedades ordinais*, de altura, segundo a natureza dos elementos e das relações diferenciais: Ideia matemática, matemático-física, química, biológica, psíquica, sociológica, linguística... Cada nível implica diferenciais de uma "ordem" dialética diferente; mas os elementos de uma ordem podem tornar-se elementos de outra, sob novas relações, seja decompondo-se na ordem superior mais vasta, seja refletindo-se na ordem inferior. Em seguida, *variedades características*, de largura, que correspondem aos graus de uma relação diferencial numa mesma ordem e às distribuições de pontos singulares para cada grau (tal como a equação dos cônicos que dá, segundo o "caso", uma elipse, uma hipérbole, uma parábola, uma reta; ou as próprias variedades ordenadas do animal, do ponto de vista da unidade de composição; ou as variedades de línguas, do ponto de vista do sistema fonológico). Finalmente, *variedades axiomáticas*, de profundidade, que determinam um axioma comum para relações diferenciais de ordem diferente, com a condição de que esse próprio axioma coincida com uma relação diferencial de terceira ordem (por exemplo, adição de números reais e composição de deslocamentos; ou, num domínio inteiramente distinto, tecer-falar entre os Dogons de Griaule). As Ideias, as distinções de Ideias, não são separáveis de seus tipos de variedades e da maneira pela qual cada tipo penetra nos outros. Propomos o nome de *perplicação* para designar esse estado distintivo e coexistente da Ideia. Não que a "perplexidade", como apreensão correspondente, signifique um coeficiente de dúvida, de hesitação ou de espanto, nem seja o que for de inacabado na própria Ideia. Ao contrário, trata-se da identidade da Ideia e do problema, do caráter exaustivamente problemático da Ideia, isto é, do modo pelo qual os problemas são objetivamente determinados por suas condições a participar uns dos outros, de acordo com as exigências circunstanciais da síntese das Ideias.

A Ideia de modo algum é a essência. O problema, como objeto da Ideia, encontra-se do lado dos acontecimentos, das afecções, dos acidentes, mais do que da essência teoremática. A Ideia desenvolve-se nos auxiliares, nos corpos de adjunção que medem seu poder sintético, de modo que o domínio da Ideia é o inessencial. Ela exige o inessencial de uma maneira tão deliberada, com tanta obstinação quanto aquela com a qual o racionalismo, ao contrário, exigia para ela a posse e a compreensão da essência. O racionalismo quis que o destino da Ideia estivesse ligado à essência abstrata e morta; e na medida em que a forma problemática da Ideia era reconhecida, ele ainda queria que essa forma estivesse ligada à questão da essência, isto é, a "O que é?". Mas quantos equívocos nessa vontade! É verdade que Platão se serve *dessa* questão para opor a essência e a aparência e refutar aqueles que se contentam em dar exemplos. Acontece que seu objetivo, então, era tão somente o de calar as respostas empíricas para abrir o horizonte indeterminado de um problema transcendente como objeto da Ideia. Desde que se trata de determinar o problema ou a Ideia como tal, desde que se trata de pôr em movimento a dialética, a questão *o que é?* dá lugar a outras questões, ainda mais eficazes e potentes e ainda mais imperativas: quanto, como, em que caso? A questão "o que é?" só anima os diálogos ditos aporéticos, isto é, aqueles que a própria forma da questão lança na contradição e faz com que desemboque no niilismo, sem dúvida porque o objetivo desses diálogos é apenas propedêutico, o objetivo de abrir a região do problema em geral, deixando a outros procedimentos o cuidado de determiná-lo como problema ou como Ideia. Quando a ironia socrática foi levada a sério, quando a dialética inteira confundiu-se com sua propedêutica, resultaram daí consequências extremamente deploráveis, pois a dialética deixou de ser a ciência dos problemas e, em última análise, confundiu-se com o simples movimento do negativo e da contradição. Os filósofos puseram-se a falar como jovens do povo. Desse ponto de vista, Hegel é o resultado de uma longa tradição que levou a sério a questão o que é?, servindo-se dela para determinar a Ideia como essência, mas que, assim, substituiu a natureza do problemático pelo negativo. Foi o resultado de uma desnaturação da dialética. Quantos preconceitos teológicos nessa história, pois "o que é?" é sempre Deus, como lugar da combinatória dos predicados abstratos. É preciso observar quão poucos filósofos confiaram na questão "o que é?" para ter uma Ideia. Aristóteles, sobretudo Aristóteles... Desde que a dialética trata de sua matéria, em vez de exercer-se no vazio para fins propedêuticos, ressoam em toda parte "quanto", "como", "em que caso" – e "quem?", cujo papel e sentido veremos mais tarde.[11] Essas questões são as do acidente, do acontecimento, da multiplicidade – da diferença – contra a da essência, do Uno, do contrário e do contraditório. Hípias sempre triunfa, mesmo em Platão, Hípias, que recusava a essência e, todavia, não se contentava com exemplos.

O problema é da ordem do acontecimento. Não só porque os casos de solução surgem como acontecimentos reais, mas porque as próprias condições do problema implicam acontecimentos, seções, ablações, adjunções. Neste sentido, é exato representar uma dupla série de acontecimentos que ocorrem em dois planos, ecoando sem semelhança: uns, reais, no nível das soluções engendradas, outros, ideacionais ou ideais, no nível das condições do problema, como atos, ou melhor, sonhos de deuses que duplicariam nossa história. A série ideal goza de uma dupla propriedade de transcendência e de imanência em relação ao real. Vimos, com efeito, como a existência e a repartição dos pontos singulares pertenciam inteiramente à Ideia, embora sua especificação fosse imanente às curvas-soluções de sua vizinhança, isto é, às correlações reais em que a Ideia se encarna. Em sua admirável descrição do acontecimento, Péguy dispunha duas linhas, uma horizontal, outra vertical, sendo que esta retomava, em profundidade, os pontos notáveis correspondentes à primeira e, além disso, precedia e engendrava eternamente esses pontos notáveis e sua encarnação na primeira. No cruzamento das duas linhas enlaçava-se o "temporalmente eterno" – o liame da Ideia e do atual, o pavio de pólvora – e decidia-se nosso maior domínio, nossa maior potência, a que concerne aos próprios problemas: "E de repente sentimos que já não somos os mesmos condenados. Nada houve. E um problema, do qual não se via o fim, um problema sem saída, um problema ao qual todo um mundo estava aferrado, de repente já não existe mais e nos perguntamos do que se falava. É que, em vez de receber uma solução ordinária, solução que se encontra, esse problema, essa dificuldade, essa impossibilidade, acaba de passar por um ponto de resolução, por assim dizer, físico. Por um ponto de crise. É que, ao mesmo tempo, o mundo inteiro passou por um ponto de crise, por assim dizer, físico. Há pontos críticos do acontecimento, como há pontos críticos de temperatura, pontos de fusão, de congelamento; de ebulição, de condensação; de coagulação; de cristalização. No acontecimento, encontram-se até mesmo esses estados de superfusão que não se precipitam, que não se cristalizam, que não se determinam a não ser pela introdução de um fragmento do acontecimento futuro."[12]

Procedimento da vice-dicção: o singular e o regular, o notável e o ordinário

Eis por que o procedimento da *vice-dicção*, próprio para percorrer e descrever as multiplicidades e os temas, é mais importante que o da contradição, que pretende determinar a essência e preservar sua simplicidade. Dir-se-á que o mais "importante", por natureza, é a essência. Mas toda questão é saber, em primeiro lugar, se as noções de importância e de não importância não são noções que dizem respeito ao acontecimento, ao acidente, e que são muito mais "importantes" no seio do acidente que a grosseira oposição entre a essência e o próprio acidente. O problema do pensamento não está ligado à essência, mas à avaliação do que tem importância e do que não tem; está ligado à repartição do singular e do regular, do notável e do ordinário, repartição que se faz inteiramente no inessencial ou na descrição de uma multiplicidade, em relação aos acontecimentos ideais que constituem as condições de um "problema". Ter uma Ideia não significa outra coisa; e o espírito falso, a própria besteira, define-se, antes de tudo, por suas perpétuas confusões entre o importante e o desimportante, o ordinário e o singular. Cabe à vice-dicção engendrar os casos a partir dos auxiliares e das adjunções. É ela que preside à repartição dos pontos notáveis na Ideia; é ela que decide a maneira pela qual uma série deve ser prolongada de um ponto singular sobre pontos regulares até um outro ponto singular, decidindo também qual é esse ponto; é ela que determina se as séries obtidas na Ideia são convergentes ou divergentes (há, pois, singularidades ordinárias, segundo a convergência das séries, e singularidades notáveis, segundo sua divergência). Os dois procedimentos da vice-dicção, que intervêm ao mesmo tempo na determinação das condições do problema e na gênese correlata dos casos de solução, são, por um lado, *a precisão dos corpos de adjunção* e, por outro lado, a *condensação das singularidades*. Por um lado, com efeito, devemos descobrir as adjunções que completam o corpo inicial do problema na determinação progressiva das condições, isto é, as variedades da multiplicidade em todas as dimensões, os fragmentos de acontecimentos ideais futuros ou passados que, ao mesmo tempo, tornam o problema resolúvel; e devemos fixar o modo pelo qual eles se encadeiam ou se encaixam com o corpo inicial. Por outro lado, devemos condensar todas as singularidades, precipitar todas as circunstâncias, os pontos de fusão, de congelamento, de condensação, numa sublime ocasião, *Kairos*, que faz emergir a solução como algo brusco, brutal e revolucionário. Ter uma Ideia é ainda isso. Cada Ideia tem como que duas faces, que são o amor e a cólera: o amor, na procura dos fragmentos, na determinação progressiva e no encadeamento dos corpos ideais de adjunção; a cólera, na condensação das singularidades, que, através de acontecimentos ideais, define o produto de uma "situação revolucionária" e faz com que a Ideia fulgure no atual. É nesse sentido que Lênin teve Ideias. (Há uma objetividade da adjunção e da condensação, uma objetividade das condições, o que significa que as Ideias, assim como os Problemas, não estão apenas em nossa cabeça, mas estão aqui e ali, na produção de um mundo histórico atual.) E em todas estas expressões, "pontos singulares e notáveis", "corpos de adjunção", "condensação de singularidades", não devemos ver metáforas matemáticas; nem ver metáforas físicas em "pontos de fusão, de solidificação..."; nem ver metáforas líricas ou místicas em "amor e cólera". São as categorias da Ideia dialética, as extensões do cálculo diferencial (a *mathesis universalis*, mas também a física universal, a psicologia, a sociologia universal), que correspondem à Ideia em todos os seus domínios de multiplicidade. O que há de revolucionário e de amoroso em toda Ideia, aquilo pelo qual as Ideias são sempre cintilações desiguais de amor e de ira que de modo algum formam uma luz natural.

(O mais importante na filosofia de Schelling é a consideração das potências. E quão injusta a crítica de Hegel a esse respeito, quando fala de gatos pardos. Dos dois filósofos, Schelling foi quem soube tirar a diferença da noite do Idêntico com cintilações mais finas, mais variadas e também mais aterrorizantes que aquelas da contradição: com *progressividade*. A cólera e o amor são as potências da Ideia, potências que se desenvolvem a partir de um *μὴ ὄν*, isto é, não de um negativo ou de um não ser (*οὐκ ὄν*), mas de um ser problemático ou de um não existente, ser implícito das existências para além do fundamento. O Deus de amor e o Deus de cólera não são demais para ter uma Ideia. A, A^2, A^3 formam o jogo da despotencialização e da potencialidade pura, testemunhando a presença, na filosofia de Schelling, de um cálculo diferencial adequado à dialética. Schelling era leibniziano. Mas também neoplatônico. O grande delírio neoplatônico, que dava uma resposta ao problema do *Fedro*, escalona, encaixa os Zeus de acordo com um método de exaustão e de desenvolvimento das potências: Zeus, $Zeus^2$, $Zeus^3$... É então que a divisão atinge todo seu alcance, que não se dá em largura, na diferençação das espécies de um mesmo gênero, mas em profundidade, na derivação e na potencialização, já numa espécie de diferen*ci*ação. Então, animam-se numa dialética serial as potências de uma Diferença que reúne e aproxima (*ὁ συνονιχος*) e que se torna titânica com cólera, demiúrgica com amor, e ainda apolínea, arenosa, atenáica.[13]

A Ideia e a teoria diferencial das faculdades

Assim como não há oposição estrutura-gênese, também não há oposição entre estrutura e acontecimento, estrutura e sentido. As estruturas comportam tantos acontecimentos ideais quantas são as variedades de relações e de pontos singulares que se cruzam com os acontecimentos reais que elas determinam. O que se chama estrutura, sistema de relações e de elementos diferenciais, é igualmente, do ponto de vista genético, *sentido*, em função das correlações e dos termos atuais em que ela se encarna. Aliás, a verdadeira oposição é entre a Ideia (estrutura-acontecimento-sentido) e a representação. Na representação, o conceito é como a possibilidade; mas o sujeito da representação determina ainda o objeto como realmente conforme ao conceito, como essência. Eis por que, em seu conjunto, a representação é o elemento do saber que se efetua no recolhimento do objeto pensado e em sua recognição por um sujeito que pensa. Mas a Ideia dá importância a características totalmente diferentes. A virtualidade da Ideia nada tem a ver com uma possibilidade. A multiplicidade não suporta nenhuma dependência em relação ao idêntico no sujeito ou no objeto. Os acontecimentos e as singularidades da Ideia não deixam subsistir nenhuma posição da essência como "aquilo que a coisa é". Sem dúvida, é permitido conservar a palavra essência no caso de se estar apegado a ela, mas à condição de dizer que a essência é precisamente o acidente, o acontecimento, o sentido, não somente o contrário do que se chama habitualmente de essência, mas o contrário do contrário: a multiplicidade é tanto aparência quanto essência, tanto múltipla quanto una. Os procedimentos da vice-dicção não podem, portanto, se expressar em termos de representação, nem mesmo infinita; eles perdem aí, como se viu em Leibniz, seu principal poder, que é o de afirmar a divergência ou o descentramento. Na verdade, a Ideia não é o elemento do saber, mas de um "aprender" infinito que, por natureza, difere do saber, pois aprender evolui inteiramente na compreensão dos problemas enquanto tais, na apreensão e condensação das singularidades, na composição dos corpos e dos acontecimentos ideais. Aprender a nadar, aprender uma língua estrangeira, significa compor os pontos singulares de seu próprio corpo ou de sua própria língua com os de outra figura, de outro elemento que nos desmembra, mas nos faz penetrar num mundo de problemas até então desconhecidos, inauditos. E a que estaríamos destinados senão a problemas que exigem até mesmo a transformação de nosso corpo e de nossa língua? Em suma, a representação e o saber modelam-se inteiramente nas proposições da consciência que designam os casos de solução; mas, por si mesmas, essas proposições dão uma noção totalmente inexata da instância que elas resolvem ou esclarecem, instância que as engendra como caso. A Ideia e o "aprender" expressam, ao contrário, a instância problemática, extraproposicional ou sub-representativa: a apresentação do inconsciente, não a representação da consciência. Não é de admirar que o *estruturalismo*, nos autores que o promovem, seja tão frequentemente acompanhado de um apelo a um novo teatro ou a uma nova interpretação (não aristotélica) do teatro: teatro das multiplicidades que, sob todos os aspectos, opõe-se ao teatro da representação, teatro que não deixa mais subsistir a identidade de uma coisa representada, nem a de um autor, espectador ou personagem em cena, nenhuma representação que possa, através das peripécias da peça, vir a ser objeto de uma recognição final ou de um recolhimento do saber, teatro de problemas e de questões sempre abertas, levando consigo o espectador, a cena e os personagens no movimento real de um aprendizado de todo o inconsciente, cujos últimos elementos são ainda os próprios problemas.

Como se deve entender o caráter necessariamente inconsciente das Ideias? Deve-se compreender que a Ideia é o objeto de uma faculdade particular exclusiva que encontra tanto mais nele seu elemento limite ou transcendente quanto menos pode apreendê-lo do ponto de vista do exercício empírico? Esta hipótese já teria a vantagem de eliminar a Razão ou mesmo o entendimento como faculdade das Ideias e, mais geralmente, de eliminar toda faculdade constitutiva de um senso comum sob o qual é subsumido o exercício empírico das outras faculdades, que concernem a um objeto suposto o mesmo. Que o pensamento, por exemplo, encontre em si algo que ele *não pode* pensar, que é, ao mesmo tempo, o impensável e aquilo que deve ser pensado, o impensável e aquilo que só pode ser pensado, isto só é incompreensível do ponto de vista de um senso comum ou de um exercício calcado sobre o empírico. Segundo uma objeção frequentemente feita contra Maïmon, as Ideias, concebidas como diferenciais do pensamento, introduzem nele um mínimo de "dado" que não pode ser pensado; elas restauram a dualidade de um entendimento infinito e de um entendimento finito, como também a dualidade das condições de existência e das condições de conhecimento, que toda Crítica kantiana, todavia, tinha o propósito de suprimir. Mas essa objeção só vale na medida em que, segundo Maïmon, as Ideias têm o entendimento como faculdade, assim como, segundo Kant, elas tinham a razão como faculdade, isto é, de qualquer modo, uma faculdade constituindo um senso comum, ele próprio incapaz de suportar em seu âmago a presença de um núcleo em que se quebraria o exercício empírico das faculdades conjuntas. É somente nessas condições que o impensável no pensamento, ou o inconsciente de um pensamento puro, deve ser realizado, num entendimento infinito, como ideal do *saber*; e é nessas condições que as diferenciais são condenadas a se tornarem simples *ficções* se elas não encontram, nesse entendimento infinito, a medida de uma realidade plenamente *atual*. Mas novamente a alternativa é falsa. É o mesmo que dizer que a especificidade do problemático e a pertença do inconsciente ao pensamento finito permanecem desconhecidos. O mesmo não acontece quando as Ideias são referidas ao exercício transcendente de uma faculdade particular, liberada de um senso comum.

Todavia, não acreditamos que essa primeira resposta seja suficiente e que as Ideias ou as estruturas remetam a uma faculdade particular. Com efeito, a Ideia percorre e concerne a todas as faculdades. De acordo com sua ordem, ela torna possíveis tanto a existência de uma faculdade determinada como tal quanto o objeto diferencial ou o exercício transcendente dessa faculdade. Considere-se a multiplicidade linguística, sistema virtual de ligações recíprocas entre "fonemas", que se encarna nas correlações e nos termos atuais das diversas línguas: tal multiplicidade torna possível a fala como faculdade e o objeto transcendente dessa fala, a "metalinguagem", que não pode ser dita no exercício empírico de uma língua dada, mas que deve ser dita, só pode ser dita no exercício poético da fala, coextensivo à virtualidade. Considere-se a multiplicidade social: ela determina a sociabilidade como faculdade, mas também o objeto transcendente da sociabilidade, que não pode ser vivido nas sociedades atuais em que a multiplicidade se encarna, mas que deve ser vivido e só pode ser vivido no elemento da perturbação das sociedades (a saber, simplesmente, a liberdade, sempre recoberta pelos restos de uma antiga ordem e pelas premissas de uma nova). O mesmo poderia ser dito das outras Ideias ou multiplicidades: as multiplicidades psíquicas, a imaginação e o fantasma; as multiplicidades biológicas, a vitalidade e o "monstro"; as multiplicidades físicas, a sensibilidade e o signo... Mas, assim, as Ideias correspondem alternadamente a todas as faculdades, não sendo objeto exclusivo de nenhuma delas em particular, nem mesmo do pensamento. Todavia, o essencial é que, assim, de modo algum reintroduzimos a forma de um senso comum, pelo contrário. Vimos como a discórdia das faculdades, definida pela exclusividade do objeto transcendente que cada uma apreende, não deixava de implicar um acordo pelo qual cada uma transmite sua violência à outra como ao longo de um pavio de pólvora; mas trata-se justamente de um "acordo discordante" que exclui a forma de identidade, de convergência e de colaboração do senso comum. O que nos parecia corresponder à Diferença, que articula ou reúne por si mesma, era essa Discordância acordante. Portanto, há um ponto em que pensar, falar, imaginar, sentir etc., são uma mesma coisa, mas essa *coisa* afirma somente a divergência das faculdades em seu exercício transcendente. Trata-se, pois, não de um senso comum, mas, ao contrário, de um "parassenso" (no sentido de que o paradoxo é o contrário do bom senso). Esse parassenso tem as Ideias como elementos, precisamente porque as Ideias são multiplicidades puras que não pressupõem forma alguma de identidade num senso comum, mas que, ao contrário, animam e descrevem o exercício disjunto das faculdades do ponto de vista transcendente. Assim, as Ideias são multiplicidades de cintilações diferenciais, como fogos-fátuos de uma faculdade à outra, "virtual rastilho de fogos", sem nunca ter a homogeneidade dessa luz natural que caracteriza o senso comum. Eis por que aprender pode ser definido de duas maneiras complementares que se opõem igualmente à representação no saber: ou aprender é penetrar na Ideia, em suas variedades e seus pontos notáveis; ou aprender é elevar uma faculdade a seu exercício transcendente disjunto, elevá-la a esse encontro e a essa violência que se comunicam às outras. Eis também por que o inconsciente tem duas determinações complementares que o excluem necessariamente da representação, mas que o tornam digno e capaz de uma apresentação pura: seja porque o inconsciente se defina pelo caráter extraproposicional e não atual das Ideias no *parassenso*, seja porque ele se defina pelo caráter não empírico do exercício *paradoxal* das faculdades.

No entanto, as Ideias mantêm uma relação muito particular com o pensamento puro. Sem dúvida, o pensamento deve ser aqui considerado não como a forma de identidade de todas as faculdades, mas como uma faculdade particular definida, do mesmo modo que as outras, por seu objeto diferencial e seu exercício disjunto. Acontece que o parassenso, ou a violência que se comunica de uma faculdade a outra segundo determinada ordem, fixa para o pensamento um lugar particular: o pensamento só é determinado a apreender seu próprio *cogitandum* na extremidade do cordão de violência, que, de uma Ideia a outra, põe primeiramente em movimento a sensibilidade e seu *sentiendum* etc. Essa extremidade também pode ser considerada como a origem radical das Ideias. Mas em que sentido devemos compreender "origem radical"? No mesmo sentido em que as Ideias devem ser ditas "diferenciais" do pensamento, "Inconsciente" do pensamento puro, no momento em que a oposição do pensamento a toda forma do senso comum permanece mais viva do que nunca. Então, não é de modo algum a um *Cogito*, entendido como proposição da consciência ou como fundamento, que as Ideias se referem, mas ao *Eu* rachado de um *cogito* dissolvido, isto é, ao universal *a-fundamento*, que caracteriza o pensamento como faculdade em seu exercício transcendente. As Ideias não são o objeto de uma faculdade particular, mas, ao mesmo tempo, dizem respeito singularmente a uma faculdade particular, isso a ponto de se poder dizer: elas saem daí (para constituir o parassenso de todas as faculdades). Mais uma vez: o que significa, nesse caso, sair ou encontrar sua origem? De onde vêm as Ideias, de onde vêm os problemas, seus elementos e relações ideais?

Problema e questão

Chegou o momento de determinar a diferença entre as duas instâncias, a do problema e a da questão, que até agora deixamos indeterminada. É preciso lembrar quanto o complexo questão-problema é uma aquisição do pensamento moderno, encontrando-se na base do renascimento da ontologia: é que esse complexo deixou de ser considerado como algo que expressa um estado provisório e subjetivo na representação do saber, para se tornar a intencionalidade do Ser por excelência ou a única instância a que o Ser, propriamente falando, responde, sem que por isso a questão seja suprimida ou ultrapassada, pois só ela tem, ao contrário, uma abertura coextensiva àquilo que deve lhe responder e que só pode responder-lhe mantendo-a, repisando-a, repetindo-a. Essa concepção da questão como algo de alcance ontológico anima tanto a obra de arte quanto o pensamento filosófico. A obra desenvolve-se a partir, em torno de uma rachadura que ela jamais consegue preencher. Que o romance, notadamente depois de Joyce, tenha encontrado uma nova linguagem do tipo "Questionário" ou "Inquisitório", que ele tenha apresentado acontecimentos e personagens essencialmente problemáticos não significa, evidentemente, que não se esteja seguro de nada; não é, evidentemente, a aplicação de um método de dúvida generalizada, não é o signo de um ceticismo moderno, mas, ao contrário, a descoberta do problemático e da questão como horizonte transcendental, como foco transcendental que pertence de maneira "essencial" aos seres, às coisas, aos acontecimentos. É a descoberta romanesca da Ideia, ou sua descoberta teatral, ou sua descoberta musical, ou sua descoberta filosófica...; é, ao mesmo tempo, a descoberta de um exercício transcendente da sensibilidade, da memória-imaginante, da linguagem, do pensamento, descoberta pela qual cada uma destas faculdades se comunica com as outras em plena discordância e se abre à diferença do Ser, tomando como objeto, isto é, como questão, sua própria diferença: tem-se, assim, essa escrita que nada mais é do que a questão O que é escrever? ou essa sensibilidade que é apenas O que é sentir? e esse pensamento, O que significa pensar? Quando o gênio da Ideia não está presente, saem daí as maiores monotonias, as maiores fraquezas de um novo senso comum; mas também as mais potentes "repetições", as mais prodigiosas invenções no parassenso, quando a Ideia surge, violenta. Lembremos somente os princípios dessa ontologia da questão: 1°: em vez de significar um estado empírico do saber destinado a desaparecer nas respostas, uma vez dada a resposta, a questão silencia todas as respostas empíricas que pretendem suprimi-la, para "forçar" a única resposta que a mantém e sempre a retoma: tal como Jó, em sua obstinação por uma resposta de primeira mão que se confunde com a própria questão (primeira potência, a do absurdo); 2°: daí a potência da questão, que é pôr em jogo tanto o questionador quanto o que ele questiona e pôr-se a si própria em questão: como Édipo e sua maneira de não chegar a nenhuma conclusão com a Esfinge (segunda potência, a do enigma); 3°: daí a revelação do Ser como correspondente à questão, que não se deixa reduzir nem ao questionado nem ao questionador, mas os une na articulação de sua própria Diferença: *μὴ ὄν* que não é não ser ou ser do negativo, mas não ente ou ser da questão (como Ulisses e a resposta "Ninguém"; terceira potência, que é a da Odisseia filosófica).

Todavia, essa ontologia moderna apresenta insuficiências. Ela às vezes lança mão do indeterminado como potência objetiva da questão, mas para fazer passar um vago subjetivo que ela atribui ao Ser, substituindo a força da repetição pelo empobrecimento de uma repetição fastidiosa ou pelos estereótipos de um novo senso comum. Por outro lado, acontece-lhe mesmo dissociar o complexo, confiar o cuidado das questões à religiosidade de uma bela alma, rejeitando os problemas para o lado dos obstáculos exteriores. Todavia, o que seria uma questão se ela não se desenvolvesse em campos problematizantes, os únicos capazes de determiná-la como uma "ciência" característica? A bela alma não para de levantar a questão que lhe é própria, a do noivado; mas quantas noivas desapareceram ou foram abandonadas quando a questão encontrava seu justo problema, que vinha reagir sobre ela, corrigi-la, afastá-la da diferença de um pensamento (assim, por exemplo, o herói de Proust perguntando "casarei com Albertine?", mas desenvolvendo a questão no *problema da obra de arte a ser feita*, problema em que a própria questão sofre uma radical metamorfose). Devemos procurar como as questões se desenvolvem em problemas numa Ideia, como os problemas se envolvem em questões no pensamento. E ainda aí é necessário confrontar a imagem clássica do pensamento com uma outra imagem, a que hoje sugere o renascimento da ontologia.

Pois, de Platão aos pós-kantianos, a filosofia definiu o movimento do pensamento como uma passagem do hipotético ao apodítico. Mesmo a operação cartesiana, da dúvida à certeza, é uma variante dessa passagem. Outra variante é a passagem da necessidade hipotética à necessidade metafísica na *Origem radical*. Mas, já em Platão, a dialética se definia assim: partir de hipóteses, servir-se de hipóteses como de trampolins, isto é, como "problemas", para elevar-se ao princípio a-hipotético que deve determinar a solução dos problemas e a verdade das hipóteses; toda a estrutura do *Parmênides* decorre daí, em condições tais que já não é possível ver nela (como, todavia, já se fez tão levianamente) um jogo, uma propedêutica, uma ginástica, um exercício formal. O próprio Kant é mais platônico do que pensa, quando passa da *Crítica da razão pura*, inteiramente subordinada à forma hipotética da experiência possível, à *Crítica da razão prática*, em que descobre, com a ajuda de problemas, a pura necessidade de um princípio categórico. Isso é ainda mais evidente quando os pós-kantianos querem realizar no mesmo espaço, e sem mudar de "crítica", a transformação do juízo hipotético em juízo tético.[14] Portanto, não é ilegítimo resumir assim o movimento da filosofia, de Platão a Fichte ou a Hegel, passando por Descartes, seja qual for a diversidade das hipóteses de partida e das apoditicidades finais. Pelo menos há alguma coisa em comum: o ponto de partida encontrado numa "hipótese", isto é, numa proposição da consciência afetada por um coeficiente de incerteza (como a dúvida cartesiana), e o ponto de chegada, encontrado numa apoditicidade ou num imperativo de ordem eminentemente moral (o Uno-Bem de Platão, o Deus não enganador do *cogito* cartesiano, o princípio do melhor de Leibniz, o imperativo categórico de Kant, o Eu de Fichte, a "Ciência" de Hegel). Ora, esse procedimento é o que mais se aproxima do verdadeiro movimento do pensamento, mas ele é também aquele que mais o trai, aquele que mais o desnatura; esse hipotetismo e esse moralismo conjugados, esse hipotetismo cientificista e esse moralismo racionalista tornam irreconhecível aquilo de que se aproximam.

Se dissermos: o movimento não vai do hipotético ao apodítico, mas do problemático à questão, parece, primeiramente, que a diferença é muito pequena. Essa diferença parece ser tanto menor que, se o apodítico não for separável de um imperativo moral, a questão não será separável de um imperativo, mesmo que ele seja de outro tipo. Todavia, há um abismo entre essas fórmulas. Na assimilação do problema a uma hipótese já há traição do problema ou da Ideia, o processo ilegítimo de sua redução a proposições da consciência e a representações do saber: o problemático difere por natureza do hipotético. De modo algum o *temático* se confunde com o *tético*. E o que está em jogo nessa diferença é toda a repartição, toda a determinação, toda a destinação, todo o exercício das faculdades numa doutrina em geral. É também muito diferente falar da instância apodítica ou da instância-questão, pois se trata de duas formas de imperativos, incomparáveis sob todos os aspectos. As questões são imperativos ou, antes, *as questões expressam a relação dos problemas com os imperativos dos quais eles procedem*. Será preciso tomar o exemplo da polícia para manifestar a natureza imperativa das questões? "Sou eu quem pergunta", mas, na verdade, é já o eu dissolvido do questionado quem fala através de seu carrasco. Os problemas ou as Ideias emanam de imperativos de aventura ou de acontecimentos que se apresentam como questões. Eis por que os problemas não são separáveis de um poder decisório, de um *fiat*, que faz de nós, quando nos atravessa, seres semidivinos. O matemático já não se diz da raça dos deuses? Nos dois procedimentos fundamentais da adjunção e da condensação, exerce-se no mais alto ponto esse poder de decisão fundado na natureza dos problemas a serem resolvidos, pois é sempre em relação a um corpo ideal anexado pelo matemático que uma equação é ou não redutível. Potência infinita de anexar uma quantidade arbitrária: já não se trata mais de um jogo à maneira de Leibniz, em que o imperativo moral de regras predeterminadas combina-se com a condição de um espaço dado, que é preciso preencher *ex hypothesi*; trata-se, sobretudo, de um lance de dados, de todo o céu como espaço aberto e do lançar como única regra. Os pontos singulares estão sobre o dado; as questões são os próprios dados; o imperativo é o lançar. As Ideias são as combinações problemáticas que resultam dos lances. É que o lance de dados nunca se propõe abolir o acaso (o céu-acaso). Abolir o acaso é fragmentá-lo segundo regras de probabilidade em vários lances, de tal modo que o problema já está desmembrado em hipóteses, hipóteses de ganho e de perda, e o imperativo já está moralizado no princípio de uma escolha do melhor que determina o ganho. O lance de dados, ao contrário, afirma o acaso de uma vez, e cada lance de dados afirma todo o acaso a cada vez. A repetição dos lances não é mais submetida à persistência de uma mesma hipótese nem à identidade de uma regra constante. Fazer do acaso um objeto de *afirmação* é o mais difícil, mas este é o sentido do imperativo e das questões que ele lança. As Ideias emanam dele como as singularidades emanam desse ponto aleatório que, a cada vez, condensa todo o acaso em uma vez. Dir-se-á que, assinalando a tal ponto a origem imperativa das Ideias, estamos apenas invocando o arbitrário, o simples arbitrário de um jogo de criança, a criança-deus. Mas isso seria compreender mal o que quer dizer "afirmar". Só há arbitrário no acaso, na medida em que ele não é afirmado, não é suficientemente afirmado, na medida em que é repartido em um espaço, em um número e sob regras destinadas a conjurá-lo. Se o acaso for suficientemente afirmado, o jogador não pode mais perder, pois toda combinação e cada lance que a produz são por natureza adequados ao lugar e ao comando móveis do ponto aleatório. Que significa, pois, afirmar todo o acaso, a cada vez, de uma vez? Essa afirmação se mede pela ressonância dos disparates que emanam de um lance e que, sob essa condição, formam um problema. Todo o acaso, então, está em cada lance, embora este seja parcial, e aí está de uma só vez, embora a combinação produzida seja o objeto de uma determinação progressiva. O lance de dados opera o cálculo dos problemas, a determinação dos elementos diferenciais ou a distribuição dos pontos singulares constitutivos de uma estrutura. Assim, forma-se a relação circular dos imperativos com os problemas que deles decorrem. A ressonância constitui a verdade de um problema como tal, onde o imperativo se prova, embora o próprio problema nasça do imperativo. Sendo o acaso afirmado, todo arbitrário é abolido a cada vez. Sendo o acaso afirmado, a própria divergência é objeto de afirmação num problema. Os corpos ideais de adjunção que determinam um problema permaneceriam arbitrários se o corpo de base não ressoasse, incorporando todas as grandezas exprimíveis pelo adjunto. Uma obra em geral é sempre um corpo ideal, um corpo ideal de adjunção. A obra é um problema nascido do imperativo, e é tanto mais perfeita e total num lance quanto o problema é mais bem determinado progressivamente como problema. O autor da obra, portanto, é bem denominado o operador da Ideia. Quando Raymond Roussel estabelece suas "equações de fatos" como problemas a serem resolvidos, fatos ou acontecimentos ideais que se põem a ressoar sob o lance de um imperativo de linguagem, fatos que são eles próprios *fiat*; quando muitos romancistas modernos instalam-se nesse ponto aleatório, nessa "mancha cega", imperativa, questionante, a partir da qual a obra se desenvolve como problema, fazendo ressoar suas séries divergentes – eles não fazem matemáticas aplicadas nem qualquer metáfora matemática ou física, mas estabelecem essa "ciência", *mathesis* universal imediata em cada domínio; eles fazem da obra um aprender ou uma experimentação e, ao mesmo tempo, algo de total a cada vez, onde todo o acaso encontra-se afirmado em cada caso, cada vez renovável, sem que talvez nunca subsista um arbitrário.[15]

Esse poder decisório no âmago dos problemas, essa criação, esse lançar que nos faz da raça dos deuses, não é, todavia, nosso. Os próprios deuses estão submetidos à *Ananke*, isto é, ao céu-acaso. Os imperativos ou as questões que nos atravessam não emanam do *Eu*, que não está nem aí para ouvi-los. Os imperativos são ser, toda questão é ontológica e distribui "aquilo que é" nos problemas. A ontologia é o lance de dados – caosmo de onde sai o cosmo. Se os imperativos do Ser têm uma relação com o *Eu*, é com o *Eu* rachado, cuja rachadura eles deslocam e reconstituem a cada vez segundo a ordem do tempo. Portanto, os imperativos formam os *cogitanda* do pensamento puro, as diferenciais do pensamento, ao mesmo tempo o que não pode ser pensado, mas o que deve ser e só pode ser pensado do ponto de vista do exercício transcendente. E as questões são os pensamentos puros dos *cogitanda*. Os imperativos em forma de questões significam, pois, minha maior impotência, mas também o ponto ao qual Maurice Blanchot sempre se refere, ponto aleatório original, cego, acéfalo, afásico, que designa "a impossibilidade de pensar que é o pensamento" e que se desenvolve na obra como problema e onde o "impoder" se transmuta em potência. Em vez de remeter ao *Cogito* como proposição da consciência, os imperativos se dirigem ao *Eu* rachado como ao inconsciente do pensamento, pois o *Eu* tem direito a um inconsciente sem o qual ele não pensaria e, sobretudo, não pensaria o puro *cogitandum*. Contrariamente ao que enuncia a trivial proposição da consciência, o pensamento só pensa a partir de um inconsciente e pensa esse inconsciente no exercício transcendente. Do mesmo modo, as Ideias que decorrem dos imperativos, em vez de serem as propriedades ou atributos de uma substância pensante, só fazem entrar e sair por essa rachadura do *Eu*, que sempre faz com que outro pense em mim, outro que deve, ele próprio, ser pensado. O que é primeiro no pensamento é o roubo. Sem dúvida, a impotência pode permanecer impotência, mas só ela também pode ser elevada à mais alta potência. É o que Nietzsche entendia por vontade de potência: a imperativa transmutação que toma como objeto a própria impotência (seja covarde, preguiçoso, obediente, se você quiser!, contanto que...) – o lance de dados capaz de afirmar todo o acaso, as questões que nos atravessam nas horas tórridas ou glaciais, os imperativos que nos destinam aos problemas que eles lançam. Com efeito, "há algo irredutível no fundo do espírito: um bloco monolítico de *Fatum*, de decisão já tomada sobre todos os problemas em sua medida e em sua relação conosco; e, ao mesmo tempo, um *direito* que temos de aceder a certos problemas, como sua marca feita a ferro em brasa sobre nossos nomes".[16]

A Ideia e a repetição

Mas quão decepcionante parece ser a resposta. Perguntávamo-nos qual é a origem das Ideias, de onde vêm os problemas; e invocamos lances de dados, imperativos e questões do acaso, em vez de um princípio apodítico; um ponto aleatório em que tudo se *a-funda*, em vez de um fundamento sólido. Opomos esse acaso ao arbitrário na medida em que ele é afirmado, imperativamente afirmado, afirmado segundo o modo muito particular da questão; mas essa afirmação foi por nós medida com a ressonância que se estabelece entre os elementos problemáticos saídos do lance de dados. Em que círculo giramos, que não podemos falar de outra maneira da origem? Distinguimos quatro instâncias: as questões imperativas, ontológicas; os problemas dialéticos ou os temas que daí decorrem; os campos simbólicos de resolubilidade em que esses problemas se expressam "cientificamente" em função de suas condições; as soluções que eles recebem nesses campos, encarnando-se na atualidade dos casos. Mas, o que serão, desde a origem, esses imperativos de fogo, essas questões que são começos de mundo? É que cada coisa começa numa questão, mas não se pode dizer que a própria questão comece. A questão, como o imperativo que ela expressa, só teria como origem a *repetição*? Coube a grandes autores de nossa época o estabelecimento dessa mais profunda relação da questão com a repetição (Heidegger, Blanchot). Não que seja suficiente, todavia, repetir uma mesma questão que se reencontraria intacta no fim, mesmo sendo ela *O que acontece com o ser?* São os maus lances de dados que se inscrevem nas mesmas hipóteses (representando as proposições da consciência ou as opiniões de um senso comum) e que se aproximam mais ou menos do mesmo princípio apodítico (representando a determinação do ganho). São os maus jogadores que só repetem fragmentando o acaso em vários lances. Ao contrário, o bom lance de dados afirma todo o acaso de uma vez; aí está a essência do que se chama questão. Entretanto, há vários lances de dados, o lance de dados se repete. Mas cada um toma o acaso de uma vez e, em vez de o diferente ter diferentes combinações, como resultado do Mesmo, ele tem o mesmo ou a repetição como resultado do Diferente. É neste sentido que a repetição consubstancial à questão está na fonte da "perplicação" das Ideias. O diferencial da Ideia não é separável do processo de repetição que já define o lance de dados. Há, no cálculo, uma iteração; há, nos problemas, uma repetição que reproduz a repetição das questões ou dos imperativos dos quais eles procedem. Acontece que não se trata ainda aí de uma repetição ordinária. O ordinário é o prolongamento, a continuação, o comprimento do tempo que se alonga em duração: repetição nua (ela pode ser descontínua, mas permanece fundamentalmente repetição do mesmo). Ora, *quem* se prolonga assim? Uma singularidade, até a vizinhança de outra singularidade. Ao contrário, a retomada das singularidades umas nas outras, a condensação das singularidades umas nas outras, tanto num mesmo problema ou numa mesma Ideia quanto de um problema a outro ou de uma Ideia a outra, define a potência extraordinária da repetição, a repetição vestida, mais profunda do que a repetição nua. A repetição é o lance das singularidades, sempre num eco, numa ressonância que faz de cada uma o duplo da outra, que faz de cada constelação a redistribuição da outra. E dá no mesmo dizer, no nível dos problemas, que a repetição vestida é mais profunda e, no nível das questões de onde eles procedem, que a repetição resulta do diferente.

A repetição, o notável e o ordinário

Heidegger mostra como a repetição da questão desenvolve-se no liame do problema com a repetição: "Entendemos por repetição de um problema fundamental a explicitação das possibilidades que ele encobre. O desenvolvimento destas tem o efeito de transformar o problema considerado e, desse modo, conservar seu conteúdo autêntico. Conservar um problema significa liberar e salvaguardar *a força interior que está na fonte de sua essência e que o torna possível como problema.* A repetição das possibilidades de um problema não é, pois, uma simples retomada do que é correntemente admitido sobre esse problema... Assim compreendido, o possível impediria toda repetição verdadeira e, desse modo, toda relação com a história... [Uma boa interpretação deve, ao contrário, decidir] se a compreensão do possível que domina toda repetição foi suficientemente aprofundada e se está à altura daquilo que, verdadeiramente, precisa ser repetido."[17] O que será esse possível no âmago do problema, que se opõe às possibilidades ou proposições da consciência, às opiniões correntemente admitidas que formam hipóteses? Nada mais do que a potencialidade da Ideia, sua virtualidade determinável. Nesse ponto, Heidegger é nietzschiano. De que se dirá a repetição no eterno retorno, a não ser da vontade de potência, do mundo da vontade de potência, de seus imperativos e de seus lances de dados, e dos problemas oriundos do lançar? A repetição no eterno retorno nunca significa a continuação, a perpetuação, o prolongamento, nem mesmo o retorno descontínuo de alguma coisa que seria pelo menos apta a prolongar-se num ciclo parcial (uma identidade, um *Eu*, um Eu), mas, ao contrário, a retomada de singularidades pré-individuais, que supõe, primeiramente, para que possa ser apreendida como repetição, a dissolução de todas as identidades prévias. Toda origem é uma singularidade, toda singularidade é um começo na linha horizontal, a linha dos pontos ordinários em que ela se prolonga, como em reproduções ou cópias que formam os momentos de uma repetição nua. Mas ela é recomeço na linha vertical, que condensa as singularidades e onde se tece a outra repetição, a linha de afirmação do acaso. Se o "ente" é em primeiro lugar diferença e começo, o ser é repetição, recomeço do ente. A repetição é o "contanto que" da condição que autentica os imperativos do ser. Esta é sempre a ambiguidade da noção de origem e a razão de nossa decepção precedente: uma origem só é assinalada num mundo que contesta tanto o original quanto a cópia; uma origem só assinala um fundamento num mundo já precipitado no universal *a-fundamento*.

A ilusão do negativo

Resulta daí uma última consequência no que diz respeito ao estatuto da negação. Há um não ser e, todavia, não há negativo ou negação. Há um não ser que de modo algum é o ser do negativo, mas é o ser do problemático. Esse (não)-ser, esse ?-ser tem, como símbolo, $\frac{0}{0}$. O zero designa aqui apenas a diferença e sua repetição. No *NE** dito expletivo, que os gramáticos têm tanta dificuldade de interpretar, encontra-se o (não)-ser que corresponde à forma de um campo problemático, embora as modalidades da proposição tendam a assimilá-lo a um não ser negativo: é sempre em relação a questões desenvolvidas em problemas que um *NE* expletivo aparece na proposição, como o testemunho de uma instância gramatical extraproposicional. O negativo é uma ilusão: é apenas a sombra dos problemas. Vimos como o problema era necessariamente recoberto pelas proposições possíveis correspondentes aos casos de solução; então, em vez de ser apreendido como problema, ele só aparecia como hipótese, série de hipóteses. Cada uma dessas hipóteses, como proposição da consciência, está flanqueada por um duplo negativo: *si l'Un est, si l'Un n'est pas... s'il fait beau, s'il ne fait pas beau...* [Se o Uno é, se o Uno não é... se o dia está bonito, se ele não está bonito...] O negativo é uma ilusão, porque a forma da negação surge com as proposições, que só expressam o problema de que dependem, desnaturando-o, escondendo sua verdadeira estrutura. Desde que o problema é traduzido em hipótese, cada afirmação hipotética encontra-se duplicada por uma negação, que representa agora o estado do problema traído por sua sombra. Não há Ideia de negativo, assim como não há hipótese na natureza, se bem que a natureza proceda por problema. Eis por que importa muito pouco que o negativo seja concebido como limitação lógica ou oposição real. Consideremos as grandes noções negativas, do múltiplo em relação ao Uno, da desordem em relação à ordem, do nada em relação ao ser: é indiferente interpretá-las como o limite de uma degradação ou como a antítese de uma tese. Quando muito, o processo encontra-se fundado ora na substância analítica de Deus, ora na forma sintética do Eu. Mas Deus ou o eu são a mesma coisa. Nos dois casos, se permanece no elemento hipotético do simples conceito, sob o qual são subsumidos ora todos os graus infinitos de uma representação idêntica, ora a oposição infinita de duas representações contrárias. Portanto, as críticas do negativo nunca são decisivas enquanto invocam os direitos de um primeiro conceito (o Uno, a ordem, o ser); menos ainda enquanto se contentam em traduzir a oposição em limitação. A crítica do negativo só é eficaz quando denuncia a indiferença da oposição e da limitação, denunciando, assim, o elemento conceitual hipotético que conserva necessariamente um ou outro e até mesmo um no outro. Em suma, é a partir da

---

* Referência à partícula *ne*, que pode ser acompanhada de outra partícula para compor a negação em francês, como em *ne ... pas*, cuja tradução é "não". (*N. dos T.*).

Ideia, do elemento ideal, diferencial e problemático, que deve ser feita a crítica do negativo. É a noção de multiplicidade que denuncia, ao mesmo tempo, o Uno e o múltiplo, a limitação do Uno pelo múltiplo e a oposição do múltiplo ao Uno. É a variedade que denuncia, ao mesmo tempo, a ordem e a desordem, é o (não)-ser, o ?-ser que denuncia, ao mesmo tempo, o ser e o não ser. A cumplicidade do negativo e do hipotético deve sempre ser desfeita em prol de um liame mais profundo do problemático com a diferença. A Ideia, com efeito, é feita de relações recíprocas entre elementos diferenciais completamente determinados em suas relações, que não comportam nunca termo negativo nem correlação de negatividade. Quão grosseiras parecem as oposições, os conflitos, as contradições no conceito, custosas pesagens, pesadas medidas aproximativas, em relação aos finos mecanismos diferenciais que caracterizam a Ideia – a leve. Devemos reservar o nome *positividade* para designar o estatuto da Ideia múltipla ou a consistência do problemático. Devemos ainda, a cada vez, vigiar a maneira pela qual o (não)-ser perfeitamente positivo pende em direção a um não ser negativo e tende a confundir-se com sua sombra, mas aí encontra sua mais profunda desnaturação graças à ilusão da consciência.

Diferença, negação e oposição

Considere-se o exemplo da Ideia linguística, hoje tão frequentemente invocado. Tal como é definida pela fonologia, a Ideia linguística tem certamente todas as características de uma estrutura: a presença de elementos diferenciais chamados fonemas, extraídos da corrente sonora contínua; a existência de relações diferenciais (traços distintivos) determinando reciprocamente e completamente esses elementos; o valor de pontos singulares assumido pelos fonemas nessa determinação (particularidades pertinentes); o caráter de multiplicidade do sistema da linguagem assim constituído, seu caráter problemático que representa objetivamente o conjunto dos problemas que a linguagem propõe a si própria e que ela resolve na constituição das significações; o caráter inconsciente, não atual, mas virtual, dos elementos e das relações e seu duplo estado de transcendência e de imanência aos sons articulados atuais; a dupla atualização dos elementos diferenciais, a dupla encarnação das relações diferenciais ao mesmo tempo nas línguas diversas e nas diversas partes significativas de uma mesma língua (diferençação), cada língua encarnando certas variedades de relação e certos pontos singulares; a complementaridade do sentido e da estrutura, da gênese e da estrutura, como gênese passiva que se revela nessa atualização. Ora, apesar de todos esses aspectos que definem uma multiplicidade plenamente positiva, constantemente os linguistas falam em termos negativos, assimilando as relações diferenciais entre fonemas a relações de oposição. Talvez se diga que se trata apenas de uma questão de terminologia convencional e que "oposição" significa correlação. É verdade, com efeito, que, entre os fonólogos, a noção de oposição aparece singularmente pluralizada, relativizada, pois cada fonema apresenta várias oposições distintas em relação a outros fonemas, pontos de vista diferentes. Por exemplo, na classificação de Trubetskoy, a oposição é de tal modo desmembrada, distribuída em variedades coexistentes de relações, que já não existe como oposição, mas, antes, como mecanismo diferencial complexo ou perplexo. Um hegeliano não encontraria aí seu quinhão, isto é, a uniformidade da grande contradição. Todavia, tocamos num ponto essencial: nesse como em outros casos, na fonologia como em outros domínios e em outras Ideias, trata-se de saber se é possível contentar-se em pluralizar a oposição ou em sobredeterminar a contradição, distribuí-las em figuras diversas que ainda conservam, apesar de tudo, a forma do negativo. Parece-nos que o pluralismo é um pensamento mais perigoso e mais arrebatador: não se esmigalha sem subverter. A descoberta de uma pluralidade de oposições coexistentes, em qualquer domínio, é inseparável de uma descoberta mais profunda, a da diferença, que denuncia o negativo e a própria oposição como aparências em relação ao campo problemático de uma multiplicidade positiva.[18] Não se pluraliza a oposição sem abandonar seu domínio e entrar nas cavernas da diferença, que fazem com que ressoe sua positividade pura e que rejeitam a oposição como um antro sombrio visto apenas de fora.

Retornemos, pois, à Ideia linguística: por que Saussure, no momento em que descobre que "na língua só há diferenças", acrescenta que essas diferenças existem "sem termos positivos", "eternamente negativas"? Por que Trubetskoy mantém, como princípio sagrado, que "a ideia de diferença" constitutiva da linguagem "supõe a ideia de oposição"? Tudo mostra o contrário. Não seria uma maneira de reintroduzir o ponto de vista da consciência e da representação atuais naquilo que deveria ser a exploração transcendente da Ideia do inconsciente linguístico, isto é, o mais elevado exercício da fala em relação ao ponto zero da linguagem? Quando interpretamos as diferenças como negativas e com a categoria da oposição, já não estaríamos do lado daquele que escuta e até mesmo que ouviu mal, que hesita entre várias versões atuais possíveis, que tenta "reconhecer-se" pelo estabelecimento de oposições, o pequeno lado da linguagem, não o lado daquele que fala e que atribui sentido? Não trairíamos assim a natureza do jogo da linguagem, isto é, o sentido da combinatória, dos imperativos ou dos lances de dados linguísticos que, como os gritos de Artaud, só podem ser apreendidos por aquele que fala no exercício transcendente? Em suma, a tradução da diferença em oposição de modo algum nos parece dizer respeito a uma simples questão de terminologia ou de convenção, mas à essência da linguagem e da Ideia linguística. Quando se lê a diferença como uma oposição, ela já foi privada de sua espessura própria, em que afirma sua positividade. Falta à fonologia moderna uma dimensão que a impediria de lidar com sombras num único plano. De certa maneira, é o que o linguista Gustave Guillaume sempre disse em toda sua obra, cuja importância começa hoje a ser percebida. Pois a oposição nada nos ensina sobre a natureza daquilo que se supõe estar em oposição. A seleção dos fonemas, que tem nessa ou naquela língua um valor pertinente, é inseparável dos morfemas tomados como elementos de construções gramaticais. Ora, os morfemas, que fazem intervir o conjunto virtual da língua, são objeto de uma determinação progressiva que procede por "limiares diferenciais" e implica um tempo puramente lógico capaz de medir a gênese ou a atualização. A determinação recíproca formal dos fonemas remete a essa determinação progressiva, que expressa a ação do sistema virtual sobre a matéria fônica; e somente quando se consideram os fonemas abstratamente, isto é, quando se reduziu o virtual a um simples possível, suas relações têm a forma negativa de uma oposição vazia, em vez de preencher as posições diferenciais em torno de um limiar. A substituição de um princípio de oposição distintiva por um princípio de *posição diferencial* é a contribuição fundamental da obra de Guillaume.[19] Essa substituição é feita na medida em que a morfologia não prolonga simplesmente a fonologia, mas introduz valores propriamente problemáticos, que determinam a seleção significativa dos fonemas. Para nós, é desse ponto de vista linguístico que o não ser tem a confirmação de sua dissociação necessária: por um lado, em um *NE*, que pode ser chamado de "discordancial", díspar ou diferencial, e não negativo, um *NE* problemático que deve ser escrito (não)-ser ou ?-ser; por outro lado, em um *PAS*, dito "foraclusivo", que deve ser escrito *não* ser, mas que assinala, na proposição engendrada, apenas o resultado do processo precedente. Na verdade, não é o *NE* expletivo que é um caso particular de negação pouco explicável; ao contrário, o *NE* expletivo é o sentido original, de tal modo que a negação *PAS* dele resulta, mas dele resulta, ao mesmo tempo, como uma consequência necessária e como uma ilusão inevitável. "*Ne... pas*" divide-se em *NE* problemático e *PAS* negativo, como duas instâncias que diferem por natureza, sendo que a segunda só atrai a primeira, traindo-a.

Gênese do negativo

A gênese do negativo é a seguinte: as afirmações do ser são elementos genéticos em forma de questões imperativas; elas se desenvolvem na positividade de problemas; as proposições da consciência são como que afirmações engendradas que designam os casos de solução. Mais precisamente: cada proposição tem um duplo negativo, expressando a sombra do problema no domínio das soluções, isto é, a maneira pela qual o problema subsiste através da imagem deformada que lhe dá a representação. A fórmula "este não é o caso" significa que uma hipótese se torna negativa na medida em que não representa as condições atualmente preenchidas por um problema, condições a que corresponde, ao contrário, outra proposição. Portanto, o negativo é a sombra desviante do problemático no conjunto das proposições, conjunto que o subsume como caso. Em regra geral, a crítica do negativo continua ineficaz enquanto ela se atribui a forma de afirmação pré-formada na proposição. A crítica do negativo só é radical e bem-fundada quando opera uma gênese da afirmação e, *simultaneamente*, a gênese da aparência de negação. Portanto, trata-se de saber como a afirmação pode ser múltipla ou como a diferença pode ser objeto de afirmação pura. Isto só é possível na medida em que a afirmação, como modo da proposição, é produzida a partir de elementos genéticos extraproposicionais (as questões imperativas ou afirmações ontológicas originais), e, depois, é "bem realizada" através dos problemas, determinada pelos problemas (Ideias problemáticas ou multiplicidades, positividades ideais). É nessas condições que se deve dizer, com efeito, que o negativo, na proposição, mantém-se ao lado da afirmação, mas somente como a sombra do problema que se supõe que a proposição deve responder, isto é, como a sombra da instância genética que produz a própria afirmação.

As Ideias contêm todas as variedades de relações diferenciais e todas as distribuições de pontos singulares, coexistindo nas diversas ordens e "perplicadas" umas nas outras. Quando o conteúdo virtual da Ideia se atualiza, as variedades de relações se encarnam em espécies distintas e, correlativamente, os pontos singulares, que correspondem aos valores de uma variedade, se encarnam em partes distintas, características de tal ou qual espécie. Por exemplo, a Ideia de cor é como a luz branca que perplica em si os elementos e relações genéticas de todas as cores, mas que se atualiza nas diversas cores e em seus respectivos espaços; ou a Ideia de som, como o ruído branco. Há até mesmo uma sociedade branca, uma linguagem branca (aquela que, em sua virtualidade, contém todos os fonemas e relações destinados a se atualizarem nas diversas línguas e nas partes notáveis de uma mesma língua). Portanto, com a atualização, um novo tipo de distinção, específica e partitiva, toma o lugar das distinções ideais fluentes. Chamamos diferen*ci*ação a determinação do conteúdo virtual da Ideia; chamamos diferençação a atualização dessa virtualidade em espécies e partes distintas. É sempre em relação a um problema diferenciado, em relação a condições de problemas diferenciados, que se opera uma diferençação de espécies e de partes, correspondendo aos casos de solução do problema. É sempre um campo problemático que condiciona uma diferençação no interior do meio em que ele se encarna. Assim, tudo o que queremos dizer é que o negativo não aparece nem no processo de diferenciação nem no processo de diferençação. A Ideia ignora a negação. O primeiro processo confunde-se com a descrição de uma positividade pura, descrição feita ao modo do problema, em que são assinalados relações e pontos, lugares e funções, posições e limiares diferenciais excluindo toda determinação negativa e encontrando sua fonte em elementos de afirmação genéticos ou produtores. O outro processo, o de diferençação, confunde-se com a produção de afirmações engendradas finitas que incidem sobre os termos atuais que ocupam esses lugares e posições, sobre as correlações reais que encarnam essas relações e essas funções. As formas do negativo aparecem nos termos atuais e correlações reais, mas somente como separados da virtualidade que eles atualizam e do movimento de sua atualização. Então, e apenas então, as afirmações finitas parecem limitadas em si mesmas, opostas umas às outras, sofrendo de falta ou de privação por si mesmas. Em suma, o negativo é sempre derivado e representado, nunca original nem presente; o processo da diferença e da diferençação é sempre primeiro em relação ao processo do negativo e da oposição. Os comentadores de Marx, que insistem na diferença fundamental entre Marx e Hegel, lembram, com toda razão, que a categoria de diferençação no interior de uma multiplicidade social (divisão do trabalho) substitui, em *O capital*, os conceitos hegelianos de oposição, de contradição e de alienação – que são apenas um movimento da aparência e só valem para os efeitos abstratos, separados do princípio e do verdadeiro movimento de sua produção.[20] Evidentemente, a filosofia da diferença deve temer, aqui, entrar no discurso de uma bela alma: diferenças, só diferenças, numa coexistência pacífica, em Ideia, dos lugares e funções sociais... Mas o nome de Marx basta para preservá-la desse perigo.

Os problemas de uma sociedade, tais como são determinados na infraestrutura sob a forma do trabalho dito "abstrato", têm uma solução pelo processo de atualização ou de diferençação (divisão do trabalho concreto). Mas, ao mesmo tempo que a sombra do problema persiste no conjunto dos casos diferençados que formam a solução, estes dão uma imagem falsificada do próprio problema. Nem mesmo se pode dizer que a falsificação venha depois; ela acompanha, ela duplica a atualização. O problema sempre se reflete em *falsos problemas*, ao mesmo tempo que ele se resolve, de modo que a solução encontra-se geralmente pervertida por uma inseparável falsidade. Por exemplo, o fetichismo, segundo Marx, é um "absurdo", uma ilusão da consciência social, à condição de se entender por isso não uma ilusão subjetiva que nasceria da consciência, mas uma ilusão objetiva, uma ilusão transcendental nascida das condições da consciência social no curso da atualização. Há homens cuja existência social diferençada está ligada aos falsos problemas que vivem, há outros cuja existência social é inteiramente mantida nos falsos problemas que sofrem e cujas posições falsificadas são por eles preenchidas. No corpo objetivo do falso problema aparecem todas as figuras do não sentido: isto é, as contrafações da afirmação, as más-formações dos elementos e das relações, as confusões entre o notável e o ordinário. Eis por que a história é tanto o lugar do não sentido e da besteira quanto o processo do sentido. Por natureza, os problemas escapam à consciência; é próprio da consciência ser uma falsa consciência. O fetiche é o objeto natural da consciência social como senso comum ou recognição de valor. Os problemas sociais só podem ser apreendidos numa "retificação", quando a faculdade de sociabilidade se eleva a seu exercício transcendente e quebra a unidade do senso comum fetichista. O objeto transcendente da faculdade de sociabilidade é a revolução. É neste sentido que a revolução é a potência social da diferença, o paradoxo de uma sociedade, a cólera própria da Ideia social. A revolução de modo algum passa pelo negativo. Não podemos fixar a primeira determinação do negativo, *sombra do problema como tal*, sem já sermos precipitados numa segunda determinação: o negativo é *o corpo objetivo do falso problema*, o fetiche em pessoa. Sombra do problema, o negativo é também o falso problema por excelência. A luta prática não passa pelo negativo, mas pela diferença e sua potência de afirmar; e a guerra dos justos é a conquista do mais alto poder, o de pesar os problemas, restituindo-os a sua verdade, avaliando essa verdade para além das representações da consciência e das formas do negativo, acedendo, enfim, aos imperativos de que eles dependem.

Ideia e virtualidade

Não paramos de invocar o virtual. Não seria isso recair no vago de uma noção mais próxima do indeterminado do que das determinações da diferença? Todavia, era isso que queríamos evitar ao falarmos de virtual. Opusemos o virtual ao real; agora, é preciso corrigir essa terminologia que ainda não podia ser exata. O virtual não se opõe ao real, mas apenas ao atual. *O virtual possui uma plena realidade como virtual.* Do virtual, é preciso dizer exatamente o que Proust dizia dos estados de ressonância: "Reais sem serem atuais, ideais sem serem abstratos",[21] e simbólicos sem serem fictícios. O virtual deve ser definido como uma parte do objeto real – como se o objeto tivesse uma de suas partes no virtual e aí mergulhasse como numa dimensão objetiva. Na exposição do cálculo diferencial, assimila-se frequentemente a diferencial a uma "porção da diferença". Ou, então, segundo o método de Lagrange, pergunta-se qual é a parte do objeto matemático que deve ser considerada como derivada e que apresenta as relações em questão.

A realidade do virtual: *ens omni modo...*

A realidade do virtual consiste nos elementos e relações diferenciais e nos pontos singulares que lhes correspondem. A estrutura é a realidade do virtual. Aos elementos e às relações que formam uma estrutura devemos evitar, ao mesmo tempo, atribuir uma atualidade que eles não têm e retirar a realidade que eles têm. Vimos que um duplo processo de determinação recíproca e de determinação completa definia essa realidade: em vez de ser indeterminado, o virtual é completamente determinado. Quando a obra de arte exige uma virtualidade na qual mergulha, ela não invoca qualquer determinação confusa, mas a estrutura completamente determinada, formada por seus elementos diferenciais genéticos, elementos "tornados virtuais", "tornados embrionários". Os elementos, as variedades de relações, os pontos singulares coexistem na obra ou no objeto, na parte virtual da obra ou do objeto, sem que se possa assinalar um ponto de vista privilegiado sobre os outros, um centro que seria unificador dos outros centros. Mas como se poderá falar de determinação completa e, ao mesmo tempo, de uma parte apenas do objeto? A determinação deve ser uma determinação completa do objeto e, todavia, formar apenas uma parte dele. É que, segundo as indicações de Descartes nas *Respostas a Arnauld*, deve-se distinguir cuidadosamente o objeto como completo e o objeto como inteiro. O completo é apenas a parte ideal do objeto, aquela que, na Ideia, participa com outras partes de objetos (outras relações, outros pontos singulares), mas que nunca constitui uma integridade como tal. O que falta à determinação completa é o conjunto das determinações da existência atual. Um objeto pode ser *ens*, ou antes *(não)-ens omni modo determinatum*, sem ser inteiramente determinado ou existir atualmente.

Diferenciação e diferençação; as duas metades do objeto

Há, pois, outra parte do objeto, que se encontra determinada pela atualização. O matemático pergunta qual é essa outra parte representada pela função dita primitiva; a integração, neste sentido, de modo algum é o inverso da diferenciação, mas, antes, forma um processo original de diferençação. Enquanto que a diferenciação determina o conteúdo virtual da Ideia como problema, a diferençação expressa a atualização desse virtual e a constituição das soluções (por integrações locais). A diferençação é como que a segunda parte da diferença, e é preciso formar a noção complexa de *diferen*$\frac{ci}{\text{ç}}$*ação* para designar a integridade ou a integralidade do objeto. O *ci* e o *ç* são aqui o traço distintivo ou a relação fonológica da diferença. Todo objeto é duplo, sem que suas duas metades se assemelhem, sendo uma a imagem virtual, e a outra, a imagem atual. Metades desiguais ímpares. A própria diferenciação já tem, por sua vez, dois aspectos que correspondem às variedades de relações e aos pontos singulares dependentes dos valores de cada variedade. Mas a diferençação, por sua vez, tem dois aspectos, um concernente às qualidades ou espécies diversas que atualizam as variedades, o outro, concernente ao número ou às partes distintas que atualizam os pontos singulares. Por exemplo, os genes, como sistemas de relações diferenciais, encarnam-se, ao mesmo tempo, numa espécie e nas partes orgânicas que a compõem. Não há qualidade em geral que não remeta a um espaço definido pelas singularidades que correspondem às relações diferenciais encarnadas nessa qualidade. Os trabalhos de Lavelle e de Nogué, por exemplo, mostraram a existência de espaços próprios às qualidades e a maneira pela qual esses espaços se constroem na vizinhança de singularidades: de modo que uma diferença de qualidade encontra-se sempre subentendida por uma diferença espacial (*diaphora*). Mais ainda, a reflexão dos pintores nos ensina tudo sobre o espaço de cada cor e sobre a ligação desses espaços numa obra. As espécies só são diferençadas na medida em que cada uma tem suas próprias partes diferençadas. A diferençação é sempre simultaneamente diferençação de espécies e de partes, de qualidades e de extensões: qualificação ou especificação, mas também partição ou organização. Como, então, esses dois aspectos da diferençação encadeiam-se com os dois aspectos precedentes da diferen*c*iação? Como se encaixam as duas metades dessemelhantes do objeto? As qualidades e espécies encarnam as variedades de relação em um modo atual; as partes orgânicas encarnam as singularidades correspondentes. Mas a precisão do encaixe aparece melhor de dois pontos de vista complementares.

Os dois aspectos de cada metade

Por um lado, a determinação completa opera a diferen*c*iação das singularidades; mas ela incide apenas sobre sua existência e sua distribuição. A natureza dos pontos singulares só é especificada pela forma das curvas integrais em sua vizinhança, isto é, em função de espécies e de espaços atuais ou diferençados. Por outro lado, os aspectos essenciais da razão suficiente, determinabilidade, determinação recíproca, determinação completa, encontram sua unidade sistemática na determinação progressiva. A reciprocidade da determinação não significa, com efeito, uma regressão nem uma estagnação, mas uma verdadeira progressão, em que os termos recíprocos devem ser conquistados pouco a pouco e em que as próprias relações devem ser postas em relação. A completude da determinação implica também a progressividade dos corpos de adjunção. Indo de A a B e, depois, retornando de B a A, não encontramos um ponto de partida como numa repetição nua; a repetição é, antes, entre A e B, B e A; é o percurso ou a descrição progressiva do conjunto de um campo problemático. É como no poema de Vitrac, em que os diferentes procedimentos que formam, cada um, um poema (Escrever, Sonhar, Esquecer, Procurar seu contrário, Humorizar, enfim, *Encontrar, analisando*-o), determinam progressivamente o conjunto do poema como Problema ou Multiplicidade. É neste sentido que toda estrutura, em virtude dessa progressividade, possui um tempo puramente lógico, ideal ou dialético. Mas esse tempo virtual determina um tempo de diferençação ou, antes, ritmos, tempos diversos de atualização, que correspondem às relações e às singularidades da estrutura e que medem a passagem do virtual ao atual. A esse respeito, quatro termos são sinônimos: atualizar, diferençar, integrar, resolver. A natureza do virtual é tal que atualizar-se é diferençar-se. Cada diferençação é uma integração local, uma solução local, que se compõe com outras no conjunto da solução ou na integração global. É assim que, no vivente, o processo de atualização apresenta-se, ao mesmo tempo, como diferençação local das partes, formação global de um meio interior, solução de um problema estabelecido no campo de constituição de um organismo.[22] O organismo nada seria se não fosse a solução de um problema e, também, cada um de seus órgãos diferençados, tal como o olho que resolve um "problema" de luz; mas nada nele, nenhum órgão, seria diferençado sem o meio interior dotado de uma eficácia geral ou de um poder integrante de regulação. (Ainda neste caso, as formas negativas da oposição e da contradição na vida, do obstáculo e da necessidade, são secundárias ou derivadas em relação aos imperativos de um organismo a ser construído, assim como de um problema a ser resolvido.)

A distinção do virtual e do possível

Em tudo isso, o único perigo é confundir o virtual com o possível. Com efeito, o possível opõe-se ao real; o processo do possível é, pois, uma "realização". O virtual, ao contrário, não se opõe ao real; possui plena realidade. Seu processo é a atualização. É um erro ver nisso apenas uma disputa de palavras: trata-se da própria existência. Cada vez que colocamos o problema em termos de possível e de real, somos forçados a conceber a existência como um surgimento bruto, ato puro, salto que ocorre sempre às nossas costas, submetido à lei do tudo ou nada. Que diferença pode haver entre o existente e o não existente, se o não existente já é possível, recolhido no conceito, tendo todas as características que o conceito lhe confere como possibilidade? A existência é *a mesma* que o conceito, mas fora do conceito. Coloca-se, portanto, a existência no espaço e no tempo, mas como meios indiferentes, sem que a produção da existência se faça num espaço e num tempo característicos. A diferença só pode ser então o negativo determinado pelo conceito: seja a limitação dos possíveis entre si para se realizarem, seja a oposição entre o possível e a realidade do real. O virtual, ao contrário, é a característica da Ideia; é a partir de sua realidade que a existência é produzida, e produzida em conformidade com um tempo e um espaço imanentes à Ideia.

Em segundo lugar, o possível e o virtual também se distinguem porque um remete à forma de identidade no conceito, ao passo que o outro designa uma multiplicidade pura na Ideia, que exclui radicalmente o idêntico como condição prévia. Enfim, na medida em que o possível se propõe à "realização", ele próprio é concebido como a imagem do real, e o real como a semelhança do possível. Eis por que se compreende tão pouco o que a existência acrescenta ao conceito, duplicando o semelhante com o semelhante. É esta a tara do possível, tara que o denuncia como produzido posteriormente, fabricado retroativamente, feito à imagem daquilo a que ele se assemelha. A atualização do virtual, ao contrário, sempre se faz por diferença, divergência ou diferençação. A atualização rompe tanto com a semelhança como processo quanto com a identidade como princípio. Os termos atuais nunca se assemelham à virtualidade que eles atualizam: as qualidades e as espécies não se assemelham às relações diferenciais que elas encarnam; as partes não se assemelham às singularidades que elas encarnam. A atualização, a diferençação, neste sentido, é sempre uma verdadeira criação. Ela não se faz por limitação de uma possibilidade preexistente. É contraditório falar de "potencial", como o fazem certos biólogos, e definir a diferençação pela simples limitação de um poder global, como se o potencial se confundisse com uma possibilidade lógica. Atualizar-se, para um potencial ou um virtual, é sempre criar linhas divergentes que correspondam, sem semelhança, à multiplicidade virtual. O virtual tem a realidade de uma tarefa a ser cumprida, assim como a realidade de um problema a ser resolvido; é o problema que orienta, condiciona, engendra as soluções, mas estas não se assemelham às condições do problema. Bergson portanto tinha razão ao dizer que, do ponto de vista da diferençação, mesmo as semelhanças que surgem nas linhas de evolução divergentes (por exemplo, o olho como órgão "análogo") devem ser, primeiramente, referidas à heterogeneidade no mecanismo de produção. E é num mesmo movimento que é preciso subverter a subordinação da diferença à identidade e a subordinação da diferença à similitude. Mas o que é essa correspondência sem semelhança ou diferençação criadora? O esquema bergsoniano, que une a *Evolução criadora* a *Matéria e memória*, começa pela exposição de uma gigantesca memória, multiplicidade formada pela coexistência virtual de todas as seções do "cone", sendo cada seção como que a repetição de todas as outras, distinguindo-se destas apenas pela ordem das relações e pela distribuição dos pontos singulares. Em seguida, a atualização desse virtual mnemônico aparece como a criação de linhas divergentes, cada uma correspondendo a uma seção virtual e representando uma maneira de resolver um problema, mas encarnando, em espécies e partes diferençadas, a ordem de relações e a distribuição de singularidades próprias à seção considerada.[23] No virtual, a diferença e a repetição fundam o movimento da atualização, da diferençação como criação, substituindo, assim, a identidade e a semelhança do possível, que só inspiram um pseudomovimento, o falso movimento da realização como limitação abstrata.

O INCONSCIENTE DIFERENCIAL; O *DISTINTO-OBSCURO*

É ruinosa toda hesitação entre o virtual e o possível, entre a ordem da Ideia e a ordem do conceito, pois ela abole a realidade do virtual. Na filosofia de Leibniz, encontram-se os traços dessa oscilação, pois toda vez que fala das Ideias, ele as apresenta como multiplicidades virtuais feitas de relações diferenciais e de pontos singulares, e que o pensamento apreende num estado vizinho ao do sono, do aturdimento, do desfalecimento, da morte, da amnésia, do murmúrio ou da embriaguez...[24] Mas aquilo em que as Ideias se atualizam é antes de tudo concebido como um possível, um possível realizado. Essa hesitação entre o possível e o virtual explica por que ninguém foi mais longe que Leibniz na exploração da razão suficiente e por que, todavia, ninguém manteve tanto quanto ele a ilusão de uma subordinação dessa razão suficiente ao idêntico. Ninguém aproximou-se tanto como ele de um movimento da vice-dicção na Ideia, mas ninguém melhor do que ele manteve o pretenso direito da representação, mesmo que a tenha tornado infinita. Ninguém melhor do que ele soube mergulhar o pensamento no elemento da diferença, dotá-lo de um inconsciente diferencial, cercá-lo com pequenos fulgores e singularidades; mas tudo isso para salvar e recompor a homogeneidade de uma luz natural, à maneira de Descartes. Com efeito, é em Descartes que aparece o mais elevado princípio da representação como bom senso ou senso comum. Podemos dar a esse princípio o nome de princípio do "claro *e* distinto" ou da proporcionalidade do claro e do distinto: uma Ideia é tanto mais distinta quanto mais clara ela for; o claro-distinto constitui a luz que torna o pensamento possível no exercício comum de todas as faculdades. Ora, em face desse princípio, não se poderia exagerar a importância de uma observação que Leibniz faz constantemente em sua lógica das Ideias: uma ideia clara é por si mesma confusa; ela é confusa *enquanto clara*. Sem dúvida, esta observação pode acomodar-se à lógica cartesiana e apenas significar que uma ideia clara é confusa por não ser ainda suficientemente clara em todas as suas partes. E não é assim, finalmente, que o próprio Leibniz tende a interpretá-la? Mas não seria ela também passível de outra interpretação, mais radical? Haveria uma diferença de natureza, e não mais de grau, entre o claro e o distinto, de modo que o claro seria por si mesmo confuso e, reciprocamente, o distinto seria por si mesmo obscuro? O que seria esse distinto-obscuro correspondente ao claro-confuso? Retornemos aos célebres textos de Leibniz sobre o murmúrio do mar; aí também são possíveis duas interpretações. Ou dizemos que a apercepção do barulho de conjunto é clara, embora confusa (não distinta), porque as pequenas percepções componentes não são elas mesmas claras, mas obscuras. Ou dizemos que as pequenas percepções são elas mesmas distintas e obscuras (não claras): distintas, porque apreendem relações diferenciais e singularidades; obscuras, por não serem ainda "distinguidas", não serem ainda diferençadas – e essas singularidades, condensando-se, determinam, em relação com nosso corpo, um limiar de consciência como um limiar de diferençação, a partir do qual as pequenas percepções atualizam-se, mas atualizam-se numa apercepção que, por sua vez, é apenas clara e confusa: clara, porque distinguida ou diferençada, e confusa, porque clara. Então, o problema não mais se coloca em termos de partes-todo (do ponto de vista de uma possibilidade lógica), mas em termos de virtual-atual (atualização de relações diferenciais, encarnação de pontos singulares). Eis que o valor da representação no senso comum se fragmenta em dois valores irredutíveis no parassenso: um distinto que só pode ser obscuro, tanto mais obscuro quanto mais for distinto, e um claro-confuso que só pode ser confuso. É próprio da Ideia ser distinta e obscura. Isto quer dizer que *a Ideia é real sem ser atual, diferenciada sem ser diferençada, completa sem ser inteira.* O distinto-obscuro é a embriaguez, o aturdimento propriamente filosófico ou a Ideia dionisíaca. Portanto, foi por pouco que Leibniz deixou escapar Dioniso, à beira do mar ou nas proximidades do moinho d'água. E talvez seja necessário Apolo, o pensador claro-confuso, para pensar as Ideias de Dioniso. Mas os dois nunca se reúnem para reconstituir uma luz natural. Eles compõem, antes, duas línguas cifradas na linguagem filosófica e para o exercício divergente das faculdades: o disparate do estilo.

A diferençação como processo de atualização da Ideia

Como se faz a atualização nas próprias coisas? Por que a diferençação será, correlativamente, qualificação e composição, especificação e organização? Por que ela se diferencia nessas duas vias complementares? Mais profundos do que as qualidades e as extensões atuais, do que as espécies e as partes atuais, há os dinamismos espaço-temporais. Eles é que são atualizadores, diferenciadores. É preciso fazer seu levantamento em todos os domínios, mesmo que estejam sempre recobertos pelas extensões e qualidades constituídas. Os embriologistas mostram que a divisão de um ovo em partes permanece secundária em relação a movimentos morfogenéticos, diferentemente significativos: aumento das superfícies livres, estiramento das camadas celulares, invaginação por plissamento, deslocamentos regionais dos grupos. Toda uma cinemática do ovo aparece, implicando uma dinâmica. Essa dinâmica expressa ainda algo ideal. O transporte é dionisíaco e divino, é delírio, antes de ser transferência local. Portanto, os tipos de ovo se distinguem por orientações, por eixos de desenvolvimento, por velocidades e ritmos diferenciais como primeiros fatores da atualização de uma estrutura, criando um espaço e um tempo próprios àquilo que se atualiza. Disso, Baër concluía, por um lado, que a diferençação vai do mais geral ao menos geral, pois os caracteres estruturais dinâmicos dos grandes tipos ou ramos aparecem antes dos caracteres simplesmente formais da espécie, do gênero ou até mesmo da classe; por outro lado, ele concluía que as falhas entre esses tipos ou a irredutibilidade dos dinamismos vinham singularmente limitar as possibilidades da evolução e impunham distinções atuais entre Ideias. Todavia, esses dois pontos suscitam grandes problemas. Com efeito, em primeiro lugar, as mais altas generalidades de Baër são generalidades apenas para um observador adulto que as contempla de fora. Em si mesmas, elas são vividas pelo indivíduo-embrião em seu campo de individuação. Além disso, como observava Vialleton, discípulo de Baër, elas só podem ser vividas pelo indivíduo-embrião: há "coisas" que só o embrião pode fazer, movimentos que só ele pode empreender ou, antes, suportar (nas tartarugas, por exemplo, o membro anterior sofre um deslocamento relativo de 180° ou o pescoço implica um deslocamento para frente de um número variável de protovértebras).[25] As proezas e o destino do embrião consistem em viver o inviável como tal e a amplitude de movimentos forçados, que quebrariam qualquer esqueleto ou romperiam os ligamentos. É bem verdade que a diferençação é progressiva, em cascata: os caracteres dos grandes tipos aparecem antes dos caracteres do gênero e da espécie na ordem da especificação; e, na ordem da organização, tal broto é broto de pata antes de tornar-se pata direita ou esquerda. Em vez de uma diferença de generalidade, esse movimento indica, porém, uma diferença de natureza; em vez de descobrir o mais geral sob o menos geral, são descobertos puros dinamismos espaço-temporais (o vivido do embrião) sob os caracteres morfológicos, histológicos, anatômicos, fisiológicos etc., que dizem respeito às qualidades e às partes constituídas. Em vez de irmos do mais geral ao menos geral, vamos do virtual ao atual, de acordo com a determinação progressiva e segundo os primeiros fatores de atualização. A noção de "generalidade" tem, nesse caso, o inconveniente de sugerir uma confusão entre o virtual, que se atualiza por criação, e o possível, que se realiza por limitação. E antes do embrião, tomado como suporte geral de qualidades e de partes, há o embrião como sujeito individual e paciente de dinamismos espaço-temporais, sujeito larvar.

Quanto ao outro aspecto, o de uma possibilidade da evolução, devemos pensá-lo em função de polêmicas pré-evolucionistas. A grande polêmica entre Cuvier e Geoffroy Saint-Hilaire diz respeito à unidade de composição: haveria um Animal em si como uma Ideia de animal universal ou as grandes ramificações introduziriam falhas intransponíveis entre tipos de animais? A discussão encontra seu método e sua prova poética na *dobradura*: pode-se, por dobradura, passar do Vertebrado ao Cefalópode? Pode-se dobrar o vertebrado de tal modo que as duas partes da espinha dorsal se aproximem a tal ponto que a cabeça vá em direção aos pés, a bacia em direção à nuca, e que as vísceras se disponham como nos Cefalópodes? Cuvier nega que a dobradura possa configurar tal disposição. E que animal suportaria a prova, mesmo se reduzido a seu esqueleto seco? É verdade que Geoffroy não pretende dizer que a dobradura opere efetivamente a passagem; seu argumento é mais profundo: haveria tempos de desenvolvimento que parariam este ou aquele animal num certo grau de composição ("o órgão A estará numa relação insólita com o órgão C, se B não tiver sido produzido, se a parada do desenvolvimento o tiver atingido muito cedo, impedindo sua produção").[26] A introdução do fator temporal é essencial, embora Geoffroy o considere sob a forma de paradas, isto é, de etapas progressivas ordenadas na realização de um *possível* comum a todos os animais. Basta dar ao tempo seu verdadeiro sentido de atualização criadora para que a evolução encontre um princípio que a condicione. Pois, do ponto de vista da atualização, se o dinamismo das direções espaciais determina uma diferençação dos tipos, os tempos mais ou menos rápidos imanentes a esses dinamismos fundam a passagem de uns aos outros, ou de um tipo diferençado a outro, seja por desaceleração, seja por precipitação. Foram criados outros espaços com tempos contraídos ou descontraídos, segundo razões de aceleração ou de retardamento. Até mesmo a parada toma o aspecto de uma atualização criadora na *neotenia*. O fator temporal torna possível, em princípio, a transformação dos dinamismos, mesmo que sejam assimétricos, espacialmente irredutíveis e totalmente diferençados, ou, antes mesmo, diferenciadores. É neste sentido que Perrier via fenômenos de "repetição acelerada" (taquigênese) na origem das ramificações do reino animal e encontrava uma prova superior da própria evolução na precocidade do aparecimento dos tipos.[27]

Os dinamismos ou dramas

O mundo inteiro é um ovo. A dupla diferençação das espécies e das partes supõe sempre dinamismos espaçotemporais. Considere-se uma divisão em 24 elementos celulares dotados de caracteres semelhantes: nada nos diz ainda por qual processo dinâmico ela foi obtida: 2 × 12 ou (2 × 2) + (2 × 10) ou (2 × 4) + (2 × 8)...? Mesmo a divisão platônica não teria regra para distinguir dois lados, se os movimentos e as orientações, os traçados no espaço, não viessem dar-lhe uma. É o caso da pesca com linha: conter a presa ou atingi-la, atingi-la de cima para baixo ou de baixo para cima. São processos dinâmicos que determinam a atualização da Ideia. Mas que relação mantêm eles com ela? Eles são exatamente *dramas*, dramatizam a Ideia. Por um lado, eles criam, traçam um espaço correspondente às relações diferenciais e às singularidades a serem atualizadas. Quando uma migração celular se produz, como é mostrado por Raymond Ruyer, é a exigência de um "papel" em função do "tema" estrutural a ser atualizado que determina a situação, mas não o inverso.[28] O mundo é um ovo, mas o ovo é, ele próprio, um teatro: teatro de encenação, onde os papéis levam vantagem sobre os atores, os espaços sobre os papéis, as Ideias sobre os espaços. Além disso, em virtude da complexidade de uma Ideia e de suas relações com outras Ideias, a dramatização espacial se dá em vários níveis: na constituição de um espaço interior, mas também na maneira pela qual esse espaço se propaga no extenso externo, ocupando uma região. Não se deve confundir, por exemplo, o espaço interior de uma cor e a maneira pela qual ela ocupa um extenso onde ela entra em correlação com outras cores, qualquer que seja a afinidade dos dois processos. Um vivente não se define só geneticamente pelos dinamismos que determinam seu meio interior, mas também ecologicamente pelos movimentos externos que presidem sua distribuição no extenso. Uma cinética da população se junta, sem semelhança, à cinética do ovo; um processo geográfico de isolamento não é menos formador de espécies do que as variações genéticas internas e, às vezes, as precede.[29] Tudo isso é ainda mais complicado caso se considere que o próprio espaço interior é feito de múltiplos espaços que devem ser localmente integrados, ligados; caso se considere que essa ligação, capaz de fazer-se de muitas maneiras, impulsiona a coisa ou o vivente até seus próprios limites, em contato com o exterior; caso se considere que essa relação com o exterior, com outras coisas e com outros viventes, implica, por sua vez, conexões ou integrações globais que diferem por natureza das precedentes. Sempre uma encenação em vários níveis.

Por outro lado, os dinamismos são tanto temporais quanto espaciais. Eles constituem tempos de atualização ou de diferençação assim como traçam espaços de atualização. Não só espaços começam a encarnar as relações diferenciais entre elementos da estrutura recíproca e completamente determinados, mas tempos de diferençação encarnam o tempo da estrutura, o tempo da determinação progressiva. Tais tempos podem ser chamados ritmos diferenciais, em função de seu papel na atualização da Ideia. Finalmente, sob as espécies e as partes só se encontram esses tempos, essas taxas de crescimento, essas velocidades de desenvolvimento, essas desacelerações ou precipitações, essas durações de gestação. Não é falso dizer que só o tempo traz sua resposta a uma questão e só o espaço traz sua solução a um problema. Um exemplo concernente à esterilidade ou à fecundidade (no Ouriço fêmea e no Anelídeo macho). *Problema*: certos cromossomos paternos serão incorporados a novos núcleos ou se dispersarão no protoplasma? *Questão*: isso acontecerá suficientemente cedo? Mas a distinção é forçosamente relativa; é evidente que o dinamismo é simultaneamente temporal e espacial, espaço-temporal (nesse caso, a formação do fuso de divisão, o desdobramento dos cromossomos e o movimento que os leva aos polos do fuso). A dualidade não existe no próprio processo de atualização, mas só em sua conclusão, nos termos atuais, espécies e partes. Não se trata ainda de uma distinção real, mas de uma estrita complementaridade, pois a espécie designa a qualidade das partes, como as partes designam o número da espécie. A espécie recolhe numa qualidade (leonidade, rãnidade) o tempo do dinamismo, ao passo que as partes detalham seu espaço. Uma qualidade fulgura sempre num espaço e dura todo o tempo desse espaço. Em suma, a dramatização é a diferençação da diferençação, ao mesmo tempo qualitativa e quantitativa. Mas, dizendo *ao mesmo tempo*, dizemos que a diferençação se diferencia nessas duas vias correlatas, espécies e partes, especificação e partição. Assim como há uma diferença da diferença, que reúne o diferente, há uma diferençação da diferençação, que integra e une o diferençado. Esse resultado é necessário, na medida em que a dramatização encarna inseparavelmente os dois traços da Ideia, relações diferenciais e pontos singulares correspondentes, sendo que estes se atualizam nas partes, e aqueles, nas espécies.

Essas determinações dinâmicas espaço-temporais não seriam o que Kant já chamava de esquemas? Todavia, há uma grande diferença. O esquema é uma regra de determinação do tempo e de construção do espaço, mas ele é pensado e acionado em relação ao conceito como possibilidade lógica; esta referência está presente em sua própria natureza, a tal ponto que ele só converte a possibilidade lógica em possibilidade transcendental. O esquema faz com que as correlações espaçotemporais correspondam às correlações lógicas do conceito. Exterior ao conceito, entretanto, não se vê como ele poderia assegurar a harmonia do entendimento e da sensibilidade, pois ele mesmo não tem como assegurar sua própria harmonia com o conceito do entendimento sem apelar para um milagre. O esquematismo tem uma força imensa: é por ele que um conceito pode ser dividido, especificado de acordo com uma tipologia. Por si próprio, um conceito é totalmente incapaz de especificar-se ou dividir-se; o que age sob ele, como arte oculta, como agente de diferençação, são os dinamismos espaçotemporais. Sem eles, permaneceríamos sempre nas questões que Aristóteles levantava contra a divisão platônica: e de onde vêm as metades? Acontece que o esquema não dá conta dessa potência *com a qual* ele age. Tudo muda quando propomos os dinamismos não mais como esquemas de conceitos, mas como dramas de Ideias. Pois, se o dinamismo é exterior ao conceito, sendo, por esta razão, esquema, ele é interior à Ideia e, por esta razão, drama ou sonho. A espécie é dividida em linhagens, o lineano em jordanons, o conceito em tipos, mas essas divisões não têm o mesmo critério que o dividido, não são homogêneas ao dividido e se estabelecem num domínio exterior ao conceito, mas interior às Ideias que presidem à própria divisão. O dinamismo compreende, então, sua própria potência de determinar o espaço e o tempo, pois ele encarna imediatamente as relações diferenciais, as singularidades e as progressividades imanentes à Ideia.[30] O *mais curto* não é simplesmente o esquema do conceito de reta, mas o sonho, o drama ou a dramatização da Ideia de linha, na medida em que exprime a diferençação da reta e da curva. Distinguimos a Ideia, o conceito e o drama: o papel do drama é especificar o conceito, encarnando as relações diferenciais e as singularidades da Ideia.

Universalidade da dramatização

A dramatização se faz na cabeça do sonhador, mas também sob o olho crítico do cientista. Ela age aquém do conceito e das representações que ele subsume. Não há coisa que não perca sua identidade, tal como ela é no conceito, e sua similitude, tal como ela é na representação, quando se descobrem o espaço e o tempo dinâmicos de sua constituição atual. O "tipo colina" é apenas um escoamento em linhas paralelas; o "tipo costa", um afloramento de camadas duras ao longo das quais as rochas se escavam em direção perpendicular à das colinas; mas as rochas mais duras, por sua vez, na escala do milhão de anos, que constitui o tempo de sua atualização, são matérias fluidas que correm sob pressões muito frágeis exercidas sobre suas singularidades. Toda tipologia é dramática, todo dinamismo é uma catástrofe. Há necessariamente algo de cruel nesse nascimento de mundo que é um caosmo, nesses mundos de movimentos sem sujeito, de papéis sem ator. Quando Artaud falava do teatro da crueldade, ele o definia somente por um extremo "determinismo", o da determinação espaçotemporal, na medida em que ela encarna uma Ideia da natureza ou do espírito, como um "espaço agitado", movimento de gravitação que gira e fere, capaz de tocar diretamente o organismo, pura encenação sem autor, sem atores e sem sujeitos. Só se cavam espaços, só se precipitam ou desaceleram tempos à custa de torções e deslocamentos que mobilizam e comprometem todo o corpo. Pontos brilhantes nos atravessam, singularidades nos arrepiam, em toda parte o pescoço da tartaruga e seu deslizamento vertiginoso de protovértebras. Até mesmo o céu sofre por causa de seus pontos cardeais e por causa de suas constelações, que inscrevem em sua carne uma Ideia, como "atores-sóis". Portanto, há, sem dúvida, atores e sujeitos, mas são larvas, porque são os únicos capazes de suportar os traçados, os deslizamentos e rotações. Depois, é tarde demais. E é verdade que toda Ideia faz de nós larvas, na medida em que derruba a identidade do *Eu* assim como a semelhança do eu. O que se expressa mal quando se fala em regressão, em fixação ou parada do desenvolvimento. Pois não somos fixados a um estado ou a um momento, mas sempre fixados por uma Ideia como pelo brilho de um olhar, sempre fixados num movimento que se faz. Que seria uma Ideia, se ela não fosse a Ideia fixa e cruel de que fala Villiers de l'Isle-Adam? No que diz respeito à Ideia, somos sempre um paciente. Mas não se trata de uma paciência ou de uma fixação ordinárias. O fixo não é o feito ou o já feito. Quando permanecemos como embriões ou voltamos a ser embriões, é, antes de tudo, esse movimento puro da repetição que se distingue fundamentalmente de toda regressão. As larvas trazem as Ideias em sua carne, quando permanecemos nas representações do conceito. Elas ignoram o domínio do possível, estando bem próximas do virtual, de que elas contêm, como sua escolha, as primeiras atualizações. Tal como a intimidade da Sanguessuga e do Homem superior, elas são, ao mesmo tempo, sonho e ciência, objeto do sonho e objeto da ciência, mordida e conhecimento, boca e cérebro. (Perrier falava do conflito entre a boca e o cérebro, entre os Vertebrados e os Vermes anelados.)

Uma Ideia se dramatiza em vários níveis, mas dramatizações de ordens diferentes também ecoam e atravessam os níveis. Por exemplo, a Ideia de ilha: ela é diferençada pela dramatização geográfica, ou seu conceito é dividido em dois tipos, o tipo oceânico original, que marca uma erupção, uma elevação para fora da água; o tipo continental derivado, que remete a uma desarticulação, a uma fratura. Mas o sonhador da ilha reencontra esse duplo dinamismo, pois sonha que ele se separa infinitamente ao fim de uma longa deriva, mas sonha também que ele recomeça absolutamente, numa fundação radical. Foi frequentemente observado que o comportamento sexual global do homem e da mulher tende a reproduzir o movimento de seus órgãos e que esse movimento, por sua vez, tende a reproduzir o dinamismo dos elementos celulares; três dramatizações de ordens diversas ecoam: a psíquica, a orgânica e a química. Se cabe ao pensamento explorar o virtual até o fundo de suas repetições, compete à imaginação apreender os processos de atualização do ponto de vista dessas retomadas ou desses ecos. É a imaginação que atravessa os domínios, as ordens e os níveis, abatendo as divisórias, coextensiva ao mundo, guiando nosso corpo e inspirando nossa alma, apreendendo a unidade da natureza e do espírito, consciência larvar, que vai sem parar da ciência ao sonho e inversamente.

A noção complexa de diferen$\frac{\text{ci}}{\text{ç}}$ação

A atualização se faz segundo três séries: no espaço, no tempo, mas também numa consciência. Todo dinamismo espaço-temporal é a emergência de uma consciência elementar que traça direções, que duplica os movimentos e migrações e nasce no limiar das singularidades condensadas em relação ao corpo ou ao objeto de que ela é consciência. Não basta dizer que a consciência é consciência de algo; ela é o duplo desse algo e cada coisa é consciência porque possui um duplo, mesmo que muito longe dela e muito estranho a ela. A repetição está em toda parte, tanto no que se atualiza quanto na atualização. Ela está em primeiro lugar na Ideia, percorre as variedades de relações e a distribuição dos pontos singulares. Ela determina também as reproduções do espaço e do tempo, como as retomadas da consciência. Mas, em todos esses casos, a repetição é a potência da diferença e da diferençação: seja porque ela condensa as singularidades, seja porque ela precipita ou desacelera os tempos, seja porque faz os espaços variar. A repetição nunca se explica pela forma de identidade no conceito nem pelo semelhante na representação. Sem dúvida, o bloqueio do conceito provoca o surgimento de uma repetição nua, que se representa efetivamente como a repetição do mesmo. Mas *quem* bloqueia o conceito, a não ser a Ideia? Assim, o bloqueio se dá, como vimos, segundo as três figuras do espaço, do tempo e da consciência. É o excesso da Ideia que explica a insuficiência do conceito. E, ao mesmo tempo, é a repetição vestida, a repetição extraordinária ou singular, dependente da Ideia, que explica a repetição ordinária e nua, aquela que depende do conceito e desempenha apenas o papel de uma derradeira vestimenta. Na Ideia e sua atualização, encontramos, ao mesmo tempo, a razão natural do bloqueio do conceito e a razão sobrenatural de uma repetição superior àquela que o conceito bloqueado subsume. O que permanece exterior ao conceito remete mais profundamente ao que é interior à Ideia. A Ideia inteira é tomada no sistema matemático-biológico da *diferen*$\frac{ci}{ç}$*ação*. Mas matemáticas e biologia só intervêm aqui como modelos técnicos para a exploração das duas metades da diferença, a metade dialética e a metade estética, a exposição do virtual e o processo da atualização. A Ideia dialética é duplamente determinada: na variedade das relações diferenciais e na distribuição das singularidades correlativas (diferen*ci*ação). A atualização estética é duplamente determinada: na especificação e na composição (diferençação). A especificação encarna as relações, como a composição encarna as singularidades. As qualidades e as partes atuais, as espécies e os números correspondem ao elemento da qualitabilidade e ao elemento da quantitabilidade na Ideia. Mas o que efetua o terceiro aspecto da razão suficiente, o elemento de potencialidade da Ideia? Sem dúvida, a dramatização, pré-quantitativa e pré-qualitativa. Com efeito, é ela que determina ou desencadeia, que diferencia a diferençação do atual, em sua correspondência com a diferen*ci*ação da Ideia. Mas de onde vem esse poder da dramatização? Não será ela, sob as espécies e as partes, as qualidades e os números, o ato mais intenso, ou o mais individual? Não mostramos o que funda a dramatização, ao mesmo tempo para o atual e na Ideia, como o desenvolvimento do terceiro elemento da razão suficiente.

Notas

1. KANT, *Critique de la raison pure*, prefácio da 2ª edição (trad. BARNI, Gilbert. ed., I, pp. 24-25): "A razão pura especulativa tem como particularidade que ela pode e deve estimar exatamente sua própria potência, segundo as diversas maneiras pelas quais ela escolhe para si os objetos de seu pensamento, e até mesmo fazer uma enumeração completa de todos os seus modos diferentes de se colocarem problemas..."
2. *Id.*, *Des Idées transcendantales*, I, p. 306.
3. As duas imagens encontram-se no *Appendice à la dialectique*, II, pp. 151 e 160.
4. Jean BORDAS-DEMOULIN, *Le Cartésianisme ou la véritable rénovation des sciences* (Paris, 1843, t. II, pp. 133 ss. e 453 ss.). Charles RENOUVIER, apesar de sua hostilidade às teses de Bordas, faz delas uma análise compreensiva e profunda: cf. *La critique philosophique*, 6º ano, 1877.
5. Salomon MAÏMON, *Versuch über Transzendantalphilosophie* (Vos ed., Berlim, 1790, p. 33). Cf. o livro muito importante de Martial GUÉROULT, *La philosophie transcendantale de Salomon Maïmon*, Alcan, 1929 (notadamente sobre a "determinabilidade" e a "determinação recíproca", pp. 53 ss., pp. 76 ss.).
6. Jules HOUËL, *Essai critique sur les principes fondamentaux de la géométrie élémentaire* (Gauthier-Villars, 1867, p. 3, p. 75).
7. Hoëne WRONSKI, *Philosophie de l'infini* (Didot, 1814), e *Philosophie de la technie algorithmique* (1817). É nesse último livro que Wronski expõe sua teoria e suas fórmulas das séries. As obras matemáticas de Wronski foram reeditadas por Hermann em 1925. Sobre a filosofia, cf. *L'œuvre philosophique de Hoëne Wronski*, ed. Vega, 1933, por Francis WARRAIN, que estabelece confrontos necessários com a filosofia de Schelling.
8. Albert LAUTMAN salientou essa diferença de natureza entre a existência ou a repartição dos pontos singulares, que remetem ao elemento problema, e a especificação destes mesmos pontos, que remete ao elemento solução: cf. *Le problème du temps* (Hermann, 1946, p. 42). Ele sublinha, então, o papel dos pontos singulares em sua função problematizante, geradora de soluções: os pontos singulares "1°: permitem a determinação de um sistema fundamental de soluções prolongáveis analiticamente por todo o caminho que não encontram singularidades; 2°: ... seu papel é decompor um domínio, de modo que a função que assegura a representação seja definível nesse domínio; 3°: eles permitem a passagem da integração local das equações diferenciais à caracterização global das funções analíticas, que são soluções dessas equações" (*Essai sur les notions de structure et d'existence en mathématiques*, Hermann, 1936, t. II, p. 138).

9. C. Gustave VERRIEST, *Evariste Galois et la théorie des équations algébriques*, 1961, p. 41, em *Œuvres mathématiques de Galois* (Gauthier-Villars). O grande manifesto que concerne ao problema-solução encontra-se nas *Œuvres complètes de N. H. ABEL* (Christiania, 1881, t. II), *Sur la résolution algébrique des équations*. Sobre Abel e Galois, cf. os dois capítulos essenciais de Jules VUILLEMIN, *La philosophie de l'algèbre* (Presses Universitaires de France, 1962, t. 1). Vuillemin analisa o papel de uma teoria dos problemas e de uma nova concepção da crítica da Razão em Abel, o papel de um novo princípio de determinação em Galois: sobretudo pp. 213-221; pp. 229-233.
10. Cf. Louis ALTHUSSER, Etienne BALIBAR, Roger ESTABLET, *Lire le Capital* (Maspéro, 1965), t. II: sobretudo p. 150 ss., p. 204 ss.
11. Jacques BRUNSCHWIG, por exemplo, mostrou que as questões aristotélicas *ι το ον* e *τιζ ουσα* de modo algum significavam O que é o ser? e O que é a essência?, mas: o que é que é o ser (quem, o ente?) e o que é que é substância (ou melhor, como diz Aristóteles, quais são as coisas que são substâncias)? Cf. "Dialectique et ontologie chez Aristote", *Revue philosophique*, 1964.
12. Charles PÉGUY, *Clio*, N.R.F., p. 269.
13. Cf. um dos livros mais importantes do neoplatonismo, que utiliza uma dialética serial e potencial da diferença, *Dubitationes et solutiones de primis principiis*, de DAMASCIUS (ed. Ruelle). Sobre a teoria da diferença e das potências de Schelling, cf. notadamente as *Conférences de Stuttgart* (trad. S. JANKÉLÉVITCH, em *Essais*, Aubier ed.) e *Ages du monde* (trad. JANKÉLÉVITCH, Aubier).
14. Sobre PLATÃO: cf. *República*, VI, 511b: "... fazendo hipóteses que ela não olha como princípios, mas realmente como hipóteses, isto é, pontos de apoio e trampolins, para ir em direção ao princípio do todo até o A-hipotético e, depois, atingido esse princípio, ligar-se a todas as consequências que dele dependem e, assim, tornar a descer em direção a uma conclusão..." – Este texto é comentado com profundidade por PROCLUS, que faz dele a expressão do método do *Parmênides* e dele se serve para denunciar as interpretações formais ou céticas já correntes em seu tempo: é claro que o Uno, tal como é distribuído nas hipóteses do *Parmênides*, não é o mesmo Uno a-hipotético a que o dialético chega de hipótese em hipótese e que mede a verdade de cada uma. Cf. *Commentaire du Parménide* (trad. CHAIGNET, ed. Leroux).
Sobre a transformação do juízo hipotético em juízo categórico nas filosofias de MAÏMON e de FICHTE, cf. Martial GUÉROULT, *L'évolution et la structure de la Doctrine de la Science chez Fichte* (Les Belles-Lettres, 1930, t. I, p. 127 ss).

Sobre HEGEL e a transformação análoga, cf.: a relação do em-si e do para-si em *A Fenomenologia*; a relação da própria *Fenomenologia* e da *Lógica*; a ideia hegeliana de "ciência" e a passagem da proposição empírica à proposição especulativa.

15. Citemos, por exemplo, o romance de Philippe SOLLERS, *Drame* (Éditions du Seuil, 1965). Esse romance toma como divisa uma fórmula de Leibniz: "Supondo, por exemplo, que alguém faça uma quantidade de pontos no papel, totalmente ao acaso... eu digo que é possível encontrar uma linha geométrica cuja noção seja constante e uniforme segundo uma certa regra, de modo que essa linha passe por todos os pontos..." Todo o início do livro é construído a partir das duas fórmulas: "*Problema...*" e "*Falho...*". Delineiam-se séries em relação com os pontos singulares do corpo do narrador, corpo ideal, "mais pensado do que percebido". Sobre a "mancha cega" como ponto original da obra, cf. as intervenções de Philippe SOLLERS e de Jean-Pierre FAYE, no "Débat sur le roman" (*Tel Quel*, n. 17, 1964).
16. NIETZSCHE (Musarion-Ausgabe, XVI, p. 35).
17. HEIDEGGER, *Kant et le problème de la métaphysique* (trad. WAEHLENS e BIEMEL, N.R.F., p. 261. [Grifos de G. DELEUZE]).
18. Ninguém foi mais longe do que Gabriel TARDE numa classificação das oposições múltiplas, válida em qualquer domínio: *formalmente*, oposições estáticas (simetrias) ou dinâmicas; oposições dinâmicas sucessivas (ritmos) ou simultâneas; oposições simultâneas lineares (polaridades) ou radiais. Materialmente, oposições qualitativas de série ou quantitativas; quantitativas de grau ou de força. Cf. *L'opposition universelle* (Alcan, 1897).

    Tarde parece-nos ter sido o único a destacar a consequência de tal classificação: a oposição, em vez de ser autônoma, em vez de ser um máximo de diferença, é uma repetição mínima em relação à própria diferença. Daí a posição da diferença como realidade de um campo múltiplo virtual e a determinação de microprocessos em todos os campos, sendo as oposições apenas resultados sumários ou processos simplificados e aumentados. Sobre a aplicação desse ponto de vista à linguagem e sobre o princípio de uma microlinguística, cf. *Les lois sociales* (Alcan, 1898, p. 150 ss). Parece que Georges GURVITCH tem, sob muitos aspectos, uma inspiração próxima da de Tarde em *Dialectique et sociologie* (Flammarion, 1962).
19. Gustave GUILLAUME, notadamente *Conférences de l'Institut de Linguistique de l'Institut de Paris*, 1939. Encontra-se uma exposição e uma interpretação da obra de Guillaume no belo livro de Edmond ORTIGUES, *Le discours et le symbole* (Aubier, 1962). Sobre o *NE* expletivo e sobre a negação, cf., também,

ORTIGUES, pp. 102-109; e, citados por Ortigues, Jacques DAMOURETTE e Edouard PICHON, *Essai de grammaire de la langue française* (ed. d'Artrey, 1911-1952, t. VI, c. 4 e 5). É a Damourette e Pichon que se deve a distinção entre o "discordancial" e o "foraclusivo".

20. Louis ALTHUSSER, Jacques RANCIÈRE, Pierre MACHEREY, Etienne BALIBAR, Roger ESTABLET, *Lire le Capital.* (Sobre a natureza e o papel dos conceitos de oposição, de contradição e de alienação), cf. RANCIÈRE, t. I, p. 141 ss., MACHEREY, t. I, p. 233 ss., BALIBAR, t. II, p. 298 ss.) Sobre o esquema "problema-diferençação" como categoria da história, referir-se a Arnold TOYNBEE, pouco suspeito de marxismo, é verdade: "Podemos dizer que uma sociedade enfrenta, no curso de sua existência, uma sucessão de problemas que cada membro deve resolver por si mesmo da melhor maneira possível. O enunciado de cada um desses problemas toma a forma de um desafio a que é preciso submeter-se como a uma prova. Através dessa série de provas, os membros da sociedade se diferenciam progressivamente uns dos outros" (*L'Histoire, un essai d'interprétation*, trad. JULIA, N.R.F., p. 10).

21. Cf. PROUST, "Les temps retrouvé" em *A la recherche du temps perdu*, v. IV, Paris. Gallimard, 1989, "Bibliothèque de la Plêiade", p. 451. *O tempo redescoberto* – Em busca do tempo perdido, v. VII, tr. br. de Lúcia Miguel Pereira, Porto Alegre, 2ª impressão, 1958, p. 125. *O tempo recuperado* – Em busca do tempo perdido, v. VII, tr. br. de Fernando Py, Rio Janeiro, Ediouro, 1995, p. 182. (*N. do T.*)

22. A respeito da inter-relação do meio interior com a diferençação, cf. François MEYER, *Problématique de l'évolution* (Presses Universitaires de France, 1954, p. 112 ss.). H. F. OSBORN é um dos que mais profundamente insistiram em considerar a vida como estabelecimento e solução de "problemas", problemas mecânicos, dinâmicos ou propriamente biológicos: cf. *L'origine et l'évolution de la vie*, 1917 (trad. SARTIAUX, ed. Masson). Os diferentes tipos de olho, por exemplo, só podem ser estudados em função de um problema físico-biológico geral e das variações de suas condições em tipos de animais. A regra das soluções é que cada uma comporta, pelo menos, uma vantagem e um inconveniente.

23. BERGSON é o autor que vai mais longe na crítica do possível, mas é também aquele que mais constantemente invoca a noção de virtual. Desde o *Essai sur les données immédiates de la conscience*, a duração é definida como uma multiplicidade não atual (Editions du Centenaire, p. 57). Em *Matière et mémoire*, o cone das lembranças puras, com suas seções e seus "pontos brilhantes" em cada seção (p. 310), é completamente real, mas apenas virtual. E em *L'évolution créatrice*, a diferençação, a criação das linhas divergentes,

é concebida como uma atualização, cada linha de atualização parecendo corresponder a uma seção do cone (cf. p. 637).

24. LEIBNIZ, *Novos ensaios sobre o entendimento humano*, livro II, c.1.
25. Louis VIALLETON, *Membres et ceintures des vertébrés tétrapodes* (Doin, 1924, p. 600 ss.).
26. Etienne GEOFFROY SAINT-HILAIRE, *Principes de philosophie zoologique*, Paris, 1830, p. 70. Os textos da polêmica com Cuvier encontram-se reunidos nesse livro.
27. Edmond PERRIER, *Les colonies animales et la formation des organismes* (Masson, 1881, p. 701 ss.).
28. Raymond RUYER, *La genèse des formes vivantes* (Flammarion, 1958, pp. 91 ss.): "Não se pode dissipar o mistério da diferençação fazendo desta o efeito das diferenças de situação produzidas pelas divisões iguais..." Tanto quanto Bergson, Ruyer analisou profundamente as noções de virtual e de atualização; toda sua filosofia biológica baseia-se nelas e na ideia de "temático": cf. *Eléments de psycho-biologie* (Presses Universitaires de France, 1946, c. IV).
29. Lucien CUÉNOT, *L'espèce* (Doin, 1936, p. 241).
30. A teoria kantiana do esquematismo, aliás, é ultrapassada em duas direções: em direção à Ideia dialética, que é, por si mesma, seu próprio esquema e que assegura a especificação do conceito (*Crítica da razão pura*, "Do propósito último da dialética da razão humana"); e, em direção à Ideia estética, que põe o esquema a serviço do processo mais complexo e mais compreensivo do simbolismo. (*Crítica da faculdade do juízo*, § 49 e 59.)

5

Síntese assimétrica do sensível

A diferença e o diverso

A diferença não é o diverso. O diverso é dado. Mas a diferença é aquilo pelo qual o dado é dado. É aquilo pelo qual o dado é dado como diverso. A diferença não é o fenômeno, mas o númeno mais próximo do fenômeno. Portanto, é verdade que Deus faz o mundo calculando, mas seus cálculos nunca são exatos, e é mesmo essa inexatidão no resultado, essa irredutível desigualdade, que forma a condição do mundo. O mundo "se faz" enquanto Deus calcula; não haveria mundo se o cálculo fosse exato. O mundo é sempre assimilável a um "resto", e o real no mundo só pode ser pensado em termos de números fracionários ou até mesmo incomensuráveis. Todo fenômeno remete a uma desigualdade que o condiciona. Toda diversidade e toda mudança remetem a uma diferença que é sua razão suficiente. Tudo o que se passa e que aparece é correlativo de ordens de diferenças: diferença de nível, de temperatura, de pressão, de tensão, de potencial, *diferença de intensidade*. O princípio de Carnot diz isto de determinada maneira, o princípio de Curie, de outra maneira.[1] Sempre a Eclusa. Todo fenômeno fulgura num sistema sinal-signo. Chamamos de sinal um sistema que é constituído ou ladeado por, pelo menos, duas séries heterogêneas, duas ordens em disparidades capazes de entrar em comunicação; o fenômeno é um signo, isto é, aquilo que fulgura nesse sistema graças à comunicação das disparidades. "A esmeralda, em suas facetas, esconde uma ondina de olhos claros...": todo fenômeno é do tipo "ondina de olhos claros", e uma esmeralda o torna possível. Todo fenômeno é composto, porque, além de as duas séries que o ladeiam serem heterogêneas, cada uma é por sua vez composta de termos heterogêneos, contidos em séries heterogêneas, que formam subfenômenos. A expressão "diferença de intensidade" é uma tautologia. A intensidade é a forma da diferença como razão do sensível. Toda intensidade é diferencial, diferença em si mesma. Toda intensidade é

E-E', em que E remete a *e-e'* e *e* remete a ε-ε' etc.: cada intensidade já é um acoplamento (em que cada elemento remete, por sua vez, a pares de elementos de outra ordem) e revela, assim, o conteúdo propriamente qualitativo da quantidade.[2] Chamamos *disparidade* o estado da diferença infinitamente desdobrada, ressoando indefinidamente. A disparidade, isto é, a diferença ou a intensidade (diferença de intensidade) é a razão suficiente do fenômeno, a condição daquilo que aparece. Com sua turmalina, Novalis está mais próximo das condições do sensível do que Kant com o espaço e o tempo. A razão do sensível, a condição daquilo que aparece, não é o espaço e o tempo, mas o Desigual em si, a *disparação* tal como é compreendida e determinada na diferença de intensidade, na intensidade como diferença.

Diferença e intensidade

Todavia, encontramos grandes dificuldades quando tentamos considerar o princípio de Carnot ou o princípio de Curie como manifestações regionais de um princípio transcendental. Só conhecemos formas de energia já localizadas e repartidas no extenso, extensos já qualificados por formas de energia. A energética definia uma energia pela combinação de dois fatores, o *intensivo* e o *extensivo* (por exemplo, força e comprimento para a energia linear, tensão superficial e superfície para a energia de superfície, pressão e volume para a energia de volume, altura e peso para a energia gravitacional, temperatura e entropia para a energia térmica...). É claro que, na experiência, a *intensio* (intensidade) é inseparável de uma *extensio* (extensidade) que a relaciona ao *extensum* (extenso). Nessas condições, a própria intensidade aparece subordinada às qualidades que preenchem o extenso (qualidade física de primeira ordem ou *qualitas*, qualidade sensível de segunda ordem ou *quale*). Em suma, só conhecemos intensidade já desenvolvida num extenso e recoberta por qualidades. Por isso, tendemos a considerar a quantidade intensiva como um conceito empírico e ainda mal fundado, misto impuro de uma qualidade sensível e do extenso, ou mesmo de uma qualidade física e de uma quantidade extensiva.

É verdade que essa tendência não chegaria a um fim se a intensidade não apresentasse uma tendência correspondente no extenso que a desenvolve e na qualidade que a recobre. A intensidade é diferença, mas a diferença tende a negar-se, a anular-se no extenso e na qualidade. É verdade que as qualidades são signos e fulguram na abertura de uma diferença; mas elas medem o tempo de uma igualização, isto é, o tempo gasto pela diferença para anular-se no extenso em que ela é distribuída. Este é o conteúdo mais geral dos princípios de Carnot, de Curie, de Le Châtelier etc.: a diferença só é razão suficiente de mudança na medida em que essa mudança tende a negá-la. É mesmo assim que o princípio de causalidade encontra, no processo de sinalização, sua determinação física categórica: a intensidade define um sentido objetivo para uma série de estados irreversíveis, como uma "flecha do tempo", segundo a qual se vai do mais diferençado ao menos diferençado, de uma diferença produtora a uma diferença reduzida e, em última análise, anulada. Sabe-se como, no final do século XIX, os temas da redução da diferença, da uniformização do diverso, da igualização do desigual, concluíram, pela última vez, a mais estranha aliança: entre a ciência, o bom senso e a filosofia. A termodinâmica foi o forno potente dessa liga. Estabelecia-se um sistema de definições de base, dando satisfação a todo mundo, até mesmo a um certo kantismo: o dado como diverso; a razão como tendência à identidade, processo de identificação e de igualização; o absurdo ou o irracional como resistência do diverso a essa razão identificadora. As palavras "o real é racional" encontravam aí um novo sentido, pois a diversidade tendia a reduzir-se tanto na Natureza quanto na razão. Deste modo, a diferença não formava uma lei da natureza nem uma categoria do espírito, mas somente a origem = x do diverso: o dado, não o "valor" (salvo um valor regulador ou compensatório).[3] Na verdade, nossa tendência epistemológica a suspeitar da noção de quantidade intensiva nada provaria se ela não se unisse a esta outra tendência, em que as próprias diferenças de intensidade se anulam nos sistemas extensos qualificados. Só suspeitamos da intensidade porque ela parece tender ao suicídio.

A ciência e a filosofia deram, portanto, aqui, uma última satisfação ao bom senso. Com efeito, o que está em questão não é a ciência, que permanece indiferente à extensão do princípio de Carnot, nem a filosofia, que, de certa maneira, permanece indiferente ao próprio princípio de Carnot. Toda vez que a ciência, a filosofia e o bom senso se encontram, é inevitável que o próprio bom senso se tome por uma ciência e por uma filosofia (eis por que tais encontros devem ser cuidadosamente evitados). Trata-se, pois, da essência do bom senso. Esta essência é indicada por Hegel, de maneira concisa, na obra *Diferença entre os sistemas de Fichte e de Schelling*: o bom senso é a verdade parcial na medida em que a ela se une o sentimento do absoluto. A verdade, como razão, aparece aí em estado parcial, e o absoluto, como sentimento. Mas como o sentimento do absoluto se une à verdade parcial? O bom senso é essencialmente distribuidor, repartidor: *de uma parte e de outra* são as fórmulas de sua banalidade ou de sua falsa profundidade. Ele reparte as coisas. Todavia, é evidente que nem toda distribuição é de bom senso: há distribuições da loucura, loucas repartições. Talvez seja até mesmo próprio do bom senso supor a loucura e vir depois corrigir o que há de louco numa distribuição prévia. Uma distribuição é conforme ao bom senso quando tende por si própria a conjurar a diferença no distribuído. É apenas quando se supõe que a desigualdade das partes se anula com o tempo e no meio, que a repartição é efetivamente conforme ao bom senso ou segue um sentido considerado bom. Por natureza, o bom senso é escatológico, profeta de uma compensação e de uma uniformização finais. Se ele vem depois, é porque supõe a louca distribuição: a distribuição nômade, instantânea, a anarquia coroada, a diferença. Mas ele, o sedentário e o paciente, que dispõe do tempo, corrige a diferença e a introduz num meio que deve levar à anulação das diferenças ou à compensação das partes. Ele próprio é o "meio". Pensando-se entre os extremos, ele os conjura, preenchendo o intervalo. Ele não nega as diferenças; ao contrário, faz com que elas se neguem nas condições do extenso e na ordem do tempo. Ele multiplica as medianidades e, tal como o demiurgo de Platão, não para de, pacientemente, conjurar o desigual no divisível. O bom senso é a ideologia das classes médias, que se reconhecem na igualdade como produto abstrato. Ele sonha menos em agir do que em constituir o meio natural, o elemento de uma ação que vai do mais diferençado ao menos diferençado: é assim o bom senso da economia política do século XVIII, que via na classe dos comerciantes a compensação natural dos extremos e na prosperidade do comércio o processo mecânico da igualização das partes. Portanto, ele sonha menos em agir do que em prever, em deixar que a ação vá do imprevisível ao previsível (da produção das diferenças a sua redução). Nem contemplativo nem ativo, ele é previdente. Em suma, ele vai da repartição das coisas ao sacrifício de uma parte delas: das diferenças produzidas às diferenças reduzidas. Ele é termodinâmico. É neste sentido que ele une o sentimento do absoluto à verdade parcial. Ele não é otimista nem pessimista; adquire um tom pessimista ou otimista, conforme o sacrifício de uma parte das coisas, que toma tudo e uniformiza todas as partes, lhe apareça marcada por uma morte e por um nada inevitáveis (somos todos iguais perante a morte) ou, ao contrário, tiver a plenitude feliz daquilo que é (temos oportunidades iguais diante da vida). O bom senso não nega a diferença; ao contrário, ele a reconhece, mas o bastante para afirmar que ela se nega com suficiente extensão e tempo. Entre a louca diferença e a diferença anulada, entre o desigual no divisível e o divisível igualizado, entre a distribuição do desigual e a igualdade distribuída, é forçoso que o bom senso seja vivido como uma regra de partilha universal; logo, como universalmente partilhado.

O bom senso se funda numa síntese do tempo, aquela que determinamos como a primeira síntese, a do hábito. O bom senso só é o bom porque molda o sentido do tempo nessa síntese. Dando testemunho de um presente vivo (e da fadiga desse presente), ele vai do passado ao futuro, como também do particular ao geral. Mas ele define esse passado como o improvável ou o menos provável. Com efeito, considerando-se que todo sistema parcial tem como origem uma diferença que individualiza seu domínio, como um observador situado no sistema apreenderia a diferença a não ser como passada e como altamente "improvável", visto estar ela atrás dele? Em compensação, no âmago do mesmo sistema, a flecha do tempo, isto é, o bom senso, identifica: o futuro, o provável, a anulação da diferença. Essa condição funda a própria previsão (tem sido frequentemente observado que, se temperaturas inicialmente indiscerníveis fossem se diferenciando, não se poderia prever qual iria aumentar ou diminuir; e se a viscosidade se acelerasse, ela tiraria os móveis do repouso, mas num sentido imprevisível). Páginas célebres de Boltzmann comentam essa garantia científica e termodinâmica do bom senso; elas mostram como, num sistema parcial, identificam-se, de um lado, passado, improvável e diferença e, de outro, futuro, provável e uniformidade.[4] Essa uniformização, essa igualização, não se faz somente em cada sistema parcial, mas é sonhada de um sistema a outro, num bom senso verdadeiramente universal, isto é, que une a Lua à Terra e o sentimento do absoluto ao estado das verdades parciais. Mas (como mostra Boltzmann), essa união não é legítima, assim como essa síntese do tempo não é suficiente.

Pelo menos, dispomos dos meios de tornar precisas as relações entre o bom senso e o senso comum. O senso comum se definia subjetivamente pela suposta identidade de um Eu como unidade e fundamento de todas as faculdades, e, objetivamente, pela identidade do objeto qualquer, ao qual se supõe que todas as faculdades se reportem. Mas essa dupla identidade permanece estática. Assim como não somos o Eu universal, não nos encontramos em face do objeto qualquer universal. Os objetos são recortados por e em campos de individuação, assim como os Eus. Portanto, é preciso que o senso comum se ultrapasse na direção de outra instância, dinâmica, capaz de determinar o objeto qualquer como tal ou qual e de individualizar o eu situado em tal conjunto de objetos. Essa outra instância é o bom senso, que parte de uma diferença na origem da individuação. Mas, precisamente porque ele assegura sua repartição de tal modo que ela tende a anular-se no objeto, porque ele dá uma regra segundo a qual os diferentes objetos tendem a se igualizar e os diferentes Eus tendem a se uniformizar, o bom senso, por sua vez, se ultrapassa em direção à instância do senso comum, instância que lhe fornece a forma do Eu universal e do objeto qualquer. Portanto, o bom senso tem duas definições, a objetiva e a subjetiva, que correspondem às do senso comum: regra de partilha universal e regra universalmente partilhada. Bom senso e senso comum, cada um deles remete ao outro, cada um reflete o outro e constitui a metade da ortodoxia. Nessa reciprocidade, nessa dupla reflexão, podemos definir o senso comum pelo processo de recognição, e o bom senso pelo processo de previsão. Um, como a síntese qualitativa do diverso, síntese estática da diversidade qualitativa referida a um objeto suposto o mesmo para todas as faculdades de um mesmo sujeito; o outro, como a síntese quantitativa da diferença, síntese dinâmica da diferença de quantidade referida a um sistema em que ela se anula objetiva e subjetivamente.

A diferença e o paradoxo

Acontece que a diferença não é o próprio dado, mas aquilo pelo qual o dado é dado. Como poderia o pensamento evitar chegar até aí; como poderia ele evitar pensar aquilo que mais se opõe ao pensamento? Pois, com o idêntico, pensa-se com todas as forças, mas sem ter o menor pensamento. Não se terá, no diferente, ao contrário, o mais elevado pensamento, mas que não se pode pensar? Esse protesto do Diferente tem todo o sentido. Mas se a diferença tende a repartir-se no diverso, de maneira a desaparecer e a uniformizar esse diverso que ela cria, ela deve, primeiramente, ser sentida como aquilo que faz o diverso ser sentido. E deve ser pensada como aquilo que cria o diverso. (Não que voltemos, então, ao exercício comum das faculdades, mas porque as faculdades dissociadas entram nessa relação de violência, em que uma transmite à outra sua coação.) O delírio está no fundo do bom senso, razão pela qual o bom senso é sempre segundo. É preciso que o pensamento pense a diferença, o absolutamente diferente do pensamento que, todavia, faz pensar, lhe dá um pensamento. Em belíssimas páginas, Lalande diz que a realidade é diferença, ao passo que a lei da realidade, como o princípio do pensamento, é identificação: "A realidade, portanto, está em oposição à lei da realidade, o estado atual ao seu devir. Como tal estado de coisas pôde produzir-se? Como o mundo físico é constituído por uma propriedade fundamental que suas próprias leis atenuam incessantemente?"[5] Dizer que o real não é o resultado das leis que o regem é o mesmo que dizer que um Deus saturnino devora por um lado o que ele fez pelo outro, legislando contra sua criação, pois ele cria contra sua legislação. Eis-nos forçados a sentir e pensar a diferença. Sentimos alguma coisa que é contrária às leis da natureza, pensamos alguma coisa que é contrária aos princípios do pensamento. E mesmo que a produção da diferença seja, por definição, "inexplicável", como evitar *implicar* o inexplicável no seio do próprio pensamento? Como o impensável não estaria no âmago do pensamento? E o delírio, no âmago do bom senso? Como poderíamos contentar-nos em relegar o improvável ao início de uma evolução parcial, sem apreendê-lo também como a mais elevada potência do passado, como o imemorial na memória? (É neste sentido que a síntese parcial do presente já nos lançava em outra síntese do tempo, da memória imemorial, com o risco de nos precipitar mais longe...)

A manifestação da filosofia não é o bom senso, mas o paradoxo. O paradoxo é o *pathos* ou a paixão da filosofia. Há ainda várias espécies de paradoxos que se opõem ao bom senso e ao senso comum, estas formas complementares da ortodoxia. Subjetivamente, o paradoxo despedaça o exercício comum e põe cada faculdade diante de seu próprio limite, diante de seu incomparável, o pensamento diante do impensável que, todavia, só ele pode pensar, a memória diante do esquecimento, que é também seu imemorial, a sensibilidade diante do insensível, que se confunde com seu intensivo... Mas, ao mesmo tempo, o paradoxo comunica às faculdades despedaçadas uma relação que não é de bom senso, situando-as na linha vulcânica que queima uma na chama da outra, saltando de um limite a outro. Objetivamente, o paradoxo faz valer o elemento que não se deixa totalizar num conjunto comum, mas também a diferença que não se deixa igualizar ou anular na direção de um bom senso. É com razão que se diz que a única refutação dos paradoxos está no bom senso e no senso comum; mas à condição de que já lhes seja dado tudo, o papel de juiz e o de parte, o absoluto e a verdade parcial.

Intensidade, qualidade, extensão: a ilusão da anulação

Que a diferença seja literalmente "inexplicável", não há por que se espantar com isto. A diferença se explica, mas ela tende a anular-se no sistema em que se explica. Isso apenas significa que a diferença é essencialmente implicada, que o ser da diferença é a implicação. Para ela, explicar-se é anular-se, conjurar a desigualdade que a constitui. A fórmula segundo a qual "explicar é identificar" é uma tautologia. Dessa fórmula não se pode concluir que a diferença se anule ou, pelo menos, que se anule em si. Ela se anula na medida em que é posta fora de si, *no* extenso e *na* qualidade que preenche esse extenso. Mas é a diferença que cria tanto essa qualidade quanto esse extenso. A intensidade se explica, desenvolve-se numa extensão (*extensio*). É essa extensão que a refere ao extenso (*extensum*), onde ela aparece fora de si, recoberta pela qualidade. A diferença de intensidade anula-se ou tende a anular-se nesse sistema; mas é ela que, explicando-se, cria esse sistema. Daí decorre o duplo aspecto da qualidade como signo: remeter a uma ordem implicada de diferenças constituintes, tender a anular essas diferenças na ordem extensa que as explica. Eis por que também a causalidade encontra na sinalização uma origem e, ao mesmo tempo, uma orientação, uma destinação, a destinação que de certo modo desmente a origem. O próprio do efeito, no sentido causal, é fazer "efeito" no sentido perceptivo e poder ser denominado por um nome próprio (efeito Seebeck, efeito Kelvin...), porque ele surge num campo de individuação propriamente diferencial, simbolizável pelo nome. O esvaecimento da diferença não é separável de um "efeito" do qual somos vítimas. Como intensidade, a diferença permanece implicada em si mesma, quando ela se anula ao explicar-se no extenso. Assim, para salvar o universo da morte calorífica ou salvaguardar as oportunidades do eterno retorno, não é necessário imaginar mecanismos extensivos altamente "improváveis", tidos como capazes de restaurar a diferença. Pois, quando a diferença se explica fora de si mesma, ela não deixa de estar em si, de estar implicada em si. Há, portanto, não só ilusões sensíveis, mas uma ilusão física transcendental. A esse respeito, acreditamos que Léon Selme fez uma profunda descoberta.[6] Quando opunha Carnot a Clausius, ele queria mostrar que o aumento de entropia era ilusório. Ele indicava alguns fatores empíricos ou contingentes da ilusão: a pequenez relativa das diferenças de temperatura obtidas nas máquinas térmicas, a enormidade dos amortecimentos que parece excluir a confecção de um "aríete térmico". Mas, acima de tudo, ele destacava uma forma transcendental da ilusão: de todas as extensões, a entropia é a única não diretamente mensurável, nem mesmo indiretamente por um procedimento independente da energética; se o mesmo acontecesse com o volume ou a quantidade de eletricidade, teríamos necessariamente a impressão de que eles aumentam nas transformações irreversíveis. O paradoxo da entropia é o seguinte: a entropia é um fator extensivo, mas, diferentemente de todos os outros fatores extensivos, é uma extensão, uma "explicação" que se encontra implicada como tal na intensidade, que só existe implicada, que não existe fora da implicação, pois tem a função de *tornar possível* o movimento geral pelo qual o implicado se explica ou se estende. Portanto, há uma ilusão transcendental, essencialmente ligada à *qualitas* Calor e à extensão Entropia.

É notável que o extenso não dê conta das individuações que nele se fazem. Sem dúvida, o alto e o baixo, a direita e a esquerda, a forma e o fundo são fatores individuantes que traçam no extenso quedas e subidas, correntes, mergulhos. Mas o valor deles é apenas relativo, pois eles se exercem num extenso já desenvolvido. Portanto, eles derivam de uma instância mais "profunda": a própria profundidade, que não é uma extensão, mas um puro *implexo*. Sem dúvida, toda profundidade é um comprimento e uma largura possíveis. Mas essa possibilidade só se realiza na medida em que um observador mude de lugar e reúna num conceito abstrato o que é comprimento para si mesmo e o que é largura para outrem: de fato, é sempre a partir de uma nova profundidade que a antiga vem a ser comprimento ou se explica em comprimento. Evidentemente, dá no mesmo considerar um simples plano ou um extenso com três dimensões, sendo a terceira homogênea às duas outras. A partir do momento em que a profundidade é apreendida como quantidade extensiva, ela faz parte do extenso engendrado e deixa de compreender em si sua própria heterogeneidade em relação às duas outras. Constatamos então que ela é a dimensão última do extenso, mas constatamos apenas como um fato, sem compreender a razão, visto que já não sabemos que ela é original. Constatamos também no extenso a presença de fatores individuantes, mas sem compreender de onde vem seu poder, visto que já não sabemos que eles exprimem a profundidade original. É a profundidade que se explica em esquerda e direita na primeira dimensão, em alto e baixo na segunda, em forma e fundo na terceira homogeneizada. O extenso não aparece, não se desenvolve sem apresentar uma esquerda e uma direita, um alto e um baixo, um acima e um abaixo, que são como que as marcas dissimétricas de sua própria origem. E a relatividade dessas determinações dá ainda testemunho do absoluto de que elas provêm. É o extenso inteiro que sai das profundezas. Como dimensão heterogênea (última e original), a profundidade é a matriz do extenso, inclusive a da terceira dimensão, considerada como homogênea às duas outras.

A profundidade ou *spatium*

Tal como aparece num extenso homogêneo, o fundo, notadamente, é uma projeção do "profundo": só este pode ser dito *Ungrund*, ou sem fundo. Para um objeto que se destaca de um fundo neutro ou de um fundo de outros objetos, a lei da forma e do fundo nunca valeria se o próprio objeto não tivesse, primeiramente, uma relação com sua própria profundidade. A correlação entre a forma e o fundo é apenas uma correlação plana extrínseca que supõe uma relação interna e volumosa entre as superfícies e a profundidade que elas envolvem. Esta síntese da profundidade, que dota o objeto de sua sombra, mas o faz surgir dessa sombra, dá testemunho do mais longínquo passado, bem como da coexistência do passado com o presente. Não é de admirar que as sínteses espaciais puras retomem aqui as sínteses temporais precedentemente determinadas: a explicação do extenso repousa na primeira síntese, a do hábito ou do presente; mas a implicação da profundidade repousa na segunda síntese, a da Memória e do passado. É preciso ainda pressentir na profundidade a proximidade e a ebulição da terceira síntese anunciando o "a-fundamento" universal. A profundidade é, como a célebre linha geológica do Nordeste ao Sudoeste, a que vem do âmago das coisas, em diagonal, e que reparte os vulcões, para reunir uma sensibilidade em ebulição a um pensamento que "troveja em sua cratera". Schelling sabia dizê-lo: a profundidade não se acrescenta de fora ao comprimento e à largura, mas permanece recoberta como o sublime princípio do *diferendo* que as cria.

O extenso só pode sair das profundidades se a profundidade for definível independentemente do extenso. O extenso, cuja gênese procuramos estabelecer, é a grandeza extensiva, o *extensum*, ou o termo de referência de todas as *extensio*. A profundidade original, ao contrário, é o espaço inteiro, mas o espaço como quantidade intensiva: o puro *spatium*. Sabemos que a sensação ou a percepção têm um aspecto ontológico: precisamente nas sínteses que lhes são próprias, em face daquilo que só pode ser sentido ou daquilo que só pode ser percebido. Ora, é claro que a profundidade está essencialmente *implicada* na percepção do extenso: não se avalia a profundidade nem as distâncias pela grandeza aparente dos objetos, mas, ao contrário, a profundidade envolve nela mesma as distâncias que, por sua vez, se explicam nas grandezas aparentes e se desenvolvem no extenso. É claro, também, que nesse estado de implicação a profundidade e as distâncias estão fundamentalmente ligadas à intensidade da sensação: é a potência de degradação da intensidade sentida que dá uma percepção da profundidade (ou, antes, que dá profundidade à percepção). A qualidade percebida supõe a intensidade, porque exprime apenas um caráter de semelhança para uma "fatia de intensidades isoláveis", nos limites da qual se constitui um objeto permanente – o objeto qualificado que afirma sua identidade através das distâncias variáveis.[7] A intensidade que envolve as distâncias explica-se no extenso e este desenvolve, exterioriza ou homogeneíza essas mesmas distâncias. Ao mesmo tempo, uma qualidade ocupa esse extenso, seja como *qualitas*, que define o meio de um sentido, seja como *quale*, que caracteriza tal objeto em relação a esse sentido. A intensidade é o insensível e, ao mesmo tempo, aquilo que só pode ser sentido. Como seria ela sentida por si mesma, independentemente das qualidades que a recobrem e do extenso em que ela se reparte? Mas como seria ela outra coisa que não "sentida", visto ser ela aquilo que faz sentir e que define o limite próprio da sensibilidade? A profundidade é o imperceptível e, ao mesmo tempo, aquilo que só pode ser percebido (é neste sentido que Paliard disse ser ela, ao mesmo tempo, condicionante e condicionada, mostrando também a existência de uma relação complementar inversa entre a distância como existência ideal e a distância como existência visual). Da intensidade à profundidade já se trava a mais estranha aliança, a do Ser consigo próprio na diferença, aliança que coloca cada faculdade diante de seu próprio limite e só deixa que as faculdades se comuniquem no extremo de suas respectivas solidões. No ser, a profundidade e a intensidade são o Mesmo – mas o mesmo que se diz da diferença. A profundidade é a intensidade do ser ou inversamente. Dessa profundidade intensiva, desse *spatium*, saem, ao mesmo tempo, a *extensio* e o *extensum*, a *qualitas* e o *quale*. Os vetores, as grandezas vetoriais que atravessam o extenso, e também as grandezas escalares, como casos particulares de potenciais-vetores, são o eterno testemunho da origem intensiva: as altitudes, por exemplo. O fato de que elas não se adicionem em qualquer sentido, ou mesmo que elas tenham uma relação essencial com uma ordem de sucessão, isto nos remete à síntese do tempo que se exerce em profundidade.

Kant define todas as intuições como quantidades extensivas, isto é, de tal modo que a representação das partes torna possível e precede necessariamente a representação do todo. Mas o espaço e o tempo não se apresentam como são representados. Ao contrário, é a apresentação do todo que funda a possibilidade das partes, sendo que estas são apenas virtuais e só se atualizam nos valores determinados da intuição empírica. O que é extensivo é a intuição empírica. O erro de Kant, no momento em que recusa ao espaço e ao tempo uma extensão lógica, é manter uma extensão geométrica e reservar a quantidade intensiva para uma matéria que preenche um extenso em determinado grau. Nos corpos enantiomorfos, Kant reconhecia exatamente uma *diferença interna*; mas, não sendo conceitual, ela só podia, segundo ele, ser referida a uma *correlação exterior* com o extenso inteiro como grandeza extensiva. De fato, o paradoxo dos objetos simétricos, como tudo o que concerne à direita e à esquerda, ao alto e ao baixo, à forma e ao fundo, tem uma fonte intensiva. O espaço, como intuição pura, *spatium*, é quantidade intensiva; e a intensidade, como princípio transcendental, não é simplesmente a antecipação da percepção, mas a fonte de uma quádrupla gênese, a das *extensio* como esquemas, a do *extenso* como grandeza extensiva, a da *qualitas* como matéria ocupando o extenso e a do *quale* como designação de objeto. Assim, Hermann Cohen tem razão ao atribuir pleno valor ao princípio das quantidades intensivas em sua reinterpretação do kantismo.[8] Se é verdade que o espaço é irredutível ao conceito, nem por isso é possível negar sua afinidade com a Ideia, isto é, sua capacidade (como *spatium* intensivo) de determinar no extenso a atualização das ligações ideais (como relações diferenciais contidas na Ideia). E se é verdade que as condições da experiência possível se referem à extensão, o mesmo pode ser dito das condições da experiência real que, subjacentes, se confundem com a intensidade como tal.

Primeira característica da intensidade: o desigual em si

A intensidade tem três características. De acordo com a primeira, a quantidade intensiva compreende o desigual em si. Ela representa a diferença na quantidade, aquilo que há de não anulável na diferença de quantidade, de não igualável na própria quantidade: ela é, portanto, a qualidade própria da quantidade. Ela aparece menos como uma espécie do gênero quantidade do que como a figura de um momento fundamental ou original presente em toda quantidade. Isto significa, por outro lado, que a quantidade extensiva é a figura de outro momento que assinala, antes de tudo, a destinação ou a finalidade quantitativas (num sistema numérico parcial). Na história do número, vê-se bem que cada tipo sistemático é construído sobre uma desigualdade essencial e retém essa desigualdade em relação ao tipo inferior: assim, a fração recolhe em si a impossibilidade de igualar a relação de duas grandezas com um número inteiro; o número irracional expressa, por sua vez, a impossibilidade de determinar para duas grandezas uma parte alíquota comum, logo, de igualar sua relação com um número, mesmo fracionário etc.

É verdade que um tipo de número não retém em sua essência uma desigualdade sem conjurá-la ou anulá-la na nova ordem que ele instaura: o número fracionário compensa sua desigualdade característica pela igualdade da parte alíquota; o número irracional subordina a sua desigualdade a uma igualdade puramente geométrica de relações ou, melhor ainda, de modo aritmético, a uma igualdade-limite marcada por uma série convergente de números racionais. Mas reencontramos nesse caso apenas a dualidade da explicação e do implícito, do extenso e do intensivo, pois, se o número anula sua diferença, é somente explicando-a na extensão que ele instaura. Mas ele a conserva em si na ordem implicada que o funda. Todo número é originalmente intensivo, vetorial, na medida em que implica uma diferença de quantidade propriamente não anulável; mas é extensivo e escalar, na medida em que anula essa diferença num outro plano que ele cria e em que se explica. Até mesmo o tipo mais simples de número confirma essa dualidade: o número natural é primeiramente ordinal, isto é, originalmente intensivo. O número cardinal resulta daí e se apresenta como a explicação do ordinal. É frequente a objeção segundo a qual a ordenação não pode estar na origem do número, porque ela já implica operações cardinais de coligação. Mas é porque se compreende mal a fórmula: o cardinal resulta do ordinal. A ordenação de modo algum supõe a repetição de uma mesma unidade que deveria "cardinalizar-se" cada vez que se chega ao número ordinal seguinte. A construção ordinal não implica uma unidade supostamente a mesma, mas tão somente, como veremos, uma noção irredutível de distância – distâncias implicadas na profundidade de um *spatium* intensivo (diferenças ordenadas). A unidade idêntica não é suposta pela ordenação; ao contrário, ela pertence ao número cardinal e supõe, no número cardinal, uma igualdade extensiva, uma equivalência relativa de termos exteriorizados. Portanto, não se deve acreditar que o número cardinal resulte analiticamente do ordinal ou de cada último termo de uma série ordinal finita (a objeção precedente seria então fundada). De fato, o ordinal só se torna cardinal pela extensão, na medida em que as distâncias envolvidas no *spatium* se explicam ou se desenvolvem e se igualam num extenso que o número natural instaura. Isto é o mesmo que dizer que o conceito de número é, desde o início, sintético.

Papel do desigual no número

A intensidade é o não anulável na diferença de quantidade, mas essa diferença de quantidade anula-se em extensão, sendo a extensão o processo pelo qual a diferença intensiva é posta fora de si, repartida de maneira a ser conjurada, compensada, igualizada, suprimida no extenso que ela cria. Mas quantas operações são necessárias e devem intervir neste processo! Páginas admiráveis do *Timeu* colocam em presença o divisível e o indivisível.[9] O importante é que o divisível é definido como o que comporta em si o desigual, ao passo que o indivisível (o Mesmo ou o Uno) procura impor-lhe uma igualdade que o tornaria dócil.

Ora, o Deus começa a fazer uma mistura dos dois elementos. Mas, porque B, o divisível, se furta à mistura e faz valer sua desigualdade, sua imparidade, o Deus obtém somente: $A + \frac{B}{2} = C$. Desse modo, ele deve fazer uma segunda mistura: $A + \frac{B}{2} + C$, isto é, $A + \frac{B}{2} + (A + \frac{B}{2})$. Mas, sendo essa mistura ainda rebelde, ele deve conjurar sua rebelião: ele a distribui em partes segundo duas progressões aritméticas: uma, de razão 2, que remete ao elemento A (1, 2, 4, 8); a outra, de razão 3, que remete a C e que reconhece a imparidade de B (1, 3, 9, 27). Eis que o Deus agora se encontra diante dos intervalos, das distâncias a serem preenchidas: ele o faz com duas medianidades, das quais uma é aritmética (correspondendo a A) e a outra é harmônica (correspondendo a C). Daí derivam relações e relações entre essas relações que continuam através de toda a mistura a tarefa de encurralar o desigual no divisível. É ainda preciso que o Deus corte o conjunto em dois, cruze os dois, encurvando-os depois em dois círculos, um dos quais, exterior, recolhe o igual como movimento do Mesmo e, o outro, interior, orientado segundo uma diagonal, retém o que subsiste de desigualdade no divisível, repartindo-o em círculos secundários. Finalmente, o Deus não venceu o desigual em si; ele simplesmente tirou-lhe o divisível e apenas o rodeou com um círculo de exterioridade, *χυχλοζ εξωθεν*. Ele igualizou o divisível em extensão, mas sob essa extensão, que é a da Alma do mundo, no mais profundo do divisível, é ainda o desigual que freme em intensidade. Pouco importa ao Deus, pois ele preenche toda a extensão da alma com o extenso dos corpos e suas qualidades. Ele recobre tudo. Mas dança sobre um vulcão. Nunca foram feitas tantas operações, as mais diversas, as mais enlouquecidas, para retirar um extenso sereno e dócil das profundidades de um *spatium* intensivo e conjurar uma Diferença que subsiste em si, mesmo quando ela se anula fora de si. A terceira hipótese do *Parmênides*, do instante diferencial ou intensivo, ameaça sempre a tarefa do Deus.

Segunda característica: afirmar a diferença

Uma segunda característica decorre da primeira: compreendendo o desigual em si, sendo já diferença em si, a intensidade *afirma* a diferença. Ela faz da diferença objeto de afirmação. Curie observava que era cômodo, mas deplorável, falar da dissimetria em termos negativos, como de uma ausência de simetria, sem criar palavras positivas capazes de designar a infinidade das operações de não recobrimento. Acontece o mesmo com a desigualdade: é por desigualdades que se descobre a fórmula afirmativa do número irracional (para p, q inteiros, cada número $(p - q\sqrt{2})^2$ ultrapassará sempre determinado valor). É também pelas desigualdades que se prova positivamente a convergência de uma série (a função majorante). O empreendimento tão importante de uma Matemática sem negação não se funda evidentemente na identidade, que determina, ao contrário, o negativo no terceiro excluído e na não contradição. Ela se baseia, axiomaticamente, numa definição afirmativa da desigualdade ($\neq$) para dois números naturais e, nos outros casos, numa definição positiva da *distância* ($\neq \neq$) que põe em jogo três termos numa sequência infinita de correlações afirmativas. Basta considerar a diferença formal entre as duas proposições: "se $a \neq b$ é *impossível*, tem-se $a = b$" e "se a está *distante* de todo número c que está distante de b, tem-se $a = b$" – para já pressentir a potência lógica de uma afirmação das distâncias no elemento puro da diferença positiva.[10] Mas veremos que, assim compreendida, a distância de modo algum é uma grandeza extensiva, devendo ser referida à sua origem intensiva. Porque já é diferença, a intensidade remete a uma série de outras diferenças que ela afirma ao se afirmar. Observa-se, em geral, que não há relações nulas de frequência, não há potencial efetivamente nulo, não há pressão absolutamente nula; como numa régua de gradação logarítmica, o zero encontra-se no infinito, do lado de frações cada vez menores. É preciso ir mais longe, mesmo com o risco de cair numa "ética" das quantidades intensivas. Construída, pelo menos, sobre duas séries, superior e inferior, sendo que cada série, por sua vez, remete a outras séries implicadas, a intensidade afirma até mesmo o mais *baixo*, faz do mais baixo um objeto de afirmação. É preciso a potência de uma Cascata ou de uma queda profunda para ir até lá, para fazer da própria degradação uma afirmação. Tudo é voo de águia, tudo é desaprumo, suspensão e descida. Tudo vai de cima para baixo e, com esse movimento, afirma o mais baixo – síntese assimétrica. Aliás, alto e baixo são apenas maneiras de dizer. Trata-se da profundidade e do baixio que lhe pertence essencialmente. Não há profundidade que não "vasculhe" um baixio: é aí que a distância se elabora, mas a distância como afirmação daquilo que ela distancia, a diferença como sublimação do baixo.

A ilusão do negativo

Quando surge o negativo? A negação é a imagem invertida da diferença, isto é, a imagem da intensidade vista de baixo. Com efeito, tudo se inverte. Aquilo que, no alto, é afirmação da diferença, torna-se, embaixo, negação daquilo que difere. Portanto, ainda aí o negativo só aparece com o extenso e a qualidade. Vimos que a primeira dimensão do extenso era potência de limitação, assim como a segunda era potência de oposição. E essas duas figuras do negativo encontram-se fundadas no caráter "conservativo" das extensões (não se pode levar uma extensão a crescer num sistema sem que se faça decrescer a extensão de mesma natureza do sistema em correlação). A qualidade, por sua vez, parece ser inseparável da oposição: oposição de contradição, como mostrou Platão, na medida em que cada qualidade põe a identidade do "mais" e do "menos" nas intensidades que ela isola; oposição de contrariedade na distribuição acoplada das próprias qualidades. Quando não há contrariedade, como no caso dos odores, é para dar lugar a um jogo de limitações numa série de semelhanças crescentes ou decrescentes. Sem dúvida, aliás, a semelhança é a lei da qualidade, assim como a igualdade é a lei do extenso (ou como a invariância é a lei da extensão): deste modo, o extenso e a qualidade são as duas formas da generalidade. Mas isto basta para fazer deles elementos da representação, sem os quais a própria representação não poderia realizar sua tarefa mais íntima, que consiste em referir a diferença ao idêntico. Podemos acrescentar, portanto, uma terceira razão às duas que determinamos anteriormente para dar conta da ilusão do negativo.

A diferença não é a negação. É o negativo, ao contrário, que é diferença invertida, vista do lado menor. Sempre a vela no olho do boi. A diferença é invertida, primeiramente, pelas exigências da representação que a subordina à identidade; em seguida, pela sombra dos "problemas", que suscita a ilusão do negativo; finalmente, pelo extenso e pela qualidade que vêm recobrir ou explicar a intensidade. *É sob a qualidade, é no extenso que a intensidade aparece de cabeça para baixo*, e que sua diferença característica toma a figura do negativo (de limitação ou de oposição). A diferença não liga sua sorte ao negativo a não ser no extenso, sob a qualidade que, precisamente, tendem a anulá-la. Toda vez que nos encontramos diante de oposições qualificadas, e num extenso onde elas se repartem, não devemos, para resolvê-las, contar com uma síntese extensiva que as superaria. Ao contrário, é na profundidade intensiva que vivem as disparidades constituintes, as distâncias envolvidas, que estão na origem da ilusão do negativo, mas que são também o princípio de denúncia dessa ilusão. Só a profundidade resolve, porque só a diferença constitui problema. Não é a síntese dos diferentes que nos leva a sua reconciliação no extenso (pseudoafirmação), mas, ao contrário, é a diferençação de sua diferença que os afirma em intensidade. As oposições são sempre planas; elas apenas expressam sobre um plano o efeito desnaturado de uma profundidade original. Isso foi frequentemente observado no caso das imagens estereoscópicas; mais geralmente, todo campo de forças remete a uma energia potencial, toda oposição remete a uma "disparação" mais profunda, e as oposições só são resolvidas no tempo e no extenso na medida em que os disparates tenham, primeiramente, inventado sua ordem de comunicação em profundidade e reencontrado a dimensão em que eles se envolvem, traçando caminhos intensivos que só podem ser reconhecidos no mundo ulterior do extenso qualificado.[11]

O ser do sensível

Qual é o ser *do* sensível? De acordo com as condições dessa questão, a resposta deve designar a existência paradoxal de "alguma coisa" que não pode ser sentida (do ponto de vista do exercício empírico) e que, ao mesmo tempo, só pode ser sentida (do ponto de vista do exercício transcendente). No texto do livro VII da *República*, Platão mostra como este ser transmite a prova de força às outras faculdades, arrancando-as de seu torpor, impulsionando a memória e coagindo o pensamento. Mas Platão determina esse ser como sendo o sensível-contrário ao mesmo tempo. Platão quer dizer, como é expressamente mostrado no *Filebo*, que uma qualidade ou uma relação sensíveis não são em si mesmas separáveis de uma contrariedade e até mesmo de uma contradição no sujeito ao qual elas são atribuídas. Sendo toda qualidade um devir, algo não se torna mais "duro" do que era (ou maior) sem que, por isso mesmo, também se torne, ao mesmo tempo, mais "mole" do que está em vias de tornar-se (ou menor do que é). Nem distinguindo os tempos sairemos dessa dificuldade, pois a distinção dos tempos é posterior ao devir que põe um no outro, ou que põe, ao mesmo tempo, o movimento pelo qual o novo presente se constitui e o movimento pelo qual o antigo presente se constitui como passado. Parece que não se pode escapar de um devir-louco, de um devir ilimitado, que implica a identidade dos contrários assim como a coexistência do *mais* e do *menos* na qualidade. Mas essa resposta platônica tem graves inconvenientes: de fato, ela já se baseia nas quantidades intensivas, mas só reconhece essas quantidades intensivas nas qualidades que estão em vias de se desenvolver – razão pela qual ela assinala o ser do sensível como sendo a contrariedade na qualidade. Ora, o sensível-contrário ou a contrariedade na qualidade podem constituir o ser sensível por excelência, mas de modo algum constituem o ser *do* sensível. É a diferença na intensidade, não a contrariedade na qualidade, que constitui o ser "do" sensível. A contrariedade qualitativa é apenas a reflexão do intenso, reflexão que o trai ao explicá-lo no extenso. É a intensidade, é a diferença na intensidade que constitui o limite próprio da sensibilidade. Tem ela, portanto, o caráter paradoxal desse limite: ela é o insensível, o que não pode ser sentido, porque está sempre recoberta por uma qualidade que a aliena ou que a "contraria", distribuída num extenso que a inverte e a anula. Mas, de outra maneira, ela é o que só pode ser sentido, aquilo que define o exercício transcendente da sensibilidade, pois ela faz sentir e, por isso, desperta a memória e força o pensamento. Apreender a intensidade, independentemente do extenso, ou antes, da qualidade em que ela se desenvolve, é o objeto de uma distorção dos sentidos. Uma pedagogia dos sentidos volta-se para esse objetivo e integra o "transcendentalismo". Experiências farmacodinâmicas, ou experiências físicas como a vertigem, aproximam-se disso: elas nos revelam a diferença em si, a profundidade em si, a intensidade em si no momento original em que ela não é mais qualificada nem extensa. Então, o caráter dilacerante da intensidade, por mais frágil que seja seu grau, restitui-lhe seu verdadeiro sentido: não antecipação da percepção, mas limite próprio da sensibilidade, do ponto de vista de um exercício transcendente.

Terceira característica: a implicação

De acordo com uma terceira característica, que resume as duas anteriores, a intensidade é uma quantidade implicada, envolvida, "embrionada". Não implicada na qualidade; isto ela é, mas apenas secundariamente. Primeiramente, ela está implicada em si mesma: implicante e implicada. Devemos conceber a implicação como uma forma de ser perfeitamente determinada. Na intensidade, chamamos *diferença* aquilo que é realmente implicante, envolvente; chamamos *distância* àquilo que está realmente implicado ou envolvido. Eis por que a intensidade nem é divisível, como a quantidade extensiva, nem indivisível, como a qualidade. A divisibilidade das quantidades extensivas define-se: pela determinação relativa de uma unidade (unidade que não é indivisível, mas que assinala apenas o nível em que se para a divisão); pela equivalência das partes determinadas pela unidade; pela consubstancialidade destas partes com o todo que se divide. Portanto, a divisão pode ser feita e se prolongar sem que nada mude na natureza do dividido. Ao contrário, quando se observa que uma temperatura não é composta de temperaturas, que uma velocidade não é composta de velocidades, pode-se dizer que cada temperatura já é diferença e que as diferenças não se compõem de diferenças de mesma ordem, mas implicam séries de termos heterogêneos. Como mostrava Rosny, a ficção de uma quantidade homogênea se esvai na intensidade. Uma quantidade intensiva divide-se, mas não se divide sem mudar de natureza. Em certo sentido, ela é, pois, indivisível, mas somente porque nenhuma parte preexiste à divisão e nenhuma parte guarda a mesma natureza ao dividir-se. Todavia, deve-se falar em "menor" e "maior" conforme a natureza de uma parte suponha tal mudança de natureza ou seja suposta por ela. Assim, a aceleração ou a desaceleração de um movimento definem nele partes intensivas que se devem chamar de maiores ou menores, ao mesmo tempo que elas mudam de natureza, conforme a ordem dessas mudanças (diferenças ordenadas). Neste sentido, a diferença em profundidade compõe-se de distâncias, sendo que a "distância" de modo algum é uma quantidade extensiva, mas uma correlação assimétrica indivisível, de caráter ordinal e intensivo, que se estabelece entre séries de termos heterogêneos e, a cada vez, expressa a natureza daquilo que não se divide sem mudar de natureza.[12] Ao contrário das quantidades extensivas, as quantidades intensivas definem-se, portanto, pela diferença envolvente – as distâncias envolvidas – e pelo desigual em si, que dá testemunho de um "resto" natural como matéria da mudança de natureza. Devemos, então, distinguir dois tipos de multiplicidade, como as distâncias e os comprimentos: as multiplicidades implícitas e as explícitas, aquelas cuja métrica varia com a divisão e aquelas que trazem consigo o princípio invariável de sua métrica. Diferença, distância, desigualdade, tais são as características positivas da profundidade como *spatium* intensivo. E o movimento da explicação é aquele pelo qual a diferença tende a se anular, mas também as distâncias a se estender, a se desenvolver em comprimentos, e o divisível a se igualizar. (Cabe mais uma vez destacar a grandeza de Platão por ter visto que o divisível não forma uma natureza em si, a não ser compreendendo o desigual.)

Diferença de natureza e diferença de grau

Poderiam criticar-nos por termos posto na intensidade todas as diferenças de natureza e de tê-la, deste modo, enriquecido com tudo aquilo que diz respeito normalmente à qualidade. Como também, com as distâncias, por termos posto nelas o que normalmente pertence às qualidades extensivas. Tais críticas não nos parecem fundadas. É bem verdade que a diferença, desenvolvendo-se em extensão, torna-se simples diferença de grau, já não tendo sua razão em si própria. É bem verdade que a qualidade se beneficia, então, dessa razão alienada e se encarrega das diferenças de natureza. Mas a distinção entre as duas, assim como a distinção entre mecanicismo e "qualitativismo", é um passe de mágica: uma se aproveita do que desapareceu na outra, mas a verdadeira diferença não pertence a nenhuma das duas. A diferença só se torna qualitativa no processo em que ela se anula em extensão. Em sua própria natureza, a diferença nem é qualitativa nem extensiva. Observemos, primeiramente, que as qualidades têm muito mais estabilidade, imobilidade e generalidade do que às vezes se diz. Trata-se de ordens de semelhança. É certo que elas diferem, e diferem em natureza, mas sempre numa suposta ordem de semelhança. E suas variações na semelhança remetem a variações totalmente distintas. É certo que uma diferença qualitativa não reproduz ou não expressa uma diferença de intensidade. Mas, na passagem de uma qualidade a outra, mesmo sob o máximo de semelhança ou de continuidade, há fenômenos de decalagem e de desnivelamento, choques de diferença, distâncias, todo um jogo de conjunções e de disjunções, toda uma profundidade que forma uma escala graduada, mais do que uma duração propriamente qualitativa. E a duração que se atribui à qualidade, que seria ela senão uma corrida para o túmulo, e que tempo teria ela senão o tempo necessário para o aniquilamento da diferença no extenso correspondente, senão o tempo necessário para a uniformização das qualidades, se a intensidade não viesse expandi-la, sustentá-la e retomá-la? Em suma, nunca haveria diferenças qualitativas ou de natureza, assim como não haveria diferenças quantitativas ou de grau, se não houvesse a intensidade capaz de constituir umas na qualidade e outras no extenso, mesmo com o risco de parecer extinguir-se numas e noutras.

Eis por que a crítica bergsoniana da intensidade parece pouco convincente. Ela considera qualidades já estabelecidas e extensos já constituídos. Ela reparte a diferença em diferenças de natureza na qualidade e em diferenças de grau no extenso. Desse ponto de vista, a intensidade só aparece forçosamente como um misto impuro; ela não é mais sensível nem perceptível. Mas, dessa maneira, Bergson já colocou na qualidade tudo o que diz respeito às quantidades intensivas. Ele queria liberar a qualidade do movimento superficial que a liga à contrariedade ou à contradição (razão pela qual ele opunha a duração ao devir); mas ele só poderia fazê-lo atribuindo à qualidade uma profundidade que é precisamente a da quantidade intensiva. Não se pode, ao mesmo tempo, ser contra o negativo e contra a intensidade. É espantoso que Bergson não tenha definido a duração qualitativa como indivisível, mas como aquilo que muda de natureza ao se dividir, como aquilo que não para de se dividir ao mudar de natureza: multiplicidade virtual, diz ele, por oposição à multiplicidade atual do número e do extenso que só retém diferenças de grau. Ora, nessa filosofia da Diferença representada pelo conjunto do bergsonismo, há o momento em que Bergson se interroga sobre a dupla gênese da qualidade e do extenso. E essa diferençação fundamental (qualidade-extenso) só pode ter como razão uma grande síntese da Memória, que faz com que coexistam todos os graus de diferenças como graus de distensão e de contração e que redescobre no seio da duração a ordem implicada dessa intensidade que tinha sido denunciada apenas de fora e provisoriamente.[13] Pois as diferenças de grau e o extenso que as representa mecanicamente não têm sua razão em si mesmas; mas as diferenças de natureza e a duração, que as representa qualitativamente, tampouco o têm. A alma do mecanismo diz: tudo é diferença de grau. A alma da qualidade responde: em toda parte há diferenças de natureza. Mas são falsas almas, e almas comparsas, cúmplices. Tomemos a sério a célebre questão: há uma diferença de natureza ou de grau entre as diferenças de grau e as diferenças de natureza? Nem uma, nem outra. A diferença só é de grau no extenso em que ela se explica; só é de natureza sob a qualidade que vem recobri-la nesse extenso. Entre as duas há todos os graus da diferença, sob todas as duas há toda a natureza da diferença: o intensivo. As diferenças de grau são apenas o mais baixo grau da diferença, e as diferenças de natureza são a mais elevada natureza da diferença. Aquilo que as diferenças de natureza e de grau separam ou diferenciam, eis que os graus ou a natureza da diferença fazem dele o Mesmo, mas o mesmo que se diz do diferente. E vimos que Bergson chegava a essa extrema conclusão: a identidade da natureza e dos graus da diferença, esse "mesmo", talvez seja a Repetição (repetição ontológica)...

Há uma ilusão ligada às quantidades intensivas. Mas a ilusão não é a própria intensidade; é antes o movimento pelo qual a diferença de intensidade se anula. Não que ela se anule só aparentemente. Ela se anula realmente, mas fora de si, no extenso e sob a qualidade. Devemos, pois, distinguir duas ordens de implicação ou de degradação: uma implicação secundária, que designa o estado em que intensidades são envolvidas nas qualidades e no extenso que as explicam; e uma implicação primária, que designa o estado em que a intensidade está implicada em si mesma, ao mesmo tempo envolvente e envolvida. Uma degradação secundária, em que a diferença de intensidade se anula, o mais elevado chegando ao mais baixo; e uma potência de degradação primeira, em que o mais elevado afirma o mais baixo. A ilusão é precisamente a confusão entre essas duas instâncias, entre esses dois estados, extrínseco e intrínseco. E como se poderia evitá-la, do ponto de vista do exercício empírico da sensibilidade, visto que este só pode apreender a intensidade na ordem da qualidade e do extenso? Apenas o estudo transcendental pode descobrir que a intensidade permanece implicada em si mesma e continua a envolver a diferença no momento em que ela se reflete no extenso e na qualidade que ela cria e que, por sua vez, só a implicam secundariamente, apenas o suficiente para "explicá-la". O extenso, a qualidade, a limitação e a oposição designam realidades; mas o ilusório é a figura que a diferença toma nesse caso. A diferença prossegue sua vida subterrânea quando é confundida com sua imagem refletida pela superfície. É próprio dessa imagem, mas somente dessa imagem, confundir-se, assim como é próprio da superfície anular a diferença, mas somente na superfície.

A energia e o eterno retorno

Perguntávamos como extrair um princípio transcendental do princípio empírico de Carnot ou de Curie. Quando procuramos definir a *energia* em geral: ou levamos em conta fatores extensivos e qualificados do extenso, o que nos leva a dizer que "há algo que permanece constante", formulando, assim, a grande, mas trivial, tautologia do Idêntico; ou, ao contrário, consideramos a intensidade pura, tal como está implicada nessa região profunda em que nenhuma qualidade se desenvolve, em que nenhum extenso se desenrola. Definimos a energia pela diferença oculta nessa intensidade pura, sendo que a fórmula "diferença de intensidade" é que expressa a tautologia, mas, desta vez, a bela e profunda tautologia do Diferente. Deve-se evitar, portanto, confundir a energia em geral com uma energia uniforme em repouso, que tornaria impossível toda transformação. Só pode estar em repouso uma forma de energia particular, empírica, qualificada no extenso, em que a diferença de intensidade já está anulada por estar fora de si e repartida nos elementos do sistema. Mas a energia em geral ou a quantidade intensiva é o *spatium*, teatro de toda metamorfose, diferença em si que envolve todos os seus graus na produção de cada um. Neste sentido, a energia, a quantidade intensiva, é um princípio transcendental e não um conceito científico. De acordo com a repartição dos princípios empíricos e transcendentais, chama-se princípio empírico a instância que rege um domínio. Todo domínio é um sistema parcial extenso qualificado que se encontra regido de tal maneira que a diferença de intensidade que o cria tende a se anular nele (*lei da natureza*). Mas os domínios são distributivos e não se adicionam; não há extenso em geral nem energia em geral no extenso. Em compensação, há um espaço intensivo, sem outra qualificação, e há nesse espaço uma energia pura. O princípio transcendental não rege domínio algum, mas dá ao princípio empírico o domínio a ser regido; ele dá conta da submissão do domínio ao princípio. É a diferença de intensidade que cria o domínio e o entrega ao princípio empírico de acordo com o qual essa diferença (aí) se anula. É ela, princípio transcendental, que se conserva em si fora do alcance do princípio empírico. Ao mesmo tempo que as leis da natureza regem a superfície do mundo, o eterno retorno não para de fremir nessa outra dimensão, a do transcendental ou do *spatium* vulcânico.

A repetição no eterno retorno nem é qualitativa nem extensiva, mas intensiva

Quando dizemos que o eterno retorno não é o retorno do Mesmo, do Semelhante ou do Igual, queremos dizer que ele não pressupõe qualquer identidade. Ao contrário, ele se diz de um mundo *sem identidade*, sem semelhança e sem igualdade. Ele se diz de um mundo cujo próprio fundo é a diferença e em que tudo repousa sobre disparidades, diferenças de diferenças que se repercutem indefinidamente (o mundo da intensidade). Ele mesmo, o eterno retorno, é o idêntico, o semelhante e o igual. Mas ele nada pressupõe daquilo que ele é, naquilo do qual ele se diz. Ele se diz daquilo que não tem identidade, semelhança e igualdade. Ele é o idêntico que se diz do diferente, a semelhança que se diz do puro díspar, o igual que só se diz do desigual, a proximidade que se diz de todas as distâncias. É preciso que as coisas sejam esquartejadas na diferença e tenham sua identidade dissolvida para que elas venham a ser a presa do eterno retorno e da identidade no eterno retorno. Pode-se, então, medir o abismo que separa o eterno retorno como crença "moderna", e até mesmo crença do futuro, e o eterno retorno como crença antiga ou supostamente antiga. Na verdade, é um achado irrisório da nossa filosofia da história opor o tempo histórico, que seria o nosso, ao tempo cíclico, que teria sido o dos Antigos. Acreditar-se-ia que, entre os Antigos, *isso gira*, e que, entre os Modernos, isso vai reto: essa oposição entre um tempo cíclico e um tempo linear é uma ideia pobre. Toda vez que tal esquema é posto à prova, sai arruinado, e por várias razões. Primeiramente, o eterno retorno, tal como é atribuído aos Antigos, pressupõe a identidade em geral daquilo que presumidamente faz voltar. Ora, esse retorno do idêntico está submetido a certas condições que o contradizem de fato, pois, ou ele se funda na transformação cíclica dos elementos qualitativos uns nos outros (eterno retorno físico), ou ele se funda no movimento circular dos corpos celestes incorruptíveis (eterno retorno astronômico). Nos dois casos, o retorno é apresentado como "lei da natureza". Num caso, ele é interpretado em termos de qualidade; no outro caso, em termos de extenso. Mas, astronômica ou física, extensiva ou qualitativa, essa interpretação do eterno retorno já reduziu a identidade que ela supõe a uma simples semelhança muito geral, pois o "mesmo" processo qualitativo ou a "mesma" posição respectiva dos astros só determinam semelhanças grosseiras nos fenômenos que elas regem. Além disso, o eterno retorno é tão mal compreendido daquele modo que se opõe ao que lhe está intimamente ligado: por um lado, ele encontra um primeiro limite qualitativo nas metamorfoses e nas transmigrações, com o ideal de uma saída da "roda dos nascimentos"; por outro lado, ele encontra um segundo limite quantitativo no número irracional, na irredutível desigualdade dos períodos celestes. Eis que os dois temas mais profundamente ligados ao eterno retorno, o da metamorfose qualitativa e o da desigualdade quantitativa, voltam-se contra ele, tendo perdido toda relação inteligível com ele. Não dizemos que o eterno retorno, "tal como nele acreditavam os Antigos", esteja errado ou mal fundado. Dizemos que os Antigos acreditavam nele apenas aproximada e parcialmente. Não se tratava de um eterno retorno, mas de ciclos parciais e de ciclos de semelhança. Era uma generalidade, em suma, uma lei da natureza. (Até mesmo o grande Ano de Heráclito é apenas o tempo necessário para que a parte do fogo que constitui um vivente se transforme em terra e volte a ser fogo).[14] – Ou, então, se há na Grécia ou em outra parte um verdadeiro saber do eterno retorno, trata-se de um cruel saber esotérico, que é preciso procurar numa outra dimensão, de outro modo misteriosa e singular que não a dos ciclos astronômicos ou qualitativos e de suas generalidades.

Por que Nietzsche, conhecedor dos gregos, sabe que o eterno retorno é *sua* invenção, a crença intempestiva ou do futuro? Porque "seu" eterno retorno de modo algum é o retorno de um mesmo, de um semelhante ou de um igual. Nietzsche afirma: se houvesse identidade, se houvesse, para o mundo, um estado qualitativo indiferençado ou, para os astros, uma posição de equilíbrio, isto seria uma razão para dele não sair e não uma razão para entrar num ciclo. Nietzsche liga, assim, o eterno retorno ao que parecia opor-se a ele ou limitá-lo de fora: a metamorfose integral, o desigual irredutível. A profundidade, a distância, os baixios, o tortuoso, as cavernas, o desigual em si formam a única paisagem do eterno retorno. Zaratustra lembra isso ao bufão, mas também à águia e à serpente: não é uma "cantilena" astronômica nem mesmo uma ronda física. Não é uma lei da natureza. O eterno retorno elabora-se num fundo, num sem-fundo em que a Natureza original reside em seu caos, acima dos reinos e das leis que apenas constituem a natureza segunda. Nietzsche opõe "sua" hipótese à hipótese cíclica, "sua" profundidade à ausência de profundidade na esfera dos fixos. O eterno retorno não é qualitativo nem extensivo; é intensivo, puramente intensivo. Isto é: ele se diz da diferença. É esse o liame fundamental entre o eterno retorno e a vontade de potência. Um não pode ser dito a não ser do outro. A vontade de potência é o mundo cintilante das metamorfoses, das intensidades comunicantes, das diferenças de diferenças, dos *sopros*, insinuações e expirações: mundo de intensivas intencionalidades, mundo de simulacros ou de "mistérios".[15] O eterno retorno é o ser desse mundo, o único Mesmo que se diz desse mundo, excluindo dele toda identidade prévia. É verdade que Nietzsche se interessava pela energética de seu tempo; mas não se tratava de nostalgia científica de um filósofo; é preciso adivinhar o que ele ia procurar na ciência das quantidades intensivas – o meio de realizar o que ele chamava de a profecia de Pascal: fazer do caos um objeto de afirmação. Sentida contra as leis da natureza, a diferença na vontade de potência é o mais elevado objeto da sensibilidade, *hohe Stimmung* (recordemos que a vontade de potência foi primeiramente apresentada como sentimento, sentimento da distância). Pensada contra as leis do pensamento, a repetição no eterno retorno é o mais elevado pensamento, *gross Gedanke*. A diferença é a primeira afirmação, o eterno retorno é a segunda, "eterna afirmação do ser", ou a enésima potência que se diz da primeira. É sempre a partir de um sinal, isto é, de uma intensidade primeira, que o pensamento se designa. Através da cadeia quebrada ou do anel tortuoso, somos violentamente conduzidos do limite dos sentidos ao limite do pensamento, daquilo que só pode ser sentido àquilo que só pode ser pensado.

É porque nada é igual, é porque tudo se banha em sua diferença, em sua dessemelhança e em sua desigualdade, mesmo consigo, que tudo retorna. Ou melhor, tudo não retorna. O que não retorna é o que nega o eterno retorno, que não suporta a prova. O que não retorna é a qualidade, é o extenso – porque a diferença, como condição do eterno retorno, aí se anula. É o negativo – porque a diferença aí se subverte para se anular. É o idêntico, o semelhante e o igual – porque eles constituem as formas da indiferença. É Deus, é o eu como forma e garantia da identidade. É tudo o que só aparece sob a lei do "Uma vez por todas", inclusive a repetição quando submetida à condição de identidade de uma mesma qualidade, de um mesmo corpo extenso, de um mesmo eu (assim, a "ressurreição")... Quer isto realmente dizer que nem a qualidade nem o extenso retornam? Ou não seríamos levados a distinguir como que dois estados da qualidade, dois estados da extensão? Um, em que a qualidade fulgura como signo na distância ou no intervalo de uma diferença de intensidade; o outro, em que, como efeito, ela já reage sobre sua causa e tende a anular a diferença. Um em que a extensão permanece ainda implicada na ordem envolvente das diferenças e o outro em que o extenso explica a diferença e a anula no sistema qualificado. Essa distinção, que não pode ser efetuada na experiência, torna-se possível do ponto de vista do pensamento do eterno retorno. A dura lei da explicação é que aquilo que se explica *se explica de uma vez por todas*. A ética das quantidades intensivas tem apenas dois princípios: afirmar até mesmo o mais baixo, não se explicar (demais). Devemos ser como o pai que repreendia a criança por ter dito todos os palavrões que sabia, não somente por ter procedido mal, mas por ter dito tudo de uma vez, por não ter guardado nada, nenhum resto para a sutil matéria implicada no eterno retorno. E se o eterno retorno, mesmo à custa de nossa coerência e em prol de uma coerência superior, reduz as qualidades ao estado de puros signos e só retém dos extensos aquilo que se combina com a profundidade original, aparecerão então qualidades mais belas, cores mais brilhantes, pedras mais preciosas, extensões mais vibrantes, pois, reduzidas às suas razões seminais, tendo rompido toda relação com o negativo, elas permanecerão para sempre agarradas ao espaço intensivo das diferenças positivas – realizando-se então, por sua vez, a predição final do *Fédon*, quando Platão promete, à sensibilidade livre de seu exercício empírico, templos, astros e deuses como nunca se viu, afirmações inauditas. A predição não se realiza, é verdade, a não ser com a subversão do próprio platonismo.

Intensidade e diferencial

A afinidade entre as quantidades intensivas e diferenciais foi frequentemente negada. Mas a crítica incide apenas sobre uma falsa concepção da afinidade. Esta não deve fundar-se na consideração de uma série, dos termos de uma série e das diferenças entre termos consecutivos, mas no confronto de dois tipos de relações, isto é, relações diferenciais na síntese recíproca da Ideia e relações de intensidade na síntese assimétrica do sensível. A síntese recíproca $\frac{dx}{dy}$ prolonga-se na síntese assimétrica que liga y a x. O fator intensivo é uma derivada parcial ou a diferencial de uma função composta. Entre a intensidade e a Ideia se estabelece toda uma corrente de trocas, como entre duas figuras correspondentes da diferença. As Ideias são multiplicidades virtuais, problemáticas ou "perplexas", feitas de relações entre elementos diferenciais. As intensidades são multiplicidades implicadas, "implexas", feitas de relações entre elementos assimétricos que dirigem o curso de atualização das Ideias e determinam os casos de solução para os problemas. Portanto, a estética das intensidades desenvolve cada um de seus momentos em correspondência com a dialética das Ideias: a potência da intensidade (profundidade) está fundada na potencialidade da Ideia. Já a ilusão encontrada no nível da estética retoma a ilusão da dialética; e a forma do negativo é a sombra projetada dos problemas e de seus elementos mais do que a imagem invertida das diferenças intensivas. As quantidades intensivas parecem anular-se tanto quanto se desvanecem as Ideias problemáticas. O inconsciente das pequenas percepções, como quantidades intensivas, remete ao inconsciente das Ideias. E a arte da estética ecoa a arte da dialética. Esta última é a ironia, como arte dos problemas e das questões, que se expressa no manejo das relações diferenciais e na distribuição do ordinário e do singular. Mas a arte da estética é o humor, arte física dos sinais e dos signos, determinando as soluções parciais ou os casos de solução; em suma, arte implicada das quantidades intensivas.

Todavia, essas correspondências muito gerais não indicam precisamente como a afinidade se exerce e como se opera a junção das quantidades intensivas com as diferenciais. Retomemos o movimento da Ideia, inseparável de um processo de atualização. Uma Ideia, uma multiplicidade como a de cor, por exemplo, é constituída pela coexistência virtual de relações entre elementos genéticos ou diferenciais de determinada ordem. São essas relações que se atualizam em cores qualitativamente distintas, ao mesmo tempo que seus pontos notáveis encarnam-se em extensos distintos que estão em correspondência com essas qualidades. Portanto, como os extensos, as qualidades são diferençadas, na medida em que representam linhas divergentes segundo as quais as relações diferenciais, que só coexistem em Ideia, se atualizam. Neste sentido, vimos que todo processo de atualização era uma dupla diferençação, qualitativa e extensiva. E as categorias de diferençação, sem dúvida, mudam segundo a ordem dos diferenciais constitutivos da Ideia: a qualificação e a partição são os dois aspectos de uma atualização física, como a especificação e a organização são os dois aspectos de uma atualização biológica. Mas reencontra-se sempre a exigência de qualidades diferençadas em função das relações que elas, respectivamente, atualizam, assim como extensos diferençados em função dos pontos notáveis que eles encarnam. Eis por que fomos levados a formar o conceito de diferen$\frac{\text{ci}}{\text{ç}}$ação para indicar tanto o estado das relações diferenciais na Ideia ou na multiplicidade virtual quanto o estado das séries, qualitativa e extensiva, em que as relações se atualizam ao se diferençarem. Mas o que permanecia, assim, totalmente indeterminada, era a condição dessa atualização. Como a Ideia é determinada a se encarnar em qualidades diferençadas, em extensos diferençados? O que determina as relações que coexistem na Ideia a se diferençarem em qualidades e extensos? A resposta é dada precisamente pelas quantidades intensivas. O determinante no processo de atualização é a intensidade. É a intensidade que *dramatiza*. É ela que se expressa imediatamente nos dinamismos espaço-temporais de base e que determina uma relação diferencial, "indistinta" na Ideia, a se encamar numa qualidade distinta e num extenso distinguido.

Assim, de certo modo (e veremos que apenas de certo modo), o movimento e as categorias da diferençação confundem-se com os da explicação. Falamos de diferençação em relação à Ideia que se atualiza. Falamos de explicação em relação à intensidade que se "desenvolve" e que, precisamente, determina o movimento de atualização. Se é literalmente verdadeiro que a intensidade cria as qualidades e os extensos nos quais ela se explica, é porque as qualidades e os extensos não se assemelham, de modo algum se assemelham às relações ideais que neles se atualizam: a diferençação implica a criação das linhas segundo as quais ela opera.

Papel da individuação na atualização da Ideia

Como a intensidade desempenha esse papel determinante? É preciso que, em si mesma, ela seja independente tanto da diferençação quanto da explicação que dela procede. Ela é independente da explicação pela ordem de implicação que a define. Ela é independente da diferençação pelo processo que lhe pertence essencialmente. O processo essencial das quantidades intensivas é a individuação. A intensidade é individuante; as quantidades intensivas são fatores individuantes. Os indivíduos são sistemas sinal-signo. Toda individualidade é intensiva: logo, cascateante, represante, comunicante; compreendendo e afirmando em si a diferença nas intensidades que a constituem.

Individuação e diferençação

Gilbert Simondon mostrou recentemente que a individuação supõe, antes de tudo, um estado metaestável, isto é, a existência de uma "disparação" como duas ordens de grandeza ou duas escalas de realidade heterogêneas, pelo menos, entre as quais os potenciais se repartem. Esse estado pré-individual não carece, todavia, de singularidades: os pontos notáveis ou singulares são definidos pela existência e pela repartição dos potenciais. Aparece, assim, um campo "problemático" objetivo, determinado pela distância entre ordens heterogêneas. A individuação surge como o ato de solução de um tal problema ou, o que dá na mesma, como a atualização do potencial e a comunicação dos disparates. O ato de individuação não consiste em suprimir o problema, mas em integrar os elementos da disparação num estado de acoplamento que lhe assegura a ressonância interna. O indivíduo encontra-se, pois, reunido a uma metade pré-individual, que não é o impessoal, mas antes o reservatório de suas singularidades.[16] Sob todos estes aspectos, acreditamos que a individuação é essencialmente intensiva e que o campo pré-individual é ideal-virtual ou feito de relações diferenciais. É a individuação que responde à questão *Quem?*, assim como a Ideia respondia às questões *quanto?*, *como?* Quem? é sempre uma intensidade... A individuação é o ato da intensidade que determina as relações diferenciais a se atualizarem, de acordo com linhas de diferençação, nas qualidades e nos extensos que ela cria. Do mesmo modo, a noção total é a de: indi-diferen$\frac{\text{ci}}{\text{ç}}$ação (indi-drama-diferen$\frac{\text{ci}}{\text{ç}}$ação). A própria ironia, como arte das Ideias diferenciais, de modo algum ignora a singularidade; ao contrário, ela se utiliza de toda a distribuição dos pontos ordinários e notáveis. Mas trata-se sempre de singularidades pré-individuais repartidas na Ideia. Ela ignora ainda o indivíduo. É o humor, como arte das quantidades intensivas, que se utiliza do indivíduo e dos fatores individuantes. O humor dá testemunho das utilizações do indivíduo como caso de solução em relação às diferençações que ele determina, ao passo que a ironia procede às diferenciações necessárias no cálculo dos problemas ou na determinação de suas condições.

A individuação é intensiva

O indivíduo não é nem uma qualidade nem uma extensão. A individuação não é uma qualificação nem uma partição, nem uma especificação nem uma organização. O indivíduo não é uma *species infima*, nem um composto de partes. As interpretações qualitativas ou extensivas da individuação são incapazes de fixar uma razão pela qual uma qualidade deixaria de ser geral ou pela qual uma síntese de extenso começaria em um lugar e acabaria em outro. A qualificação e a especificação já supõem indivíduos a serem qualificados; e as partes extensivas são relativas a um indivíduo, não o inverso. Mas não basta assinalar uma diferença de natureza entre a individuação e a diferençação em geral. Essa diferença de natureza permanece ininteligível enquanto não aceitamos sua consequência necessária: a individuação precede, de direito, à diferençação, toda diferençação supõe um campo intenso de individuação prévia. É sob a ação do campo de individuação que tais relações diferenciais e tais pontos notáveis (campo pré-individual) se atualizam, isto é, se organizam na intuição segundo linhas diferençadas em relação a outras linhas. Então, sob essa condição, eles formam a qualidade e o número, a espécie e as partes de um indivíduo, em suma, sua generalidade. Por haver indivíduos de espécies diferentes e indivíduos da mesma espécie, tendemos a acreditar que a individuação prolonga a especificação, mesmo que ela seja de outra natureza e se sirva de outros meios. Mas, realmente, toda confusão entre os dois processos, toda redução da individuação a um limite ou a uma complicação da diferençação, compromete o conjunto da filosofia da diferença; comete-se, dessa vez no atual, um erro análogo àquele que era cometido quando se confundia o virtual com o possível. A individuação não supõe diferençação alguma, mas a provoca. As qualidades e os extensos, as formas e as matérias, as espécies e as partes não são primeiras; elas estão aprisionadas nos indivíduos como em cristais. E é o mundo inteiro, como numa bola de cristal, que é lido na profundidade movente das diferenças individuantes ou diferenças de intensidade.

Todas as diferenças existem no indivíduo, mas nem por isso elas são individuais. Em que condições uma diferença é pensada como individual? Vemos que o problema da classificação foi sempre ordenar as diferenças. Mas as classificações vegetais ou animais mostram que as diferenças são ordenadas somente à condição de haver uma rede múltipla de continuidade de semelhança. A ideia de uma continuidade de seres vivos jamais foi distinta da ideia de classificação e menos ainda oposta; nem mesmo foi uma ideia encarregada de limitar ou de matizar as exigências da classificação. Ao contrário, essa ideia é o requisito de toda classificação possível. Pergunta-se, por exemplo, qual é, entre várias diferenças, aquela que forma uma verdadeira "característica", isto é, que permite agrupar numa identidade refletida seres que se assemelham num máximo de pontos. É neste sentido que o gênero pode, ao mesmo tempo, ser um conceito de reflexão e, todavia, um conceito natural (na medida em que a identidade que ele "talha" está compreendida nas espécies vizinhas). Se considerarmos três plantas, A, B, C, das quais A e B são lenhosas, C é não lenhosa, B e C, azuis, A, vermelha, é "lenhoso" que forma a característica, porque assegura a maior subordinação das diferenças à ordem das semelhanças crescentes e decrescentes. Sem dúvida, pode-se denunciar a ordem das semelhanças como pertencente à percepção grosseira, mas apenas à condição de se substituírem as unidades de reflexão pelas grandes unidades constitutivas (sejam as grandes unidades funcionais de Cuvier, seja a grande unidade de composição de Geoffroy), em relação às quais a diferença é ainda pensada em juízos de analogia ou como variável num conceito universal. De todo modo, a diferença só é pensada como diferença individual quando é subordinada aos critérios da semelhança na percepção, da identidade na reflexão, da analogia no juízo ou da oposição no conceito. Ela permanece apenas diferença geral, mesmo que ela exista no indivíduo.

A grande novidade de Darwin talvez tenha sido a de instaurar o pensamento da diferença individual. O *leitmotiv* de *A origem das espécies* é o seguinte: não se sabe o que pode a diferença individual, não se sabe até onde ela pode ir, a não ser que aí se acrescente a seleção natural. O problema de Darwin apresenta-se em termos muito semelhantes àqueles de que Freud se servirá em outra ocasião: trata-se de saber em que condições pequenas diferenças, livres, flutuantes ou não ligadas, tornam-se diferenças apreciáveis, ligadas e fixas. Ora, é a seleção natural, desempenhando verdadeiramente o papel de um princípio de realidade e mesmo de sucesso, que mostra como diferenças se ligam e se acumulam numa direção, mas também como elas tendem cada vez mais a divergir em direções diversas e até mesmo opostas. A seleção natural tem um papel essencial: diferenciar a diferença (sobrevivência dos mais divergentes). Onde a seleção não se exerce ou não mais se exerce, as diferenças permanecem ou voltam a ser flutuantes; onde ela se exerce, é para fixar as diferenças e fazê-las divergir. As grandes unidades taxonômicas, gêneros, famílias, ordens, classes, não servem mais para pensar a diferença, referindo-a a semelhanças, a identidades, a analogias, a oposições determinadas como condições. *Ao contrário*, essas unidades taxonômicas é que são pensadas a partir da diferença e da diferençação da diferença como mecanismo fundamental da seleção natural. Sem dúvida, a diferença individual, sendo pensada por si mesma, matéria-prima da seleção ou da diferençação, não tem ainda estatuto preciso em Darwin: livre, flutuante, não ligada, ela se confunde com uma variabilidade indeterminada. Eis por que Weissmann dá uma contribuição essencial ao darwinismo, quando mostra como a diferença individual tem uma causa natural na reprodução sexuada: a reprodução sexuada como princípio da "produção incessante de diferenças individuais variadas". Na medida em que a própria diferençação sexual resulta da reprodução sexuada, vemos que as três grandes diferençações biológicas, a das espécies, a das partes orgânicas e a dos sexos, giram em torno da diferença individual, e não o inverso. São as três figuras da revolução copernicana do darwinismo. A primeira concerne à diferençação das diferenças individuais, como divergência das características e determinação dos grupos; a segunda diz respeito à ligação das diferenças como coordenação das características num mesmo grupo; a terceira é referente à produção das diferenças como matéria contínua da diferençação e da ligação.

Diferença individual e diferença individuante

Aparentemente – mas é certo que se trata de uma aparência bem fundada – a reprodução sexuada encontra-se subordinada aos critérios da espécie e às exigências das partes orgânicas. É verdade que o ovo deverá reproduzir todas as partes do organismo a que pertence. É também verdade, aproximadamente, que a reprodução sexuada atua nos limites da espécie. Mas foi frequentemente observado que todos os modos de reprodução implicam fenômenos de "desdiferençação" orgânica. O ovo só reconstitui as partes à condição de se desenvolver num campo que delas não depende. Ele só se desenvolve nos limites da espécie à condição de também apresentar fenômenos de desdiferençação específica. Somente seres da mesma espécie podem efetivamente ultrapassar a espécie e produzir, por sua vez, seres que funcionam como esboços, reduzidos provisoriamente a características supraespecíficas. Era isso que von Baër descobria ao mostrar que o embrião não reproduz formas adultas ancestrais pertencentes a outras espécies, mas experimenta e sofre estados, empreende movimentos que não são viáveis especificamente, que extrapolam os limites da espécie, do gênero, da ordem ou da classe, e que só podem ser vividos por ele, nas condições da vida embrionária. Baër conclui que a epigênese vai do mais geral ao menos geral, isto é, dos tipos mais gerais às determinações genéricas e específicas. Mas essa alta generalidade nada tem a ver com um conceito taxonômico abstrato, pois ela é, como tal, *vivida* pelo embrião. Por um lado, ela remete às relações diferenciais que constituem a virtualidade preexistente à atualização das espécies; por outro lado, ela remete aos primeiros movimentos dessa atualização e, sobretudo, à condição dessa atualização, isto é, à individuação tal como ela encontra seu campo de constituição no ovo. Assim, as mais altas generalidades da vida ultrapassam as espécies e os gêneros, mas os ultrapassam em direção ao indivíduo e às singularidades pré-individuais e não em direção a um impessoal abstrato. Se observarmos, com Baër, que não só o tipo do embrião aparece muito cedo, mas até mesmo sua forma específica, não se deve concluir, necessariamente, a irredutibilidade dos tipos ou ramificações, mas a velocidade e aceleração relativas da ação exercida pela individuação sobre a atualização ou a especificação.[17] Não é o indivíduo que é uma ilusão em relação ao gênio da espécie; a espécie é que é uma ilusão, uma ilusão inevitável e bem fundada, é verdade, em relação aos jogos do indivíduo e da individuação. A questão não é saber se o indivíduo, de fato, pode ser separado de sua espécie e de suas partes. Ele não o pode. Mas essa própria "inseparabilidade" e a velocidade de aparecimento da espécie e das partes não darão testemunho do primado, de direito, da individuação sobre a diferençação? O que está acima da espécie, o que, de direito, precede a espécie é o indivíduo. E o embrião é o indivíduo como tal, diretamente tomado no campo de sua individuação. A reprodução sexuada define o próprio campo; se, no produto, ela é acompanhada de um aparecimento tanto mais precoce da forma específica, é porque a própria noção de espécie depende, primeiramente, da reprodução sexuada, sendo que esta acelera o movimento que desencadeia a atualização pela individuação (o próprio ovo já é sede dos primeiros movimentos). O embrião é uma espécie de fantasma de seus pais; todo embrião é uma quimera, apto a funcionar como esboço e a viver o que é inviável para todo adulto especificado. Ele empreende movimentos forçados, constitui ressonâncias internas, dramatiza as relações primordiais da vida. O problema da comparação da sexualidade animal e da sexualidade humana consiste em procurar como a sexualidade deixa de ser uma função e rompe suas amarras com a reprodução. É que a sexualidade humana interioriza as condições de produção do fantasma. Os sonhos são nossos ovos, nossas larvas ou nossos indivíduos propriamente psíquicos. Não é menos verdade que o ovo vital já é campo de individuação, que o próprio embrião é puro indivíduo e que um no outro dá testemunho da precedência da individuação sobre a atualização, isto é, tanto sobre a especificação quanto sobre a organização.

A diferença individuante deve ser pensada, primeiramente, em seu campo de individuação – não como tardia, mas, como poderia ser dito, no ovo. Desde os trabalhos de Child e de Weiss, reconhecem-se eixos ou planos de simetria num ovo; mas ainda nesse caso o positivo está menos nos elementos de simetria dados do que nos elementos que faltam, que não se encontram nele. Ao longo dos eixos, e de um polo ao outro, uma intensidade reparte sua diferença, formando uma onda de variação que se estende através do protoplasma. A região de atividade máxima é a primeira a entrar em jogo e exerce uma influência dominante no desenvolvimento das partes que correspondem a uma taxa inferior: o indivíduo no ovo é uma verdadeira queda, indo do mais alto ao mais baixo, afirmando as diferenças de intensidade em que ele está compreendido, em que ele cai. Numa jovem *gástrula* de Anfíbio, a intensidade parece máxima num foco mediano "sobreblastosporal" e decresce em todas as direções, mas menos rapidamente na direção do polo animal; na camada média de uma jovem *nêurula* de Vertebrado, a intensidade decresce, para cada seção transversal, da linha mediodorsal para a linha medioventral. É preciso multiplicar as direções e as distâncias, os dinamismos ou os dramas, os potenciais e as potencialidades para sondar o *spatium* do ovo, isto é, suas profundidades intensivas. O mundo é um ovo. E o ovo nos dá, com efeito, o modelo da ordem das razões: diferenciação-individuação-dramatização-diferençação (específica e orgânica). Consideramos que a diferença de intensidade, tal como está implicada no ovo, expressa antes de tudo relações diferenciais como sendo uma matéria virtual a ser atualizada. O campo intensivo de individuação determina que as relações que ele expressa se encarnem em dinamismos espaço-temporais (dramatização), em espécies que correspondem a essas relações (diferençação específica), em partes orgânicas que correspondem aos pontos notáveis dessas relações (diferençação orgânica). É sempre a individuação que comanda a atualização: as partes orgânicas só são induzidas a partir dos gradientes de sua vizinhança intensiva; os tipos só se especificam em função da intensidade individuante. A intensidade é sempre primeira em relação às qualidades específicas e às extensões orgânicas. Noções como as de Dalcq, "potencial morfogenético", "campo-gradiente-limiar", que dizem respeito essencialmente às relações de intensidade como tais, dão conta desse conjunto complexo. Eis por que a questão do papel comparado do núcleo e do citoplasma, no ovo, assim como no mundo, não é resolvida facilmente. O núcleo e os genes designam apenas a matéria diferenciada, isto é, as relações diferenciais que constituem o campo pré-individual a ser atualizado; mas sua atualização só é determinada pelo citoplasma com seus gradientes e seus campos de individuação.

A espécie não se assemelha às relações diferenciais que se atualizam nela; as partes orgânicas não se assemelham aos pontos notáveis que correspondem a essas relações. A espécie e as partes não se assemelham às intensidades que as determinam. Como diz Dalcq, quando um apêndice caudal é induzido por sua vizinhança intensiva, esse apêndice depende de um sistema em que "nada é caudal *a priori*" e corresponde a um determinado nível do potencial morfogenético.[18] É o ovo que destrói o modelo da similitude. E duas polêmicas parecem perder muito de seu sentido na medida em que desaparecem as exigências da semelhança. Por um lado, o pré-formismo e a epigênese deixam de se opor, desde que se admita que as pré-formações envolvidas são intensivas, que as formações desenvolvidas são qualitativas e extensivas e que umas não se assemelham às outras. Por outro lado, o fixismo e o evolucionismo tendem a se reconciliar na medida em que o movimento vai, não de um termo atual a outro, nem tampouco do geral ao particular, mas do virtual a sua atualização – por intermédio de uma individuação determinante.

"Perplicação", "implicação", "explicação"

Todavia, não avançamos quanto à dificuldade principal. Invocamos um campo de individuação, uma diferença individuante, como condição da especificação e da organização. Mas esse campo de individuação só é posto em geral e formalmente; ele parece ser "o mesmo" para uma espécie dada e variar em intensidade de uma espécie à outra. Portanto, ele parece depender da espécie e da especificação e nos remeter ainda a diferenças existentes no indivíduo, não a diferenças individuais. Para que essa dificuldade desaparecesse, seria preciso que a diferença individuante não fosse apenas pensada num campo de individuação em geral, mas que ela própria fosse pensada como diferença individual. Seria preciso que a forma do campo fosse em si mesma e necessariamente preenchida por diferenças individuais. Seria preciso que esse preenchimento fosse imediato, precoce e não tardio, no ovo – de tal forma que o princípio dos indiscerníveis tivesse a fórmula que lhe dava Lucrécio: não há dois ovos idênticos nem dois grãos de trigo idênticos. Ora, acreditamos que essas condições são plenamente satisfeitas na ordem de implicação das intensidades. As intensidades só expressam e supõem relações diferenciais; os indivíduos só supõem Ideias. Ora, as relações diferenciais na Ideia não são ainda espécies (ou gêneros, ou famílias etc.), assim como seus pontos notáveis não são ainda partes. Eles não constituem de modo algum ainda qualidades ou extensões. Ao contrário, todas as Ideias, todas as relações, suas variações e seus pontos, coexistem, se bem que haja mudança de ordem segundo os elementos considerados: elas são plenamente determinadas ou diferen*ci*adas, mesmo que sejam totalmente indiferençadas. Esse modo de "distinção" pareceu-nos corresponder à *perplicação* da Ideia, isto é, a seu caráter problemático e à realidade do virtual que ela representa. Eis por que o caráter lógico da Ideia era ser ao mesmo tempo distinta-obscura. É enquanto distinta (*omni modo determinata*) que ela é obscura (indiferençada, coexistindo com as outras Ideias, "perplicada" com elas). Trata-se de saber o que acontece quando as Ideias são expressas pelas intensidades ou pelos indivíduos nessa nova dimensão que é a implicação.

Eis que a intensidade, diferença em si mesma, expressa relações diferenciais e pontos notáveis correspondentes. Nessas relações, e entre as Ideias, ela introduz um novo tipo de distinção. Agora, as Ideias, as relações, as variações dessas relações, os pontos notáveis estão de algum modo separados; em vez de coexistirem, eles entram em estados de simultaneidade ou de sucessão. Todavia, todas as intensidades estão implicadas umas nas outras, sendo cada uma, por sua vez, envolvente e envolvida. Desse modo, cada uma continua a expressar a totalidade cambiante das Ideias, o conjunto variável das relações diferenciais. Mas ela só expressa *claramente* algumas relações ou certos graus de variação. Os que ela expressa claramente são precisamente aqueles a que ela visa diretamente quando tem a função de *envolvente*. Ela não deixa de expressar todas as relações, todos os graus, todos os pontos, mas *confusamente*, em sua função de *envolvida*. Como as duas funções estão em reciprocidade, como a intensidade é primeiramente envolvida por si mesma, é preciso dizer que o claro e o confuso são tão inseparáveis, como caráter lógico na intensidade que expressa a Ideia, isto é, no indivíduo que a pensa, quanto o distinto e o obscuro são inseparáveis na própria Ideia. Ao distinto-obscuro, como unidade ideal, corresponde o claro-confuso, como unidade intensiva individuante. O claro--confuso qualifica não a Ideia, mas o pensador que a pensa ou a expressa, pois o pensador é o próprio indivíduo. O distinto nada mais era do que o obscuro; ele era obscuro como distinto; mas, agora, o claro é tão somente o confuso, e é confuso como claro. Vimos que o vício da teoria da representação, do ponto de vista da lógica do conhecimento, tinha sido estabelecer entre o claro e o distinto uma proporção direta em detrimento da relação inversa que liga esses dois valores lógicos; toda a imagem do pensamento encontrava-se assim comprometida. Só Leibniz aproximou-se das condições de uma lógica do pensamento, lógica inspirada precisamente por sua teoria da individuação e da expressão. Com efeito, apesar da ambiguidade e da complexidade dos textos, parece que às vezes o expresso (o contínuo das relações diferenciais ou a Ideia virtual inconsciente) é em si mesmo distinto e obscuro: como é o caso de todas as gotas de água do mar como elementos genéticos com suas relações diferenciais, as variações dessas relações e os pontos notáveis que elas compreendem; e parece também que o expressante (o indivíduo que percebe, imagina ou pensa) é, por natureza, claro e confuso: como é o caso de nossa percepção do barulho do mar, que compreende confusamente o todo, mas que só expressa claramente determinadas relações e determinados pontos em função de nosso corpo e de um limiar de consciência que este determina.

A ordem da implicação compreende tanto o envolvente quanto o envolvido, a profundidade e a distância. Quando uma intensidade envolvente expressa claramente tais relações diferenciais e tais pontos notáveis, ela não deixa de expressar confusamente todas as outras relações, todas as suas variações e seus pontos. Ela os expressa, então, nas intensidades que ela envolve, nas intensidades envolvidas. Mas estas são interiores àquela. As intensidades envolventes (a profundidade) constituem o campo de individuação, as diferenças individuantes. As intensidades envolvidas (as distâncias) constituem as diferenças individuais. Portanto, estas preenchem necessariamente aquelas. Por que a intensidade envolvente já é campo de individuação? Porque a relação diferencial a que ela visa ainda não é uma espécie, nem seus pontos notáveis são partes; eles tornar-se-ão, mas somente atualizando-se, sob a ação desse campo que a intensidade envolvente constitui. Deve-se dizer, pelo menos, que todos os indivíduos de uma mesma espécie tenham o mesmo campo de individuação, visto que eles visam originalmente à mesma relação? Não, porque duas intensidades individuantes podem ser as mesmas abstratamente, pela sua expressão clara; elas nunca são as mesmas pela ordem das intensidades que envolvem ou das relações que expressam confusamente. Há uma ordem variável segundo a qual o conjunto das relações está diversamente implicado nessas intensidades segundas. Todavia, não se deve dizer que o indivíduo só tem diferença individual pela sua esfera confusa. Isto seria negligenciar novamente a indissolubilidade do claro e do confuso; seria esquecer que o claro é confuso por si mesmo como claro. Com efeito, as intensidades segundas representam a propriedade fundamental das intensidades primeiras, isto é, a potência de se dividir ao mudarem de natureza. Duas intensidades nunca são idênticas, salvo abstratamente, mas diferem por natureza, mesmo que seja pelo modo como elas se dividem nas intensidades que elas compreendem. Não se deve, finalmente, dizer que os indivíduos de uma mesma espécie se distinguem por sua participação em outras espécies: como se houvesse, por exemplo, em cada homem, algo de asno e de leão, de lobo e de cordeiro. Há tudo isso, sem dúvida, e a metempsicose preserva toda sua verdade simbólica; mas o asno e o lobo só podem ser considerados como espécies em relação aos campos de individuação que os expressam claramente. No confuso e no envolvido, eles desempenham apenas o papel de variáveis, de almas componentes ou de diferenças individuais. Eis por que Leibniz tinha razão em substituir a noção de metempsicose pela de "metaesquematismo"; com isso, ele entendia que uma alma não mudava de corpo, mas que seu corpo se re-envolvia, se reimplicava, para entrar, se preciso, em outros campos de individuação, retornando, assim, a um "teatro mais sutil".[19] Todo corpo, toda coisa pensa e é um pensamento, na medida em que, reduzida às suas razões intensivas, expressa uma Ideia cuja atualização ela determina. Mas o próprio pensador faz de todas as coisas suas diferenças individuais; é neste sentido que ele é encarregado das pedras e dos diamantes, das plantas "e dos próprios animais". O pensador, o pensador do eterno retorno, sem dúvida, é o indivíduo, o indivíduo universal. É ele quem se serve de toda potência do claro e do confuso, do claro-confuso, para pensar a Ideia em toda a sua potência como distinta-obscura. Portanto, é preciso lembrar constantemente o caráter múltiplo, móvel e comunicante da individualidade: seu caráter implicado. A indivisibilidade do indivíduo diz respeito apenas à propriedade das quantidades intensivas de não se dividirem sem mudar de natureza. Somos feitos de todas essas profundidades e distâncias, dessas almas intensivas que se desenvolvem e se re-envolvem. Chamamos de fatores individuantes o conjunto dessas intensidades envolventes e envolvidas, dessas diferenças individuantes e individuais, que não param de penetrar umas nas outras através dos campos de individuação. A individualidade não é o caráter do Eu, mas, ao contrário, forma e nutre o sistema do Eu dissolvido.

Evolução dos sistemas

Devemos tornar precisas as relações entre a explicação e a diferençação. A intensidade cria os extensos e as qualidades em que ela se explica; esses extensos, assim como essas qualidades, são diferençados. Um extenso é formalmente distinto de outro e comporta em si mesmo distinções de partes que correspondem a pontos notáveis; uma qualidade é materialmente distinta e comporta distinções que correspondem a variações de relação. Criar é sempre produzir linhas e figuras de diferençação. Mas é verdade que a intensidade só se explica anulando-se nesse sistema diferençado que ela cria. Observa-se do mesmo modo que a diferençação de um sistema se faz por acoplamento com um sistema mais geral que vai se "desdiferençando". É neste sentido que mesmo os seres vivos não contradizem o princípio empírico de degradação, e que uma uniformização de conjunto vem compensar as diferençações locais, exatamente como uma anulação final vem compensar as criações originárias. Todavia, conforme os domínios, aparecem variações muito importantes. Um sistema físico e um sistema biológico se distinguem, primeiramente, pela ordem das Ideias que eles encarnam ou atualizam: diferenciais desta ou daquela ordem. Eles se distinguem, em seguida, pelo processo de individuação que determina essa atualização: de uma vez, no sistema físico, e somente nas bordas, ao passo que o sistema biológico recebe contribuições sucessivas de singularidades e faz todo o seu meio interior participar das operações que se produzem nos limites externos. Finalmente, eles se distinguem pelas figuras de diferençação que representam a própria atualização: a especificação e a organização biológicas, em suas diferenças com respeito às simples qualificação e partição física. Mas, seja qual for o domínio considerado, a anulação da diferença produtora e a supressão da diferençação produzida continuam sendo a lei da explicação, lei que se manifesta tanto no nivelamento físico quanto na morte biológica. Ainda uma vez, nunca o princípio de degradação é desmentido ou é contradito. No entanto, se ele "explica" tudo, ele não dá conta de nada. Se tudo entra nele, pode-se dizer que dele nada sai. Se nada o contradiz, se ele não tem contraordem nem exceção, em compensação, há muitas coisas de outra ordem. Se o aumento local da entropia é compensado por uma degradação mais geral, ele de modo algum é compreendido ou produzido por esta. É o destino dos princípios empíricos deixar fora deles os elementos de sua própria fundação. O princípio de degradação não dá conta, evidentemente, da criação do sistema mais simples nem da evolução dos sistemas (a tripla diferença existente entre o sistema biológico e o sistema físico). Portanto, o ser vivo dá testemunho de outra ordem, de uma ordem heterogênea e de uma outra dimensão – como se os fatores individuantes, ou os átomos individualmente considerados em sua potência de comunicação mútua e de instabilidade fluente, gozassem de um grau superior de expressão.[20]

Os centros de envolvimento

Qual é a fórmula dessa "evolução"? Quanto mais complexo é um sistema, mais aparecem nele *valores próprios de implicação*. É a presença desses valores que permite avaliar a complexidade ou a complicação de um sistema e que determina os caracteres precedentes do sistema biológico. Os valores de implicação são centros de envolvimento. Estes centros não são os próprios fatores intensivos individuantes; são os representantes destes num conjunto complexo, em vias de explicação. São eles que constituem as ilhotas, os aumentos locais de entropia, no âmago de um sistema cujo conjunto, todavia, é conforme à degradação: assim, os átomos tomados individualmente não deixam de confirmar a lei da entropia crescente desde que sejam considerados em massas, na ordem de explicação do sistema em que estão implicados. Testemunhando ações individuais entre moléculas orientadas, um organismo, um mamífero, por exemplo, pode ser assimilado a um ser microscópico. Define-se de vários modos a função desses centros. Em primeiro lugar, na medida em que os fatores individuantes formam uma espécie de númeno do fenômeno, dizemos que o númeno tende a aparecer como tal nos sistemas complexos, que ele encontra seu próprio fenômeno nos centros de envolvimento. Em seguida, na medida em que o sentido está ligado às Ideias que se encarnam e às individuações que determinam essa encarnação, dizemos que esses centros são expressivos ou revelam o sentido. Finalmente, na medida em que todo fenômeno tem como razão uma diferença de intensidade que o circunscreve como limites entre os quais ele fulgura, dizemos que os sistemas complexos tendem cada vez mais a interiorizar suas diferenças constituintes: os centros de envolvimento procedem a essa interiorização dos fatores individuantes. E quanto mais a diferença de que depende o sistema encontra-se interiorizada no fenômeno, mais a própria repetição é interior, e depende menos de condições exteriores que deveriam assegurar a reprodução das "mesmas" diferenças.

Como é testemunhado pelo movimento da vida, a diferença e a repetição tendem, ao mesmo tempo, a se interiorizar no sistema sinal-signo. Os biólogos têm razão quando, colocando o problema da hereditariedade, não se contentam em atribuir-lhe duas funções distintas que seriam como que a variação e a reprodução, mas querem mostrar a unidade profunda dessas funções ou seu condicionamento recíproco. É este o ponto em que as teorias da hereditariedade entram necessariamente numa filosofia da natureza. Quer dizer que a repetição nunca é repetição do "mesmo", mas sempre do Diferente como tal, e que a diferença em si mesma tem como objeto a repetição. No momento em que se explicam num sistema (uma vez por todas), os fatores diferenciais, intensivos ou individuantes, dão testemunho de sua persistência em implicação e do eterno retorno como verdade dessa implicação. Testemunhas mudas da degradação e da morte, os centros de envolvimento são também os precursores sombrios do eterno retorno. Mesmo assim, são as testemunhas mudas, os precursores sombrios, que fazem tudo ou, pelo menos, são aquilo em que tudo se faz.

Fatores individuantes, *Eu* e Eu

De tanto falar em evolução, é preciso considerar os sistemas psíquicos. A propósito de cada tipo de sistema, devemos perguntar o que cabe às Ideias, o que cabe, respectivamente, à individuação-implicação e à diferençação-explicação. Se o problema adquire uma urgência particular com os sistemas psíquicos, é porque não é totalmente certo que o *Eu* e o Eu pertençam ao domínio da individuação. São, antes, figuras da diferençação. O *Eu* forma a especificação propriamente psíquica, ao passo que o Eu forma a organização psíquica. O *Eu* é a qualidade do homem como espécie. A especificação psíquica não é do mesmo tipo que a especificação biológica, porque a determinação neste caso deve ser igual ao determinável ou da mesma potência que ele. Eis por que Descartes recusava toda definição do homem que procedesse por gênero e diferença, como para uma espécie animal: por exemplo, animal racional. Mas ele apresenta o *Eu penso* como outro procedimento de *definição*, capaz de manifestar a especificidade do homem ou a qualidade de sua substância. Em correlação com o *Eu*, o Eu deve ser compreendido em extensão: o Eu designa o organismo propriamente psíquico, com seus pontos notáveis representados pelas diversas faculdades que entram na compreensão do *Eu*. Deste modo, a correlação psíquica fundamental se expressa na fórmula *EU* ME penso, assim como a correlação biológica se expressa na complementaridade da espécie e das partes, da qualidade e da extensão. Eis por que o *Eu* e o Eu começam por diferenças, mas estas diferenças são, desde o início, distribuídas de modo a se anularem, em conformidade com as exigências do bom senso e do senso comum. Portanto, o *Eu* também aparece no fim como a forma universal da vida psíquica sem diferenças, e o Eu aparece como a matéria universal dessa forma. O *Eu* e o Eu explicam-se e não param de se explicar ao longo de toda a história do *Cogito*.

Os fatores individuantes, os fatores implicados de individuação, não têm, pois, nem a forma do *Eu* nem a matéria do Eu. É que o *Eu* não é separável de uma forma de identidade, e o Eu não é separável de uma matéria constituída por uma continuidade de semelhanças. As diferenças compreendidas no *Eu* e no Eu são, sem dúvida, portadas pelo indivíduo; mas não são individuais ou individuantes, na medida em que são pensadas em relação a essa identidade no *Eu* e a essa semelhança no Eu. Todo fator individuante, ao contrário, já é diferença, e diferença de diferença. Ele é construído sobre uma disparidade fundamental e funciona nos limites dessa disparidade como tal. Eis por que esses fatores não param de comunicar-se entre si através dos campos de individuação, envolvendo-se uns nos outros, numa movência que convulsiona tanto a matéria do Eu quanto a forma do *Eu*. A individuação é móvel, estranhamente flexível, fortuita, desfrutando de franjas e margens, porque as intensidades que a promovem envolvem outras intensidades, são envolvidas por outras e se comunicam com todas. O indivíduo de modo algum é o indivisível; ele não para de dividir-se, mudando de natureza. Ele não é um Eu naquilo que expressa, pois ele expressa Ideias como multiplicidades internas, feitas de relações diferenciais e de pontos notáveis, de singularidades pré-individuais. Ele nem mesmo é um *Eu* como expressão, pois também nesse caso ele forma uma multiplicidade de atualização, algo como uma condensação de pontos notáveis, uma coleção aberta de intensidades. Foi frequentemente assinalada a franja de indeterminação de que gozava o indivíduo e o caráter relativo, flutuante e fluente da própria individualidade (por exemplo, o caso de duas partículas físicas cuja individualidade não se pode seguir quando seu domínio de presença ou seu campo de individuação se sobrepõem; ou ainda a distinção biológica de um órgão e de um organismo, que depende da situação das intensidades correspondentes, conforme elas estejam ou não envolvidas num campo de individuação mais vasto). Mas o erro é acreditar que essa relatividade ou essa indeterminação signifiquem algo de inacabado na individualidade, algo de interrompido na individuação. Ao contrário, elas expressam a plena potência positiva do indivíduo como tal e a maneira pela qual ele se distingue, por natureza, de um *Eu*, bem como de um eu. O indivíduo distingue-se do *Eu* e do eu como a ordem intensa das implicações se distingue da ordem extensiva e qualitativa da explicação. Indeterminado, flutuante, fluente, comunicante, envolvente-envolvido, são características positivas afirmadas pelo indivíduo. Portanto, não basta multiplicar os eus nem "atenuar" o *Eu* para descobrir o verdadeiro estatuto da individuação. Vimos, todavia, quantos eus era preciso supor como condição das sínteses orgânicas passivas, desempenhando já o papel de testemunhas mudas. Mas a síntese do tempo que neles se efetua remete a outras sínteses como a outras testemunhas e nos conduz a domínios de outra natureza, onde já não há eu nem *Eu* e onde começa, ao contrário, o reino caótico da individuação. Pois cada eu ainda preserva uma semelhança em sua matéria e cada *Eu* preserva uma identidade, mesmo que atenuada. Mas aquilo que tem como fundo uma dessemelhança ou como sem-fundo uma diferença de diferença não entra nas categorias do *Eu* e do Eu.

A grande descoberta da filosofia de Nietzsche, que tem por nome vontade de potência ou mundo dionisíaco, descoberta que marca sua ruptura com Schopenhauer, é a seguinte: sem dúvida, o *Eu* e o eu devem ser ultrapassados num abismo indiferençado; mas esse abismo não é um impessoal nem um Universal abstrato para além da individuação. Ao contrário, o *Eu* e o eu é que são o universal abstrato. Eles devem ser ultrapassados, mas pela e na individuação, na direção dos fatores individuantes que os consomem e que constituem o mundo fluente de Dioniso. O inultrapassável é a própria individuação. Para além do eu e do *Eu* não há o impessoal, mas o indivíduo e seus fatores, a individuação e seus campos, a individualidade e suas singularidades pré-individuais. Com efeito, o pré-individual é ainda singular, como o ante-eu e o ante-*Eu* ainda são individuais. Não somente "ainda", melhor seria dizer "enfim". Eis por que o indivíduo em intensidade não encontra sua imagem psíquica, nem na organização do eu nem na especificação do *Eu*, mas, ao contrário, no *Eu* rachado e no eu dissolvido, e na correlação do *Eu* rachado com o eu dissolvido. Essa correlação aparece-nos nitidamente como a do pensador e do pensamento, do pensador claro-confuso para Ideias distintas obscuras (o pensador dionisíaco). São as Ideias que nos conduzem do *Eu* rachado ao Eu dissolvido. O que formiga nas bordas da rachadura, como vimos, são as Ideias como problemas, isto é, como multiplicidades feitas de relações diferenciais e variações de relações, pontos notáveis e transformações de pontos. Mas essas Ideias se expressam nos fatores individuantes, no mundo implicado das quantidades intensivas que constituem a universal individualidade concreta do pensador ou o sistema do Eu dissolvido.

A morte acha-se inscrita no *Eu* e no eu como a anulação da diferença num sistema de explicação ou como degradação que vem compensar os processos de diferençação. Desse ponto de vista, a morte pode ser inevitável, mas toda morte não deixa de ser acidental e violenta, vinda sempre de fora. Simultaneamente, a morte tem uma figura totalmente distinta, dessa vez nos fatores individuantes que dissolvem o eu: ela é então como um "instinto de morte", potência interna que libera os elementos individuantes da forma do *Eu* ou da matéria do eu que os aprisionam. Seria um erro confundir as duas faces da morte, como se o instinto de morte se reduzisse a uma tendência à entropia crescente ou a um retorno à matéria inanimada. Toda morte é dupla: pela anulação da grande diferença que ela representa em extensão, pelo formigamento e pela liberação das pequenas diferenças que ela implica em intensidade. Freud sugeria a seguinte hipótese: o organismo quer morrer, mas quer morrer à sua maneira, de modo que a morte que realmente acontece apresenta sempre abreviações, um caráter exterior, acidental e violento que contrariam o querer-morrer interno. Há uma inadequação necessária entre a morte como acontecimento empírico e a morte como "instinto", como instância transcendental. Freud e Espinosa têm ambos razão: um, pelo instinto; o outro, pelo acontecimento. Querida por dentro, a morte chega sempre de fora, sob outra figura, passiva, acidental. O suicídio é uma tentativa de tornar adequadas e fazer com que coincidam essas duas faces que se evitam. Mas as duas bordas não se reúnem, continuando cada morte a ser dupla. Por um lado, ela é "desdiferençação", que vem compensar as diferençações do *Eu*, do Eu, num sistema de conjunto que as uniformiza; por outro lado, ela é individuação, protesto do indivíduo que nunca se reconheceu nos limites do Eu e do *Eu*, mesmo sendo universais.

Natureza e função de outrem nos sistemas psíquicos

Nos sistemas psíquicos que estão em vias de se explicar, é preciso ainda que haja valores de implicação, isto é, centros de envolvimento que dão testemunho dos fatores individuantes. Esses centros não são evidentemente constituídos pelo *Eu* nem pelo Eu, mas por uma estrutura totalmente diferente que pertence ao sistema *Eu*-Eu. Essa estrutura deve ser designada pelo nome "outrem". Ela não designa ninguém, mas somente eu para o outro *Eu* e o outro *Eu* para eu. O erro das teorias consiste em oscilar incessantemente de um polo, em que outrem é reduzido ao estado de objeto, a um polo em que ele é levado ao estado de sujeito. Até mesmo Sartre contentava-se em inscrever essa oscilação em outrem como tal, mostrando que outrem se tornava objeto quando *eu* era sujeito, e só se tornava sujeito quando *eu* fosse objeto. Desse modo, a estrutura de outrem permanece desconhecida, assim como seu funcionamento nos sistemas psíquicos. É Outrem, que é ninguém, mas eu para o outro e o outro para eu em dois sistemas, sendo que *Outrem a priori* define-se em cada sistema por seu valor expressivo, isto é, implícito e envolvente. Consideremos um rosto aterrorizado (em condições de experiência nas quais não vejo e não sinto as causas desse terror); esse rosto expressa um mundo possível – o mundo aterrador. Por expressão, entendemos como sempre a correlação, que comporta essencialmente uma torção, entre um expressante e um expresso, de tal modo que o expresso não existe fora do expressante, mesmo que o expressante se relacione com ele como a alguma coisa totalmente distinta. Por possível, não entendemos, pois, qualquer semelhança, mas o estado do implicado, do envolvido, em sua própria heterogeneidade em relação àquilo que o envolve: o rosto aterrorizado não se assemelha àquilo que o aterroriza, mas o envolve em estado de mundo aterrorizante. Em cada sistema psíquico há um formigamento de possibilidades em torno da realidade; mas nossos possíveis são sempre os Outros. Outrem não pode ser separado da expressividade que o constitui. Até mesmo quando consideramos o corpo de outrem como um objeto, suas orelhas e seus olhos como peças anatômicas, não suprimimos toda sua expressividade, se bem que simplifiquemos ao extremo o mundo que eles expressam: o olho é uma luz implicada; o olho é a expressão de uma luz possível e a orelha é a expressão de um som possível.[21] Mas, concretamente, são essas as qualidades ditas terciárias, cujo modo de existência é primeiramente envolvido por outrem. O *Eu* e o Eu, ao contrário, caracterizam-se imediatamente por funções de desenvolvimento ou de explicação: eles não só experimentam as qualidades em geral como já desenvolvidas no extenso de seu sistema, mas tendem a explicar, a desenvolver o mundo expresso por outrem, seja para dele participar, seja para desmenti-lo (desenrolo o rosto assustado de outrem, desenvolvo-o num mundo assustador cuja realidade me apreende ou cuja irrealidade denuncio). Mas essas correlações de desenvolvimento, que formam tanto nossas comunidades com outrem quanto nossas contestações a ele, dissolvem sua estrutura e, num caso, o reduzem ao estado de objeto e, no outro, o levam ao estado de sujeito. Eis por que, para apreender outrem como tal, tínhamos o direito de exigir condições de experiência especiais, por mais artificiais que fossem: o momento em que o expresso ainda não tem (para nós) existência fora daquilo que o expressa. Outrem como *expressão de um mundo possível.*

Num sistema psíquico *Eu*-Eu, outrem funciona, pois, como centro de enrolamento, de envolvimento, de implicação. Ele é o representante dos fatores individuantes. E se é verdade que um organismo leva em conta um ser microscópico, ainda mais verdadeiro é afirmar o quanto Outrem é levado em conta nos sistemas psíquicos. Ele forma então aumentos locais de entropia, ao passo que a explicação de outrem pelo eu representa uma degradação conforme a lei. A regra que invocávamos anteriormente, isto é, não se explicar demais, significava antes de tudo não se explicar demais com outrem, não explicar outrem demais, manter seus valores implícitos, multiplicar nosso mundo, povoando-o com todos esses expressos que não existem fora de suas expressões. Pois outrem não é outro *Eu*, mas o *Eu* é outro, um *Eu* rachado. Não há amor que não comece pela revelação de um mundo possível como tal, enrolado em outrem que o expressa. O rosto de Albertine expressava o amálgama da praia e das ondas: "De que mundo desconhecido me distanciava ela?" Toda a história desse amor exemplar é a longa explicação dos mundos possíveis expressos por Albertine e que ora a transforma em sujeito fascinante, ora em objeto decepcionante. É verdade que outrem dispõe de um meio para dar uma realidade aos possíveis que expressa, independentemente do desenvolvimento a que os submeteríamos. Esse meio é a linguagem. Proferidas por outrem, as palavras conferem uma posição de realidade ao possível como tal; daí a fundação da mentira inscrita na própria linguagem. É esse papel da linguagem em função dos valores de implicação ou dos centros de envolvimento que a dota de seus poderes nos sistemas de ressonância interna. A estrutura de outrem e a correspondente função da linguagem representam efetivamente a manifestação do númeno, a ascensão dos valores expressivos, enfim, a tendência da diferença à interiorização.

Notas

1. Sobre a dissimetria como "razão suficiente", cf. Louis ROUGIER, *En marge de Curie, de Carnot et d'Einstein* (ed. Chiron, 1922).
2. J.-H. ROSNY (aîné Boex-Borel), *Les sciences et le pluralisme*, Alcan, 1922, p.18: "A energética mostra que todo trabalho deriva de diferenças de temperatura, de potencial, de nível, como de resto toda aceleração supõe diferenças de velocidade: com toda verossimilhança, cada energia calculável implica fatores da forma E-E', nos quais E e E' ocultam, eles próprios, fatores da forma *e-e'*... Como a intensidade já expressa uma diferença, seria necessário definir melhor o que é preciso entender por isso e, particularmente, fazer compreender que a intensidade não pode compor-se de dois termos homogêneos, mas, pelo menos, de duas séries de termos heterogêneos." Nesse belíssimo livro, concernente às qualidades intensivas, Rosny desenvolve duas teses: 1ª: a semelhança supõe a diferença, são as diferenças que se assemelham; 2ª: "só a diferença permite conceber o ser." Rosny era amigo de Curie. Em sua obra romanesca, ele inventa

uma espécie de naturalismo intensivo que dá acesso, então, nas duas extremidades da escala intensiva, às cavernas pré-históricas e aos espaços futuros da ficção científica.

3. Cf. "Valeur de la différence" (*Révue philosophique*, abril de 1955), em que André LALANDE resume suas teses principais. A posição de Emile MEYERSON é bastante análoga, embora Meyerson avalie de modo totalmente distinto o papel e o sentido do princípio de Carnot. Mas ele aceita o mesmo sistema de definições. Do mesmo modo, Albert CAMUS, que, em O *mito de Sísifo*, invoca Nietzsche, Kierkegaard e Chestov, mas está muito mais próximo da tradição de Meyerson e de Lalande.
4. Ludwig BOLTZMANN, *Leçons sur la théorie des gaz* (trad. GALLOTTI e BÉNARD, Gauthier-Villars, t. LI, pp. 251 ss.).
5. André LALANDE, *Les illusions évolutionnistes* (ed. 1930, Alcan, pp. 347-348 e p. 378): "A *produção* da diferença, coisa contrária às leis gerais do pensamento, é, rigorosamente falando, *in*explicável."
6. Léon SELME, *Principe de Carnot contre formule empirique de Clausius* (Givors, 1917).
7. A) Sobre o envolvimento ou a "implicação" da profundidade na percepção do extenso, cf. a obra tão importante e por demais desconhecida de Jacques PALIARD. (Paliard analisa as formas de *implicação* e mostra a diferença de natureza entre o pensamento que ele chama implícito e o pensamento explícito. Notadamente, *Pensée implicite et perception visuelle*, Presses Universitaires de France, 1949, p. 6: "Não só existe um implícito envolvido, mas há ainda um implícito envolvente", e p. 46: "Este saber implícito... nos apareceu como um envolvente, tal como a profundidade ou a afirmação sintética de um universo visível, e, ao mesmo tempo, como um envolvido, tais como as múltiplas sugestões que tornam os detalhes conspirantes, as múltiplas relações distanciais no seio da própria profundidade...")

   B) Sobre o caráter intensivo da percepção da profundidade e o estatuto da qualidade que daí decorre, cf. Maurice PRADINES, *Traité de Psychologie générale* (Presses Universitaires de France, 1943, t. I, pp. 405-431 e pp. 554-569).

   C) Sobre o espaço intensivo e as operações espaciais de caráter intensivo, do ponto de vista da atividade, cf. Jean PIAGET, *Introduction à l'épistémologie génétique* (Presses Universitaires de France, 1949, t. I, pp. 75 ss. e pp. 210 ss).
8. Hermann COHEN, *Kants Theorie der Erfahrung* (2ª ed. Dümmler, 1885, § 428 ss.). Sobre o papel das quantidades intensivas na interpretação do kantismo por Cohen, cf. os comentários de Jules VUILLEMlN, *L'héritage kantien et la révolution copernicienne* (Presses Universitaires de France, 1954, pp. 183-202).

9. PLATÃO, *Timée*, pp. 35-37.

10. No quadro do intuicionismo brouweriano, foi G. F. C. GRISS quem fundou e desenvolveu a ideia de uma matemática sem negação: *Logique des mathématiques intuitionnistes sans négation* (Compte rendu de l'Académie des Sciences, 8 nov., 1948); *Sur la négation* (Synthèse, Bussum, Amsterdam, 1948-1949). Sobre a noção de separação, de distância ou de diferença positiva segundo Griss, cf. A. HEYTING, *Les fondements mathématiques, Intuitionnisme, Théorie de la démonstration* (trad. FÉVRIER, Gauthier-Villars), Paulette FÉVRIER, *Manifestations et sens de la notion de complémentarité* (Dialectica, 1948) e sobretudo Nicole DEQUOY, *Axiomatique intuitionniste sans négation de la géométrie projective* (Gauthier-Villars, 1955), onde a autora dá numerosos exemplos de demonstrações de Griss em oposição às demonstrações que comportam negações.
Os limites dessa matemática, tais como são assinalados por Mme. Février, não nos parecem vir da própria noção de distância ou de diferença, mas apenas da teoria dos problemas que Griss acrescenta: cf. *supra*, c. III. p. 205, n. 1.

11. Sobre a profundidade, as imagens estereoscópicas e a "solução das antinomias", cf. Raymond RUYER, "Le relief axiologique et le sentiment de la profondeur" (*Revue de métaphysique et de morale*, julho de 1956). Sobre o primado da "disparação" em relação à oposição, cf., a crítica que Gilbert SIMONDON faz do "espaço hodológico" de Lewin: *L'individu et sa genèse physico-biologique* (Presses Universitaires de France, 1964, pp. 232-234).

12. Alois MEINONG (*Über die Bedeutung des Weberschen Gesetzes*, Zschr. f. Psych. u. Phys. d. Sinnesorg, XI, 1896) e Bertrand RUSSELL (*The principles of mathematics*, 1903, c. 31) assinalaram a distinção entre os comprimentos ou extensões e as diferenças ou distâncias. Uns são quantidades extensivas divisíveis em partes iguais; as outras são quantidades de origem intensiva, relativamente indivisíveis, isto é, que só se dividem mudando de natureza. Leibniz foi o primeiro a fundar a teoria das distâncias, ligando-as ao *spatium* e opondo-as às grandezas da *extensio* – cf. Martial GUÉROULT, *Espace, point et vide chez Leibniz*, R.M.M., 1946.

13. BERGSON define, desde o início, a duração como uma "multiplicidade", uma divisibilidade, mas que só se divide mudando de natureza: *Essai sur les données immédiates de ia conscience* (*Oeuvres, Editions du Centenaire*, pp. 57 ss.). e sobretudo *Matière et mémoire*, pp. 341-342. Portanto, não há somente uma diferença de natureza entre a duração e o extenso, mas a duração se distingue do extenso como as próprias *diferenças de natureza* se distinguem das *diferenças de grau* (dois tipos de "multiplicidade"). Todavia, de outra maneira, a duração

se confunde com a *natureza da diferença* e, por essa razão, compreende todos os *graus da diferença*: daí a reintrodução de intensidades interiores à duração, e a ideia de uma coexistência na duração de todos os graus de descontração e de contração (tese essencial de *Matière et mémoire* e de *La pensée et le mouvant*).

14. Sobre a reticência dos Gregos, por exemplo, com relação ao eterno retorno, cf. Charles MUGLER, *Deux thèmes de la cosmologie grecque, devenir cyclique et pluralité des mondes* (Klincksieck, ed. 1953).
15. Pierre KLOSSOWSKI mostrou o liame entre o eterno retorno e as intensidades puras funcionando como "signos": cf. "*Oubli et anamnèse dans l'expérience vécue de l'éternel retour du Même*" (em Nietzsche, *Cahiers de Royaumont*, Éditions de Minuit, 1967). Em sua narrativa *Le Baphomet* (Mercure, 1965), Klossowski vai longe na descrição desse mundo de "sopros" intensivos que constitui a matéria própria do eterno retorno.
16. Cf. Gilbert SIMONDON, *L'individu et sa genèse physico-biologique* (Presses Universitaires de France, 1964).
17. Sobre a velocidade de aparecimento do tipo da forma específica, cf. Edmond PERRIER, *Les colonies animales et la formation des organismes* (ed. Masson, pp. 701 ss.). Perrier sublinha a dependência da noção de espécie em relação à reprodução sexuada: "A cada nova geração, os caracteres comuns ganham uma fixidez cada vez maior... Todas as pesquisas recentes provam que a espécie não existe nos grupos do reino animal em que a reprodução se efetua sem fecundação prévia. Assim, o aparecimento da espécie está intimamente ligado ao da geração sexuada" (p. 707).
18. Albert DALCQ, *L'œuf et son dynamisme organisateur* (Alba Michel, 1941, pp. 194 ss.).
19. LEIBNIZ, *Principes de la Nature et de la Grâce* (1714, § 6).
20. François MEYER, *Problématique de l'évolution* (Presses Universitaires de France, 1954, p. 193): "O funcionamento do sistema biológico não é, portanto, contrário à termodinâmica, mas apenas exterior a seu campo de aplicação..." – F. Meyer lembra, neste sentido, a questão de Jordan: "Um mamífero é um ser microscópico?" (p. 228).
21. Outrem como expressão, implicação e envolvimento de um mundo "possível": cf. Michel TOURNIER, *Vendredi ou les limbes du Pacifique*; N.R.F., 1967.

Conclusão

Diferença e repetição

Crítica da representação

Enquanto a diferença é submetida às exigências da representação, ela não é e nem pode ser pensada em si mesma. Deve ser examinada de perto a seguinte questão: foi ela "sempre" submetida a essas exigências e por que razões? Mas é claro que os puros *disparates* formam ou o além celestial de um entendimento divino inacessível a nosso pensamento representativo ou o aquém infernal, insondável para nós, de um Oceano da dessemelhança. De todo modo, a diferença em si mesma parece excluir toda relação do diferente com o diferente, relação que a tornaria pensável. Parece que ela só se torna pensável quando domada, isto é, quando submetida ao quádruplo grilhão da representação: a identidade no conceito, a oposição no predicado, a analogia no juízo, a semelhança na percepção. Se há, como foi tão bem mostrado por Foucault, um mundo clássico da representação, ele se define por essas quatro dimensões que o medem e o coordenam. São as quatro raízes do princípio de razão: a identidade do conceito, que se reflete numa *ratio cognoscendi*; a oposição do predicado, desenvolvida numa *ratio fiendi*; a analogia do juízo, distribuída numa *ratio essendi*; a semelhança da percepção, que determina uma *ratio agendi*. Toda e qualquer outra diferença que não se enraíze assim será desmesurada, incoordenada, inorgânica: grande demais ou pequena demais, não só para ser pensada, mas para ser. Deixando de ser pensada, a diferença dissipa-se no não ser. Daí se conclui que a diferença em si permanece maldita, devendo expiar ou então ser resgatada sob as espécies da razão que a tornam passível de ser vivida e pensada, que fazem dela o objeto de uma representação orgânica.

O maior esforço da filosofia talvez tenha consistido em tornar a representação infinita (orgíaca). Trata-se de estender a representação até o grande demais e o pequeno demais da diferença; de dar uma perspectiva insuspeita à representação, isto é, de inventar técnicas teológicas, científicas, estéticas que lhe permitam integrar a profundidade da diferença em si; trata-se de fazer com que a representação conquiste o obscuro; que compreenda o esvanecimento da diferença pequena demais e o desmembramento da diferença grande demais; que capte a potência do atordoamento, da embriaguez, da crueldade e até mesmo da morte. Em suma, trata-se de fazer um pouco do sangue de Dioniso correr nas veias orgânicas de Apolo. Esse esforço penetrou desde o início no mundo da representação. Tornar-se orgíaco é o voto supremo do orgânico; e conquistar o em si. Mas esse esforço teve dois momentos culminantes, com Leibniz e com Hegel. Num caso, a representação conquista o infinito, porque uma técnica do infinitamente pequeno recolhe a menor diferença e seu esvanecimento; no outro caso, porque uma técnica do infinitamente grande recolhe a maior diferença e seu esquartejamento. Os dois esforços estão em acordo, porque o problema de Hegel é *também* o do esvanecimento, e o problema de Leibniz é também o do esquartejamento. A técnica de Hegel está no movimento da contradição (é preciso que a diferença chegue até lá, que ela se estenda até lá). Essa técnica consiste em inscrever o inessencial na essência e em conquistar o infinito com as armas de uma identidade sintética finita. A técnica de Leibniz está num movimento que se deve denominar vice-dicção; ela consiste em construir a essência a partir do inessencial e em conquistar o finito pela identidade analítica infinita (é preciso que a diferença se aprofunde até lá). Mas para que serve tornar infinita a representação? Ela conserva todas as suas exigências. O que é descoberto é somente um *fundamento* que refere o excesso e a insuficiência da diferença ao idêntico, ao semelhante, ao análogo, ao oposto: a razão se torna fundamento, isto é, razão suficiente, que não deixa escapar mais nada. Mas nada muda; a diferença continua amaldiçoada; descobriram-se apenas meios mais sutis e mais sublimes de fazê-la expiar ou de submetê-la, de redimi-la sob as categorias da representação.

Assim, a contradição hegeliana dá a impressão de levar a diferença até o fim; mas esse é o caminho sem saída que a reduz à identidade e torna a identidade suficiente para fazê-la ser e ser pensada. É somente em relação ao idêntico, em função do idêntico, que a contradição é a *maior* diferença. Os atordoamentos e a embriaguez são fingidos; o obscuro já está esclarecido desde o início. Nada mostra isso melhor do que a insípida monocentragem dos círculos na dialética hegeliana. De outra maneira, talvez seja preciso dizer o mesmo da condição de convergência no mundo leibniziano. Consideremos uma noção como a de incompossibilidade, em Leibniz. Todo mundo concorda em reconhecer que o incompossível é irredutível ao contraditório e que o compossível é irredutível ao idêntico. É até mesmo neste sentido que o compossível e o incompossível dão testemunho de uma razão suficiente específica e de uma presença do infinito não só no conjunto dos mundos possíveis, mas em cada mundo a ser escolhido. É mais difícil dizer em que consistem essas novas noções. Ora, o que constitui a compossibilidade parece-nos ser unicamente isso: a condição de um máximo de continuidade para um máximo de diferença, isto é, uma condição de convergência das séries estabelecidas em torno das singularidades do contínuo. Inversamente, a incompossibilidade dos mundos se decide na vizinhança das singularidades que inspirariam séries divergentes entre si. Em suma, a representação pode tornar-se infinita, mas *não adquire o poder de afirmar a divergência e o descentramento*; tem necessidade de um mundo convergente, monocentrado: um mundo em que se está embriagado apenas na aparência, em que a razão se faz de bêbada e canta uma ária dionisíaca, mas trata-se ainda da razão "pura". É que a razão suficiente, ou o fundamento, é apenas o meio de levar o idêntico a reinar sobre o próprio infinito e de fazer com que o infinito seja penetrado pela continuidade de semelhança, pela relação de analogia e pela oposição dos predicados. A isto se reduz a originalidade da razão suficiente: melhor assegurar a sujeição da diferença ao quádruplo jugo. Portanto, o que é ruinoso não é somente a exigência da representação finita, que consiste em fixar, para a diferença, um momento feliz, nem grande demais nem pequeno demais, entre o excesso e a insuficiência, mas também a exigência aparentemente contrária da representação infinita, que pretende integrar o infinitamente grande e o infinitamente pequeno da diferença, o excesso e a insuficiência.

Inutilidade da alternativa finito-infinito

É toda a alternativa do finito e do infinito que se aplica muito mal à diferença, porque ela constitui apenas a antinomia da representação. Aliás, vimos isso a respeito do cálculo: as interpretações finitistas modernas traem tanto a natureza do diferencial quanto as antigas interpretações infinitistas, porque ambas deixam escapar a fonte extraproposicional ou sub-representativa, isto é, o "problema", de onde o cálculo extrai seu poder. Além disso, é a alternativa do Pequeno e do Grande, seja na representação finita que os exclui, seja na representação infinita que quer compreender os dois, e um pelo outro – é essa alternativa, em geral, que de modo algum convém à diferença, pois ela só expressa as oscilações da representação em relação a uma identidade sempre dominante, ou, antes, as oscilações do Idêntico em relação a uma matéria sempre rebelde, cujo excesso e insuficiência ele ora rejeita ora integra. Finalmente, voltemos a Leibniz e a Hegel em seu esforço comum para levar a representação ao infinito. Não estamos certos de que Leibniz não vá "mais longe" (e de que não seja o menos teólogo dos dois): sua concepção da Ideia como conjunto de relações diferenciais e de pontos singulares, sua maneira de partir do inessencial e de construir as essências como centros de envolvimento em torno das singularidades, seu pressentimento das divergências, seu procedimento de vice-dicção, sua abordagem de uma razão inversa entre o distinto e o claro, tudo isto mostra por que o fundo freme com mais potência em Leibniz, por que a embriaguez e o atordoamento são nele menos fingidos, por que a obscuridade é nele mais bem apreendida e as margens de Dioniso, realmente mais próximas.

Identidade, semelhança, oposição e analogia: como elas traem a diferença (as quatro ilusões)

Por que a diferença foi subordinada às exigências da representação finita ou infinita? É exato definir a metafísica pelo platonismo, mas é insuficiente definir o platonismo pela distinção entre a essência e a aparência. A primeira distinção rigorosa estabelecida por Platão é a do modelo e da cópia; ora, de modo algum a cópia é uma simples aparência, pois ela mantém com a Ideia, tomada como modelo, uma relação interior espiritual, noológica e ontológica. A segunda distinção, ainda mais profunda, é a da própria cópia e do fantasma. É claro que Platão só distingue e até mesmo opõe o modelo e a cópia para obter um critério seletivo entre as cópias e os simulacros, de modo que as cópias são fundadas em sua relação com o modelo e os simulacros são desqualificados, porque não suportam nem a prova da cópia nem a exigência do modelo. Portanto, se existe aparência, trata-se de distinguir as esplêndidas aparências apolíneas bem-fundadas e outras aparências, malignas e maléficas, insinuantes, que não respeitam nem o fundamento nem o fundado. É essa vontade platônica de exorcizar o simulacro que acarreta a submissão da diferença. Pois o modelo só pode ser definido por uma posição de identidade como essência do Mesmo (*αὐτὸ καθ᾽ αὑτό*), e a cópia só pode ser definida por uma afecção de semelhança interna como qualidade do Semelhante. Como a semelhança é interior, é preciso que a própria cópia tenha uma relação interior com o ser e com a verdade, e que essa relação, por sua vez, seja análoga à do modelo. Finalmente, é preciso que a cópia seja construída ao longo de um método que, de dois predicados opostos, lhe atribua aquele que convém ao modelo. De todo modo, a cópia não pode ser distinguida do simulacro a não ser subordinando a diferença às instâncias do Mesmo, do Semelhante, do Análogo e do Oposto. Sem dúvida, essas instâncias não se distribuem ainda em Platão do modo como o serão num mundo desdobrado da representação (a partir de Aristóteles). Platão inaugura, inicia, porque evolui numa teoria da Ideia que *vai* tornar possível o desdobramento da representação. Mas o que se enuncia nele é uma motivação moral em toda sua pureza: a vontade de eliminar os simulacros ou os fantasmas tem apenas uma motivação moral. O que é condenado no simulacro é o estado das diferenças livres oceânicas, das distribuições nômades, das anarquias coroadas, toda esta malignidade que contesta tanto a noção de modelo quanto a de cópia. Mais tarde, o mundo da representação poderá esquecer mais ou menos sua origem moral, seus pressupostos morais. Estes não deixarão, no entanto, de agir na distinção do originário e do derivado, do original e do subsequente, do fundamento e do fundado, distinção que anima as hierarquias de uma teologia representativa ao prolongar a complementaridade do modelo e da cópia.

A representação é o lugar da ilusão transcendental. Essa ilusão tem várias formas, quatro formas interpenetradas, que correspondem particularmente ao pensamento, ao sensível, à Ideia e ao ser. O pensamento, com efeito, se recobre com uma "imagem" composta de postulados que desnaturam seu exercício e sua gênese. Esses postulados culminam na posição de um sujeito pensante idêntico, como princípio de identidade para o conceito em geral. Um deslizamento se produziu do mundo platônico ao mundo da representação (eis por que, ainda aí, podíamos apresentar Platão na origem, no cruzamento de uma decisão). O "mesmo" da Ideia platônica como modelo, garantido pelo Bem, deu lugar à Identidade do conceito originário, fundado no sujeito pensante. O sujeito pensante dá ao conceito seus concomitantes subjetivos, memória, recognição, consciência de si. Mas é a visão moral do mundo que assim se prolonga e se representa nessa identidade subjetiva afirmada como *senso comum* (*cogitatio natura universalis*). Quando a diferença é subordinada, pelo sujeito pensante, à identidade do conceito (mesmo que essa identidade seja sintética), o que desaparece é a diferença no pensamento, a diferença de pensar com o pensamento, a *genitalidade* de pensar, a profunda rachadura do *Eu* que só o leva a pensar pensando sua própria paixão e até mesmo sua própria morte na forma pura e vazia do tempo. Restaurar a diferença no pensamento é desfazer esse primeiro nó que consiste em representar a diferença sob a identidade do conceito e do sujeito pensante.

A segunda ilusão diz respeito, antes de tudo, à subordinação da diferença à semelhança. Tal como se distribui na representação, a semelhança não tem mais necessidade de ser exatamente a semelhança da cópia com o modelo, mas se deixa determinar como semelhança do sensível (diverso) consigo mesmo, de tal modo que a identidade do conceito lhe seja aplicável e que essa identidade, por sua vez, dela receba uma possibilidade de especificação. A ilusão toma a seguinte forma: a diferença tende necessariamente a anular-se na qualidade que a recobre, ao mesmo tempo que o desigual tende a igualizar-se na extensão em que ele se reparte. O tema da igualdade ou da igualização quantitativas vem duplicar o da semelhança e da assimilação qualitativas. Vimos como essa ilusão era a do "bom senso", ilusão que complementa a antecedente e o seu "senso comum". Essa ilusão é transcendental, porque é totalmente verdadeiro que a diferença se anula tanto qualitativamente quanto em extensão. É uma ilusão, todavia, pois a natureza da diferença nem está na qualidade que a recobre nem no extenso que a explica. A diferença é intensiva, confunde-se com a profundidade como *spatium* inextensivo e não qualificado, matriz do desigual e do diferente. Mas a intensidade não é sensível; ela é o ser *do* sensível, em que o diferente remete ao diferente. Restaurar a diferença na intensidade, como ser do sensível, é desfazer o segundo nó que subordinava a diferença ao semelhante na percepção e que só a fazia ser sentida sob a condição de uma assimilação do diverso tomado como matéria do conceito idêntico.

A terceira ilusão diz respeito ao negativo e à maneira pela qual ele subordina a diferença sob a forma da limitação bem como sob a forma da oposição. A segunda ilusão já nos preparava para a descoberta de uma mistificação do negativo: é na qualidade e no extenso que a intensidade é invertida, aparece de cabeça para baixo, e é aí que seu poder de afirmar a diferença é traído pelas figuras da limitação qualitativa e quantitativa, da oposição qualitativa e quantitativa. As limitações, as oposições são jogos de superfície na primeira e na segunda dimensões, ao passo que a profundidade viva, a diagonal, é povoada de diferenças sem negação. Sob a trivialidade do negativo, há o mundo da "disparação". A origem da ilusão que submete a diferença à falsa potência do negativo deve ser procurada não no próprio mundo sensível, mas naquilo que age em profundidade e se encarna no mundo sensível. Vimos que as Ideias são verdadeiras objetividades, feitas de elementos e de relações diferenciais e dotadas de um modo específico – o "problemático". Assim definido, o problema não designa nenhuma ignorância no sujeito pensante, como também não expressa um conflito, mas caracteriza objetivamente a natureza ideal como tal. Portanto, há, sem dúvida, um *μὴ ὄν*, mas que não se deve confundir com o *οὐκ ὄν*, e que significa o ser do problemático e de modo algum o ser do negativo: um *NE* expletivo, no lugar do "não" da negação. Esse *μὴ ὄν* tem esta denominação porque precede toda afirmação; em compensação, ele é plenamente positivo. As Ideias-problemas são multiplicidades positivas, positividades plenas e diferenciadas, descritas pelo processo da determinação recíproca e completa que refere o problema a suas condições. É o fato de ser "posto" (e, então, de ser referido a suas condições, de ser plenamente determinado) que constitui a positividade do problema. É verdade que o problema, desse ponto de vista, engendra as proposições que o efetuam como respostas ou casos de solução. Essas proposições, por sua vez, representam afirmações que têm como objetos diferenças que correspondem às relações e singularidades do campo diferencial. É neste sentido que podemos estabelecer uma distinção entre o positivo e o afirmativo, isto é, entre a positividade da Ideia, como posição diferencial, e as afirmações que ela engendra, que a encarnam e a resolvem. Dessas afirmações, não se deve somente dizer que elas são diferentes, mas que são *afirmações de diferenças*, em função da multiplicidade própria a cada Ideia. Como afirmação de diferença, a afirmação é produzida pela positividade do problema, como posição diferencial; a afirmação múltipla é engendrada pela multiplicidade problemática. É próprio da essência da afirmação ser em si mesma múltipla e afirmar a diferença. Quanto ao negativo, ele é apenas a sombra do problema projetada sobre as afirmações produzidas; ao lado da afirmação, a negação se mantém como um duplo impotente, mas que dá testemunho de outra potência, a do problema eficaz e persistente.

Ora, tudo muda quando se parte das proposições que representam essas afirmações na consciência, pois a Ideia-problema é, por natureza, inconsciente: ela é extraproposicional, sub-representativa, e não se assemelha às proposições que representam as afirmações que ela engendra. Quando se procura reconstituir o problema à imagem e à semelhança das proposições da consciência, então a ilusão toma corpo, a sombra se anima e parece adquirir uma vida autônoma: dir-se-ia que cada afirmação remete a seu negativo, que só tem "sentido" graças a sua negação, ao mesmo tempo que uma negação generalizada, um *οὐκ ὄν*, toma o lugar do problema e de seu *μὴ ὄν*. Começa a longa história de uma desnaturação da dialética, história que tem como resultado Hegel e que consiste em substituir o jogo da diferença e do diferencial pelo trabalho do negativo. Em vez de se definir por um (não)-ser como ser dos problemas e das questões, a instância dialética é agora definida por um *não* ser como ser do negativo. A complementaridade do positivo e do afirmativo, da posição diferencial e da afirmação de diferença, é substituída pela falsa gênese da afirmação, produzida pelo negativo e como negação de negação. Para dizer a verdade, tudo isso nada seria sem as implicações práticas e os pressupostos morais de tal desnaturação. Vimos o que significava essa valorização do negativo, o espírito conservador de tal empreendimento, a trivialidade das afirmações que se pretende engendrar assim, a maneira pela qual somos, então, desviados da mais elevada tarefa – a que consiste em determinar os problemas, em inscrever neles nosso poder decisório e criador. Eis por que os conflitos, as oposições, as contradições nos pareceram efeitos de superfície, epifenômenos da consciência, ao passo que o inconsciente vive de problemas e de diferenças. A história não passa pela negação e pela negação da negação, mas pela decisão dos problemas e pela afirmação das diferenças. Nem por isso ela é menos sangrenta e cruel. Só as sombras da história vivem de negação; mas os justos entram nela com toda a potência de um diferencial posto, de uma diferença afirmada; eles remetem a sombra à sombra e somente negam em consequência de uma positividade e de uma afirmação primeiras. Como diz Nietzsche, entre os justos, a afirmação é primeira, ela afirma a diferença, sendo o negativo apenas uma consequência, um reflexo em que a afirmação se reduplica.[1] Eis por que as verdadeiras revoluções têm também um ar de festa. A contradição não é a arma do proletariado, mas a maneira pela qual a burguesia se defende e se conserva, a sombra atrás da qual ela mantém sua pretensão de decidir os problemas. As contradições não são "resolvidas", mas dissipadas quando há apropriação do problema que nelas apenas projetava sua sombra. Em toda parte, o negativo é a reação da consciência, a desnaturação do verdadeiro agente, do verdadeiro ator. Do mesmo modo, a filosofia, na medida em que permanece nos limites da representação, é vítima de antinomias teóricas que são as da consciência. A alternativa – a diferença deve ser concebida como limitação quantitativa ou como oposição qualitativa? – é tão destituída de sentido quanto a alternativa do Pequeno e do Grande, pois, como limitação ou como oposição, a diferença é injustamente assimilada a um não ser negativo. Tem-se ainda a partir daí uma alternativa ilusória: ou o ser é positividade plena, afirmação pura, mas, então, não há diferença, sendo o ser indiferençado; ou o ser comporta diferenças, é Diferença, e há o não ser, um ser do negativo. Todas essas antinomias se encadeiam e dependem de uma mesma ilusão. Devemos dizer ao mesmo tempo que o ser é positividade plena e afirmação pura, mas que há (não)-ser, que é o ser do problemático, o ser dos problemas e das questões, mas de modo algum o ser do negativo. Na verdade, a origem das antinomias é a seguinte: desde que se desconheça a natureza do problemático e a multiplicidade que define uma Ideia, desde que se reduza a Ideia ao Mesmo ou à identidade de um conceito, o negativo adquire toda sua força. Em vez do processo positivo da determinação na Ideia, se faz surgir um processo de oposição de predicados contrários ou de limitação de predicados primeiros. Restaurar o diferencial na Ideia e a diferença na afirmação que dela deriva é romper esse liame injusto que subordina a diferença ao negativo.

A quarta ilusão é, finalmente, a subordinação da diferença à analogia do juízo. A identidade do conceito, com efeito, ainda não nos dá uma regra de determinação concreta; ela se apresenta apenas como identidade do conceito indeterminado, Ser ou Eu sou (este Eu sou do qual Kant dizia ser ele a percepção ou o sentimento de uma existência independente de toda determinação). Portanto, é preciso que conceitos últimos ou predicados primeiros, originários, sejam postos como determináveis. Eles são reconhecidos pelo fato de que cada um entretém com o ser uma relação interior: é neste sentido que esses conceitos são análogos ou que o Ser é análogo em relação a eles e adquire, ao mesmo tempo, a identidade de um senso comum distributivo e de um bom senso ordinal (vimos como a analogia tinha duas formas que se baseavam não na igualdade, mas na interioridade da relação de juízo). Não basta, pois, à representação, fundar-se na identidade de um conceito indeterminado; é preciso que a própria identidade seja representada a cada vez num certo número de conceitos determináveis. Esses conceitos originários, em relação aos quais o Ser é distributivo e ordinal, chamam-se gêneros do ser ou categorias. Ora, sob sua condição, conceitos derivados específicos, por sua vez, podem ser determinados por um método de divisão, isto é, pelo jogo de predicados contrários em cada gênero. Assim, são assinalados dois limites à diferença, sob duas figuras irredutíveis, mas complementares, que marcam precisamente sua dependência em relação à representação (o Grande e o Pequeno): as categorias, como conceitos *a priori*, e os conceitos empíricos; os conceitos determináveis originários e os conceitos derivados determinados; os análogos e os opostos; os *grandes gêneros e as espécies*. Essa distribuição da diferença, totalmente relativa às exigências da representação, pertence essencialmente à visão analógica. Mas essa forma de distribuição, comandada pelas categorias, pareceu-nos trair a natureza do Ser (como conceito coletivo e cardinal), a natureza das próprias distribuições (como distribuições nômades e não sedentárias ou fixas) e a natureza da diferença (como diferença individuante). Com efeito, o indivíduo só é e só é pensado como o portador de diferenças em geral, ao mesmo tempo que o próprio Ser se reparte nas formas fixas dessas diferenças e se diz analogicamente daquilo que é.

Mas como elas também traem a repetição

Mas deve-se constatar que as quatro ilusões da representação, assim como desnaturam a diferença, também deformam a repetição; e isto acontece, sob certos aspectos, por razões comparáveis. Em primeiro lugar, a representação não dispõe de qualquer critério direto e positivo para distinguir a repetição e a ordem da generalidade, semelhança ou equivalência. Eis por que a repetição é representada como uma semelhança perfeita ou uma igualdade extrema. Com efeito – e este é o segundo ponto –, a representação invoca a identidade do conceito tanto para explicar a repetição quanto para compreender a diferença. A diferença é representada *no* conceito idêntico e, assim, reduzida a uma diferença simplesmente conceitual. A repetição, ao contrário, é representada *fora* do conceito, como uma diferença sem conceito, *mas sempre sob o pressuposto de um conceito idêntico*: assim, há repetição quando coisas se distinguem *in numero*, no espaço e no tempo, seu conceito permanecendo o mesmo. Portanto, é pelo mesmo movimento que a identidade do conceito na representação compreende a diferença e se estende à repetição. Decorre daí um terceiro aspecto: é evidente que a repetição só pode receber uma explicação negativa. Trata-se, com efeito, de explicar a possibilidade de diferenças sem conceito. Ou será invocada uma limitação lógica do conceito em cada um de seus momentos, isto é, um "bloqueio" relativo tal que, por mais longe que se leve a compreensão do conceito, há sempre uma infinidade de coisas que podem corresponder-lhe, pois de fato nunca será atingido o infinito dessa compreensão que faria de toda diferença uma diferença conceitual; mas eis que a repetição só é explicada em função de uma limitação relativa de nossa representação do conceito; e é precisamente desse ponto de vista que dissipamos todo meio de distinguir a repetição da simples semelhança. Ou, ao contrário, será invocada uma oposição real, capaz de impor ao conceito um bloqueio natural absoluto, seja atribuindo--lhe uma compreensão necessariamente finita de direito, seja definindo uma ordem exterior à compreensão do próprio conceito, mesmo indefinida, seja, ainda, fazendo com que intervenham forças que se opõem aos concomitantes subjetivos do conceito infinito (memória, recognição, consciência de si). Vimos como esses três casos pareciam encontrar sua ilustração nos conceitos nominais, nos conceitos da natureza e nos conceitos da liberdade – nas palavras, na Natureza e no inconsciente. Em todos estes casos, graças à distinção do bloqueio natural absoluto e do bloqueio artificial ou lógico, tem-se, sem dúvida, o meio de distinguir a repetição e a simples semelhança, pois se diz que as coisas se repetem quando elas diferem sob um conceito que é *absolutamente* o mesmo. Todavia, não só essa distinção, mas também a repetição são aqui explicadas de maneira totalmente negativa. Repete-*se* (a linguagem repete) porque não *se* é real (as palavras não são reais), porque só há definição nominal. Repete-*se* (a natureza repete) porque não *se* tem interioridade (a matéria não tem interioridade), porque se é *partes extra partes*. Repete-*se* (o inconsciente repete) porque *se* recalca (o eu recalca), porque não *se* (o Isso) tem rememoração, recognição nem consciência de si – em última análise, porque não se tem instinto, sendo este o concomitante subjetivo da espécie como conceito. Em suma, repete-se sempre em função do que não se é, e do que não se tem. Repete-se porque não se ouve. Como dizia Kierkegaard, é a repetição dos surdos ou sobretudo para os surdos, surdez das palavras, surdez da Natureza, surdez do inconsciente. Na representação, as forças que asseguram a repetição, isto é, a multiplicidade das coisas para um conceito que é absolutamente o mesmo, só podem ser determinadas negativamente.

É que, em quarto lugar, a repetição não se define apenas em relação à identidade absoluta de um conceito; de certo modo, ela própria deve representar esse conceito idêntico. Produz-se aqui um fenômeno correspondente à analogia do juízo. A repetição não se contenta em multiplicar os exemplares sob o mesmo conceito; ela coloca o conceito fora de si e faz com que ele exista em outros exemplares, *hic et nunc*. Ela fragmenta a própria identidade, como

Demócrito fragmentou e multiplicou em átomos o Ser-Uno de Parmênides. Ou antes, a multiplicação das coisas sob um conceito absolutamente idêntico tem como consequência a divisão do conceito em coisas absolutamente idênticas. É a matéria que realiza esse estado do conceito fora de si ou do elemento infinitamente repetido. Eis por que o modelo da repetição confunde-se com a pura matéria, como fragmentação do idêntico ou repetição de um mínimo. Portanto, a repetição tem um *sentido primeiro* do ponto de vista da representação, o de uma repetição material e nua, repetição *do* mesmo (e não apenas *sob* o mesmo conceito). Todos os outros sentidos serão derivados desse modelo extrínseco. Isto é, toda vez que reencontramos uma variante, uma diferença, um disfarce, um deslocamento, diremos que se trata de repetição, mas apenas de uma maneira derivada e por "analogia". (Até mesmo em Freud, a prodigiosa concepção da repetição na vida psíquica não é apenas dominada pelo esquema da oposição na teoria do recalque, mas por um modelo material na teoria do instinto de morte.) Todavia, esse modelo material extrínseco toma a repetição já feita, apresenta-a a um espectador que a contempla de fora; ele suprime a espessura na qual, até mesmo na matéria e na morte, a repetição se elabora e se faz. Daí a tentativa, ao contrário, de representar o disfarce e o deslocamento como elementos constituintes da repetição; mas isto à condição de confundir a repetição com a própria analogia. A identidade não é mais a do elemento, mas, em conformidade com a significação tradicional, a de uma relação entre elementos distintos ou de uma relação entre relações. Há pouco, a matéria física dava à repetição seu *sentido primeiro*, e os outros sentidos (biológico, psíquico, metafísico...) eram ditos por analogia. Agora, a analogia é a matéria lógica da repetição e lhe dá um *sentido distributivo*.[2] Mas é sempre em relação a uma identidade pensada, em relação a uma igualdade representada; de modo que a repetição permanece como um conceito da reflexão, que assegura a distribuição e o deslocamento dos termos, o transporte do elemento, mas somente na representação para um espectador ainda extrínseco.

O fundamento como razão: seus três sentidos

Fundar é determinar. Mas em que consiste a determinação e sobre o que ela se exerce? O fundamento é a operação do *logos* ou da razão suficiente. Como tal, ele tem três sentidos. Em seu primeiro sentido, o fundamento é o Mesmo ou o

Idêntico. Ele possui a identidade suprema, aquela que supostamente pertence à Ideia, a *αὐτὸ καθ' αὑτό*. Aquilo que ele é, aquilo que ele tem, ele é e tem em primeiro lugar. E quem seria corajoso, a não ser a Coragem, e virtuoso, a não ser a Virtude? Portanto, o que o fundamento tem para fundar é apenas a pretensão daqueles que vêm depois, de todos aqueles que melhor possuirão em segundo lugar. O que exige um fundamento, o que faz apelo ao fundamento é sempre uma pretensão, isto é, uma "imagem": por exemplo, a pretensão dos homens de serem corajosos, de serem virtuosos – em suma, a pretensão de tomar parte, de participar (*μετέχειν* é ter depois). Distingue-se, assim, o fundamento como Essência ideal, o fundado como Pretendente ou pretensão e aquilo sobre o que a pretensão incide, isto é, a Qualidade que o fundamento possui em primeiro lugar e que o pretendente, se ele é bem-fundado, vai possuir em segundo. Essa qualidade, objeto da pretensão, é a diferença – a noiva, Ariadne. A essência, como fundamento, é o idêntico, na medida em que compreende originariamente a diferença de seu objeto. A operação de fundar torna o pretendente *semelhante* ao fundamento, lhe dá a semelhança de dentro e, sob essa condição, permite--lhe participar da qualidade, do objeto ao qual ele pretende. Semelhante ao mesmo, o pretendente é dito *assemelhar-se*; essa semelhança, no entanto, não é uma semelhança exterior ao objeto, mas uma semelhança interior ao próprio fundamento. É ao pai que é preciso assemelhar-se para ter a filha. A diferença é aqui pensada sob o princípio do Mesmo e sob a condição da semelhança. E haverá pretendentes em terceiro, em quarto, em quinto lugar, tantas quantas forem as imagens fundadas na hierarquia dessa semelhança interior. Eis por que o fundamento seleciona e faz a diferença entre os próprios pretendentes. Cada imagem ou pretensão bem-fundada chama-se re-presentação (ícone), pois a primeira em sua ordem é ainda a segunda em si, em relação ao fundamento. É neste sentido que a Ideia inaugura ou funda o mundo da representação. As imagens rebeldes e sem semelhança (simulacros) são eliminadas, rejeitadas, denunciadas como não fundadas, falsos pretendentes.

Num segundo sentido, uma vez instaurado o mundo da representação, o fundamento não mais se define pelo idêntico. O idêntico tornou-se o caráter interno da própria representação, assim como a semelhança tornou-se sua relação exterior com a coisa. O idêntico exprime agora uma pretensão que, por sua vez, deve ser fundada. É que o objeto da pretensão já não é a diferença como qualidade, mas o que há de grande demais e de pequeno demais na diferença, o excesso e a insuficiência, isto é, o infinito. O que deve ser fundado é a pretensão da representação de conquistar o infinito, a fim de dever a filha apenas a si própria e se apoderar do coração da diferença. Não é mais a imagem que se esforça por conquistar a diferença tal como ela parecia originariamente compreendida no idêntico; é a identidade, ao contrário, que se esforça por conquistar o que ela não compreendia da diferença. *Fundar já não significa inaugurar e tornar possível a representação, mas tornar a representação infinita.* O fundamento deve agir agora no âmago da representação para estender os limites desta tanto ao infinitamente pequeno quanto ao infinitamente grande. Essa operação é efetuada por um método que assegura uma monocentragem de todos os centros finitos possíveis de representação, uma convergência de todos os pontos de vista finitos da representação. Essa operação expressa a razão suficiente. Esta não é a identidade, mas o meio de subordinar ao idêntico e às outras exigências da representação o que lhes escapava da diferença no primeiro sentido.

Todavia, as duas significações do fundamento reúnem-se numa terceira. Fundar, com efeito, é sempre dobrar, encurvar, recurvar – organizar a ordem das estações, dos anos e dos dias. O objeto da pretensão (a qualidade, a diferença) encontra-se posto num círculo; arcos de círculo distinguem-se na medida em que o fundamento estabelece, no devir qualitativo, estases, instantes, paradas compreendidas entre os dois extremos do mais e do menos. Os pretendentes são distribuídos em torno do círculo móvel, recebendo cada um o quinhão que corresponde ao mérito de sua vida: uma vida é aqui assimilada a um *presente* rigoroso que faz com que sua pretensão valha para uma porção de círculo, que "contrai" essa porção, que dela tira uma perda ou um ganho na ordem do mais e do menos segundo sua própria progressão ou regressão na hierarquia das imagens (outro presente, outra vida contrai uma outra porção). Vemos no platonismo como a circulação do círculo e a distribuição dos quinhões, o ciclo e a metempsicose, formam a prova ou a loteria do fundamento. Mas, ainda em Hegel, todos os *começos* possíveis, todos os presentes se repartem no círculo único incessante de um princípio que funda e que os compreende em seu centro, assim como os distribui em sua circunferência. E, em Leibniz, a própria compossibilidade é um círculo de convergência em que se distribuem todos os *pontos de vista*, todos os presentes que compõem o mundo. Neste terceiro sentido, fundar é representar o presente, isto é, fazer o presente advir e passar à representação (finita ou infinita). Então, o fundamento aparece como Memória imemorial ou Passado puro, passado que nunca foi presente, que faz, pois, o presente passar e em relação ao qual todos os presentes coexistem em círculo.

Do fundamento ao sem-fundo

Fundar é sempre fundar a representação. Mas como explicar uma ambiguidade essencial ao fundamento? Dir-se-ia que ele é atraído pela representação que ele funda (nesses três sentidos), e, ao mesmo tempo, ao contrário, aspirado por um além. É como se ele vacilasse entre sua queda no fundado e seu abismar-se num sem-fundo. Vimos no caso do fundamento-Memória: este tende a representar-se como um antigo presente e a entrar como elemento no círculo que ele organiza em princípio. E o caráter mais geral do fundamento não será que o círculo que ele organiza seja também o círculo vicioso da "prova" em filosofia, em que a representação deve provar aquilo que a prova, como, ainda em Kant, a possibilidade da experiência serve de prova para sua própria prova? Quando, ao contrário, a memória transcendental domina sua vertigem e preserva a irredutibilidade do passado puro a todo presente que passa na representação, é para ver o passado puro dissolver-se de outro modo e desfazer o círculo em que distribuía de maneira simples demais a diferença e a repetição. É assim que a segunda síntese do tempo, a que reunia Eros e Mnemósina (Eros como quem procura lembranças e Mnemósina como tesouro do passado puro), se ultrapassa ou se subverte numa terceira síntese que põe em presença, *sob a forma do tempo vazio*, um instinto de morte dessexualizado e um eu narcísico essencialmente amnésico. E como impedir que o fundamento seja, em seus outros sentidos, contestado pelas potências da divergência e do descentramento, do próprio simulacro, potências que subvertem as falsas distribuições, as falsas repartições, como o falso círculo e a falsa loteria? O mundo do fundamento é minado por aquilo que ele tenta excluir, pelo simulacro que o aspira e o esmigalha. E quando o fundamento, em seu primeiro sentido, recorre à Ideia, é à condição de atribuir a esta uma identidade que ela não tem por si mesma, que só lhe vem das exigências daquilo que ela pretende provar. Nem a Ideia implica uma identidade, nem seu processo de atualização se explica pela semelhança. Sob o "mesmo" da Ideia é toda uma multiplicidade que freme. Sem dúvida, descrever a Ideia como uma multiplicidade substantiva, irredutível ao mesmo ou ao Uno, mostrou-nos como a razão suficiente é capaz de engendrar a si própria, independentemente das exigências da representação, no percurso do múltiplo como tal, determinando os elementos, as relações e as singularidades correspondentes à Ideia, sob a tríplice figura de um princípio de determinabilidade, de determinação recíproca e de determinação completa. Mas sobre que fundo se engendra e atua essa razão múltipla, em que desrazão ela mergulha, de que jogo, de que novo tipo de loteria ela adquire suas singularidades e suas distribuições irredutíveis a tudo o que acabamos de ver? Em suma, *a razão suficiente, o fundamento é estranhamente curvado.* Por um lado, ele pende em direção ao que funda, em direção às formas da representação. Mas, por outro lado, ele se orienta obliquamente e mergulha num sem-fundo, para além do fundamento, que resiste a todas as formas e não se deixa representar. Se a diferença é a noiva, Ariadne, ela passa de Teseu a Dioniso, do princípio que funda ao universal "a-fundamento".

É que fundar é determinar o indeterminado. Mas essa operação não é simples. Quando "a" determinação se exerce, ela não se contenta em dar forma, informar matérias sob a condição das categorias. Alguma coisa do fundo sobe à superfície, e sobe sem tomar forma, insinuando-se entre as formas, existência autônoma sem rosto, base informal. Na medida em que ele se encontra agora na superfície, o fundo chama-se profundo, sem-fundo. Inversamente, as formas se decompõem quando elas se refletem nele, tudo o que é modelado se desfaz, todos os rostos morrem, subsistindo apenas a linha abstrata como determinação absolutamente adequada ao indeterminado, como relâmpago igual à noite, ácido igual à base, distinção adequada à obscuridade inteira: o monstro. (Uma determinação que não se opõe ao indeterminado e que não o limita.) Eis por que o par matéria-forma é bastante insuficiente para descrever o mecanismo da determinação; a matéria já é informada, a forma não é separável do modelado da *species* ou da *morphé*, o conjunto está sob a proteção das categorias. De fato, esse par é totalmente interior à representação e define seu primeiro estado, que Aristóteles fixou. Já é um progresso invocar a complementaridade da força e do fundo como razão suficiente da forma, da matéria e de sua união. Mas ainda mais profundo e ameaçador é o par da linha abstrata e do sem-fundo que dissolve as matérias e desfaz o que é modelado. É preciso que o pensamento, como determinação pura, como linha abstrata, afronte esse sem-fundo que é o indeterminado. Esse indeterminado, esse sem-fundo, é igualmente a animalidade própria ao pensamento, a genitalidade do pensamento: não esta ou aquela forma animal, mas a besteira. Com efeito, se o pensamento só pensa coagido e forçado, se ele permanece estúpido enquanto nada o força a pensar, aquilo que o força a pensar não será também a existência da besteira, a saber, que ele não pensa enquanto nada o força? Retomemos o dito de Heidegger: "O que mais nos faz pensar é que ainda não pensamos." O pensamento é a mais elevada determinação, posicionando-se em face da besteira como do indeterminado que lhe é adequado. A besteira (e não o erro) constitui a maior impotência do pensamento, mas também a fonte de seu mais elevado poder naquilo que o força a pensar. Esta é a prodigiosa aventura de Bouvard e Pécuchet, ou o jogo do não senso e do sentido.[3] Desse modo, o indeterminado e a determinação permanecem iguais sem avançar, um sempre adequado ao outro. Estranha repetição que os reconduz à roca de fiar ou, antes, à mesma dupla escrivaninha. Chestov via em Dostoievski o resultado, isto é, o acabamento e a saída da *Crítica da razão pura*. Que nos seja por um momento permitido ver em Bouvard e Pécuchet o resultado do *Discurso do método*. O *cogito* é uma besteira? É necessariamente um não senso, na medida em que essa proposição pretende dizer ela própria e o seu sentido. Mas é também um contrassenso (e isto Kant o mostrava), na medida em que a determinação *Eu penso* pretende incidir imediatamente sobre a existência indeterminada *existo*, sem assinalar a forma sob a qual o indeterminado é determinável. O sujeito do *cogito* cartesiano não pensa; ele tem apenas a possibilidade de pensar e se mantém estúpido no seio dessa possibilidade. Falta-lhe a forma do determinável; não uma especificidade, não uma forma específica informando uma matéria, não uma memória informando um presente, mas a forma pura e vazia do tempo. É a forma vazia do tempo que introduz, que constitui a Diferença no pensamento, a partir da qual ele pensa, como diferença do indeterminado e da determinação. É ela que reparte, de uma parte a outra de si mesma, um *Eu* rachado pela linha abstrata, um eu passivo saído de um sem-fundo que ele contempla. É ela que engendra pensar no pensamento, pois o pensamento só pensa com a diferença, em torno desse ponto de a-fundamento. É a diferença, ou a forma do determinável, que faz com que o pensamento funcione, isto é, que faz com que funcione a máquina inteira do indeterminado e da determinação. A teoria do pensamento é como a pintura: tem necessidade dessa revolução que a faz passar da representação à arte abstrata; esse é o objeto de uma teoria do pensamento sem imagem.

Individuações impessoais e singularidades pré-individuais

A representação, sobretudo quando se eleva ao infinito, é percorrida por um pressentimento do sem-fundo. Mas, por tornar-se infinita para assumir a diferença, ela representa o sem-fundo como um abismo totalmente indiferençado, um universal sem diferença, um nada negro indiferente. É que a representação começou por ligar a individuação à forma do *Eu* e à matéria do eu. Para ela, com efeito, o *Eu* não é somente a forma de individuação superior, mas o princípio de recognição e de identificação para todo juízo de individualidade que incida sobre as coisas: "É a mesma cera..." Para a representação, é preciso que *toda individualidade seja pessoal* (Eu) e que *toda singularidade seja individual* (*Eu*). Logo, onde se para de dizer *Eu*, também para a individuação; e onde para a individuação, também para toda singularidade possível. Então, forçosamente, o sem-fundo é representado como sendo desprovido de toda diferença, visto não apresentar individualidade nem singularidade. Isto é ainda visível em Schelling, em Schopenhauer ou até mesmo no primeiro Dioniso, o do *Nascimento da tragédia*: seu sem-fundo não suporta a diferença. Todavia, o eu como eu passivo é apenas um acontecimento que se passa em campos de individuação prévios: ele contrai e contempla fatores individuantes de tal campo e se constitui no ponto de ressonância de suas séries. Do mesmo modo, o *Eu* como *Eu* rachado deixa passar todas as Ideias definidas por suas singularidades, elas mesmas prévias aos campos de individuação.

Como diferença individuante, a individuação é tanto um ante-*Eu*, um ante-eu, quanto a singularidade; como determinação diferencial, é pré-individual. Um mundo de *individuações impessoais* e de *singularidades pré-individuais* é o mundo do SE ou do "eles", que não se reduz à banalidade cotidiana, mas que, ao contrário, é o mundo em que se elaboram os encontros e as ressonâncias, última face de Dioniso, verdadeira natureza do profundo e do sem-fundo que transborda a representação e faz com que os simulacros advenham. (Hegel criticava Schelling por envolver-se numa noite indiferente em que todos os gatos são pardos. Mas, quando, no cansaço e na angústia de nosso pensamento sem imagem, murmuramos "gatos", "*eles* exageram" etc., quanto pressentimento de diferenças formigando a nossas costas, quão esse pardo é diferençado e diferenciante, embora não identificado, não individuado ou quase não individuado, quantas diferenças e singularidades se distribuem como agressões, quantos simulacros se erguem nessa noite tornada branca para compor o mundo do "se" e do "eles".)[4] Que o sem-fundo seja sem diferença, quando, na verdade, elas formigam nele, é a ilusão-limite, a ilusão exterior da representação, que resulta de todas as ilusões internas. E o que são as Ideias, com sua multiplicidade constitutiva, senão essas formigas que entram e saem pela rachadura do *Eu*?

O simulacro

O simulacro é o sistema em que o diferente se refere ao diferente por meio da própria diferença. Tais sistemas são intensivos; eles se apoiam, em profundidade, na natureza das quantidades intensivas, que entram em comunicação através de suas diferenças. O fato de haver condições para essa comunicação (pequena diferença, proximidade etc.) não deve nos levar a acreditar numa condição de semelhança prévia, mas somente nas propriedades particulares das quantidades intensivas, pois elas se dividem, mas só se dividem mudando de natureza segundo a ordem que lhe é própria. Quanto à semelhança, ela nos pareceu resultar do funcionamento do sistema, como um "efeito" erroneamente tomado como uma causa ou uma condição. Em suma, o sistema do simulacro deve ser descrito com a ajuda de noções que, desde o início, parecem muito diferentes das categorias da representação: 1ª: a profundidade, o *spatium*, em que se organizam as intensidades; 2ª: as séries disparatadas que elas formam, os campos de individuação que elas delineiam (fatores individuantes); 3ª: o "precursor sombrio" que as coloca em comunicação; 4ª: os acoplamentos, as ressonâncias internas, os movimentos forçados que se seguem; 5ª: a constituição de eus passivos e de sujeitos larvares no sistema, e a formação de puros dinamismos espaço-temporais; 6ª: as qualidades e as extensões, as espécies e as partes que formam a dupla diferençação do sistema e que vêm recobrir os fatores precedentes; 7ª: os centros de envolvimento que, todavia, dão testemunho da persistência desses fatores no mundo desenvolvido das qualidades e dos extensos. O sistema do simulacro afirma a divergência e o descentramento; a única unidade, a única convergência de todas as séries é um caos informal que compreende todas elas. Nenhuma série goza de um privilégio sobre a outra, nenhuma possui a identidade de um modelo, nenhuma possui a semelhança de uma cópia. Nenhuma se opõe a outra nem lhe é análoga. Cada uma é constituída de diferenças e se comunica com as outras por diferenças de diferenças. As anarquias coroadas substituem as hierarquias da representação; as distribuições nômades substituem as distribuições sedentárias da representação.

Vimos como esses sistemas eram o lugar de atualização de Ideias. Neste sentido, uma Ideia não é una nem múltipla: é uma multiplicidade, constituída de elementos diferenciais, de relações diferenciais entre esses elementos e de singularidades correspondentes a essas relações. Essas três dimensões, elementos, relações e singularidades, constituem os três aspectos da razão múltipla: a determinabilidade ou princípio de quantitabilidade, a determinação recíproca ou princípio de qualitabilidade, a determinação completa ou princípio de potencialidade. Esses três aspectos se projetam numa dimensão temporal ideal, que é a da determinação progressiva. Há, pois, um empirismo da Ideia. Nos mais diversos casos, devemos perguntar se nos encontramos diante de elementos ideais, isto é, sem figura e sem função, mas reciprocamente determináveis numa rede de relações diferenciais (ligações ideais não localizáveis). Por exemplo: as partículas físicas estão neste caso, e em quais? os genes biológicos estão neste caso? os fonemas estão neste caso? Devemos igualmente perguntar qual distribuição de singularidades, qual repartição de pontos singulares e regulares, notáveis e ordinários, correspondem aos valores das relações. Uma singularidade é o ponto de partida de uma série que se prolonga por todos os pontos ordinários do sistema até a vizinhança de outra singularidade; esta engendra outra série que ora converge para a primeira, ora diverge dela. A Ideia tem a potência de afirmar a divergência; ela estabelece uma espécie de ressonância entre séries que divergem. É provável que as noções de singular e de regular, de notável e de ordinário tenham, para a própria filosofia, uma importância ontológica e epistemológica muito maior que as de verdadeiro e de falso, relativas à representação, pois o que se chama *sentido* depende da distinção e da distribuição desses pontos brilhantes na estrutura da Ideia. Portanto, é o jogo da determinação recíproca, do ponto de vista das relações, e da determinação completa do ponto de vista das singularidades, que torna a Ideia progressivamente determinável em si mesma. Esse jogo na Ideia é o do diferencial; ele percorre a Ideia como multiplicidade e constitui o método de *vice-dicção* (que Leibniz manejou com tanto gênio, embora o tenha subordinado a condições de convergência ilegítimas, que ainda manifestavam a pressão das exigências da representação).

Teoria das Ideias e dos problemas

Assim definida, a Ideia não tem nenhuma atualidade. Ela é virtualidade pura. Todas as relações diferenciais, em virtude da determinação recíproca, todas as repartições de singularidades, em virtude da determinação completa, coexistem nas multiplicidades virtuais das Ideias, segundo uma ordem que lhes é própria.

Mas, em primeiro lugar, as Ideias se encarnam nos campos de individuação: as séries intensivas de fatores individuantes envolvem singularidades ideais, em si mesmas pré-individuais; as ressonâncias entre séries põem em jogo as relações ideais. Ainda aí é de se destacar o quanto Leibniz mostrou profundamente que as essências individuais se constituíam sobre o fundo dessas relações e dessas singularidades. Em segundo lugar, as Ideias se atualizam nas espécies e nas partes, nas qualidades e extensos que recobrem e desenvolvem esses campos de individuação. Uma espécie é feita de relações diferenciais entre genes, assim como as partes orgânicas e o extenso de um corpo são feitos de singularidades pré-individuais atualizadas. Todavia, deve-se sublinhar a condição absoluta de não semelhança: a espécie ou a qualidade não se assemelham às relações diferenciais que elas atualizam, assim como as partes orgânicas não se assemelham às singularidades. É o possível e o real que se assemelham, mas de modo algum o virtual e o atual. Assim como a Ideia não se reduz ao Idêntico ou não dispõe de uma identidade qualquer, também a encarnação e a atualização da Ideia não procedem por semelhança e não podem depender de uma similitude.

Se é verdade que as espécies e as partes, as qualidades e os extensos ou, antes, a especificação e a partição, a qualificação e a extensão, constituem os dois aspectos da *diferençação*, dir-se-á que a Ideia se atualiza por diferençação. Para ela, atualizar-se é diferençar-se. Em si mesma e em sua virtualidade, ela é, pois, totalmente indiferençada. Todavia, de modo algum ela é indeterminada: ao contrário, ela é completamente diferen*c*iada. (Neste sentido o virtual não é uma noção vaga; ele possui plena realidade objetiva; ele não se confunde com o possível, que carece de realidade; por isso, o possível é o modo da identidade do conceito na representação, ao passo que o virtual é a modalidade do diferencial no âmago da Ideia.) É preciso atribuir a maior importância ao "traço distintivo" $\frac{ci}{ç}$ como símbolo da Diferença: diferen*ci*ar e diferençar. O conjunto do sistema, que põe em jogo a Ideia, sua encarnação e sua atualização, deve expressar-se na noção complexa de "(indi)-diferen $\frac{ci}{ç}$ ação". Toda coisa tem como que duas "metades", ímpares, dissimétricas e dessemelhantes, as duas metades do Símbolo, cada uma delas dividindo-se em duas: uma metade ideal, que mergulha no virtual e é constituída, por um lado, pelas relações diferenciais e, por outro, pelas singularidades correspondentes; uma metade atual, constituída, por um lado, pelas qualidades que atualizam essas relações e, por outro, pelas partes que atualizam essas singularidades. É a individuação que assegura o encaixe das duas grandes metades não semelhantes. A questão do *ens omni modo determinatum* deve ser assim formulada: uma coisa em Ideia pode ser completamente determinada (diferenciada) e, todavia, carecer das determinações que constituem sua existência atual (ela é indiferençada e ainda nem mesmo individuada). Se denominarmos "distinto" o estado da Ideia completamente diferenciado, e "claras" as formas da diferençação quantitativa e qualitativa, deveremos romper com a regra de proporcionalidade do claro e do distinto: tal como é em si mesma, a Ideia é distinta-obscura. É deste modo que ela é dionisíaca, contra o claro-e-distinto da representação apolínea, nessa zona obscura que ela conserva e preserva em si, nessa indiferençação que não deixa de ser perfeitamente diferenciada, neste pré-individual que também é singular: sua embriaguez, que nunca será acalmada – o distinto obscuro como dupla cor com que o filósofo pinta o mundo com todas as forças de um inconsciente diferencial.

É um erro ver nos *problemas* um estado provisório e subjetivo, pelo qual nosso conhecimento deveria passar em razão das suas limitações de fato. É esse erro que libera a negação e desnatura a dialética, substituindo o (não)-ser do problema pelo não ser do negativo. O "problemático" é um estado do mundo, uma dimensão do sistema e até mesmo seu horizonte, seu foco: ele designa exatamente a objetividade da Ideia, a realidade do virtual. O problema como problema é completamente determinado, sendo-lhe próprio ser diferenciado, na medida em que é referido a suas condições perfeitamente positivas – embora não esteja ainda "resolvido", e permaneça, assim, na indiferençação. Ou, antes, ele é resolvido desde que é colocado e determinado, mas não deixa de persistir objetivamente nas soluções que engendra, diferindo delas por natureza. Eis por que a metafísica do cálculo diferencial encontra sua verdadeira significação quando escapa da antinomia do finito e do infinito na representação, para aparecer na Ideia como o primeiro princípio da teoria dos problemas. Chamamos *perplicação* o estado das Ideias-problemas, com suas multiplicidades e variedades coexistentes, suas determinações de elementos, suas distribuições de singularidades móveis, e suas formações de séries ideais em torno dessas singularidades. A palavra "perplicação" designa aqui uma coisa totalmente distinta de um estado de consciência. Chamamos *complicação* o estado do caos que retém e compreende todas as séries intensivas atuais correspondentes a estas séries ideais, que as encarnam e afirmam sua divergência. Por isso, o caos recolhe em si o ser dos problemas e dá a todos os sistemas e a todos os campos que se formam nele o valor persistente do problemático. Chamamos *implicação* o estado das séries intensivas, na medida em que elas se comunicam por suas diferenças e ressoam, formando campos de individuação. Cada uma é "implicada" pelas outras, que ela, por sua vez, implica; elas constituem as "envolventes" e as "envolvidas", as "resolventes" e as "resolvidas" do sistema. Finalmente, chamamos *explicação* o estado das qualidades e dos extensos que vêm recobrir e desenvolver o sistema entre as séries de base: aí se delineiam as diferençações, as integrações que definem o conjunto da solução final. Mas os *centros de envolvimento* dão ainda testemunho da persistência dos problemas ou da persistência dos valores de implicação no movimento que os explica e resolve (*replicação*).

Outrem

Vimos isto, a respeito de Outrem, nos sistemas psíquicos. Outrem não se confunde com os fatores individuantes implicados no sistema, mas "representa-os", por assim dizer, vale por eles. Com efeito, entre as qualidades e os extensos desenvolvidos no mundo perceptivo, ele envolve, expressa mundos possíveis que não existem fora de sua expressão. Ele evidencia, assim, valores de implicação persistentes que lhe conferem uma função essencial no mundo representado da percepção. Pois, se Outrem já supõe a organização dos campos de individuação, em compensação ele é a condição sob a qual *percebemos* nesses campos objetos e sujeitos distintos, e os percebemos como formando indivíduos diversamente reconhecíveis, identificáveis. Que Outrem, propriamente falando, não seja ninguém, nem você, nem eu, significa que ele é uma estrutura, estrutura que se encontra efetuada somente por termos variáveis nos diferentes mundos de percepção – eu para você no seu, você para mim no meu. Nem mesmo basta ver em outrem uma estrutura particular ou específica do mundo perceptivo em geral; de fato, é uma estrutura que funda e assegura todo o funcionamento desse mundo em seu conjunto. É que as noções necessárias à descrição desse mundo – forma-fundo, perfis-unidade de objeto, profundidade-comprimento, horizonte-foco etc. permaneceriam vazias e inaplicáveis se Outrem não estivesse aí, expressando mundos possíveis, onde aquilo que (para nós) está no fundo encontra-se, ao mesmo tempo, pré-percebido ou subpercebido como uma forma possível, onde aquilo que é profundidade encontra-se como um comprimento possível etc. O recorte de objetos, as transições, assim como as rupturas, a passagem de um objeto a outro, e até mesmo o fato de que um mundo passe em favor de outro, o fato de que há sempre alguma coisa implicada a ser ainda explicada, desenvolvida, tudo isso só se torna possível pela estrutura-outrem e seu poder expressivo na percepção. Em suma, o que assegura a individuação do mundo perceptivo é a estrutura-outrem. Não é de modo algum o *Eu* nem o eu; estes, ao contrário, têm necessidade dessa estrutura para serem percebidos como individualidades. Tudo se passa como se *Outrem integrasse os fatores individuantes e as singularidades pré-individuais nos limites de objetos e de sujeitos*, que agora se oferecem à representação como percebidos ou perceptivos. Deste modo, para encontrar os fatores individuantes, assim como existem nas séries intensivas, e as singularidades pré-individuais assim como existem na Ideia, é preciso seguir esse caminho ao contrário e, partindo dos sujeitos que efetuam a estrutura-outrem, remontar até essa estrutura em si mesma; portanto, aprender Outrem como sendo Ninguém e, depois, ir ainda mais longe, seguindo a curva da razão suficiente, atingir as regiões em que a estrutura-outrem já não funciona mais, distante dos objetos e dos sujeitos que ela condiciona, para deixar que as singularidades se desdobrem, se distribuam na Ideia pura e que os fatores individuantes se repartam na pura intensidade. É bem verdade que, neste sentido, o pensador é necessariamente solitário e solipsista.

Os dois tipos de jogo: suas características

Pois, de onde vêm as Ideias, suas variações de relações e suas distribuições de singularidades? Também neste caso, seguimos o caminho que faz uma curva, onde a "razão" mergulha num além. A origem radical foi sempre assimilada a um jogo solitário e divino. Há várias maneiras de jogar, e os jogos humanos e coletivos não se assemelham ao jogo divino solitário. Podemos opor as duas espécies de jogo, o humano e o ideal, segundo várias características. Primeiramente, o jogo humano supõe regras categóricas preexistentes. Em seguida, estas regras têm o efeito de determinar probabilidades, isto é, "hipóteses" de perda e hipóteses de ganho. Em terceiro lugar, esses jogos nunca afirmam todo o acaso; ao contrário, eles o fragmentam e, em cada caso, subtraem do acaso, excetuam do acaso a consequência do lance, pois eles consignam tal ganho ou tal perda como necessariamente ligado à hipótese. Eis por que, finalmente, o jogo humano procede por distribuições sedentárias: com efeito, a regra categórica prévia tem aí o papel invariante do Mesmo e goza de uma necessidade metafísica ou moral; por esta razão, ela subsume hipóteses opostas às quais ela faz com que corresponda uma série de lances, de jogadas, de arremessos numericamente distintos, encarregados de operar uma distribuição destas hipóteses; e os resultados dos lances, as reincidências, se repartem de acordo com sua consequência, segundo uma necessidade hipotética, isto é, de acordo com a hipótese efetuada. Eis a distribuição sedentária, em que há partilha fixa de um distribuído, segundo uma proporcionalidade fixada pela regra. Essa maneira humana, essa falsa maneira de jogar, não esconde seus pressupostos: são pressupostos morais, onde a hipótese é a do Bem e do Mal, e o jogo é um aprendizado da moralidade. O modelo desse mau jogo é a aposta de Pascal, com sua maneira de fragmentar o acaso, de distribuir seus pedaços para repartir modos de existência humanos sob a regra constante da existência de um Deus que nunca é posta em questão. Mas, da loteria platônica ao jogo de xadrez leibniziano em *A origem radical*, reencontra-se a mesma concepção do jogo, inteiramente inscrita na rede do necessário, do hipotético e da necessidade hipotética (princípio categórico ou apodítico, hipótese, consequência). Esse jogo já se confunde com o exercício da representação, apresentando todos os seus elementos: a identidade superior do princípio, a oposição das hipóteses, a semelhança das jogadas numericamente distintas, a proporcionalidade na relação entre a consequência e a hipótese.

Totalmente distinto é o jogo divino, aquele do qual Heráclito talvez fale, aquele que Mallarmé invoca com tanto temor religioso e arrependimento e do qual Nietzsche fala com tanta decisão – jogo que, para nós, é o mais difícil de compreender, impossível de manejar no mundo da representação.[5]

Antes de tudo, não há regra preexistente, pois o jogo incide sobre sua própria regra. De tal modo que, a cada vez, todo o acaso é afirmado num lance necessariamente vencedor. Nada escapa do jogo: a consequência não é de modo algum subtraída ao acaso pelo liame de uma necessidade hipotética que a uniria a um fragmento determinado, mas, ao contrário, é adequada ao acaso inteiro, que retém e ramifica todas as consequências possíveis. Desde então, não se pode mais dizer que os diferentes lances sejam numericamente distintos: cada um, necessariamente vencedor, acarreta a reprodução da jogada segundo outra regra que tira ainda todas as suas consequências das consequências da precedente. A cada vez, os diferentes lances não se distinguem numericamente, mas *formalmente*, sendo as diferentes regras as formas de uma mesma jogada ontologicamente una ao longo de todas as vezes. E as diferentes reincidências já não se repartem de acordo com a distribuição das hipóteses que elas efetuariam, mas elas próprias se distribuem no espaço aberto da jogada única e não compartilhada: distribuição nômade, em vez da sedentária. Pura Ideia de jogo, isto é, de um jogo que não seria outra coisa senão jogo, em vez de ser fragmentado, limitado, entrecortado pelos trabalhos dos homens. (Qual é o jogo humano que mais se aproxima desse jogo divino solitário? Como diz Rimbaud, procure H, a obra de arte.) Ora, as variações de relações e as distribuições de singularidades assim como existem na Ideia só têm como origem essas regras formalmente distintas para a jogada ontologicamente una. É o ponto em que a origem radical se subverte em ausência de origem (no círculo sempre deslocado do eterno retorno). Um ponto aleatório se desloca por todos os pontos nos dados, como uma vez por todas as vezes. As diferentes jogadas, que inventam suas próprias regras e compõem o lance único das múltiplas formas e do retorno eterno, são questões imperativas subtendidas por uma mesma resposta que as deixa abertas, que nunca as preenche. Elas animam os problemas ideais, cujas relações e singularidades elas determinam. Por intermédio desses problemas, elas inspiram as reincidências, isto é, as soluções diferençadas que encarnam essas relações e singularidades. Mundo da "vontade": entre as afirmações do acaso (questões imperativas e decisórias) e as afirmações resultantes engendradas (casos de solução decisivos ou resoluções) desenvolve-se toda a positividade das Ideias. O jogo do problemático e do imperativo substituiu o do hipotético e do categórico; o jogo da diferença e da repetição substituiu o do Mesmo e da representação. Os dados são jogados no céu, com toda a força de deslocamento do ponto aleatório, com seus pontos imperativos como relâmpagos, formando no céu constelações-problemas ideais. Eles retornam à Terra com toda a força das soluções vitoriosas que restabelecem a jogada. É um jogo de duas mesas. Como não haveria uma rachadura no limite, na charneira das duas mesas? E como reconhecer, na primeira, um *Eu* substancial idêntico a si mesmo e, na segunda, um eu contínuo semelhante a si mesmo? A identidade do jogador desapareceu, assim como a semelhança daquele que sofre as consequências ou delas se aproveita. A rachadura, a charneira é a forma do tempo vazio, o Aiôn, por onde passam os lances de dados. Por um lado, apenas um *Eu* rachado pela forma vazia. Por outro, apenas um eu passivo e sempre dissolvido na forma vazia. A um céu rachado responde uma Terra partida. "Ó *céu* acima de mim, céu puro e alto! isto é agora para mim tua pureza... que tu sejas um tablado onde dançam os acasos divinos, que sejas uma mesa divina para os dados e os jogadores divinos!"[6]

Ao que responde, da outra mesa: "Se algum dia joguei dados com os deuses, na mesa divina da *Terra*, de modo que a Terra tremesse e se partisse e projetasse rios de chamas – pois a Terra é uma mesa divina, trépida de novas palavras criadoras e de um ruído de dados divinos..." Todavia, os dois juntos, céu rachado e terra partida, não suportam o negativo e o vomitam por meio daquilo que os racha ou parte, expulsando todas as formas de negação, aquelas que representam o falso jogo: "errastes um lance de dado. Mas que vos importa, jogadores de dado. Não aprendestes a jogar como se deve jogar..."

Crítica das categorias

Não paramos de propor noções descritivas: as que descrevem as séries atuais, as Ideias virtuais, o sem-fundo do qual tudo emana. Acontece que intensidade-acoplamento-ressonância-movimento forçado, diferencial e singularidade, complicação-implicação-explicação, diferenciação-individuação-diferençação, questão-problema-solução etc., nada disto forma uma lista de categorias. É vã a pretensão de que uma lista de categorias possa ser em princípio aberta; de fato, ela pode ser, mas não em princípio, pois as categorias pertencem ao mundo da representação, no qual constituem formas de distribuição pelas quais o Ser se reparte entre os entes segundo regras de proporcionalidade sedentária. Eis por que a filosofia sempre sofreu a tentação de opor às categorias noções de uma natureza totalmente distinta, realmente abertas, que dessem testemunho de um sentido empírico e pluralista da Ideia: "existenciais" contra "essenciais", perceptos contra conceitos — ou então a lista das noções empírico-ideais que se encontra em Whitehead, e que faz de *Process and Reality* um dos maiores livros da filosofia moderna. Tais noções, que é preciso chamar "fantásticas", na medida em que se aplicam aos fantasmas ou simulacros, distinguem-se das categorias da representação de vários pontos de vista. Primeiramente, elas são condições da experiência real e não apenas da experiência possível. É mesmo neste sentido que, não sendo mais amplas do que o condicionado, reúnem as duas partes da Estética, tão infelizmente dissociadas, a teoria das formas da experiência e da obra de arte como experimentação. Mas esse aspecto não nos permite ainda determinar em que consiste a diferença de natureza entre os dois tipos de noções. É que, em segundo lugar, esses tipos orientam distribuições totalmente distintas, irredutíveis e incompatíveis: às distribuições sedentárias das categorias opõem-se as distribuições nômades operadas pelas noções fantásticas. Estas, com efeito, nem são universais, como as categorias, nem são *hic et nunc*, *now here*, como o diverso ao qual as categorias se aplicam na representação. São complexos de espaço e de tempo, sem dúvida transportáveis por toda parte, mas à condição de impor sua própria paisagem, de erguer sua tenda onde eles se situam por um momento: por isso, eles são objeto de um encontro essencial e não de uma recognição. A melhor palavra para designar esses complexos é, sem dúvida, *erewhon*,[7] forjada por Samuel Butler. As noções fantásticas são *erewhon*. Kant teve o mais vivo pressentimento de tais noções, como participantes de uma fantástica da imaginação, irredutíveis ao universal do conceito assim como à particularidade do aqui-agora. Pois, se a síntese se exerce sobre o diverso aqui e agora, se as unidades de síntese ou categorias são universais contínuos que condicionam toda experiência possível, os esquemas são determinações *a priori* de espaço e de tempo que transportam para todo lugar e para todo tempo, mas de maneira descontínua, complexos reais de lugares e de momentos. O esquema kantiano seria impulsionado e se ultrapassaria na direção de uma concepção da Ideia diferencial se não permanecesse indevidamente subordinado às categorias que o reduzem ao estado de simples mediação no mundo da representação. E indo mais longe ainda, para além da representação, supomos que haja todo um problema do Ser posto em jogo por essas diferenças entre as categorias e as noções fantásticas ou nômades, a maneira pela qual o ser se distribui aos entes – em última instância, a analogia ou a univocidade?

A repetição, o idêntico e o negativo

Quando consideramos a repetição como objeto de representação, a compreendemos, então, pela identidade, mas também a explicamos de maneira negativa. Com efeito, a identidade de um conceito só qualifica uma repetição se uma força negativa (de limitação ou de oposição) impedir ao mesmo tempo que o conceito se especifique e se diferencie em função da multiplicidade que ele subsume. A matéria, como vimos, reúne estas duas características: fazer com que um conceito exista absolutamente idêntico em tantos exemplares quantas são as "vezes" ou os "casos"; impedir que este conceito se especifique mais, em razão de sua pobreza natural ou de seu estado natural de inconsciência, de alienação.

A matéria é, pois, a identidade do espírito, isto é, o conceito, mas como conceito alienado, sem consciência de si, posto fora de si. É próprio da representação tomar como modelo uma repetição material e nua, que ela compreende pelo Mesmo e explica pelo negativo. Mas não será ainda uma antinomia da representação que ela só possa representar a repetição sob essas espécies e que, todavia, não possa, sem contradição, representá-la assim? Pois o modelo material e nu é, propriamente falando, impensável. (Como poderia a consciência representar o inconsciente, se ele tem apenas uma presença?) Elementos idênticos só se repetem à condição de uma independência dos "casos", de uma descontinuidade das "vezes" que faz com que um só apareça se o outro tiver desaparecido: na representação, a repetição é forçada a se desfazer ao mesmo tempo que ela se faz. Ou, antes, ela não se faz. Ela não pode se fazer nessas condições. Eis por que, a fim de representar a repetição, é preciso instalar aqui e ali almas contemplativas, eus passivos, sínteses sub-representativas, *habitus* capazes de *contrair* os casos ou os elementos uns nos outros para, em seguida, restituí-los a um espaço e a um tempo de conservação próprios da representação. Ora, as consequências disso são muito importantes: sendo esta contração uma diferença, isto é, uma modificação da alma contemplativa, e mesmo *a* modificação dessa alma, a única modificação que é sua depois da qual ela morre, é claro que a repetição mais material só se faz por e numa diferença que lhe é extraída por contração, por e numa alma que extrai uma diferença para uma repetição. Portanto, a repetição é representada, mas à condição de uma alma de natureza totalmente distinta, contemplante e contraente, mas não representante e não representada. A matéria, com efeito, é povoada, revestida dessas almas, que lhe dão uma espessura sem a qual ela não apresentaria na superfície qualquer repetição nua. E não acreditemos que a contração seja exterior ao que ela contrai ou que a diferença seja exterior à repetição: ela é parte integrante, a parte constituinte dela, a profundidade sem a qual nada se repetiria na superfície.

Então, tudo muda. Se (em profundidade) uma diferença faz necessariamente parte da repetição superficial da qual ela *se* extrai, trata-se de saber em que consiste essa diferença. Essa diferença é contração, mas em que consiste essa contração? Não seria ela o grau mais contraído, o nível mais tenso de um passado que coexiste consigo em todos os níveis de descontração e sob todos os graus? A cada instante, tem-se todo o passado, mas em graus e níveis diversos, sendo o presente apenas o mais contraído, o mais tenso. Era esta a esplêndida hipótese bergsoniana. Então, a diferença presente já não é, como há pouco, uma diferença extraída de uma repetição superficial de instantes, de maneira a esboçar uma profundidade sem a qual esta não existiria. Agora, é esta própria profundidade que se desenvolve por si mesma. A repetição já não é uma repetição de elementos ou de partes exteriores sucessivas, mas de totalidades que coexistem em diferentes níveis ou graus. A diferença já não é extraída *de* uma repetição elementar, mas está *entre* os graus ou níveis de uma repetição que é, a cada vez, total e totalizante; ela se desloca e se disfarça de um nível a outro, e cada nível compreende suas singularidades como pontos privilegiados que lhe são próprios. E que dizer da repetição elementar, que procede por instantes, a não ser que ela própria é o nível mais distendido da repetição total? E o que dizer da diferença extraída da repetição elementar, a não ser que ela é, ao contrário, o grau mais contraído da repetição total? Eis que a própria diferença existe entre duas repetições: entre a repetição superficial dos elementos exteriores idênticos e instantâneos que ela contrai e a repetição profunda das totalidades internas de um passado sempre variável da qual ela é o nível mais contraído. É assim que a diferença tem duas faces ou que a síntese do tempo já tem dois aspectos: um, *Habitus*, tensionado para a primeira repetição que ele torna possível; o outro, Mnemósina, dado à segunda repetição da qual ele resulta.

As duas repetições

Portanto, é a mesma coisa dizer que a repetição material tem um sujeito passivo e secreto, que nada faz, mas no qual tudo se faz, e que há duas repetições, sendo a material a mais superficial. Talvez seja inexato atribuir todas as características da outra à Memória, mesmo que se entenda por memória a faculdade transcendental de um passado puro, tanto inventiva quanto rememorativa. Ocorre que a memória é a primeira figura em que aparecem as características opostas das duas repetições. Uma delas é a repetição do mesmo e só tem diferença subtraída ou extraída; a outra é repetição do Diferente e compreende a diferença. Uma tem termos e lugares fixos, enquanto a outra compreende essencialmente o deslocamento e o disfarce. Uma é negativa e por insuficiência; a outra é positiva e por excesso. Uma é repetição de elementos, casos e vezes, partes extrínsecas; a outra é repetição das totalidades variáveis internas, dos graus e dos níveis. Uma é sucessiva de fato, a outra é coexistente de direito. Uma é estática, a outra é dinâmica. Uma é em extensão, a outra é intensiva. Uma é ordinária, a outra é notável e de singularidades. Uma é horizontal, a outra é vertical. Uma é desenvolvida, e deve ser explicada; a outra é envolvida, e deve ser interpretada. Uma é repetição de igualdade e de simetria *no efeito*, a outra é repetição de desigualdade bem como de assimetria *na causa*. Uma é de exatidão e de mecanismo, a outra é de seleção e de liberdade. Uma é repetição nua, que só pode ser mascarada por acréscimo e posteriormente; a outra é repetição vestida, cujas máscaras, deslocamentos e disfarces são os primeiros, os últimos e os únicos elementos.

Devemos tirar duas consequências dessa oposição de características. Em primeiro lugar, é do mesmo ponto de vista, é ao mesmo tempo que se pretende compreender a repetição pelo Mesmo e explicá-la de maneira negativa. Para a filosofia da repetição, há nisso um contrassenso que corresponde exatamente àquele que comprometia a filosofia da diferença. Com efeito, definia-se o conceito da diferença pelo momento ou pela maneira como a diferença inscrevia-se no conceito em geral; confundia-se, portanto, o conceito da diferença com uma diferença simplesmente conceitual; compreendia-se, assim, a diferença *na* identidade, o conceito em geral sendo apenas o princípio de identidade tal como se desenrola na representação. Correlativamente, a repetição, por sua vez, só podia ser definida como uma diferença *sem* conceito; esta definição, evidentemente, continuava a pressupor a identidade do conceito para aquilo que se repetia, mas, em vez de inscrever a diferença no conceito, a colocava fora dele como diferença numérica e colocava o próprio conceito fora de si como existindo em tantos exemplares quantos eram as vezes ou os casos numericamente distintos. Ela invocava, assim, uma força exterior, uma forma de exterioridade capaz de colocar a diferença fora do conceito idêntico e o conceito idêntico fora de si mesmo, bloqueando sua especificação, assim como há pouco invocava-se uma força interior ou forma de interioridade capaz de colocar a diferença no conceito e o conceito em si mesmo através de uma especificação contínua. Portanto, era ao mesmo tempo, era do mesmo ponto de vista que a suposta identidade do conceito integrava, interiorizava a diferença como diferença conceitual e, ao contrário, projetava a repetição como diferença correlativa, mas sem conceito, explicada de maneira negativa ou por insuficiência. Ora, se tudo está ligado neste encadeamento de contrassensos, tudo deve estar também ligado na correção da diferença e da repetição. A Ideia não é o conceito; ela se distingue da identidade do conceito, como a multiplicidade diferencial eternamente positiva; em vez de representar a diferença, subordinando-a ao conceito idêntico e, em seguida, à semelhança de percepção, à oposição de predicados, à analogia de juízo, ela a libera e a faz evoluir em sistemas positivos, em que o diferente se refere ao diferente, fazendo do descentramento, da disparidade, da divergência objetos de afirmação que destroem o quadro da representação conceitual. Ora, a repetição tem como potências o deslocamento e o disfarce, do mesmo modo que a diferença tem a divergência e o descentramento. Uma pertence tanto quanto a outra à Ideia, pois a Ideia não tem nem dentro nem fora (ela é um *erewhon*). Da diferença e da repetição, a Ideia faz *um mesmo problema*. Há um excesso próprio da Ideia, um exagero da Ideia, que faz da diferença e da repetição o objeto reunido, o "simultâneo" da Ideia. É do excesso da Ideia que o conceito se aproveita indevidamente; é dele que o conceito se aproveita, traindo-o, desnaturando-o: com efeito, o conceito reparte o excesso ideal em duas porções, a da diferença conceitual e a da diferença sem conceito, a do devir-igual ou do devir-semelhante à sua própria identidade de conceito e a da condição por insuficiência que continua a pressupor esta mesma identidade, mas bloqueada. Todavia, se perguntarmos quem bloqueia o conceito, veremos que nunca é uma falta, uma insuficiência, um oposto. Não é uma limitação nominal do conceito; não é uma indiferença natural do espaço e do tempo; nem mesmo uma oposição espiritual do inconsciente. É sempre o excesso da Ideia que constitui a positividade superior que detém o conceito ou subverte as exigências da representação. É ao mesmo tempo do mesmo ponto de vista que a diferença deixa de ser reduzida a uma diferença simplesmente conceitual e que a repetição ata seu mais profundo liame com a diferença, encontrando um princípio positivo ao mesmo tempo para si mesma e para esse liame. (Para além da memória, era o paradoxo aparente do *instinto de morte* que, apesar de seu nome, nos pareceu desde o início como que dotado de uma dupla função: compreender, na repetição, toda a força do diferente e, ao mesmo tempo, dar conta da repetição da maneira mais positiva, mais excessiva.)

A segunda consequência da oposição de características é que não basta opor duas repetições, uma material e nua, de acordo com a identidade e a insuficiência do conceito, e, a outra, psíquica, metafísica e vestida, de acordo com a diferença e o excesso da Ideia sempre positiva. Seria preciso encontrar nesta segunda repetição a "razão" da primeira. Seria preciso que a repetição viva e vestida, vertical, compreendendo a diferença, fosse a causa da qual resultaria apenas a repetição horizontal, material e nua (da qual nos contentam em extrair uma diferença). Vimos isto constantemente para os três casos dos conceitos da liberdade, dos conceitos da natureza e dos conceitos nominais: a cada vez, a repetição material resulta da repetição mais profunda que se elabora em espessura e a produz como resultado, como invólucro exterior, tal como uma casca destacável, mas que perde todo sentido e toda capacidade de reproduzir a si própria desde que não seja mais animada por sua *causa* nem pela outra repetição. Assim, é o vestido que está sob o nu e o produz, o excreta como o efeito de sua secreção. É a repetição secreta que se cerca por uma repetição mecânica e nua, como por uma última barreira que marca a borda extrema das diferenças cuja comunicação ela estabelece num sistema móvel. Como sempre, *é num mesmo movimento que a repetição compreende a diferença* (não como uma variante acidental e extrínseca, mas como seu âmago, como a variante essencial que a compõe, o deslocamento e o disfarce que a constituem para uma diferença divergente e deslocada) *e deve receber um princípio positivo do qual resulta a repetição material indiferente* (pele vazia deixada pela serpente, invólucro esvaziado daquilo que ela implica, epiderme que só vive e só morre por sua alma ou seu conteúdo latentes). Isto já é verdadeiro para os conceitos da natureza. A Natureza nunca repetiria; suas repetições seriam sempre hipotéticas, deixadas à boa vontade do experimentador e do cientista, se ela se reduzisse à superfície da matéria, se a própria matéria não dispusesse de uma profundidade assim como de flancos da Natureza, onde a repetição viva e mortal se elabora, se torna imperativa e positiva, à condição de deslocar e disfarçar uma diferença sempre presente que faz da repetição uma evolução como tal. Um ou mais cientistas não fazem verão nem o retorno das estações. O Mesmo nunca sairia de si para se distribuir em vários "parecidos" em alternâncias cíclicas se não houvesse a diferença deslocando-se nos ciclos e se disfarçando no mesmo, tornando a repetição imperativa, mas só oferecendo o nu aos olhos do observador externo, que acredita que as variantes não são o essencial e modificam pouco aquilo que, todavia, elas constituem de dentro.

Patologia e arte; estereotipia e refrão: a arte como lugar de coexistência de todas as repetições

Isso é ainda mais verdadeiro dos conceitos da liberdade e dos conceitos nominais. As palavras e as ações dos homens engendram repetições materiais ou nuas, mas como o efeito de repetições mais profundas e de outra natureza ("efeito", no triplo sentido causal, ótico e de vestimenta). A repetição é o *pathos*, a filosofia da repetição é a patologia. Mas há tantas patologias quantas são as repetições intrincadas umas nas outras. Quando o obsessivo repete um cerimonial, uma vez, duas vezes, quando ele repete uma numeração, 1, 2, 3 – ele está procedendo a uma repetição de elementos em extensão, mas que conjura e traduz outra repetição, vertical e intensiva, a repetição de um passado que se desloca a cada vez ou a cada número e se disfarça no conjunto dos números e das vezes. É o equivalente de uma prova cosmológica em patologia: o encadeamento horizontal das causas e dos efeitos no mundo exige uma Causa primeira totalizante, extramundana, como causa vertical dos efeitos e das causas. Repete-se duas vezes simultaneamente, mas não se trata da mesma repetição: repete-se uma vez mecânica e materialmente, em largura, a outra vez, simbolicamente, por simulacro, em profundidade; uma vez repetem-se partes, outra vez repete-se o todo do qual as partes dependem. As duas repetições não se fazem na mesma dimensão, mas coexistem; uma é repetição dos instantes e a outra é repetição do passado; uma é elementar e a outra é totalizante. A mais profunda, a "produtora", evidentemente, não é a mais visível ou a que produz mais "efeito". Em geral, as duas repetições entram em tantas relações diferentes que seria preciso um estudo clínico bastante sistemático, ainda não realizado, para distinguir os casos que correspondem as suas combinações possíveis. Consideremos repetições gestuais ou linguísticas, iterações e estereotipias de tipo demencial ou esquizofrênico. Elas não mais parecem dar testemunho de uma vontade capaz de investir um objeto no quadro da cerimônia; elas funcionam antes como reflexos que marcam uma falência geral do investimento (daí a impossibilidade em que se encontra o doente de repetir à vontade nas provas a que é submetido). Acontece que a repetição "involuntária" depende não de distúrbios afásicos ou amnésicos, como o sugeriria uma explicação negativa, mas de lesões subcorticais e de distúrbios da "timia". Seria esta outra maneira de explicar negativamente a repetição, como se o doente recaísse, por degenerescência, em circuitos primitivos não integrados? De fato, deve-se assinalar, nas iterações e mesmo nas estereotipias, a presença constante de *contrações*, que se manifestam pelo menos por meio de vogais ou consoantes parasitas. Ora, a contração continua a ter dois aspectos: um, pelo qual ela incide sobre um elemento de repetição física que ela modifica; o outro, pelo qual ela concerne a uma totalidade psíquica que pode ser repetida em diferentes graus. É neste sentido que se reconhece uma intencionalidade subsistente em cada estereotipia, mesmo num crispar de maxilares hebefrênico, e que consiste, na falta de objetos, em investir toda a vida psíquica num fragmento, gesto ou palavra, que se torna, ele próprio, elemento para a outra repetição: tal como o doente que gira cada vez mais rápido sobre um pé, com a outra perna estendida, de maneira a repelir uma pessoa que eventualmente viesse pelas suas costas, imitando assim seu horror pelas mulheres e seu temor de que elas o surpreendam.[8] O propriamente patológico é que, por um lado, a contração já não assegura uma ressonância entre dois ou vários níveis, simultaneamente "desempenháveis" de maneira diferenciada, mas os esmaga todos, comprimindo-os no fragmento estereotípico. E, por outro lado, a contração não extrai mais do elemento uma diferença ou uma modificação que tornaria sua repetição possível num espaço e num tempo organizados pela vontade; ao contrário, ela faz da própria modificação o elemento a ser repetido; ela se toma como objeto numa aceleração que torna precisamente impossível uma repetição nua de elemento. Nas iterações e estereotipias não se verá, pois, uma independência da repetição puramente mecânica, mas antes um distúrbio específico da relação entre as duas repetições e do processo pelo qual uma é e permanece sendo causa da outra.

A repetição é a potência da linguagem, e, em vez de se explicar de maneira negativa, por uma insuficiência dos conceitos nominais, ela implica uma Ideia sempre excessiva da poesia. Os níveis coexistentes de uma totalidade psíquica podem ser considerados, de acordo com as singularidades que os caracterizam, como se atualizando em séries diferençadas. Estas séries são suscetíveis de ressoar sob a ação de um "precursor sombrio", fragmento que vale para esta totalidade na qual todos os níveis coexistem: cada série é, pois, repetida na outra, ao mesmo tempo que o precursor se desloca de um nível a outro e se disfarça em todas as séries. Por isso, ele próprio não pertence a qualquer nível ou grau. No caso das séries verbais, chamamos de "palavra de um grau superior" aquela que toma como designado o *sentido* da precedente. Mas o precursor linguístico, a palavra esotérica ou poética por excelência (objeto = *x*), transcende todos os graus na medida em que pretende dizer a si próprio e o seu sentido e na medida em que aparece como não senso sempre deslocado e disfarçado (a palavra secreta que não tem sentido, Snark ou Blitturi...). Por isso, todas as séries verbais são "sinônimos" dele, e ele próprio desempenha o papel de um "homônimo" de todas as séries. Assim, é em função de sua potência mais positiva e mais ideal que a linguagem organiza todo seu sistema como uma repetição vestida. É claro que os poemas efetivos não têm de ser adequados a esta Ideia de poesia. Para que nasça o poema efetivo, basta que "identifiquemos" o precursor sombrio, que lhe confiramos uma identidade pelo menos nominal; em suma, basta darmos um corpo à ressonância; então, como num canto, as séries diferençadas se organizam em estrofes ou versículos, enquanto o precursor se encarna numa antífona ou refrão. As estrofes giram em torno do refrão. E o que melhor que um canto para reunir os conceitos nominais e os conceitos da liberdade? É nessas condições que uma repetição nua é produzida: ao mesmo tempo no retorno do refrão, como representante do objeto = x, e em determinados aspectos das estrofes diferençadas (medida, rima, ou até mesmo verso rimando com o refrão) que, por sua vez, representam a compenetração das séries. Acontece mesmo que repetições quase nuas tomem o lugar da sinonímia e da homonímia, como em Péguy e em Raymond Roussel. E acontece até mesmo que o próprio gênio da poesia se identifique com estas repetições brutas. Mas este gênio pertence, antes de tudo, à Ideia e à maneira pela qual ela produz as repetições brutas a partir de uma repetição mais secreta.

Rumo a uma terceira repetição, ontológica

Todavia, a distinção das duas repetições é ainda insuficiente. É que a segunda repetição participa de todas as ambiguidades da memória e do fundamento. Ela compreende a diferença, mas a compreende somente *entre* os níveis ou os graus. Ela aparece antes de tudo, como vimos, na forma de círculos do passado coexistindo em si; depois, na forma de um círculo de coexistência do passado e do presente; enfim, na forma de um círculo de todos os presentes que passam e que coexistem em relação ao objeto = x. Em suma, a metafísica põe a *physis*, a física em círculo. Mas como evitar que esta profunda repetição não seja recoberta pelas repetições nuas que ela inspira e não caia na ilusão de um primado da repetição bruta? Ao mesmo tempo que o fundamento recai na representação do que ele funda, os círculos se põem a girar na cadência do Mesmo. Eis por que os círculos sempre nos pareceram desfeitos numa terceira síntese, em que o fundamento se abolia num sem-fundo, em que as Ideias se destacavam das formas da memória, em que o deslocamento e o disfarce da repetição vinham se unir à divergência e ao descentramento como potências da diferença. Para além dos ciclos, a linha reta da forma vazia do tempo; para além da memória, o instinto de morte; para além da ressonância, o movimento forçado. Para além da repetição nua e da repetição vestida, para além da repetição da qual se extrai a diferença e daquela que a compreende, uma repetição que "faz" a diferença. Para além da repetição fundada e da repetição fundadora, uma repetição de *a-fundamento*, da qual dependem ao mesmo tempo o que aprisiona e o que libera, o que morre e o que vive na repetição. Para além da repetição física e da repetição psíquica ou metafísica, *uma repetição ontológica*? Esta não teria a função de suprimir as duas outras; mas teria a função, por um lado, de lhes distribuir a diferença (como diferença extraída ou compreendida); por outro lado, teria a função de produzir a ilusão que as afeta, impedindo-as, todavia, de desenvolver o erro contíguo em que elas caem. Do mesmo modo, a última repetição, o último teatro, de certa maneira, recolhe tudo; de outra, destrói tudo; e de outra, ainda, seleciona em tudo.

Talvez o mais elevado objeto da arte seja fazer com que todas essas repetições atuem simultaneamente, com sua diferença de natureza e de ritmo, seu deslocamento e seu disfarce respectivos, sua divergência e seu descentramento, encaixá-las umas nas outras e de uma à outra, envolvê-las em ilusões cujo "efeito" varia em cada caso. A arte não imita, mas isso acontece, antes de tudo, porque ela repete, e repete todas as repetições, a partir de uma potência interior (a imitação é uma cópia, mas a arte é simulacro, ela subverte as cópias em simulacros). Até mesmo a repetição mais mecânica, mais cotidiana, mais habitual, mais estereotipada encontra seu lugar na obra de arte, estando sempre deslocada em relação a outras repetições com a condição de que se saiba extrair dela uma diferença para as outras repetições. Isto porque não há outro problema estético a não ser o da inserção da arte na vida cotidiana. Quanto mais nossa vida cotidiana aparece padronizada, estereotipada, submetida a uma reprodução acelerada de objetos de consumo, mais deve a arte ligar-se a ela e dela arrancar a pequena diferença que, por outro lado e simultaneamente, atua entre outros níveis de repetição, como também fazer os dois extremos das séries habituais de consumo ressoarem com as séries dos instintos de destruição e de morte; juntar, assim, o quadro da crueldade ao da besteira, descobrir sob o consumo um crispar de maxilares hebefrênico e, sob as mais ignóbeis destruições da guerra, ainda processos de consumo, reproduzir esteticamente as ilusões e mistificações que constituem a essência real desta civilização, para que, finalmente, a Diferença se expresse com uma força repetitiva de cólera, capaz de introduzir a mais estranha seleção, mesmo que seja uma contração aqui e ali, isto é, uma liberdade para o fim de um mundo. Cada arte tem suas técnicas de repetições imbricadas, cujo poder crítico e revolucionário pode atingir o mais elevado ponto para nos conduzir das mornas repetições do hábito às profundas repetições da memória e, depois, às repetições últimas da morte, onde se decide nossa liberdade. Gostaríamos apenas de indicar três exemplos, por mais diversos e disparatados que sejam: a maneira pela qual todas as repetições coexistem na música moderna (já no aprofundamento do *leitmotiv* no Wozzeck de Berg); a maneira pela qual, em pintura, a Pop-Art soube compelir a cópia, a cópia da cópia etc., até o ponto extremo em que ela se subverte e se torna simulacro (assim como as admiráveis séries "serigênicas", de Warhol, nas quais todas as repetições, de hábito, de memória e de morte encontram-se conjugadas); a maneira romanesca pela qual das repetições brutas e mecânicas do hábito são retiradas pequenas modificações, que, por sua vez, animam repetições da memória para uma repetição mais fundamental em que a vida e a morte estão em jogo, mesmo que venham a reagir sobre o conjunto, nele introduzindo uma nova seleção, sendo que todas estas repetições coexistem e, todavia, estão deslocadas umas em relação às outras (*A modificação*, de Butor, ou então *O ano passado em Marienbad*, de Robbe-Grillet, dão testemunho de técnicas particulares de repetição de que o cinema dispõe ou que inventa).

A forma do tempo e as três repetições

Todas as repetições não se ordenariam na forma pura do tempo? Esta forma pura, a linha reta, define-se, com efeito, por uma ordem que distribui um *antes*, um *durante* e um *depois*, por um conjunto que recolhe os três na simultaneidade de sua síntese *a priori* e por uma série que faz com que um tipo de repetição corresponda a cada um. Desse ponto de vista, devemos distinguir essencialmente a forma pura e os conteúdos empíricos. Pois os conteúdos empíricos são móveis e se sucedem; as determinações *a priori* do tempo são, ao contrário, fixas, estão paradas como numa foto ou num plano imóvel, coexistindo na síntese estática que opera sua distinção em relação à imagem de uma ação formidável. Empiricamente, esta ação pode ser qualquer uma; pelo menos, ela pode ocorrer em quaisquer circunstâncias empíricas (ação = x); basta que estas circunstâncias tornem possível seu "isolamento" e que ele se aprofunde suficientemente no instante para que sua imagem se estenda ao tempo inteiro e se torne como que o símbolo *a priori* da forma. Por outro lado, com relação aos conteúdos empíricos do tempo, distinguimos o *primeiro*, o *segundo*, o *terceiro*... em sua sucessão indefinida: pode ser que nada se repita e que a repetição seja impossível; também pode ser que a sucessão seja definida num ciclo e que a repetição se produza, mas, então, *seja* numa forma intracíclica em que 2 repete

1 e 3 repete 2, *seja* numa forma intercíclica em que 12 repete 1, 22 repete 2, 32 repete 3. (Mesmo concebendo-se uma sucessão indefinida de ciclos, o primeiro tempo será definido como o Mesmo ou o Indiferençado, na origem dos ciclos ou entre dois ciclos.) De qualquer modo, a repetição permanece exterior a algo de repetido, que deve ser posto como primeiro; a fronteira se estabelece entre uma primeira vez e a própria repetição. A questão de saber se a primeira vez escapa da repetição (diz-se, então, que ela é "uma vez por todas"), ou se, ao contrário, ela se deixa repetir num ciclo ou de um ciclo a outro, depende unicamente da reflexão de um observador. Colocando-se a primeira vez como o Mesmo, pergunta-se se o segundo apresenta suficiente semelhança com o primeiro para ser identificado ao Mesmo: questão que só pode ser resolvida pela instauração de relações de analogia no juízo, levando em conta variações de circunstâncias empíricas (seria Lutero o análogo de Paulo, e a Revolução Francesa, o análogo da República Romana?). Mas as coisas se passam muito diferentemente do ponto de vista da forma pura ou da linha reta do tempo, pois, agora, cada determinação (o primeiro, o segundo e o terceiro; o antes, o durante e o depois) já é repetição em si mesma, na forma pura do tempo e em relação à imagem da ação. O antes, a primeira vez, não é menos repetição do que a segunda ou a terceira vez. Cada vez sendo em si mesma repetição, o problema não mais está sujeito às analogias da reflexão em relação a um suposto observador, mas deve ser vivido como o das condições interiores da ação em relação à imagem formidável. A repetição já não incide (hipoteticamente) sobre uma primeira vez que pode escapar dela, e que de todo modo lhe permanece exterior; a repetição incide imperativamente sobre repetições, sobre modos ou tipos de repetição. A fronteira, a "diferença", portanto, se deslocou singularmente: ela já não está entre a primeira vez e as outras, entre o repetido e a repetição, mas entre os tipos de repetição. O que se repete é a própria repetição. Além disso, "uma vez por todas" não qualifica mais um primeiro que escaparia da repetição, mas, ao contrário, um tipo de repetição que se opõe a outro tipo que opera uma infinidade de vezes (assim se opõem a repetição cristã e a repetição ateia, a kierkegaardiana e a nietzschiana, pois em Kierkegaard é a própria repetição que opera uma vez por todas, ao passo que, segundo Nietzsche, ela opera por todas as vezes; e não há aqui uma diferença numérica, mas uma diferença fundamental entre os dois tipos de repetição).

Como explicar que, quando a repetição incide sobre as repetições, que, quando ela reúne todas e introduz entre elas a diferença, ela adquire de pronto um formidável poder de seleção? Tudo depende da distribuição das repetições na forma, na ordem, no conjunto e na série do tempo. Essa distribuição é bastante complexa. De acordo com um primeiro nível, a repetição do Antes define-se de maneira negativa e por insuficiência: repete-*se* porque não se sabe, porque não se recorda etc., porque não se é capaz da ação (quer esta ação tenha sido empiricamente feita ou ainda tenha de ser feita). Portanto, o "se" significa aqui o inconsciente do Isso como primeira potência da repetição. A repetição do Durante define-se por um devir-semelhante ou um devir-igual: tornar-*se* capaz da ação, tornar-se igual à imagem da ação, sendo que agora o "se" significa o inconsciente do Eu, sua metamorfose, sua projeção num *Eu* ou eu-ideal como segunda potência da repetição. Mas, como devir-semelhante ou igual é sempre se tornar semelhante ou igual a alguma coisa que se supõe idêntica em si, que, supostamente, se beneficia do privilégio de uma identidade originária, a imagem da ação à qual se se torna semelhante ou igual só vale aqui para a identidade do conceito em geral ou do *Eu*. Portanto, nesse nível, as duas primeiras repetições recolhem e repartem entre si as características do negativo e do idêntico tais como as vimos se constituírem nos limites da representação. Num outro nível, o herói repete a primeira, a do Antes, como num sonho e de um modo nu, mecânico, estereotipado, que constitui o cômico; todavia, esta repetição nada seria se já não remetesse a alguma coisa de oculto, de disfarçado em sua própria série, capaz de nela introduzir contrações como um *Habitus* hesitante em que a outra repetição amadurece. Esta segunda repetição do Durante é aquela em que o herói se apodera do próprio disfarce, reveste a metamorfose que lhe restitui de um modo trágico, com sua própria identidade, as profundezas de sua memória e de toda a memória do mundo, que ele pretende, tornando-se capaz de agir, igualar ao tempo inteiro. Eis, portanto, que as duas repetições, neste segundo nível, retomam e repartem à sua maneira as duas sínteses do tempo, as duas formas, nua e vestida, que as caracterizam.

Força seletiva da terceira: o eterno retorno e Nietzsche (os simulacros)

Certamente, seria possível conceber que as duas repetições entrassem num ciclo em que formariam duas partes análogas; também que elas recomeçassem à saída do ciclo, encetando um novo percurso, ele próprio análogo ao primeiro; finalmente, que as duas hipóteses, intracíclica e intercíclica, não se excluíssem, mas se reforçassem e repetissem as repetições em diferentes níveis. *Mas, em tudo isto, tudo depende da natureza do terceiro tempo*: a analogia exige que um terceiro tempo seja dado, como o círculo do *Fédon* exige que seus dois arcos sejam completados por um terceiro em que tudo se decide com seu próprio retorno. Por exemplo, distinguiu-se o Antigo Testamento, repetição por insuficiência, do Novo Testamento, repetição por metamorfose (Joachim de Flore); ou, de outra maneira, distinguiu-se a idade dos deuses, por insuficiência, no inconsciente dos homens, da idade dos heróis, por metamorfose, no Eu dos homens (Vico). Considere-se a dupla questão: 1ª: os dois tempos repetem um ao outro numa medida analógica, no interior do mesmo ciclo? 2ª: os dois tempos são eles próprios repetidos num novo ciclo análogo? A resposta a essa dupla questão depende eminente e unicamente da natureza do terceiro tempo (*O testamento* por vir, de Flore, *A idade dos homens*, de Vico, *O homem sem nome*, de Ballanche). Pois se o terceiro tempo, o futuro, é o lugar próprio da decisão, pode muito bem ser que, por sua natureza, ele elimine as duas hipóteses intracíclica e intercíclica, *desfaça* ambas, coloque o tempo em linha reta, endireite-o e dele extraia a forma pura, isto é, faça-o sair dos "eixos" e, terceira repetição, torne impossível a repetição dos dois outros. Em vez de assegurar o ciclo e a analogia, o terceiro tempo os suprime. Então, a diferença entre as repetições torna-se a seguinte, em conformidade com a nova fronteira: o Antes e o Durante são e permanecem repetições, mas repetições que só operam uma vez por todas. É a terceira repetição que as distribui segundo a linha reta do tempo, mas também que as elimina, as determina a operar apenas uma vez por todas, guardando o "todas as vezes" somente para o terceiro tempo. Joachim de Flore, neste sentido, viu o essencial: há duas significações para um só significado. O essencial é o terceiro Testamento. Há duas repetições para um só repetido, mas só o significado, o repetido repete-*se*, abolindo tanto suas significações quanto suas condições. A fronteira já não está entre uma primeira vez e a repetição que ela torna hipoteticamente possível, mas entre as repetições condicionais e a terceira repetição, *repetição no eterno retorno*, que torna impossível o retorno das duas outras. Só o terceiro Testamento gira sobre si mesmo. Só há eterno retorno no terceiro tempo: é então que o plano imóvel se anima de novo ou que a linha reta do tempo, como que levada por seu próprio comprimento, reforma um anel estranho, que de modo algum se assemelha ao ciclo precedente, mas que desemboca no informal e só vale para o terceiro tempo e para o que lhe pertence. Como vimos, a condição da ação por insuficiência não retorna, a condição do agente por metamorfose não retorna; só o *incondicionado* retorna, no produto, como eterno retorno. A força expulsiva e seletiva do eterno retorno, sua força centrífuga, consiste em distribuir a repetição nos três tempos do pseudociclo, mas fazendo com que as duas primeiras repetições não retornem, que elas sejam uma vez por todas e que, para todas as vezes, para a eternidade, só retorne a terceira repetição que gira sobre si mesma. O negativo, o semelhante, o análogo são repetições, mas não retornam, banidos para sempre pela roda do eterno retorno.

Que Nietzsche não tenha feito a exposição do eterno retorno, nós o sabemos pelas razões da mais simples "crítica objetiva" e da mais modesta compreensão poética ou dramática dos textos. O estado dos textos de *Assim falou Zaratustra* nos ensina que por duas vezes está em questão o eterno retorno, mas sempre como uma verdade ainda não atingida e não expressa: uma vez, quando o anão, o bufão fala (III, "Da visão e do enigma"); uma segunda vez, quando os animais falam (III, "O convalescente"). A primeira vez basta para deixar Zaratustra doente, inspirando-lhe um pesadelo terrível e determina-o a fazer uma viagem por mar. A segunda vez, após uma nova crise, Zaratustra convalescente sorri a seus animais, cheio de indulgência, mas sabendo que seu destino estará somente numa terceira vez não dita (aquela que anuncia o fim, "o signo chega"). Só podemos utilizar as notas póstumas nas direções confirmadas pelas obras publicadas de Nietzsche, pois estas notas são como que uma matéria reservada, posta de lado para uma elaboração futura. Sabemos apenas que *Assim falou Zaratustra* não foi acabado, que deveria ter uma sequência implicando a morte de Zaratustra: como um terceiro tempo, uma terceira vez. Mas a progressão dramática de *Assim falou Zaratustra*, tal como a obra está, já permite estabelecer uma série de questões e de respostas.

O que não retorna

1ª: Por que, na primeira vez, Zaratustra fica zangado e tem um pesadelo tão terrível, quando o anão diz que "toda verdade é curva, o próprio tempo é um círculo"? Ele explicará mais tarde, interpretando seu pesadelo: ele teme que o eterno retorno signifique o retorno do Todo, do Mesmo e do Semelhante, nele compreendido o anão, nele compreendido o menor dos homens (III, "O convalescente"). Ele teme particularmente que a repetição seja negativa e por insuficiência: que se repita por ser surdo, anão e coxo, encarapitado sobre os ombros de outrem; por não ser capaz da ação (a morte de Deus), mesmo que a ação tenha sido praticada. E ele sabe que uma repetição circular seria forçosamente desse tipo. Eis por que Zaratustra já nega que o tempo seja um círculo e responde ao anão: "Espírito de gravidade, não simplifique demais as coisas!" Ele quer, ao contrário, que o tempo seja uma linha reta, com duas direções contrárias. E se um círculo se forma, estranhamente descentrado, isto acontecerá somente "no extremo" da linha reta... 2ª: Por que Zaratustra atravessa uma nova crise e se torna convalescente? Zaratustra é como Hamlet, a viagem por mar tornou-o *capaz*, ele conheceu o devir-semelhante, o devir-igual da metamorfose heroica; e, todavia, ele sente que ainda não chegou a hora (III, "Da bem-aventurança a contragosto"). É que ele já conjurou a sombra do negativo: ele sabe que a repetição não é a do anão. Mas o devir-igual, o devir-capaz da metamorfose somente o aproximou de uma suposta Identidade originária: ele ainda não conjurou a aparente positividade do idêntico. É preciso a nova crise e a convalescença. Então, os animais podem dizer que é o Mesmo e o Semelhante que retornam; podem expor o eterno retorno como uma certeza natural positiva; Zaratustra nem mais os escuta, finge que dorme, sabendo que o eterno retorno é outra coisa e não faz retornar o mesmo ou o semelhante. 3ª: Por que Zaratustra, entretanto, nada diz ainda, por que não está ainda "maduro", por que só se torna maduro numa terceira vez não dita? A revelação de que nem tudo retorna, nem o Mesmo, implica tanta angústia quanto a crença no retorno do Mesmo e do Todo, embora se trate de uma outra angústia. Conceber o eterno retorno como o pensamento seletivo e a repetição no eterno retorno como o ser seletivo é a prova mais elevada. É preciso viver e conceber o tempo fora dos eixos, o tempo posto em linha reta que elimina impiedosamente aqueles que estão nele, que assim vêm à cena, mas que só repetem de uma vez por todas. A seleção se faz entre repetições: aqueles que repetem negativamente, aqueles que repetem identicamente serão eliminados. Eles só repetem uma vez. O eterno retorno existe somente para o terceiro tempo: o tempo do drama, após o cômico, após o trágico (o drama é definido quando o trágico se torna alegre e o cômico se torna cômico do super-homem). O eterno retorno existe somente para a terceira repetição, na terceira repetição. O círculo está no extremo da linha. Nem o anão nem o herói, nem Zaratustra doente nem Zaratustra convalescente retornarão. Não só o eterno retorno não faz com que tudo retorne, como faz com que pereçam aqueles que não suportam a prova (Nietzsche marca com cuidado os dois tipos distintos que não sobrevivem à prova: o pequeno homem passivo ou o último dos homens, o grande homem ativo, heroico, que se tornou o homem "que quer perecer").[9] O Negativo não retorna. O Idêntico não retorna. O Mesmo e o Semelhante, o Análogo e o Oposto não retornam. Só a afirmação retorna, isto é, o Diferente, o Dissimilar. Quanta angústia antes de extrair a alegria de tal afirmação seletiva: nada do que nega o eterno retorno retorna, nem a insuficiência, nem o igual, só o excessivo retorna. Só a terceira repetição retorna. À custa da semelhança e da identidade do próprio Zaratustra: é preciso que Zaratustra as perca e que pereçam a semelhança do Eu e a identidade do *Eu*, é preciso que Zaratustra morra. Zaratustra-herói se igualou, mas foi ao desigual que ele se igualou, mesmo que tivesse de perder a fingida identidade do herói. Pois "se" repete eternamente, mas este "se" designa agora o mundo das individualidades impessoais e das singularidades pré-individuais. O eterno retorno não é o efeito do Idêntico sobre um mundo tornado semelhante; não é uma ordem exterior imposta ao caos do mundo; ao contrário, o eterno retorno é a identidade interna do mundo e do caos, é o Caosmo. E como o leitor poderia acreditar que Nietzsche implicava no eterno retorno o Todo, o Mesmo, o Idêntico, o Semelhante e o Igual, o *Eu* e o Eu, ele que foi o maior crítico dessas categorias? Como acreditar que concebeu o eterno retorno como um ciclo, ele que opõe "sua" hipótese a toda hipótese cíclica?[10] Como acreditar que tenha caído na ideia insípida e falsa de uma *oposição* entre um tempo circular e um tempo linear, um tempo antigo e um tempo moderno?

Mas qual é o conteúdo desse terceiro tempo, desse informal no extremo da forma do tempo, desse círculo descentrado que se desloca na extremidade da linha reta? Qual é esse conteúdo afetado, "modificado" pelo eterno retorno? Tentamos mostrar que se tratava do simulacro, exclusivamente dos simulacros. Os simulacros implicam essencialmente, sob uma mesma potência, o objeto = x no inconsciente, a palavra = × na linguagem, a ação = × na história. Os simulacros são os sistemas em que o diferente se refere ao diferente *pela* própria diferença. O essencial é que não encontramos nesses sistemas qualquer *identidade prévia*, qualquer *semelhança interior*. Tudo é diferença nas séries e diferença de diferença na comunicação das séries. O que se desloca e se disfarça nas séries não pode e não deve ser identificado, mas existe, age como o diferenciador da diferença. Ora, de duas maneiras, aqui, a repetição deriva necessariamente do jogo da diferença. Por um lado, porque cada série só se explica, só se desenvolve implicando as outras; ela repete, portanto, as outras e se repete nas outras que, por sua vez, a implicam; mas ela não é *implicada* pelas outras sem aí estar implicada como *implicando* essas outras, de modo que ela retorna em si mesma tantas vezes quantas ela retorna numa outra. Retornar em si mesma é o fundo das repetições nuas, assim como retornar em outra é o fundo das repetições vestidas. Por outro lado, o jogo que preside à distribuição dos simulacros assegura a repetição de cada combinação numericamente distinta, pois os "lances" diferentes não são, por sua vez, numericamente distintos, mas apenas "formalmente" distinguidos, de modo que todos os resultados estão compreendidos no número de cada um segundo as relações entre o implicado e o implicante que acabamos de lembrar, cada um retornando nos outros, em conformidade com a distinção formal dos lances, mas também retornando sempre em si mesmo, em conformidade com a unidade do jogo da diferença. A repetição no eterno retorno aparece sob todos esses aspectos como a potência própria da diferença; e o deslocamento e o disfarce do que se repete só fazem reproduzir a divergência e o descentramento do diferente num só movimento, que é a *diaphora* como transporte. O eterno retorno afirma a diferença, afirma a dessemelhança e o díspar, o acaso, o múltiplo e o devir. Zaratustra é o precursor sombrio do eterno retorno. São eliminadas pelo eterno retorno precisamente as instâncias que jugulam a diferença, que paralisam seu transporte, submetendo-a ao quádruplo jugo da representação. A diferença só se reconquista, só se libera no extremo de sua potência, isto é, pela repetição no eterno retorno. O eterno retorno elimina aquilo que, tornando impossível o transporte da diferença, torna ele próprio impossível. O que ele elimina é o Mesmo e o Semelhante, o Análogo e o Negativo como pressupostos da representação. Pois a re-presentação e seus pressupostos retornam, mas uma vez, uma única vez, de uma vez por todas, eliminados por todas as vezes.

Os três sentidos do Mesmo: a ontologia, a ilusão e o erro

Todavia, falamos da unicidade do jogo da diferença. E dizemos "a mesma série", quando ela retorna em si mesma, e "séries semelhantes", quando uma retorna na outra. Mas pequeníssimos deslocamentos na linguagem expressam perturbações e subversões no conceito. Vimos que as duas fórmulas: "os semelhantes diferem" e "os diferentes se assemelham" pertencem a mundos inteiramente distintos. Acontece o mesmo neste caso: *o eterno retorno é o Semelhante, a repetição no eterno retorno é o Idêntico – mas a semelhança e a identidade não preexistem ao retorno daquilo que retorna.* Eles não qualificam antes de tudo o que retorna, eles se confundem absolutamente com seu retorno. *Não é o mesmo que retorna, não é o semelhante que retorna,* mas o Mesmo é o retorno daquilo que retorna, *isto é, do Diferente*; o semelhante é o retorno daquilo que retorna, *isto é, do Dissimilar.* A repetição no eterno retorno é o mesmo, mas enquanto ele se diz unicamente da diferença e do diferente. Há aí uma subversão completa do mundo da representação e do sentido que tinham "idêntico" e "semelhante" nesse mundo. Esta subversão não é apenas especulativa, mas eminentemente prática, pois define as condições de legitimidade do emprego das palavras *idêntico* e *semelhante*, ligando-as exclusivamente aos simulacros, e denuncia como ilegítimo o uso ordinário que delas é feito do ponto de vista da representação. Eis por que a filosofia da Diferença parece-nos mal estabelecida enquanto nos contentarmos em opor, terminologicamente, à trivialidade do Idêntico, como igual a si mesmo, a profundidade do Mesmo, considerado como podendo recolher o diferente.[11] Pois o Mesmo, que compreende a diferença, e o idêntico, que a deixa fora de si, podem ser opostos de muitas maneiras, mas nunca deixam de ser princípios da representação; quanto muito, animam a disputa da representação infinita e da representação finita. A verdadeira distinção não é entre o idêntico *e* o mesmo, mas entre o idêntico, o mesmo ou o semelhante – pouco importa desde que sejam postos como primeiros –, *e* o idêntico, o mesmo ou o semelhante expostos como segunda potência, e por isso mesmo mais potentes, girando, então, em torno da diferença, dizendo-se da diferença em si mesma. Então, tudo muda efetivamente. Para sempre descentrado, o Mesmo só gira efetivamente em torno da diferença quando, assumindo todo o Ser, ele se aplica apenas aos simulacros, assumindo todo "o ente".

A história do longo erro é a história da representação, a história dos ícones, pois o Mesmo, o Idêntico, tem um sentido ontológico: a repetição no eterno retorno daquilo que difere (a repetição de cada série implicante). O semelhante tem um sentido ontológico: o eterno retorno daquilo que desemparelha (a repetição das séries implicadas). Mas eis que o próprio eterno retorno, girando, suscita uma ilusão, na qual ele se mira, da qual ele se regozija e da qual ele se serve para redobrar sua afirmação daquilo que difere: ele produz agora uma imagem de identidade como se fosse o *fim* do diferente. Ele produz uma imagem de semelhança como o *efeito* exterior do "díspar". Ele produz uma imagem do negativo como a *consequência* daquilo que ele afirma, a consequência de sua própria afirmação. Com essa identidade, com essa semelhança e com esse negativo ele envolve a si próprio e envolve o simulacro. Mas trata-se de uma identidade, de uma semelhança e de um negativo simulados. Ele os faz atuar como se se tratasse de um fim sempre malogrado, de um efeito sempre deformado, de uma consequência sempre desviada: são os produtos do funcionamento do simulacro. A cada vez, ele se serve deles para descentrar o idêntico, desfigurar o semelhante e desviar a consequência. Pois é verdade que não há outras consequências a não ser aquelas que são desviadas, outras semelhanças a não ser aquelas que são desfiguradas, outra identidade a não ser a que é descentrada, outro fim a não ser aquele que é malogrado. Regozijando-se naquilo que produz, o eterno retorno denuncia qualquer outro uso dos fins, das identidades, das semelhanças e das negações. Mesmo e sobretudo a negação, pois ele dela se serve da maneira mais radical, a serviço do simulacro, para negar tudo o que nega a afirmação diferente e múltipla, para aí mirar sua própria afirmação, para aí redobrar o que ele afirma. Cabe essencialmente ao funcionamento do simulacro simular o idêntico, o semelhante e o negativo.

Há um encadeamento necessário que vai do sentido ontológico ao sentido simulado. O segundo deriva do primeiro, isto é, permanece à deriva, sem autonomia nem espontaneidade, simples efeito da causa ontológica que atua nele como a tempestade. Mas como a representação não se aproveitaria disso? Como a representação, no interior de uma onda, não nasceria graças à ilusão? Como, da ilusão, não faria ela um "erro"? Eis que a identidade do simulacro, a identidade simulada, encontra-se projetada ou retrojetada sobre a diferença interna. A semelhança exterior simulada encontra-se interiorizada no sistema. O negativo torna-se princípio e agente. Cada produto do funcionamento ganha uma autonomia. Supõe-se, então, que a diferença só vale, só é e só é pensável num Mesmo preexistente que a compreende como diferença conceitual e que a determina pela oposição dos predicados. Supõe-se que a repetição só vale, só é e só é pensável sob um Idêntico, que, por sua vez, a coloca como diferença sem conceito e a explica negativamente. Em vez de se apreender a repetição nua como o produto da repetição vestida e esta última como a potência da diferença, faz-se da diferença um subproduto do mesmo no conceito, faz-se da repetição vestida um derivado da repetição nua e da repetição nua um subproduto do idêntico fora do conceito. É num mesmo meio, o da representação, que a diferença é posta, por um lado, como diferença conceitual, e a repetição, por outro lado, como diferença sem conceito. E como não há mais diferença conceitual entre os conceitos últimos determináveis em que se distribui o mesmo, o mundo da representação acha-se encerrado numa rede de analogias, o que faz da diferença e da repetição os conceitos da simples reflexão. O Mesmo e o Idêntico podem ser interpretados de muitas maneiras: no sentido de uma perseveração (A é A), no sentido de uma igualdade (A = A) ou de uma semelhança (A # B), no sentido de uma oposição (A ≠ não-A), no sentido de uma analogia (como o sugere, enfim, o terceiro excluído, que determina as condições em que o terceiro termo só é determinável numa relação idêntica à relação de dois outros ($\frac{\text{A}}{\text{não-A (B)}} = \frac{\text{C}}{\text{não-C (D)}}$). Mas todas estas maneiras são as da representação, à qual a analogia vem dar um toque final, um fechamento específico como último elemento. Elas são o desenvolvimento do sentido errado que trai ao mesmo tempo a natureza da diferença e da repetição. Começa aqui o longo erro, ainda mais longo por se ter produzido uma vez.

Analogia do ser e representação, univocidade do ser e repetição

Vimos como a analogia pertence essencialmente ao mundo da representação. Quando se fixam os limites da inscrição da diferença no conceito em geral, o limite superior é representado por conceitos últimos determináveis (os gêneros do ser ou categorias), ao passo que o limite inferior é representado pelos menores conceitos determinados (espécies). Na representação finita, a diferença genérica e a diferença específica diferem em natureza e em procedimento, mas são estritamente complementares: a equivocidade de uma tem como correlato a univocidade da outra. O que é unívoco, com efeito, é o gênero *em relação a suas espécies*, mas o que é equívoco é o Ser *em relação aos próprios gêneros ou categorias*. A analogia do ser implica ao mesmo tempo estes dois aspectos: um pelo qual o ser se distribui em formas determináveis que distinguem e variam necessariamente seu sentido, outro pelo qual, assim distribuído, o ser é necessariamente repartido por entes bem determinados, cada um provido de um sentido único. O que se perde nas duas extremidades é o sentido coletivo do ser e o jogo da diferença individuante no ente. Tudo se passa entre a diferença genérica e a diferença específica. O verdadeiro universal é perdido, como também o verdadeiro singular: o ser só tem sentido comum distributivo, e o indivíduo só tem diferença geral. Pode-se "abrir" a lista das categorias ou até mesmo tornar infinita a representação, mas o ser continua a dizer-se em vários sentidos segundo as categorias, e aquilo do qual ele se diz é sempre determinado por diferenças "em geral". É que o mundo da representação supõe um determinado tipo de distribuição sedentária, que divide ou partilha o distribuído para dar a "cada um" sua parte fixa (assim, no mau jogo, na maneira ruim de jogar, as regras preexistentes definem hipóteses distributivas de acordo com as quais se reparte o resultado dos lances). Compreende-se melhor, então, como a repetição opõe-se à representação. A representação implica essencialmente a analogia do ser. Mas a repetição é a única Ontologia realizada, *isto é*, a univocidade do ser. De Duns Scot a Espinosa, a posição da univocidade esteve sempre baseada em duas teses fundamentais. De acordo com uma delas, há sem dúvida formas do ser, mas, contrariamente às categorias, essas formas não acarretam qualquer divisão no ser como pluralidade de sentido ontológico. De acordo com a outra, aquilo do qual o ser se diz é repartido segundo diferenças individuantes essencialmente móveis, que dão necessariamente a "cada um" uma pluralidade de significações modais. Esse programa é genialmente exposto e demonstrado desde o início da *Ética*: aprendemos que os *atributos* são irredutíveis a gêneros ou a categorias, porque são *formalmente* distintos, mas são todos iguais e *ontologicamente* um, e não introduzem divisão alguma na substância que se expressa ou se diz através deles num mesmo sentido (em outros termos, a distinção real entre atributos é uma distinção formal e não numérica). Aprendemos, por outro lado, que os *modos* são irredutíveis a espécies, porque se repartem nos atributos de acordo com diferenças individuantes que se exercem em intensidade como graus de potência que os referem imediatamente ao ser unívoco (em outros termos, a distinção numérica entre "entes" é uma distinção modal e não real). Não seria assim no verdadeiro lance de dados? As jogadas se distinguem formalmente, mas, para um lance ontologicamente único, as reincidências implicam, deslocam e restabelecem suas combinações umas nas outras através do espaço único e aberto do unívoco. Para que o unívoco se tornasse objeto de afirmação pura, faltava ao espinosismo apenas fazer com que a substância girasse em torno dos modos, *isto é, realizar a univocidade como repetição no eterno retorno*. Pois, se é verdade que a analogia tem dois aspectos, um pelo qual o ser se diz em vários sentidos, o outro pelo qual ele se diz de algo fixo e bem determinado, a univocidade, por sua vez, tem dois aspectos totalmente opostos, segundo os quais o ser se diz "de todas as maneiras" num mesmo sentido, mas se diz assim daquilo que difere, se diz da própria diferença, sempre móvel e deslocada no ser. A univocidade do ser e a diferença individuante têm um liame, fora da representação, tão profundo quanto o da diferença genérica e da diferença específica na representação do ponto de vista da analogia. A univocidade significa: o que é unívoco é o próprio ser, o que é equívoco é aquilo de que ele se diz. Justamente o contrário da analogia. O ser se diz segundo formas que não rompem a unidade de seu sentido; ele se diz num mesmo sentido através de todas as suas formas; eis por que opusemos às categorias noções de outra natureza. Mas aquilo de que ele se diz difere, aquilo de que ele se diz é a própria diferença. Não é o ser análogo que se distribui nas categorias e reparte um quinhão fixo aos entes, mas são os entes que se repartem no espaço do ser unívoco aberto por todas as formas. A abertura pertence essencialmente à univocidade. Às distribuições sedentárias da analogia opõem-se as distribuições nômades ou as anarquias coroadas no unívoco. Somente aí ressoam "Tudo é igual!" e "Tudo retorna!" Mas *Tudo é igual* e *Tudo retorna* só podem ser ditos onde a extrema ponta da diferença é atingida. Uma mesma voz para todo o múltiplo de mil vias, um mesmo Oceano para todas as gotas, um só clamor do Ser para todos os entes. À condição de ter atingido, para cada ente, para cada gota e em cada via, o estado de excesso, isto é, a diferença que os desloca e os disfarça, e os faz retornar, girando sobre sua ponta móvel.

Notas

1. Cf. NIETZSCHE, *Genealogia da moral*, I, § 10.
2. Neste sentido, a tentativa mais elaborada é a de J.-P. FAYE, num livro que se chama precisamente *Analogues* (Éditions du Seuil, 1964). Sobre o deslocamento e o disfarce em séries quaisquer, mas, ao mesmo tempo, pondo a repetição como uma analogia para um olho apesar de tudo exterior, cf. pp. 14-15. E, em todo esse livro, o papel de um instinto de morte, interpretado de maneira analógica.
3. Não é o caso de perguntar se os próprios Bouvard e Pécuchet são bestas ou não. Esta não é a questão. O projeto de Flaubert é enciclopédico e "crítico", não psicológico. O problema da besteira é colocado de maneira filosófica, como problema transcendental das relações entre a besteira e o pensamento. No mesmo ser pensante desdobrado ou, antes, repetido, trata-se da besteira como *faculdade* e, ao mesmo tempo, da *faculdade* de não suportar a besteira. Flaubert, aqui, reconhece Schopenhauer como seu mestre.
4. Arthur ADAMOV escreveu sobre este tema uma belíssima peça, *La grande et la petite manœuvre*, 1950 (Théâtre I, N.R.F.).

5. Cf. Eugen FINK, *Le jeu comme symbole du monde,* 1960 (trad. HILDENBRAND e LINDENBERG, Éditions de Minuit) e Kostas AXELOS, *Vers la pensée planétaire* (Éditions de Minuit, 1964) – que tentam, de um ponto de vista muito diferente do que tentamos expor, distinguir o jogo divino e o jogo humano para desenhar uma fórmula que eles chamam, de acordo com Heidegger, "a diferença ontológica".
6. *Assim falou Zaratustra*: este e os textos seguintes foram tirados de III, "Antes do nascer do sol"; III, § 3, "Os sete selos"; IV, § 14, "Do homem superior".
7. O *erewhon*, de BUTLER, não nos parece ser apenas um disfarce de *no-where,* mas uma transformação de *now-here.*
8. Todo tipo de exemplos dessa natureza pode ser encontrado em *Les stéréotypies,* Xavier ABÉLY (Dirion, 1916). Um dos melhores estudos clínicos da estereotipia e da iteração continua sendo o de Paul GUIRAUD, *Psychiatrie clinique* (ed. Le François, 1956, p. 106 ss.), e "Analyse du symptôme stéréotypie" (*L'Encéphale,* nov. 1936). Paul Guiraud distingue a perseveração e a repetição (iterações uma atrás da outra ou estereotipias a intervalos). Pois se os fenômenos de perseveração podem ser explicados negativamente por um déficit ou um vazio mental, os fenômenos de repetição têm a dupla propriedade de apresentar condensações e contrações e de requerer um princípio de explicação primário e positivo. A este respeito, deve-se sublinhar que o jacksonismo, quando remete a repetição à categoria dos sintomas "positivos", mantém, todavia, o princípio de uma explicação totalmente negativa, pois a positividade que ele invoca é a de uma repetição mecânica e nua, expressando um suposto nível de equilíbrio inferior ou arcaico. De fato, a repetição mecânica que constitui o aspecto manifesto de uma iteração ou de uma estereotipia não expressa um nível de conjunto, mas concerne essencialmente a fragmentos, "tijolos", como diziam Monakow e Mourgue. Daí a importância das contrações e condensações fragmentares. Mas, neste sentido, a verdadeira positividade é aquela que investe no fragmento a totalidade da vida psíquica, isto é, que investe na repetição mecânica uma repetição de natureza totalmente distinta, pertencente à esfera do "instinto" sempre deslocável e disfarçado (*timia*). Foi possível dizer que, na estereotipia, só o significante é arcaico, e não o significado: "Sob a fragmentação do sintoma, há sempre um significado contínuo, mais ou menos rico de sentido" (A. BELEY e J.-J. LEFRANÇOIS, "Aperçu sémiologique dramatique de quelques stéréotypies motrices chez l'enfant", *Annales med. ps.*, abril de 1962).
9. Cf. NIETZSCHE, *Assim falou Zaratustra,* prólogo 4 e 5 – e I, "Dos homens sublimes": a crítica do herói.
10. NIETZSCHE (ed. Kröner), t. XII, 1, § 106.
11. Cf. HEIDEGGER. "L'homme habite en poête...", em *Essais et conférences,* trad. PRÉAU, N.R.F., p. 231.

Bibliografia, índice dos nomes e dos assuntos

A primeira coluna remete ao nome do autor; a segunda, ao título da obra; a terceira precisa o aspecto sob o qual a obra é citada em relação ao nosso tema.

Marcamos com um asterisco (*) as obras de caráter particularmente científico ou literário.

Evidentemente, esta bibliografia não é exaustiva e não poderia sê-lo. (Por exemplo, um tema como "compulsão à repetição" no inconsciente põe em jogo tudo ou quase tudo da bibliografia psicanalítica.) Contentamo-nos em citar aqui os autores e as obras que tivemos necessidade de invocar no decorrer do nosso texto, *mesmo que delas tenhamos retido apenas um detalhe ou uma simples referência.*

Aconteceu termos invocado de maneira alusiva, vaga e geral autores ou obras todavia essenciais: por exemplo, Damascius, Schelling, Heidegger, para a filosofia da diferença; Vico, Péguy, para a repetição etc. É que, no caso desses autores, não tivemos a ocasião de expor por ela mesma a concepção que eles têm da diferença ou da repetição. Em outros casos, ao contrário, fomos levados a esboçar tal exposição: por exemplo, Platão, Aristóteles, Leibniz, Hegel ou Nietzsche. Mas, mesmo então, essas exposições permanecem totalmente insuficientes do ponto de vista da história da filosofia, pois só se justificam no decorrer da nossa pesquisa. Portanto, convém considerar que não só não há aqui qualquer análise da teoria da diferença, tal como ela aparece em muitos autores de grande importância, mas também que, nos casos em que essa análise é esboçada, ela permanece parcial, fragmentária.

Para determinados autores (Platão, Aristóteles, Leibniz, Hegel, Freud, Heidegger), indicamos somente *passim* na coluna das obras. É que os temas da diferença ou da repetição estão realmente presentes no conjunto de suas obras.

Sem dúvida, entre essas obras, há umas que tratam mais diretamente desses temas que outras; mas elas foram citadas em nosso texto. Em outros casos, ao contrário, e particularmente para as obras de caráter mais literário, citamos apenas algumas, consideradas "exemplares", mesmo que o conjunto da obra do autor gire em torno da diferença e da repetição.

Abel, N. H.	**Œuvres complètes*, Christiana, 1881.	Teoria dos problemas, diferencial e determinação.
Abély, X.	*Les stéréotypies*, Dirion, 1916.	As estereotipias em psiquiatria.
Adamov, A.	**La grande et la petite manœuvre*, 1950, "Théâtre I", N.R.F.	As diferenças impessoais.
Allemann, B.	*Hölderlin et Heidegger*, 1954, tr. fr., P.U.F.	A diferença ontológica segundo Heidegger.
Alquié, F.	*Le désir de l'éternité*, P.U.F., 1943.	A repetição no inconsciente.
Althusser, L. – com Balibar, E., Establet, R., Macherey, P., Rancière, J.	*Pour Marx*, Maspéro, 1965. *Lire le Capital*, Maspéro, 1965.	Diferença e contradição: lógica estrutural da diferença.
Aristóteles	*Passim.*	Lógica e ontologia da diferença (diferenças genérica e específica).
Artaud, A.	**Œuvres complètes*, N.R.F.	Determinação, teatro e pensamento.
Axelos, K.	*Vers la pensée planétaire*, Éd. de Minuit, 1964.	A diferença ontológica e o jogo.
Bachelard, G.	*Le rationalisme appliqué*, P.U.F., 1949.	Epistemologia do problema e da diferença
Ballanche, P.	*Essais de palingénésie sociale*, Paris, 1827-1832.	Repetição, história universal e fé.
Beaufret, J.	*Introduction au Poème de Parménide*, P.U.F., 1955. "Hölderlin et Sophocle". Em *Remarques sur Œdipe et sur Antigone* de Hölderlin, ed. 10/18, 1965.	A diferença ontológica segundo Heidegger. A diferença, a forma do tempo e a cesura segundo Hölderlin.

Bergson, H.	*Œuvres*, P.U.F., Éd. du Centanaire.	Repetição física, contração, mudança. Repetição e memória. A diferençação biológica. Intensidade, qualidade, extensão.
Blanchot, M.	*L'espace littéraire*, N.R.F., 1955. *Le livre à venir*, N.R.F., 1959. "Le rire des dieux", *La Nouvelle Revue Française*, julho de 1965.	A diferença, o pensamento e a morte: os simulacros.
Boltzmann, L.	**Leçons sur la théorie des gaz*, 1898, tr. fr., Gauthier-Villars.	A diferença e o provável.
Bordas-Demoulin, J.	*Le Cartésianisme ou la véritable rénovation des sciences*, Paris, 1843.	A Ideia diferencial e a interpretação do cálculo.
Borges, J. L.	**Fictions*, 1941, tr. fr., N.R.F.	Caos, jogo, diferença e repetição.
Bouligand, G. – com Desgranges, J.	*Le déclin des absolus mathématico-logiques*, Éd. D'Enseign. sup., 1949.	Epistemologia do problema e da diferença nas matemáticas.
Brunschwig, J.	"Dialectique et ontologie chez Aristote", *Revue philosophique*, 1964.	Diferença e dialética aristotélica.
Butler, S.	*La vie et l'habitude*, 1878, tr. fr., N.R.F. **Erewhon*, 1872, tr. fr., N.R.F.	Repetição e hábito.
Butor, M.	*Répertoire I*, Éd. de Minuit, 1960.	Repetição e liberdade segundo Raymond Roussel.
	**La Modification*, Éd. de Minuit, 1957.	Repetição e modificação.
Camus, A.	*Le mythe de Sisyphe*, N.R.F., 1942.	Diferença e identidade.
Canguilhem, G.	*Le normal et le pathologique*, P.U.F., 1966.	Epistemologia do problema e da diferença em biologia.
Carnot, L.	**Réflexions sur la métaphysique du calcul infinitésimal*, Paris, 1797.	Cálculo diferencial e problema.

Carroll, L.	**The complete works*, Londres, Nonesuch library.	Problema, sentido e diferença (o objeto = x).
Cohen, H.	*Kants Theorie der Erfahrung*, Dümmler, 1885.	Papel das quantidades intensivas na *Crítica da razão pura*.
Cuénot, L.	*L'espèce*, Doin, 1936.	A diferença em biologia.
Dalcq, A.	*L'œuf et son dynamisme organisateur*, Albin Michel, 1941.	Intensidade, individuação e diferençação biológica.
Damascius	*Dubitationes et solutiones de primis principiis*, Éd. Ruelle.	Dialética neoplatônica da diferença.
Damourette, J. – com Pichon, E.	*Essai de grammaire de la langue française*, D'Astrey, 1911-1952.	O "Ne" diferencial na linguagem.
Darwin, C.	*L'origine des espèces*, 1859, tr. fr., Reinwald.	Lógica da diferença em biologia.
Dequoy, N.	**Axiomatique intuitionniste sans négation de la géométrie projective*, Gauthier-Villars, 1955.	Distância ou diferença positiva segundo Griss, em lógica e nas matemáticas.
Derrida, J.	*L'écriture et la différence*, Éd. du Seuil, 1967.	Diferença e repetição no inconsciente, na linguagem e na obra de arte.
Duns Scot, J.	*Opus oxoniense*, García, Quaracchi.	Univocidade, distinção formal e diferença individuante.
Eco, U.	*L'œuvre ouverte*, 1962, tr. fr., Éd. du Seuil.	Simulacro, diferença e obra de arte.
Eliade, M.	*Le mythe de l'éternel retour*, N.R.F., 1949.	Repetição, mito e fé.
Elie, H.	*Le "complexe significabile"*, Vrin, 1936.	Sentido e diferença em algumas lógicas medievais.
Espinosa	*Ética*.	Univocidade, distinção formal e diferença individuante.
Faye, J.-P.	Em "Débat sur le roman", *Tel Quel*, 17, 1964. **Analogues*, Éd. du Seuil, 1964.	Diferença e repetição na obra de arte.

Ferenczi, S. – com Rank, O.	*Entwicklungziele der Psychoanalyse*, Neue Arbeiten zur ärtzlichen Psychoanalyse, Viena, 1924.	A transferência e a repetição no inconsciente.
Feuerbach, L.	*Contribution à la critique de la philosophie de Hegel*, 1839, tr. fr., *Manifestes philosophiques*, P.U.F.	A diferença e o começo em filosofia.
Février, P.	*"Rapports entre le calcul des problèmes et le calcul des propositions", *C. R. Ac. des Sc.*, abril de 1945. *Manifestations et sens de la notion de complémentarité*, Dialectica, 1948.	Diferença e negação em lógica, matemática e física.
Fink, E.	*Le jeu comme symbole du monde*, 1960, tr. fr., Éd. de Minuit.	A diferença ontológica e o jogo.
Foucault, M.	*Raymond Roussel*, N.R.F., 1963. "La prose d'Actéon", *La Nouvelle Revue Française*, março de 1964. *Les mots et les choses*, N.R.F., 1966.	Diferença, semelhança, identidade. A diferença e a repetição no simulacro.
Freud, S.	*Passim.* – a partir de 1918.	A repetição no inconsciente. Repetição, Eros e Instinto de morte.
Geoffroy Saint-Hilaire, E.	*Principes de philosophie zoologique*, Paris, 1830. *Notions synthétiques et historiques de philosophie naturelle*, Paris, 1837.	Lógica da diferença em biologia.
Ghyka, M.	*Le nombre d'or*, N.R.F., 1931.	Repetição estática e dinâmica, simetria e dissimetria.
Gilson, E.	*Jean Duns Scot*, Vrin, 1952.	Diferença, analogia, univocidade.
Gombrowicz, W.	**Ferdydurke*, tr. fr., Julliard, 1958. **Cosmos*, tr. fr., Denoël, 1966.	Caos, diferença e repetição.

Gredt, J.	*Elementa philosophiæ aristotelico-thomisticæ*, I, Friburgo, 7ª ed., 1837.	Analogia e lógica da diferença segundo Aristóteles.
Griss, G. F. C.	* "Logique des mathématiques intuitionnistes sans négation", *C. R. Ac. des Sc.*, novembro de 1948. **Sur la négation*, Synthèse, Bussum, Amsterdam, 1948-1949.	Distância ou diferença positiva em lógica e nas matemáticas.
Guéroult, M.	*La philosophie transcendantale de Salomon Maïmon*, Alcan, 1929. *L'évolution et la structure de la Doctrine de la Science chez Fichte*, Les Belles-Lettres, 1930.	Filosofia da diferença no pós-kantismo.
	"Espace, point et vide chez Leibniz", *Revue de métaphysique et de morale*.	Distância e diferença segundo Leibniz.
Guillaume, G.	*Passim.*	Lógica da diferença na linguagem.
Guiraud, P.	*Psychiatrie clinique*, Le François, 1956, reedição da "Psychiatrie du médecin clinicien", 1922. "Analyse du symptôme stéréotypie", *L'Encéphale*, novembro de 1936.	Iterações e estereotipias em psiquiatria.
Gurvitch, G.	*Dialectique et sociologie*, Flammarion, 1962.	Diferença e oposição na dialética.
Hegel, G. W. F.	*Passim.*	Lógica e ontologia da diferença (diferença, negação, oposição, contradição).
Heidegger, M.	*Passim.*	A diferença ontológica (Ser, diferença e questão).
Heyting, A.	*Les fondements mathématiques, intuitionnisme, théorie de la démonstration*, 1934, tr. fr., Gauthier-Villars.	Distância ou diferença positiva segundo Griss, em lógica e matemáticas.

Hölderlin, F.	*Remarques sur Œdipe, Remarques sur Antigone*, 1804, tr. fr., 10/18.	A diferença, a forma do tempo e a cesura.
Hume, D.	*Traité de la Nature humaine*, 1739, tr. fr., Aubier.	Repetição física, contração, mudança: o problema do hábito.
Hyppolite, J.	*Logique et existence*, P.U.F., 1953.	Lógica e ontologia da diferença segundo Hegel.
Joachim de Flore	*L'Évangile éternel*, tr. fr., Rieder.	Repetição, história universal e fé.
Joyce, J.	**Finnegans wake*, Faker, 1939.	Caos, diferença e repetição.
Jung, C. G.	*Le moi et l'inconscient*, 1935, tr. fr., N.R.F.	Inconsciente, problema e diferençação.
Kant, I.	*Prolégomènes*, 1783, tr. fr., Vrin. *Critique de la raison pure*, 1787, 2ª ed., tr. fr., Gibert.	Diferença interna e intrínseca. O indeterminado, o determinável e a determinação no Eu penso e na Ideia. Diferença das faculdades.
Kierkegaard, S.	*La répétition*, 1843, tr. fr., Tisseau. *Crainte et tremblement*, 1843, tr. fr., Aubier. *Le concept d'angoisse*, 1844, tr. fr., N.R.F. *Les miettes philosophiques*, 1844, tr. fr., "Le caillou blanc".	Repetição, diferença, liberdade e fé.
Klossowski, P.	*Un si funeste désir*, N.R.F., 1963. "Oubli et anamnèse dans l'expérience vécue de l'éternel retour du Même", em *Nietzsche, Cahiers de Royaumont*, Éd. de Minuit, 1966. **Le Baphomet*, Mercure, 1966.	O simulacro e a repetição: intensidade, eterno retorno e perda da identidade.

Lacan, J.	*Le mythe individuel du névrosé*, C.D.U. *Écrits*, Éd. du Seuil, 1966.	Diferença e repetição no inconsciente: o instinto de morte.
Lagache, D.	"Le problème du transfert", *Revue française de psychanalyse*, 1952.	Transferência, hábito e repetição no inconsciente.
Lalande, A.	*Les illusions évolutionnistes*, Alcan, ed. de 1930. "Valeur de la différence", *Revue philosophique*, abril de 1955.	Diferença e identidade.
Laplanche, J. – com Pontalis, J. B.	"Fantasme originaire, fantasmes des origines, origine du fantasme", *Les Temps modernes*, abril de 1964.	Diferença e repetição na fantasia.
Laroche, E.	*Histoire de la racine NEM en grec ancien*, Klincksieck, 1949.	A "distribuição" de acordo com o grego antigo.
Lautman, A.	*Essai sur les notions de structure et d'existence en mathématiques*, Hermann, 1938. *Nouvelles recherches sur la structure dialectique des mathématiques*, Hermann, 1939. *Le problème du temps*, Hermann, 1946.	Ideia dialética, diferencial e teoria dos problemas.
Leclaire, S.	"La mort dans la vie de l'obsédé", *La psychanalyse*, 2, 1956. "À la recherche des principes d'une psychothérapie des psychoses", *Évolution psychiatrique*, II, 1958. "Les éléments en jeu dans une psychanalyse", *Cahiers pour l'analyse*, 5, 1966.	Diferença e repetição no inconsciente, e papel das questões (segundo J. Lacan).

Leibniz	*Passim.*	Lógica e ontologia da diferença (continuidade e indiscerníveis, inconsciente diferencial).
Lévi-Strauss, C.	*Tristes tropiques*, Plon, 1955.	Repetição estática e dinâmica.
	Le totémisme aujourd'hui, P.U.F., 1962.	Diferença e semelhança.
Maïmon, S.	*Versuch über Transzendantalphilosophie*, VOS, 1790.	Ideia diferencial e filosofia transcendental da diferença.
Marx, K.	*Le 18 Brumaire de Louis Bonaparte*, 1852, tr. fr., Éd. sociales.	Repetição e história.
Meinong, A.	"Ueber die Bedeutung des Weberschen Gesetzes", *Zschr. f. Psych. u. Phys. d. Sinnesorg.*, XI, 1896.	Diferença e intensidade.
Meyer, F.	*Problématique de l'évolution*, P.U.F., 1954.	Lógica da diferença em biologia.
Meyerson, E.	*Passim.*	Diferença e identidade.
Miller, J. A.	"La suture", *Cahiers pour l'analyse*, 1, 1966.	Diferença e repetição no inconsciente segundo J. Lacan.
Milner, J. C.	"Le point du significant", *Cahiers pour l'analyse*, 3, 1966.	*Ibid.*
Mugler, C.	*Deux thèmes de la cosmologie grecque*, Klincksieck, 1953.	Papel do eterno retorno no pensamento grego.
Nietzsche, F.	*Werke*, Kröner.	Ontologia da diferença e da repetição: vontade de potência e eterno retorno.
Ortigues, E.	*Le discours et le symbole*, Aubier, 1962.	Lógica da diferença na linguagem segundo G. Guillaume.
Osborn, H. F.	*L'origine et l'évolution de la vie*, 1917, tr. fr., Masson.	Vida, diferença e problema.
Paliard, J.	*Pensée implicite et perception visuelle*, P.U.F., 1949.	Distância e profundidade.

Péguy, C.	*Passim.*	Repetição, diferença, liberdade e fé. Repetição, variação e estilo.
Perrier, E.	*Les colonies animales et la formation des organismes*, Masson, 1881.	Diferençação e repetição em biologia.
Piaget, J.	*Introduction à l'épistémologie génétique*, P.U.F., 1949.	Diferença e intensidade.
Platão	*Passim.*	Lógica e ontologia da diferença (o método da divisão e os simulacros).
Porfírio	*Isagoge*, tr. fr., Vrin.	Lógica da diferença segundo Aristóteles.
Pradines, M.	*Traité de psychologie générale*, P.U.F., 1943.	Profundidade, distância, intensidade.
Proclo	*Commentaires sur le 1er livre des Éléments d'Euclide*, tr. fr., Desclée de Brouwer. *Commentaire du Parménide*, tr. fr., Leroux.	Dialética neoplatônica da diferença; Ideia e problema.
Proust, M.	**À la recherche du temps perdu*, N.R.F.	Diferença e repetição na experiência vivida.
Renouvier, C.	*Les labyrinthes de la métaphysique*, La Critique philosophique, 1877.	Exame crítico das teorias do cálculo diferencial.
Ricœur, P.	*De l'interprétation*, Éd. du Seuil, 1965.	Diferença e repetição no inconsciente segundo Freud.
Robbe-Grillet, A.	**Passim.*	Diferença e repetição, os deslocamentos e os disfarces.
Rosenberg, H.	*La tradition du nouveau*, 1959, tr. fr., Éd. de Minuit.	Repetição, teatro e história.
Rosny, J. H. aîné	*Les sciences et le pluralisme*, Alcan, 1922.	Intensidade e diferença.
Rougier, L.	*En marge de Curie, de Carnot et d'Einstein*, Chiron, 1922.	Intensidade, dissimetria e diferença.

Rousseau, J. J.	**La nouvelle Héloïse*, 1761.	A tentativa de repetição na vida psíquica.
Roussel, R.	**Passim*.	Diferença e repetição, variação e estilo.
Russell, B.	*The principles of mathematics*, Allen & Unwin, 1903.	Diferença, distância, intensidade.
Ruyer, R.	*Éléments de psycho-biologie*, P.U.F., 1946. *La genèse des formes vivantes*, Flammarion, 1958.	A diferençação biológica.
	"Le relief axiologique et le sentiment de la profondeur", *Revue de métaphysique et de morale*, julho de 1956.	Profundidade, diferença, oposição.
Saussure, F.	*Cours de linguistique générale*, Payot, 1916.	Lógica estrutural da diferença na linguagem.
Schelling, F. W.	*Essais*, tr. fr., Aubier. *Les âges du monde*, 1815, tr. fr., Aubier.	Diferença, potência e fundo.
Schuhl, P.-M.	*Études platoniciennes*, P.U.F., 1960.	Repetição, variação e estilo em Platão.
Selme, L.	*Principe de Carnot contre formule empirique de Clausius*, Givors, 1917.	Intensidade, diferença e entropia.
Servien, P.	*Principes d'esthétique*, Boivin, 1935. *Science et poésie*, Flammarion, 1947.	Igualdade e repetição.
Simondon, G.	*L'individu et sa genèse physico-biologique*, P.U.F., 1964.	Diferença, singularidade e individualidade.
Sollers, P.	Em "Débat sur le roman", *Tel Quel*, 17, 1964. **Drame*, Seuil, 1965.	Problema, diferença e repetição na obra de arte.
Tarde, G.	*Passim*.	Diferença e repetição como categorias da Natureza e do Espírito.

Tournier, M.	**Vendredi ou les limbes du Pacifique*, N.R.F., 1967.	Outrem e a diferença.
Trubetskoy, N.	*Principes de phonologie*, 1939, tr. fr., Klincksieck.	Lógica estrutural da diferença na linguagem.
Verriest, G.	*"Évariste Galois et la théorie des équations algébriques", em *Œuvres mathématiques de Galois*, Gauthier-Villars, 1951.	Teoria dos problemas e determinação segundo Galois.
Vialleton, L.	*Membres et ceintures des Vertébrés Tétrapodes*, Doin, 1924.	A diferençação biológica.
Vico, G.	*La science nouvelle*, 1744, tr. fr., Nagel.	Repetição e história universal.
Vuillemin, J.	*L'héritage kantien et la révolution copernicienne*, P.U.F., 1954.	Filosofia da diferença no pós-kantismo, e papel das quantidades intensivas na interpretação de H. Cohen.
	Philosophie de l'Algèbre, P.U.F., 1954.	Teoria dos problemas e determinação segundo Abel e Galois.
Wahl, J.	*Passim*.	Dialética e diferença.
Warrain, F.	*L'œuvre philosophique de Hoëné Wronski*, Vega, 1933.	Filosofia da diferença segundo Wronski.
Weismann, A.	*Essais sur l'hérédité et la sélection naturelle*, tr. fr., Reinwald, 1892.	A diferença em biologia.
Wronski, H.	**Philosophie de l'infini*, 1814. *"Philosophie de la technie algorithmique", 1817, em *Œuvres mathématiques*, Hermann.	A Ideia diferencial e a interpretação do cálculo.

Índice onomástico

Julgamos útil acrescentar à tradução brasileira este índice onomástico, embora ele não conste da edição francesa. A cada nome correspondem dois conjuntos de números: o primeiro indica a paginação desta edição brasileira; o segundo, em itálico, indica a paginação da edição francesa: DELEUZE, Gilles. *Différence et Répétition*, 2ª ed. Paris: Presses Universitaires de France, 1972. A letra n indica citação em nota da respectiva página.

Este livro foi composto na tipografia Minion Pro, em corpo 10,5/15, e impresso em papel off-white no Sistema Digital Instant Duplex da Divisão Gráfica da Distribuidora Record.

banquete

Dante
Alighieri

banquete

Tradução
Ciro Mioranza

Lafonte

Título original: *Il Convivio*

Direção Editorial *Sandro Aloísio*
Organização Editorial e Tradução *Ciro Mioranza*
Revisão *Suely Furukawa*
Diagramação *Demetrios Cardozo*
Imagem de Capa *Babich Alexander / Shutterstock.com*

Dados Internacionais de Catalogação na Publicação (CIP)
(Câmara Brasileira do Livro, SP, Brasil)

Alighieri, Dante, 1265-1321
Banquete / Dante Alighieri ; tradução Ciro Mioranza. -- São Paulo : Lafonte, 2019.

Título original: Convivio
ISBN 978-85-8186-379-5

1. Filosofia italiana I. Título.

19-28340 CDD-195

Índices para catálogo sistemático:

1. Filosofia italiana 195

Maria Alice Ferreira - Bibliotecária - CRB-8/7964

Editora Lafonte

Av. Profª Ida Kolb, 551, Casa Verde, CEP 02518-000,
São Paulo-SP, Brasil - Tel.: (+55) 11 3855-2100
Atendimento ao leitor (+55) 11 3855- 2216 / 11 – 3855 - 2213 – *atendimento@editoralafonte.com.br*
Venda de livros avulsos (+55) 11 3855- 2216 – *vendas@editoralafonte.com.br*
Venda de livros no atacado (+55) 11 3855-2275 – *atacado@escala.com.br*

Índice

Apresentação

Este livro de Dante Alighieri é uma obra incompleta. De fato, o autor havia projetado uma obra muito vasta, composta de catorze canções comentadas em outros tantos tratados, além de um capítulo introdutório. Na realidade, a obra foi interrompida, reduzindo-se a quatro tratados.

Banquete é um livro que, como o próprio título o declara, pretende oferecer um banquete de sabedoria, oferecido sobretudo aos pobres, aos marginalizados da cultura das letras, ao povo simples que, na Idade Média, mal sabia ler ou que gostava de acompanhar leituras interessantes feitas por outros em dias festivos ou mesmo à noite.

Dos três tratados escritos desta obra, no primeiro Dante fala de seu grande amor por Beatriz e outros temas colaterais, mas concentrando seu pensamento na filosofia, verdadeiro amor do homem correto, justo, ponderado, equilibrado, nobre e sensível às coisas mais elevadas. No segundo tratado, Dante faz uma longa e detalhada análise da filosofia, como presença insubstituível na vida do homem. No terceiro tratado, o tema central é a nobreza. Dante estabelece os fundamentos da verdadeira nobreza do homem e critica acerbamente aqueles que defendem a nobreza como simples sinal de linhagem, de estirpe, de descendência de antepassados ilustres.

Apesar de não ter sido concluída segundo o projeto original, *Banquete* parece uma obra completa como está, porquanto cada tratado se configura praticamente como um opúsculo que esgota o tema nele proposto. Embora seja de leitura difícil em certas passagens, o livro é interessante e até mesmo saboroso porque nos faz retroagir até a Idade Média, levando-nos a perceber os valores e defeitos da sociedade dos séculos XIII e XIV, o pensamento da mesma época, o rigoroso silogismo filosófico que dominava os escritos desse período, a problemática linguística (Dante defende as línguas populares que se haviam formado, em detrimento do latim) e outras coisas.

Banquete é um elogio e uma crítica. Elogio do amor, da nobreza de alma, do pensamento filosófico, elogio ainda da língua popular que se expande na península itálica, embora sob variadas formas regionais. É uma crítica aberta e dura contra a nobreza medieval de cunho político, contra muitos dos valores estabelecidos pela sociedade medieval, contra a falsa moral da sociedade, contra o desinteresse e menosprezo pelos pobres por parte da mesma sociedade. Acima de tudo, porém, *Banquete* é uma farta mesa de saber, oferecida ao leitor por Dante Alighieri.

Ciro Mioranza

Tratado I

Capítulo I

Como diz o filósofo no início da Primeira Filosofia [1], todos os homens desejam naturalmente saber. A razão disso é que cada coisa, predisposta pela providência segundo a natureza que lhe é própria, tende naturalmente para sua própria perfeição. Por conseguinte, uma vez que o saber é o último grau de perfeição de nossa alma, saber em que reside nossa suprema felicidade, todos somos por natureza levados a nutrir o desejo dele.

Na verdade, por diversas causas muitos são privados dessa nobre perfeição que, dentro ou fora do homem, o afastam da familiaridade com o saber. Dentro do homem pode haver dois defeitos ou impedimentos: um da parte do corpo, outro da parte da alma. Da parte do corpo ocorre quando os órgãos não correspondem à ordem natural, de modo que nada pode captar, como acontece com os surdos-mudos e outros semelhantes. Da parte da alma ocorre quando a maldade nela vence, de modo que é atraída para os prazeres do vício, sendo tão fortemente envolvida por eles que, em função dos mesmos, descuida qualquer outra coisa.

Fora do homem pode haver igualmente duas causas evidentes: uma corresponde a obrigações objetivas e a outra consiste na pregui-

(1) Aristóteles (384-322 a.C.), Metafísica, I, 1.

ça. A primeira consiste no cuidado familiar e civil que envolve necessariamente o maior número dos homens, de modo que não podem dedicar-se à contemplação especulativa. A outra é o defeito do local em que a pessoa nasceu e cresceu, onde geralmente não fica somente privada de qualquer estudo, mas também distante de gente estudiosa.

Duas dessas causas, isto é, a primeira da parte de dentro e a primeira da parte de fora, não devem ser execradas, mas merecem ser desculpadas e são dignas de perdão. As duas outras, uma mais que outra, são dignas de censura e de abominação. Quem prestar atenção pode, portanto, observar com clareza que poucos conseguem atingir a plenitude do ser a que todos aspiram e quase inumeráveis são aqueles que são privados e vivem sempre famintos por esse alimento. Felizes daqueles poucos que podem se sentar à mesa em que se come o pão dos anjos! E infelizes aqueles que se nutrem do mesmo alimento do rebanho!

Quem observar com atenção pode notar de modo evidente que são poucos aqueles que chegam a atingir a plenitude de ser a que todos aspiram e quase inumeráveis aqueles que são impedidos de aí chegar e vivem sempre famintos desse alimento. Felizes daqueles que tomam lugar a essa mesa onde se prova o pão dos anjos. Infelizes aqueles que se satisfazem com o alimento comum do rebanho.

Como, porém, todo homem é naturalmente amigo do homem e como cada amigo sofre com a falta daquele que ama, aqueles que se alimentam em tão sublime mesa não são sem compaixão que observam, na verdade, aqueles que em pastagens de animais se alimentam de ervas e bolotas. Por isso é que a compaixão é mãe de benefícios e aqueles que sabem dispensam sempre com liberalidade de sua boa riqueza aos verdadeiros pobres, tornando-se como fonte viva cuja água aplaca a sede natural que foi há pouco mencionada.

E eu, portanto, que não me sento à bem-aventurada mesa, mas, fugindo das pastagens do rebanho, aos pés daqueles que estão sentados recolho as migalhas que caem e observo a mísera vida daqueles que ficaram para trás, por meio da suavidade que provo daquilo que aos poucos vou recolhendo, movido por uma especial compaixão, não me esquecendo de mim mesmo, reservei alguma coisa para os miseráveis que, a seus olhos, já há mais tempo demonstrei em favor deles. Com isso lhes transmiti mais ânimo.

Por essa razão, querendo agora ser-lhes útil, pretendo preparar um grande banquete daquilo que lhes mostrei e daquele pão especial para semelhante banquete, sem o qual não poderia ser por eles apreciado. Esse banquete é aquele digno desse pão e oferecido com esse alimento que espero que não seja ministrado em vão. Entretanto, que aquele que estiver indisposto evite participar dele, uma vez que não teria nem dentes, nem língua, nem paladar para tanto. Nem algum cultor de vícios, porque seu estômago está repleto de humores venenosos contrários que impediriam a digestão do alimento.

Aproxime-se, porém, todo aquele que permaneceu na fome humana por causa das preocupações familiares ou civis e se acomode a uma mesa com os outros de igual modo impossibilitados. A seus pés sejam dispostos todos aqueles que se abstiveram por preguiça, que não são dignos de tomar assento tão elevado. Tanto os primeiros quanto estes últimos tomem de meu alimento com pão que a eles darei a provar e a tolerar.

O alimento deste banquete será disposto em catorze modalidades, isto é, em catorze canções, cujo conteúdo consistirá tanto de amor como de virtude. Essas, sem o presente pão, teriam alguma sombra de obscuridade, de tal modo que para muitos haveriam de ressaltar sua beleza antes que sua utilidade. Este pão, contudo, ou seja, a presente disposição, será a luz que iluminará qualquer aspecto de seu significado.

Se na presente obra, intitulada Banquete, pretendo que tenha como resultante um tratamento mais maduro que em *Vita Nuova*, não pretendo, no entanto, desmentir esta última em parte alguma, mas com a presente favorecer de modo mais evidente aquela. Desse modo, notando que convém que aquela seja de forma razoável férvida e apaixonada e esta, moderada e madura. Isso porque convém dizer e realizar numa idade diversamente que em outra, porque certos costumes são idôneos e louváveis numa idade, mas são impróprios e lastimáveis em outra, como mais adiante, no quarto capítulo deste livro será devidamente mostrado, e como naquela obra anterior falei, entrando na minha juventude, nesta falo agora, com aquela juventude já ultrapassada. Por isso, ainda que minha verdadeira intenção fosse outra do que aquela que externamente mostram as mencionadas canções, pretendo ilustrá-las segundo uma exposição alegórica, seguindo uma digressão literal, de modo que uma e outra darão sabor especial para aqueles que a esta ceia são convidados. Rogo a todos estes que, se o banquete não for tão esplêndido quanto convém ao solene convite, que toda falha não seja imputada a meu desejo, mas à minha capacidade. Na verdade, o que se segue é minha vontade de plena e amável liberalidade.

Capítulo II

No início de todo banquete bem organizado, os serventes costumam tomar o pão preparado e depurá-lo de toda mancha. Por isso eu, na presente obra, tomo o lugar deles e pretendo depurar de duas manchas primeiramente esta exposição que, como pão é representada em meu serviço.

Uma é que falar de si mesmo parece não ser lícito; a outra é que falar expondo de modo demasiado profundo parece não ser razoável. E o ilícito e não razoável, a faca de meu juízo elimina dessa forma. Os retóricos não concedem que alguém fale de si mesmo sem motivo necessário e disso o homem é dissuadido porque não se pode falar de alguém, a não ser que o falante elogie ou critique aquele de quem fala. Essas duas hipóteses calham como uma vilania na boca de qualquer um.

E para dirimir uma dúvida que aqui surge, digo que é pior criticar do que elogiar, no caso em que nem um nem outro seja conveniente fazer. A razão é que qualquer coisa que se tenha que recriminar é mais torpe que outra que o seja por um fator externo.

Desprezar a si mesmo é por si próprio lastimável, mas ao amigo o homem deve confiar seu defeito reservadamente e ninguém é mais amigo que o homem para consigo mesmo. Por isso, no recinto de seus pensamentos, deve considerar-se a si mesmo e chorar seus defeitos e não, de maneira aberta. Mais ainda, o homem não é recriminado na maioria das vezes por não poder e não saber comportar-se, mas o é sempre por não querer, porque no querer e no não querer nosso é julgada a maldade e a bondade. Quem, no entanto, se recrimina a si mesmo tem como certo conhecer seu defeito, tem como evidente não ser bom; por isso é melhor deixar de falar de si mesmo, queixando-se.

Elogiar-se a si mesmo deve ser evitado como um mal relacionado com uma situação, porquanto não se pode elogiar sem que esse elogio não se torne sobretudo vitupério. É elogio na aparência, mas se analisado em sua essência é vitupério, porque as palavras são feitas para mostrar aquilo que não se sabe; por conseguinte, aquele que se elogia a si mesmo demonstra que não acredita ser bem considerado. Isso não lhe aconteceria se não tivesse consciência de alguma falha e, por isso, ao elogiar-se, descobre e, descobrindo, se lastima.

Além disso, o próprio elogio e a própria recriminação devem ser evitados igualmente por uma razão como se fosse prestar falso testemunho, porque não há ninguém que seja árbitro verdadeiro e imparcial de si mesmo, uma vez que a própria caridade o engana. Por isso acontece que cada um tem em seu julgamento as medidas do falso mercador que compra com uma e vende com outra medida e cada um se empenha com grande medida fazer o mal e, com pequena, fazer o bem, de modo que o número, a quantidade e o peso do bem lhe parece que tenha sido pesado com justa medida e aquele do mal, não. Por isso, ao falar de si próprio, bem ou mal, ou contradiz o argumento a que se refere ou deve necessariamente contradizer o juízo de si mesmo, porquanto esse mesmo juízo já contém as duas contradições. Por isso, considerando que consentir é confessar, comete vilania quem elogia ou critica na cara alguém, porque aquele que foi julgado de tal modo não pode nem confirmar nem negar, sem incidir em culpa de elogiar-se ou de recriminar, salvo o caso em que é necessário fazer uma devida correção, coisa que não pode ocorrer sem condenar o próprio erro, e salvo ainda o caso em que é necessário prestar a devida honra e elogia, o que não pode ocorrer sem mencionar as obras virtuosas e as qualidades virtuosamente adquiridas.

Na verdade, tornando ao tema principal, distingo, como falei há pouco, as ocasiões em que se concede falar de si próprio. Entre as causas necessárias, duas são mais evidentes. Uma é quando sem falar de si próprio não se pode evitar grande infâmia ou perigo. Então se concede pelo motivo que, de duas vias tomar a menos ruim, é quase tomar uma boa. E esta necessidade impeliu Boécio a falar de si mesmo, quando para seu próprio consolo acusava a perpétua infâmia de sua prisão, mostrando que era injusta, pois que ninguém mais aparecia em sua defesa.

A outra é quando, ao falar de si, decorre grande utilidade para doutrinação de outros. Esta razão impeliu Agostinho em suas *Confissões* a falar de si próprio, porque, através do processo evolutivo de sua vida, que passou de não bom para bom, de bom para melhor e de melhor para ótimo, deu exemplo e doutrinação que não poderia ter sido recebida senão por meio de testemunho tão elevado. Se uma e outra dessas razões são plausíveis, o pão de meu trigo é depurado de modo suficiente de sua primeira mácula.

Impele-me o temor de má fama e o desejo de transmitir meu saber que ninguém, na verdade, poderia transmitir. Receio a má fama de ter seguido tamanha paixão quanto pode imaginar aquele que lê as mencionadas canções, paixão que pode ter-me dominado sobremodo. Essa má fama será totalmente descartada por aquilo que haverei de expor, o que haverá de mostrar que o motivo que me impeliu para tanto não foi a paixão, mas a virtude. Pretendo também mostrar a verdadeira opinião daquelas coisas que muitos não haveriam de captar se eu não a revelasse, porque está oculta sob a forma de alegoria. E isso não haverá de conferir somente atração especial para ouvir, mas sutil adestramento para repetir e entender as palavras de outrem.

Capítulo III

Digna de severa repreensão é aquela coisa que, articulada para emendar determinado defeito, acaba por provocá-lo. Como aquele que fosse mandado para apartar uma briga e, antes de apartar os contendentes, iniciasse outra. Porquanto meu pão está depurado de um lado, convém depurá-lo de outro para evitar essa recriminação, porque meu escrito, que poderia ser considerado como um comentário, está organizado para eliminar o defeito das canções mencionadas e isso, por vezes e em algumas passagens, não será por si mesmo tão fácil. Essa dificuldade está presente, não por ignorância, mas para evitar um defeito maior.

Ai! Que tivesse sido do agrado do dispensador do universo que não se tivesse jamais verificado meu exílio, causa de todos os meus males! Porque nem outros contra mim se teriam equivocado, nem eu teria sofrido pena de modo injusto, quero dizer, a pena do exílio e da pobreza, porquanto foi do agrado dos cidadãos da belíssima e famosíssima filha de Roma, Florença, expulsar-me de seu doce aconchego – no qual nasci e fui nutrido até a plenitude de minha vida e no qual, com a boa vontade daquela, desejo de todo o coração repousar a alma cansada e terminar o tempo que me é concedido – e fui vagando por quase todos os lugares em que se fala nossa língua, peregrino, quase mendigando, mostrando contra minha vontade a chaga da sorte que muitas vezes costuma ser injustamente imputada ao chagado.

Realmente me senti como barco sem vela e sem destino, impelido para diversos portos, fozes e litorais pelo vento seco que açoita a dolorosa pobreza. Apareci aos olhos de muitos que, talvez por causa de uma certa notoriedade minha, me haviam imaginado de forma bem diversa. Aos olhos deles, não somente minha pessoa aparecia amesquinhada, mas até minhas próprias obras, aquelas já compostas como as futuras, perderam prestígio. A causa faz que isso ocorra – não somente em mim, mas em todos – brevemente ou a quem deve tocar; primeiro, porque a consideração vai muito além da verdade e, depois, porque a presença leva a reduzir a verdade. A boa fama é gerada principalmente na mente do amigo por ações virtuosas e dela primeiramente nasce, porque a mente do inimigo, mesmo que receba a semente, não germina.

Aquela mente que por primeiro a gera, tanto para embelezar seu presente, como pela caridade para com o amigo que o recebe, não se mantém nos limites da verdade, mas os ultrapassa. E quando para embelezar o que diz os ultrapassa, fala contra a consciência; quando o engano da caridade os faz ultrapassar, não fala contra ela. A segunda mente que recebe isso, non somente se contenta com a dilatação da primeira, mas ao utilizá-la, como que por um efeito seu, procura embelezá-la; ao agir assim e por causa do engano que recebe da caridade nela gerada, torna-a mais ampla do que devia ser, com concórdia e com discórdia de consciência como a primeira. E assim faz a terceira mente que a recebe, assim a quarta e assim se dilata ao infinito.

Desse modo, tomando as causas mencionadas ao contrário, pode-se constatar a razão da má fama que, de maneira semelhante, cresce continuamente. Por isso Virgílio diz no quarto livro da Eneida que a fama vive para ser móvel e adquire grandeza ao difundir-se. Claramente pode ver, portanto, quem quiser que a imagem da fama gerada se torna sempre mais ampla, qualquer que seja, que não é a coisa imaginada em sua verdadeira condição.

Capítulo IV

Tendo mostrado antes a razão pela qual a fama dilata o bem e o mal além de sua verdadeira dimensão, resta neste capítulo mostrar aquelas razões levam a constatar porque a presença age de modo contrário. Mostradas essas, poder-se-á facilmente verificar o propósito principal, ou seja, a recriminação exposta anteriormente.

Afirmo, portanto, que por três causas a presença torna a pessoa de menor valor do que realmente possui. Uma é a puerilidade, não de idade, mas de ânimo; a segunda é a inveja – e estas residem naquele que julga; a terceira é a imperfeição humana que reside naquele que é julgado.

A primeira pode ser assim brevemente desenvolvida. A maior parte dos homens vive segundo os sentidos e não segundo a razão, ao modo de crianças. Esses não conhecem as coisas senão superficialmente por seu exterior e sua bondade, ordenada a específico fim, não a captam, porquanto têm os olhos da razão fechados que seriam adequados a percebê-lo. Por isso veem antes tudo aquilo que podem e julgam segundo seu modo de ver. E como, por ter ouvido, se formam uma vaga ideia da fama de outrem, em cuja presença discorda com o imperfeito juízo que não segundo a razão mas somente segundo os sentidos julgam, considerando quase mentira aquilo que antes haviam ouvido e passam a desprezar a pessoa que antes admiravam. Por isso, segundo esses, que são infelizmente quase todos, a presença restringe tanto o prestígio quanto a má fama. Esses passam logo da fome à saciedade, muitas vezes estão alegres e muitas vezes tristes com efêmeras alegrias e tristezas, passam logo de amigos para inimigos, fazendo tudo como crianças, sem uso da razão.

A segunda se constata por estas razões. Igualdade de condições naqueles que têm vícios é causa de inveja, e inveja é causa de mau juízo, mas que não deixa a razão argumentar sobre a coisa invejada e o poder julgador é então aquele juiz que ouve somente uma das partes. Por isso, quando esses veem a pessoa famosa, tornam-se imediatamente invejosos, porquanto se consideram membros iguais e de igual poder, temendo, por causa da excelência desse, serem menos prestigiados. E esses, vencidos pela paixão, não somente julgam mal, mas, difamando, levam os outros a julgar mal. Por isso nesses a presença restringe o bem e o mal em cada um que se apresenta. Digo o mal porque muitos, encontrando prazer em fazer o mal, provocam a inveja daqueles que fazem o mal.

A terceira é a imperfeição humana, da parte daquele que é julgado, que não deixa de ser familiar e muito comentada. Como evidência desta, sabe-se que o homem é de muitas formas maculado e, como diz Agostinho, "ninguém está sem mácula". Quando o homem é maculado por uma paixão, à qual por vezes não consegue resistir; quando é maculado por alguma deformidade num membro; quando é maculado por algum golpe do destino; quando é maculado pela má fama de parentes ou de alguém próximo a ele; essas coisas não são levadas pela fama, mas pela presença e vêm à tona com o frequentar-se. Essas máculas lançam alguma sombra sobre a clareza da bondade, de tal modo que a fazem parecer menos clara e menos valiosa. E é por isso que todo profeta é menos prestigiado em sua pátria; é por isso que o homem bom deve mostrar-se com sua presença a poucos e permitir menos ainda a familiaridade, a fim de que seu nome seja conhecido, mas não desprezado. Esta terceira causa pode configurar-se tanto no mal quanto no bem, se os termos da questão forem invertidos. Pode-se observar com toda a evidência que por imperfeição, sem a qual não há ninguém, a presença restringe o bem e o mal em cada um para além dos limites da verdade.

Por isso, como disse antes, pelo fato de ter-me apresentado a quase todos os itálicos, acabei por tornar-me mais vil talvez do que correspondesse à verdade, não somente para aqueles aos quais minha fama já tinha chegado, mas também aos outros e, por conseguinte, todas as coisas que dizem respeito a mim, sem dúvida, juntamente comigo foram depreciadas. Convém agora que, na presente obra, utilize um estilo mais solene que lhe confira um pouco de gravidade, de modo que adquira maior autoridade. E essa minha tentativa reparadora seja similar à dificuldade de minha obra.

Capítulo V

Uma vez este pão depurado das máculas acidentais, resta a escusá-lo de um substancial, ou seja, de ser língua popular e não língua latina, o que, por analogia, se poderia dizer de grãos em geral e não de trigo. Disso o escusam facilmente três razões que me impeliram a escolher um em vez do outro. A primeira provém da cautela em não discorrer de modo incongruente; a segunda, do ímpeto da generosidade; a terceira, do natural amor à própria fala. Pretendo desenvolver o raciocínio de tal forma e em tal ordem para esclarecer quanto dito, justificando tudo aquilo que poderia ser recriminado por estar em desacordo com a motivação.

O que mais embeleza e recomenda a atividade humana e que a conduz imediatamente a bom termo é o hábito daquelas disposições que tendem para o fim determinado, da mesma forma como é direcionada ao objetivo da cavalaria a franqueza de ânimo e a força do corpo. Assim, aquele que se predispõe ao serviço de outro deve ter aquelas disposições que tendem para aquele fim, tais como submissão, conhecimento e obediência, sem as quais ninguém tem predisposição para bem servir, porque, se não estiver sujeito a cada uma das condições, sempre com fatiga e com dificuldade procede em seu serviço e raras vezes nele continua; e se não for [conhecedor das necessidades de seu patrão e não lhe for] obediente, nunca vai servir senão a seu capricho e a sua vontade, o que é mais serviço de amigo do que de servo.

Para evitar, portanto, essa desordenação, convém a este comentário, que faz as vezes de servo para as canções escritas mais adiante, estar sujeito àquelas em cada uma de suas condições e ser conhecedor das necessidades de seu senhor, além de ser a ele obediente. Todas essas disposições lhe faltariam se fosse latim e não língua popular, porquanto as canções estão em língua popular. Em primeiro lugar, porque não era súdito mas soberano, por nobreza, por virtude e por beleza. Por nobreza, porque o latim é perpétuo e não corruptível, e o popular é instável e corruptível. Por isso vemos nos escritos antigos das comédias e tragédias latinas, que não podem ser modificadas, o mesmo que temos hoje, o que não ocorre com a língua popular que é modificado segundo os gostos. Por isso vemos que nas cidades da Itália, se observarmos bem, de cinquenta anos até agora muitos vocábulos desapareceram e variados outros surgiram e, portanto, se em pouco tempo tanto se modifica, muito mais se haverá de modificar em tempo maior. Desse modo afirmo que, se aqueles que partiram desta vida há mil anos voltassem para suas cidades, acreditariam que sua cidade fosse ocupada por estrangeiros, por causa da língua discordante da deles. A respeito disso se falará de modo mais completo em outro local, num pequeno livro que pretende escrever, se Deus quiser, sobre a Língua Popular[2].

Além disso, não era súdito mas soberano por virtude. Cada coisa é virtuosa em sua natureza que faz aquele a que ela é ordenada; e quanto melhor o fizer, tanto mais é virtuosa. Por isso chamamos homem virtuoso aquele que vive vida contemplativa ou ativa, à qual tende naturalmente; chamamos de cavalo virtuoso aquele que corre bem e muito, para o que tende naturalmente; chamamos de espada virtuosa aquela que corta bem as coisas duras e para o que é preparada. Assim o dis-

(2) Anúncio da obra que Dante haveria de publicar, a De Vulgari Eloquentia.

curso, que é ordenado para manifestar o pensamento humano, é virtuoso quando faz isso e mais virtuoso é aquele que mais o faz. Por isso é que o latim manifesta muitas coisas na mente que a língua popular não consegue, de modo que aqueles que conhecem ambas as línguas, sabem que a virtude do latim é bem superior àquela da língua popular.

Além disso, não era súdito mas soberano por beleza. O homem diz ser bela aquela coisa cujas partes se correspondem de maneira devida, de tal modo que sua harmonia agrada. Por isso parece que o homem é belo, quando seus membros se correspondem em perfeita harmonia. Dizemos que o canto é belo quando as vozes dele estão entre si em harmonia segundo as regras da arte. É, portanto, mais bela aquela língua em que as palavras se correspondem em harmonia; e mais harmoniosamente se correspondem no latim do que na língua popular; por conseguinte, o popular segue o uso e o latim, a arte. Disso decorre ser mais belo, mais virtuoso e mais nobre. Por isso se conclui a principal colocação, isto é, que não teria sido súdito das canções, mas soberano.

Capítulo VI

Tendo mostrado como o presente comentário não teria sido súdito das canções em língua vulgar se tivesse sido escrito em latim, resta a mostrar como não teria sido conhecedor daquelas, nem obediente a elas. Depois, se poderá concluir porque, para evitar inconvenientes desordenações, foi necessário adotar a língua popular.

Afirmo que o latim não teria sido servo conhecedor do senhor popular por essa razão. O conhecimento do servo requer conhecer sobretudo duas coisas perfeitamente. A primeira é a natureza do senhor. De fato, há senhores de natureza tão asinina que mandam o contrário daquilo que querem e outros que, sem nada dizer, querem ser entendidos, e outros ainda que não querem que o servo tome a iniciativa para fazer o que é necessário, se não o mandarem. E porque existem essas variações nos homens não é minha intenção mostrá-lo agora, porquanto ampliaria em muito a digressão. Digo somente por enquanto que em geral esses são como animais, para os quais a razão é pouco útil. Por isso, se o servo não conhece a natureza de seu senhor, é óbvio que não pode servi-lo perfeitamente. A segunda coisa é que convém ao servo conhecer os amigos de seu senhor, do contrário não poderia prestar-lhes honra nem servi-los e, assim, não haveria de servir perfeitamente a seu senhor. Tendo presente que os amigos são como que partes de um todo, todos se reconhecem num único querer e num único não querer.

Nem o comentário latino teria tido conhecimento dessas coisas, como a própria língua popular o possui. Que o latim não seja conhecedor da língua popular, prova-se da seguinte forma. Aquele que conhece alguma coisa de modo genérico, não a conhece perfeitamente. Como se alguém reconhece de longe um animal, não o conhece perfeitamente, porque não sabe se é um cão ou um lobo ou um bode. O latim conhece a língua popular de modo genérico, mas não em profundidade, porque se o conhecesse profundamente, conheceria todas as línguas populares, porquanto não faria sentido que conhecesse uma mais que a outra. E assim, qualquer um que dominasse perfeitamente o latim, deveria ter igualmente o mesmo conhecimento de todas as línguas populares. Mas não é assim, porquanto um conhecedor do latim não distingue, se for italiano, a língua popular inglesa da alemã; nem o alemão haverá de distinguir a língua popular itálica da provençal. Por conseguinte, o latim não é conhecedor da língua popular.

Além disso, não é conhecedor de seus amigos, porquanto não é possível conhecer os amigos se não conhece o principal. Por conseguinte, se o latim não conhece a língua popular, como foi provado há pouco, é impossível que ele conheça seus amigos. Além do mais, sem conversa ou familiaridade é impossível conhecer os homens e o latim não mantém conversação com tantos em alguma região, como com quantos a língua popular mantém com aqueles da mesma região, de cuja língua todos são amigos; por conseguinte, o latim não pode conhecer os amigos da língua popular. E não é contradição dizer que o latim pode manter conversação com alguns amigos da língua popular, mas que não é familiar a todos e, portanto, não é conhecido com perfeição pelos amigos, pois implica um conhecimento perfeito e não, aproximativo.

Capítulo VII

Depois de provar que o comentário latino não teria sido servo conhecedor, provarei como não teria sido obediente. Obediente é aquele que possui a boa disposição chamada obediência. A verdadeira obediência deve ter três coisas, sem as quais não pode subsistir: deve ser doce e não amarga; inteiramente comandada e não espontânea; com medida e não desmesurada.

Era impossível para o texto latino ter essas três coisas e, portanto, era impossível para ele ser obediente. Que para o latim tivesse sido impossível, como de fato o é, manifesta-se por esta razão. Tudo aquilo que da inversão da ordem é artificial e atormentada e, por conseguinte, amargo e não doce, como dormir de dia e vigiar à noite, como caminhar para trás e não para a frente. O súdito comandar e ao soberano procede de ordem inversa – porque ordem correta é o soberano comandar ao súdito – e assim é amargo e não doce. Porque é impossível obedecer docemente ao comando amargo, impossível é também ser doce a obediência do soberano quando o súdito comanda. O latim, portanto, é o soberano da língua popular, como foi mostrado por variadas razões há pouco, e as canções, que revestem a condição de comando, estão em língua popular e, portanto, é impossível que sua obediência seja doce.

Além disso, a obediência é então inteiramente comandada e de modo algum espontânea, quando aquele que faz obedecendo não o teria feito sem comando, por sua vontade, nem tudo nem em parte. Por isso, se me fosse ordenado vestir dois sobretudos e, sem ordem de alguém, eu vestisse somente um, digo que minha obediência não é inteiramente comandada, mas em parte espontânea. Semelhante seria aquela do comentário latino e, por conseguinte, não teria sido obediência comandada inteiramente. Que tenha sido assim, transparece pelo seguinte: o latim, sem o mando desse senhor, teria exposto toda uma série de conceitos – e a expõe, para quem entende bem os escritos latinos – que na língua popular não o faz em parte alguma.

Mais ainda, a obediência se configura com medida e não desmesurada, quando vai até os limites do mando e não mais além. Assim como a natureza particular é obediente à universal, quando confere trinta e dois dentes ao homem, nem mais nem menos e quando confere cinco dedos à mão, nem mais nem menos; assim também o homem é obediente à justiça quando faz pagar a dívida da pena, nem mais nem menos do que a justiça manda, ao culpado. Não só isso teria feito o latim, mas teria desobedecido não somente por falta ou por excesso, mas em ambas as coisas ao mesmo tempo. Desse modo, sua obediência não teria sido com medida, mas desmesurada e, por conseguinte, não teria sido obediente.

Que o latim não tivesse sido cumpridor do comando de seu senhor e que tivesse excedido a ele, facilmente pode ser mostrado. Este senhor, isto é, estas canções, para as quais este comentário é servo delas, comandam e querem ser expostas a todos aqueles cujo intelecto tem a capacidade de cultivá-las e que, quando falam, possam ser entendidas; ninguém duvida, se elas pudessem dar de viva voz suas ordens, que esse seria seu comando. O latim, porém, não as teria exposto senão aos literatos, porque os outros não as teriam entendido. Por isso ordena que aqueles que desejam entender aquelas sejam muito mais não literatos que literatos, disso decorrendo que seu comando não seria pleno como língua popular, se fosse entendida mais pelos literatos do que pelos não literatos.

O latim as teria exposto também a gente de outras línguas, como aos alemães, aos ingleses e outros, e aqui teria ultrapassado a ordem delas, porque, contra sua vontade, falando em sentido amplo, seus conceitos teriam sido expostos em local onde elas não os poderiam oferecer com toda a sua beleza. De fato, saibam todos que nenhuma coisa tornada bela por meio da poesia pode ser transferida de sua língua para outra, sem romper toda a suavidade e harmonia. Esta é a razão pela qual Homero não foi transferido do grego para o latim, como as outras obras que temos deles. Esta é razão pela qual os versos do saltério são desprovidos de suavidade musical e de harmonia, porquanto foram transferidos do hebraico para o grego e do grego para o latim e, na primeira transferência, foi perdida toda aquela suavidade. Assim se conclui o que foi prometido no início deste capítulo com relação a essas coisas.

Capítulo VIII

Quando é demonstrado pelas suficientes razões como, para evitar inconvenientes desordens, conviria expor e comentar as mencionadas canções, comentando-as em língua popular e não em latim, pretendo mostrar ainda como imediata liberalidade me levou escolher aquela e deixar este. Pode-se, portanto, notar a pronta liberalidade em três coisas que seguem esta língua popular, mas que não teriam seguido o latim. A primeira é dar a muitos; a segunda é dar coisas úteis; a terceira é dar o presente sem que seja pedido.

Dar a alguém e ser-lhe útil é bom, mas dar a muitos e ser-lhes útil é muito melhor, porquanto se aproxima da semelhança dos benefícios de Deus que é benfeitor universalíssimo. E ainda, dar a muitos é impossível sem dar a um em particular, uma vez que um está incluído entre muitos, mas dar a um só pode-se muito bem, sem dar a muitos. Quem é útil a muitos, porém, faz tanto um quanto o outro bem; aquele que é útil a um só, faz somente um bem. Por isso, observamos que os legisladores, ao formular as leis, têm a máxima consideração somente para o bem comum. Além disso, dar coisas que não são úteis a alguém é em si um bem, enquanto aquele que dá mostra pelo menos ser amigo, mas não é um bem perfeito e, desse modo, não é adequado, como, por exemplo, quando um cavaleiro dá um escudo a um médico e quando um médico dá a um cavaleiro o livro dos *Aforismas* de Hipócrates ou a *Arte Médica* de Galeno(3). Isso porque aos sábios a aparência do presente deve ser semelhante àquela do presenteado, querendo com isso dizer que lhe seja conveniente e útil. Nisso está a adequada liberalidade daquele que assim discerne ao doar. Como, porém, as razões morais costumam suscitar o desejo de saber sua origem, pretendo mostrar brevemente neste capítulo quatro motivos necessários para que o dom, a fim de ser considerado de adequada liberalidade, seja útil a quem o recebe.

Em primeiro lugar, a virtude deve ser alegre e não triste em qualquer atividade. Por isso, se o dom não é alegre ao ser dado e ao ser recebido, nele não existe virtude perfeita, adequada. Esta alegria não oferece outra coisa senão utilidade que permanece no doador ao dar e naquele que recebe ao receber. No doador, portanto, deve haver a precaução para que de sua parte permaneça a utilidade da honestidade, que está acima de qualquer utilidade, e para que ao recebedor seja destinada a utilidade do uso da coisa doada. Desse modo, um e outro estarão contentes e, por conseguinte, a liberalidade será mais adequada.

Em segundo lugar, porém, a virtude deve impelir as coisas sempre para o melhor. Assim como seria lastimável usar uma bela espada como enxada ou de uma bela guitarra fazer um recipiente, assim também é lastimável transferir uma coisa de um local em que é útil para outro em que é menos útil. Sendo lastimável realizar gestos inúteis, da mesma forma lastimável é não somente colocar a coisa

(3) Hipócrates (460-377 a.C), sábio e médico grego, fundador de célebre escola de medicina. Galeno (129-201 d.C.), natural de Pérgamo, transferiu-se para Roma, onde fundou uma escola de medicina. Foi médico do imperador Marco Aurélio.

em local em que é menos útil, mas também em local em que possa ser igualmente útil. Por isso, para que seja louvável a transferência das coisas, convém que seja feita sempre para o melhor, a fim de que seja louvável ao extremo. Isso não pode ser feito com o presente, se o mesmo, com a transferência, não se tornar mais caro; nem mais caro pode tornar-se, se não for mais útil ao uso do recebedor do que do doador. Desse modo, conclui-se que convém que o dom seja útil a quem o recebe, para que nele subsista adequada liberalidade.

Em terceiro lugar, a ação da virtude em si deve ser conquistadora de amigos, uma vez que nossa vida tem necessidade disso, e o fim da virtude é tornar nossa vida feliz. Para que, portanto, o presente torne amigo o recebedor, convém que seja um dom útil, porquanto a utilidade imprime na memória a imagem do presente, imagem que nutre a amizade. E tanto mais forte será, quanto melhor. Por isso Martinho costuma dizer: "Não sairá de minha memória o presente que João me deu". Para que no dom subsista sua virtude, que é a liberalidade, e para que ela seja adequada, convém que seja útil para quem recebe.

Em último lugar, a virtude deve configurar-se como ato livre e não coagido. Ato livre é quando uma pessoa vai de boa vontade para algum lugar, que é mostrado ao manter o rosto voltado para aquele local; ato coagido é contra a vontade que se vai e que é mostrado ao não dirigir o olhar para o local para onde se vai. Então o presente é voltado para aquele local, quando é voltado a satisfazer as necessidades de quem o recebe. Voltar-se para ele, porém, não pode se não for útil. Convém, portanto, para que surja com ato livre a virtude, que o dom seja útil para o local para onde vai, que é o recebedor; e, por conseguinte, convém que subsista no dom a utilidade para o recebedor, a fim de que seja portanto adequada liberalidade.

A terceira coisa, na qual se pode observar a adequada liberalidade, é dar sem ter sido pedido, a partir do momento em que aquilo que é pedido por um lado não é virtude, mas mercadoria que o recebedor compra, embora o doador não venda. Por isso Sêneca diz que "nenhuma coisa mais cara é comprada do que aquela em que não subsistem súplicas". Para que, portanto, exista no dom adequada liberalidade e que possa ser nele observada, convém que esteja isento de qualquer ato que relembre mercadoria, convém que o presente não seja pedido. Porque, se custa caro aquilo que se suplica, não pretendo comentar aqui a respeito, uma vez que será comentado de modo suficiente no último tratado deste livro.

Capítulo IX

O comentário latino estaria distante das três condições mencionadas que concorrem para que subsista no benefício a adequada liberalidade, enquanto a língua popular condiz com elas, como se pode verificar de maneira evidente.

O latim não teria servido desse modo a muitos, porque se for lembrado o que foi descrito anteriormente, os literatos estranhos à língua itálica não poderiam ter usufruído desse serviço, e aqueles desta língua, se quisermos realmente ver quem são, encontraríamos que dentre mil um só razoavelmente não teria sido servido. Entretanto, mesmo que não o tivessem recebido, estão sempre prontos pela avareza que os distancia de toda nobreza de alma que deseja com extrema ansiedade esse alimento. Para sua vergonha, digo que não devem ser chamados literatos, uma vez que não cultivam as letras para seu uso, mas com o objetivo de auferir dinheiro ou dignidade, da mesma forma que não se deve chamar guitarrista aquele que mantém a guitarra em casa para emprestá-la a pagamento e não, para usá-la para tocar.

Retornando, portanto, ao propósito principal, afirmo que efetivamente pode-se notar que o latim teria beneficiado a poucos, mas a língua popular servirá verdadeiramente a muitos. Porque a bondade de ânimo que este serviço espera está naqueles que, por causa da desordem que acometeu a sociedade, deixaram a literatura para aqueles que a transformaram em meretriz. São muitos os nobres, entre príncipes, barões, cavaleiros e muitos outros nobres, não somente homens mas também mulheres, são muitos e muitas na língua que se utilizam da fala popular e não são literatos.

Além do mais, o latim não teria sido doador de dom útil, como o será a língua popular. Como, porém, nenhuma coisa é útil, se não é usada, nem sua bondade é potencial, uma vez que a potência não é um ser completo; assim como o ouro, as pérolas e outros tesouros que estão enterrados...; assim também aqueles que estão nas mãos do avarento estão no mais baixo lugar que não é a terra que contém o tesouro escondido. Na verdade, o dom deste comentário é o significado das canções que o contém e que pretende com máximo empenho induzir os homens à ciência e à virtude, como se poderá constatar no enredo de seu tratado. Este significado não pode dele fazer uso senão aqueles que possuem a verdadeira nobreza, da maneira como se haverá de descrever no quarto tratado; e estes são quase todos de extração popular, como aqueles nobres que foram mencionados há pouco neste capítulo. Não há contradição pelo fato de nenhum literato fazer parte deles, porque, como diz meu mestre Aristóteles, no primeiro livro da *Ética*, "uma andorinha não faz primavera". É evidente, portanto, que a língua popular dará coisa útil, o que o latim não teria conseguido dar.

Além disso, a língua popular dará um dom não pedido, o que o latim não o teria dado, uma vez que dará a si mesmo como comentário, que jamais foi solicitado por ninguém. E isto não pode ser dito do latim que como comentário e como glosa a muitas obras já foi solicitado, como claramente se pode verificar na introdução de muitas delas. Assim, é evidente que adequada liberalidade me impeliu para a língua popular antes que para o latim.

Capítulo X

Grande justificativa deve produzir-se quando a tão nobre banquete por suas iguarias, a tão honroso por seus convidados, se oferece pão de grãos e não de trigo; e deverá se tornar evidente argumento que justifique aquele que se afasta daquilo que os outros por tanto tempo observaram, qual seja, comentar em latim. Entretanto, a razão deve ser evidente, porque ao introduzir coisas novas, seu êxito é incerto. De fato, falta a experiência para a qual estão ao contrário relacionadas, seja no processo como nas consequências, as coisas habituais e tradicionais. A razão contudo decidiu ordenar ao homem que tivesse diligente cuidado ao entrar no novo caminho, dizendo que "ao estatuir as coisas novas deve ser evidente a razão que leve a se afastar daquele que foi longamente palmilhado".

Que ninguém se surpreenda, portanto, se a digressão de minha justificativa for longa, mas como é necessária, que pacientemente tolere a delonga. Prosseguindo, digo que – porquanto é evidente como para evitar inconveniente desordem e como por adequação de liberalidade, decidi pelo comentário em língua popular e deixei o latim – a ordem da justificativa inteira quer que eu mostre como a isso me defini pelo natural amor da própria fala, que é a terceira e última razão que me moveu a isso. Digo que o amor natural impele principalmente o amante a três coisas: uma é exaltar o amado; a outra é ter ciúmes dele; a terceira é defendê-lo, como todos podem ver acontecer continuamente. Estas três coisas me levaram a tomá-lo, isto é, nosso idioma popular, que natural e acidentalmente amo e amei.

Em primeiro lugar me defini por exaltá-lo. Por essa razão pode-se ver por que o exalto. As coisas podem se tornar e dizer grandes por meio de diversas ordens de grandeza e nada torna tão grande quanto a grandeza da própria bondade que é mãe e conservadora das outras grandezas. Por isso nenhuma grandeza maior pode ter o homem do que a virtuosa atividade, que é sua própria bondade, por meio da qual são conquistadas e conservadas as grandezas das verdadeiras dignidades, das verdadeiras honras, do verdadeiro poder, das verdadeiras riquezas, dos verdadeiros amigos, da verdadeira e ilustre fama. Esta grandeza confiro a este amigo, porquanto, ao usá-lo, torno evidente e atual tudo aquilo que ele possuía em oculto, mas potencialmente válido, que é exprimir as demonstrações a que pode chegar o raciocínio.

Em segundo lugar, me defini por ciúmes dele. O ciúme do amigo torna o homem cuidadoso e com extrema cautela. Por isso, pensando que o desejo de entender estas canções teria confiado a algum desconhecedor do latim traduzir o comentário latino para o idioma popular e temendo que a tradução para o idioma popular fosse feita por alguém que a tornasse feia, como fez aquele que traduziu para o latim a *Ética* (e esse foi Tadeu, seguidor de Hipócrates)(4), providenciei eu mesmo em utilizar diretamente o idioma popular, confiando mais em mim do que em outro.

Decidi-me ainda por defendê-lo de muitos acusadores que o desprezam e recomendam outros idiomas, sobretudo a "langue d'oc", dizendo que esta é mais bela e melhor, afastando-se nisso da verdade, porque por meio deste comentário se poderá constatar a grande bondade do idioma popular do "sì" (5). Poder-se-á verificar sua capacidade, como por meio dele podem ser expressos altíssimos e novíssimos conceitos de modo conveniente, suficiente e adequado, quase tão bem como em latim. Essa capacidade não conseguia se manifestar de imediato nas coisas rimadas, pelos enfeites adicionais a que estão ligadas, isto é, a rima, o ritmo e o número cadenciado, como não pode

(4) Trata-se de Taddeo Alderotti (1215-1295) que traduziu obras de medicina de Galeno e Hipócrates, além da Ética a Nicômaco de Aristóteles, tradução que Dante critica.

(5) "Langue d'oc" e "langue d'oïl" eram os dois idiomas populares dominantes na França medieval e Dante Alighieri contrapõe a "lingua di sì", a língua do sim, isto é, o italiano.

manifestar-se muito bem a beleza de uma mulher, quando os adornos do embelezamento e das vestes levam a admirá-la mais do que realmente é. Por isso, quem quiser julgar adequadamente uma mulher, observe-a quando estiver somente com sua natural beleza, privada de qualquer adorno acidental. Assim também será com este comentário, no qual se poderá notar a fluidez de suas sílabas, as propriedades de suas construções e as suaves orações que com ele se constroem. Quem as observar bem, poderá notar que estão repletas de dulcíssima e amabilíssima beleza. Como, no entanto, é sobretudo virtuoso na intenção mostrar o erro e a má fé do acusador, falarei para confundir aqueles que acusam o idioma itálico, uma vez que se empenham em fazê-lo, e destinarei de imediato um capítulo especial para que mais evidente se torne sua infâmia.

Capítulo XI

Para perpétua infâmia e desestima dos malévolos homens da Itália que recomendam o idioma popular dos outros e desprezam o próprio, afirmo que a decisão deles provém de cinco abomináveis causas. A primeira é incapacidade de distinguir; a segunda, argumentação em má fé; a terceira, ambição de vanglória; a quarta, palavreado invejoso; a quinta e última, vileza de ânimo, isto é, pusilanimidade. E cada uma dessas culpas tem tantos seguidores, que são poucos aqueles que delas estejam livres.

Da primeira pode-se falar o seguinte. Como a parte sensitiva da alma tem seus olhos, com os quais capta a diferença das coisas pelo fato de que são externamente coloridas, assim a parte racional tem seus olhos, com os quais capta a diferença das coisas enquanto são ordenadas para um certo fim. Esta é a distinção. Assim como aquele que é cego dos olhos sensíveis segue sempre aqueles que o guiam, bem ou mal, assim também aquele que é cego da luz da distinção segue sempre em seu julgamento a opinião corrente, seja correta ou falsa. Por isso, se por acaso o guia é cego, é certo que este e aquele, também cego e que nele se apoia, terminem mal. Por essa razão está escrito que "o cego que guia outro cego, ambos cairão no fosso". Esse vozerio se levantou por longo tempo contra nosso idioma popular pelas razões que logo a seguir serão comentadas, juntamente com esta. E os cegos mencionados há pouco, que são em número quase infinito, com a mão nos ombros desses mentirosos, caíram no fosso da falsa opinião, de onde não conseguem sair.

Da familiaridade dessa luz de distinção estão privadas sobretudo as pessoas do povo, uma vez que, obrigadas desde o início de sua vida a exercer alguma profissão, dirigem seu ânimo a essa por força da necessidade e outra coisa não podem pretender. Como a familiaridade com a virtude, seja moral ou intelectual, não se pode obter de improviso, mas é conquistada pelo hábito, e eles colocam seu hábito a serviço de alguma atividade, não se preocupando em discernir as outras coisas, assim, portanto, é impossível que adquiram o discernimento. Por isso ocorre muitas vezes que gritem "Viva!" sua morte e "Morra!" sua vida, contanto que alguém comece; e este é um defeito periculosíssimo em sua cegueira. Por isso Boécio considera vã a glória popular, porquanto a julga sem discernimento. Esses devem ser chamados ovelhas e não, homens, porque se uma ovelha se atirasse de um penhasco de mil passos, todas as outras a seguiriam e, se uma ovelha por alguma razão ao atravessar uma estrada salta, todas as outras saltam, mesmo não vendo nada para pular. Já vi muitas pular num poço por causa de uma que pulou dentro dele, acreditando talvez que estivessem saltando um muro, não obstante o pastor parasse com os braços e o peito diante delas, chorando e gritando.

O segundo grupo contra nosso idioma popular age com uma argumentação de má fé. Muitos são aqueles que gostam mais de serem considerados mestres do que sê-lo e, para evitar o contrário, isto é, de não serem considerados, sempre culpam a matéria preparada da arte ou o instrumento. O mau ferreiro culpa o ferro que lhe foi apresentado e o mau guitarrista culpa a guitarra, acreditando atribuir a culpa da faca ruim e do toque errado ao ferro e à guitarra e eximir-se dela. Assim também há diversos, e não poucos, que querem que todos os considerem oradores e, para desculpar-se por não falar ou por falar mal, acusam ou atribuem a culpa à matéria, ou seja, o próprio idioma popular, e recomendam outro que não lhes é pedido fabricar. E quem quiser verificar como esse ferro deve ser criticado, que observe que obras fazem com ele os bons artesãos e haverá de constatar a má fé desses que, ao criticá-lo, acreditam desculpar-se. Contra esses tais se insurge Cícero, no início de seu livro chamado *Dos Fins dos bens*[6], justo porque em sua época criticavam o latim romano e recomendavam a gramática grega, por razões semelhantes como esses de hoje classificam de vil o idioma itálico e precioso aquele da Provença.

O terceiro grupo contra nosso idioma popular age por ambição de vanglória. Há muitos que pelo fato de citar passagens escritas em outra língua e recomendá-la acreditam ser mais admirados do que se citassem passagens da sua própria. Sem dúvida, não se deve deixar de elogiar o empenho em aprender bem uma língua estrangeira, mas é lastimável recomendá-la além da verdade, somente para vangloriar-se do domínio dessa língua.

O quarto grupo faz uso de um palavreado em que transparece a inveja. Como foi dito anteriormente, a inveja sempre está onde houver alguma igualdade. Entre os homens de uma língua subsiste a paridade do idioma popular e porque um não sabe usá-lo como o outro, surge a inveja. O invejoso argumenta, não criticando aquele que diz que não sabe falar, mas critica aquele que é matéria de sua obra, para subtrair, desprezando a obra por esse lado, a ele que tem honra e fama, como aquele que critica o ferro de uma espada, não para criticar o ferro, mas toda a obra do artesão.

O quinto e último grupo é movido pela vileza de ânimo. O orgulhoso sempre se exalta em seu coração e assim o pusilânime, de modo inverso, sempre se considera menos do que é. Como exaltar e humilhar sempre têm relação com alguma coisa pela comparação da qual se torna grande o orgulhoso e pequeno o pusilânime, ocorre que o orgulhoso sempre considera os outros menores do que realmente são e o pusilânime, sempre maiores. Como com a medida que o homem mede a si mesmo, mede também suas coisas, que são parte dele mesmo, ocorre que para o orgulhoso suas coisas sempre parecem melhores do que o são e aquelas dos outros, menos boas; o pusilânime sempre acredita que suas coisas valem pouco e aquelas dos outros, muito. Por isso muitos, por meio dessa vileza, desprezam o próprio idioma popular e exaltam aquele dos outros. E todos esses são os abomináveis culpados da Itália que consideram vil este precioso idioma popular, o qual, se é vil em alguma coisa, não o é senão enquanto soa na boca meretriz desses adúlteros, após os quais seguem os cegos que mencionei na primeira causa.

(6) Marcus Tullius Cicero (106-43 a.C.), De Finibus bonorum et malorum.

Capítulo XII

Se realmente das janelas de uma casa saíssem línguas de fogo e alguém perguntasse se há fogo dentro da casa e um outro lhe respondesse que sim, não saberia mesmo julgar qual dos dois deveria ser objeto de maior zombaria. Não seria diferente se a pergunta fosse dirigida a mim e a resposta, se tivesse de dá-la, se o amor por minha própria língua está em mim e eu lhe respondesse que sim, como se deduz das razões anteriormente apontadas. Entretanto, para mostrar que não somente amor mas perfeitíssimo amor dela subsiste em mim e para criticar ainda seus adversários, demonstrando isso a quem bem entender, direi como me tornei amigo dela e depois como a amizade foi confirmada. Digo que, como se pode ver o que escreve Cícero no livro *De Amicitia*, não discordando da opinião do filósofo, expressa no oitavo e no nono livros da *Ética*, a proximidade e a bondade são naturalmente causas geradoras de amor; o benefício, o estudo e o costume são causas acretivas de amor. E todas essas causas concorreram para gerar e confortar o amor que sinto por meu idioma popular, como o mostrarei em breve.

A coisa está tanto mais próxima quanto, de todas as coisas de seu gênero, está mais unida à gente. Por isso, entre todos os homens, o filho é o mais próximo do pai; entre todas as artes, a medicina é a mais próxima do médico e a música, do músico e por isso que a eles são mais unidas que as outras. De toda a terra, está mais próxima aquela onde o homem habita e por isso é que a ele está mais unida. Assim, o idioma popular está tanto mais próximo quanto mais está unido, porque um e somente um se aprende antes que qualquer outro e porque não somente está unido de per si, mas por acidente, enquanto está ligado com as pessoas mais próximas, como com os parentes, com os próprios cidadãos e com a própria gente. E este é o idioma popular próprio que não está próximo, mas extremamente próximo de cada um, porque, se a proximidade é semente de amizade, como foi dito há pouco, é evidente que ela está entre as causas do amor que sinto por meu idioma que está mais próximo de mim que qualquer outro. A mencionada causa, ou seja, que está mais unido aquilo que está em primeiro lugar em toda a mente, promoveu o costume geral que somente os primogênitos sucedem, como os mais próximos e porque mais próximos, mais amados.

Além disso, a bondade me tornou amigo do idioma popular. E aqui convém saber que toda bondade torna digna de amor uma coisa que tem a presença de um atributo belo, próprio daquela mesma coisa, como no homem ser provido de bela barba, como na mulher ter o rosto inteiro desprovido de qualquer sinal de barba, como no cão perdigueiro farejar bem e como no lebréu correr muito. E quanto mais própria ela for, tanto mais será amada. Disso decorre que toda virtude é amável no homem e a mais amada nele é mais humana, e esta é a justiça, a qual reside somente na parte racional ou intelectual, isto é, na vontade. Esta é tão amada que, como diz o filósofo no quinto livro da *Ética*, seus inimigos a amam, como ladrões e salteadores. Vemos, porém, que sua oposta, isto é, a injustiça, é extremamente odiada, como o é a traição, a ingratidão, a falsidade, o furto, a rapina, o engano e similares. Todos esses são pecados tão desumanos que, ao eximir-se da infâmia deles, se concede desde antigo costume que o homem fale de si, como foi assinalado antes, e possa dizer de si próprio que é fiel e leal. Sobre esta virtude falarei mais adiante de modo mais completo, no décimo quarto tratado. Agora, retorno ao tema.

Provado está, portanto, que quanto mais uma qualidade é própria de uma coisa, tanto mais é apreciada nesta aquela, porque, para mostrar qual é nela mais própria, deve-se verificar qual é aquela que é mais amada e recomendada nela, e aquela é que o é. Vimos que, em toda questão de texto, exprimir bem o conceito é o que é mais apreciado e recomendado. Esta é, portanto, sua bondade essencial. Como isto subsiste em nosso idioma popular, como foi demonstrado antes em outro capítulo, é evidente que ela foi uma das causas do amor que sinto por ele, porquanto, como foi dito, a bondade é causa geradora de amor.

Capítulo XIII

Tendo dito como no próprio idioma popular subsistem aquelas duas coisas que me tornaram amigo dele, ou seja, proximidade para comigo e bondade própria, direi agora como por benefício e afinidade de estudo e por benevolência de longa convivência a amizade foi confirmada e se tornou grande.

Em primeiro lugar, digo que em meu proveito recebi dele dom de imensos benefícios. Deve-se saber que entre todos os benefícios o maior é aquele que é mais precioso para quem o recebe. E não há coisa tão preciosa que para obtê-la são desejadas todas as outras. E todas as outras coisas são desejadas para que aquele que as deseja atinja a perfeição. Por isso, uma vez que no homem existem duas perfeições, uma primeira e uma segunda – a primeira o faz ser, a segunda o faz ser bom – se o próprio idioma popular foi para mim causa de uma e de outra, imenso benefício recebi dele. E que ele tenha sido causa para eu ser, e além disso ser bom, se para mim não existisse, facilmente pode ser demonstrado.

Não é inconveniente para uma coisa ter mais causas eficientes e ocorra que uma seja superior às outras. Por isso o fogo e o martelo são causas eficientes da faca, mas ocorra que de modo superior é o ferreiro. Este meu idioma popular foi o vínculo de meus pais que com ele se expressavam, como o fogo é o moldador do ferro para o ferreiro que fabrica a faca, porquanto é evidente que ele concorreu para minha educação e assim é alguma causa de meu ser. Além disso, foi este meu idioma popular que me introduziu no caminho da ciência, que é a mais alta perfeição, porquanto com ele penetrei no latim e com este me familiarizei, latim que foi depois meu caminho para avançar mais ainda. Assim é evidente, e para mim conhecido, que ele foi meu extraordinário benfeitor.

Juntamente comigo se dedicou a uma mesma operação e posso mostrar isso da maneira que se segue. Cada coisa procura naturalmente sua conservação. Por isso, se o idioma popular pudesse operar por si, procuraria sua conservação que consistiria em ajustar-se com mais estabilidade e mais estabilidade não poderia ter do que em munir-se de número e rimas. Esta mesma preocupação tem sido a minha, coisa que é tão evidente que não necessita de provas, porque a mesma preocupação tem sido a sua e a minha, uma vez que com esta afinidade foi confirmada e intensificada a amizade. Houve também a familiaridade da convivência, porque desde o início de minha vida tive com ele benevolência e conversação, além de usá-lo para deliberar, interpretar e questionar. Se, portanto, a amizade se intensifica com a convivência, como aparece na experiência, é evidente que ela cresceu em mim de modo tão extraordinário, que estive familiarizado com o idioma popular durante todo o tempo de minha vida. Assim se pode constatar que para esta amizade concorreram todas as causas geradoras e acretivas da amizade. Disso se conclui que não somente amor, mas perfeitíssimo amor é aquele que devo ter por ele e que realmente tenho.

Assim, voltando os olhos para trás e relembrando as razões mencionadas, pode-se ver este pão, com o qual devem ser ingeridas as canções transcritas mais adiante, já suficientemente depurado das máculas e do fato de ser de cevada, porque já é tempo de cuidar das iguarias. Este será aquele pão de cevada de que se saciarão milhares e para mim sobrarão cestos repletos. Este será luz nova, Sol novo que surgirá onde o usado se porá e dará luz àqueles que estão em trevas e em obscuridade por causa do Sol usado que não os ilumina.

Tratado II

Primeira Canção

Vós que com o intelecto o terceiro céu moveis,
ouvi o raciocinar de meu coração,
que não sei dizê-lo a outrem, tão novo me parece.
O céu que segue vosso valor,
gentis criaturas que sois,
me transporta na condição em que me encontro.
Por isso o falar da vida que conduzo,
parece que se volta dignamente a vós:
porém vos rogo que o entendais.

Eu vos contarei do coração a novidade,
como a alma triste nele chora,
e como um espírito contra ela fala,
que vem pelos raios de vossa estrela.
Parecia ser alívio do coração doente
um suave pensamento, que se dirigia
muitas vezes aos pés de nosso Senhor,
onde uma mulher em glória via,
que me falava tão docemente
que a alma dizia: "Preferia morrer".

Ora aparece quem o põe em fuga
e se apodera de mim com tal força,
que o coração treme tanto que por fora aparece.
Isto me faz uma mulher olhar,
e diz: "Quem quer alcançar a salvação,
faça com que mire os olhos desta mulher,
se não temer angústia de suspiros".
Defronta-se com algo tal que o aniquila
o humilde pensamento, que costuma me falar

De um anjo no céu coroado.
A alma chora, tanto ainda suavemente dói,
e diz: "Oh! deixa-me, como se foge
deste piedoso que me consolou!"
De meus olhos diz esta angustiada:
"Quando foi que tal mulher viram!
E porque dela não criam em mim?
Eu dizia: "Aquele que anseia minhas pares
de estarem também nos olhos dela!"

E não me ajudou que tivesse notado
que não olhassem, pois estou aniquilada".
"Tu não estás morta, mas estás perdida,
Alma nossa, que assim te lamentas",
diz um espiritozinho de amor gentil;
"Porque aquela bela mulher que tu ouves,
transformou tanto tua vida,
que dela tens medo, que se tornou vil!
Olha quanto ela é piedosa e humilde,

Sábia e cortês em sua grandeza,
e pensa em chamá-la mulher, pois!
Porque se tu não te enganas, verás
de tão altos milagres adornada,
que tu dirás: "Amor, senhor veraz,
Eis tua serva; faz o que te agrada."

Canção, acredito que serão raros
aqueles que tua razão entendam bem,
tanto a exprimes de modo difícil e forte.

Por isso, se porventura acontecer
que tu diante das pessoas te postas
que não te pareçam à sua altura,
então te rogo que te reconfortes,
dizendo-lhes, dileta minha nova:
"Considerai ao menos como sou bela!"

Capítulo I

Depois que, escrevendo à guisa de proêmio, no tratado precedente apresentei meu pão preparado de maneira suficiente, o tempo chama e pede para meu navio sair do porto, porque, dirigido o artemão da razão para a brisa de meu desejo, entro no mar com esperança de suave caminho e de porto saudável e elogiado no final de minha ceia. Entretanto, por mais proveitoso que seja este meu alimento, antes que seja oferecido o primeiro prato, quero mostrar como se deve comer.

Devo dizer que, como foi escrito no primeiro capítulo, esta exposição é por necessidade literal e alegórica. Para explicar isso, deve-se saber que as escrituras podem ser entendidas e devem ser expostas em quatro sentidos no máximo. Um é chamado literal e é aquele que não se estende para mais além da letra das palavras que exprimem imagens, como são as fábulas dos poetas.

O segundo se chama alegórico e é aquele que se esconde sob o manto dessas fábulas, configurando-se uma verdade oculta sob bela mentira. Assim, quando Ovídio diz que Orfeu com a cítara amansava as feras e atraía para si as árvores e as pedras, quer dizer que o sábio, com o instrumento de sua voz, haveria de amansar e humilhar os corações cruéis e atrairia para sua vontade aqueles que não possuem conhecimentos de ciência e de arte; e aqueles não têm nenhuma vida racional são quase como pedras. E por que este fingimento foi excogitado pelos sábios, será mostrado no penúltimo tratado. Na verdade, os teólogos tomam este sentido de outra forma que os poetas. Entretanto, minha intenção aqui é seguir a maneira dos poetas e tomo o sentido alegórico como é usado pelos poetas.

O terceiro sentido se chama moral e é aquele que os leitores devem procurar colher com profunda atenção nas escrituras, para sua utilidade e de seus discentes. Como se pode averiguar no Evangelho, quando Cristo subiu o monte para transfigurar-se, que dos doze apóstolos tomou consigo só três; no sentido moral, pode ser entendido que para as coisas muito secretas devemos ter reduzida companhia.

O quarto sentido é chamado anagógico, isto é, suprassentido e este ocorre quando se expõe com propósitos espirituais uma escritura que, embora seja também verdadeira no sentido literal, por meio das coisas expressas se refere ao significado das supremas coisas da glória eterna. Isso pode ser verificado naquele canto do profeta que diz que, na saída do povo de Israel do Egito, a Judeia se torna santa e livre. Embora seja também realmente verdade segundo a letra, não menos verdadeiro é aquele que espiritualmente se entende, isto é, que na saída da alma do pecado ela se torne santa e livre em sua atividade. E ao demonstrar isto, o literal deve sempre preceder, como aquele em cuja sentença os outros estão incluídos e sem o qual seria impossível e irracional procurar os outros, sobretudo o alegórico. É impossível, porém, em cada coisa em que subsiste o interno e o externo, é impossível penetrar no interno se antes não se passa pelo externo. Por isso, embora nas escrituras o sentido literal seja sempre o externo, é impossível penetrar nos ouros, sobretudo no alegórico, sem antes captar o literal.

Além disso, é impossível em cada coisa, natural e artificial, é impossível proceder à forma, sem antes ter disposto a matéria sobre a qual forma deve estar, como é impossível a forma do ouro se realizar, se a matéria, isto é, o sujeito, não é estabelecida e preparada e a forma da arca se realizar, se a matéria, isto é, a madeira, não for antes disposta e preparada. Por isso, embora o sentido literal seja sempre sujeito e matéria dos outros, sobretudo do alegórico, é impossível chegar antes ao conhecimento dos outros que ao seu. E ainda, é impossível em cada coisa, natural e artificial, é impossível proceder, se antes não se lança o fundamento, como na casa e no estudo. Por isso, embora a demonstração seja edificação de ciência e a demonstração literal seja fundamento dos outros, sobretudo do alegórico, é impossível que os outros precedam aquele.

Além do mais, posto que fosse possível, seria irracional, isto é, fora de ordem, procedendo-se em decorrência com muito esforço e com grande erro. Por isso, como diz o filósofo no primeiro livro da *Física*, a natureza que que se proceda ordenadamente em nosso conhecimento, isto é, procedendo daquilo que conhecemos melhor para aquilo que não conhecemos tão bem; digo que a natureza quer, no sentido que esta via do conhecimento é naturalmente inata em nós. Entretanto, se os outros sentidos são mais dificilmente compreendidos que o literal – que o são, como evidentemente parece – seria irracional proceder para a demonstração desses, se antes não fosse demonstrado aquele literal. Eu, portanto, em vista dessas razões, descreverei sempre em cada canção seu sentido literal e, em seguida, seu sentido alegórico, isto é, a verdade oculta; e por vezes tocarei sobre os outros sentidos, embora incidentalmente, se convier para local e momento.

Capítulo II

Começando, portanto, digo que a estrela Vênus duas vezes tinha girado naquele seu círculo que a faz parecer vespertina e matutina, segundo diversos tempos, depois da morte daquela Beatriz bem-aventurada que vive no céu com os anjos e na terra com minha alma, quando aquela gentil mulher, que a relembrei no final de *Vita Nuova*, apareceu pela primeira vez, acompanhada de Amor, a meus olhos e tomou um certo lugar em minha mente. E como descrevi no mencionado libelo, mais por sua gentileza que por minha escolha, aconteceu que consenti em pertencer-lhe, porque se demonstrava preocupada com tanta compaixão por minha vida de viúvo, que os espíritos de meus olhos se tornaram extraordinariamente amigos dela. Sendo amigos dela, a tornaram tão bela dentro de mim, que minha vontade consentiu em familiarizar-se com aquela imagem. Entretanto, como não é subitamente que nasce o amor e se torna grande e perfeito, mas necessita de algum tempo e nutrimento de pensamentos, sobretudo quando surgem pensamentos opostos que o contrastam, foi necessário, antes que este novo amor fosse perfeito, muita batalha entre o desejo de nutri-lo e aquele que lhe era contrário, o qual por aquela gloriosa Beatriz mantinha ainda a fortaleza de meu intelecto. Entretanto, um era alimentado continuamente por causa do encontro anterior, e o outro, por parte da memória mais antiga. E o desejo alimentado pelo encontro crescia a cada dia, que o outro nada podia contra aquele, porque impedia de algum modo de voltar-me para o passado, pois me parecia tão portentoso e também impossível de resistir-lhe, que já não reprimi-lo. Como que desafogando-me e para justificar minha mudança, na qual parecia que eu estava privado de tenacidade, dirigi minha voz para aquele local, de onde procedia a vitória do novo pensamento, que era irresistível, como virtude celestial e comecei a dizer: *Vós que com o intelecto o terceiro céu moveis.*

Para captar bem o verdadeiro significado dessa canção, convém em primeiro lugar conhecer suas partes, de modo que depois será fácil verificar seu significado. Para que não seja mais necessário repetir estas palavras para as exposições posteriores, digo que esta ordem, seguida neste tratado, será seguida em todos os outros.

Digo, portanto, que a canção proposta contém três partes principais. A primeira é o primeiro verso dela, na qual são levadas a ouvir o que pretendo dizer certas Inteligências, ou como mais costumeiramente queremos indicar os Anjos, que comandam a revolução de Vênus no céu, como aqueles que o movem. A segunda consta dos três versos que seguem o primeiro, na qual se manifesta aquilo que espiritualmente se experimentava entre os diversos pensamentos. A terceira é o quinto e último verso, na qual se verifica o homem falando à própria obra, como para confortá-la. E estas três partes devem ser, por ordem, como foi assinalado antes, comentadas.

Capítulo III

Para verificar mais facilmente o sentido literal, de que ora se cuida, da primeira parte da divisão apresentada há pouco, deve-se saber quem e quantos são aqueles que são chamados a ouvir-me e qual é esse terceiro céu que afirmo que eles movem. Falarei em primeiro lugar do céu, depois daqueles a quem falo. Embora, em confronto com a verdade, muito pouco se possa saber daquelas coisas, aquele pouco que a razão humana pode captar delas causa mais alegria do que o muito e o certo das coisas que se julga segundo os sentidos, conforme a sentença do filósofo no livro dos *Animais*.

Digo, portanto, que a respeito do número dos céus e de seu local são muitas as opiniões contrastantes, embora a verdade possa finalmente ser encontrada. Aristóteles acreditava, seguindo somente a antiga rudeza dos astrólogos, que fossem somente oito os céus, dos quais o extremo e que continha tudo era aquele em que as estrelas estão fixadas, isto é, a oitava esfera; e que, além dele, não havia nenhum outro. Acreditava ainda que o céu do Sol estivesse em contato com aquele da lua, isto é, segundo, a partir da terra. Essa opinião dele, tão errônea, quem quiser pode verificá-la no livro segundo *De Celo et Mundo*, que se encontra no segundo dos livros naturais. Na verdade, ele se escusa a respeito disso no décimo segundo livro da *Metafísica*, onde mostra claramente que seguiu simplesmente a opinião dos outros no local em que necessitava falar de astrologia.

Ptolomeu depois, notando que a oitava esfera se movia com movimentos diversos, notando que sua órbita se afastava daquela prevista, porque gira precisamente de oriente para ocidente, obrigado pelos princípios da filosofia, que por necessidade requer um primeiro móvel simplicíssimo, definiu que existia outro céu além do estrelado, o qual fazia esta revolução de oriente para ocidente. Esta revolução se completa em quase vinte e quatro horas (isto é, vinte e três horas) e catorze partes das quinze de outra, calculando com aproximação.

Desse modo, segundo ele e segundo o que se conclui em astrologia e em filosofia, porquanto esses movimentos foram vistos, há nove céus móveis. O local deles é evidente e determinado, segundo uma arte chamada perspectiva e ainda por aritmética e geometria é visto de modo sensível e racional, bem como por outras experiências dos sentidos; como no eclipse do Sol aparece sensivelmente que a lua está sob o Sol e como, segundo testemunho de Aristóteles, que viu com seus olhos (de acordo com o que escreve no segundo livro *De Celo et Mundo*) a lua, sendo nova, entrar sob Marte, do lado não luminoso, e Marte ficar oculto, de tal modo a reaparecer do outro lado luminoso da lua, na direção do ocidente.

[Capítulo IV]

E é esta a ordem dos céus. O primeiro é aquele em que está a Lua; o segundo é aquele onde está Mercúrio; o terceiro é aquele onde está Vênus; o quarto é aquele onde está o Sol; o quinto é aquele de Marte; o sexto é aquele de Júpiter; o sétimo é aquele de Saturno; o oitavo é aquele das estrelas; o nono é aquele que não é notado senão por pelo movimento de que se falou antes e que é chamado por muitos de Cristalino, isto é, diáfano ou totalmente transparente.

Na verdade, além de todos estes, os católicos colocam o céu Empíreo, indicando céu de chamas ou luminoso, e dizem que que é imóvel por ter em si, em cada uma de suas partes, o que sua matéria requer. E isto é causa para o Primeiro Móvel ter movimento velocíssimo porque, pelo ferventíssimo desejo que há em cada uma das partes daquele nono céu, que lhe é contíguo, de estar unida com cada uma das partes daquele diviníssimo céu parado, para ele se volve com tamanho desejo, que sua velocidade vai quase além da compreensão. Quieto e pacífico é o lugar daquela suma divindade que só a si se contempla completamente. Este local é de espíritos bem-aventurados, como quer a Santa Igreja que não pode mentir. Aristóteles parece intuir isso, para quem bem o entender, no primeiro livro de *De Celo et Mundo*. Este é o edifício superior do mundo, no qual é incluído o mundo inteiro e fora do qual nada existe. Ele não é um local preciso, mas foi formado somente na primeira Mente que os gregos chamam de *Protonoè*. Esta é aquela magnificência da qual falou o salmista quando diz a Deus: "Elevada é tua magnificência acima dos céus". Desse modo, resumindo o que foi exposto, parece que os céus sejam dez, entre os quais aquele de Vênus é o terceiro, mencionado na parte que pretendo comentar.

Deve-se saber que cada céu abaixo do Cristalino tem dois polos fixos, mas somente em relação à sua órbita. O nono os tem firmes e fixos e imutáveis em relação a nada. E cada um, tanto o nono como os outros, tem uma órbita que pode ser chamada equador de seu próprio céu que, em cada fase de seu movimento de revolução é equidistante de ambos os polos, como realmente pode constatar quem gira uma maçã ou outra coisa redonda. E essa órbita tem mais velocidade no movimento que qualquer parte de seu céu, em cada céu, como pode constatar quem observa com cuidado. E cada parte, quanto mais se aproxima do equador, tanto mais tem movimento veloz; quanto mais se distancia e mais se aproxima do polo, mais é lenta, uma vez que sua revolução é menor e deve ocorrer ao mesmo tempo, por necessidade, com a maior. Afirmo ainda que quanto mais o céu está próximo da linha do equador, tanto mais é nobre em comparação a seus polos, uma vez que tem mais movimento, mais atualidade, mais vida e mais forma, e mais fica em contato com aquele que está acima, sendo, por conseguinte, mais nobre. Por isso as estrelas do céu estrelado tanto mais repletas de virtude estão entre si, quanto mais se aproximam dessa linha.

Sobre uma parte da circunferência externa, no céu de Vênus, do qual ora se trata, encontra-se uma pequena esfera que, como movimento autônomo, gira nesse céu e sua órbita é chamada de epiciclo pelos astrólogos. E como a grande esfera gira com dois polos, assim também esta pequena que tem também a linha do equador, sendo assim mais nobre quanto mais está próxima daquela; e sobre o arco, ou circunferência, desta linha está fixada a luminosíssima estrela de Vênus. Embora tenha sido dito que os céus são em número de dez, segundo a estrita verdade, este número não os compreende a todos, porque este que foi mencionado, isto é, o epiciclo, no qual está fixada a estrela, é um céu de per si, ou esfera, e é autônomo em relação ao céu sobre circunferência; é transladado, embora seja mais conatural a esse que aos outros e com ele é chamado um céu, denominados um e outro pela estrela. Como se apresentam os outros céus e as outras estrelas, não é o momento de tratar a respeito. É suficiente o que foi dito sobre a verdade do terceiro céu, ao qual me refiro agora e do qual foi mostrado de modo completo aquilo que no momento é necessário.

Capítulo IV (V)

Uma vez que foi mostrado no capítulo precedente qual é esse terceiro céu e como está disposto em si mesmo, resta a demonstrar quem são aqueles que o movem. Deve-se, contudo, saber em primeiro lugar que aqueles que movem os céus são substâncias separadas da matéria, isto é, inteligências, que o povo chama de anjos. Sobre essas criaturas, como sobre os céus, subsistem diversas opiniões contrastantes, embora ao final se possa chegar à verdade.

Foram certos filósofos, entre os quais parece estar Aristóteles com sua *Metafísica* (embora no primeiro livro do *De Celo* ocasionalmente pareça ser de opinião contrária), que acreditavam que essas criaturas fossem somente tantas quantos eram os movimentos celestes e não mais, dizendo que as outras teriam sido eternamente em vão, sem atividade; que era impossível, apesar de seu ser seja sua atividade.

Houve outros, como Platão, ilustríssimo homem, que invocaram não somente tantas inteligências quantos são os movimentos celestes, mas também quantas são as espécies das coisas (isto é, as essências das coisas), como todos os homens são uma espécie, outra espécie é todo o ouro, outra todas as extensões e assim, de todas. E propuseram que, como as inteligências dos céus são geradoras daqueles, cada uma do seu, assim essas fossem também geradoras das outras coisas e modelos, cada uma de sua espécie. E Platão as chama de "ideias" que tanto indicam formas quanto naturezas universais. Os pagãos as chamam deuses e deusas, embora não as entendessem filosoficamente como Platão, e adoravam suas imagens, erguendo-lhes imensos templos, como a Juno, que a consideravam deusa do poder; como a Pálades ou Minerva, que a consideravam deusa da sabedoria; como a Vulcano, considerado como deus do fogo, e a Ceres, tida como deusa dos cereais. Essas coisas e opiniões são manifestadas pelo testemunho dos poetas que retratam em certa medida a maneira dos pagãos nos sacrifícios e em sua fé. Manifesta-se ainda em muitos nomes antigos que ficaram ou por meio de nomes e designativos de locais e edifícios antigos, como muito bem pode encontrar quem quiser.

Embora essas opiniões fossem a consequência de seus raciocínios e de sua considerável experiência, a verdade, porém, não foi por eles desvendada, seja por limitações da razão, seja por falta de conhecimento, porque pela simples razão se pode constatar que as mencionadas criaturas são em muito maior número do que são os efeitos que pelos homens podem ser captados.

E uma das razões é esta. Ninguém duvida, nem filósofo, nem pagão, nem judeu, nem cristão, nem escola alguma, que elas não estejam repletas de toda beatitude, ou todas ou a maior parte delas, e que aquelas bem-aventuradas não estejam em perfeitíssimo estado. Por isso, uma vez que nesse aspecto a natureza humana não tem uma só beatitude, mas duas, aquela da vida civil e aquela da contemplativa, seria irracional que considerássemos que aquelas possuem a beatitude da vida ativa, isto é, civil, no governo do mundo, e não tivessem aquela contemplativa que é mais excelente e mais divina. Como, por outro lado, a beatitude ligada ao governar não pode coexistir com a outra, porque seu intelecto é profundamente uno e eterno, é necessário que existam outras criaturas, além dessas que presidem o governo dos céus, e que vivam exclusivamente de especulação. Como essa vida é mais divina e quanto mais a coisa é divina, mais é semelhante a Deus, é evidente que essa vida é mais amada por Deus. Se é mais amada, a beatitude que lhe foi conferida deve ser maior e, se for maior, mais numerosas devem ser essas criaturas que as outras. Disso se conclui que o número daquelas criaturas cujos efeitos não transparecem deve ser muito maior. E não é contrário ao que parece dizer Aristóteles no décimo livro da *Ética:* que às substâncias separadas deva ser atribuída também a vida especulativa. Como somente a especulativa seja conveniente a elas, de igual modo somente à especulação de algumas delas se segue o movimento do céu, que é governo do mundo, o qual è como uma ordenada civilização, entendida na especulação dos motores.

A outra razão está em que nenhum efeito é maior do que a causa, porquanto a causa não pode dar aquilo que não tem. Disso decorre que, sendo o intelecto divino causa de tudo, sobretudo do intelecto humano, o humano não pode sobrepujar aquele, mas é por ele superado sem proporção alguma. Se nós, portanto, pelas razões apresentadas e por muitas outras, entendemos que Deus possa ter feito quase inumeráveis criaturas espirituais, é evidente que ele as tenha criado em número muito maior. Outras razões poderiam ser apresentadas, mas estas são suficientes para o momento.

Ninguém se surpreenda, se essas e outras razões que poderíamos ter a respeito disso, são somente acenadas. Entretanto, devemos igualmente admirar sua excelência – a qual excede os olhos da mente humana, como diz o filósofo no segundo livro da *Metafísica* – e afirmar sua existência, porquanto não tendo delas nenhuma percepção (da qual começa nosso conhecimento), resplandece, contudo, em nosso intelecto alguma luz de sua vivacíssima essência, desde que forem consideradas as mencionadas razões e muitas outras; como afirma ser luminoso o ar alguém que está de olhos fechados por causa de um pouco de esplendor, ou raio, como passa pelas pupilas do morcego, porque nossos olhos intelectuais não estão fechados de outra forma, enquanto a alma está ligada e encarcerada por meio dos órgãos de nosso corpo.

Capítulo V (VI)

Foi dito que foi por falta de conhecimento que os antigos não viram a verdade das criaturas espirituais, embora o povo de Israel tivesse sido em parte instruído pelos profetas, "por meio dos quais, de muitas maneiras de falar e de outras formas, Deus lhes tivesse falado", como diz o Apóstolo[7]. Nós, porém, fomos instruídos a respeito disso por aquele que veio de Deus, por aquele que as fez, por aquele que as conserva, isto é, pelo imperador do universo, Cristo, filho do Deus soberano e filho de Maria Virgem (mulher que realmente existiu e filha de Joaquim e de Adão), homem verdadeiro que foi morto por nós, em razão de que nos trouxe vida. "Ele foi luz que ilumina a nós nas trevas", como diz João Evangelista, e nos disse a verdade sobre aquelas coisas que sem ele nós não poderíamos saber, nem realmente ver.

A primeira coisa e o primeiro segredo que nos fez ver foi uma das criaturas já mencionadas. Foi seu grande embaixador que veio a Maria, jovem donzela de treze anos, da parte do Senhor celestial. Este nosso Salvador disse com sua boca que o Pai podia dar-lhe muitas legiões de anjos; este não os negou, quando lhe foi dito que Pai havia ordenado aos anjos que o sustentassem e o servissem. Para nós é evidente que essas criaturas existem em imenso número, porque sua esposa e depositária, a Santa Igreja – da qual Salomão diz[8]: "Quem é esta que sobe do deserto, cheia daquelas coisas que causam alegria, apoiada em seu amigo?" – diz, crê e prega que essas nobilíssimas criaturas são quase inumeráveis.

E as divide em três hierarquias, em outras palavras, em três santos ou divinos principados, e cada hierarquia se compõe de três ordens, de modo que a Igreja sustenta e afirma que são nove ordens de criaturas espirituais. A primeira é aquela dos anjos, a segunda dos arcanjos, a terceira dos tronos; e estas três ordens formam a primeira hierarquia. Não primeira quanto à nobreza, nem quanto à criação (porque por mais que as outras sejam nobres, todas foram criadas juntas), mas primeira quanto a nosso subir à altura delas. Depois vêm as dominações; a seguir as virtudes; depois os principados; e estas três ordens formam a segunda hierarquia. Acima estão as potestades e os querubins e, acima de todos, os serafins; e estes formam a terceira hierarquia.

Considerável razão é a especulação a respeito do número das hierarquias como também daquele das ordens porque, desde que na Majestade divina há três pessoas que têm uma única substância, a elas corresponde uma tríplice contemplação. De fato, pode-se contemplar o poder sumo do Pai, ao qual mira a primeira hierarquia, isto é, aquela que é primeira por nobreza e que citamos por último. Pode-se contemplar a suma sabedoria

(7) Epístola aos Hebreus, I, 1, carta constante da Bíblia, atribuída a São Paulo.

(8) Cântico dos Cânticos, VIII, 5, livro bíblico atribuído à autoria de Salomão.

do Filho e a esta mira a segunda hierarquia. Pode-se contemplar a suma e fervidíssima caridade do Espírito Santo e a esta mira a última hierarquia que, mais próxima, nos dispensa dons que ela recebe.

Uma vez que cada pessoa da divina Trindade possa ser considerada de modo tríplice, há em cada hierarquia três ordens que de modo diverso contemplam. Pode-se considerar o Pai que não se refere senão a ele mesmo; e esta contemplação compete aos serafins que da Primeira Causa veem mais que qualquer outra natureza angélica. Pode-se considerar o Pai segundo a relação que tem com o Filho, isto é, de que modo é distinto dele e como com ele está unido; e esta contemplação compete aos querubins. Pode-se ainda considerar o Pai com relação ao Espírito Santo que dele procede e como se distingue dele e como com ele está unido; e esta contemplação compete às potestades. Por esse modo pode-se especular sobre o Filho e o Espírito Santo; para tanto é necessário que haja nove naturezas de espíritos contemplativos, para contemplar a luz que vê somente a si mesma completamente.

Não se deve esquecer aqui um detalhe. De todas essas ordens, algumas se perderam logo que foram criadas, talvez num montante de uma décima parte. Para restaurar essa, foi criada depois a natureza humana.

Os números, as ordens, as hierarquias representam os céus em movimento que são nove e o décimo anuncia a unidade e a estabilidade de Deus. Por isso é que o salmista diz[9]: "Os céus narram a glória de Deus e a obra de suas mãos anuncia o firmamento". É justo acreditar que aqueles que movem o céu da Lua sejam da ordem dos anjos e aqueles de Mercúrio sejam os arcanjos, e aqueles de Vênus sejam os tronos, os quais, emanados do amor do Espírito Santo, cumprem sua atividade segundo sua inclinação íntima, isto é, o movimento daquele céu, cheio de amor, do qual toma a forma desse céu um ardor virtuoso, pelo qual as almas daqui debaixo se acendem em amor, segundo sua disposição.

Como os antigos notaram que aquele céu era aqui embaixo causa de amor, disseram que Amor é filho de Vênus, como testemunha Virgílio no primeiro livro da *Eneida*, onde Vênus diz ao Amor: "Filho, minha força, filho do sumo pai, que não te preocupas com os dardos de Tifeu[10]." E Ovídio, no quinto livro de *Metamorphoseos*, quando escreve que Vênus disse ao Amor: "Filho, minhas armas, meu poder."

(9) Salmo XVIII, 1.

(10)Tifeu, um dos gigantes da mitologia, associado aos terremotos e às erupções vulcânicas. Rebelando-se contra Júpiter, como castigo foi jogado na cratera do vulcão Etna com seus companheiros.

São esses tronos que são destinados ao governo desse céu, em número não muito grande, sobre o qual subsistem opiniões contrastantes entre os filósofos e os astrólogos que refletem as divergências existentes entre eles sobre os movimentos celestes, embora todos concordem nesse ponto, isto é, que são tantos quantos são os movimentos celestes.

Esses, segundo é exposto com o apoio da melhor demonstração dos astrólogos no livro das *Agregações das Estrelas*[11], são três: um, de acordo como a estrela se move em seu epiciclo; o segundo, de acordo como o epiciclo se move com todo o céu e igualmente com aquele do Sol; o terceiro, de acordo como todo aquele céu se move seguindo o movimento da esfera estrelada, de ocidente para oriente, um grau a cada cem anos. Desse modo, a esses três movimentos correspondem três movedores. Além disso, todo esse céu se move e gira com o epiciclo de oriente para ocidente, uma vez por dia. Esse movimento, se provém de algum intelecto ou se provém de impulso do Primeiro Móvel, Deus o sabe, porque para mim seria presunção julgar. Esses movedores movem, com a única força da mente, a circulação daquilo que lhes é submetido precisamente a cada um deles. A nobilíssima forma do céu, que possui em si o princípio dessa natureza passiva, gira, tocada por força motriz que esse concebe no intelecto; digo tocada, não corporalmente, por tato de força espiritual que para aquele se dirige. E esses movedores são aqueles de que pretendo falar e aos quais dirigirei minha questão.

Capítulo VI (VII)

De acordo com quanto foi dito anteriormente no terceiro capítulo deste tratado, que para bem entender a primeira parte da canção proposta convinha descrever aqueles céus e seus motores, isso foi feito nos três capítulos precedentes. Digo, portanto, para aqueles que mostrei serem aqueles que movem o céu de Vênus: *Vós que com o intelecto* – isto é, somente com o intelecto, como foi dito antes – *o terceiro céu moveis, ouvi o raciocinar*; não digo *ouvi* para que eles ouçam algum som, uma vez que eles não possuem sentidos, mas digo *ouvi*, isto é, com aquele ouvir que eles possuem, que é compreender com o intelecto. Digo *Ouvi*

(11) Liber de aggregationibus scientiae stellarum, escrito por Ahmad ibn Muhammad Al-Farghani, famoso astrônomo árabe do século IX. Seu nome foi latinizado em Alfraganus.

o raciocinar o que *está em meu coração,* isto é, dentro de mim, porque ainda não foi expresso externamente. Cumpre saber que em toda esta canção, segundo um e outro sentidos, o "coração" é tomado pelo segredo interior e não por qualquer outra parte especial da alma e do corpo.

Depois que os convoquei para ouvir aquilo que eu quero, assinalo duas razões pelas quais eu, de modo conveniente, devo falar-lhes. A primeira é a novidade de minha condição que, por não ser aprendida por experiência pelos outros homens, não seria desse modo compreendida por eles como por aqueles que compreendem seus efeitos enquanto operam. Toco essa razão quando digo *Que não sei dizê-lo a outrem, tão novo me parece.*

A segunda razão é: quando alguém recebe benefício ou injúria, pode-se fazer recuar aquele a quem foram feitos, antes que a outros, de modo que, se for benefício, aquele que o recebe se mostre reconhecido para com o benfeitor e, se for injúria, induza o fautor a retratar-se com moderadas palavras. Toco esta razão quando digo: *O céu que segue vosso valor, gentis criaturas que sois, me transporta na condição em que me encontro.* Isto quer dizer: vossa operação, isto é, o movimento por vós impresso ao céu é aquele que me transportou para a presente condição. Concluo, porém, e digo que meu falar a eles deve ser como foi dito e é isto que digo: *Por isso o falar da vida que conduzo, parece que se volta dignamente a vós.*

Depois dessas razões assinaladas, rogo-lhes de compreender quando digo: *Porém vos rogo que o entendais.* Entretanto, em cada espécie de discurso, o expositor deve sobretudo visar a persuasão, por meio de belas palavras, do auditório, como aquela que é princípio de todas as outras persuasões, como os retóricos bem sabem. Para tornar o auditório atento, é poderosíssima persuasão a de prometer dizer novas e grandes coisas. Por solicitação do auditório, sigo essa persuasão, melhor, embelezamento, anunciando-lhe minha intenção de dizer coisas novas, ou seja, a divisão que subsiste em minha alma, e grandes coisas, ou seja, o valor de sua estrela. E isto digo naquelas últimas palavras desta primeira parte: *Eu vos contarei do coração a novidade, como a alma triste nele chora, e como um espírito contra ela fala, que vem pelos raios de vossa estrela.*

Para esclarecer completamente essas palavras, digo que esse espírito não é outra coisa senão um frequente pensamento que tende a recomendar e embelezar essa nova mulher; e essa alma não é outra coisa senão outro pensamento acompanhado de consentimento lhe, repelindo a esse, recomenda e embeleza a memória daquela gloriosa

Beatriz. Entretanto, como a última decisão da mente, isto é, o consentimento, se vinculava a esse pensamento que era confortado pela memória, chamo a ele *alma* e ao outro, *espírito*, como costumamos chamar cidade aqueles que a administram e não, aqueles que a combatem, embora uns e outros sejam cidadãos.

Digo também que esse espírito vem pelos raios da estrela, porque se deve saber que os raios de cada céu são o caminho pelo qual desce seu influxo sobre as coisas aqui debaixo. Uma vez que os raios não são outra coisa senão uma luminosidade que vem do princípio da luz pelo ar até a coisa iluminada e uma vez que a luz não pertença propriamente senão à estrela, enquanto que o outro céu é diáfano, isto é, transparente, não digo que este espírito, isto é, este pensamento, venha de todo o seu céu, mas de sua estrela. Esta, pela nobreza de seus movedores é de tamanha força, que sobre nossas almas e sobre outras coisas tem imenso poder, não obstante esteja distante de nós, por vezes está mais próxima, distando então cento e sessenta e sete vezes o comprimento do raio terrestre, o que totaliza três mil duzentas e cinquenta milhas. E esta é a exposição literal da primeira parte da canção.

Capítulo VII (VIII)

Pode ter sido entendido de modo suficiente com as palavras expressas anteriormente o sentido literal da primeira parte, porque na segunda deve-se entender o que eu sentia dentro de mim com relação à batalha. Esta parte tem duas divisões: na primeira, isto é, no primeiro verso, narro a natureza desses contrastes, de acordo com sua raiz, que estavam dentro de mim; depois narro aquilo que dizia cada um dos contrastes e, precisamente, aquilo que dizia a parte que perdia, ou seja, no verso que é o segundo desta parte e o terceiro da canção.

Coerentemente com quanto foi afirmado sobre a primeira divisão, convém saber que as coisas devem ser denominadas segundo a máxima nobreza de sua forma, como o homem pela razão e não pelos sentidos, nem por outra coisa que seja menos nobre. Por isso, quando se diz que o homem vive, deve-se entender que o homem usa a razão que é sua vida especial e ato de sua parte mais nobre. Por isso é que aquele que se afasta da razão e usa somente a parte sensitiva, não vive como homem, mas como animal, como diz o ilustríssimo Boécio: "Vive como asno". Corretamente digo, pois, que o pensamento é ato próprio da razão, porque os animais não pensam, uma vez que não têm razão. Não falo somente dos animais menores, mas daquelas que têm aparência humana e espírito de ovelha ou de outro animal abominável.

Afirmo, portanto, que a vida de meu coração, isto é, de meu interior, costuma ser um pensamento suave ("suave" se identifica com "suaso", isto é, ornado, doce, agradável e delicioso), este pensamento que muitas vezes se dirigia aos pés do senhor desses a quem falo, que é Deus, querendo com isso dizer que, ao pensar, eu contemplava o reino dos bem-aventurados. Exponho imediatamente a causa final pela qual eu subia, lá em cima, pensando quando digo: *Onde uma mulher em glória via,* dando a entender que eu estava certo, e estou, por sua graciosa revelação, que ela estava no céu. Por isso, muitas vezes ao pensar, como era possível para mim, partia como que arrebatado.

Em seguida descrevo o efeito desse pensamento, para dar a entender sua doçura, que era tamanha que me levava a desejar a morte, para ir para lá, para onde ele ia; isso digo neste verso: *Que me falava tão docemente, que a alma dizia: Preferiria morrer.* Esta é a raiz de um dos contrastes que subsistia em mim. Convém saber que aqui se diz "pensamento" e não "alma", aquele que subia para ver aquela bem-aventurada, porque era um pensamento específico dirigido àquele ato. Como foi dito no capítulo precedente, a alma se entende pelo pensamento geral com o consentimento.

A seguir, quando digo *Ora aparece quem o põe em fuga*, narro a raiz do outro contraste, dizendo que, como esse pensamento anterior costuma ser minha vida, assim outro aparece e faz desaparecer aquele. E digo "fugir", para mostrar que aquele é contrário, porque naturalmente um contrário foge do outro, e aquele que foge mostra, ao fugir, possuir força inferior. Afirmo ainda que este pensamento que aparece novamente é poderoso para tomar conta de mim e vencer a alma totalmente, dizendo que ele tem tal domínio que o coração, isto é, meu interior, treme, e meu exterior o demonstra assumindo uma certa nova fisionomia.

Depois mostro o poder desse pensamento novo pelo efeito que produz em mim, dizendo que ele me leva a olhar uma mulher e me diz palavras de lisonja, ou seja, raciocina diante dos olhos de meu amor espiritual para melhor me induzir, assegurando-me que a visão de seus olhos é sua salvação. Para melhor levar a alma experiente a crer nisso, diz que alguém que teme angústia de suspiros não deve olhar nos olhos dessa mulher. E é realmente uma bela arte retórica embelezar o interior por meio da aparente espoliação da própria beleza. Mais não podia esse novo pensamento de amor induzir minha mente a consentir, senão raciocinar profundamente sobre a força dos olhos dela.

Capítulo VIII (IX)

Uma vez mostrado como e por que nasce o amor e surgiram os contrastes que me combatiam, convém proceder para esclarecer o significado daquela parte em que lutam em mim diversos pensamentos. Convém falar primeiramente da parte da alma, isto é, do antigo pensamento, e depois do outro, porquanto sempre o expositor deve sempre conservar para o final o mais importante que queira dizer. Além do mais, aquilo que é dito por último permanece mais vivo na alma do ouvinte. Por isso, como pretendo falar e expor da obra que os tronos realizam, mais do que ela desfaz, razoável foi primeiramente expor a condição da parte que se corrompia e depois daquele que era gerada.

Realmente aqui surge uma dúvida que não se deve deixar de lado, mas que é preciso dissipar. Alguém poderia dizer: "Se é verdade que o amor é efeito dessas inteligências de que falo e aquele de antes fosse amor assim como este que se lhe segue, por que a virtude delas corrompe um e gera o outro? Uma vez que, melhor, deveria salvar aquele, pela razão que cada causa ama seu efeito e, amando aquele, salva o outro." A esta questão pode-se facilmente responder que o efeito dessas é amor, como foi dito; entretanto, como não podem salvar senão em aqueles que estão ainda sujeitas à influência delas, transferem-no daquela parte que está fora de seu poder para aquela que está dentro delas, isto é, da alma que partiu desta vida para aquela que está em vida. Como a natureza humana transfere, na forma humana, sua conservação de pai para filho, porque não pode o mesmo pai conservar perpetuamente aquele seu efeito. Digo "efeito", enquanto a alma com o corpo, juntos, são efeito daquela natureza humana, porque a alma, uma vez que partiu, perdura perpetuamente em natureza mais que humana. Desse modo, a questão está resolvida.

Uma vez que aqui se acena à imortalidade da alma, farei uma digressão, falando dela, porque, ao falar dela, será formoso terminar de falar daquela viva e bem-aventurada Beatriz, da qual não pretendo mais falar neste livro porquanto assim decidi. Assinalo que, entre todas as bestialidades, é extremamente estulta, vil e danosa aquela de quem acredita que depois desta vida não há outra. Entretanto, se revolvermos todos os escritos, tanto dos filósofos quanto dos outros sábios escritores, todos concordam que em nós existe uma parte perpétua. E isto parece sobretudo afirmar Aristóteles no livro da *Alma*; isto parecem sobretudo afirmar todos os estoicos; isto parece afirmar Cícero, especialmente naquele opúsculo sobre a *Velhice*; isto parecem afirmar todos os poetas que falaram de acordo com a fé dos pagãos; isto afirmam todos os sistemas, judeus, sarracenos, tártaros e todos os outros que vivem segundo determinadas normas. Se todos estivessem equivocados, seguir-se-ia uma impossibilidade que seria horrível até mesmo para retirar.

Todos estão certos que a natureza humana é mais perfeita que todas as outras naturezas daqui debaixo. Ninguém o nega e Aristóteles o afirma quando diz, no décimo segundo livro dos *Animais*, que o homem é o mais perfeito de todos os animais. Por isso, embora muitos daqueles que vivem sejam inteiramente mortais como animais irracionais e sejam todos desprovidos desta esperança enquanto vivem sem esperança de outra vida, se nossa esperança fosse vã, nosso defeito seria maior do que qualquer outro animal, uma vez que já houve muitos que deram esta vida por aquela; e disso se seguiria que o mais perfeito animal, isto é, o homem, seria o mais imperfeito – o que é impossível – e aquela parte, ou seja, a razão, que é sua perfeição maior, seria para ele causa de maior defeito, o que contradiz tudo o que foi dito até o momento. Além disso, seguir-se-ia que a natureza contra si mesma tivesse colocado esta esperança na mente humana, porquanto se diz que muitos correram para a morte do corpo, a fim de viver na outra vida; e isto é igualmente impossível.

Além do mais, temos contínua experiência de nossa imortalidade nas adivinhações de nossos sonhos que não poderiam subsistir, se em nós não houvesse alguma parte imortal. Embora convenha que seja imortal a entidade que permite a adivinhação, corpóreo ou incorpóreo que seja, se se pensar com sutileza – e digo corpóreo ou incorpóreo por causa das diversas opiniões que encontrei a respeito – e a entidade que recebe a adivinhação, enquanto nosso imortal está misturado com o mortal, vemos isso no entanto perfeitamente pela fé, mas pela razão o vemos com sombras de obscuridade, por causa da mistura do mortal com o imortal. Entretanto, a verdadeira doutrina de Cristo nos dá garantias porque é via, verdade e luz; via, porque por ela chegamos sem impedimento à felicidade daquela imortalidade; verdade, porque não tolera erro algum; luz, porque nos ilumina nas trevas da ignorância deste mundo. Esta doutrina afirmo que nos torna seguros, acima de todas as outras razões, enquanto que aquilo que nos transmitiu configura e sustenta a imortalidade. E isso deve ser poderoso argumento, isto é, que subsistam em nós o mortal e o imortal. Eu assim creio, assim afirmo e assim estou certo de passar depois desta a outra vida melhor, onde vive aquela gloriosa mulher da qual minha alma se apaixonou quando combatia, como será exposto no capítulo seguinte.

Capítulo IX (X)

Retornando ao tema, digo que neste verso que começa *Defronta-se com algo contrário que o aniquila*, pretendo manifestar aquilo que remoía dentro de minha alma, isto é, o pensamento antigo contra o novo. Em primeiro lugar, exponho brevemente a causa de seu lastimoso falar, quando digo: *Defronta-se com algo contrário que aniquila o humilde pensamento, que costuma falar-me de um anjo no céu coroado.* Este é aquele pensamento especial, do qual antes se dizia que costumava *ser vida do coração dolorido.* Depois, quando digo: *A alma chora, tanto ainda suavemente dói*, expresso que minha alma está ainda de seu lado e fala com tristeza. Falo que diz palavras de lamento, como se estivesse surpresa com a súbita mudança, dizendo: *Oh! deixa-me, como se foge deste piedoso que me consolou!* Pode muito bem dizer "consolou", porque em sua grande perda este pensamento, que subia ao céu, lhe havia dado muito consolo.

Logo depois, como justificativa digo que todo o meu pensamento, isto é, a alma, da qual digo *esta angustiada,* se volta e fala contra os olhos. Isto se manifesta desse modo: *De meus olhos diz esta angustiada.* Digo que ela fala deles e contra eles três coisas. A primeira é que amaldiçoa a hora em que essa mulher os viu. Deve-se saber que, embora muitas coisas possam chegar aos olhos num mesmo momento, na verdade aquela que chega por linha reta ao centro da pupila, esta realmente se vê e na imaginação só ela é ratificada. Isto porque o nervo pelo qual corre o espírito visivo é dirigido para aquela parte. Na verdade, contudo, o olho não pode olhar o outro olho, de tal modo que um não é visto pelo outro, porque, como aquele que olha recebe a forma na pupila por linha reta, assim por aquela mesma linha sua forma vai para aquele que ele olha e, muitas vezes, ao endireitar esta linha, dispara o arco daquele para o qual todas as armas são leves. Quando digo, porém, *que essa mulher os viu*, é o mesmo que dizer que seus olhos e os meus se fitaram.

A segunda coisa que diz é que retoma sua desobediência, quando fala: *E por que não criam em mim a respeito dela?* Depois segue-se a terceira coisa e afirma que não se deve tomar providência, mas é para não obedecer-lhes; no entanto, diz que vez por outra, pensando nessa mulher, falava: Nos olhos dela deveria haver uma força sobre mim, se tivesse caminho livre para achegar-se. Nesse ponto, assim fala: *Eu dizia: Bem nos olhos dela.* Sem dúvida, é de acreditar que minha alma conhecia sua disposição apta para receber o ato dessa mulher, mas temia, porque o ato do agente é recebido no paciente predisposto, como diz o filósofo no segundo livro da *Alma*. Se a cera tivesse espírito para poder temer, recearia aproximar-se do raio do Sol, coisa de que a pedra não tem medo, desde que sua disposição capta isso como operação demasiado forte para ela.

Por último, a alma manifesta em suas palavras que sua presunção tinha sido perigosa, ao dizer: *E não me ajudou que tivesse notado, que não olhassem, pois estou aniquilada.* Não *olhassem* para lá, diz aquele de quem antes havia falado: *Aquele que anseia minhas pares.* E assim termina suas palavras, às quais responde o novo pensamento, como deverá ser exposto no capítulo seguinte.

Capítulo X (XI)

Foi esclarecido o significado daquela parte em que a alma fala, isto é, o antigo pensamento que se corrompeu. Agora, prosseguindo, deve-se mostrar o significado da parte em que fala o pensamento novo, contrário. Esta parte está contida por inteiro no verso que começa: *Tu não estás morta.* Para bem entender essa parte, convém dividi-la em duas: a primeira (o pensamento contrário recrimina a alma de vileza e logo depois ordena o que deve fazer esta alma, isto é na segunda) inicia assim: *Olha quanto ela é piedosa.*

Diz, portanto, continuando suas últimas palavras: Não é verdade que estejas morta, mas a causa pela qual te parece estar morta, é um desmaio em que caíste vilmente por essa mulher que apareceu. Cumpre notar aqui, como diz Boécio em sua *Consolação*, "todo súbito movimento de coisas não ocorre sem algum estremecimento de ânimo". E isto se refere a este pensamento que é chamado "espiritozinho do amor", para dar a entender que meu consentimento se dobrava para ele. Pode-se entender muito melhor isso e reconhecer sua vitória, quando começa a dizer "nossa alma", tornando-se familiar com ela. Depois, como foi dito, ordena aquilo que essa alma deve fazer para atraí-la a si, e diz: *Olha quanto ela é piedosa e humilde*, porque duas coisas são remédio apropriado para o temor, do qual a alma parecia atribulada, e estas duas coisas, extremamente unidas, fazem a pessoa esperar com confiança, e sobretudo a piedade que, com sua luz, faz resplandecer toda bondade. Por isso Virgílio, ao falar de Eneias, em seu maior elogio o chama de piedoso. Não é a piedade a que se refere o povo em geral, isto é, condoer-se do mal de outrem, antes esse é um efeito especial dela, chamada misericórdia e é sentimento; mas piedade não é sentimento, é antes uma nobre disposição de ânimo, preparada para receber amor, misericórdia e outros sentimentos de caridade.

Depois diz: Olha também quanto é *sábia e cortês em sua grandeza*. Ora, diz três coisas que, podendo ser adquiridas, tornam a pessoa extremamente agradável. Diz "sábia": ora, o que há de mais belo numa mulher do que saber? Diz "cortês": nada assenta melhor numa mulher do que cortesia. E não seja a pobre gente do povo enganada com este vocábulo, porquanto supõem que cortesia não seja outra coisa senão magnanimidade; ora, magnanimidade é uma cortesia especial e não, geral. Cortesia e honestidade são uma coisa só. Por isso é que antigamente nas cortes as virtudes e os belos costumes eram praticados; como hoje se usa o contrário, foi tomado esse vocábulo das cortes e passou-se a dizer que cortesia equivale a uso das cortes. Se hoje se quisesse atribuir um vocábulo apropriado às cortes, especialmente na Itália, esse não poderia ser senão torpeza.

Diz ainda *em sua grandeza*. A grandeza temporal, como é entendida aqui, fica bem sobretudo se acompanhada das duas qualidades anteriores, uma vez que ela amplia a luz que mostra claramente o bem e o mal da pessoa. E quanto saber e quanto hábito virtuoso não aparecem quando não se tem essa luz! E quanta estultícia e quantos vícios podem ser discernidos por ter essa luz! Melhor seria para os grandes miseráveis, os tresloucados, os estultos e os viciados estar em ínfima condição, porque nem neste mundo, nem depois dessa vida seriam tão difamados. Na verdade, a esses Salomão diz no *Eclesiastes*[12]: "Outra abominável iniquidade vi debaixo do Sol, isto é, riquezas conservadas para o mal pelo dono delas."

Depois, prosseguindo, impõe-lhe, isto é, à minha alma, que chama pois essa sua mulher, prometendo-lhe que se contentará o suficiente, quando ela estiver revestida de seus adornos. Nesse momento diz: *Porque se tu não te enganas, verás*. Não diz outra coisa até o fim desse verso. E aqui termina o sentido literal de tudo aquilo que nesta canção exponho, falando àquelas inteligências celestiais.

Capítulo XI (XII)

Finalmente, de acordo com o que diz a letra deste comentário, quando dividi as partes principais desta canção, eu me dirijo diretamente com minhas palavras à própria canção e a ela falo. Para que esta parte seja mais plenamente compreendida, digo que geralmente em toda canção é chamada "despedida", uma vez que os declamadores que por primeiro a utilizaram, fizeram-na porque, uma vez cantada a canção, com certa parte do canto a ela se retornasse. Raras vezes, porém, eu a fiz com essa intenção e, para que fosse notado, raras vezes a dispus com a ordem da canção, segundo a métrica e o ritmo, necessário na música, mas a redigi quando alguma coisa como acréscimo estético da canção era necessário dizer, fora de seu significado, como nesta e nas outras poderá ser observado.

Entretanto, no momento afirmo que a qualidade e a beleza de cada discurso estão entre si distanciadas e são diversas, porque a qualidade está no sentido e a beleza está no ornamento das palavras; uma e outra são agradáveis, embora a qualidade seja especialmente agradável. Por isso, desde que a qualidade dessa canção fosse desagradável ao ouvido de diferentes pessoas, na qual ocorrem muitas distinções, e a beleza fosse agradável à vista, pareceu-me necessário em função dos outros dar mais atenção à beleza do que à qualidade da canção. Sobre isso vou tratar nesta parte.

(12) Eclesiastes, V, 12.

Entretanto, como muitas vezes ocorre que o admoestar parece presunçoso, em certas condições o orador costuma falar a outrem indiretamente, dirigindo suas palavras não àquele por causa do qual fala, mas para outro. Este modo é realmente seguido aqui, porque à canção cabem as palavras e aos homens, a intenção. Digo, portanto: Acredito, canção, que raros são, isto é, poucos, aqueles que te compreendem bem. E apresento a causa, que é dupla. Primeira: realmente falas difícil – "difícil" digo, pelo motivo que assim é dita -; depois: realmente falas com vigor – "com vigor" digo, quanto à novidade do significado –. Ora, logo a seguir a admoesto e digo: Se porventura ocorrer que vás onde houver pessoas que parecem duvidar de tua razão, não desanimes, mas fala-lhes: Uma vez que não conseguis ver minha qualidade, prestai atenção ao menos em minha beleza.

Mais que isso não quero dizer, mais do que já foi dito, senão: Ó homens, que não podeis captar o sentido desta canção, não a refuteis por isso, mas prestai atenção à sua beleza, que é grande por sua construção que segue os gramáticos, pela ordem do discurso que segue os oradores, pela harmonia de suas partes que segue os músicos. Essas belas coisas nela podem ser vistas por aquele que observa com atenção. Este é todo o sentido literal da primeira canção, que é entendida como a primeira iguaria.

Capítulo XII (XIII)

Desde que o sentido literal foi explicado de modo suficiente, convém proceder à exposição alegórica e verdadeira. Entretanto, recorrendo ao início, exponho como foi perdido por mim o primeiro amor de minha alma; como foi mencionado anteriormente, caí em tamanha tristeza que nenhum conforto me ajudava. Depois de algum tempo, porém, minha mente, que tentava de todas as maneiras curar-me, decidiu, uma vez que nem meu consolo nem o dos outros resolvia, retornar ao modo que já havia conseguido consolar alguns desconsolados.

Pus-me então a ler o livro de Boécio, desconhecido para muitos, no qual, prisioneiro e expulso, encontrava consolo. Ouvindo também que Cícero havia escrito outro livro, no qual, tratando da *Amizade*, havia usado palavras de consolo para com Lélio, homem ilustre, por ocasião da morte de seu amigo Cipião, decidi ler também esse. Embora me fosse difícil entrar de repente em seu sentido, finalmente consegui penetrar de tal modo quanto a arte de gramática que possuía e um pouco de meu engenho me permitiam. Com esse engenho muitas coisas, quase como sonhando, há havia intuído, como se pode constatar em *Vida Nova*.

Como costuma acontecer quando alguém procura prata e, sem querer, encontra ouro, o que ocorre por uma causa imperscrutável, talvez não sem uma ordem divina, eu, que procurava consolar-me, encontrei não somente remédio para minhas lágrimas, mas vocábulos de autores, de ciências e de livros. Considerando-os, julgava precisamente que a filosofia, que era senhora desses autores, dessas ciências e desses livros, fosse coisa suprema. E a imaginava feita uma mulher gentil e não podia imaginá-la em ato algum que não fosse misericordioso; por isso que na verdade eu a contemplava com tanto gosto, que mal podia desviar os olhos dela. Em decorrência desse imaginar, comecei a dirigir-me ao local em que se manifestava verdadeiramente, isto é, às escolas dos religiosos e às discussões dos estudiosos de filosofia. Desse modo, em pouco tempo, talvez trinta meses, comecei a sentir tanto sua doçura, que seu amor expulsava e destruía qualquer outro pensamento.

Sentindo-me transportar do pensamento do primeiro amor à virtude deste, quase maravilhado abri a boca para recitar a canção transcrita antes, mostrando minha condição sob a figura de outras coisas. Uma vez que nenhuma rima de poetar popular era abertamente digna da mulher de que me enamorava, nem os ouvintes estavam tão bem dispostos que tão facilmente teriam compreendido as palavras fictícias, nem teriam acreditado no sentido verdadeiro como no fictício, porque se acreditava cegamente que estivesse aberto a esse amor ou que não estivesse. Comecei, portanto, a dizer: *Vós que com o intelecto o terceiro céu moveis*. E porque, como foi dito, esta mulher foi filha de Deus, rainha de tudo, nobilíssima e belíssima filosofia, deve-se ver quem foram esses movedores e esse terceiro céu. Primeiramente do céu, segundo a ordem exposta antes. Aqui não é necessário proceder dividindo e expondo literalmente, porque, transformando a palavra fictícia segundo ela soa naquilo que ela dá a entender, este sentido será suficientemente claro para a exposição feita.

Capítulo XIII (XIV)

Para ver o que se entende pelo terceiro céu, convém ver primeiro o que quero dizer com este único vocábulo "céu". Depois se poderá ver como e por que tive de utilizar este terceiro céu. Por "céu" entendo a ciência e por "céus", as ciências, sobretudo por três semelhanças que os céus têm com as ciências. Com relação à ordem e ao número, em que parecem concordar, será visto ao tratar aquele vocábulo, isto é, "terceiro".

A primeira semelhança é a revolução de um e de outro em torno a um centro seu, porque cada céu móvel gira em torno de seu centro que, quanto a seu movimento, não se move. Assim também cada ciência se move em torno de seu objeto que ela não move, sendo que nenhuma ciência mostra seu próprio objeto, mas o supõe.

A segunda semelhança é o iluminar de um e de outro, porque cada céu ilumina as coisas visíveis e assim cada ciência ilumina as inteligíveis.

A terceira semelhança é promover o cumprimento das coisas dispostas. Essa ação de promover quanto à ordem formal, que é a substância do ser, todos os filósofos concordam que os céus sejam causa, embora proponham isso de modo diverso: alguns, pelos motores, como Platão, Avicena e Algazel[13]; outros, pelas próprias estrelas, especialmente as almas humanas, como Sócrates e também Platão e Dionísio Acadêmico; e outros ainda, pela força celestial que reside no calor natural da semente, como Aristóteles e os outros peripatéticos. Assim sobre a indução da perfeição acidental, as ciências são causa em nós; graças ao conhecimento que delas temos, podemos especular a verdade que é a derradeira perfeição nossa, como diz o filósofo no livro sexto da *Ética*, quando afirma que o verdadeiro é o bem do intelecto. Por essas semelhanças, juntamente com muitas outras, pode-se chamar a ciência de "céu".

Convém verificar agora a razão pela qual se costuma dizer "terceiro" céu. Para isso é necessário levar em consideração uma comparação entre a ordem dos céus e aquela das ciências. Como foi narrado anteriormente, os sete primeiros céus mais próximos de nós são aqueles dos planetas; depois há mais dois céus sobre estes, móveis, e um acima de todos, imóvel. Aos sete primeiros correspondem as sete ciências do Trívio e do Quadrúvio, ou seja, Gramática, Dialética, Retórica, Arismé-

(13) Avicenna é a latinização de Ibn Sina (980-1037), filósofo e médico árabe que alcançou grande prestígio no ocidente. Algazel é a latinização do nome Al-Ghazali, filósofo e jurista árabe.

trica, Música, Geometria e Astrologia. À oitava esfera, isto é, à estrelada, corresponde a ciência natural, que se chama Física, e a primeira ciência, que se chama Metafísica; à nona esfera corresponde a ciência moral; e ao céu fixo ou imóvel corresponde a ciência divina, que é denominada Teologia. E a razão pela qual assim é, brevemente será visto.

Digo que o céu da Lua se assemelha com a Gramática, porque a ele pode ser comparada por duas propriedades. Observando-se com atenção a lua, podem ser vistas duas coisas que lhe são próprias e que não são vistas nas outras estrelas. Uma é a sombra que nela existe, que outra coisa não é senão rarefação de seu corpo, sobre a qual não pode apoiar-se os raios do Sol e refletir-se como nas demais partes. A outra é a variação de sua luminosidade, que ora reluz de um lado, ora do outro, segundo como o Sol a vê. Estas duas propriedades tem também a Gramática porque, por sua ilimitação, os raios da razão nela não se apoiam, especialmente em relação aos vocábulos; e reluz ora aqui, ora acolá, porquanto certos vocábulos, certas declinações, certas construções estão em uso, mas houve tempo em que não estavam, e muitas já estiveram em uso e continuarão ainda, como diz Horácio no início de sua *Arte Poética*, ao escrever: "Muitos vocábulos que já caíram renascerão."

O céu de Mercúrio pode ser comparado à Dialética por duas características: Mercúrio é a menor estrela do céu, porque o comprimento de seu diâmetro não atinge mais de duzentas e trinta e duas milhas, segundo afirma Alfagrano, dizendo que corresponde à vigésima oitava parte do diâmetro da terra, que é de seis mil e quinhentas milhas. A outra característica que é a mais velada do alcance dos raios do Sol que qualquer outra estrela. Estas duas características estão na Dialética porque a Dialética é menor em seu corpo que qualquer outra ciência, uma vez que é compilada e definida nos únicos textos que se encontram entre a *Arte Antiga* e a *Arte Nova*[14]; e é mais velada que qualquer outra ciência, porquanto procede com argumentos mais artificiosos e necessitados de provas do que qualquer outra.

O céu de Vênus pode ser comparado à Retórica por duas características. Uma é a clareza de seu aspecto, é a mais suave para contemplar entre todas as outras estrelas; a outra é seu aparecimento, ora pela manhã, ora à tarde. Estas duas características se encontram na Retórica, porque a Retórica é a mais suave de todas as outras ciências,

(14) Era a distinção que se fazia entre as obras de Aristóteles, classificando na Arte Velha os textos de lógica e afinas, e na Arte Nova, as obras de física, metafísica e política.

uma vez que tende principalmente a isso. Além disso, aparece de manhã, quando diante do ouvinte o orador fala, e aparece à tarde da sera, isto é atrás, quando pela letra, em forma escrita, alguém lê pelo orador.

O céu do Sol pode ser comparado à Arismétrica por duas características: uma é que de sua luz todas as outras estrelas, recebendo-a, revelam sua forma; a outra é que os olhos não podem fitá-lo. Estas duas características se encontram na Arismétrica, porque todas as ciências são iluminadas por sua luz, uma vez que o conteúdo de cada uma delas é avaliado de um modo quantitativo e ao considerar esse conteúdo sempre se procede com números. Como na ciência natural o objeto é o corpo móvel, corpo móvel que possui uma razão intrínseca do próprio movimento e este *continuum* que caracteriza o corpo móvel é divisível ao infinito, sendo que sua consideração essencial é verificar os princípios das coisas naturais que são três, ou seja, matéria, limite e forma, nos quais se constata esse número. Não somente todos juntos, mas ainda em cada um subsiste número, se for considerado com sutileza. Por isso Pitágoras, segundo afirma Aristóteles no primeiro livro da Física, colocava como os princípios das coisas naturais o par e o ímpar, considerando que todas as coisas eram número. A outra característica do Sol é vista igualmente no número, do qual trata a Arismétrica, porquanto os olhos do intelecto não podem olhar para ele, uma vez que o número, enquanto considerado em si mesmo, é infinito, e isso nós não conseguimos compreender.

O céu de Marte pode ser comparado à Música por duas características. Uma é sua bela relação, porque, enumerando os céus móveis, de qualquer extremo se inicie, ou do ínfimo ou do supremo, o céu de Marte é o quinto, estando no meio de todos, isto é, dos primeiros, dos segundos, dos terceiros e dos quartos. A outra é o próprio Marte, que resseca e queima as coisas, porque seu calor é semelhante àquele do fogo; por isso é que ele parece da cor do fogo, às vezes mais e às vezes menos, de acordo com a densidade e a rarefação dos vapores que dele refluem, os quais, muitas vezes, se acendem por si, como é exposto no primeiro livro da *Metaura*(15), Albumasar(16) diz que o acendimento desses vapores significa morte de reis e modificações de reinos, uma vez que são efeitos do domínio de Marte. Sêneca(17) diz que na morte do imperador Augusto viu no alto uma

(15) Metaura é redução de Meteorologica, obra sobre física de Aristóteles

(16) Albumasar é a latinização do nome Abu Ma'shar, astrônomo árabe falecido no ano 886. Suas obras foram traduzidas e difundidas na Europa no século XII.

(17) Lucius Annaeus Seneca (01 a.C.-65 d.C.), filósofo latino; a passagem consta em sua obra Naturales Quaestiones I, 1, 3.

bola de fogo e em Florença, no início de sua destruição, foi vista no ar, em forma de uma cruz, grande quantidade desses vapores provindos da estrela de Marte. Estas duas características se encontram na Música, que está totalmente sujeita a leis de harmonia, como se constata nas palavras harmonizadas e nos cantos, nos quais, tanto mais suave é a harmonia resultante quanto mais belo é o acorde: essa atinge na música o máximo da beleza porque nela se realiza do mais mais perfeito. Além disso, a Música atrai a si os espíritos humanos, que são sobretudo como que vapores do coração, tão cativados ficam pelo encantamento dela quando executada. Assim a alma inteira, quando a ouve, bem como o sentimento de todos como que correm ao espírito sensível que recebe o som.

O céu de Júpiter pode ser comparado à Geometria por duas características. Uma é que se move entre dois céus contrários à sua boa temperança, como são aquele de Marte e aquele de Saturno. Por isso Ptolomeu diz, no livro mencionado, que Júpiter é estrela de massa temperada, entre o frio de Saturno e o calor de Marte. A outra é que entre todas as estrelas se mostra branca, quase prateada. Estas coisas se encontram na ciência da Geometria. A Geometria se move entre dois contrários, o ponto e o círculo – e em sentido amplo, digo "círculo" tudo o que for redondo, seja corpo, seja superfície – porque, como diz Euclides, o ponto é princípio daquela e, ainda, o círculo é naquela a mais perfeita figura que por isso necessita ter objetivo de fim. Desse modo, entre o ponto e o círculo a Geometria se move como entre princípio e fim, e estes dois se subtraem ao seu critério de infalibilidade, porque o ponto, por sua indivisibilidade é imensurável, e o círculo, por seu arco, é impossível torná-lo quadrado de modo perfeito e, por isso, é impossível medir com o ponto. Além disso, a Geometria é extremamente branca, porquanto é sem mácula de erro e extremamente certa de per si e por meio de sua auxiliar, que se chama Perspectiva.

O céu de Saturno tem duas características que o levam a ser comparado à Astrologia. Uma é a lentidão de seu movimento através dos doze signos, porque necessita mais de vinte e nove anos, segundo os escritos dos astrólogos, para completar sua órbita. A outra é que está mais alto que todos os outros planetas. Estas duas características se encontram na Astrologia, porque para completar sua órbita, ou seja, para compreendê-la, leva enorme espaço de tempo, seja porque sua demonstração vai além de qualquer uma das ciências já mencionadas, seja pela experiência que é necessária para ela, a fim de julgar corretamente. Além disso, é mais elevada que todas as outras porque, como diz Aristóteles no início do livro da Alma, a ciência é alta em nobreza pela nobreza de seu objeto e por sua certeza; e esta, mais que qualquer uma das já enumeradas, é nobre e elevada por causa do nobre e elevado objeto que trata do movimento do céu, bem como elevada e nobre por sua certeza que não apresenta falha alguma, como aquele que procede do mais perfeito e do mais bem-disposto princípio. Se alguém que nela subsiste alguma falha, não subsiste da parte dela, mas, como diz Ptolomeu, subsiste por nossa negligência e a ela deve ser imputada.

Capítulo XIV (XV)

Logo depois das comparações apresentadas sobre os sete primeiros céus, convém prosseguir com os outros que são três, como mais vezes foi mencionado. Digo que o céu estrelado pode ser comparado à Física por três características e à Metafísica por outras três. Ele nos mostra por si duas coisas visíveis, tanto as muitas estrelas quanto a Galáxia, isto é, aquele círculo branco que o povo chama de Via de São Tiago. Mostra-nos um dos polos e o outro o mantém oculto; mostra-nos um movimento seu, de oriente a ocidente, e outro, que percorre de ocidente a oriente e que quase o mantém oculto. Por essa razão, convém ver antes a comparação com a Física e depois aquela com a Metafísica.

Digo que o céu estrelado nos mostra muitas estrelas porque, segundo as observações dos astrônomos do Egito, até a última estrela que lhes aparece no extremo sul, contam mil e vinte e dois corpos estelares, dos quais falo. Nisso tem grande semelhança com a Física, se observados com sutileza esses três números, isto é, dois, vinte e mil. Pelo dois entende-se o movimento local que por necessidade é executado de um ponto a outro. Pelo vinte entende-se o movimento da alteração porque, uma vez que do dez para cima não se procede senão alterando o próprio dez com os outros nove e consigo mesmo e uma vez que a mais bela alteração que ele recebe é a própria de si mesmo e a primeira que recebe seja vinte, com toda a razão por esse número se entende o mencionado movimento. Pelo mil entende-se o movimento do crescimento, porque nominalmente, isto é, este "mil", é o maior número, não podendo crescer mais senão multiplicando este mesmo. Estes três movimentos somente a Física mostra, como é provado no quinto capítulo do primeiro livro da *Física*.

Pela Galáxia este céu tem grande semelhança com a Metafísica. Convém saber que os filósofos tiveram opiniões diversas a respeito dessa Galáxia. Os pitagóricos disseram que o Sol uma vez se desviou de sua órbita e, passando por outros locais inadequados a seu calor, queimou o lugar pelo qual passou e permaneceu aquela aparência da queima; acredito que se apoiaram na fábula de Fetonte, narrada por Ovídio no início do segundo livro das *Metamorfoses*. Outros disseram, como Anaxágoras e Demócrito, que era luz do Sol refletida naquele local e provaram esta opinião com razões demonstrativas. Aquilo que Aristóteles tivesse dito a respeito não se pode captar muito bem, porque sua opinião não se encontra bem expressa em nenhuma das duas traduções. Acredito que tenha sido erro dos tradutores porque a nova parece dizer que isso seja um acúmulo de vapores debaixo das estrelas desse local que sempre estão acompanhadas deles; isso não parece representar motivo verdadeiro. A antiga diz que a Galáxia não é outra coisa senão uma multidão de estrelas fixas naquele local, tão pequenas que não podemos distingui-las daqui debaixo, aparecendo aquela luminosidade delas que denominamos Galáxia; pode ser que o céu nesse local seja mais denso e por isso retém e reflete essa luz. Esta opinião parecem ter Aristóteles, Avicena e Ptolomeu. Por isso, uma vez que a Galáxia é um efeito daquelas estrelas que não podemos ver e que somente por seu efeito podemos compreendê-las, é evidente que o céu estrelado tem grande semelhança com a Metafísica, porquanto a Metafísica trata das substâncias espirituais que, de modo semelhante, não podemos compreender a não ser por seus efeitos.

Além disso, o polo que vemos indica as coisas sensíveis que, tomando-as universalmente, a Física trata delas; e o polo que não vemos indica as coisas imateriais, que não são sensíveis, das quais trata a Metafísica. O citado céu tem, portanto, grande semelhança com essas duas ciências. E indica ainda essas duas ciências por seus dois movimentos. Pelo movimento de revolução que completa todos os dias e segue nova órbita de ponto a ponto indica a contingência das coisas naturais que cotidianamente realizam seu caminho e sua matéria muda de forma em forma; dessas trata a Física. Pelo movimento quase insensível que realiza de ocidente para oriente de um grau a cada cem anos indica as coisas as verdades metafísicas, as quais tiveram início com a criação de Deus e não terão fim; dessas trata a Metafísica. Diz-se que esse movimento indica aquelas porque essa circunvolução começou e não teria fim, porque a circunvolução é retornar a um mesmo ponto, ao qual não haverá de retornar este céu, segundo este movimento. Isso porque, desde o começo do mundo, pouco mais da sexta parte transcorreu e já estamos na última parte da existência do mundo; por isso esperamos realmente a consumação do movimento celestial. Desse modo, é evidente que o céu estrelado, por muitas características, pode ser comparado à Física e à Metafísica.

O céu cristalino, que anteriormente foi citado como Primeiro Móvel, pode ser comparado de modo bastante evidente com a Filosofia Moral, porque a Filosofia Moral, segundo afirma Tomás de Aquino comentando o segundo livro da *Ética*, nos dispõe às outras ciências. Como afirma o filósofo no quinto livro da Ética, "a justiça legal ordena as ciências a aprender e manda que não se deixa de aprendê-las e dominá-las". Assim também o mencionado céu ordena com seu movimento a cotidiana revolução de todos os outros, pela qual cada dia todos eles recebem e difundem na terra a influência de todas as suas partes. Se a revolução deste não ordenasse isso, pouco de sua influência chegaria à terra ou mesmo seria vista. Por isso, supondo que fosse possível que este nono céu não se movesse, a terça parte do céu estrelado não teria sido vista ainda em todos os lugares da terra; Saturno ficaria oculto em qualquer lugar da terra por catorze anos e meio; Júpiter ficaria oculto quase seis anos; Marte, quase um ano; o Sol, cento e oitenta e dois dias e catorze horas (digo dias, isto é, tanto tempo quanto medem esses dias); Vênus e Mercúrio, quase como o Sol, se ocultariam e se mostrariam; e a Lua ficaria oculta de todos por um espaço de catorze dias e meio. Não verdade, não haveria na terra geração, nem vida de animais ou de plantas; não haveria noite, nem dia, nem semana, nem mês, nem ano, mas todo o universo estaria em total desordem e o movimento dos outros seria em vão. Não seria de outra forma, se a Filosofia Moral cessasse, porquanto as outras ciências ficariam ocultas por algum tempo e não haveria geração nem vida feliz e em vão teriam sido escritas e herdadas da antiga sabedoria. Por essa razão, é bastante evidente que este céu por si pode ser comparado à Filosofia Moral.

Além disso, o Céu empíreo, por sua paz, se assemelha à Ciência Divina, que está repleta de toda paz e que não tolera contradição alguma de opiniões e de argumentos sofistas por causa da excelentíssima certeza de seu objeto, que é Deus. A respeito dela ele fala a seus discípulos: "Minha paz vos dou, a vós deixo minha paz". Dando e deixando, portanto, a eles sua doutrina, que é esta ciência de que falo. Salomão afirma a respeito dela: "Sessenta são as rainhas e oitenta as amigas concubinas; e as servas adolescentes são inumeráveis: uma é minha pomba, a minha perfeita." Chama a todas as ciências rainhas, concubinas e servas, mas a esta chama pomba porque é sem sombra de contradição e a chama perfeita porque transmita perfeitamente a verdadeira visão na qual nossa alma se tranquiliza.

Por isso, explicada desse modo a comparação entre os céus e as ciências, pode-se constatar que pelo terceiro céu entendo a Retórica, que é semelhante ao terceiro céu, como antes foi exposto.

Capítulo XV (XVI)

Pelas semelhanças explicadas, pode-se ver quem são esses movedores a quem falo. São movedores daquele, como Boécio e Cícero (os quais, com a suavidade de seu discurso me induziram, como foi dito antes, no amor, isto é, no estudo desta gentilíssima senhora, a Filosofia), com os raios de sua estrela, que é a escritura da retórica; por isso, em toda ciência a escritura é estrela cheia de luz que revela aquela ciência.

Demonstrado isto, pode-se verificar o verdadeiro sentido do primeiro verso da canção transcrita, na exposição fictícia e na literal. Por essa mesma exposição pode-se compreender de modo suficiente o segundo verso, até aquela parte em que diz: *Este me leva a olhar uma senhora*. Nesse ponto, deve-se saber que esta mulher é Filosofia que é realmente mulher cheia de meiguice, ornada de honestidade, admirável em saber, gloriosa em liberdade, como será explicado no terceiro tratado, onde se tratará de sua nobreza. E onde diz: *Quem quiser alcançar a salvação, mire os olhos desta mulher*, os olhos desta mulher são suas demonstrações, as quais, dirigidas aos olhos do intelecto, enamoram a alma, libertada das contradições.

Ó suavíssimos e inefáveis semblantes, raptores subitâneos da mente humana, que nas demonstrações dos olhos da Filosofia apareceis, quando ela raciocina com seus amantes! Realmente em vós está a salvação, pela qual se torna bem-aventurado aquele que vos contempla e salvo da morte da ignorância e dos vícios. Onde se diz: *Se não teme angústia de suspiros*, deve-se entender se ele não teme o esforço do estudo e a angústia das dúvidas, as quais surgem em grande número desde o início dos olhos desta mulher, mas depois, continuando com sua luz, caem, como se fossem nuvenzinhas matutinas com o surgimento do Sol; e fica livre e cheio de certeza o familiar intelecto, como o ar é depurado e aclarado pelos raios meridianos.

O terceiro verso se compreende ainda pela exposição literal até onde diz: *A alma chora*. Aqui deve-se ter em mente alguma moralidade que pode ser notada nestas palavras: o homem não deve, por maior amigo que seja, esquecer os serviços recebidos do menos qualificado; se, no entanto, fosse necessário seguir um e deixar o outro, o melhor é seguir, com algum devido lamento por abandonar o outro, no qual se exprime o motivo de mais amor àquele que segue. Onde se diz *De meus olhos*, não se pretende dizer outra coisa senão que atormentado foi o momento em que a primeira demonstração dessa mulher entrou nos olhos de meu intelecto, o qual foi causa de todo determinante desse namoro. Onde diz *minhas pares*, entende-se as almas livres das misérias e dos vis deleites e dos costumes vulgares, dotadas de engenho e de memória. Depois diz *estou morta*, que parece contrário ao que foi dito antes sobre a salvação desta mulher. Deve-se ter presente, no entanto, que aqui fala uma das partes e lá, fala a outra, as quais litigam de modo diverso, de acordo com o que foi exposto anteriormente. Por isso não há que surpreender-se se lá se diz "sim" e aqui se diz "não", se bem se observar quem desce e quem sobe.

No quarto verso, onde se diz *um espiritozinho de amor*, entende-se um pensamento que nasce de minha contemplação. Por isso deve-se saber que por amor, nesta alegoria, sempre se entende essa contemplação que é aplicação do ânimo enamorado da coisa àquela coisa. Depois, quando diz *Verás de tão altos milagres adornada*, anuncia que, por meio dela, serão vistos os adornos dos milagres. Diz a verdade, porque os adornos das maravilhas é ver as causas daquelas; e ela as demonstra, como no princípio da Metafísica parece ouvir o filósofo dizer que, para ver esses adornos, os homens começaram a namorar essa mulher. A respeito do vocábulo "maravilha", mais detalhadamente se falará no tratado seguinte.

Todo o restante que se segue desta canção é de modo suficiente explicado pela outra exposição. Desse modo, ao final deste segundo tratado, digo e afirmo que a mulher de quem me enamorei com meu primeiro amor foi a belíssima e honestíssima filha do imperador do universo, a quem Pitágoras conferiu o nome de Filosofia. Aqui termina o segundo tratado (disposto a expor a canção) que, como primeira iguaria, é apresentada aos convivas.

Tratado III

Canção

Amor que na mente pensa
de minha mulher apaixonadamente,
muitas vezes destila em mim pensamentos sobre ela,
que o intelecto sobre eles se fixa.
Seu falar tão docemente soa,
que a alma que escuta e ouve
diz: "Oh! deixa-me! Que não sou capaz
de dizer o que ouço de minha mulher!

Certo é que me convém abandonar,
se for tratar daquilo que ouço dela,
aquilo que meu intelecto não compreende;
e daquilo que entende
grande parte, porque dizê-lo não saberia.

Se minhas rimas, porém, que entrarem
em louvor dela tiverem defeito,
disso se lamente o fraco intelecto
e nosso falar, que não tem força
para retratar tudo aquilo que diz Amor.

Não vê o Sol, que o mundo todo gira,
coisa tão gentil, quanto naquele momento
em que reluz no local onde mora
a mulher que me leva a falar Amor.

Todo Intelecto de lá de cima a olha,
e aqueles homens que aqui se enamoram
em seus pensamentos a encontram ainda,
quando o Amor os aplaca com sua paz.

Seu ser agrada tanto àquele que o criou,
que infunde sempre nela sua força
muito além dos limites de nossa natureza.

Sua alma pura,
que dele recebe esta salvação,
manifesta-a na pessoa em que aparece:
porque em suas belezas são vistas coisas tais
que os olhos daqueles em que ela reluz
enviam ao coração mensagens cheias de desejos,
que crescem e se tornam suspiros.

Nela baixa a virtude divina
como acontece no anjo que o vê;
e qualquer mulher gentil que isso não crer,
que vá com ela e observe seus atos.

Aí onde ela fala, desce
um espírito do céu, que assegura
como o alto valor que ela possui
está além do que comportam nossas possibilidades.

Os suaves atos que ela mostra a outrem
todos se empenham em suscitar Amor
naquela voz que o faz sentir.
Dela se pode dizer:
Gentil é na mulher o que nela se encontra,
e belo é tudo aquilo que a ela se assemelha.

E pode-se dizer que sua vista ajuda
a aceitar aquilo que parece incrível;
com isso nossa fé é auxiliada:
por isso foi concebida desde a eternidade.

Coisas aparecem em seu semblante
que mostram prazeres do Paraíso,
digo nos olhos e em seu doce sorriso,
que lhe trazem Amor como em sua morada.

Coisas que superam nosso intelecto,
como raio de Sol um fraco olhar:
e como eu não as posso fitar,
convém que me contente em dizer pouco.

Sua beleza chove faíscas de fogo,
animadas de um espírito gentil
que é criador de todo bom pensamento;
e rompem como trovão
os inatos vícios que tornam alguém vil.

Por isso quando uma mulher ouvir sua beleza
lastimar por estar privada de reserva e humildade,
olhe para ela que é exemplo de humildade!
Esta é aquela que humilha todo perverso:
esta pensou em quem criou o universo.

Canção, parece que tu dizes o contrário
ao falar de uma irmão que tu tens;
porque esta mulher que tão humilde tornas,
ela a chama orgulhosa e desdenhosa.

Tu sabes que o céu está sempre reluzente e claro,
e quanto está nele, não se turba jamais;
mas nossos olhos por motivos diversos
chamam a estrela por vezes tenebrosa.

Assim, quando ela a chama orgulhosa,
não considere a ela segunda a verdade,
mas somente segundo o que lhe parecia:
porque a alma temia,
e teme ainda, que me parece áspero
tudo o que vejo é que ela me parece próxima.

Quando preciso, desculpa-te deste modo;
e quando puderes, manifesta-te a ela:
dirás: "Senhora, se for de teu agrado,
falarei de ti em qualquer lugar."

Capítulo I

Como foi exposto no tratado precedente, meu segundo amor nasceu do misericordioso semblante de uma mulher. Amor que, encontrando minha vida disposta a seu ardor, como o fogo, se transformou de pequeno em grande chama, de modo que, não somente desperto, mas também dormindo, luz dela reverberava em minha cabeça. Quão grande fosse o desejo que o amor me dava para vê-la, não haveria como dizê-lo nem compreendê-lo. Não estava tão desejoso somente com relação a ela, mas de todas as pessoas que tivessem alguma proximidade com ela, por familiaridade ou por algum parentesco. Quantas noites se passaram, em que os olhos das outras pessoas se fechavam em sono e os meus continuavam olhando fixamente para o cantinho de meu amor! Como o crescente incêndio tende a mostrar-se também externamente, porquanto é impossível que fique oculto, veio-me a vontade de falar de amor, que de maneira alguma conseguia mais reprimir. Embora eu não fosse totalmente dono de meu raciocínio, somente por vontade do amor ou por minha presteza, a ele me aproximei diversas vezes e deliberei e tive a prova que, ao falar de amor, não havia discurso mais belo e mais proveitoso do que aquele em que se recomendava a pessoa amada.

Três razões me levaram a essa deliberação. Uma delas foi o próprio amor de mim mesmo, que é princípio de todos os outros, como cada um pode constatar, porque não existe modo mais lícito e mais discreto de prestar honra a si mesmo do que honrar o amigo. Considerando que não possa existir amizade entre pessoas muito distintas, em qualquer lugar em que subsista amizade, deve haver semelhança e onde há semelhança o elogio é comum e comum é a recriminação. Desta razão podem ser deduzidos dois grandes ensinamentos. O primeiro é não querer que alguém cheio de vícios se torne amigo, porque com isso se passa a ter opinião menos boa de quem se torna amigo. O segundo é que ninguém deve recriminar o amigo publicamente, porque o prejuízo retorna sobre si próprio, se for bem considerada a razão mencionada.

A segunda razão foi o desejo da manutenção dessa amizade. Por isso deve-se saber que, como diz o filósofo no nono livro da Ética, na amizade entre pessoas dissímiles por condição social convém que, para a conservação dela, subsista uma proporção entre elas, pela qual a dessemelhança seja reduzida quase a semelhança. Por exemplo, como entre o senhor e o servo, porque, embora o servo não possa retribuir semelhante benefício ao senhor quando por este for beneficiado, deve no entanto prestar o que de melhor puder com tanta solicitude e presteza, que aquilo que é dissímile de per si se torne semelhante pela demonstração de boa vontade. Manifestando-se esta, a amizade se firma e se conserva. Por isso é que eu, considerando-me menor que essa mulher e sentindo-me beneficiado por ela, tomei o propósito de falar dela segundo minha possibilidade que, mesmo que em si não seja semelhante, pelo menos a pronta vontade o mostra (porque, se pudesse, faria mais) e assim se torna semelhante àquela desta gentil senhora.

A terceira razão foi um argumento de previdência, porque, como diz Boécio, "não basta olhar somente aquilo que está diante dos olhos", isto é, o presente. Por isso nos é da a previdência que olha além, para aquilo que pode acontecer. Confesso que pensei que por muitos depois de mim talvez fosse considerado como superficial, ao ouvirem dizer que eu fui mudado pelo primeiro amor. Para eliminar, portanto, essa recriminação, nenhum argumento era melhor do que dizer quem era essa mulher que me havia mudado, porque, por sua evidente excelência, pode-se considerar sua virtude. Para compreender sua excelsa virtude, pode-se pensar que até a maior firmeza de ânimo pode desfazer-se diante dela e por isso não posso ser julgado leviano e instável. Comecei, portanto, a elogiar essa mulher e, se não conseguisse, pelo menos o tanto quanto pudesse. E comecei dizendo: *Amor que em minha mente pensa*.

Esta canção se divide em três partes principais. A primeira é toda a primeira estrofe, na qual se fala de modo introdutório. A segunda é composta das três estrofes seguintes, nas quais se trata daquilo que se pretende dizer, isto é, o elogio desta gentil mulher, sendo que o primeiro deles começa assim: *Não vê o Sol que todo o mundo gira*. A terceira parte é a quinta e última estrofe, na qual, dirigindo as palavras à canção, a livro de alguma incerteza. Cumpre, portanto, fazer a exposição dessas três partes por ordem.

Capítulo II

Ocupando-me, portanto, da primeira parte, que foi posta como proêmio desta canção, digo que convém dividi-la em três partes. A primeira trata da inefável condição deste tema. A segunda descreve minha incapacidade para tratar de maneira perfeita o mesmo tema. Por isso esta segunda parte começa desse modo: *Certo é que me convém abandonar*. Por fim, desculpo-me de minha incapacidade, na qual explico que a culpa não é minha e começo essa parte dizendo: *Se minhas rimas, porém, tiverem defeito*.

Diz, portanto: *Amor que em minha mente pensa*. Deve-se verificar principalmente quem é esse pensador e que local é esse no qual ele pensa. Amor, tomado verdadeiramente e considerado com sutileza, não é outra coisa senão união espiritual da alma e da coisa amada. Nessa união, por sua própria natureza a alma corre imediatamente ou tarde, à razão em que estiver livre ou impedida. A razão dessa naturalidade pode ser esta. Todas as formas substanciais procedem de sua primeira causa, que é Deus, como está escrito no livro *Das Causas*, e por ela não adquirem diversidades, porque ela é simplicíssima, mas pelas causas secundárias e pela matéria de que são formadas.

Por isso no mesmo livro está escrito, ao tratar da infusão da bondade divina: "E tornam-se diversas as bondades e os dons pelo concurso da coisa que recebe." Por isso, uma vez que cada efeito detém algo da natureza de sua causa – como diz Alpetragio[18] quando afirma que aquilo que é causado por corpo circular conserva de algum modo

(18) Alpetragio é a latinização do nome Abu Ishaq Nur ad-Din Al-Bitrugi, astrônomo que nasceu e viveu na comunidade árabe de Sevilha, Espanha, tendo falecido no ano de 1204.

algo de circular – cada forma tem algo do ser da natureza divina de algum modo. Não que a natureza divina esteja dividida e comunicada naquelas, mas é participada por aquelas, quase do mesmo modo que a natureza do Sol é participada nas outras estrelas. E quanto mais nobre for a forma, tanto mais possui dessa natureza. Por isso a alma humana, que é a forma mais nobre de todas aquelas que são geradas debaixo do céu, recebe mais da natureza divina do que qualquer outra.

Por isso é que é naturalíssimo em Deus querer ser – entretanto, como se lê no mencionado livro, "a primeira coisa é o ser, e antes dele nada existe" -, a alma humana quer ser naturalmente com todo o desejo. Entretanto, como seu ser depende de Deus e por ele se conserva, naturalmente deseja e quer estar unida a Deus para fortalecer seu ser. Como, porém, nas bondades da natureza e da razão se mostra a divina bondade, decorre naturalmente que a alma humana com aquelas por per via espiritual se une, tanto mais rápida e mais intensamente quanto mais aquelas são perfeitas. A aparência de perfeição é definida à razão de que o conhecimento da alma for claro ou impedido. E esta comunhão é aquilo que nós denominamos amor, pelo qual se pode conhecer a natureza da alma, vendo externamente aquele que se ama. Este amor, isto é, a união de minha alma com esta gentil mulher, na qual podia ver muito da divina luz, é aquele pensador a que me refiro, porquanto dele nasciam contínuos pensamentos que miravam e examinavam o valor dessa mulher que espiritualmente se havia tornado uma só coisa com minha alma.

O local em que afirmo que ele pensa é a mente. Para afirmar, porém, que seja a mente, não se compreende mais do que se entendia antes. Por isso se deve verificar o que esta mente propriamente significa. O filósofo, no segundo livro da *Alma*, enumerando os poderes dessa, diz que a alma tem especialmente três poderes, isto é, viver, sentir e pensar. Acrescenta ainda, comover-se. Esta, porém, pode ser unida ao sentir, uma vez que toda alma que sente, com todos os sentidos ou com um só, se comove, de modo que comover-se é um poder unido ao sentir.

De acordo com o que ele diz, é evidente que estes poderes estão ligados entre si, de modo que um é fundamento do outro e aquele que é fundamento pode por si apartar-se, mas o outro, que se baseia nesse, não pode dele afastar-se. Por isso, o poder vegetativo, pelo qual se vive, é fundamento pelo qual se sente, isto é, se vê, ouve, degusta, cheira e toca. E este poder vegetativo pode por si só constituir a alma, como vemos em todas as plantas. O poder sensitivo sem aquele não pode existir e não se encontra em qualquer coisa que não viva. Este poder sensitivo é fundamento do intelectivo, isto é, da razão. Entretanto, nas coisas animadas mortais, o poder da razão não se encontra sem o poder sensitivo, mas o sensitivo se encontra sem aquele, como constatamos nos animais, nas aves, nos peixes e em todo o animal irracional.

Aquela alma que possui todos esses poderes, e é a mais perfeita de todas as outras, é a alma humana que, com a nobreza do último poder, isto é, a razão, participa da natureza divina à maneira de sempiterna inteligência. Uma vez que a alma é tão nobilitada naquele soberano poder e desnudada de matéria, que a luz divina, como num anjo, se reflete nela. Por isso o homem é chamado pelos filósofos de animal divino. Nesta nobilíssima parte da alma há mais faculdades, como diz o filósofo especialmente no sexto livro da *Ética*, onde afirma que há nela uma faculdade chamada científica e outra denominada raciocinativa ou aconselhadora. Junto com essas existem algumas faculdades – como diz Aristóteles na mesma passagem – como a inventora e a julgadora. Todas essas nobilíssimas faculdades, e outras que subsistem nesse excelso poder, em seu conjunto são designadas por esse vocábulo que se questionava qual fosse, isto é, mente. É evidente, portanto, que por mente se entende esta última e nobilíssima parte da alma.

Constata-se que essa fosse a intenção porque somente ao homem e às divinas substâncias é que se atribui esta mente, como se pode ver claramente em Boécio que a atribui primeiramente aos homens, quando diz à Filosofia: "Tu e Deus, que na mente dos homens pusestes"; depois a atribui a Deus, quando diz a ele: "Todas as coisas produzes do supremo exemplo, tu, belíssimo, que trazes belo mundo na mente". Nunca foi atribuída a animal irracional, antes a muitos homens que parecem estar privados dessa perfeitíssima parte, não parece que se possa nem que se deva atribuí-la; por isso esses tais são chamados na gramática de amentes e dementes, isto é, privados da mente. Já se pode, portanto, constatar o que é mente: é aquela sutil e preciosíssima parte da alma que é reflexo do poder divino. E este é o local em que afirmo que o Amor pensa em minha mulher.

Capítulo III

Não é sem motivo que afirmo que este amor em minha mente age, mas racionalmente isso é dito para significar de que amor se trata, em razão do local em que age. Por isso deve-se saber que cada coisa, como já foi dito, pela razão há pouco mostrada, tem seu amor especial. Como os corpos simples têm amor que os impele para seu local específico, por isso a terra sempre pende para o centro; o fogo tem amor pela circunferência acima, em direção ao céu da lua, e por isso sempre sobe em direção àquele. Os mais elementares corpos compostos, como os minérios, têm amor pelo local em que sua composição se produziu formalmente e naquele crescem e adquirem vigor e poder; por isso constatamos que o ímã sempre recebe força da parte de sua composição. As plantas, que possuem uma atividade motora inicial, têm amor por determinado local específico, segundo o requer sua constituição. Por isso vemos certas plantas contentar-se por estarem junto às águas, outras nos cumes das montanhas, outras nas praias e ao sopé dos montes; se forem transplantadas, ou morrem totalmente ou sofrem para sobreviver, como coisas separadas de seu amigo. Os animais irracionais têm amor mais evidente não somente aos locais, mas constatamos que se amam mutuamente. Os homens têm seu próprio amor pelas coisas perfeitas e honestas. Por isso é que o homem, embora uma só substância constitua toda a sua forma, por sua nobreza possui em si os poderes reunidos de todas as ordens naturais e todos esses amores pode tê-los e os tem todos.

Pela natureza do simples corpo, que no indivíduo domina, é naturalmente levado para baixo; por isso, quando move seu corpo para cima, mais se cansa. Pela segunda natureza, do corpo misto, ama mais o local de sua geração e também o tempo; por isso, cada indivíduo é naturalmente de corpo mais vigoroso no local em que foi gerado e no tempo de sua geração que em outro. Por essa razão é que nas histórias de Hércules, nas *Metamorfoses* de Ovídio, em Lucano e em outros poetas pode-se ler que, combatendo com o gigante chamado Anteu, todas as vezes que o gigante se cansava e deixava seu corpo ficar distendido sobre a terra, fosse por sua vontade ou pela força de Hércules, nele ressurgia força e vigor inteiramente da terra, na qual e da qual havia sido gerado. Notando isso, por fim Hércules o agarrou e, segurando-se levantado do chão, tanto tempo o manteve sem deixá-lo tocar o chão, que o venceu pela coragem e o matou. Esse combate ocorreu na África, segundo o testemunho dos escritos.

Pela terceira natureza, isto é, a das plantas, o homem tem amor por determinado alimento (não enquanto tenha necessidade, mas enquanto é nutritivo) e esse determinado alimento torna a obra dessa natureza perfeitíssima, e a outra não, antes a torna imperfeita. Por isso constatamos que certos alimentos tornam os homens formosos e vigorosos, com uma aparência de cor bem viva, e certos alimentos produzem o efeito contrário.

Pela quarta natureza, a dos animais, isto é, sensitiva, o homem possui outro amor, pelo qual ama as qualidades físicas que excitam os sentidos, como animal; esse amor tem especialmente necessidade no homem de guia que o modere e refreie no agir, sobretudo nas delícias do gosto e do tato.

Pela quinta e última natureza, isto é, a verdadeiramente humana ou, para dizer melhor, angélica, ou seja, racional, o homem tem amor à veritade e à virtude. Deste amor nasce a verdadeira e perfeita amizade, oriunda da virtude, da qual fala o filósofo no oitavo livro da Ética, quando trata da amizade.

Uma vez que essa natureza se chama mente, como foi mostrado há pouco, por isso eu disse "Amor que pensa na mente", para dar a entender que este amor era aquele que naquela nobilíssima natureza nasce, isto é, de verdade e de virtude e, para excluir toda falsa opinião a meu respeito, pela qual fosse suspeito que meu amor tendesse às delícias sensíveis. Digo depois *apaixonadamente* para dar a entender sua continuação e seu fervor. Digo ainda "muitas vezes destila em mim pensamentos sobre ela que o intelecto sobre eles se fixa". E o digo realmente, uma vez que meus pensamentos, voltados a ela, muitas vezes queriam concluir coisas a respeito dela que eu não podia entender e me perdia, de modo que me parecia estar longe de onde devia, como quem olha com o olhar em linha reta e primeiramente vê as coisas próximas claramente; depois, prosseguindo, menos claras as vê; mais adiante, duvida; e, finalmente prosseguindo mais além, alongando o olhar, nada mais consegue ver.

Esta é uma das coisas inefáveis daquilo que tomei por tema e, por conseguinte, narro outra quando digo: *Seu falar*. Digo que meus pensamentos – que se destinam a falar de Amor – "soam tão docemente", que minha alma, isto é, meu afeto, clama para poder narrar isso com a língua e, porque não posso dizê-lo, afirmo que a alma se lamenta dizendo: *Deixa! Que não sou capaz*. Esta é a outra coisa inefável, ou seja, que a língua não segue totalmente aquilo que o intelecto vê. E digo *a alma que o escuta e ouve*: "escutar", quanto às palavras, e "ouvir", quanto à suavidade do som.

Capítulo IV

Quando se pensar nas duas coisas inefáveis desta matéria, convém pensar também nas palavras que narram minha incapacidade. Digo, portanto, que minha incapacidade procede de maneira dupla, como duplamente transcende a superioridade dela, pelo modo como é exposto, porquanto convém para mim deixar por insuficiência de intelecto muito daquilo que é verdade nela e que quase resplende em minha mente, a qual como corpo diáfano recebe aquilo que é nela verdade, mas não completamente. Isto afirma naquela pequena parte seguinte: *Certo é que me convém abandonar*. Depois, quando digo *E daquilo que entende*, afirmo que não somente aquilo que meu intelecto não capta, mas também aquilo que entendo de modo suficiente, mas que minha língua é incapaz de traduzir aquilo que em meu pensamento é concebido, porque deve-se constatar que, a respeito da verdade, aquilo que disser será pouco.

Se bem for observado, isso resulta em grande elogio para ela, o que realmente se pretende. Pode-se muito bem dizer que essa oração derive da arte da oratória, na qual cada parte se refere à intenção principal. Depois, quando diz: *Se minhas rimas, porém, tiverem defeito*, eximo-me de uma culpa, da qual não devo ser culpado, desde que outros vejam que minhas palavras são inferiores à dignidade dela. Digo ainda que, se houver defeito em minhas rimas, isto é, em minhas palavras que estão dispostas para tratar dela, deve-se lastimar por isso a debilidade do intelecto e a inadequação de nosso falar, o qual é vencido pelo pensamento, de modo que segui-lo plenamente não consegue, sobretudo na situação em que o pensamento nasce do amor, porque aqui a alma se empenha muito mais profundamente que em qualquer outra situação.

Alguém poderia dizer: "Tu te escusas [e acusas] a ti mesmo ao mesmo tempo", porque é argumento de culpa e não, justificativa, uma vez que a culpa é conferida ao intelecto e ao falar, que é meu, porquanto como, se ele for bom, eu devo ser elogiado por isso, ao passo que se for (e é mesmo) defeituoso, devo ser recriminado. A isso pode-se responder facilmente que não me acuso, mas realmente me escuso. Por isso deve-se saber, segundo a opinião do filósofo no terceiro livro da *Ética*, que o homem é digno de elogio e de vitupério somente naquelas coisas que estão em seu poder fazê-las ou não fazê-las; mas naquelas em que não tem capacidade não merece nem elogio nem vitupério, devendo um e outro ser dirigidos a outro, embora as coisas sejam parte do próprio homem. Por isso não devemos vituperar alguém porque seu corpo é feio de nascença, uma vez que não estava em seu poder fazer-se bonito, mas devemos vituperar a má disposição da matéria da qual é feito, que foi princípio da falha da natureza. De igual modo, não devemos elogiar alguém pela beleza que mostra em seu corpo desde seu nascimento, porque não foi ele fautor disso, mas devemos elogiar o artífice, isto é, a natureza humana que tamanha beleza produz em sua matéria, quando não for impedida por ela. Por isso falou muito bem o padre ao imperador que ria e desprezava a feiura de seu corpo: "Deus é Senhor: foi ele, e não nós, quem nos criou". Essas palavras são do profeta, num verso do saltério, escritas nem mais nem menos como na resposta do padre. Entretanto, vemos os malnascidos malvados que põem toda a sua preocupação em enfeitar sua pessoa e não em adornar seus atos, que deveriam ser todos praticados com honestidade; isso é a mesma coisa que ornar a obra de outrem e abandonar a própria.

Retornando, pois, ao tema, afirmo que nosso intelecto, por falha da virtude da qual extrai aquilo que vê, que é virtude intrínseca no homem, isto é, a fantasia, não pode elevar-se a certas coisas (uma vez que a fantasia não pode ajudá-lo, porque não tem como fazê-lo), como as essências divididas por sua concretez, das quais, se pudéssemos ter sem aquela alguma consideração, não poderíamos entendê-las nem compreendê-las perfeitamente. Disso, não se deve recriminar o homem, porque não foi ele, afirmo, o fautor dessa falha, antes foi a natureza universal que fez isso, isto é, Deus, que quis privar-nos nesta vida dessa luz. O motivo que o levou a fazer isso, seria muita presunção questionar.

Desse modo, se minha consideração me transportava em parte onde a fantasia era deficiente para o intelecto, se eu não podia entender, não devo ser recriminado por isso. Além disso, a nosso engenho é posto um limite, mesmo a cada ato seu, não por nós, mas pela natureza universal. Por isso se deve saber que mais amplos são os limites da arte de pensar do que a de falar, e mais amplos aqueles de falar do que de representar. Se nosso pensamento, portanto, não somente aquele que não chega à perfeita compreensão, mas também aquele de que se atinge a perfeita compreensão, sobrepuja o falar, não somos nós que devemos ser recriminados, uma vez que não somos nós os fautores disso. Por isso me proponho realmente em escusar-me quando digo: *Disso se lamente o fraco intelecto e nosso falar que não tem força para retratar tudo o que diz Amor.* Por essa razão se deve claramente observar a boa vontade, à qual se deve ter consideração ao avaliar os méritos humanos. Desse modo, pois, deve ser entendida a primeira parte desta canção, de que se trata no momento.

Capítulo V

Ao explicar a primeira parte, foi desvendado o sentido dela. Convém prosseguir com a segunda que, para melhor compreendê-la, é dividida em três partes, seguindo as três estrofes de que é composta. Na primeira parte recomendo esta mulher inteira e comumente, tanto na alma quanto no corpo; na segunda, teço um elogio específico à alma; na terceira, um elogio específico ao corpo. A primeira parte começa assim: *Não vê o Sol que o mundo todo gira*; a segunda começa com: *Nela baixa a virtude divina*; a terceira, desse modo: *Coisas aparecem em seu semblante*. Estas partes devem se explicadas por ordem.

Começa assim a primeira: *Não vê o Sol que o mundo todo gira*. Nesta frase deve-se saber, para atingir uma completa compreensão, como o mundo é girado pelo Sol. Antes devo explicar que por mundo não entendo aqui todo o corpo do universo, mas somente esta parte do mar e da terra, seguindo a dicção popular, porque assim se costumar falar. Por isso alguém diz "aquele que viu todo o mundo", querendo indicar parte do mar e da terra. Pitágoras e seus seguidores diziam que este mundo era uma das estrelas e que tinha outra oposta, feita do mesmo modo, chamada Antístona. Diziam que ambas estavam numa órbita que se movia do ocidente para oriente e, por esta revolução, o Sol girava em torno de nós e ora era visto, ora não visto. Diziam que a massa solar estava no meio delas, afirmando que aquele era corpo mais nobre que a água e que a terra e colocando o nobilíssimo meio entre os lugares dos quatro corpos simples. Por isso diziam que o fogo, quando parecia subir, na verdade descia para o meio.

Platão era de outra opinião e escreveu num de seus livros, intitulado Timeu, que a terra junto com o mar estava certamente no meio de tudo, mas que sua circunferência inteira girava em torno de seu centro, seguindo o primeiro movimento do céu, mas com movimento muito lento por causa de sua pesada massa e por causa da enorme distância daquele. Estas opiniões são classificadas como falsas no segundo livro *De Celo et Mundo* daquele glorioso filósofo, ao qual a natureza mais desvendou seus segredos. Ele prova nesse livro que este mundo, isto é, a terra, ser estável em si e fixa para sempre. Suas razões, que Aristóteles afirma ser contrário a elas e provar a verdade, não é minha intenção narrar aqui, porque é o quanto basta para as pessoas a quem falo, saber, pela grande autoridade do filósofo, que esta terra está fixa e não gira e que ela, juntamente com o mar, está no centro do universo.

Este céu gira em torno deste centro continuamente, como o vemos. Para esse giro é necessário que existam dois polos firmes e um círculo igualmente distante daqueles que gire ao máximo. Desses dois polos, um é conhecido de quase toda a terra descoberta, ou seja, este setentrional. O outro está oculto a quase toda a terra descoberta, isto é, o meridional. O círculo que está no meio desses é aquela parte do céu sob a qual o Sol gira quando se encontra na constelação do Aríete e naquela de Libra. Por isso se deve saber que, se uma pedra pudesse cair deste nosso polo, cairia lá além no oceano, precisamente naquele ponto do mar onde, se houvesse alguém, a estrela estaria sempre por sobre sua cabeça. Acredito que, de Roma a este lugar, seguindo reto em direção norte, haja uma distância de quase duas mil e seiscentas milhas ou pouco mais ou menos. Imaginando, portanto, para melhor averiguar, que nesse lugar de que falei existisse uma cidade chamada Maria, afirmo ainda que, se do outro polo, ou seja, o meridional, caísse uma pedra, haveria de cair naquele ponto do oceano que está precisamente nessa bola do lado oposto a Maria. Acredito que de Roma, lá onde haveria de cair essa segunda pedra, caminhando em linha reta para o sul, haja uma distância de sete mil e quinhentas milhas ou pouco mais ou menos.

Imaginemos outra cidade, chamada Lucia. Há, entre uma e outra, no meio do círculo de toda esta bola, uma distância, de qualquer lado que se puxe a corda, de dez mil e duzentas milhas, de modo que os cidadãos de Maria mantêm a planta dos pés contra a planta dos pés daqueles de Lucia. Imagine-se também um círculo sobre esta bola que em cada uma de suas partes esteja na mesma distância tanto de Maria quanto de Lucia. Acredito que este círculo – pelo menos por quanto compreendo através das opiniões dos astrólogos e por meio daquela de Alberto da Alemanha[19] no livro da *Natureza dos lugares e das propriedades dos elementos*, e também por meio do testemunho de Lucano[20] em seu nono livro – dividiria esta terra emersa do oceano, lá no sul, quase por toda a extremidade do primeiro clima, onde se encontram entre outros povos os garamantes [21] que estão quase sempre nus; até eles chegou Catão com o povo de Roma, fugindo da dominação de César.

(19) Trata-se de Alberto Magno, também chamado Albertus Teutonicus (1193?-1280), grande escritor, professor e fundador de muitas escolas, apelidado Doctor Universalis.

(20) Marcus Annaeus Lucanus (séc. I d.C.), autor da obra Pharsalia.

(21) Garamantes eram chamados os habitantes da Líbia interior.

Assinalados esses três lugares sobre essa bola, pode-se verificar facilmente como o Sol gira em torno dela. Afirmo, portanto, que o céu do Sol se dirige do ocidente para oriente, não em linha reta contra o movimento diurno, isto é, do dia e da noite, mas em órbita oblíqua contra aquele, de modo que o meio de seu círculo, que está igualmente equidistante de seus polos, no qual está o corpo do Sol, corta em duas partes opostas o círculo dos dois primeiros polos, isto é, no início da constelação do Aríete e no início daquela de Libra, e por ele é dividido em dois arcos, um em direção ao norte e outro em direção ao sul. Os pontos do meio, dos quais arcos se afastam igualmente do primeiro círculo, de cada lado, por vinte e três graus e mais um ponto; e um ponto é o trópico de Câncer e o outro ponto é o trópico de Capricórnio.

É necessário, contudo, que Maria veja na constelação de Aríete, quando o Sol chega sob o meio círculo dos primeiros polos, o próprio Sol girar o mundo em torno da Terra ou do mar, como uma mó da qual não apareça senão a metade de seu corpo; e veja esta vir subindo como um parafuso de rosca, de modo que complete noventa e uma revoluções e pouco mais. Completadas essas revoluções, seu surgimento em Maria quase como surge para nós na linha do equador, quando o dia é igual à metade da noite. Se um homem se dirigisse para Maria e mantivesse sempre o rosto voltado para o Sol, aquele caminhar seria visto sendo executado para a direita. Depois, da mesma maneira, parece descer outras noventa e uma revoluções e algo mais, de modo que gira em torno da Terra ou do mar, mostrando-se não em sua totalidade. Depois se oculta e Lucia começa a vê-lo, cujo surgir e descer em torno de si vê então com outras tantas revoluções quantas Maria vê. Se um homem se dirigisse direto para Lucia, sempre que voltasse o rosto em direção do Sol, esse caminhar seria visto ser executado para a esquerda.

Por isso se pode constatar que esses lugares têm um dia do ano de seis meses e uma noite de igual duração. E quando um tem o dia, o outro tem a noite. É necessário também que o círculo onde estão os garamantes nessa bola, como foi dito, veja o Sol precisamente girando acima, não como uma mó, mas como uma roda, da qual não poderá ver em parte alguma senão a metade, quando está sob a constelação de Aríete. Depois o vê partir e dirigir-se para Maria durante noventa e um dias e algo mais e, por outros tantos, retornar. Quando tiver voltado, chega sob a constelação de Libra e também parte e se dirige para Lucia durante noventa e um dias e pouco mais e, em outros tantos, retorna. Esse local que cerca toda a bola, tem sempre o dia igual à noite, de qualquer lado que o Sol esteja, e duas vezes por ano tem um verão de calor intenso e dois pequenos invernos.

É necessário também que os dois espaços que estão no meio das duas cidades imaginadas e o círculo do meio vejam o Sol de modo diverso, segundo a distância e a proximidade desses lugares, como pode ver, por aquilo que foi dito, aquele que tem nobre engenho, ao qual é bom deixar a tarefa de deduzir por si. Já se pode ver com isso que, graças à providência divina, o mundo está disposto de tal forma que, girando a esfera do Sol e retornando a um ponto, esta bola em que estamos, em cada uma de suas partes, recebe tanto tempo de luz quanto de trevas. Ó inefável sabedoria que assim dispuseste, quão pobre é nossa pobre mente para te compreender! E vós, para cuja utilidade e deleite escrevo, em que tamanha cegueira viveis, não erguendo vossos olhos para essas coisas, mas mantendo-os fixos na lama de vossa estultícia!

Capítulo VI

No capítulo precedente foi mostrado como o Sol gira, de modo que já se pode prosseguir para demonstrar o sentido que se confere a esta parte. Digo, portanto, que nesta primeira parte começo a recomendar essa mulher em comparação com outras coisas. Afirmo que sol, girando em torno do mundo, não vê coisa tão gentil como ela. Disso se segue que essa seja, de acordo com as palavras, a mais gentil de todas as coisas que o sol ilumina. E diz *naquela hora*. Por isso deve-se saber que "hora" é tomada de duas maneiras pelos astrólogos. Um é que, juntando o dia e a noite, são vinte e quatro horas, isto é, doze do dia e doze da noite, qualquer que seja a duração do dia. Essas horas se tornam curtas e longas no dia e na noite, de acordo com o aumento ou a diminuição da noite. Essas horas são usadas pela Igreja quando diz prima, terça, sexta e nona, sendo chamadas horas temporais. A outra maneira é que, somando o dia e a noite vinte e quatro horas, por vezes o dia tem quinze horas e a noite, nove; outras vezes, a noite tem dezesseis horas e o dia, oito, de acordo com o aumento ou a diminuição do dia e da noite. Essas são chamadas horas iguais. No equinócio, estas e aquelas que são chamadas temporais são sempre uma coisa só, porque, sendo o dia igual à noite, é conveniente que assim seja.

Depois, quando digo: *Todo intelecto de lá de cima a olha*, refiro-me a ela, não tendo em mente outra coisa. Digo que as Inteligências do céu a olham e que as pessoas gentis daqui da terra pensam nela, quando mais têm daquilo que as agrada. Deve-se saber aqui que todo intelecto superior, como está escrito no livro *Das Causas*, conhece aquilo que está acima dele e o que está abaixo dele. Conhece, portanto, a Deus como sua causa, conhece aquilo que está abaixo dele como seu efeito. Uma vez que Deus é causa universalíssima de todas as coisas, ele ao conhecer, conhece todas as coisas em sua essência formal, segundo o modo da inteligência. Por isso todas as inteligências conhecem a forma humana enquanto está presente na mente de Deus que a cria. E de modo especialíssimo a conhecem as inteligências motoras, uma vez que são causas mediatas daquela e de toda forma geral e conhecem aquela perfeitíssima, tanto quanto pode ser, como a verdade expressa pela lei e pela aplicação prática. Se a própria forma humana, modelado e individuada, não é perfeita, não o é tampouco o próprio modelo, mas da matéria que indica. Por isso quando digo *Todo intelecto lá de cima a olha*, não quero dizer outra coisa senão que ela corresponde perfeitamente ao modelo intencional da essência humana que está na mente divina e, por ela, em todas as outras, sobretudo naquelas mentes angélicas que com o céu criam essas coisas aqui debaixo.

Para afirmar isso, acrescento: *E aquelas pessoas que aqui se enamoram*. Cumpre ressaltar que cada coisa deseja sobretudo sua perfeição e nela se abranda seu desejo e por ela todas as coisas são desejadas. Esse é aquele desejo que sempre deixa a impressão que falta todo prazer, porque nenhum prazer é tão grande nesta vida que possa tirar a sede de nossa alma, que o desejo como tal não permaneça sempre no pensamento. Uma vez que essa é verdadeiramente aquela perfeição, por isso digo que aquelas pessoas aqui gozam de maior prazer quanto mais estão em paz, permanecendo então esta em seus pensamentos, porque esta é tão perfeita quanto sumamente pode ser a essência humana.

Depois quando digo *Seu ser agrada tanto àquele que o criou*, mostro que não somente essa mulher é a mais perfeita na geração humana, mas mais que perfeita enquanto recebe da bondade divina além do estabelecido para o homem. Por isso com toda a razão se pode acreditar que, como cada artista gosta mais de sua melhor obra do que as outras, assim Deus ama mais a pessoa humana que é a melhor entre todas as demais. Por isso é que sua longanimidade não é restringida por necessidade de limite algum, seu amor não faz acepção de quem o recebe, mas supera tudo em dom e benefício de virtude e de graça. Por isso afirmo aqui que o próprio Deus, que confere o ser a ela, por caridade de sua perfeição infunde nela sua bondade para além dos limites do estabelecido para nossa natureza.

Depois quando digo *Sua alma pura*, provo aquilo que é dito por experiência. Deve-se saber, como diz o filósofo no segundo livro da *Alma*, que a alma é ato do corpo; se ela é seu ato, é sua causa. Uma vez que, como está escrito no citado livro *Das Causas*, toda causa infunde em seu efeito bondade que recebe de sua causa, infunde e confere a seu corpo bondade de sua causa, que é Deus. Por isso, uma vez que nela são vistas, do ponto de vista físico, coisas maravilhosas, tanto que levam todo espectador a ficar ansioso por vê-las, é evidente que sua forma, isto é, sua alma, que o conduz como causa própria, receba milagrosamente a graciosa bondade de Deus. Assim se prova, por essa aparência corpórea, que está além do estabelecido para nossa natureza (a qual nela é perfeitíssima, como foi dito antes) ter sido essa mulher beneficiada por Deus e feita coisa nobre. Este é todo o sentido literal da primeira parte da segunda parte principal.

Capítulo VII

Tendo elogiado essa mulher de maneira usual, tanto por sua alma quanto por seu corpo, prossigo a apreciá-la especialmente em sua alma. Passo a apreciá-la primeiramente de acordo com seu bem, que é grande em si, depois de acordo com seu bem que é grande nos outros e útil para o mundo. Esta segunda parte começa quando digo: *Dela pode-se dizer*.

Em primeiro lugar, afirmo, portanto: *Nela baixa a virtude divina*. Deve-se saber que a bondade divina baixa em todas as coisas, mesmo porque, diversamente, não poderiam existir. Embora essa bondade se origine de princípio simplicíssimo, diversamente é recebida, segundo mais ou menos as coisas que a recebem. Por isso está escrito no livro *Das Causas*: "A primeira bondade envia suas bondades sobre as coisas, emanando-as de modo contínuo". Na verdade, cada coisa recebe daquela emanação contínua proporcionalmente à entidade de seu valor e à natureza de seu ser. Podemos ter exemplo concreto disso no Sol. Vemos a luz do Sol, que é única, derivada de uma fonte, sendo recebida diversamente pelos corpos. Como diz Alberto, no livro que fala do Intelecto, que certos corpos, "como têm, misturada a outros componentes, grande transparência, logo que o Sol os atinge tornam-se tão luminosos que, pelo aumento de luz no Sol com relação a eles, transmitem aos outros grande esplendor", como o ouro e algumas pedras preciosas. "Existem alguns que, por serem totalmente transparentes, não somente recebem a luz, mas não a impedem, antes a transmitem com a coloração que lhe imprimem com a sua cor para as outras coisas. Existem ainda alguns tão claros na pureza de sua transparência que se tornam tão radiantes que atrapalham a harmonia do olhar e não podem ser vistos sem esforço estampado no rosto", como são os espelhos. Há outros que têm tão pouca transparência que recebem pouca luz, como ocorre com a terra. Desse modo, a bondade de Deus é recebida de maneira diversa pelas substâncias distintas, ou seja, pelos anjos, que não carregam o peso da matéria, quase transparentes pela pureza de sua forma, de modo diverso da alma humana que, embora por um lado esteja livre de matéria, por outro é por ela impedida, como o homem que está totalmente imerso na água menos a cabeça, do qual não se pode dizer que esteja totalmente imerso na água, nem totalmente fora dela; e de modo diverso ainda pelos animais, cuja alma está totalmente compreendida na matéria, mas é um tanto nobilitada; e de maneira diversa ainda pelas plantas, como também diversamente pelos minerais; diversamente, enfim, pela terra que por seus elementos é inteiramente matéria, sendo por isso impossível de ser comparada, sequer de longe, com a primeira simplicíssima e nobilíssima força, unicamente intelectual, isto é, Deus.

Embora sejam postas aqui gradações gerais, podem ser postas igualmente gradações específicas, ou seja, que nas almas humanas, uma recebe aquela em vez de outra. Como na ordem intelectual do universo se sobe e se desce por graus quase contínuos da ínfima forma até a mais elevada e da mais elevada até a ínfima, da mesma forma que ocorre na ordem dos sentidos; e como entre a natureza angélica, que é coisa intelectual, e a alma humana não existem graus intermediários, mas um que seja quase contínuo ao outro na ordem dos graus, e entre a alma humana e a alma mais perfeita dos animais irracionais também não existe meio algum; e vemos muitos homens tão vis e de condição tão baixa que não parecem ser quase outra coisa senão animal; assim deve-se dispor e crer firmemente que existe alguém tão nobre e de tão elevada condição que não seja quase outra coisa senão anjo. Caso contrário, a espécie humana não haveria de continuar em parte alguma, o que não pode ser. A esses é que Aristóteles, no sétimo livro da *Ética*, chama de divinos. E assim eu afirmo que é essa mulher, uma vez que a virtude divina desce sobre ela da mesma maneira que desce sobre os anjos.

Depois, quando digo, *E qualquer mulher gentil não acredita nisso*, provo isso pela experiência que se pode ter dela naquelas ações que são próprias da alma racional, na qual a luz divina brilha de modo mais intenso, ou seja, no falar e nos atos que costumam ser chamados procedimento e comportamento. Por isso cumpre saber que entre os animais somente o homem fala e tem procedimentos e atos que são chamados racionais, uma vez que somente ele tem em si razão. Se alguém quisesse contradizer isso, afirmando que algumas aves falam, como ocorre com alguns, sobretudo a pega e o papagaio, e que algum animal realiza atos ou procedimentos, como ocorre com o macaco e alguns outros, respondo que não é verdade que falem nem que tenham procedimentos, uma vez que não possuem razão, da qual essas coisas devem proceder; nem subsiste neles o princípio dessas operações, nem conhecem o que seja isso, nem pretendem com isso significar alguma coisa, mas somente representar aquilo que veem e ouvem, como é representada a imagem dos corpos em qualquer corpo luzidio, como no espelho. Por isso, como a imagem corporal que o espelho mostra não é verdadeira, assim também a imagem da razão, isto é, os atos e a fala que a alma irracional representa ou mostra não é verdadeira.

Digo que "qualquer mulher gentil não acredita naquilo que digo, que vá com ela e observe seus atos" – não digo "qualquer homem", uma vez que de modo mais oportuno [de mulher] pelas mulheres se adquire experiência do que pelo homem – e digo aquilo que ela haverá de observar nela, expondo aquilo que seu falar acarreta, bem como sua conduta, porque sua fala, por sua elevação e suavidade, gera na mente de quem a escuta um pensamento de amor, que denomino espírito celestial, uma vez que lá em cima está o princípio e de lá de cima provém seu significado, como já foi explicado antes. Desse pensamento se deduz com opinião segura que esta seja milagrosa mulher de virtude. Seus atos, por sua suavidade e por sua medida, fazem despertar amor e refletir em qualquer lugar em que haja boa disposição para acolher a semente de seu poder. Como se apresenta essa semente natural será explicado no tratado seguinte.

A seguir, quando digo *Dela se pode dizer*, pretendo mostrar como a bondade e a virtude de sua alma é boa e útil aos outros. Primeiro, como é útil às outras mulheres, dizendo: *Gentil é na mulher aquilo que nela se encontra.* Aí apresento para as mulheres evidente modelo, no qual podem mirar-se e, seguindo-o, tornar-se também gentis. Em segundo lugar, relato como ela é útil a todas as pessoas, dizendo que seu aspecto ajuda nossa fé, a qual, mais que todas as outras coisas, é útil a todo o gênero humano, aquela pela qual enfrentamos a morte eterna e conquistamos a vida eterna. Ela ajuda nossa fé. Entretanto, uma vez que o fundamento essencial de nosso fé são os milagres feitos por aquele que foi crucificado – o qual criou nossa razão e quis que fosse menor de seu poder – e depois foram feitos também, em seu nome, por seus santos; mas muitos são tão obstinados que têm como duvidosos esses milagres por alguma sombra e não acreditam em milagre algum sem ter experiência deles de modo visível; e uma vez que essa mulher é uma coisa visivelmente miraculosa, da qual os olhos dos homens podem ter experiência todos os dias e a nós torne possíveis os outros; é evidente que essa mulher, com seu admirável aspecto, ajuda nossa fé. Por isso é que no final digo *desde a eternidade*, isto é, eternamente, *foi concebida* na mente de Deus em testemunho da fé para aqueles que vivem nestes tempos. Assim termina a segunda parte [da segunda parte], de acordo com o sentido literal.

Capítulo VIII

Entre os efeitos da divina sabedoria o homem é o mais admirável, considerando como numa única forma a virtude divina uniu três naturezas e como deve ser sutilmente harmonioso seu corpo, estando organizado para essa forma por quase todas as suas virtudes. Porque, pela grande concórdia exigida entre tantos órgãos para se harmonizarem muito bem, poucos são os homens perfeitos entre tantos. Assim, esta criatura é admirável e certamente não só pelas palavras se deve recear ao tratar de sua condição, mas também com o pensamento, de acordo com essas palavras do *Eclesiástico*: “A sabedoria de Deus, que precede todas as coisas, a quem procurava?” E essas outras: “Coisas superiores a ti não pedirás e coisas mais fortes que tu não procurarás, mas pensa naquelas coisas que Deus te ordenou e, além disso, com relação a suas obras não sejas curioso”, ou seja, apreensivo.

Eu, portanto, que nesta terceira pequena parte pretendo falar de algumas condições dessa criatura, porquanto em seu corpo, por bondade da alma, aparece palpável beleza, começo temerosamente e inseguro, pretendendo, senão totalmente, ao menos alguma coisa desse imenso nó desenosar. Decido, portanto, uma vez que está esclarecido o sentido daquela pequena parte em que essa mulher é recomendada por parte da alma, prosseguir e ver como, quando digo *Coisas aparecem em seu aspecto*, eu a recomendo em relação ao corpo. Afirmo que em seu aspecto aparecem coisas que desvendam prazeres do paraíso. Entre todos os demais, o mais nobre e aquele que é início e fim de todos os outros é estar feliz sem nada pedir, e isso sim é ser bem-aventurado. Este prazer se encontra realmente, embora de modo diverso, no aspecto dela, porque, ao olhá-la, as pessoas se sentem felizes, tão docemente sua beleza alimenta os olhos daqueles que a olham; mas também por outro modo, porque a felicidade no paraíso é perpétua, coisa que não pode ser verificada em nenhum ser que vive nesta terra.

Entretanto, como alguém poderia perguntar onde aparece nela esse admirável prazer, distingo em sua pessoa duas partes, nas quais o agrado e o desagrado humanos mais aparecem. Por isso deve-se saber que a alma utiliza sua arte mais que em qualquer outra parte naquela em que mais se dispõe em adornar e nessa se empenha mais intensamente. Por isso vemos que no rosto do homem, onde mais empenha sua arte que em qualquer outra parte externa, tanto faz cuidadosamente que, para adelgaçar-se nesta parte quanto sua matéria pode tolerar, nenhum rosto é semelhante a outro, porque o último poder da matéria, que em quase todos é dessemelhante, aqui se reduz em ato. Por isso é que a alma opera no rosto sobretudo em dois lugares – uma vez que nesses dois lugares quase todas as três naturezas da alma têm jurisdição –, isto é, nos olhos e na boca. Aqueles adorna de modo especial e aqui empenha toda sua arte para atingir o belo, se puder. Nesses dois lugares afirmo que aparecem esses prazeres, ao dizer *em seus olhos e em seu doce sorriso*. Esses dois lugares, por bela semelhança, podem ser designados varandas da mulher que habita no edifício do corpo, isto é, a alma, uma vez que aqui, embora quase velada, muitas vezes se mostra.

Mostra-se nos olhos de modo tão evidente que, aquele que olhar bem, pode descobrir sua paixão do momento. Por isso, mesmo que sejam seis as paixões próprias da alma humana, mencionadas também pelo filósofo em seu livro de Retórica, ou seja, graça, zelo, misericórdia, inveja, amor e vergonha, de nenhuma delas a alma pode estar dominada que não transpareça na janela dos olhos, a menos que por grande virtude consiga ocultá-la em si. Por isso já houve quem se vazasse os olhos, para que a vergonha interior não transparecesse, por exemplo, como diz Statius[22] do tebano Édipo, ao referir que "com eterna noite resolveu seu condenável pudor". Mostra-se na boca, quase como cor no vidro. E que é rir, senão um relâmpago da alegria da alma, ou seja, uma luz que aparece externamente, refletindo o que vai por dentro? Entretanto, convém que o homem mostre sua alma na alegria moderada, convém rir moderadamente, com honesta seriedade e com reduzido movimento de seu rosto. Se for mulher, que se mostre como foi dito, parecendo modesta e não dissoluta. O livro das *Quatro virtudes cardeais* nos ensina a fazer isso: "Que teu riso seja sem gargalhadas", isto é, sem cacarejar como uma galinha. Ó admirável riso de minha mulher, da qual falo, que não se manifestava senão no olhar!

Afirmo que o Amor traz essas coisas aqui, como em seu lugar próprio. Em decorrência, pode-se considerar o amor de dois modos. Primeiro, o amor da alma, específico a esses lugares; segundo, o amor universal que dispõe as coisas a amar e a ser amadas e que a alma ordena para adornar esses lugares. Quando digo *Elas superam nosso intelecto*, desculpo-me a respeito, porquanto parece pouco provável que eu trate de tal excelência de beleza, superando-a, e digo que pouco falo dela por duas razões. A primeira é que essas coisas que aparecem em seu aspecto superam nosso intelecto, isto é, o humano, e explico como esse superar ocorre, ou seja, do mesmo modo que o sol supera o frágil semblante, e até mesmo o sadio e forte. A segunda é que não se pode fitá-las por longo tempo, porque então a alma se embriaga de modo que, de imediato, depois de deixar de olhar, perturba-se em toda sua ação.

Depois, quando digo *Sua beleza chove faíscas de fogo*, recorro para tratar de seu efeito, porquanto não se pode tratar dela inteiramente. Por isso deve-se saber que, de todas aquelas coisas que superam nosso intelecto, de modo que não pode ver aquilo que são, é de todo conveniente tratar por meio de seus efeitos e, portanto, de Deus, das substâncias distintas, da primeira matéria. Tratando desse modo, poderemos chegar a um conhecimento aproximado.

Entretanto, digo que a beleza dela *chove faíscas de fogo*, ou seja, ardor de amor e de caridade; *animadas de um espírito gentil*, isto é, ardor específico de um espírito gentil, ou seja, apetite direto, pelo

(22) Passagem constante da obra Thebais, de Publius Papinius Statius (45-96 d.C.).

qual e do qual tem origem o bom pensamento. Não faz somente isso, mas desfaz e destrói seu oposto – dos bons pensamentos -, ou seja, os vícios inatos, os quais são inimigos sobretudo dos bons pensamentos.

Aqui convém saber que certos vícios subsistem no homem porque a eles está naturalmente disposto – como alguns por um impulso colérico estão dispostos à ira – e esses vícios são inatos, ou seja, congênitos. Outros vícios são consuetudinários, dos quais não tem culpa o impulso mas o costume, como a intemperança, sobretudo do vinho. Para fugir e vencer esses vícios contrapõe-se os bons costumes e, por meio desses, o homem se torna virtuoso, sem sentir dificuldade em sua moderação, como diz o filósofo no segundo livro da Ética.

Na verdade, essa diferença subsiste entre as paixões congênitas e as consuetudinárias, uma vez que as consuetudinárias são totalmente eliminadas pelos bons costumes. Seu princípio, no entanto, ou seja, o mau costume, pelo contrário, perde força. As congênitas, porém, cujo princípio é a natureza daquele que é dominado pela paixão, muito embora se tornem leves pelos bons costumes, não são eliminadas totalmente quanto à predisposição. Desaparecem totalmente, porém, quanto à prática real, uma vez que o costume não tem tanta força quanto a natureza, na qual reside o princípio delas. Entretanto, é mais louvável o homem de natureza pior que se mantém e se governa contra o ímpeto da natureza, do que aquele de natureza melhor que se mantém em boa conduta ou, quando se desvia, retorna a ela, do mesmo modo que é merecedor de mais elogios aquele que cavalga um mau cavalo do que aquele que cavalga um dócil. Digo, portanto, que essas faíscas que chovem de sua beleza, como foi dito, eliminam os vícios inatos, isto é, congênitos, para dar a entender que sua beleza tem poder de renovar a natureza daqueles que olham para ela, o que é coisa milagrosa. Isto confirma aquilo que expus no capítulo anterior, quando afirmo que ela é auxiliadora de nossa fé.

Por fim, quando digo, *Por isso qualquer mulher vê sua beleza*, concluo, como forma de admoestar a outrem, mostrando o fim para o qual foi feita tamanha beleza e digo que qualquer mulher que ouve lastimar por menos sua beleza, que olhe para esse perfeitíssimo exemplo. Com isso deve-se entender que não foi feita somente para melhorar o bem, mas também para transformar em coisa boa a má. Acrescentei no final: *Ela pensou em quem criou o universo*, isto é, Deus, para dar a entender que por proposição divina a natureza produziu esse efeito. Assim termina toda a segunda parte principal desta canção.

Capítulo IX

A ordem do presente tratado requer – porque as duas partes desta canção para mim estão explicadas, como foi minha intenção fazê-lo – que se prossiga com a terceira, na qual pretendo eximir a canção de uma recriminação que poderia ser considerada contrária a ela e a isso que falo. Isso porque eu, antes de elaborar sua composição, parecendo-me essa mulher comportar-se em relação a mim de um modo um tanto superior e orgulhoso, compus uma pequena balada, na qual chamei essa mulher de orgulhosa e desapiedade, o que parece ser contrário ao que foi explicado há pouco.

Entretanto, dirijo-me à canção e, sob forma de ensinar-lhe como se deve justificar, justifico aquela. Esta é uma figura que, quando se fala às coisas inanimadas, é chamada pelos oradores de prosopopeia. Com muita frequência é usada pelos poetas. Esta terceira parte começa desse modo: *Canção, parece que tu falas o contrário.* Para dar a entender mais facilmente o conteúdo dela, convém dividi-la em três pequenas partes: a primeira propõe que a desculpa é necessária; a segunda apresenta a desculpa, quando diz: *Tu sabes que o céu*; por fim, falo à canção como a pessoa conhecedora daquilo que deve fazer, quando digo: *Quando for preciso, desculpa-te desse modo.*

Inicio, portanto, dizendo: "Ó canção, que falas dessa mulher com tantos elogios, parece que és contra uma irmã tua". Digo "irmã" por semelhança, porque, como irmã é designada aquela mulher que é gerada por um mesmo genitor, assim o homem pode designar "irmã" a obra realizada por um mesmo autor. Isso porque, de algum modo, nossa obra é geração. Digo que parece que fale contra aquela, ao dizer: Tu tornas essa humilde e aquela se comporta como uma soberba, isto é, *altiva e desdenhosa*, o que é a mesma coisa. Uma vez proposta esta acusação, argumento a justificativa com um exemplo, no qual, algumas vezes, a verdade se afasta da aparência e, outras vezes, tornam-se possíveis mais interpretações. Digo: *Tu sabes que o céu é sempre luzidio e claro*, isto é, sempre com claridade, mas por alguma razão, vez por outra, é lícito dizer que é tenebroso. Aqui deve-se saber que, propriamente, a cor e a luz são visíveis, como escreve Aristóteles no segundo livro da *Alma* e no livro do *De sensu et sensato.* Outra coisa também é visível, mas não em sentido próprio, uma vez que também outro sentido a sente, como a figura, o tamanho, o número, o movimento, o estar parado e são chamados sensitivos comuns; essas coisas são captadas por mais de um sentido.

A cor e a luz, porém, são visíveis em sentido próprio, porque as captamos somente com a vista e não com outro sentido. Essas coisas visíveis, tanto as próprias como as comuns enquanto são visíveis, entram nos olhos – não digo as coisas, mas suas formas – por meio da transparência, não realmente mas em sua imagem, quase como em vidro transparente. Na água que existe na pupila do olho, esse discurso, que torna a forma visível pela metade, se comprova porque aquela água tem um apoio – quase como o espelho que é vidro apoiado no chumbo – de modo que não pode passar mais, mas aqui, como se fosse uma bola, ao ser batida se fixa; dessa maneira, a forma que no meio transparente não parece, na água parece luzidia e sustentada. Isso explica porque no vidro com camada de chumbo a imagem aparece e não em outra coisa. Dessa pupila, o espírito visual, que é continuado por essa, na parte da frente do cérebro, onde está a força sensível como no princípio de uma fonte, a reapresenta de imediato e subitamente, e assim conseguimos ver. Para que a visão seja verdadeira, ou seja, idêntica à coisa visível em si, é necessário que o meio pelo qual a forma chega ao olho esteja sem qualquer cor e de modo semelhante a pupila, caso contrário a forma visível seria tingida com a cor do meio e com aquela da pupila. Entretanto, aqueles que quiserem fazer aparecer as coisas no espelho com alguma cor, devem interpor essa cor entre o vidro e o chumbo, de modo que o vidro fica impregnado com ela. Na verdade, Platão e outros filósofos afirmaram que nosso ver não existia porque o visível chegasse ao olho, mas porque a força visiva se dirigia para fora em direção ao visível. Esta opinião é descartada como falsa pelo filósofo no livro *De Sensu et Sensato*.

Descrito o mecanismo da vista, facilmente pode-se verificar que, embora a estrela seja sempre de um teor claro e luzidio e não sofra mutação alguma senão de movimento próprio, como é provado no livro *De Celo et Mundo*, pode parecer não clara e não resplendente por vários motivos. Por isso pode parecer assim por causa do meio que muda continuamente. Esse meio muda de muita luz para pouca luz, como na presença do sol e na sua ausência. Em sua presença, o meio, que é diáfano, fica tão cheio de luz que resplandece mais que a estrela e por isso essa não parece mias resplandecente. Esse meio muda também de sutil em espesso, de seco em úmido, por causa dos vapores da terra que sobem continuamente. Esse meio, assim modificado, muda a imagem da estrela que chega através dele, pela espessura em obscuridade e, pelo úmido e pelo seco, em cor.

Pode parecer assim também para o órgão visual, ou seja, o olho, que por enfermidade e por fadiga modifica para alguma coloração ou para alguma debilidade. Isso ocorre muitas vezes porque a membrana da pupila está injetada de muito sangue, por algum defeito derivado de enfermidade, e as coisas parecem quase todas rubicundas e por isso a estrela parece colorida. Estando a vista debilitada, ocorre nela alguma desfocalização, de modo que as coisas não parecem unidas mas desfocadas, quase da mesma forma que ocorre com nossa letra sobre o papel úmido. Isso ocorre com muitos que, quando querem ler, afastam os escritos dos olhos, para que a imagem entre nos olhos mas facilmente e mais sutil. Com isso a letra se torna mais nítida para a vista. Entretanto, a estrela também pode parecer desfocada. Tive experiência disso no mesmo ano em que compus esta canção. De fato, por ter fatigado demasiadamente a vista, de tanto ler, enfraqueci de tal modo os espíritos visivos que todas as estrelas me pareciam sombreados de algum alvor. Por meio de longo repouso em locais obscuros e frios e aplicando água límpido no corpo dos olhos, recuperei a qualidade que estava desfocada e retornei ao bom estado original da vista. Desse modo, são muitas as causas, pelas razões descritas, de que a estrela possa parecer de forma diversa do que ela é.

Capítulo X

Afastando-me desta digressão, que foi necessária para chegar à verdade, volto ao tema e afirmo que, como nossos olhos "chamam", isto é, julgam, a estrela por vezes de modo diverso daquilo que é sua real condição, assim aquela pequena balada considerou essa mulher segundo a aparência, em desacordo coma a verdade pela enfermidade da alma, que estava dominada por desejo exagerado. Deixo claro isso quando digo: *Porque a alma temia*, de modo que me parecia altivo o que via em sua presença.

Disso deve-se deduzir que, quanto mais o agente se une ao paciente, tanto mais forte se torna por isso a paixão, como se pode depreender daquilo que afirma o filósofo no livro *De Generatione*. Desse modo, quanto mais a coisa desejada se aproxima daquele que a deseja, tanto maior é o desejo, e a alma, mais dominada pela paixão, mais se une à parte concupiscível e mais se afasta da razão, de forma que então não julga a pessoa como homem, mas quase como outro animal, somente segundo a aparência, não discernindo a verdade. Esse é o motivo pelo qual o semblante, honesto segundo a verdade, nos parece desdenhoso e altivo. Aquela pequena balada falou de acordo com esse julgamento devido aos sentidos. Nisso se entende claramente porque esta canção considera essa mulher segundo a verdade, uma vez que discorda daquela. Não é sem motivo que digo: *que ela me parece* e não, *onde me parece*. Nisso, porém, quero dar a entender a grande força que seus olhos tinham sobre mim, porque, como se me tivesse tornado transparente, o raio deles me atravessava por todos os lados. Aqui poderiam ser invocadas razões naturais e sobrenaturais, mas por enquanto é suficiente o que foi dito; em outro local explicarei isso de modo mais condizente.

Depois, quando digo: *Desculpa-te desse modo quando for preciso*, imponho à canção, pelas razões assinaladas, que "se desculpe quando for necessário", isto é, sempre que alguém duvidasse por causa dessa contradição. Não se trata de dizer outras coisas, senão que alguém, duvidando que esta canção esteja em desacordo com aquela balada, que considere esse motivo apresentado. Na retórica, essa figura é muito elogiada e também é necessária, quando as palavras são dirigidas a uma pessoa e a intenção, a outra, porquanto prevenir é sempre louvável e necessário, mas nem sempre se configura de modo conveniente na boca de qualquer um. Por isso, quando o filho toma conhecimento do vício do pai e quando o súdito chega a conhecimento do vício do senhor, e ainda, quando o amigo sabe a vergonha que tomaria conta do amigo ou que diminuiria sua honra ao admoestá-lo, ou sabe que seu amigo não tem paciência mas reage com furor à admoestação, esta figura é belíssima e muito útil e pode ser chamada "dissimulação". É semelhante à ação daquele sábio guerreiro que combate o castelo de um lado para tirar a defesa do outro, porque não devem ser colocadas de um só lado a intenção do auxílio e a batalha.

Além disso, imponho a ela que peça a palavra para falar dela a essa mulher. Com isso pode-se entender que o homem não deve apressar-se em elogiar os outros, sem prestar bem atenção se a pessoa elogiada lhe é simpática, porque muitas vezes, acreditando tecer elogios a alguém, acaba-se por recriminá-lo, seja por falha do orador, seja por falha de quem o ouve. Por isso convém ter muita discrição. Essa discrição é quase como pedir licença, observando-se o que exijo que esta canção peça. Assim termina todo o sentido literal deste tratado porque a ordem da obra já exige prosseguir, seguindo a verdade, com a exposição alegórica.

Capítulo XI

Como a ordem exige ainda voltar ao início, afirmo que esta mulher é aquela senhora do intelecto, chamada Filosofia. Como, porém, os elogios naturalmente despertam o desejo de conhecer a pessoa elogiada; e conhecer a coisa seja saber o que ela é, considerada em si e em todas as suas causas, como diz o filósofo no início do livro da Física; e como o nome, por si só, não o esclarece de modo suficiente, embora o que significa, como escreve no quarto livro da Metafísica (onde diz que a definição é aquela razão que o nome significa), seja necessário dizer aqui, antes de prosseguir além para mostrar seus elogios, que é isto que se chama Filosofia, ou seja, aquilo que esse nome significa. Demonstrada essa, com mais eficácia se haverá de tratar a presente alegoria. Antes falarei de quem por primeiro conferiu este nome; depois prosseguirei com sua significação.

Devo dizer, portanto, que antigamente na Itália, quase no início da construção de Roma, que ocorreu setecentos e cinquenta anos, pouco mais ou menos, antes que viesse o Salvador, segundo escreve Paulo Orósio, quase na época de Numa Pompílio, segundo rei dos romanos, vivia um nobilíssimo filósofo, chamado Pitágoras. Que ele vivesse nessa época, parece que diga alguma coisa incidentalmente Tito Lívio na primeira parte de seu livro. Antes de Pitágoras, os seguidores da ciência não eram chamados filósofos mas sábios, como aqueles sete sábios antiquíssimos que todos ainda citam por sua fama: o primeiro deles se chamava Sólon, o segundo Quílon, o terceiro Periandro, o quarto Cleóbulo, o quinto Líndio, o sexto Biante, e o sétimo Prieneu.

Este Pitágoras, perguntado se ele se reputava sábio, negou atribuir-se esse vocábulo e respondeu que não era sábio, mas amante de sabedoria. Aconteceu depois, portanto, que todo estudioso de sabedoria fosse chamado "amante de sabedoria", isto é, "filósofo", porque o termo grego "philos" equivale ao latino "amor" e, portanto, dizemos "philos" como amor e "sophos" como sábio. Com isso se pode constatar que estes dois vocábulos formam o designativo "filósofo", que é a mesma coisa que dizer "amante de sabedoria"; pode-se notar que não é vocábulo de arrogância, mas de humildade. Deste surge o vocábulo de seu ato próprio, Filosofia, come de amigo surge o vocábulo de seu próprio ato, ou seja, amizade. Disso decorre, considerando o significado do primeiro e do segundo vocábulo, que Filosofia não é outra coisa senão amizade para com a sabedoria ou para com o saber; por isso alguém, em certa medida, pode ser definido filósofo de acordo com o natural amor que nele gera o desejo de saber.

Como, porém, as paixões essenciais são comuns a todos, essas não são descritas com vocábulos distintos para diferenciar o maior ou menor envolvimento em sua essência. Em outros termos, não dizemos Gianni amigo de Martino, pretendendo significar somente a natural amizade pela qual todos somos amigos de todos, mas a amizade acima da natural que surge e que é própria e distinta em pessoas particulares.

De igual modo, não é dito filósofo alguém que possui o amor comum do saber. Na opinião de Aristóteles, expressa no oitavo livro da Ética, é dito amigo aquele cuja amizade não é velada para a pessoa amada e a quem a pessoa amada também corresponde em amizade, de modo que a benevolência subsiste de ambas as partes. E isso costuma ocorrer por utilidade ou por afeto ou por honestidade. Assim também, para que seja filósofo, é necessário que haja amor à sabedoria que torna uma das partes benevolente; é necessário que haja o estudo e a solicitude que tornam também a outra parte benevolente, de modo que surge entre elas familiaridade e manifestação de benevolência. Por essa razão, sem amor e sem estudo não pode alguém ser dito filósofo, mas é necessário que ambos existam.

Assim como a amizade por afeto ou por utilidade não é amizade verdadeira, mas ocasional, como está escrito no livro da Ética, assim também por afeição ou por utilidade não é verdadeira filosofia, mas ocasional. Por isso não deve ser classificado como verdadeiro filósofo alguém que, por alguma afeição, seja amigo de alguma parte da sabedoria, como os numerosos que se deleitam em ouvir canções e estudá-las, que se deleitam em estudar retórica ou música, mas se afastam e abandonam as outras ciências que são todas membros da sabedoria. Nem deve ser chamado verdadeiro filósofo aquele que é amigo da sabedoria por utilidade, como os legistas, os médicos e quase todos os religiosos que não estudam para saber, mas para adquirir riqueza ou dignidade. Aqueles que lhes dessem aquilo que pretendem adquirir, cessariam de aplicar-se ao estudo. Assim como entre as espécies de amizade aquela que se configura por utilidade pode ser como menos amizade, assim também esses participam menos do designativo de filósofo do que qualquer outra pessoa. Por essa razão, como a amizade feita por honestidade é verdadeira, perfeita e perpétua, assim também a filosofia é verdadeira e perfeita quando é gerada somente por honestidade ou nobreza de ânimo, sem outra motivação, e por bondade da alma amiga, que tende ao desejo correto e à reta razão.

Aqui já se pode dizer que, como a verdadeira amizade dos homens entre si é que cada um ame inteiramente o outro, o verdadeiro filósofo ama cada parte de sua sabedoria e a sabedoria ama cada parte do filósofo, porquanto o envolve totalmente e não deixa expandir nenhum outro pensamento seu a outras coisas. Por isso a própria sabedoria diz nos *Provérbios* de Salomão: "Eu amo aqueles que me amam." Como a verdadeira amizade, abstraída da alma e considerada só em si mesma, tem por objeto o conhecimento do operar correto e, por forma, o desejo deste, assim a filosofia, fora da alma, considerada em si mesma, tem por objeto a compreensão e, por forma, um amor quase divino pelo intelecto. Como a virtude é causa eficiente da verdadeira amizade, assim a verdade é causa eficiente da filosofia. Assim como o fim da amizade verdadeira é o amor sincero que procede da convivência segundo o modo próprio da humanidade, isto é, segundo a razão, como escreve Aristóteles no nono livro da Ética, de igual modo a Filosofia é aquele excelso amor que não sofre interrupção alguma ou falha, ou seja, verdadeira felicidade que se adquire pela contemplação da verdade. Desse modo, já se pode ver quem é essa minha mulher, por todas as suas causas e por sua razão, e porque se chama Filosofia, bem como quem é verdadeiro filósofo e quem o é ocasionalmente.

Como, porém, por alguma exaltação do ânimo, por vezes um e outro termo dos atos e das paixões são designados tanto pelo vocábulo do próprio ato como por aquele da paixão (como faz Virgílio no segundo livro da *Eneida*, ao chamar Eneias "Ó luz", que era ato, e "esperança dos troianos", que é paixão, porque ele não era luz nem esperança, mas fonte de onde provinha a luz do conselho, e era meta em que repousava toda a esperança da salvação deles; como diz Statius no quinto livro da *Tebaida*, quando Isífiles fala a Arquimoro: "Ó consolo das coisas e da pátria perdida, ó honra de meu serviço"; como dizemos todos os dias mostrando o amigo, "vê minha amizade", e o pai diz ao filho "meu amor"), por duradouro costume as ciências, nas quais a Filosofia mais explicitamente tem influência, são chamadas pelo nome dela, como a ciência natural, a moral e a metafísica; esta última, uma vez que com mais necessidade e com mais insistência dirige seu olhar para aquela, é chamada também Primeira Filosofia. Pode-se, portanto, constatar como, de modo secundário, as ciências são chamadas Filosofia.

Visto como a primitiva e verdadeira filosofia está em seu ser – que é aquela mulher de que falo – e como seu nobre nome por costume conferido às ciências, prosseguirei com seus elogios.

Capítulo XII

No primeiro capítulo deste tratado foi explicado de modo completo o motivo que me induziu a compor esta canção e não há mais necessidade de tornar a explicar, uma vez que pode ser reduzida com bastante facilidade a essa explicação. Entretanto, segundo as divisões feitas, descartarei o sentido literal, referindo-me a ele somente quando necessário.

Digo: *Amor que em meu intelecto pensa*. Por Amor entendo o estudo com que me dedicava para conquistar o amor dessa mulher. Convém saber que estudo pode ser considerado aqui de dupla maneira. Há um estudo que leva o homem a adquirir o hábito da arte e da ciência; o outro estudo, uma vez adquirido o hábito dele, nos familiariza com o próprio estudo. O primeiro é aquele que designo aqui Amor, o qual transmitia em minha contínuas, novas e elevadas considerações sobre essa mulher, como foi mostrado anteriormente, como costume fazer o estudo que é empenhado para conquistar uma amizade, considerando primeiramente grandes coisas dessa amizade e desejando-a. Este é aquele estudo e aquela afeição que costuma provocar nos homens o surgimento da amizade, quando de uma parte já surgiu o amor e se deseja e se procura que ocorra o mesmo da outra parte. Por isso é que, como foi dito há pouco, existe Filosofia quando a alma e a sabedoria se tornaram amigas, de modo que uma seja inteiramente amada pela outra. Não é mais necessário esclarecer pela presente exposição esta primeira estrofe, que foi explicada como proêmio na exposição literal; por sua primeira razão, porém, com bastante facilidade pode conferir compreensão a esta segunda.

Por isso deve-se prosseguir da segunda estrofe, que inicia realmente o tratado, no ponto em que digo: *Não vê o Sol que o mundo todo gira*. Aqui convém saber como, falando do concreto para significar o abstrato, se trata de modo conveniente, assim como convém tratar o inteligível para significar o ininteligível. Entretanto, como no sentido literal se falava começando pelo sol corporal e concreto, assim agora convém falar do sol espiritual e inteligível, que é Deus.

Nenhuma realidade em todo o mundo é mais digna que o Sol para ser apresentado como modelo de Deus. O Sol ilumina de luz real primeiramente a si mesmo e depois a todos os corpos celestes e a todos os elementos. De igual modo, Deus ilumina primeiramente a si mesmo com luz intelectual e depois as criaturas celestiais e as outras inteligíveis. O Sol vivifica todas as coisas com seu calor e se corrompe alguma, não é por causa intencional, mas é efeito acidental. Assim Deus vivifica todas as coisas em bondade e, se alguma é má, isso não provém da intenção divina, mas é necessário também que ocorra algum acidente no processo do mencionado efeito. Se Deus criou os anjos bons e os maus, não criou a ambos por intenção, mas somente os bons. Fora da intenção manifestou-se, portanto, a maldade dos anjos rebeldes, mas não tanto fora da intenção que Deus não soubesse antes prever sua maldade; tamanha foi no entanto a afeição para criar a criatura espiritual, que a presciência de que alguns haveriam de chegar a um mau fim, não devia nem podia dissuadir a Deus dessa criação. Isso porque não se deveria elogiar a natureza se, sabendo antes que as flores de uma árvore haveriam de em parte perder-se, não produzisse naquelas flores e se abstivesse de produzir as flores destinadas a transformar-se em frutos.

Afirmo, portanto, que Deus, que tudo compreende (porque seu "girar" é seu "compreender"), não vê coisa tão gentil quanto vê quando olha para onde está esta Filosofia. Porque, embora Deus, ele próprio olhando, veja tudo em seu conjunto, porquanto a distinção das coisas nele subsiste enquanto o efeito está na causa, vê essas coisas distintas. Vê esta, portanto, absolutamente como a mais nobre de todas, porquanto a vê perfeitissimamente em si e em sua essência. Porque, se aquilo que foi dito antes, se reduz à memória, filosofia é um amoroso uso da sabedoria, o qual está de modo supremo em Deus, porquanto nele está a supremo sabedoria, supremo amor e supremo ato e que não pode existir em outro, senão enquanto dele procede. Por isso a filosofia, ciência divina, pertence à essência divina, uma vez que nele não pode haver coisa acrescida à sua essência. Além disso, é nobilíssima, uma vez que a essência divina é nobilíssima e está nele de modo perfeito e verdadeiro, quase por eterno matrimônio. Nas outras inteligências está em modo menor, quase como concubina, com a qual nenhum amante tem alegria completa, mas que em sua presença satisfaz seus desejos. Por isso se pode dizer que Deus não vê, isto é, não compreende coisa alguma tão gentil quanto esta. Digo coisa alguma, porquanto vê e distingue as outras coisas, como foi dito, contemplando-se como sendo causa de tudo. Ó nobilíssimo e excelentíssimo coração que está incluído na esposa do imperador do céu, e não somente esposa, mas irmã e filha diletíssima.

Capítulo XIII

Visto como, no início do elogio dela, sutilmente se diz que ela é da essência divina, enquanto é considerada em primeiro lugar, cumpre prosseguir e ver em segundo lugar como ela está nas inteligências criadas. Por isso digo: *Todo intelecto lá de cima a olha*. Convém explicar que digo "lá de cima", estabelecendo relação com Deus que é mencionado antes. Por isso excluo as inteligências que estão exiladas da pátria celeste, as quais não podem filosofar, uma vez que o amor está totalmente apagado nelas e, para filosofar, como já foi dito, é necessário amor. Por isso se observa que as inteligências infernais estão privadas da presença dessa belíssima. Uma vez que ela é felicidade do intelecto, sua privação é extremamente amarga e cheia de tristeza.

Depois, quando digo: *E essas pessoas que aqui se enamoram*, pretendo mostrar como na inteligência humana ela surge uma segunda vez. Essa filosofia humana, continuo depois recomendando-a no decorrer do tratado. Digo, portanto, que as pessoas que se enamoram "aqui", isto é, nesta vida, a sentem em seu pensamento, não sempre, mas quando o amor leva a sentir sua paz.

Cumpre salientar três coisas que são tocadas neste texto. A primeira é quando se diz: *as pessoas que aqui se enamoram*, porque parece que se faça uma distinção na espécie humana. Deve-se necessariamente fazê-la porque, segundo se observa de modo evidente, e no tratado seguinte será explicado, a maior parte dos homens vive mais segundo os sentidos do que segundo a razão. Para aqueles que vivem segundo os sentidos, é impossível enamorar-se dela porque não conseguem ter nenhum conhecimento a respeito dela.

A segunda transparece quando diz: *Quando o amor se faz sentir*, onde parece fazer-se distinção de tempo. Essa coisa também deve ser feita porque, embora as inteligências separadas olhem essa mulher continuamente, a inteligência humana não pode fazer isso, uma vez que a natureza humana – fora da especulação, da se satisfaz o intelecto e a razão – são necessárias muitas coisas para seu sustento, porque nossa sabedoria é por vezes somente latente e não atuada, o que não ocorre com as outras inteligências que são perfeitas exclusivamente de natureza intelectiva. Por isso, quando nossa alma não produz ato de especulação, não se pode dizer que esteja realmente em filosofia, senão enquanto tem aquela latente e o poder de despertá-la. Entretanto, por vezes é com essas pessoas que aqui se enamora, por vezes não.

A terceira é quando diz o momento em que essas pessoas estão com ela, isto é, quando o amor faz sentir sua paz, o que não quer dizer outra coisa senão o momento em que o homem está em especulação real, uma vez que somente no ato da especulação é que o estudo faz sentir a paz dessa mulher. Desse modo se observa que esta mulher é primeiramente de Deus e de modo secundário das outras inteligências distintas, por meio da contemplação assídua; e junto à inteligência humana, por meio de contemplação descontínua. Realmente, o homem que tem essa como mulher deve ser sempre chamado filósofo, não obstante que não esteja sempre dedicado ao último ato de filosofia ou à contemplação especulativa. Por isso dizemos que alguém é virtuoso, não somente porque pratica a virtude, mas porque tem o hábito da virtude, e dizemos que o homem é eloquente, mesmo que não fale, mas porque tem o hábito da eloquência, isto é, de falar bem. Dessa filosofia, enquanto partícipe da inteligência humana, os comentários seguintes já poderão mostrar quanto bem ela confere à natureza humana.

Logo a seguir digo: "Seu ser tanto àquele que o criou" (do qual, como da fonte primeira, deriva), "que infunde nela sempre sua força, além da capacidade de nossa natureza", tornando bela e virtuosa. Por isso, embora alguns consigam ter o hábito dela, não se chega a isso por algum hábito que realmente possa configurar-se como tal, uma vez que o primeiro estudo, isto é, aquele pelo qual o hábito é criado, não pode adquiri-la de modo perfeito. Aqui se vê se não é digna de ser elogiada por sua humildade, porque, perfeita e imperfeita, não perde o nome de perfeição. Por essa sua ilimitação se diz que a alma da filosofia *manifesta-o naquele em que ela aparece*, isto é, que Deus sempre transfere para ela algo de sua luz. Como antes foi dito que o amor é forma de filosofia, por isso aqui é dita sua alma. Esse amor evidente está no semblante da sabedoria, ao qual confere admiráveis belezas, isto é, contentamento em qualquer situação existencial e desprezo daquelas coisas a cujo domínio os outros se submetem. Por isso acontece que os outros infelizes que contemplam isso, repensando sua falha, depois do desejo da perfeição, caem em angústia cheia de suspiros; e isso é aquilo que diz: *Que os olhos daqueles em que ela é luz enviam ao coração mensagens cheias de desejos que crescem e se tornam suspiros.*

Capítulo XIV

Assim como na exposição literal, após os elogios gerais se desce aos especiais, primeiro em relação à alma e depois em relação ao corpo, assim também agora o texto pretende, depois das recomendações gerais, descer a especiais. Como foi dito antes, a Filosofia tem aqui por objeto a sabedoria e, por forma, tem o amor e, como composto de uma e outro, o uso da especulação. Por isso no verso que começa da maneira seguinte: *Nela baixa a virtude divina*, pretendo recomendar o amor que é parte da filosofia. Cumpre aqui saber que descer a virtude de uma coisa em outra não é outra coisa senão reduzir aquela à sua semelhança. Como observamos de modo manifesto nos agentes naturais que, ao baixar sua virtude nas coisas receptivas, as tornam semelhantes a eles, tanto quanto seja possível para elas chegarem a isso. Por isso constatamos que o sol, ao baixar seu raio sobre a terra, reduz as coisas à sua semelhança em relação à luz, tanto quanto essas, por sua disposição, possam de sua força receber luz.

Assim afirmo que Deus reduz esse amor à sua semelhança, tanto quanto é possível que esse possa a ele assemelhar-se. A qualidade da redução é evidenciada ao dizer: *Como acontece com o anjo que o vê*. Também aqui convém saber que o primeiro agente, isto é, Deus, impele sua força em coisas por meio de raio direto e em coisas por meio de esplendor reverberado; por isso nas inteligências celestiais a luz divina resplende sem meio e nas outras se reflete dessas inteligências por primeiro iluminadas.

Como aqui são mencionados luz e esplendor, para perfeita compreensão mostrarei a diferença desses dois vocábulos, segundo a opinião de Avicena. Os filósofos costumam chamar "luz" a claridade, enquanto ela está em seu princípio como fonte; costumam designar "raio", enquanto ele está na função de meio, do princípio ao primeiro corpo ao qual se destina; costumam denominar "esplendor", enquanto ele é refletido sobre outro corpo iluminado. Afirmo, portanto, que a força divina atraiu esse amor à sua semelhança sem meio. Isso pode tornar-se evidente sobretudo em que, como o amor divino é inteiramente eterno, convém desse modo que seja eterno seu objeto de necessidade, de tal forma que sejam coisas eternas aquelas que ele ama, e assim leva esse amor a amar, porque a sabedoria, na qual esse amor termina, é eterna. Por isso dela está escrito: "Desde o princípio, antes dos séculos fui criada e no século futuro não haverei de desaparecer". E nos *Provérbios* de Salomão, a própria sabedoria diz: "Desde a eternidade fui estabelecida". No início do *Evangelho* de João pode-se notar claramente sua eternidade.

Daqui decorre que em qualquer lugar onde esse amor resplende, todos os demais amores se tornam obscuros e quase apagados, uma vez que seu objeto eterno vence e supera de modo desproporcional os outros objetos. Por essa razão os excelsos filósofos o demonstram abertamente em seus atos, pelos quais sabemos que eles descuraram todas as outras coisas, exceto a sabedoria. Por isso Demócrito, descurando-se a si próprio, não cortava a barba, nem os cabelos, nem as unhas; Platão, despreocupando-se dos bens temporais, renunciou à dignidade real, sendo filho de rei; Aristóteles, não se preocupando com outro amigo, combateu contra seu melhor amigo – exceto aquela -, contra o citado Platão. Por que falamos desses, quando sabemos de outros que, por esses pensamentos, desprezaram sua vida, como Zenon, Sócrates, Sêneca e muitos outros?

Entretanto, é evidente que a força divina, do mesmo modo que nos anjos, nesse amor desce nos homens. E para transmitir experiência a respeito, o texto grita a seguir: *E qualquer mulher gentil que não crer nisso, que vá com ela e observe.* Por mulher gentil entende-se a nobre alma de engenho e livre em seu próprio poder, que é a razão. Por isso as outras almas não podem ser ditas senhoras, mas servas, uma vez que não são para elas, mas para outras; e o filósofo diz, no segundo livro da Metafísica, que livre é aquela coisa que por sua causa o é, não pela dos outros.

Diz: *Vá com ela e observe seus atos,* isto é, que se faça acompanhar desse amor e olhe aquilo que dentro dele encontrar. Em parte diz respeito a nós, ao dizer: *Aí onde ela fala, desce,* isto é, onde a filosofia está em ato, desce um pensamento celestial, no qual se observa que essa é mais que uma realização humana; e diz "do céu", para dar a entender que não somente ela, mas os pensamentos amigos daquela são abstraídos das coisas baixas e terrenas.

A seguir fala como ela aumenta e acende amor onde quer que se mostre com a suavidade dos atos, porque toda a sua aparência é honesta, suave e sem qualquer excesso. Logo depois, para causar maior impressão com sua companhia, diz: *Gentil é na mulher o que nela se encontra, e belo é tudo aquilo que a ela se assemelha.* E acrescenta: *Pode-se dizer que seu olhar ajuda.* Cumpre salientar aqui que o olhar dessa mulher foi com tal intensidade dirigido para nós, não somente para ver o semblante que deixa transparecer, mas também para desejar e conquistar as coisas nele tem ocultas. Por isso, pelo mesmo motivo que, graças a ela, são compreendidas e são aceitas realidades que – se ela não nos fosse dada – pareceriam incríveis, existem eventos incríveis e miraculosos que, graças a ela, parecem de todo aceitáveis. Daí tem origem nossa fé, da qual provém a esperança, que é o desejar predisposto; e por ela a caridade opera. Por essas três virtudes se ascende para filosofar naquelas Atenas celestiais, onde os estoicos, os peripatéticos e os epicureus de modo concorde acorrem para a luz da verdade eterna.

Capítulo XV

No capítulo precedente essa gloriosa mulher é recomendada por uma de suas partes componentes, isto é, amor. Agora neste pretendo expor a estrofe que começa desse modo: *Coisas aparecem em seu semblante.* Nele convém recomendar sua outra parte, isto é, sabedoria. O texto diz "que em seu semblante aparecem coisas que mostram prazeres do paraíso" e indica o local em que aparecem, ou seja, nos olhos e no sorriso. Aqui convém saber que os olhos da sabedoria são suas demonstrações, por meio das quais se vê a verdade de modo transparente; o seu sorriso é sua persuasão, por meio da qual é mostrada a luz interior da sabedoria, de um modo algo velado. Nessas duas coisas sente-se aquele prazer sumamente elevado de beatitude, o qual é bem máximo no paraíso.

Este prazer aqui na terra em outra coisa não pode consistir senão em olhar nesses olhos e nesse sorriso. O motivo é que, desde que qualquer coisa deseja naturalmente sua perfeição, sem a qual o homem não pode ser feliz, perfeição que consiste em ser bem-aventurado, porque, embora tivesse outras coisas, sem essa permaneceria nele o desejo. Esse desejo não pode coexistir com a beatitude, uma vez que a beatitude é coisa perfeita e o desejo é coisa defeituosa, porque ninguém deseja aquilo que tem, mas aquilo que não tem, o que é defeito evidente. Somente nesse olhar se adquire a perfeição humana, isto é, a perfeição da razão, da qual, como de parte de todo essencial, depende toda a nossa essência; e todas as outras nossas operações – sentir, nutrir, e tudo – existem unicamente para aquela, e esta existe para si só, e não para outras coisas; de modo que, sendo perfeita esta, perfeita é aquela, tanto que o homem, enquanto homem, percebe que se extingue todo desejo, e assim é bem-aventurado. Por isso é que no livro da *Sabedoria* se diz: "Quem despreza a sabedoria e a doutrina é infeliz", o que significa privação de ser feliz. Disso decorre que "ser feliz" se adquire pelo hábito da sabedoria e ser feliz é estar contente, segundo a opinião do filósofo. Nota-se, portanto, como no semblante dela aparecem coisas do paraíso. Por isso, no mencionado livro da *Sabedoria*, pode-se ler: "Ela é candor da eterna luz e espelho sem mácula da majestade de Deus."

Depois, quando se diz *Elas superam nosso intelecto*, desculpo-me porque pouco posso falar delas, por sua excessiva superioridade. Aqui convém saber que de certo modo essas coisas confundem nosso intelecto, enquanto há coisas que se afirmam como certas, que nosso intelecto não pode olhar, isto é, Deus, a eternidade e a primeira matéria, mas que são vistas com toda a certeza e com toda a fé acredita-se existirem; entretanto, aquilo que são, nós não podemos compreender e ninguém, senão como que sonhando e não de outro modo, pode chegar a seu conhecimento.

Na verdade, alguém pode aqui talvez duvidar sobre como a sabedoria pode tornar o homem feliz, não podendo mostrar-lhe perfeitamente certas coisas, uma vez que o desejo natural do homem seja o de saber e, sem satisfazer o desejo, o homem não pode ser feliz. Pode-se claramente responder que o desejo natural em cada coisa é medido segundo a possibilidade da coisa desejada, caso contrário iria contra si mesmo, o que é impossível, e a natureza o teria feito em vão, o que também é impossível.

Iria contra si mesmo porque, desejando sua perfeição, desejaria sua imperfeição, uma vez que desejaria sempre desejar-se a si mesmo e não realizar nunca seu desejo (nesse erro cai o avarento destinado a condenar-se e não nota que deseja sempre a si mesmo desejar, correndo atrás do número impossível de ser alcançado). Também a natureza teria sido feita em vão, desde que não seria destinada para qualquer fim. Entretanto, o desejo humano nesta vida é proporcional àquela ciência que aqui se pode ter e não ultrapassa esse limite senão por erro, o qual está fora da intenção natural. De igual modo é proporcional na natureza angélica e limitado àquela sabedoria que a natureza de cada um pode aprender. Essa é a razão pela qual os santos não têm inveja entre si, uma vez que cada um deles atinge o fim de seu desejo e esse desejo é proporcional à bondade da natureza. Por isso, uma vez que conhecer a respeito de Deus e de certas outras coisas, o que elas realmente são, não seja possível para nossa natureza, isso não é naturalmente por nós desejado saber. Com isso a dúvida está resolvida.

A seguir, quando diz: *Sua beleza chove faíscas de fogo*, penetra em outro prazer do paraíso, ou seja, na felicidade secundária, em relação à primeira, que procede de sua beleza. Cumpre saber aqui que a moralidade é beleza da filosofia, porque, assim como a beleza do corpo deriva dos membros enquanto devidamente dispostos, assim também a beleza da sabedoria, que é corpo da filosofia, como foi dito, deriva da ordem das virtudes morais, que agradam sensivelmente àquela. Entretanto, digo que sua beleza, isto é, sua moralidade, esparge faíscas de fogo, isto é, desejo honesto, que é gerado no prazer da doutrina moral. Esse desejo nos afasta também dos vícios naturais, bem como dos outros. Daí surge aquela felicidade que Aristóteles, no primeiro livro da *Ética*, define dizendo que é realização segundo a virtude em vida perfeita. Quando a canção diz: *Porém qualquer mulher observa sua beleza*, prossegue em elogios a ela, clamando às pessoas para que a sigam, desvendando-lhes o benefício decorrente, ou seja, que ao segui-la todos se tornam bons. Por isso diz *qualquer senhora*, isto é, qualquer alma, ouve sua beleza lastimar-se por não parecer como conviria, que olhe para esse modelo.

Aqui convém saber que os costumes são beleza da alma, isto é, de modo particular as virtudes, que às vezes por vaidade ou por soberba se tornam menos belas e menos agradáveis, como se poderá ver no último tratado. Entretanto digo que, para evitar isso, deve-se olhar nela, isto é, naquilo em que ela é exemplo de humildade, ou seja, naquela parte dela que se chama filosofia moral. Acrescento que, ao olhá-la –

refiro-me à sabedoria – nessa parte, todo viciado se tornará correto e bom. Por isso digo também: *Esta é aquela que humilha todo perverso*, ou seja, corrige com doçura aquele que abandonou o caminho correto.

Por fim, como máximo elogio à sabedoria, afirmo que ela é de todo mãe e antes de qualquer princípio, dizendo que com ela Deus começou o mundo e especialmente o movimento do céu que gera todas as coisas e do qual todo movimento teve início e é movido, dizendo: *Ela pensou que moveu o universo*. Isso quer dizer que ela estava no pensamento divino, que é o próprio intelecto, quando criou o mundo; disso decorre que ela o teria criado. Por isso é que Salomão diz no livro dos *Provérbios*, personificando a sabedoria: "Quando Deus preparava os céus, eu estava presente; quando com determinada lei e com certo movimento definia os abismos, quando lá em cima fixava os vapores e suspendia as fontes das águas, quando demarcava seus limites ao mar e impunha leis às águas para que não ultrapassassem seus limites, quando ele fixava os fundamentos da terra, eu estava com ele, dispondo todas as coisas e deleitava-me em cada um dos dias da criação".

"Ó, pior que mortos, que fugis da amizade dela, abri vossos olhos e olhai, porque antes que fôsseis, ela vos amava, preparando e estabelecendo vosso processo e, depois que fostes criados, para vos conduzir, veio a vós à vossa semelhança. Se todos não puderdes chegar à sua presença, honrai-a em seus amigos e segui os mandamentos deles como aqueles que anunciam a vontade desta imperatriz eterna – não fecheis os ouvidos a Salomão que isso vos fala, ao dizer que "o caminho dos justos é como luz resplendente que prossegue e cresce até o dia da beatitude" – seguindo-os, observando suas obras que para vós devem ser luz no caminho desta brevíssima vida.

Pode-se terminar aqui o verdadeiro sentido desta canção. Realmente, a última estrofe, que foi colocada como despedida, pode ser reduzida aqui facilmente a seu sentido literal, excetuando-se o momento em que essa mulher foi chamada *altiva e desdenhosa*. Cumpre salientar aqui que no início a própria filosofia me parecia, quanto à parte de seu corpo, isto é, sabedoria, arrogante, porque não sorria para mim, e suas persuasões eu ainda não entendia; e desdenhosa, porque não me voltava os olhos, ou seja, porque eu não podia ver suas demonstrações. De tudo isso, a falha estava de meu lado. Por isto e por aquilo que é transmitido no sentido literal, a alegoria da despedida é evidente, de modo que já é tempo, para prosseguir, de concluir este tratado.

Tratado IV

Canção

As doces rimas de amor que eu costumava
procurar em meus pensamentos
é necessário que as deixe; não porque eu não espere
a elas voltar,
mas porque os atos desdenhosos e altivos
que em minha mulher
apareceram, fecharam-me o caminho
do costumeiro falar.

E pois que me parece tempo de desistir,
descurarei meu suave estilo,
que mantive ao tratar de amor;
falarei do valor,
pelo qual realmente alguém é gentil,
com rima áspera e sutil;
reprovando o juízo falso e vil
daqueles que querem que da gentileza
seja princípio a riqueza.

E, começando, invoco aquele senhor
que nos olhos de minha mulher mora,
pelo que ela de si mesma se enamora.

Houve um imperador que achava que a gentileza,
segundo seu parecer,
fosse antiga posse de bens patrimoniais
com bela educação;
houve outro de saber mais arrojado,
que esse ditado meditou,
e lhe tirou a última partícula,
porque nem ele talvez a tivesse!

Depois dele seguem-no todos aqueles
que afirmam ser gentil por linhagem consolidada
por longo período de grande riqueza;
e durou tanto
a tão falsa opinião entre nós,
que o homem chama
gentil homem aquele que pode dizer: "Eu fui
neto, ou filho, desse valente",
embora não seja de nada.

Mas extremamente desprezível parece, a quem realmente o fita,
alguém a quem se indica o caminho e depois igualmente o erra,
chegando ao ponto que, quase morto, continua caminhando!

Quem define: "O homem é madeira animada",
primeiro diz o que não é verdadeiro,
e depois o falso, não o diz por inteiro;
mas talvez mais que isso não consiga ver.

De modo semelhante quem insistisse
em manter a definição imperial errônea,
porque primeiro pôs o falso e depois,
com defeito prossegue;
porque as riquezas, como se acredita,
não podem conferir gentileza nem tirar,
uma vez que são vis por própria natureza:
pois que pinta uma figura,
se não pode ser ela, não pode realizá-la,
nem a torre bem erigida
pode desviar um rio que distante corre.

Que sejam vis as riquezas e imperfeitas é evidente,
porque, por mais que delas se acumule,
não dão paz, mas geram mais preocupações;
por isso o ânimo que é correto e veraz
quando se dissolvem não se abate.

Nem aceitam que o homem humilde se torne nobre,
nem de pai humilde descenda
gente que jamais possa nobre ser considerada;
isso é por eles admitido:
mas parece que sua razão não se sustente
porquanto decreta
que tempo é necessário para a nobreza,
definindo-a por meio desse.

Disso se segue também, que antes propus,
que somos todos nobres ou plebeus,
ou que não descendemos todos de mesma matriz;
mas com isso eu não concordo,
nem eles certamente, se forem cristãos!

Porque para intelectos sadios
é evidente que seus argumentos são vãos,
e eu como falsos os reprovo,
e deles me afasto;
e dizer quero agora, assim como sinto,
o que é nobreza e do que vem,
e darei os sinais que o homem nobre tem.

Afirmo que toda virtude principalmente
provém de única raiz:
virtude, digo, que torna o homem feliz
em suas realizações.

Este é, segundo a Ética diz,
um hábito de vida
que se põe entre excessos opostos no meio somente,
e essas são as palavras que diz.

Acrescento que a nobreza considerada em si
comporta sempre o bem de quem lhe está sujeito,
como a vileza comporta sempre o mal;
e tal virtude
privilegia sempre com o outro o bom entendimento;
porque numa só palavra
ambas são necessárias, que possuem o mesmo efeito.

Por isso é necessário que uma derive da outra,
ou ambas de uma terceira realidade;
mas se uma se equivale à outra,
mais ainda, dela derivará mais abertamente.

E aquilo que eu disse seja aqui dado como certo.
Nobreza está sempre onde há virtude,
mas nem sempre virtude onde estiver aquela;
como o céu está onde houver estrela,
mas não vice-versa.

E nós nas mulheres e nos jovens
vemos essa graça perfeita,
enquanto são julgadas pudicas,
que é outra coisa que virtude.

Virá portanto, como da cor negra a escura,
toda virtude dela,
ou o costume do justo meio, como disse antes.

Por isso ninguém se vanglorie
dizendo: "Por linhagem estou com ela",
que são quase deuses
aqueles que possuem tal graça, estando isentos de todo mal;
porque somente Deus à alma a confere
que vê em sua pessoa
perfeitamente caber: de modo que a não muitos
é dado colher a semente da felicidade,
colocada por Deus na alma justa.

A alma enriquecida com esta bondade
não a mantém escondida em si,
porque desde o momento em que entra no corpo
a mostra até a morte.

Obediente, meiga e pudica
é na primeira idade,
e seu corpo enfeita de beldade
com seus membros em proporção;
na juventude, temperada e forte,
cheia de amor e de discreta amabilidade,
e somente em lealdade encontra prazer;
é em sua velhice
prudente e justa, e tem fama de liberalidade,
e em si mesma sente prazer
ao ouvir contar as vantagens dos outros;
depois na quarta parte da vida
com Deus se une novamente,
contemplando o fim que a espera,
e bendiz os tempos passados.

Já podeis ver quantos são os que se enganam!

Contra-os-errantes minha, tu partirás;
e quando estiveres
no local em que estiver a senhora nossa,
não mantenhas escondida tua tarefa:
por certo poderás dizer-lhe:
"Eu vou falando de vossa amiga."

Capítulo I

Amor, segundo a opinião geral dos sábios que falam sobre ele e segundo observamos continuamente pela experiência, é aquilo que aproxima e une o amante à pessoa amada. Por isso Pitágoras diz: "Na amizade um só se torna múltiplo". Uma vez que as coisas unidas comunicam naturalmente entre si suas qualidades, de tal modo que por vezes uma se transfere totalmente na natureza da outra, acontece que as paixões da pessoa amada entram na pessoa amante, de forma que o amor de uma é comunicado à outra, como também o ódio, o desejo e todas as outras paixões. Por essa razão é que os amigos de um são amados pelo outro e os inimigos, odiados. Por essa razão também o provérbio grego reza: "Todas as coisas devem ser comuns entre amigos".

Por isso eu, chegando a tornar-me amigo dessa mulher, como assinalei na verdadeira exposição apresentada, comecei a amar e a odiar segundo o amor e o ódio dela. Comecei, portanto, a amar os seguidores da verdade e a odiar os seguidores do erro e da falsidade, como ela faz. Como, porém, cada coisa deve ser amada por si e nada deve ser odiado se não sobrevier maldade, razoável e honesto é, não as coisas, mas a maldade das coisas odiar e procurar afastar-se delas. Se alguém compreende isso, minha excelsa mulher compreende-o mais que qualquer um, ou seja, que a causa do ódio é definida a partir da maldade das coisas, uma vez que nela reside toda a razão e nela reside como princípio a honestidade.

Seguindo-a no agir e na paixão quanto podia, eu abominava e desprezava os erros das pessoas, não como injúria ou insulto dos que erravam, mas dos erros que, ao recriminá-los, acreditava torná-los desagradáveis e, desse modo, afastar-me daqueles que por esses erros eram odiados por mim. Entre esses erros, havia um que eu recriminava sobremodo, o qual não é prejudicial e perigoso somente para aqueles que nele incidem, mas também para os outros que o seguem: leva dor e prejuízo. Este é o erro da bondade humana enquanto é colocada em nós pela natureza e que deve ser chamada "nobreza"; erro que, por mau costume e por reduzida compreensão, acabou se fortalecendo de tal forma, que a opinião da grande maioria a respeito era falsa; e da falsa opinião surgiam falsos juízos e, dos falsos juízes, surgiam as reverências injustas e o desprezo, porque os bons eram vistos com arrogante desprezo e os maus eram honrados e elogiados. Isso se constituía em péssima confusão no mundo, como poderia constatar quem observasse com perspicácia as consequências que disso poderiam decorrer.

Por esse motivo, embora essa minha mulher modificasse em relação a mim seu doce semblante, sobretudo quando eu olhava e procurava saber se a primeira matéria dos elementos estava em Deus – razão pela qual me abstive um pouco de fitar seu vulto – permanecendo como que ausente dela, passei a observar o pensamento humano no que diz respeito ao mencionado erro. Para evitar a ociosidade, que é sobretudo inimiga dessa mulher, e para extinguir esse erro que tantos amigos tira dela, decidi gritar para as pessoas que seguiam mau caminho, para que se voltassem para o bom caminho. Então comecei uma canção, cujo início era o seguinte: *As suaves rimas de amor que eu costumava*. Nesta canção pretendo induzir as pessoas a seguir o caminho correto no tocante ao próprio conhecimento da verdadeira nobreza, como se poderá ver pelo conhecimento de seu texto, cuja exposição é o objetivo neste momento. Desde que nesta canção o objetivo se referia a remédio tão necessário, não era adequado falar por meio de figuras, mas optou-se por medicação rápida, a fim de que fosse imediata a recuperação da saúde que, gravemente debilitada, levaria a tão triste morte.

Não será necessário, portanto, utilizar alegorias na exposição desta, mas explicar somente seu sentido literal. Por minha mulher entendo sempre aquela que é descrita na exposição anterior, isto é, aquela luz sobremaneira intensa, a Filosofia, cujos raios levam a brotar e frutificar nas flores a verdadeira nobreza dos homens, da qual a presente canção pretende tratar de modo pleno.

Capítulo II

No início da exposição, para dar a entender melhor o sentido da presente canção, convém dividi-la primeiro em duas partes. Na primeira fala-se de modo introdutório e, na segunda, dá-se sequência ao tratado. A segunda parte começa pelo início da segunda estrofe, onde se diz: *Houve um imperador que achava que a gentileza...* A primeira parte pode ainda ser dividida em três segmentos: no primeiro digo porque me afasto do estilo usual; no segundo falo daquilo que é minha intenção tratar; no terceiro peço ajuda àquela coisa que mais pode me auxiliar, isto é, a verdade. O segundo segmento começa: *E pois que me parece tempo de desistir.* O terceiro começa assim: *E, começando, invoco aquele senhor.*

Digo, portanto, que "me convém deixar as doces rimas de amor que costumam procurar meus pensamentos". Assinalo o motivo, dizendo que não é minha intenção não fazer mais rimas de amor, nas que em minha mulher apareceram novas feições que me tiraram a vontade de falar de amor no momento. Cumpre salientar aqui que os atos dessa mulher não são "desdenhosos e altivos" senão na aparência, como no décimo capítulo do tratado precedente se pode verificar, quando digo que a aparência da verdade era discordante. E como pode acontecer que uma mesma coisa seja doce e pareça amarga ou que seja clara e pareça obscura, aqui isso pode ser verificado de modo bastante preciso.

A seguir, quando digo *E pois que me parece tempo de desistir*, afirmo que é disso que pretendo tratar. Aqui não é o caso de continuar sem explicar o que significa "tempo de desistir", uma vez que uma poderosa causa determina meus passos, mas deve-se verificar como de modo razoável esse tempo influi em todas as nossas ações e sobretudo no falar.

O tempo, segundo afirma Aristóteles no segundo livro da Física, é "número de movimento de ordem cronológica" e "número de movimento celeste", o qual dispõe de modo diverso as coisas daqui debaixo para receber determinada influência. De fato, a terra é disposta de uma forma no início da primavera para receber as plantas e as flores e de outra forma no inverno; e de uma forma é disposta uma estação para receber a semente que outra estação. Assim nossa mente, porquanto está baseada na conformação de nosso corpo que, para seguir a revolução do céu, de modo diverso é disposto num período de tempo que em outro.

Por essa razão é que as palavras, que são como semente de ação, devem ser ditas ou não com grande cautela, tanto para que sejam bem recebidas e se tornem frutíferas, quanto para que não subsista da parte delas o defeito da esterilidade. Por isso deve-se prever o tempo, tanto para aquele que fala como para aquele que deve ouvir, porque, se o falante está maldisposto, na maioria das vezes suas palavras são prejudiciais e, se o ouvinte está indisposto, essas são mal recebidas, por melhores que sejam. Por isso Salomão diz no *Eclesiastes*: "Há tempo para falar e tempo para calar." Por esse motivo, sentindo minha disposição alterada, em razão do que foi dito no capítulo precedente, pareceu-me que fosse o momento de desistir de falar de amor, tempo que comporta a satisfação de todo desejo e dá de presente, quase como doador, àqueles que não se incomodam em esperar. Por isso o apóstolo São Tiago diz em sua epístola: "O agricultor espera o precioso fruto da terra, comportando-se com paciente espera até que não obtenha os frutos, precoces e tardios." E todas as nossas incomodações, se verificarmos com cuidado suas origens, provêm quase todas do fato de não termos consciência da natureza do tempo.

Digo "pois que parece tempo de desistir, descurarei", isto é, deixarei de lado, "meu estilo", ou seja, modo, "suave" que mantive ao falar de amor; e digo que passo a falar daquele "valor" pelo qual alguém é verdadeiramente nobre. Embora "valor" possa ser entendido de muitas maneiras, aqui toma-se "valor" como poder de natureza ou bondade conferida por aquela, como se verá mais adiante. Prometo tratar esse tema *com rima áspera e sutil*. Convém saber que "rima" pode ser considerada de dois modos, ou seja, em sentido lato e em sentido estrito. Em sentido estrito, entende-se somente aquela concordância que se costuma fazer na última e penúltima sílabas. Em sentido lato, entende-se todo o discurso que se insere em números e tempo determinado em consonâncias rimadas. De acordo com este último é que esse proêmio é tomado e deve ser entendido. Por esse motivo digo *áspera* quanto ao tom do texto que, para esse tema, não deve ser brando; e digo *sutil* quanto ao sentido das palavras que procedem argumentando e discutindo de maneira sutil.

E acrescento: *Reprovando o juízo falso e vil*, onde prometo também reprovar o juízo das pessoas que vivem no erro; *falso*, ou seja, distante da verdade, e *vil*, isto é, com vileza de ânimo confirmada e fortalecida. Convém observar que, neste proêmio, primeiro prometo tratar o verdadeiro e depois reprovar o falso e, no tratado, procedo de forma inversa, porque primeiramente é reprovado o falso e depois se trata do verdadeiro, o que pareceria contradizer o prometido. Por isso convém saber que, embora pretenda falar de um e outro, pretendo tratar principalmente do verdadeiro; pretendo condenar o falso enquanto, desse modo, a verdade aparece mais claramente. Aqui prometo tratar primeiramente do verdadeiro como objetivo principal que deixa os ouvintes desejosos de ouvir. No tratado, primeiramente é reprovado o falso, a fim de que, fugindo das más opiniões, a verdade seja depois mais livremente recebida. Este método foi seguido pelo mestre da razão humana, Aristóteles, que combatia sempre os adversários da verdade e depois, convencidos esses, mostrava a verdade.

Por fim, quando digo: *E, começando, invoco aquele senhor*, invoco a verdade para que esteja comigo, verdade que é aquele senhor que mora nos olhos, isto é, nas demonstrações da filosofia, e é realmente senhor porque a alma desposada com a verdade é senhora, caso contrário é serva, sem liberdade alguma. E digo ainda: *Pelo que ela de si mesma se enamora*, uma vez que a própria filosofia, que é, como foi dito no tratado precedente, amoroso uso de sabedoria, se contempla a si mesma, quando a beleza de seus olhos aparece para ela. Isso não quer dizer outra coisa senão que a alma filosofante não somente contempla a própria verdade, mas também contempla seu próprio contemplar e a beleza dele, voltando-se para si mesma e enamorando-se de si mesma pela beleza de seu primeiro olhar. Assim termina aquilo que, à maneira de proêmo, traz o presente tratado em três segmentos distintos.

Capítulo III

Visto o sentido do proêmio, convém prosseguir no tratado e, para melhor mostrá-lo, convém seguir suas principais que são três: na primeira, trata-se da nobreza segundo a opinião de terceiros; na segunda, exponho minha opinião; na terceira, volta-se a falar da canção para alguma complementação daquilo que foi dito. A segunda começa com *Afirmo que toda virtude principalmente*. A terceira começa assim: *Contra-os-errantes minha, tu partirás*. Junto a essas três partes gerais, convém fazer outras divisões para compreender bem o conteúdo daquilo que se pretende mostrar. Por isso ninguém se surpreenda se prosseguirmos com muitas divisões, uma vez que é obra ingente e complexa desenvolver o presente, coisa descurada pelos autores, e uma vez que o tratado a que ora me dedico deve ser longo e sutil, na tarefa de desenredar perfeitamente o texto, de acordo com o sentido que transmite.

Agora digo que esta primeira parte se divide em duas. Na primeira, são mencionadas as opiniões dos outros e na segunda essas são rejeitadas. Esta segunda parte começa assim: *Quem define: "O homem é madeira animada."* Do restante da primeira parte tem-se ainda dois segmentos: o primeiro narra a opinião do imperador; o segundo, relata a opinião do povo em geral, que está privada de toda argumentação séria.

Este segundo segmento começa desse modo: *Houve outro de saber mais arrojado*. Digo, portanto: *Houve um imperador*, ou seja, ele foi investido da função imperial. Cumpre saber aqui que Frederico da Suábia, último imperador dos romanos – digo último com relação aos tempos de hoje, não obstante tenham sido eleitos depois Rodolfo, Andolfo e Alberto, após sua morte e a de seus descendentes – ao ser perguntado o que seria gentileza ou nobreza, respondeu que era antiga riqueza e bons costumes. Afirmo que *houve outro de saber mais arrojado* que, pensando e revolvendo esta definição de todos os lados, tirou a última parte, ou seja, os bons costumes, e ficou com a primeira, isto é, a antiga riqueza. Segundo o texto parece duvidar, talvez por não incluir os bons costumes, não querendo perder o designativo de nobreza, definiu essa segundo lhe convinha, ou seja, posse de antiga riqueza.

Esta é a opinião da grande maioria, e seguem as pegadas dele todos aqueles que tratam como nobre todo aquele de estirpe que foi rica durante muito tempo, uma vez que quase todos palavreiam desse modo. Essas duas opiniões – embora uma, como foi dito, não deva ser levada em nenhuma consideração – parecem ser apoiadas por duas graves razões. A primeira é que, como diz o filósofo, aquilo que é aceito pela grande maioria é impossível que seja de todo falso. A segunda razão é a autoridade da definição do imperador. Para que melhor se possa ver a força da verdade, que dobra qualquer autoridade, pretendo explicar quanto uma e outra dessas razões servem realmente de base e se são poderosas. Primeiramente, porquanto sobre a autoridade imperial não se pode saber se não se tiver seus pressupostos, desses convém tratar especificamente em capítulo especial.

Capítulo IV

O fundamento radical da majestade imperial, de acordo com a verdade, é a necessidade da civilização humana que é ordenada para um fim, ou seja, a vida feliz; A esta ninguém consegue chegar por si mesmo, sem o auxílio de alguém, uma vez que o homem tem necessidade de muitas coisas, às quais um só não pode satisfazer. Por isso é que o filósofo diz que o homem é naturalmente um animal social. Como o homem para sua suficiência requer companhia doméstica da família, assim uma casa, para sua suficiência, requer uma vizinhança, caso contrário, haveria muitas deficiências que se tornariam impedimento para a felicidade. Entretanto, como uma vizinhança não pode satisfazer a todas as necessidades internas, convém que a cidade as cubra. Por outro lado, a cidade, para suas artes e para sua defesa, precisa de relações de amizade com as cidades próximas. Por isso foi feito o reino.

Por isso, uma vez que o ânimo humano não se contenta com determinada posse de terras, mas deseje sempre conquistar mais glória, como se constata por experiência, é necessário que surjam discórdias e guerras entre reinos, guerras que trazem tribulações para as cidades e, por meio das cidades, para as vizinhanças e, por meio das vizinhanças, para as casas e, por meio das casas, para o homem, impedindo assim a felicidade. Para eliminar essas guerras e suas causas, é de evidente necessidade que, para toda a terra e para tudo aquilo que foi dado possuir ao gênero humano, seja estabelecida a monarquia, isto é, um único principado que tenha um só príncipe. Este príncipe, possuindo tudo e não podendo desejar mais, mantenha os reis felizes dentro dos limites de seus reinos, de modo que reine a paz entre eles, na qual repousem as cidades e, nessa condição, as vizinhanças se amem e, nesse amor, as casas satisfaçam suas necessidades que, uma vez satisfeitas, o homem viva de maneira feliz. E é para isso que ele nasceu.

Com relação a essas razões podem ser relembradas as palavras do filósofo, no livro intitulado *Política*. Ele afirma que, quando muitas coisas são ordenadas para um único fim, uma delas deve prevalecer sobre as outras ou deve ser a regente e todas as outras, regidas e governadas. Como observamos num navio, onde diversas tarefas e diversos fins são ordenados para um único objetivo, ou seja, alcançar o desejado porto através de uma rota segura. Nesse navio, assim como cada oficial ordena a própria operação para o objetivo específico, assim também há um que considera todos esses objetivos e direciona todos eles para o objetivo mais importante; e este é o comandante, a cuja voz todos devem obedecer.

Isso podemos observar nas religiões, nos exércitos e em todas aquelas coisas que, como foi dito, são ordenadas para um determinado fim. Por essa razão pode-se evidentemente observar que para a perfeição da religião universal da espécie humana é necessário que haja um só, como comandante de navio, que, considerando as diversas condições do mundo, tenha, na organização das diversas e necessárias tarefas, o ofício absolutamente universal e incontrastável de comandar. Este ofício por excelência é chamado império, sem qualquer acréscimo, uma vez que é o comando de todos os outros comandos. Aquele que é investido desta função é chamado imperador, uma vez que ele é chefe de todos os comandantes e aquilo que ele diz é lei para todos e por todos deve ser obedecido, bem como qualquer outro comando é dele que haure vigor e autoridade. Desse modo se manifesta que a majestade e a autoridade imperial é muito elevada na sociedade humana.

Na verdade, alguém poderia opor-se dizendo que, embora a função de império se estenda pelo mundo todo, isso seguramente não torna a autoridade do príncipe romano suprema, como se pretenderia, uma vez que o poderio romano não foi conquistado pela razão nem por decreto de consenso universal, mas pela força que parece ser contrária à razão. A isso pode-se facilmente responder que a escolha desse supremo comandante convinha que procedesse necessariamente daquele conselho que tudo provê, isto é, Deus. Caso contrário, a escolha não teria sido igual para todos, uma vez que, antes do mencionado cargo, ninguém se interessava pelo bem comum. Entretanto, não houve nem haverá natureza mais branda em governar, mais forte em manter e mais sutil em conquistar do que aquela do povo latino – como pode ser observado por experiência – e sobretudo daquele povo santo, no qual estava misturado o sublime sangue troiano, isto é, Roma; a esse Deus escolheu para essa função, uma vez que, embora não se pudesse obter a mesma sem grande força e para tanto fosse requerido usar de benignidade de extrema grandeza e humanidade, esse era aquele povo que para isso estava mais disposto. Por isso, o povo romano não conquistou o império pela força, mas pela providência divina que está acima de toda razão.

Com isso concorda Virgílio no primeiro livro da *Eneida*, quando diz, ao falar de Deus: "A eles – isto é, aos romanos – não ponho limites de coisas nem de tempo; a leis dei império sem fim." A força, portanto, não foi causa causante, como acreditava quem se opunha, mas foi causa instrumental, como os golpes do martelo são causa da faca e a alma do ferreiro é causa eficiente e causante. Desse modo, não a força, mas a razão e, mais ainda, divina, foi o princípio do império romano. Que assim seja, pode-se constatar por meio de dois argumentos claros que mostram que aquela civilização que imperava tinha tanto especial origem de Deus como especial desenvolvimento favorecido por Deus. Como, porém, neste capítulo não se poderia tratar do tema sem demasiada extensão e como os longos capítulos são inimigos da memória, farei ainda uma digressão em outro capítulo para ilustrar os mencionados argumentos, o que deverá ser sem utilidade e grande prazer.

Capítulo V

Não é de se surpreender se a divina providência, que transcende qualquer limite da inteligência angélica e humana, procede muitas vezes de maneira oculta para nós, uma vez que com frequência as ações humanas escondem para os próprios homens sua intenção; antes, deve-se ficar realmente surpreso quando a execução do eterno conselho procede de forma totalmente evidente para nossa razão. Por isso, no início deste capítulo, posso falar pela boca de Salomão que em seus *Provérbios* diz da sabedoria: "Escutai, porquanto devo falar de grandes coisas."

Querendo a incomensurável bondade divina reconduzir a criatura humana à sua imagem e semelhança, a qual, pelo pecado da prevaricação do primeiro homem, se havia afastado de Deus e deformado, naquele excelso e perfeitamente unido conselho da Trindade foi definido que o Filho de Deus haveria de descer à terra para restabelecer essa concórdia. Como, porém, em sua vinda ao mundo era necessário que não somente o céu, mas também a terra estivesse em ótima disposição e que a ótima disposição da terra se verifica quando está sob a monarquia, isto é, toda ela sob um único príncipe, como foi dito antes, a divina providência estabeleceu aquele povo e aquela cidade que devia realizar isso, ou seja, a gloriosa Roma.

Uma vez que também a hospedagem em que o rei celestial devia entrar era necessário que fosse extremamente limpa e pura, foi preparada uma santíssima progênie, da qual, depois de muitas ações meritórias, nascesse uma mulher mais perfeita que todas as outras para que ela acolhesse no próprio seio o Filho de Deus. Essa progênie foi a de Davi, do qual descendeu a ousadia e a honra do gênero humano, isto é,

Maria. Por isso está escrito em Isaías: "Nascerá uma vergôntea da raiz de Jessé e de sua raiz brotará uma flor." Jessé foi pai do citado Davi. Tudo isso aconteceu ao mesmo tempo, nascendo Davi e surgindo Roma, ou seja, quando Eneias partiu de Troia para a Itália, dando origem à cidade de Roma, como testemunham os escritos. Por essa razão é manifesta a escolha divina do império romano, uma vez que o surgimento da cidade santa foi contemporâneo da origem da progênie de Maria.

De modo acidental deve-se afirmar que, desde que o próprio céu começou a girar, não esteve em melhor disposição senão na época em que do alto desceu aquele que o criou e que o governa, como os matemáticos, graças à excelência de seu conhecimento, podem demonstrar. Como testemunha Lucas Evangelista, o mundo nunca esteve nem estará nunca tão perfeitamente disposto como então, ordenado sob a voz de um só, príncipe e governante do povo romano. Por isso a paz universal reinava em todos os lugares, de modo que, como nunca acontecera nem haverá de acontecer, o navio da sociedade humana singrava reto por suave caminho em direção ao porto determinado.

Ó inefável e incompreensível sabedoria de Deus que ao mesmo tempo tanto antes te preparaste para tua vinda lá na Síria e aqui na Itália! Ó estultíssimas e vilíssimas bestas que à maneira do homem pastais e que, contra nossa fé, pretendeis falar e quereis saber, fiando e capinando, aquilo que Deus, com tanta prudência estabeleceu! Malditos, vós e vossa presunção, e também aqueles que em vós acreditam!

Como foi dito antes no final do capítulo precedente deste tratado, teve por intervenção de Deus não somente surgimento especial, mas também desenvolvimento especial, porque, em resumo, começando de Rômulo, que foi o primeiro pai dela, até sua idade mais perfeita, ou seja, na época do mencionado imperador, seu desenvolvimento se verificou não somente por humanas mas também por divinas realizações. Se considerarmos os sete reis que a governaram no início, isto é, Rômulo, Numa, Tulo, Anco e os reis Tarquínios, que foram como que portadores e tutores de sua infância, podemos encontrar nos escritos da história romana, sobretudo naqueles de Tito Lívio, que esses eram distintos entre si por seu caráter, seguindo os costumes de seu próprio tempo. Se considerarmos depois a fase de sua adolescência, após a emancipação da tutoria real, do primeiro cônsul Bruto até César, primeiro príncipe supremo, a encontraremos exaltada não por cidadãos humanos, mas por divinos, nos quais subsistia não um amor humano, mas divino, ao amá-la. Isso não podia nem devia acontecer senão por um fim especial, predisposto por Deus com tamanha infusão celestial.

Quem haveria de dizer que não foi por inspiração divina que Fabrício(23) recusou quantidade de ouro quase infinita para não trair sua pátria? Cúrio(24) que, tentado pelos samnitas a se corromper, recusou imensa quantidade de ouro por amor à pátria, dizendo que os cidadãos romanos não queriam possuir o ouro, mas os possuidores do ouro? E Múcio(25) que deixou sua própria mão arder por ter falhado no golpe que havia arquitetado para libertar Roma?

Quem haveria de dizer que Torquato(26), ao condenar seu próprio filho à morte por amor do bem público, teria suportado isso sem auxílio divino? E de modo semelhante o já citado Bruto(27)? Quem haveria de falar algo dos Décios(28) e dos Drúsios(29) que ofereceram a própria vida pela pátria?

Quem haveria de dizer que o cativo Régulo(30), enviado de Cartago para Roma para trocar os prisioneiros cartagineses por outros prisioneiros romanos, incluindo ele próprio, uma vez concluída a legação teria decidido contra si próprio por amor de Roma, impelido somente pela natureza humana e não pela divina? Quem haveria de dizer, de igual modo, que Quíncio Cincinato(31), chamado dos campos de cultivo para ser ditador e, depois de ter cumprido sua missão, teria recusado espontaneamente aquele cargo para retornar às lides agrícolas?

(23) Caius Fabritius Luscinus, cônsul em 282 e 278 a.C., recusou a quarta parte do reino de Epiro que lhe foi oferecida pelo rei Pirro para trair Roma.

(24) Manlius Curius Dentatus foi um dos maiores generais de Roma, tendo vencido em batalha os samnitas, os sabinos, os gauleses sênones e finalmente o rei Pirro no ano 275 a.C.

(25) Mucius Scaevola, lendário soldado do início do reino de Roma, que atravessou as fileiras inimigas que assediavam Roma para matar o rei etrusco Porsena dentro de sua tenda; por engano, matou o secretário, confundindo com o rei; para condenar e castigar sua mão que falhara, estendeu-a sobre o fogo e a deixou queimando.

(26) Titus Manlius Torquatus, duas vezes ditador e três vezes cônsul, condenou à morte o próprio filho por ter abandonado seu destacamento e desobedecido às ordens dele, ao aceitar o desafio de um guerreiro para bater-se em duelo.

(27) Lucius Junius Brutus, sobrinho do rei Tarquínio, o Soberbo, e pai de Lucrécia que se suicidou após ter sido estuprada por um parente do rei. Por causa disso, sublevou o povo de Roma contra o rei e guiou a revolta que culminou com a instauração da república, da qual foi o primeiro cônsul.

(28) Publius Decius Mura, na batalha do Vesúvio, ao saber que o oráculo predissera que os romanos haveriam de vencer somente se um de seus comandantes morresse, imolou-se voluntariamente, julgando mais útil para a pátria a vida dos outros generais. Seguiu seu exemplo o filho de mesmo nome que se imolou na guerra contra os sanitas; de igual nome, o neto fez o mesmo na guerra contra Pirro.

(29) Embora várias personalidades romanas fossem portadoras deste sobrenome, não se tem notícia de nenhuma que tivesse praticado algum ato de heroísmo.

(30) Marcus Attilius Regulus, para manter a palavra dada, voltou para Cartago, embora não fosse necessário, onde foi preso e colocado dentro de um barril fechado que foi deixado rolar de um elevado declive, provocando-lhe a morte.

(31) Lucius Quintius Cincinnatus contra sua vontade aceitou o cargo de ditador no ano 485 a.C. para livrar Roma dos équos; de pois de derrotá-los, largou tudo e voltou à vida dos campos.

Quem haveria de dizer que Camilo[32], condenado e enviado ao exílio, teria voltado para libertar Roma de seus inimigos e, depois da liberação, teria espontaneamente retornado ao exílio para não ofender a autoridade do Senado, sem instigação divina?

Ó sacratíssimo peito de Catão[33], quem poderia ousar falar de ti? Certamente, não podendo falar mais de ti é melhor calar e seguir Jerônimo, quando ao falar de Paulo no proêmio da Bíblia, diz que é melhor calar do que dizer pouco. Deve ser certo e evidente, ao relembrar a vida desses e de outros divinos cidadãos, não foram realizadas tantas admiráveis ações sem alguma luz da bondade divina, acrescida à ao bom caráter deles. Deve ser evidente que esses excelsos homens foram instrumentos com os quais a divina providência interveio no império romano, no qual muitas vezes parecia que os próprios braços de Deus estavam presentes.

Não colocou Deus as próprias mãos na batalha, ocorrida no início da história romana quando era disputada a capital do reino, em que os albanos combateram contra os romanos, quando um só romano[34] teve nas mãos a liberdade de Roma? Deus não colocou as próprias mãos quando os gauleses, tendo invadido Roma, tomavam de assalto o Capitólio durante a noite e somente a voz de um ganso[35] alertou os romanos? Deus não colocou as mãos quando, na guerra contra Aníbal, depois de perder tantos cidadãos que três módios de anéis deles foram levados para a África, os romanos quiseram abandonar seu território, se aquele abençoado Cipião, o jovem, não tivesse empreendido a ida para a África para reconquistar a liberdade? Não colocou Deus as mãos, quando um novo cidadão de condição humilde, isto é, Cícero, defendeu a liberdade romana contra um cidadão de tão elevada condição, como era Catilina? Certamente que sim. Por essa razão, mais não se deve exigir para comprovar que nascimento especial e que desenvolvimento peculiar, arquitetado e estabelecido por Deus, foi aquele

---

(32) Marcus Furius Camillus, tribuno militar por seis vezes e ditador no ano 396 a.C., foi exilado no ano 391 por motivos desconhecidos. No ano seguinte, ao saber que Roma havia sido tomada pelos gauleses, reuniu um exército de aventureiros e socorreu a cidade, libertando-a. Logo depois voltou para o exílio, a fim de não constranger o Senado que havia decretado sua expulsão de Roma.

(33) Marcus Porcius Cato, implacável defensor das liberdades republicanas, suicidou-se no ano 46 a.C. para não ter de assistir a ascensão de Júlio César ao poder como ditador.

(34) Para evitar maior derramamento de sangue com o enfrentamento dos dois exércitos, romanos e albanos concordaram que somente alguns homens lutassem. Os romanos escolheram os três Horácios e os albanos, os três Curiácios. Conta-se que, abatidos dois Horácios, o último conseguiu matar os três Curiácios, decretando a vitória de Roma.

(35) Os gauleses tentavam tomar de assalto à noite a colina do Capitólio, mas foram impedidos pelo grasnar dos gansos consagrados a Juno, os quais despertaram as sentinelas que deram o alarme.

dessa santa cidade. Sou da firme opinião que as pedras que estão em suas muralhas são dignas de reverência e que o solo em que se assenta é muito mais digno do que os homens dizem e pregam.

Capítulo VI

No terceiro capítulo deste tratado, foi prometido descrever a grandeza da autoridade imperial e da autoridade filosófica. Após ter falado sobre a imperial, convém que prossiga minha exposição falando daquela do filósofo, conforme promessa feita. Em primeiro lugar, cumpre verificar o que este vocábulo significa, uma vez que aqui se torna mais necessário sabê-lo do que ao tratar da autoridade imperial que, por sua majestade, não paira dúvidas sobre ela.

Deve-se saber que "autoridade" não é outra coisa senão "ato de autor". Este vocábulo, ou seja, "autor", sem aquela terceira letra "*c*" ("*auctor*"), pode ter duas origens. Uma remonta a um verbo, há muito caído em desuso na gramática, que significa a mesma coisa que "ligar palavras", isto é, "auieo". Quem observar com atenção, ele próprio o demonstra claramente em sua primeira forma, visto que é constituído unicamente de ligação de palavras, isto é, de somente cinco vogais, que constituem a alma e o vínculo de todas as palavras. Além do mais, é composto por elas de modo volúvel, para configurar a imagem de vínculo, porque, começando de A chega-se finalmente ao U, e pelo I chega diretamente ao E, depois volta e torna no O, de modo que realmente se pode imaginar esta figura A, E, I, O, U, que é figura de ligação. Que "autor" provenha e derive deste verbo, toma-se por base somente os poetas que, com a arte das Musas, ligaram suas palavras, mas neste momento não se utiliza esta significação.

A outra origem, da qual deriva "autor", como o testemunha Uguiccione no início de seu livro *Derivações*, é o vocábulo grego "autentin", que pode ser transposto para o latim como "digno de fé e de obediência". Desse modo "autor", com essa derivação, pode ser tomado para qualquer pessoa digna de fé e digna de ser obedecida. Deste provém o presente vocábulo de que no momento se trata, ou seja, "autoridade". Por essa razão, pode-se constatar que "autoridade" equivale a "ato digno de fé e de obediência". Se eu provasse, portanto, que Aristóteles é muito digno de fé e de obediência, é evidente que suas palavras se constituem em elevadíssima e suprema autoridade.

Que Aristóteles seja extremamente digno de fé e de obediência, pode ser provado desse modo. Entre operários e artífices de diversas artes e ofícios, direcionados para uma realização ou arte final, o artífice ou idealizador desta deve ser digno de fé e obedecido de maneira completa por todos, como aquele que unicamente visa o fim último de todos os outros fins. Por isso deve acreditar no cavaleiro o fabricante de espadas, o fabricante dos arreios, o seleiro, o escudeiro e todos aqueles ofícios que são direcionados para a arte da cavalaria. Uma vez que todas as operações humanas requerem um fim, ou seja, aquele da vida humana, para o qual o homem foi ordenado enquanto é homem, o mestre e o artífice que isso considera e busca deve ser de maneira completa crido e obedecido. Este é Aristóteles e, portanto, ele é extremamente digno de fé e de obediência.

Para verificar como Aristóteles é mestre e guia da razão humana, enquanto visa sua realização final, cumpre saber que este nosso fim, que cada um deseja naturalmente, foi analisado desde a mais remota antiguidade pelos sábios. Como aqueles que desejam esse fim são tão numerosos e os desejos se diversificam de um sujeito a outro, embora, fazendo-se abstração, o desejo em si é universalmente sempre o mesmo, foi muito difícil definir aquele em que corretamente repousaria cada desejo humano. Foram, portanto, filósofos muito antigos, entre os quais primeiro e príncipe é Zenon[36], que constataram e acreditaram que o fim da vida humana é unicamente a rígida honestidade. Isso quer dizer seguir rigidamente a verdade e a justiça, sem exceção alguma, sem mostrar qualquer dor, sem demonstrar qualquer alegria, sem denotar qualquer pendor por paixão. Definiram desse modo essa retidão: "Aquilo que, sem utilidade e sem fruto, por sua própria causa deve ser louvado." Esses e seus seguidores foram chamados estoicos e um deles foi aquele famoso Catão, de quem anteriormente não ousei falar.

Houve outros filósofos que constataram e acreditaram de modo diverso. Primeiro e príncipe deles foi um filósofo chamado Epicuro[37]. Ao observar que todo animal, logo após seu nascimento é pela própria natureza direcionado para seu fim que evita a dor e procura a alegria, esses afirmaram que nosso fim é a voluptuosidade ("*voluptade*" e não

(36) Zenon, fundador da escola dos estoicos.

(37) Epicuro, fundador da escola dos epicureus.

"*voluntade*" [vontade], pois a escrevo com "*p*"), ou seja, prazer sem dor. Uma vez que entre o prazer e a dor não colocava qualquer meio termo, dizia que "voluptuosidade" não era outra coisa senão "não dor", como parece que Cícero escreve no primeiro livro de *De Finibus bonorum et malorum*. Seguidor desses, denominados epicureus por derivação de Epicuro, foi Torquato, nobre romano, descendente do sangue do glorioso Torquato que mencionei anteriormente.

Houve outros, que tiveram início com Sócrates e depois com seu sucessor, Platão, os quais, observando com maior sutileza e constando que em nossas ações podia-se pecar e que se pecava muito e pouco, afirmaram que nossas ações desprovidas de excesso e de falha, calculadas como estando no meio por nossa escolha, que é virtude, era aquele fim de que se trata agora e o denominaram "ação com virtude". Esses foram chamados acadêmicos, como Platão e Espeusipes, seu sobrinho, por causa do local em que Platão estudava, isto é, a Academia; não receberam denominação derivada de Sócrates porque este, em sua filosofia, nada dizia a respeito. Realmente Aristóteles, apelidado estagirita(38), e Xenócrates Calcedônio, seu companheiro, por seu estudo e pelo singular e quase divino engenho que a natureza havia depositado em Aristóteles, tomando conhecimento desse fim pelo método quase socrático e acadêmico, poliram e levaram a filosofia moral à perfeição, sobretudo Aristóteles. Como Aristóteles começou a discutir filosofia andando de cá para lá, foram chamados – ele e seus companheiros – peripatéticos que equivale a "ambulantes"(39). Como a perfeição dessa moralidade foi conduzida a termo por Aristóteles, o designativo acadêmicos caiu em desuso e todos aqueles que seguiram essa doutrina foram chamados peripatéticos. Hoje esses dominam o mundo inteiro com sua doutrina que pode ser chamada de opinião quase universal. Por essa razão pode-se constatar que Aristóteles é o centro e guia de todos sob esse signo. Era isto que se pretendia demonstrar.

Resumindo, é evidente que o principal intento, isto é, a autoridade do perfeito filósofo, de que se trata, esteja repleta de todo vigor. E não exclui a autoridade imperial, mas a autoridade imperial sem a filosófica é perigosa, e esta sem aquela é fraca, não por si, mas por

(38) Derivado de Stagira, cidade natal dele.

(39) Na verdade, o adjetivo peripatético deriva de Peripato, local do jardim do Liceu de Atenas, onde Aristóteles gostava de ministrar suas lições. Por outro lado, é sabido que Aristóteles e seus discípulos costumavam passear nesse jardim.

causa da desordem do povo, de modo que, ambas juntas, são extremamente úteis e cheias de todo vigor. Por isso está escrito no livro da *Sabedoria*: "Amai a luz da sabedoria, vós todos que governais os povos." Isso é o mesmo que dizer: que se unam a autoridade filosófica e a imperial para governar bem e de modo perfeito.

Oh! Miseráveis que hoje governais! Oh! Miserabilíssimos que sois governados! Porque nenhuma autoridade filosófica se une com vossos governos, nem por próprio empenho nem por conselho, de modo que a todos podem ser dirigidas essas palavras do Eclesiastes: "Ai de ti, terra, cujo rei é criança e cujos príncipes devoram os recursos!" A nenhum país pode-se dizer hoje o que segue: "Feliz da terra cujo rei é nobre e cujos príncipes se alimentam no tempo devido, por necessidade e não por gula!" Prestai atenção a vossos flancos, inimigos de Deus, vós que tomastes as rédeas dos governos da Itália – digo isso a vós, rei Carlos e rei Frederico[40], e a vós, outros príncipes e tiranos – tomai cuidado com quem senta a vosso lado como conselheiro! Contai quantas vezes este fim da vida humana vos foi indicado por vossos conselheiros! Melhor seria para vós voar baixo como as andorinhas do que como o milhafre voar em altíssimas rotas por sobre as coisas extremamente vis.

Capítulo VII

Como foi visto quanto se deve reverenciar a autoridade imperial e a filosófica, que parecem dar suporte às opiniões apresentadas, convém retornar ao caminho do mencionado desenvolvimento. Afirmo, portanto, que a última opinião do povo durou tanto que, sem exceção alguma, sem questionamento por parte de alguém, nobre é chamado qualquer um que seja filho ou neto de algum homem valente, embora o mesmo valha bem pouco. É isto que a canção diz: *E durou tanto a tão falsa opinião entre nós, que o homem chama nobre aquele que pode dizer: "Eu fui neto, ou filho, desse valente", embora não seja de nada."* Por essa razão pode-se constatar como é negligência extremamente perigosa deixar tomar pé uma opinião errônea. Assim como a erva, ela se

(40) Dante se dirige diretamente ao rei Carlos II, o Coxo, rei de Nápoles de 1285 a 1309; e ao rei Frederico II de Aragão, rei da Sicília de 1302 a 1337.

multiplica no campo cultivado e supera e cobre a espiga de trigo, de tal modo que, olhando de longe, o trigo não aparece e, finalmente, perde-se a colheita; assim também a opinião errada, não condenada e corrigida, cresce na mente e se multiplica, de modo que as espigas da razão, ou seja, a opinião verdadeira, se esconda se perca, como que sepultada.

Oh! Como é grande meu trabalho nesta canção para tentar limpar um campo já tão infestado como aquele da opinião geral, há tanto tempo deixado sem essa cultura! Certamente não pretende limpá-lo totalmente, mas somente naquelas partes em que as espigas da razão não estão totalmente sufocadas. Em outras palavras, pretendo guiar aqueles nos quais alguma pequena luz de razão, por seu bom caráter, ainda sobrevive, porquanto dos demais dever-se-ia cuidar como que de animais irracionais, uma vez que não me parece milagre menor reconduzir à razão aquele no qual a luz da razão está totalmente apagada do que reconduzir à vida aquele que por quatro dias está no sepulcro.

Logo que a condição errônea dessa opinião popular é descrita, repentinamente, como se fosse coisa horrível, critico-a fora de qualquer ordem, reprovando-a ao dizer: *Mas extremamente desprezível parece a quem realmente a fita*, para dar a entender sua intolerável maldade, afirmando que esses mentem descaradamente. Por isso é que não é somente vil, isto é, não nobre, aquele que descendendo de bons é mau, mas antes é desprezível; a respeito, dou exemplos ao avançar na descrição. Para mostrar isso, convém colocar uma questão e respondê-la dessa forma.

Uma planície tem uma série de sendas: campos com sebes, com fossos, com pedras, com madeira, com quase todo tipo de obstáculos, fora de suas estreitas sendas. Sobrevindo uma nevada, tudo fica coberto de neve que deixa todo o local idêntico, de modo que não se percebe qualquer vestígio de senda. Chega alguém que, de um lado dos campos cultivados, pretende chegar ao outro lado. Por seu tino, isto é, por capacidade e por observação atenta, guiado somente por si mesmo, segue o caminho certo e chega no local pretendido, deixando as pegadas de seus passos atrás de si. Chega outro depois dele e quer também atravessar esse campo e atingir o mesmo local, sendo que não lhe será necessário senão seguir as pegadas do primeiro; por falha sua, porém, o caminho que o primeiro, sem guia algum soube seguir, este o erra e desvia pelo meio das ameixeiras e das ruínas e não chega ao local onde devia chegar. Qual desses deve ser considerado valente? Respondo: aquele que caminhou na frente. O segundo, como deve ser chamado? Respondo:

extremamente desprezível. Por que não chamá-lo não valente, isto é, vil? Respondo: porque não valente, isto é, vil, deveria ser chamado aquele que, não tendo nenhuma pista, não tivesse caminhado bem; mas como este a teve, seu erro e sua falha não há como desculpá-los e por isso não deve ser chamado vil, mas extremamente desprezível.

Assim aqueles que receberam do pai ou de algum dos antepassados uma pista e erraram o caminho, não são somente vis, mas extremamente desprezíveis, dignos de todo desprezo e vitupério, mais que qualquer outro vilão. Para que o homem se guarde dessa ínfima vileza, no vigésimo capítulo dos *Provérbios*, Salomão ordena àquele que teve um valente ancestral: "Não ultrapassarás os limites que teus pais estabeleceram." Antes, no quarto capítulo do mesmo livro, diz: "O caminho dos justos", isto é, dos valentes, "prossegue como luz esplendorosa, ao passo que aquela dos maus é obscura. Eles não sabem onde serão destruídos."

Finalmente, quando se diz *Chegando ao ponto que, quase morto, continua caminhando,* para maior prejuízo, afirmo que esse tal extremamente desprezível morreu, parecendo vivo. Por isso deve-se saber que se pode dizer realmente morto o homem mau e sobretudo aquele que se afasta do bom caminho do antecessor. E isso pode ser assim demonstrar.

Se, como diz Aristóteles no segundo livro da *Alma*, "viver é o ser dos vivos" e, em decorrência, que viver subsiste de muitas maneiras (como vegetar nas plantas, vegetar, sentir e mover-se nos animais, vegetar, sentir, mover-se e raciocinar ou compreender nos homens) e que as coisas devem ser indicadas em seu melhor aspecto, é evidente que viver nos animais é sentir – refiro-me aos animais irracionais -, viver no homem é usar da razão. Se, portanto, o viver é o ser do homem (e o ser do homem é usar a razão), cessar de raciocinar equivale a cessar de viver, e assim é estar morto. E não se afasta do uso de raciocinar que não pensa na finalidade de sua vida? Não se afasta do uso da razão quem não pensa no caminho que deve seguir? Certamente que sim. Isso se manifesta sobretudo com aquele que tem as pegadas diante dele e não as considera com atenção. Por essa razão é que no quinto capítulo dos *Provérbios* Salomão diz: "Morre aquele que não cresceu em sabedoria e em sua imensa estultícia será enganado." Isso quer dizer: morto é aquele que não se tornou discípulo, que não segue o mestre; e este é desprezível.

Alguém poderia dizer: Como? Morreu e vai? Respondo que morreu (o homem) e restou o animal, porque, como diz o filósofo no segundo livro da *Alma*, as potências da alma estão acima de si mesmo, como a figura do quadrado está acima do triângulo e o pentágono, isto é, a figura que cinco ângulos, está acima do quadrado, assim também a sensitiva está acima da vegetativa e a intelectiva está acima da sensitiva. Logo, como ao tirar o último ângulo do pentágono se torna quadrado e não mais pentágono, assim também ao tirar a última potência da alma, isto é, a razão, não fica mais homem, mas coisa com alma sensitiva somente, isto é, animal irracional. Este é o sentido da segunda estrofe da canção apresentada, na qual constam as opiniões dos outros.

Capítulo VIII

O mais belo ramo que brota da raiz racional é a discrição porque, como diz Tomás ao escrever no prólogo da *Ética*, "conhecer a disposição de uma realidade para outra realidade diferente é ato próprio da razão", e esta é discrição. Um dos mais belos e doces frutos deste ramo é a reverência que o menor deve ao maior. Por isso Cícero, no primeiro livro de *De Officiis*, falando da beleza que resplandece na honestidade, escreve que a reverência faz parte dela. Assim como esta é beleza da honestidade, assim também seu oposto é desonestidade, falta de honestidade; na nossa linguagem popular, esse oposto costuma ser designado de irreverência ou insolência. Por isso é que o próprio Cícero, no mesmo local, diz: "Não se importar em saber o que os outros pensam, não é somente típico de pessoa arrogante, mas de dissoluta." Isso não quer dizer outra coisa senão que arrogância e dissolução é não conhecer-se a si próprio, que é o princípio e a medida de toda reverência.

Por essa razão, ao querer, com toda reverência tanto ao príncipe quanto ao filósofo, eliminar a maldade da mente de muitos para infundir nela depois a luz da verdade, antes de prosseguir em combater as opiniões apresentadas, mostrarei como, ao combatê-las, não raciocino de modo irreverente contra a majestade imperial nem contra o filósofo. Se em alguma parte de todo este livro me mostrasse irreverente, não haveria nada de pior neste tratado, no qual, ao tratar de nobreza, devo mostrar-me nobre e não vil. Primeiramente mostrarei que não sou presunçoso contra a autoridade do filósofo e, depois, que não o sou contra a majestade imperial.

Afirmo, portanto, que, ao dizer o filósofo "Aquilo que é aceito pela grande maioria, é impossível que seja totalmente falso", não se refere ao parecer externo, isto é, dos sentidos, mas àquele interior, isto é, racional, uma vez que o parecer dos sentidos, segundo a maioria, é muitas vezes totalmente falso, sobretudo nas coisas sensitivas comuns, nas quais o sentido é frequentemente enganado. Por isso sabemos que para a maioria do povo o Sol parece ter o diâmetro de um pé, o que é totalmente falso, porque, segundo a pesquisa e a descoberta que a razão humana realizou com suas outras artes, o diâmetro do corpo do Sol é cinco vezes e meia maior que aquele da Terra, uma vez que o diâmetro da Terra é de seis mil e quinhentas milhas, ao passo que o diâmetro do Sol, que aos sentidos parece ter a medida de um pé, é de trinta e cinco mil e setecentas e cinquenta milhas. Por essa razão, é evidente que Aristóteles não se refere à aparência dos sentidos e, portanto, se eu pretendo combater somente a aparência transmitida pelos sentidos, não combato a intenção do filósofo e, em decorrência, sequer ofendo a reverência que lhe é devida.

Que eu pretenda combater a aparência dos sentidos é evidente, porque aqueles que julgam desse modo, não julgam senão por aquilo que percebem o que dessas coisas a sorte pode dar e tirar. Como notam que os parentescos e os altos matrimônios constroem edifícios admiráveis, conquistam imensas posses, grandes senhorias, acreditam que essas são causas de nobreza, ou melhor, acreditam que a própria nobreza é constituída dessas coisas. Se julgassem com a aparência racional, diriam o contrário, isto é, que a nobreza é causa disso, como mais adiante neste tratado se poderá ver.

Conforme pode ser constatado, não falo contra a reverência devida ao filósofo, recriminando-o; assim também não falo contra a reverência devida ao império e pretendo mostrar a razão disso. Como, no entanto, se fala diante do adversário, o orador deve usar de muita cautela em seu discurso, para que o adversário não colha com isso a oportunidade para desmerecer a verdade, eu, que frente a muitos adversários falo neste tratado, não posso falar superficialmente. Por isso, se minhas digressões forem longas, que ninguém se surpreenda.

Afirmo, portanto, que, para mostrar que não sou irreverente em relação à majestade do império, cumpre verificar antes o que é "reverência". Digo que reverência outra coisa não é senão profissão de sujeição devida por sinal manifesto. Isto posto, convém distinguir entre "irreverente" e "não reverente"; irreverente indica privação e não reverente indica negação. Por isso, a irreverência é não admitir a devida sujeição, por sinal manifesto, e a não reverência é negar a devida sujeição. O homem pode desdizer a coisa de dois modos: primeiro, ofendendo a verdade, quando se recusa a devida confissão e isso é propriamente não admitir; por um segundo modo, o homem pode desdizer não ofendendo a verdade, quando aquilo que não é não se confessa e isso é propriamente "negar", como desdizer que o homem é totalmente mortal é negar, propriamente falando.

Por essa razão, se eu nego a reverência ao império, não sou irreverente, mas sou não reverente, o que não é contra a reverência, desde que não a ofenda, como o não viver não ofende a vida, mas ofende a morte, que é privação daquela. Por isso uma coisa é morte e outra coisa é não viver, porque o não viver está nas pedras. Entretanto, como morte indica privação, que não pode subsistir senão no objeto do hábito, e as pedras não são objeto de vida, por esse motivo não se deve dizer não "morte", mas "não viver". De modo semelhante eu, que neste caso não devo ter reverência ao império, se a desdigo, não sou irreverente, mas não reverente, o que não é insolência nem algo a recriminar. Seria insolência, porém, ser reverente (se reverência pudesse ser), uma vez que se cairia em maior e em verdadeira irreverência, ou seja, da natureza e da verdade, como mais adiante se poderá ver.

Dessa falha se eximiu aquele mestre dos filósofos, Aristóteles, no início da *Ética*, quando diz: "Se houver dois amigos, e um for a verdade, à verdade se deve aderir". Na verdade, porque eu disse que sou não reverente, que é negar a reverência, isto é, negar a devida sujeição por sinal manifesto, cumpre verificar como esse negar não é não admitir, ou seja, verificar como, neste caso, eu não seja devidamente sujeito à majestade imperial. Como o motivo deve ser extenso, pretendo mostrar isso imediatamente num capítulo específico.

Capítulo IX

Neste caso convém verificar como, isto é, ao reprovar ou aprovar a opinião do imperador, sou obrigado a sujeitar-me a ele, é necessário relembrar o que foi dito, no quarto capítulo deste tratado, sobre a função imperial, ou seja, que foi estabelecida a autoridade imperial para a perfeição da vida humana, que essa autoridade é reguladora e governante de modo justo de todas as nossas ações e que, portanto, por mais que se estendam nossas ações, sobre elas a majestade imperial tem jurisdição e para além desses limites não se amplia.

Como, porém, toda arte e ofício humano é, em certos termos, limitado pelo imperial, assim também este, dentro de certos termos, é limitado por Deus. Não é de admirar porque vemos a arte e ofício da natureza limitados em todas as suas realizações. Se quisermos tomar a natureza universal em sua totalidade, tem tanta jurisdição quanto a extensão do mundo inteiro, referindo-me ao céu e à terra; e este está dentro de certos limites, como o provam o terceiro livro da *Física* e o primeiro livro de *De Celo et Mundo.* A jurisdição da natureza universal é em certos termos limitada – e por conseguinte a parcial; dessa é também limitador aquele que não é limitado por nada, isto é, a primeira bondade, que é Deus, e que por si só com a infinita capacidade compreende o infinito.

Para verificar os limites de nossas ações, convém saber que somente são nossas aquelas ações que se submetem à razão e à vontade, porque, se em nós subsiste a ação digestiva, esta não é humana, mas natural. Cumpre salientar que nossa razão está ordenada para quatro maneiras de agir que devem ser consideradas de modo diverso: há ações que ela somente considera e não faz, nem pode fazer, como são as coisas naturais e sobrenaturais e as matemáticas; há ações que ela considera e faz em seu próprio ato, que são chamadas racionais, como a arte de falar; há ações que ela considera e faz externamente, como são as artes mecânicas. Todas essas ações, embora sua consideração esteja sujeita à nossa vontade, por si mesmas elas não se submetem à nossa vontade, porque, mesmo que quiséssemos que as coisas pesadas por natureza subissem, mesmo que quiséssemos que o silogismo baseado em falsas premissas demonstrasse a verdade e mesmo que quiséssemos que a casa estivesse assentada firmemente e não pendesse, todas essas coisas não poderiam acontecer, porquanto não somos criadores dessas coisas, mas descobridores. Foi outro que as ordenou e foi o maior fautor delas.

Há também ações que nossa razão considera no ato da vontade, como ofender e ser útil, como ficar firme e fugir da batalha, como permanecer casto e entregar-se à luxúria, e estas estão totalmente sujeitas à nossa vontade. Por causa delas somos classificados como bons e maus porque realmente elas são de todo nossas, uma vez que, quanto nossa vontade pode obter, tanto nossas ações cobrem todo o campo de possibilidades.

Uma vez que em todas essas ações voluntárias há alguma retidão a conservar e iniquidade a fugir (essa retidão pode ser perdida por dois motivos, por não saber qual seria ou por não querer segui-la), foi estabelecida a lei escrita, tanto para mostrá-la quanto para ordená-la. Por isso Agostinho diz: “Se esta – isto é, retidão – os homens a conhecessem e, conhecendo-a, a observassem, não haveria necessidade da lei escrita." E por isso está escrito no início do antigo *Digesto*: "A lei escrita é arte do bem e da justiça."

Para escrever, publicar e ordenar esta lei, existe esse cargo oficial de que se fala, isto é, o imperador, ao qual estamos sujeitos tanto quanto são abrangentes nossas ações de que somos responsáveis e, mais que isso, não. Por essa razão, em toda arte e em todo ofício os artífices e seus auxiliares estão sujeitos, e devem estar, ao príncipe e ao mestre, naqueles ofícios e naquelas artes; fora disso, a sujeição termina, uma vez que o comando hierárquico não subsiste. Poder-se-ia até dizer do imperador, querendo mostrar seu cargo com uma comparação, que ele é o cavaleiro da vontade humana. Como esse cavalo ande pelos campos sem cavaleiro é de todo evidente sobretudo na infeliz Itália que ficou entregue a si mesma, sem qualquer meio que possa sustentá-la!

Deve-se considerar que, quanto mais a coisa é própria da arte ou do mestre, tanto maior é nela a sujeição, porque, multiplicando-se a causa, multiplica-se o efeito. Por isso convém saber que há coisas que são arte tão pura, que a própria natureza é instrumento dessa arte, como navegar com remos, em que a arte faz da impulsão seu instrumento, que é movimento natural; como ao trilhar o trigo, em que a arte faz do calor seu instrumento, que é qualidade natural. Sobretudo nessas deve-se estar sujeito ao príncipe e mestre.

Há coisas em que a arte é instrumento da natureza. Essas são menos arte e nelas os artífices estão menos sujeitos a seu príncipe, como no caso de semear a terra (aqui se considera a vontade da natureza), como no caso de sair do porto (aqui se considera a disposição natural do tempo). Entretanto, observamos muitas vezes discordância nessas coisas entre os artífices e vemos o superior pedir conselho ao inferior.

Há outras coisas que não fazem parte da arte, mas parecem ter com ela alguma afinidade e, por causa disso, muitas vezes os homens se enganam. Nessas, os discípulos não estão sujeitos ao artífice ou mestre, nem são obrigados a nele acreditar nessa arte, como pescar parece ter afinidade com o navegar e como conhecer as qualidades das ervas parece ter afinidade com a agricultura. Realmente não possuem nenhuma regra em comum, uma vez que pescar se inclui na arte da caça e em suas normas, enquanto que conhecer as qualidades das ervas se inclui no domínio da medicina ou sob doutrina mais nobre.

De modo semelhante, essas coisas, que são regidas por outras artes, podem ser vistas na arte imperial, porque nesta há normas que são também artes, como as leis dos matrimônios, dos servos, das milícias, das sucessões em dignidade; nessas, estamos totalmente sujeitos ao imperador, sem dúvida e sem reserva alguma. Há outras leis que subsistem praticamente na própria natureza, como constituir o homem de idade suficiente para governar-se; nessas não estamos totalmente sujeitos.

Há muitas outras que parecem ter alguma afinidade com a arte imperial – e aqui foi enganada e ainda o é quem acredita que nessa parte a sentença imperial seja autêntica – como definir juventude e gentileza, sobre as quais nenhum juízo imperial deve ser admitido, mesmo sendo ele imperador, mas o que é de Deus seja dado a Deus. Por isso não se deve acreditar nem admitir o que o imperador Nero disse, isto é, que juventude era beleza e força do corpo, mas acreditar naquele, que seria filósofo, que dissesse que juventude é auge da vida natural. É evidente, portanto, que definir gentileza não faz parte da arte imperial e, se não faz parte dela, tratando-se dela, a ele não estamos sujeitos. Se não estamos sujeitos, não somos obrigados nisso a reverenciá-lo.

Era isto que procurávamos. Por essa razão, pois, com toda a permissão e com toda a franqueza de ânimo convém ferir no peito as opiniões correntes, derrubando-as por terra, para que a verdade, por esta minha vitória, domine o campo da mente daqueles em favor dos quais esta luz ajuda a ter vigor.

CAPÍTULO X

Uma vez que foram descritas as opiniões dos outros sobre a nobreza e que me é lícito refutá-las, passarei a comentar aquela parte do texto em que me proponho a rejeitá-las, parte que inicia, como transcrito anteriormente: *Quem define: "O homem é madeira animada"*. Entretanto, convém ressaltar que a opinião do imperador – embora a exponha de modo incompleto – numa pequena parte, ou seja, quando menciona os *bons costumes*, referiu-se aos costumes da nobreza; essa parte não há porque rejeitar. A outra pequena parte, que de modo algum se relaciona com a natureza da nobreza, essa deve ser rejeitada, porquanto parece indicar duas coisas quando fala de *antiga riqueza*, isto é, tempo e riquezas, coisas que são totalmente diferentes de nobreza, como já foi dito e como se voltará a demonstrar.

Ao refutar esse conceito, procede-se em duas partes. Refuta-se que a causa da nobreza seja primeiramente a riqueza e, em segundo lugar, que seja o tempo. A segunda parte começa com a frase: *Nem aceitam que homem humilde se torne nobre.* Cumpre salientar que, ao refutar as riquezas como causa de nobreza, refuta-se não somente a opinião do imperador no tocante às riquezas, mas também aquela do povo que se baseava total e unicamente nas riquezas. A primeira parte se divide em duas: uma em que se afirma genericamente que o imperador se equivocou em sua definição de nobreza; a outra em que se mostra a razão disso e esta parte começa assim: *Porque as riquezas, como se acredita.*

Afirmo, pois, que *Quem define: "O homem é madeira animada", em primeiro lugar diz algo não verdadeiro*, isto é, falso, porquanto diz "madeira"; e não *fala de modo completo*, isto é, de modo incompleto, porquanto diz "animado", em vez de dizer "racional", que é a diferença pela qual o homem se distingue do animal. Continuo dizendo depois que esse modo de definir foi um erro da parte daquele que detém o poder; não digo "imperador", mas "aquele que detém o poder", para mostrar (como foi dito antes) que a definição dessa coisa foge das funções imperiais. A seguir afirmo de igual modo que ele erra ao colocar sujeito falso da nobreza, isto é "antiga riqueza", procedendo depois com "forma defeituosa" ou diferença, isto é, "belos costumes", que não compreendem toda formalidade de nobreza, mas somente parte muito diminuta, como será mostrado mais adiante.

Não se deve deixar de considerar, mesmo que o texto cale, que o senhor imperador nesse aspecto não errou somente nas partes da definição, mas também na maneira de definir, embora ele fosse, de acordo com a fama que se propala, homem de grande inteligência e de vasta cultura. De fato, a definição da nobreza seria extraída mais condignamente dos efeitos do que dos princípios, embora pareça ter razão de princípio, porquanto a nobreza deriva de alguma coisa e não a precede.

Depois, quando escrevo *Porque as riquezas, como se acredita*, mostro como elas não podem ser causa de nobreza porquanto são vis. Mostro também que elas não a podem tirar porque estão muito distantes da nobreza. Provo que são vis por meio de um grande defeito que têm e que é de todo manifesto e o faço quando digo: *Que sejam vis é evidente.*

Finalmente, concluo dizendo, em virtude do que foi exposto antes, que o ânimo reto não muda pela volubilidade delas, o que se constitui em prova do que foi afirmado antes, ou seja, que as riquezas estão separadas da nobreza porquanto não seguem o efeito da conjunção. Por isso se deve saber que, como o quer o filósofo, todas as coisas que geram alguma coisa, convém antes que aquelas subsistam de modo perfeito no ser. Por essa razão o filósofo diz no livro sétimo da Metafísica: "Quando uma coisa é gerada por outra, é gerada por aquela que subsiste naquele ser". Além disso, cumpre saber que toda coisa, que se corrompe, corrompe-se mediante alguma alteração precedente e toda coisa que é alterada deve estar ligada com a alteração, come escreve o filósofo no sétimo livro da Física e no primeiro de *De Generatione*.

Estabelecido isto, procedo dizendo que as riquezas, como o outro acreditava, não podem conferir nobreza. E para mostrar a grande distância que as separa, afirmo que as riquezas não podem tirá-la de quem a possui. Além do mais, não podem conferi-la, uma vez que são naturalmente vis e, por causa de sua vileza, são contrárias à nobreza. Por vileza entende-se aqui degeneração, a qual se opõe à nobreza, uma vez que um contrário não é fautor do outro, nem pode sê-lo, em vista da mencionada razão que é acrescida brevemente ao texto, dizendo: *Pois quem pinta uma imagem (Se não pode ser ela, não pode realizá-la).* Por isso nenhum pintor poderia realizar imagem alguma, se não a construísse antes em sua mente tal qual devesse ser. Além disso, não a podem tirar porque estão distantes da nobreza e também pela razão mencionada que aquele que altera ou corrompe alguma coisa deve estar ligado com ela. Por esse motivo acrescenta-se: *Nem a torre bem erigida pode desviar um rio que distante corre.* Isso não quer dizer outra coisa senão responder ao que foi dito antes, isto é, que as riquezas não podem tirar a nobreza, como que comparando a nobreza à torre ereta e as riquezas, ao rio que corre distante.

Capítulo XI

Já não resta senão provar como as riquezas são vis e como estão separadas e distantes da nobreza. Isso pode ser provado por duas pequenas partes do texto que ora merecem especial atenção. Depois de analisadas, ficará evidente o que afirmei, isto é, que as riquezas são vis e distantes da nobreza. E com isso, as razões apresentadas anteriormente contra as riquezas estarão perfeitamente provadas. Por isso afirmo: *Que sejam vis e imperfeitas, é evidente.*

Para explicar o que se pretende dizer, cumpre saber que a vileza de cada coisa deriva da imperfeição dessa coisa e, de igual modo, a nobreza deriva da perfeição. Por isso mesmo, se a coisa é perfeita, igualmente é nobre em sua natureza; se é imperfeita, é igualmente vil. Se, portanto, as riquezas são imperfeitas, é evidente que sejam vis. Que sejam imperfeitas, facilmente é provado pelo texto, quando diz: *Porque, por mais que delas se acumule, não dão paz, mas geram mais preocupações*. Nisso transparece não somente a imperfeição delas, mas também que sua condição é de todo imperfeita e, portanto, são extremamente vis. Lucano testemunha isso quando, ao falar delas, diz: "Sem distinção pereceram as leis e vós, riquezas, parte extremamente vil das coisas, movestes guerra."

Pode-se facilmente e de modo transparente verificar sua imperfeição em três coisas: primeiro, em sua ocorrência sem medida; segundo, em seu perigoso aumento; terceiro, em sua danosa posse. Antes de demonstrar isso, convém esclarecer uma dúvida que parece manifestar-se com elas. Explicando, uma vez que o ouro, as pedras preciosas e os campos têm em seu ser forma e ato perfeitos, não condiz com a verdade dizer que sejam imperfeitos. Por isso cumpre saber que, quando considerados em si são coisas perfeitas e não são riquezas, mas ouro e pedras preciosas; mas quando são destinadas à posse do homem são riquezas e, desse modo, tornam-se repletas de imperfeição, porquanto não é absurdo que uma coisa, sob aspectos diversas, seja perfeita e imperfeita.

Afirmo que sua imperfeição pode ser constatada em primeiro lugar em sua ocorrência sem medida, na qual não resplende qualquer justiça distributiva, mas quase sempre toda a sua iniquidade, iniquidade que é o próprio efeito da imperfeição. De fato, se forem consideradas as maneiras pelas quais elas são acumuladas, todas essas maneiras podem ser reduzidas a três tipos: ou são acumuladas por puro acaso, como ocorre quando, sem intenção ou esperança, são resultantes de um achado fortuito; ou são acumuladas por um acaso corroborado pela razão, como ocorre com os testamentos ou mútua sucessão; ou são acumuladas por acaso com a intervenção da razão, como ocorre quando intervêm ganhos obtidos de modo lícito ou ilícito. Entendo como lícito quando é resultante de arte ou de comércio ou de serviço meritório. Entendo como ilícito quando é resultante de furto ou rapina. Em cada uma dessas três maneiras pode ser observada aquela iniquidade que mencionei, porque na maioria das vezes as riquezas ocultas que são encontradas ou descobertas são oferecidas muito mais aos maus do que aos bons. E isso é tão evidente que não necessita de prova. Na verdade, eu vi o local, nas encostas de um monte chamado Falterona, na Toscana, onde o mais humilde camponês de toda a região, ao capinar, encontrou mais de um alqueire de moedas de finíssima prata, as quais o haviam esperado talvez por mais de dois mil anos.

Ao observar essa iniquidade, Aristóteles disse que "quanto mais o homem se submete ao intelecto, tanto menos se submente ao acaso". Afirmo que mais vezes aos maus do que aos bons são destinadas as heranças, com ou sem cláusulas. Sobre isso não quero trazer nenhum testemunho, mas basta que cada um volva os olhos em torno de si para constatar aquilo que eu calo, a fim de não aborrecer ninguém. Teria sido assim do agrado de Deus que aquilo que o Provençal(41) escreveu se tivesse realmente verificado, ou seja, que aquele que não é herdeiro da bondade devesse perder a herança dos bens!

Afirmo também que os ganhos ocorrem na maioria das vezes em favor dos maus do que em favor dos bons, porque os não lícitos não se destinam jamais aos bons, uma vez que os recusam. Qual seria o homem bom que tentaria auferir ganhos por violência ou por fraude? Isso seria impossível, porquanto pela simples escolha de negócio ilícito, bom já não seria mais. E os lícitos raras vezes chegam aos bons porque, a partir do momento em que nisso é exigido muito empenho e uma vez que o empenho do bom está direcionado para coisas maiores, raras vezes o bom se empenha nisso de modo suficiente. Por essa razão é evidente que em qualquer caso essas riquezas são acumuladas de modo iníquo. Por isso Nosso Senhor as chamou de iníquas quando disse: "Granjeai amigos com o dinheiro da iniquidade", convidando e exortando os homens à liberalidade de benefícios que são geradores de amigos.

E que bela troca faz aquele que dá essas coisas imperfeitíssimas para ter e adquirir coisas perfeitas, como os corações dos homens valorosos! A troca pode ser feita todo dia. Certamente essa é mercadoria bem diversa das outras porque, acreditando comprar um homem por meio de benefícios, milhares deles são comprados. E quem não se recorda ainda de Alexandre por seus benefícios régios? Quem não se lembra ainda do bom rei de Castela, ou de Saladino, ou do bom Marques de Monferrato, ou do bom Conde de Toulouse, ou de Beltramo

(41) Não se sabe a quem Dante se refere; talvez ao trovador provençal Giraut de Borneil.

dal Bornio, ou de Galasso de Montefeltro(42)? Quando suas ações são relembradas, com certeza não somente aqueles que fariam o mesmo de boa vontade, mas também aqueles que prefeririam morrer do fazer isso reverenciam com admiração a memória deles.

Capítulo XII

Como foi dito, a imperfeição das riquezas pode residir não somente em sua ocorrência, mas também em seu perigoso aumento. Uma vez que nisso mais claramente pode ser constatado seu defeito, somente dele o texto faz menção, ao dizer *por mais que delas se acumule*, não somente não dão sossego, mas dão mais sede e tornam o homem sempre mais ávido e ganancioso. Cumpre saber aqui que as coisas defeituosas podem apresentar seus defeitos de diversas maneiras que na aparência não se manifestam, mas que sua imperfeição se esconde sob a capa da perfeição. Pode haver aqueles que são de todo descobertos, de tal modo que sua imperfeição é reconhecida em sua própria aparência. E aquelas coisas que não mostram claramente seus defeitos são mais perigosas porque muitas vezes não há como defender-se delas, como ocorre com o traidor que na aparência se mostra amigo, de modo que nele se possa confiar, mas que sob o pretexto de amizade esconde o defeito da inimizade.

Desse modo as riquezas em seu aumento são perigosamente imperfeitas porque, anulando o que prometem, trazem o contrário. As falsas traidoras prometem sempre, ao serem acumuladas em certa quantidade, tornar aquele que as acumula repleto de satisfação e, por meio dessa promessa, conduzem a vontade humana ao vício da avareza. Por essa razão, Boécio as chama de perigosas, em seu livro *De Consolatione*, ao dizer: "Ai! Quem foi aquele que os pesos do ouro escondido e as pedras que queriam se ocultar, preciosos perigos, por primeiro escavou?"

Observando com atenção, as falsas traidoras prometem eliminar toda sede e toda necessidade e trazer toda saciedade e fartura. Assim se comportam no início com cada homem e até certo ponto de seu

(42) Personalidades da história antiga (só Alexandre da Macedônia) e medieval: rei de Castela, talvez se refira a Alfonso VIII (1155-1214) que ascendeu ao trono aos três anos de idade; Saladino, Salah ad-Din em árabe, o grande sultão do Egito e da Síria (1138-1193); talvez Bonifacio I degli Aleramici (1150-1207), Marquês de Monferrato; talvez Raymond V (1148-1194), Conde de Toulouse; Bertran de Born, célebre trovador do século XII; Galasso de Montefeltro, político contemporâneo de Dante, falecido em 1300.

aumento parecem manter sua promessa. Depois que são acumuladas, no entanto, em vez de saciedade e sossego, dão e trazem no íntimo sede febril intolerável; e em vez de fartura, fixam novas metas, isto é, maior quantidade desejada e, com esta, grande medo e preocupação com sua aquisição, de tal modo que não dão sossego, mas trazem maiores preocupações, coisas que sem elas não subsistiam.

Por isso Cícero, no livro *De Paradoxo*, abominando as riquezas, escreve: "Em tempo algum afirmei de modo explícito enumerar entre as coisas boas e desejáveis o dinheiro deles, nem as magníficas mansões, nem as riquezas, nem as propriedades, nem os prazeres de que são sufocados por causa delas, uma vez que eu via claramente que os homens imersos na abundância dessas coisas desejavam ansiosamente aquelas dos outros, porquanto jamais a sede da cobiça se satisfaz e se sacia. Além do mais, não se atormentam somente pelo desejo de aumentar aquelas coisas que possuem, mas também se atormentam com o receio de perdê-las." Estas são palavras de Cícero, constantes no livro mencionado.

Para comprovar de maneira mais clara essa imperfeição, transcrevo aquilo que Boécio diz no livro *De Consolatione*: "Por mais areia que revolva o mar encapelado pelos ventos, por mais que as estrelas reluzam, por mais que a deusa da riqueza fosse pródiga, o gênero humano não cessará de chorar." Como, para provar isso, não há necessidade de mais testemunhas, deixe-se de lado o que contra elas grita Salomão e seu pai, o que contra elas diz Sêneca, especialmente ao escrever a Lucilo, o que Horácio, o que Juvenal e, resumindo, o que expressa todo escritor, todo poeta; além disso, o que a verdadeira Escritura divina clama contra essas falsas meretrizes, repletas de todos os defeitos. Para ter certeza absoluta, convém prestar atenção também na vida daqueles que correm atrás delas, como vivem em segurança quando as acumularam, como se satisfazem, como vivem em sossego!

Que outra coisa cotidianamente ameaça e mata as cidades, os povoados, as pessoas, tanto quanto o novo acúmulo de bens por parte de alguém? Esse acúmulo revela novos desejos, para a realização dos quais não se pode chegar sem prejudicar alguém. Que outra coisa pretendem regulamentar os dois Direitos, o Canônico e o Civil, senão em reprimir a cobiça que cresce ao acumular riquezas? Certamente ambos os Direitos o manifestam claramente, se forem lidos seus princípios expressos em seus textos. Oh! Como é evidente, melhor, extremamente evidente, que, enquanto as riquezas são acumuladas, são de todo imperfeitas, uma vez que, ao serem recolhidas, delas não pode resultar outra coisa senão imperfeição! Precisamente isto é o que o texto exprime.

Na realidade, aqui surge uma questão duvidosa. Não convém prosseguir, antes de colocá-la e respondê-la. Algum caluniador poderia dizer da verdade que, se ao crescer o desejo de adquirir, as riquezas são imperfeitas e portanto vis, pela mesma razão é imperfeita e vil a ciência que, na ânsia de adquiri-la, o desejo não cessa de aumentar. Por isso Sêneca diz: "Se tivesse um dos pés no túmulo, ainda gostaria de continuar aprendendo." Mas não é verdade que a ciência seja vil por imperfeição; portanto, com a destruição do consequente, o aumento do desejo não é causa de vileza para as riquezas. Que a ciência seja perfeita, o filósofo o demonstra com evidência no sexto livro da Ética, ao dizer que a ciência é a causa perfeita de certas coisas.

Cumpre responder a esta questão, ainda que de modo breve. Antes, contudo, convém verificar se, na aquisição da ciência, o desejo se estende como é posto na questão e se ocorre com razão. A respeito disso, afirmo que não somente na aquisição da ciência e das riquezas, mas em qualquer aquisição o desejo humano se estende, embora de maneiras bastante diversas. A razão é que o supremo desejo de cada coisa, conferido antes pela própria natureza, é retornar a seu princípio. Uma vez que Deus é princípio de nossas almas e criador daquelas semelhantes a si próprio (como está escrito: "Façamos o homem à nossa imagem e semelhança"), a própria alma deseja de modo extremo retornar a ele. Assim como o peregrino que segue por uma estrada que jamais percorreu e que cada casa que de longe vislumbra acredita que possa ser a hospedaria e, ao chegar, vê que não é, dirige sua esperança na seguinte e assim de casa em casa, até chegar à hospedaria; assim também nossa alma, logo que entra no novo e jamais percorrido caminho desta vida, dirige seus olhos para o objetivo de seu supremo bem e, por isso, ao ver qualquer coisa que pareça conter em si algum bem, acredita que seja o próprio supremo bem.

Como seu conhecimento é primeiramente imperfeito, por não ter sido despertado nem educado, pequenos bens lhe parecem grandes e, por isso, começa em primeiro lugar por desejar esses. Por esse motivo vemos os pequenos desejar com ânsia uma maçã; depois, prosseguindo, desejar um passarinho; depois, mais adiante, desejar um belo traje; depois, o cavalo; depois, uma mulher; depois, uma riqueza não muito grande, depois grande e depois, maior ainda. Isso acontece porque em nenhuma dessas coisas encontra aquela que está procurando e acredita encontrá-la mais adiante.

Desse modo pode-se constatar que algo desejável está antes de outro aos olhos de nossa alma, de uma maneira quase piramidal, em que o mínimo primeiramente os cobre a todos e é como a ponta do último desejável, que é Deus, como base de todos. Por isso é que, quanto mais se prossegue da ponta em direção à base, maiores aparecem os bens desejáveis. Esta é a razão pela qual, ao adquiri-los, os desejos humanos se ampliam sempre mais, um após o outro.

Na verdade, esse caminho pode assim ser perdido por erro como as estradas da terra. Exemplificando, assim como de uma cidade a outra existe necessariamente uma estrada ótima e reta e existe outra que dela sempre mais se afasta (isto é, aquela que vai em sentido contrário), e muitas outras que se afastam menos e que menos se aproximam, assim também na vida humana há muitos caminhos, entre os quais um é o único verdadeiro e o outro é o totalmente errado, além de outros que são menos errados e outros que são menos verdadeiros. Assim como observamos que aquele que corre direto para a cidade realiza o desejo e confere repouso depois da fadiga e aquele que corre ao contrário não o realiza jamais e jamais poderá dar repouso, assim também acontece em nossa vida: o bom caminhante chega a termo e repousa; o caminhante que erra não o alcança jamais, mas com extrema fadiga de seu ânimo continua sempre a olhar mais adiante com olhos ansiosos. Por isso, embora esta razão não responda totalmente à questão posta anteriormente, pelo menos abre o caminho para a resposta, porque demonstra que todos os nossos desejos não se intensificam de um só modo. Como este capítulo é bastante longo, convém responder à questão em novo capítulo, no qual seja levada a termo toda a discussão que ora se pretende expor contra as riquezas.

Capítulo XIII

Respondendo à questão, afirmo que não se pode propriamente dizer que o desejo da ciência aumenta, embora, como foi dito, se dilate de diversas maneiras. Isso porque aquilo que propriamente aumenta é sempre um só; o desejo da ciência não é sempre único, mas é muitos e, terminado um, sucede-lhe outro, de modo que, propriamente falando, seu dilatar não é aumentar, mas sucessão de pequena coisa em grande coisa. Por exemplo, se eu desejo conhecer os princípios das coisas naturais, logo que os tiver conhecido, este desejo está realizado e completo. Se depois desejo saber o que é e como é cada um desses princípios, este é um desejo novo e diverso, e pela ocorrência deste não me é tirada a perfeição a que o outro me conduziu. Esta ampliação não é causa de imperfeição, mas de perfeição maior.

No caso da riqueza é propriamente aumentar, porque é sempre e somente o mesmo, de modo que aqui não se constata nenhuma sucessão, nem em relação a qualquer termo, nem em relação a qualquer perfeição. Se o adversário interpela dizendo que um é o desejo de conhecer os princípios das coisas naturais e outro é o de saber o que eles são, assim como um é o desejo das cem marcas e outro é aquele das mil marcas, respondo que não é verdade, porquanto, o cento é parte do mil e está ordenado a este como parte de uma linha para toda a linha, pela qual se prossegue por um movimento único, não subsistindo aqui sucessão alguma nem perfeição de movimento em parte alguma. Conhecer, porém, quais são os princípios das coisas naturais e conhecer o que é cada um deles, não é parte um do outro e estão ordenados juntos como diversas linhas, pelas quais não se prossegue por um único movimento, mas, concluído o movimento de uma, sucede-lhe o movimento da outra. Evidencia-se, portanto, que a ciência não pode ser classificada como imperfeita pelo desejo da ciência, como se deve dizer das riquezas pelo desejo delas, tal como a questão propunha, porque no desejo da ciência os desejos terminam sucessivamente e chega-se à perfeição, o que não ocorre com a riqueza. Desse modo resolvida está a questão e não tem razão de ser.

O adversário pode muito bem ainda caluniar, dizendo que, embora muitos desejos se realizem na aquisição da ciência, nunca se chega ao último, o que é semelhante à imperfeição daquilo que não se conclui e que é sempre o mesmo. Aqui também se responde que não é verdadeiro o que se opõe, isto é, que nunca se atinge o último, porque nossos desejos naturais, como foi mostrado antes no terceiro tratado, visam uma meta precisa. E aquele da ciência é natural, de modo que realiza determinado objetivo, embora poucos, por seguir caminhos errôneos, cheguem ao termo da jornada.

Quem compreende o comentário do terceiro livro da *Alma*, compreende bem isso. Por essa razão Aristóteles, no décimo livro da *Ética*, ao polemizar com Simônides, diz que "o homem deve elevar-se para as coisas divinas tanto quanto possível", mostrando que nossa aspiração tende a determinado fim. No primeiro livro da *Ética* afirma que "o disciplinado procura ter certeza nas coisas, de acordo com a certeza que subsiste na natureza delas", mostrando que não somente da parte do homem desejoso se deve esperar um fim, mas também da parte do cognoscível desejado. Por isso Paulo diz: "Não saber mais do que é necessário saber, mas saber com sobriedade." Assim, de qualquer maneira que se tomar o desejo da ciência, de modo geral ou específico, chega-se à perfeição. Por isso a ciência tem perfeita e nobre perfeição e pelo desejo dela sua perfeição não é perdida, como as malditas riquezas.

Como as riquezas são danosas em sua posse, que é a terceira característica de sua imperfeição, pode ser mostrado de maneira breve. Pode-se constatar que a posse delas é danosa por duas razões: uma, porque é causa de mal; a outra, porque é privação de bem. É causa de mal porque, somente ao vigiar, torna o possuidor pálido e ansioso. Quanto medo o daquele que carrega consigo riqueza ao viajar, ao se hospedar, não somente quando desperto mas dormindo, medo não somente de perder os bens, mas por causa deles, a vida! Bem o sabem os infelizes mercadores que vagam pelo mundo que as folhas levadas pelo vento os fazem tremer quando carregam consigo riquezas; e quando estão sem elas, seguem pela estrada seguros de si, cantando e assobiando, tornando a caminhada mais leve. Por isso o sábio diz: "Se um caminhante andasse pela estrada sem nada, diante dos ladrões haveria de cantar." A isso se refere Lucano no quinto livro quando recomenda a pobreza segura: "Oh! Segura faculdade da pobre vida! Oh! Estreitos habitáculos e ruínas! Oh! Não ainda compreendidas riquezas dos deuses! A quais templos ou a quais muralhas podia isso acontecer, isto é, não temer algum tumulto, ao bater da mão de César?" Lucano diz isso quando relata como César, durante a noite, chegou à pequena casa do pescador Amiclas para atravessar o mar Adriático. Quanto é o ódio que todos têm pelo possuidor da riqueza, seja por inveja, seja pelo desejo de apoderar-se dela! Tanto isso é verdade que muitas vezes, contra a devida afeição, o filho arquiteta a morte do pai. A respeito disso, extremamente grandes e evidentes experiências têm os latinos, tanto aqueles das margens do Pó, quanto aqueles das margens do Tibre! Por isso, no segundo livro da *De Consolatione* Boécio diz: "Sem dúvida alguma, a avareza torna os homens odiosos."

Também a posse delas é privação de bem porque, ao possuí-las, não há magnanimidade, que é virtude, na qual subsiste perfeito bem e que torna os homens esplêndidos e amados. Isso não pode ocorrer ao possuí-las, mas somente ao deixar de possuí-las. Por isso Boécio diz no mesmo livro: "O dinheiro é bom quando, ao ser transferido a outros por magnanimidade, não se tem mais a posse dele." Ante o exposto, é bastante evidente a vileza das riquezas, sobretudo por suas características. Por essa razão o homem de anseios sóbrios e de verdadeiro conhecimento jamais as ama e, ao não amá-las, não se une a elas, mas prefere estar sempre distante das mesmas, a menos que estejam dispostas para determinadas necessidades. É coisa razoável, portanto, que o perfeito não possa se unir ao imperfeito. Por esse motivo observamos que a linha torta não se conecta jamais com a linha reta e, se houver alguma ligação, não se verifica de linha para linha, mas de ponto a ponto. Disso decorre que o ânimo, que é *correto*, isto é, de desejo, e *verdadeiro*, isto é, de conhecimento, por sua perda não se desfaz, como o texto propõe no final desta parte. O texto pretende provar, para esse efeito, que as riquezas representam um rio que corre distante da correta torre da razão, ou seja, da nobreza. Por essa razão, as próprias riquezas não podem tirar a nobreza de quem a possui. Desse modo são questionadas e condenadas as riquezas na presente canção.

Capítulo XIV

Condenado o erro de outrem, como consta naquela parte que se apoiava nas riquezas, infere-se que deva ser condenada aquela parte que afirma que o tempo é causa de nobreza, ao dizer *antiga riqueza*. Esta condenação é feita naquela parte que começa: *Nem aceitam que homem humilde se torne nobre*. Condena-se isso primeiramente por uma razão que leva os mesmos a errar desse modo; e depois, para maior confusão deles, também essa razão é destruída. Isso é feito quando se diz: *Disso se segue também o que antes propus*. Por fim, comprova-se que seu erro é evidente, sendo já tempo de acatar a verdade, o que consta nessa parte do texto: *Porque para intelectos sadios*.

Afirmo, portanto: *Nem aceitam que homem humilde se torne nobre*. Cumpre saber que é opinião desses que jamais possa ser classificado como nobre homem que antes foi humilde, nem possa ser dito de modo semelhante nobre o homem que for filho de homem humilde. Isso aniquila sua própria sentença, porquanto dizem que para a nobreza é requerido tempo, acrescentando o vocábulo "antigo". Entretanto, é impossível pela sucessão do tempo chegar à geração de nobreza por essa razão defendida por eles, uma vez que a mesma elimina a possibilidade de homem humilde vir a ser nobre por mérito próprio ou por alguma eventualidade, como elimina também a modificação de pai humilde em filho nobre. Isso porque se o filho do cidadão humilde é também humilde e o filho é também filho de cidadão humilde, como também o filho deste, e assim sucessivamente, jamais se haverá de encontrar o momento em que começou a nobreza através dos tempos. Se os adversários, querendo defender-se, disserem que a nobreza começa no tempo em que não houver mais informações sobre a condição humilde dos ancestrais, respondo que isso depõe contra eles próprios, porquanto subsistirá aí necessariamente a modificação de condição humilde em nobreza, de um homem em outro ou de pai para filho, o que é contra o que eles próprios propõem.

Se o adversário se defendesse com pertinácia dizendo que essa modificação pode muito bem ocorrer quando a condição humilde dos ancestrais cai no esquecimento, embora o texto não trate disso, a questão é digna de resposta. Respondo que daquilo que afirmam seguem-se quatro grandes inconvenientes, de modo que não pode ser boa razão. O primeiro é que, quanto melhor fosse a natureza humana, tanto mais difícil e mais tardia haveria de ser a geração de nobreza, o que é grande inconveniente, uma vez que, como foi observado, quanto melhor for a coisa, tanto mais é causa de bem; e a nobreza é classificada como um bem. Isso se prova da seguinte maneira. Se a gentileza ou a nobreza, entendo-as como uma só e mesma coisa, fosse gerada por esquecimento, a nobreza seria melhor gerada enquanto os homens estivessem privados de memória. Quanto mais desmemoriados, portanto, fossem os homens, mais cedo se tornariam nobres e, ao contrário, quanto mais fossem adornados de boa memória, tanto mais tarde se haveriam de tornar nobres.

O segundo é que em nenhuma coisa, excetuando-se os homens, se poderia fazer esta distinção, ou seja, nobre ou inferior. De fato, isso é muito desagradável, ainda que em cada espécie de coisas vejamos a imagem da nobreza e da inferioridade, porquanto muitas vezes dizemos um cavalo nobre e um cavalo inferior, um falcão nobre e outro inferior, uma pedra preciosa nobre e outra inferior. Prova-se da seguinte maneira que tal distinção não conviria fazer. Se o esquecimento dos ancestrais humildes é causa de nobreza e desde que condição humilde de ancestrais jamais houve, não pode haver esquecimento deles, uma vez que esquecimento é corrupção de memória; além do mais, nesses animais, plantas e minérios não se observam condição inferior e superior (porquanto foram criados num só e idêntico estado), não subsistindo neles portanto geração de nobreza e igualmente nem de inferioridade, porquanto uma e outra são vistas como presença e privação possíveis num mesmo sujeito. Por essa razão, não poderia haver distinção neles entre uma e outra. Se o adversário dissesse que nas outras coisas por nobreza se entende a bondade da coisa, mas nos homens está ligada à ausência de memória de sua baixa condição, não se deveria responder a tamanha bestialidade com palavras mas com a espada, porquanto se confere como causa da nobreza das outras coisas a bondade e como causa daquela dos homens o princípio do esquecimento.

O terceiro inconveniente é que muitas vezes viria antes o gerado que aquele que gera, o que é totalmente impossível. Isso pode ser demonstrado da seguinte maneira. Suponhamos que Gherardo da Cammino(43) tivesse sido neto do mais humilde dos humildes cidadãos que se dessedentava no rio Sile ou no rio Cagnano e não tivesse ainda ocorrido o esquecimento de seu avô. Quem ousaria dizer que Gherardo da Cammino fosse homem de condição humilde? Quem haveria de me contradizer, dizendo que aquele havia sido nobre? Certamente ninguém, por mais presunçoso que fosse, porquanto ele o foi e que sua memória seja sempre conservada. Se não tivesse ocorrido, como se supõe, o esquecimento de seu humilde antecessor, e ele fosse grande em nobreza e a nobreza nele fosse vista tão claramente como se vê, primeiro teria subsistido nele, antes que aquele que o gerou tivesse existido; ora, isto é absolutamente impossível.

O quarto é que tal homem seria considerado nobre depois de morto, não tendo sido enquanto vivo. Maior inconveniente que esse não poderia existir e isso se demonstra dessa maneira. Suponhamos que na época de Dardano houvesse memória de seus humildes antecessores e suponhamos que na época de Laomedonte(44) essa memória tivesse desaparecido, ocorrendo o esquecimento. De acordo com a opinião contrária, Laomedonte foi nobre em vida e Dardano foi de condição humilde. Nós, para quem a memória de seus antecessores – refiro-me aos tempos anteriores a Dardano – não persistiu, deveríamos dizer que Dardano enquanto vivo fosse de condição humilde

(43) Gherardo da Cammino (1240-1306), nobre do Vêneto, área sob influência da república de Veneza. Sile e Cagnano são dois rios que confluem na cidade de Treviso, onde Gherardo teve grande influência política.

(44) Dardano, segundo a lenda, era filho de Júpiter e Eletra, ancestral dos reis de Troia; Laomedonte era o pai de Príamo e, portanto, descendente de Dardano.

e, depois de morto, nobre. Contra isso não cabe dizer que é fábula que Dardano tenha sido filho de Júpiter, uma vez que, ao discutir filosoficamente, a isso não se deve dar atenção. Mesmo que o adversário quisesse basear-se na fábula, certamente o que a fábula afirma destrói todas as razões dele. Torna-se assim evidente que a razão que estabelecia o esquecimento como causa de nobreza é falsa e errônea.

Capítulo XV

Desde que, por sua própria afirmação, a canção condenou que se requeira espaço de tempo para a nobreza, de imediato continua a confundir a mencionada opinião deles, a fim de que não subsista nenhum traço de suas falsas razões na mente de quem está aberto à verdade. Isto ela o faz quando diz: *Disso se segue também o que antes propus.* Cumpre aqui salientar que, se o homem de condição humilde não pode tornar-se nobre ou se de pai humilde não pode nascer filho nobre, como foi disposto antes pela opinião deles, dos dois inconvenientes um deve ser seguido: um propõe que não existe nobreza alguma; o outro afirma que o mundo sempre existiu com muitos homens, de modo que o gênero humano não descende de um só homem. E isso pode ser demonstrado.

Se nobreza não é gerada de novo, como reiteradas vezes foi dito que a opinião deles assim o quer (não sendo gerada em homem de condição inferior em si mesmo, nem de pai de condição inferior no filho), o homem permanece sempre tal qual como nasce e tal nasce qual é o pai; e esse processo de condição única veio desde o primeiro genitor; desde que tal foi o primeiro genitor, isto é, Adão, assim deve ser todo o gênero humano, porquanto desde ele até os tempos atuais não se pode, por essa razão, encontrar modificação alguma. Logo, se o próprio Adão foi nobre, todos somos nobres, e se ele foi de condição humilde, todos somos de condição inferior. Isso não é outra coisa senão negar a distinção dessas condições e, em decorrência, negar as mesmas. Por isso a canção afirma, em decorrência do que foi dito antes, *que todos somos nobres ou humildes.*

Se assim não for, e ainda assim se deva classificar alguns homens como nobres e outros como de condição inferior, deve-se necessariamente, uma vez que a modificação de condição humilde em nobreza foi negada, admitir que o gênero humano descende de princípios diversos, isto é, de um nobre e de outro inferior. É isto que a canção afirma, ao dizer: *Ou que não descendemos todos de mesma matriz*, isto é, de um só homem; não diz "matrizes". E isto é absolutamente falso de acordo com o filósofo, de acordo com nossa fé que não pode mentir, de acordo com a lei e a crença antiga dos pagãos.

De fato, embora o filósofo não defenda a ideia de uma humanidade que descende de um único homem, admite no entanto existir em todos os homens uma única essência que não pode ter princípios diversos. Platão defende que todos os homens dependem de uma única ideia, e não de diversa, o que é conferir a eles um único princípio. Sem dúvida, Aristóteles haveria de rir muito ao ouvir que se estabelecem duas espécies para o gênero humano, como se faz com os cavalos e com os asnos. Que me perdoe Aristóteles, podem muito bem ser classificados como asnos aqueles que assim pensam.

Que de acordo com nossa fé, que deve ser muito bem conservada, isso seja totalmente falso, é demonstrado por Salomão que, ao distinguir todos os homens dos animais irracionais, chama os primeiros de filhos de Adão. De fato, assim diz: "Quem sabe se os espíritos dos filhos de Adão vão para o alto e aqueles dos animais vão para baixo?"

Que de acordo com os pagãos isso fosse falso, testemunha-o Ovídio no primeiro livro de *Metamorfoses*, onde trata da constituição do mundo segundo a crença pagã, ao dizer: "Nasceu o homem" – não disse "os homens"; disse "nasceu" e "homem" -, "seja que isto tenha feito de semente divina o artífice das coisas, seja que a terra recente, há pouco separada do nobre corpo sutil e etéreo, retivesse as sementes do céu nascido junto. A terra que, misturada com a água do rio, formou o filho de Japeto, isto é, Prometeu, à imagem dos deuses que tudo governam." Nisso transparece plenamente que o primeiro homem foi um só.

Por isso a canção diz: *Mas com isso não concordo,* isto é, que não houvesse um começo para o homem. E a canção acrescenta ainda: *Nem eles certamente, se forem cristãos.* Diz "cristãos" e não "filósofos" ou "pagãos", cujas sentenças também não são contrárias, porque a definição cristã apresenta maior vigor e destrói qualquer calúnia por causa da suprema luz do céu de que é iluminada.

Depois, quando digo: *Porque para intelectos sadios é evidente que seus argumentos são vãos,* concluo que o erro deles é confuso e afirmo que é tempo de abrir os olhos para a verdade. Isto está claro quando digo:

E dizer quero agora, assim como sinto. Afirmo, portanto, que, por aquilo que foi exposto, é evidente para os intelectos sadios que os argumentos deles são vãos, isto é, sem conteúdo de verdade. Digam sadios não sem razão, porque se deve saber que nosso intelecto pode ser considerado sadio ou enfermo. Escrevo intelecto por aquela parte nobre de nossa alma que poderia ser designada com o termo "mente". Pode ser dito sadio quando não é impedido em sua atividade por enfermidade de alma ou de corpo, o que corresponde a conhecer aquilo que as coisas são, como afirma Atistóteles no terceiro livro da *Alma*. De fato, de acordo com a doença da alma, pude constatar três horríveis enfermidades na mente dos homens.

A primeira é causada por jactância de caráter, porque muitos são tão presunçosos que acreditam que sabem tudo e, em razão disso, afirmam as coisas não certas como certas. Esse vício é condenado veementemente por Cícero no livro primeiro de *Dos Deveres* e por Tomás de Aquino em seu livro *Contra os Gentios*, ao dizer: "Há muitos tão presunçosos em seu engenho que acreditam que, com seu intelecto, podem medir todas as coisas, definindo como verdadeiro tudo o que a eles assim parece e falso, tudo o que não lhes parece." Disso decorre que jamais atingem a verdadeira sabedoria. Acreditando serem suficientemente instruídos por si próprios, nunca perguntam, jamais escutam, desejam ser perguntados e, ante a pergunta feita, respondem mal. Para eles Salomão escreve em *Provérbios*: "Observastes o homem rápido em responder? Dele deve-se esperar mais estultícia que correção."

A segunda tem como causa a pusilanimidade natural. Há muitos que são tão vilmente obstinados que não podem acreditar que nem por eles nem por outros se possa conhecer as coisas. Esses jamais por si próprios questionam as coisas ou raciocinam e jamais dão atenção ao que os outros dizem. Contra eles Aristóteles escreve no primeiro livro da *Ética*, afirmando que esses são ouvintes inúteis da filosofia moral. Esses vivem sempre de modo grosseiro, como animais, totalmente privados de qualquer saber.

A terceira é causada por leviandade natural. Há muitos que possuem uma fantasia tão ágil que em todos os seus pensamentos divagam e, antes que tenham concluído um raciocínio, na metade da conclusão já divagam em outra e isso lhes parece estar argumentando de maneira sutil; não partem de princípio algum e não conseguem coisa alguma realmente verdadeira em suas divagações. O filósofo diz que não se deve dar atenção a eles, nem ter com eles relacionamento, afirmando no primeiro livro da *Física* que "não se deve discutir com aquele que nega os princípios". Há muitos desses idiotas que não sabem o ABC e gostariam de discutir sobre geometria, astrologia e física.

A mente pode não ser sadia por enfermidade ou por deficiência do corpo. Ocorre, por exemplo, quando subsistir alguma falha de nascença, como nos deficientes ou quando houver alguma alteração do cérebro, como nos loucos. A lei se refere a essa enfermidade quando Inforzato diz: "Naquele que faz testamento, na época em que elabora o testamento, deve-se exigir sanidade da mente e não do corpo." Por essa razão, aqueles intelectos que não são enfermos por doença da alma ou do corpo, são livres, expeditos e sadios à luz da verdade; por essa mesma razão, afirmo que é evidente que é vã, isto é, sem valor, a opinião dos outros que foram mencionados.

Logo se acrescenta que eu assim os julgo falsos e, como tais, os reprovo, como está no texto da canção: *E eu assim como falsos os reprovo.* Logo acrescento que é necessário mostrar a verdade e afirmo que haverei de mostrá-la, isto é, o que é nobreza e como se pode reconhecer o homem que nela está incluído. Isso ocorre quando digo: *E dizer quero agora, assim como eu sinto.*

Capítulo XVI

"O rei se alegrará em Deus e serão louvados todos aqueles que juram por ele; por isso será fechada a boca daqueles que proferem coisas iníquas."(45) Realmente posso propor aqui estas palavras, porquanto todo verdadeiro rei deve amar sobretudo a verdade. Por isso no livro da *Sabedoria* está escrito: "Amai a luz da sabedoria, vós que dirigis os povos." A própria verdade é a luz da sabedoria. Com isso afirmo que se alegrará todo rei que condena a extremamente falsa e danosa opinião dos homens maus e enganadores que até o momento falaram de modo iníquo da nobreza.

Convém agora prosseguir com o tratado da verdade, de acordo com a divisão feita no terceiro capítulo deste tratado. Esta segunda parte, portanto, que inicia com *Afirmo que toda virtude principalmente*, pre-

(45) Salmo 62, 11.

tende definir a própria nobreza de acordo com a verdade. E esta parte se subdivide em duas: com a primeira pretende-se mostrar o que vem a ser essa nobreza; com a segunda pretende-se mostrar como se pode reconhecer aquele em que ela reside. Esta segunda parte começa assim: *Essa bondade que enriquece a alma*. A primeira parte se subdivide ainda em duas: na primeira procuram-se certas coisas que são necessárias para definir a nobreza; na segunda procura-se a definição da mesma. E esta segunda parte começa assim: *Há nobreza onde quer que haja virtude*.

Para penetrar perfeitamente no tratado deve-se em primeiro lugar verificar duas coisas: primeiro, o que se entende por este vocábulo "nobreza", considerado unicamente em si próprio; segundo, qual o caminho a seguir para procurar a mencionada definição.

Afirmo, pois, que, se considerarmos o costume usual de falar, com o vocábulo "nobreza" entende-se perfeição da própria natureza em cada coisa. Por isso não é apregoada somente a respeito do homem, mas também a respeito de todas as coisas, uma vez que o homem costuma designar pedra nobre, planta nobre, cavalo nobre, falcão nobre, e qualquer coisa que em sua natureza é observada como perfeita. Por esse motivo, Salomão diz no *Eclesiastes*: "Feliz da Terra cujo rei é nobre." Isso equivale a dizer que seu rei é perfeito, de acordo com a perfeição da alma e do corpo. Manifesta desse modo o que diz antes a esse mesmo respeito: "Infeliz de ti, Terra, cujo rei é criança!", isto é, homem não perfeito. E não é menino só por idade, mas por costumes desordenados e por vida desregrada, como me ensina o filósofo no primeiro livro da *Ética*.

Há não poucos insensatos que acreditam que com o vocábulo "nobre" se deva entender "ser por muitos mencionado e conhecido" e afirmam que provém de um verbo que significa conhecer, isto é, "*nosco*". Isto é totalmente falso, porque, se assim fosse, as coisas que mais fossem citadas e conhecidas em seu gênero mais seriam em sua espécie nobres. Assim, o topo da cúpula de São Pedro seria a pedra mais nobre do mundo; Asdente, o sapateiro de Parma[46], seria mais nobre que qualquer um de seus concidadãos; Albuino de la Scala seria mais nobre que Guido da Castello di Reggio. Cada uma dessas coisas é totalmente falsa. Por isso é totalmente falso que "nobre" provenha de "conhecer", mas provém de "não vil"; por isso "nobre" é quase "não vil".

(46) Benvenuto da Parma, apelidado Asdente por causa de sua dentadura irregular e proeminente, largou a profissão de sapateiro para dedicar-se à astronomia. Albuino de la Scala foi senhor feudal de Verona de 1304 a 1311.

Desta perfeição é que o filósofo fala no sétimo livro da *Física*, quando diz: "Cada coisa é perfeita em sua expressão máxima quando toca e atinge sua virtude própria e então é expressão máxima de sua própria natureza; por isso então o círculo pode ser dito perfeito quando é verdadeiramente círculo", isto é, quanto atinge sua própria virtude. Então se encontra em toda a sua natureza e então pode ser designado de círculo nobre. Isso ocorre quando nele um ponto seja igualmente distante da circunferência e igualmente sua virtude se distribui pelo círculo. Por isso o círculo que se configura de forma ovalada não é nobre, nem aquele que se configura como lua cheia, porque nele não reside sua natureza perfeita. Pode-se verificar assim, de modo evidente, que em geral este vocábulo, ou seja, nobreza, se refere em todas as coisas à perfeição própria de sua natureza. Isto é o que se procura em primeiro lugar para melhor penetrar no tratado da parte que se pretende expor.

Em segundo lugar, deve-se procurar qual caminho seguir para encontrar a definição da nobreza humana, objeto da presente exposição. Afirmo, pois, uma vez que naquelas coisas que são de uma espécie, como o são todos os homens, que não se pode definir sua mais elevada perfeição pelos princípios essenciais, convém procurar defini-la e conhecê-la por meio de seus efeitos. Por isso se lê no evangelho de São Mateus que Cristo diz: "Guardai-vos dos falsos profetas. Por seus frutos os conhecereis." Esta definição que se procura deve seguir o caminho mais breve, que é o dos frutos que são virtudes morais e intelectuais, das quais nossa própria nobreza é semente, como em sua definição se tornará evidente. Estas são as duas coisas que convinha observar antes de passar a outras, como foi dito anteriormente neste capítulo.

Capítulo XVII

Apenas expostas aquelas duas coisas que pareciam úteis a considerar antes de prosseguir no texto, agora convém continuar. A canção começa dizendo, portanto: *Afirmo que toda virtude provém principalmente de uma única raiz: Virtude, digo, que torna o homem feliz em suas realizações*. E acrescento: *Este é, segundo a Ética diz, um hábito de vida*, sublinhando a precisa definição da virtude moral de acordo com o modo que a define o filósofo no segundo livro da *Ética*, no qual são previstas especialmente duas coisas: a primeira, que toda virtude se origina de um princípio; a segunda, que essas virtudes sejam as virtudes morais de que se fala. Isso é o que propõe quando escreve: *Este é, segundo a Ética diz.* Disso se depreende que as virtudes morais são específicos frutos nossos e que em qualquer situação dependem de nós. Essas virtudes são classificadas e enumeradas de maneira diversa por muitos filósofos. Considerando, porém, aquele local em que a divina sentença de Aristóteles abriu a boca, parece-me que possa deixar de lado qualquer outra opinião; passo a descrever e a comentar brevemente quais são elas, segundo a opinião dele.

Estas são as onze virtudes enumeradas pelo mencionado filósofo. A primeira se chama fortaleza, que é arma e freio para moderar nossa audácia e timidez nas coisas que constituem corrupção de nossa vida. A segunda é a temperança, regra e freio de nossa gula e de nossa excessiva abstinência nas coisas que conservam nossa vida. A terceira é a liberalidade que é moderadora de nosso dar e de nosso receber nas coisas temporais. A quarta é a magnificência que é moderadora das grandes despesas, levando a fazê-las e a suportá-las dentro de certos limites. A quinta é a magnanimidade que é moderadora e conquistadora das grandes honras e fama.

A sexta é amante da honra, que nos modera e nos prepara para as honras deste mundo. A sétima é a mansidão que modera nossa ira e nossa demasiada paciência contra nossos males externos. A oitava é a afabilidade que nos leva a conviver condignamente com os outros. A nona se chama sinceridade que, em nossas palavras, nos modera a elevar-nos mais do que somos e a nos diminuir-nos mais do que somos. A décima é o comportamento adequado e prazeroso que nos modera na diversão, levando-nos a usá-la adequadamente. A décima primeira é a justiça que nos predispõe a amar e a atuar com correção em todas as coisas.

Cada uma dessas virtudes tem dois inimigos, um de cada lado, ou seja, vícios, um no exagero e outro na deficiência. E todas essas virtudes estão no meio desses vícios e todas surgem de um princípio, isto é, do hábito de nossa boa escolha. Por isso geralmente se pode dizer de todas elas que constituem um hábito de escolha situado no meio. Essas são as que tornam o homem bem-aventurado ou feliz ao atuá-las, como afirma o filósofo no primeiro livro da *Ética*, onde define a felicidade. De fato, afirma que "felicidade é realização em vida perfeita segundo a virtude". Muitos classificam a prudência, isto é, o bom senso, como virtude moral, mas Aristóteles a enumera entre as intelectuais, embora ela seja guia das virtudes morais e mostre o caminho que devem seguir, além do que sem ela não poderiam subsistir.

Na realidade, cumpre saber que podemos ter nesta vida duas felicidades, de acordo com dois caminhos diversos, bom e ótimo, que a isso nos conduzem. Uma é a vida ativa e a outra, a contemplativa. Esta, embora seja alcançada por meio da vida ativa, como foi dito, da boa felicidade nos guia à ótima felicidade e bem-aventurança, como o prova o filósofo no décimo livro da *Ética*. E Cristo o afirma com suas próprias palavras, ao falar e responder a Marta, como consta no evangelho de Lucas: "Marta, Marta, és muito solícita e te preocupas com muitas coisas; certamente uma única coisa é necessária", isto é, "aquilo que fazes". E acrescenta: "Maria escolheu a melhor parte, que não lhe será tirada." Maria, segundo o que está escrito antes dessas palavras do evangelho, estava sentada aos pés de Cristo e não mostrava preocupação alguma com os afazeres da casa, mas somente escutava as palavras do Salvador. Se quisermos expor isso numa ótica moral, Nosso Senhor quis mostrar com isso que a vida contemplativa é superior, por melhor que seja a vida ativa. Isto é evidente para quem prestar toda a atenção nas palavras do evangelho.

Alguém poderia contradizer-me argumentando: "Uma vez que a felicidade da vida contemplativa é melhor que aquela da ativa, e tanto uma como outra possam ser e de fato sejam fruto e fim de nobreza, por que não se prossegue antes pelo caminho das virtudes intelectuais do que por aquele das morais?" A isso pode-se facilmente responder que em cada doutrina deve-se ter respeito à faculdade daquele que aprende e guiá-lo por aquele caminho que lhe seja mais ameno. Por isso, desde que as virtudes morais pareçam ser e são de fato mais comuns, mais conhecidas e mais requeridas que as outras, além de terem mais utilidade que as outras no aspecto externo, foi mais útil e conveniente prosseguir por aquele caminho do que pelo outro. Comparando, não se chegaria ao conhecimento perfeito das abelhas analisando somente o produto da cera ou somente o produto do mel, embora ambos procedam delas.

Capítulo XVIII

No capítulo precedente foi determinado como cada virtude provém de um princípio, ou seja, boa e habitual escolha. Isso convém ao texto presente até a parte que inicia: *Afirmo que nobreza considerada em si.*

Nesta parte prossegue-se, portanto, por via demonstrativa para saber que toda virtude mencionada antes, tomada em particular ou em conjunto, procede da nobreza, como efeito de sua causa. Fundamenta-se numa proposição filosófica que afirma que, quando duas coisas podem convergir para uma só, ambas devem reduzir-se a uma terceira, ou ligada uma à outra, como efeito de uma causa; porque uma coisa tida antes não pode subsistir por si, se não possuída por alguém. E se aquelas não fossem ambas efeito de uma terceira realidade, ou uma ligada à outra, ambas teriam aquela coisa antes e por si próprias, o que é impossível.

Por esse motivo a canção afirma que nobreza e *tal virtude*, isto é, moral, são ambas necessárias, pois uma e outra tecem elogios para aquele de quem se diz: *Porque numa só palavra, ambas são necessárias, porque possuem o mesmo efeito*, isto é, elogiar e prestar homenagem àquele a quem se referem. Depois conclui tomando a virtude da anteriormente mencionada proposição, afirmando que por isso é necessário que uma proceda da outra ou ambas de uma terceira e acrescenta que se deve pressupor antes que uma proceda da outra, e não ambas de uma terceira, se for evidente que uma vale tanto quanto a outra e mais ainda, afirmando: *Mas se uma vale tanto quanto a outra.*

Cumpre salientar que aqui não se procede por demonstração necessária, como seria dizer que o frio gera água, quando vemos que as nuvens é que geram água e que o frio gera as nuvens. Assim, por bela e adequada indução, deve-se dizer que, se em nós subsistem coisas louváveis e em nós subsiste o princípio de nossos elogios, é conveniente fazer convergir essas coisas a esse princípio; e aquele que compreende mais coisas, deve-se mais razoavelmente dizer que ele é princípio delas e não elas princípio dele. Comparando, o pé da árvore, que compreende todos os ramos, deve ser considerado princípio e causa daqueles e não aqueles causa dele. Assim também a nobreza, que compreende todas as virtudes, como a causa compreende o efeito, e muitas outras nossas realizações louváveis, deve ser assim considerada, de modos que a virtude seja reduzida a ela e não a uma terceira realidade que em nós subsiste.

Finalmente sublinha que aquilo que foi dito (isto é, que toda virtude moral provém de uma única raiz; que essa virtude e a nobreza convergem para uma única coisa, como foi exposto; que por isso é necessário reduzir uma à outra ou ambas a uma terceira realidade; que, se uma vale tanto quanto a outra e mais, que essa procede daquela mais do que de terceira realidade), tudo *seja dado por certo*, ou seja, ordenado e preparado para aquilo que é entendido como anterior. Assim termina esta estrofe como também esta parte.

Capítulo XIX

Uma vez que na parte precedente foram delongadamente tratadas e determinadas certas coisas, necessárias para verificar como se poderia definir esta boa coisa de que se fala, convém agora prosseguir para a parte seguinte que assim inicia: *Há nobreza onde quer que haja virtude*. Divide-se esta parte em duas. Na primeira, prova-se determinada coisa que antes foi mencionada mas deixada sem demonstração. Na segunda, concluindo, propõe-se essa definição que está sendo procurada. Esta segunda parte começa desta maneira: *Virá, portanto, da cor negra a escura*.

Para comprovar a primeira parte, convém relembrar que antes foi dito que, se a nobreza vale mais que a virtude e é mais abrangente que ela, a virtude deverá provir da nobreza. Que a nobreza seja mais abrangente, é o que se demonstra nesta parte e toma o exemplo do céu, afirmando que onde quer que há virtude, há nobreza. Pretende-se saber aqui que, como o que está escrito no Direito é considerado lei, naquelas coisas que são evidentes por si não há necessidade de demonstração. E nada há de mais evidente do que há nobreza onde houver virtude; por isso constatamos que toda coisa costuma ser popularmente chamada nobre quando em sua natureza é virtuosa.

A canção afirma, pois: *Como o céu está onde houver estrelas*. Mas não o contrário ou *vice-versa*, que onde houver céu há estrelas. Assim também, há nobreza onde quer que haja virtude, mas não há virtude onde quer que haja nobreza. Isso é dito com belo e conveniente exemplo, porque realmente o céu existe onde reluzem muitas e diferentes estrelas. Na alma nobre reluzem as virtudes intelectuais e morais; nela resplendem as boas disposições conferidas pela natureza, ou seja, piedade e religião, e as louváveis paixões, como a vergonha, a misericórdia e muitas outras; nela brilham as coisas boas corporais, como a beleza, a força e a saúde quase permanente.

São tantas as estrelas que do céu resplendem, que não é de se espantar se produzem muitos e diferentes frutos na nobreza humana. Tão diversificadas são a natureza e as potencialidades dela, compreendidas e unidas sob uma única substância, que frutifica diversamente como se repousasse em diferentes ramos. Certamente por isso ouso dizer que a nobreza humana, quando está repleta de virtudes, supera aquela do anjo, embora a angélica em sua unidade seja mais divina. Dessa nossa nobreza, que produzia tantos e tão belos frutos, teve consciência o salmista quando compôs o salmo que assim começa: "Senhor, nosso Deus, quão admirável é teu nome em toda a terra!". Depois se refere ao homem, como que maravilhado por causa do afeto divino por essa criatura humana, dizendo: "O que é o homem para que tu, Deus, te dignes visitá-lo? Tu o criaste um pouco inferior aos anjos, coroaste-o de glória e honra e o puseste acima das obras de tuas mãos." Realmente, portanto, bela e adequada foi comparação do céu com a nobreza humana.

Depois quando diz *E nós nas mulheres e nos jovens*, prova o que digo, mostrando que a nobreza se estende em parte também onde não há virtude. E continua dizendo, *vemos essa graça perfeita*. Compete à nobreza, que realmente é graça perfeita, encontrar-se onde há vergonha, isto é, temor de desonra, como subsiste nas mulheres e nos jovens, em quem a vergonha é boa e louvável, pois essa vergonha não é virtude, mas um tipo de paixão positiva. Note-se que diz: *E nós nas mulheres e nos jovens*, isto é, naqueles de pouca idade, porque, segundo afirma o filósofo no quarto livro da *Ética*, "vergonha não é louvável nem cabe nos velhos e nos homens estudiosos"; esses devem, portanto, evitar aquelas coisas que levam a envergonhar-se. Para os jovens e as mulheres não se requer tanta cautela. Por isso é louvável neles o medo da desonra em decorrência de culpa, porquanto se origina de nobreza e neles pode ser considerada nobreza e assim deve ser chamada, como a desfaçatez é classificada de vileza e ignobilidade. Por essa razão é bom e ótimo sinal de nobreza nas crianças e menores de idade em geral quando, depois da falta, em seu rosto se estampa a vergonha, sendo então fruto de verdadeira nobreza.

Capítulo XX

Quando continua *Virá, portanto, como da cor negra a escura*, o texto prossegue na definição de nobreza, que se procura e que se constata que é dessa nobreza que tanta gente fala erroneamente. Concluindo o que fora exposto antes, afirma que *toda virtude ou o costu-*

me do justo meio, isto é, o hábito da escolha que consiste no meio, deverá proceder desta, a nobreza. Parte do exemplo das cores, ao dizer: como o escuro provém do preto, assim esta, isto é, a virtude provém da nobreza. O escuro é uma cor mista de púrpura e preto, mas o preto prevalece e dele toma o nome; assim também a virtude é uma coisa mista de nobreza e paixão, mas como a nobreza supera aquela, dela é que a virtude toma o nome e passa a chamar-se bondade.

Logo depois argumenta, baseando-se no que foi exposto, que ninguém, para poder dizer "Eu sou dessa linhagem", deve acreditar estar de posse dela, se esses frutos não subsistirem nele. Fornece imediatamente o motivo, dizendo que aqueles que têm essa *graça*, isto é, essa coisa divina, são *quase* como *deuses*, sem mácula de vício. E isso somente Deus pode conceder, ele que não faz acepção de pessoas, como falam as divinas Escrituras. Não deve parecer exagero para ninguém quando se diz *Que eles são quase deuses*, porque, como foi exposto anteriormente no sétimo capítulo do terceiro tratado, assim como há homens extremamente vis e animalescos, assim também há homens extremamente nobres e divinos. Isso é demonstrado por Aristóteles no sétimo livro da *Ética*, citando o texto do poeta Homero. Desse modo, aqueles que pertencem à família dos Uberti de Florença ou àquela dos Visconti de Milão devem permitir-se dizer: "Sou nobre porque pertenço a essa linhagem." De fato, a semente divina não cai numa linhagem, isto é numa estirpe, mas cai nas pessoas em particular, de modo que, como será demonstrado mais adiante, não é a estirpe que torna cada pessoa nobre, mas cada pessoa em particular é que torna nobre a estirpe.

Depois, ao dizer *Porque somente Deus a confere à alma*, trata de quem recebe, ou seja, do sujeito em que esse divino dom desce. É realmente dom divino, segundo a palavra do Apóstolo: "Toda a melhor dádiva e todo dom perfeito vêm do alto, descendo do Pai das luzes." A canção diz portanto que somente Deus concede essa graça à alma daqueles que estão perfeitamente preparados, dignos e dispostos a receber esse ato divino. Porque, como diz o filósofo no segundo livro da *Alma*, "as coisas devem estar dispostas em seus agentes para que possam receber seus atos". Por isso, se a alma está disposta de modo imperfeito, não está disposta a receber essa bendita e divina infusão, como uma pedra preciosa maldisposta ou imperfeita não pode receber a virtude celestial ou ainda como disse o nobile Guido Guinizzelli numa de suas canções que inicia dessa maneira: *No coração nobre sempre busca refúgio o amor*. A alma pode, portanto, não estar bem-disposta na pessoa por falta de saúde ou talvez por falta de tempo e nessa pessoa esse raio divino jamais haverá de brilhar. Esses tais, cuja alma está privada dessa luz, podem ser considerados como vales voltados para o norte ou grutas subterrâneas, onde a luz do sol nunca desce se não for refletida de outro local iluminado pela mesma luz do sol.

Conclui, por fim, e afirma que, de acordo com o exposto anteriormente (isto é, que as virtudes são fruto de nobreza e que Deus concede infunde esta na alma bem-disposta), *para alguns*, ou seja, para aqueles que compreendem, que são poucos, é evidente que nobreza humana não é outra coisa senão "semente de felicidade", *colocada por Deus na alma bem-disposta,* isto é, cujo corpo está perfeitamente disposto em todas as suas partes. Porque, se as virtudes são fruto de nobreza e felicidade é doçura se comparada a elas, é evidente que a própria nobreza é semente de felicidade, como foi exposto. Observando bem, esta definição compreende as quatro causas conjuntamente, isto é, a material, a formal, a eficiente e a final. De fato, material e porquanto diz *na alma bem-disposta*, que é objeto e sujeito de nobreza; formal enquanto diz que é *semente*; eficiente enquanto diz *colocada por Deus na alma*; e final porquanto diz *de felicidade*. Assim é definida nossa bondade que de modo semelhante desce em nós de virtude suprema e espiritual, como na pedra preciosa desce virtude de nobilíssimo corpo celestial.

Capítulo XXI

Para que se compreenda mais perfeitamente a bondade humana, que em nós é princípio de todo bem e que é chamada também nobreza, convém explicar neste capítulo especial como essa bondade desce em nós. Em primeiro lugar, de modo natural e, depois, de modo teológico, ou seja, divino e espiritual. Primeiramente, deve-se saber que o homem é composto de alma e corpo, mas a nobreza está na alma, como uma semente da virtude divina, segundo foi exposto antes.

Na verdade, muito filósofos escreveram de modo diverso sobre a diferença de nossas almas. Avicena e Algazel afirmaram que elas, por si próprias e por seu princípio, eram nobres e vis. Platão e outros afirmaram que elas procediam das estrelas e eram mais ou menos nobres, de acordo com a nobreza da estrela. Pitágoras afirmou que todas possuíam a mesma nobreza, não somente as humanas, mas com as humanas também aquelas dos animais irracionais, das plantas e dos minerais, ressaltando que toda diferença entre elas residia nos corpos e nas formas. Se cada um insistisse em defender a própria opinião, pode ser que a verdade pudesse ser constatada em todas, mas, à primeira vista, parecem situar-se um pouco distantes da verdade, não segundo sua real procedência, mas segundo a opinião de Aristóteles e dos peripatéticos.

Por isso afirmo que, quando a semente humana cai em seu receptáculo, ou seja, no útero, essa traz consigo a virtude da alma geradora, a virtude do céu e a virtude dos elementos coligados, isto é, todo o complexo; e amadurece e dispõe a matéria para a virtude formadora que a alma do genitor conferiu; e a virtude formadora prepara os órgãos para a virtude celestial que do poder da semente produz a alma viva. Esta, apenas formada, recebe da virtude do motor do céu o intelecto possível que traz em si, de modo potencial, todas as formas universais, como subsistem em seu produtor, e tanto menos quanto mais distante estiver da primeira inteligência.

Que ninguém se espante se falo de modo que parece difícil ser entendido, porque eu mesmo me espanto como esse tipo de processo pode realizar-se e mesmo ser captado pelo intelecto. Não é coisa para ser expressa em língua, sobretudo em se tratando de língua popular. Por esse motivo, não me resta senão dizer como o Apóstolo: "Ó sublimidade das riquezas da sabedoria de Deus, como são incompreensíveis teus juízos e insondáveis teus caminhos!"

Como a semente em si pode ser melhor e menos boa, e a disposição do semeador pode ser melhor e menos boa, e a disposição do céu para esse efeito pode ser boa, melhor e ótima (variando como as constelações que se modificam continuamente), tem-se como resultante que da semente humana e dessas virtudes pode formar-se alma mais pura e menos pura. De acordo com seu estado de pureza, desce nela a virtude intelectual possível, como é chamada e como foi exposto antes. Se ocorrer que, para o estado de pureza da alma que recebe, a virtude intelectual seja de todo abstrata e livre de qualquer sombra corpórea, a bondade divina nela se multiplica, como em coisa suficiente para recebê-la e, portanto, essa inteligência se multiplica na alma, na medida em que puder recebê-la.

E essa é aquela semente de felicidade de que ora se fala. Isso está de acordo com a opinião de Cícero, expressa no livro *De Senectute*, onde, ao repetir as palavras de Catão, escreve: "Por isso é que em nós desceu uma alma celestial, vinda do altíssimo habitáculo para o local que é contrário à natureza divina e à eternidade." Nessa alma reside sua própria virtude, bem como a intelectual e a divina, ou seja, aquela que é chamada influência. Por isso está escrito no livro das *Causas*: "Toda alma nobre possui três maneiras de agir, isto é, a animal, a intelectual e a divina." Há alguns que defendem essa opinião que afirmam que, se todas as precedentes virtudes se juntassem para a formação de uma alma em sua melhor disposição, tamanha parte da divindade haveria de baixar nela que poderia ser como que outro deus encarnado. Isso é quase tudo o que pode ser dito segundo o pensamento natural.

De acordo com o pensamento teológico, pode-se dizer que a suprema divindade, ou seja, Deus, ao ver sua criatura predisposta a receber seu benefício, infunde nela tanto mais intensamente quanto mais estiver disposta a recebê-lo. Como esses dons provêm de inefável caridade e como a divina caridade seja próprio do Espírito Santo, esses benefícios são chamados dons do Espírito Santo. Segundo a distinção que deles faz o profeta Isaías, são sete: sabedoria, entendimento, conselho, fortaleza, ciência, piedade e temor de Deus. Oh! Belos grãos e boa e admirável semente! Oh! Admirável e benigno semeador que não beneficia senão a natureza humana que lhe prepara a terra a semear! Felizes daqueles que cultivam essa semente como convém!

Deve-se saber que o primeiro e mais nobre broto que germina dessa semente, para tornar-se frutífero, necessita do apetite da alma, que em grego é designado "hormen". Se esse não for bem cultivado e mantido reto pelos bons costumes, de pouco vale a semente e seria melhor não ser terreno semeado. Por isso é que santo Agostinho, bem como Aristóteles no segundo livro da *Ética*, insistem que o homem deva empenhar-se em fazer o bem e refrear suas paixões, para que esse mencionado broto vingue por meio dos bons costumes e se fortaleça em sua retidão, de modo que possa dar frutos e de seu fruto possa extrair-se a doçura da felicidade humana.

Capítulo XXII

Os filósofos moralistas, que trataram dos benefícios, ordenam que o homem deve empenhar-se com arte e solicitude em conceder benefícios, sempre que puder, uma vez que sejam úteis ao que os recebe. Por isso, querendo obedecer a essa ordem, empenho-me em tornar útil, tanto quanto me seja possível, este meu Banquete em todas as suas partes. Como nesta parte é necessário que escreva sobre a felicidade humana, é minha intenção escrever sobre sua doçura, porque melhor exposição não pode ser oferecida para aqueles que não a conhecem. De fato, como diz o filósofo no primeiro livro da *Ética* e Cícero no livro da *Finalidade dos Bens*, é mau guia aquele que não conhece a meta. Assim também, não consegue atingir essa doçura aquele que antes não a descobre. Por isso, uma vez que ela representa nossa última felicidade, pela qual vivemos e realizamos o que empreendemos, é extremamente útil e necessário descortinar essa meta, a fim de direcionar para ela o arco de nossas ações. Deve-se sobretudo ajudar com afinco aqueles que não vislumbram seu próprio destino.

Deixando de lado a opinião do filósofo Epicuro e de Zenon, pretendo tratar de imediato da verdadeira opinião de Aristóteles e dos demais peripatéticos. Como foi dito antes que da bondade divina que em nós foi semeada e infundida desde o início de nossa geração germina um broto que os gregos designam "hormen", isto é, apetite natural da alma. Como nos grãos que germinam, no início têm toda a semelhança com qualquer erva, mas depois vão se diferenciando ao crescer, assim também esse apetite natural que deriva da graça divina, no início igualmente não se mostra diferente daquele que provém da própria natureza, mas como ocorre com as ervas de sementes diversas, com ele se assemelha. Não somente nos homens, mas tem semelhança nos homens e nos animais. Isso transparece porque, todo animal, tal como nasceu, racional ou irracional, ama-se a si mesmo, teme e foge daquelas coisas que lhe são contrárias, além de detestá-las. Mais adiante, como foi dito, começa a surgir uma dessemelhança entre eles, na medida em que se desenvolve esse apetite que em alguns segue um caminho e, em outros, outro. Como diz o Apóstolo, "Muitos correm na competição, mas um só conquista a coroa da vitória", assim também esses apetites humanos correm desde o início por diversos caminhos, mas um só desses caminhos é o que nos conduz à paz. Entretanto, deixando de lado todos os outros, neste tratado pretende-se seguir de perto aquele que começa bem.

Afirmo, portanto, que desde o início se ama a si mesmo, embora de modo indistinto. Depois, vai distinguindo aquelas coisas que são para ele mais dignas de amor daquelas que o são de ódio, seguindo ou fugindo mais e menos, de acordo com o conhecimento que distingue não somente as outras coisas, que ama de modo secundário, mas também que distingue em si próprio, que ama de modo especial. Conhecendo em si diversas partes, ama aquelas que nele são mais nobres. Uma vez que a parte mais nobre do homem seja a alma e não o corpo, mais ama aquela. Desse modo, amando a si mesmo de maneira especial e, por si, as outras coisas, e amando de si próprio mais a parte melhor, é evidente que ama mais a alma que o corpo ou qualquer outra coisa. Naturalmente, portanto, deve amar mais a alma que qualquer outra coisa. Se a mente, portanto, se deleita sempre no uso da coisa amada, que é fruto de amor, e nessa coisa que é amada o uso se manifesta de todo prazeroso, o uso de nossa alma é totalmente agradável para nós. E aquilo que é totalmente agradável para nós, isso é nossa felicidade e nossa bem-aventurança, além da qual não há deleite maior, nem qualquer outro pode existir, como pode constatar quem prestar bem atenção à razão precedente.

Ninguém pode afirmar que todo apetite representa a alma, porque aqui por alma se entende somente aquilo que se refere à parte racional, isto é, vontade e intelecto. Desse modo, se alguém quisesse designar de alma o afetivo sensitivo, aqui não cabe e nem pode caber, porque ninguém duvida que o apetite racional é mais nobre que aquele dos sentidos e, portanto, mais amável. E é desse que ora se trata. Realmente, o uso de nossa alma é duplo, ou seja, prático e especulativo (prático significa operativo), ambos sumamente agradáveis, embora o contemplativo o seja mais, como foi assinalado anteriormente. O prático se refere a agir por nós mesmos, de modo virtuoso, isto é, honestamente, com prudência, com temperança, com fortaleza e com justiça. O especulativo é não agir por nós mesmos, mas considerar as obras de Deus e da natureza. Tanto este como o outro são, como se pode ver, nossa bem-aventurança e suprema felicidade que é a doçura da mencionada semente, como já aparece de modo evidente. Muitas vezes essa semente não atinge o grau de felicidade por ter sido mal cultivada e por ter sido desviada em sua germinação. E pode chegar a atingi-la de igual modo por correção devida e bom cultivo, porque onde essa semente não cai desde o início, pode-se induzi-la em seu desenvolvimento para que chegue a esse fruto. Seria como que enxertar uma natureza alheia em raiz diferente. Não há, portanto, ninguém que possa ser escusado, porque, se alguém não possui essa semente de sua raiz natural, pode muito bem tê-la por meio de enxerto. Assim poderiam ser tão numerosos aqueles que se deixassem enxertar, como são numerosos aqueles que se afastam da boa raiz!

Na realidade, desses usos, um é mais repleto de felicidade que o outro. Assim é o especulativo que, sem medida alguma, é usado por nossa parte mais nobre, a qual, pelo radical amor que tem é de modo supremo amável, como é também o intelecto. Essa parte não pode ter nesta vida seu uso totalmente perfeito – o qual deverá ocorrer em Deus que é supremo inteligível – a não ser enquanto considera a Deus e o contempla por meio de seus efeitos.

Que nós consideremos essa felicidade como suprema e não outra, isto é, aquela da vida ativa, isso nos ensina o evangelho de Marcos, se a ele prestarmos cuidadosa atenção. Marcos relata que Maria Madalena, Maria de Tiago e Maria Salomé foram até o sepulcro para encontrar o Senhor e não o encontraram. Depararam-se, no entanto, com um jovem vestido de branco que lhes disse: "Procurais o Salvador e eu vos digo que não está aqui. Não temais, contudo, mas ide e dizei a seus discípulos e a Pedro que ele os precederá na Galileia. Ali o vereis, como ele próprio vos disse."

Essas três mulheres podem ser comparadas às três escolas da vida ativa, ou seja, os epicureus, os estoicos e os peripatéticos, que vão ao sepulcro, isto é, ao mundo presente que é receptáculo de coisas corruptíveis e procuram o Salvador, isto é, a felicidade, e não a encontram. Encontram, porém, um jovem em trajes brancos que, segundo o testemunho de Mateus e também de outros, era um anjo de Deus. Por isso Mateus disse: "O anjo de Deus desceu do céu e, ao chegar, revolveu a pedra, sentando-se sobre ela. Sua aparência era como de um raio e suas vestes eram brancas como a neve."

Esse anjo é essa nossa nobreza que vem de Deus, como foi exposto, que fala em nossa razão e que informa a cada uma dessas escolas, isto é, a qualquer um que ande procurando felicidade na vida ativa, que ela não se encontra aqui. Mas que vá e diga aos discípulos e a Pedro, isto é, àqueles que a procuram e àqueles que se desviaram, como Pedro o havia renegado, que os precederá na Galileia. Em outras palavras, que a felicidade nos precederá na Galileia, ou seja, na especulação. Galileia é o mesmo que dizer brancura[47]. Brancura é uma cor repleta de luz corporal, mais

(47) A Galileia era coberta de rochas nuas que davam a impressão de brancura; por isso se pensava que o designativo proviesse do grego gála, leite.

que qualquer outra coisa; de igual modo, a contemplação é mais repleta de luz espiritual do que qualquer outra coisa que possa existir na terra. E diz: “Ele precederá”; e não diz: “Ele estará convosco”, para dar a entender que em nossa contemplação Deus sempre precede, nem jamais poderemos alcançá-lo aqui, ele que é nossa felicidade suprema. Acrescenta ainda: “Ali o vereis, como ele próprio disse.” Em outros termos, ali havereis de saborear de sua doçura, isto é, da felicidade, como vos foi prometido aqui, ou seja, como foi estabelecido que vós também podereis tê-la. Desse modo, torna-se claro que nossa bem-aventurança (essa felicidade de que se fala) poderemos encontrá-la primeiro como imperfeita na vida ativa, ou seja, nas ações das virtudes morais, e depois como quase perfeita nas ações das virtudes intelectuais. Essas duas espécies de ações são caminhos expeditos e diretíssimos para conduzir à suprema felicidade que aqui não pode ser alcançada, como é evidente por aquilo que foi dito.

Capítulo XXIII

Uma vez que parece demonstrada de modo suficiente a definição de nobreza e determinada em suas partes, como foi possível, de tal maneira que já se pode verificar o que é um homem nobre, parece que se deva prosseguir para a parte do texto que assim inicia: *A alma enriquecida com essa bondade.* Nesta parte são descritos os sinais pelos quais se pode reconhecer um homem nobre que realmente o é. Esta parte se subdivide em duas. Na primeira, afirma-se que essa nobreza brilha e resplandece em toda a vida do nobre de modo evidente. Na segunda, são descritos de modo específico seus esplendores e esta segunda parte começa assim: *Obediente, meiga e pudica.*

A respeito da primeira deve-se saber que essa semente divina, de que se falou antes, germina de imediato em nossa alma, infundindo e diversificando-se para cada potencialidade da alma, de acordo com suas exigências. Germina, portanto, para a vegetativa, para a sensitiva e para a racional e se ramifica na virtude de cada uma dessas partes, dirigindo-as todas para a própria perfeição e nelas sustentando-se sempre até o ponto em que, com aquela parte de nossa alma que jamais morre, retorna ao céu para junto do altíssimo e gloriosíssimo semeador. Isso é o que se refere a essa primeira parte citada.

Depois, ao começar com as palavras *Obediente, meiga e pudica,* mostra como podemos reconhecer o homem nobre pelos sinais aparentes que são realização dessa bondade divina. Esta parte se divide em quatro, porquanto segue quatro idades diversas, a adolescência, a juventude, a idade madura e a velhice. A segunda parte começa com as palavras *Na juventude, temperada e forte*; a terceira começa assim: *Em sua velhice*; e a quarta: *Depois, na quarta parte da vida*.

Esta é a proposição desta parte em geral, a respeito da qual se pretende demonstrar que cada efeito, enquanto houver efeito, possui traços de semelhança com sua causa, desde que seja possível detectá-la. Por isso, uma vez que nossa vida, como foi assinalado, e também a de todo ser vivo da terra, é causada pelo céu e o céu se abre a todos esses efeitos, não com sua órbita inteira mas com uma só parte dele, convém desse modo que seu movimento sobre eles se verifique como se fosse um arco e todas as vidas terrenas (digo terrenas para indicar tanto a dos homens quanto a dos outros seres vivos), subindo e voltando, se tornam praticamente semelhantes à imagem do arco. Retornando à nossa proposição, a única que interessa no momento, afirmo que ela se conforma com a imagem desse arco, subindo e descendo.

Convém saber que esse arco, em sua menor e maior curvatura, deveria ser igual se a matéria de nossa constituição vital não fosse impedida pela regra da natureza humana. Como o líquido vital existe em menor e em maior quantidade, de melhor qualidade ou de qualidade inferior e deve durar mais num efeito que em outro – que é sujeito e alimento do calor, que é nossa vida – acontece que o arco da vida de um homem é de menor e maior curvatura do que aquele de outro. Pode ocorrer morte violenta ou apressada por enfermidade acidental, mas somente daquela que é chamada popularmente natural é que o salmista fala daquele limite que lhe é posto: "Puseste um termo que ninguém pode ultrapassar."

Por ter notado esse arco de nossa vida de que ora se trata, parece que o mestre de nossa vida, Aristóteles, decidiu afirmar que nossa vida não é outra coisa senão uma subida e uma descida. Por isso, no livro que trata da Juventude e da Velhice, afirma que juventude não passa de aumento daquela. Onde estiver o ponto mais alto desse arco, é difícil saber, por causa daquela desigualdade de que se falou antes. Mas na maioria dos homens, acredito que se fixe entre os 33 e 34 anos de idade e acredito também que se situe nos 35 anos, naqueles homens de constituição física perfeita. E a razão que leva a afirmar isso é que Cristo, nosso salvador, gozando de uma constituição física perfeita, quis morrer aos 34 anos de idade, porque não era conveniente para a divindade permanecer em algo que entrasse em fase decrescente; nem se deve crer que ele não quisesse permanecer nesta nossa vida até atingir o ponto mais alto, porquanto havia estado na condição inferior da infância. Isso é evidenciado pela hora do dia de sua morte, porquanto quis torná-la conforme com sua vida; por isso Lucas escreve que era quase a hora sexta quando morreu, o que significa que era o ponto alto do dia. Por essa razão, pode-se depreender que aquele "quase" indica que o ponto alto da vida de Cristo teria ocorrido aos 35 anos de idade.

Na verdade, esse arco não se divide ao meio, como falam as obras existentes, mas, seguindo as quatro combinações das qualidades contrárias que subsistem em nossa constituição, para cada uma das quais parece combinar uma parte de nossa idade, divide-se em quatro partes, chamadas quatro idades. A primeira é a adolescência, que se adapta ao calor e à umidade; a segunda é juventude, que se adapta ao calor e ao seco; a terceira é a idade madura, que se adapta ao frio e ao seco; a quarta é a velhice, que se adapta ao frio e à umidade, de acordo com o que escreve Alberto no quarto livro de *De Meteoris*. De modo semelhante, essas partes ocorrem no ano que é dividido em primavera, verão, outono e inverno; de igual modo no dia, ou seja, até a hora terceira e depois até a hora nona (deixando a hora sexta no meio, para distinguir a divisão) e, depois, até as vésperas e das vésperas para diante. Por isso os gentios, ou seja, os pagãos, afirmavam que o carro do sol tinha quatro cavalos: chamavam o primeiro de Eos, o segundo de Pirro, o terceiro de Eton e o quarto de Flegon, como escreve Ovídio no segundo livro das *Metamorfoses*.

A respeito das partes do dia, convém saber de modo breve que, como foi assinalado no sexto capítulo do terceiro tratado, a Igreja usa, na distinção das horas, as horas do dia temporal, que são doze em cada dia, grandes ou pequenas, de acordo com a duração do Sol. Entretanto, a hora sexta, ou seja, o meio-dia, é a mais nobre e a mais virtuosa de todo o dia, aproximando dela todas as funções, aquelas anteriores e aquelas posteriores, sempre que possível. Por isso o ofício da primeira parte do dia, isto é, da hora terceira, é recitado no final dela; e aquele da terceira e da quarta parte é recitado no início das mesmas. Por essa razão se diz meia terceira, antes que seja dado o toque do sino para aquela parte; e meia nona, quando há o toque para aquela parte; e assim meias vésperas. Que todos saibam, portanto, que, na hora nona certa, deve-se tocar sempre no início da hora sétima do dia. Isto é suficiente para a presente digressão.

Capítulo XXIV

Voltando ao tema, assinalo que a vida humana se divide em quatro idades. A primeira é a adolescência, ou seja, "aumento de vida"; a segunda é chamada juventude, isto é, "idade que pode ser útil", ou seja, conferir perfeição e assim deve ser entendida, porquanto ninguém pode dar senão o que tem; a terceira é chamada de idade madura; a quarta é a velhice, como foi assinalado antes.

Ninguém duvida da primeira, mas todos os sábios concordam em afirmar que ela dura até os 25 anos. Como até essa idade nossa alma se preocupa com o crescimento e a formação do corpo, subsistindo muitas e grandes modificações na pessoa, a alma não pode discernir perfeitamente a parte racional. Por essa razão, o direito estabelece que antes dessa idade o homem não pode fazer certas coisas, sem um tutor de idade adulta.

Com relação à segunda, que é realmente o ápice de nossa vida, a idade é estabelecida de modo diverso por muitos. Deixando de lado, porém, o que escrevem a respeito os filósofos e os médicos e seguindo minha própria opinião, afirmo que na maioria dos homens essa etapa começa aos vinte anos de idade, porquanto todos podem e devem já estar gozando de todo o juízo natural. A razão disso é que, se o ápice de nosso arco é aos 35 anos de idade, tanto quanto essa idade tem de subida deve ter também de descida. Essa subida e essa descida está praticamente na base do arco, onde pouca flexão se pode distinguir. Teríamos, portanto, que a juventude chega a seu término aos 45 anos. Como a adolescência compreende os 25 anos precedentes, subindo para a juventude, assim também a descida, ou seja, a idade madura, deve corresponder a outro período igual que sucede à juventude, terminando assim a idade madura aos 70 anos. Como a adolescência não começa no início da vida, tomando-a como foi exposto antes, mas em torno dos oito anos, e como nossa natureza se empenha em subir e refreia a descida, e como o calor natural perde impulso e pode menos e a umidade aumentou (não em quantidade, mas em qualidade, de modo que se evapora e se consuma menos), disso decorre que, para além da idade madura, não resta de nossa vida talvez senão um período de dez anos, pouco mais ou pouco menos. Esse período é chamado de velhice.

Por isso vemos que Platão, que poderia ser classificado como homem de constituição física ótima, tanto por sua perfeição quanto por seu semblante (notadas de imediato por Sócrates, apenas se encontrou com ele), viveu 81 anos, como o atesta Cícero em seu livro De Senectute. Acredito que, se Cristo não tivesse sido crucificado e tivesse podido viver o espaço de tempo que sua vida pudesse perdurar, teria passado anos desse corpo mortal para o eterno aos 81 anos.

Na verdade, como foi dito antes, essas idades podem ser mais longas e mais curtas, de acordo com nossa constituição e composição. Mas como elas se distinguem nessa proporção, como foi assinalado antes, em todos se encontram e em todos me parece que devam ser conservadas, ou seja, tratar as idades em todos, sejam mais longas sejam menos longas, de acordo com a duração total do tempo da vida natural. Para todas essas idades, essa nobreza de que se fala mostra de modo diverso seus efeitos na alma enobrecida. E é isto que a presente parte pretende demonstrar.

Neste ponto convém saber que nossa boa e reta natureza procede de modo racional em nós, como observamos a natureza das plantas proceder nelas. Por isso é que algumas atitudes e alguns comportamentos são mais razoáveis numa idade do que em outra, porquanto a alma enobrecida procede de modo ordenado por um caminho simples, usando seus atos em seus devidos tempos e idades, como se fossem ordenados a seu último objetivo. Cícero concorda com isso em seu livro *De Senectute*. Deixando de lado o estilo metafórico com o qual Virgílio na *Eneida* descreve esse processo das idades, deixando de lado aquilo que Egídio, dos padres eremitas, escreve a respeito na primeira parte do livro *De Regimine Principum*, deixando de lado o que afirma Cícero no livro *De Officiis*, e seguindo somente aquilo que a própria razão nos dá a ver, afirmo que essa primeira idade é porta e caminho pelos quais entramos em nossa boa vida. Essa entrada deve dispor necessariamente de certas coisas que a boa natureza, que nunca falha nas coisas boas, nos fornece, como observamos que dá à videira as folhas para defender o fruto e as gavinhas com as quais defende e sustenta sua fraqueza, de modo que suporta o peso de seu fruto.

A boa natureza dá, portanto, a essa idade quatro coisas, necessárias para entrar na idade do viver bem. A primeira é a obediência; a segunda, a meiguice; a terceira, a vergonha; a quarta, a beleza corporal, como assinala o texto na primeira parte.

Convém salientar que, como aquele que jamais tivesse estado numa cidade, não haveria de saber tomar as ruas certas sem indicação de alguém que usualmente as percorre, assim o adolescente que entra na selva errônea desta vida não haveria de saber como tomar o bom caminho, se não lhe fosse mostrado por seus pais. De pouco adiantaria indicar-lhe os caminhos, se não fosse obediente às ordens deles. Por isso tornou-se necessária nessa idade a obediência.

Alguém poderia dizer: Poderá ser classificado como obediente aquele que acreditar nos maus mandamentos como aquele que acredita nos bons? Respondo que isso não seria obediência, mas transgressão, porque, se o rei indica um caminho e o servo indicar outro, não se deve obedecer ao servo, porquanto desobedecer ao rei se configura como transgressão. Por isso Salomão, quando pretende corrigir seu filho (e este é seu primeiro mandamento), diz: "Segue, meu filho, o ensinamento de teu pai." Depois o leva a desistir do mau conselho e do ensinamento dos outros, dizendo: "Que não venham os pecadores aliciar-te com suas lisonjas, para que não os sigas."

Por isso, como logo que nasce o filho se agarra aos seios da mãe, assim também logo que alguma luz da alma nele aparece deve acatar a correção do pai e o pai deve educá-lo. Este deve cuidar-se para não dar exemplo com suas ações que seja contrário às palavras que lhe dirige, porque observamos que todo filho naturalmente segue mais as pegadas do pai do que aquelas de qualquer outro. Por essa razão, o direito, que cuida disso, diz e ordena que a pessoa do pai deve aparecer sempre aos filhos como santa e honesta. Disso se infere que a obediência é necessária nessa idade.

Nos Provérbios, Salomão escreve que aquele que humilde e obedientemente acata as repreensões e correções de quem o faz "será glorioso"; diz "será", para dar a entender que fala ao adolescente, que não pode sê-lo na presente idade. Se alguém se obstinasse em dizer: "O que foi dito, se refere somente ao pai e não a outros", respondo que ao pai se deve total obediência. O Apóstolo diz aos Colossenses: "Filhos, obedecei a vossos pais em todas as coisas, porque Deus assim o quer." Se o pai não for vivo, a referência se volta para aquele que o pai deixou em seu lugar, como última vontade sua. Se o pai falece sem deixar testamento, deve-se obedecer àquele a quem a lei delega o poder. Além disso, devem ser obedecidos mestres e superiores, aos quais parece em certa medida competir o dever de substituir o pai ou o tutor. Como as digressões constantes neste capítulo foram longas, as demais coisas passam a ser tratadas no capítulo seguinte.

Capítulo XXV

Não só é obediente na adolescência essa alma de natureza boa, mas é também meiga. Essa qualidade é outra coisa que é necessária nessa idade para entrar bem pela porta da juventude. É necessária porquanto não podemos ter vida perfeita sem amigos, como escreve Aristóteles no oitavo livro da *Ética*. Além disso, a maior parte das amizades costuma ser semeada primeiramente nessa idade, uma vez que nela o homem começa a tornar-se simpático ou o contrário. Essa qualidade se adquire com atitudes simpáticas, como falar de maneira gentil e cortês e do mesmo modo servir e agir. Por esse motivo Salomão fala a seu filho adolescente: "Deus despreza os desprezadores e dará graça aos meigos e gentis." Em outro local acrescenta: "Tira de tua boca as palavras torpes e todas as atitudes vis fiquem distantes de ti." Por essas razões, tem-se como necessária essa meiguice.

Nessa idade é necessária também a vergonha que, como o texto diz, a boa e nobre natureza a deixa transparecer nessa idade. Uma vez que a vergonha é sinal evidente de nobreza na adolescência, porque nessa etapa é extremamente necessária para uma boa estrutura em nossa vida, para a qual conduz a nobre natureza, tanto mais deve-se falar dela com diligência. Por vergonha quero referir-me a três paixões que são necessárias para a estrutura de nossa boa vida: uma é o estupor; a outra é o pudor; a terceira é a modéstia, embora o povo em geral não consiga fazer essa distinção.

As três são necessárias nessa idade porque, nessa idade, é necessário ser reverente e desejoso de saber; nessa idade, é necessário ser moderado, para não exceder-se; nessa idade é necessário arrepender-se pelas faltas cometidas para não habituar-se a elas. Todas essas coisas constituem as paixões mencionadas que popularmente são chamadas vergonha. De fato, o estupor é um aturdimento da alma ao ver ou ouvir ou de alguma maneira perceber coisas grandes e maravilhosas porque, ao parecer grandes, torna reverente aquele que as percebe e, ao parecer maravilhosas, torna o homem ansioso por saber a respeito delas. Por essa razão os antigos reis mandavam decorar seus palácios com magníficas obras de ouro e de pedras, além de outras obras de arte, a fim de que todos aqueles que as vissem ficassem estupefatos, mas reverentes e maravilhados com as honrosas condições do rei. Por essa razão o meigo poeta Statius evoca que, no primeiro livro da História de Tebas, quando Adrasto, rei de Argos, viu Polínice coberto com uma pele de leão e Tideu coberto com uma pele de javali, relembrou a resposta que Apolo lhe havia dado a respeito de suas filhas, ficando por isso estupefato e, no entanto, mais reverente e mais desejoso em saber[48].

O pudor é uma retração da alma diante de coisas ruins, provocada pelo medo de cair nelas. Por isso observamos nas virgens e nas mulheres corretas, como também nos adolescentes, que são tão pudicos que uma cor pálida ou avermelhada tinge seu rosto, não somente quando são solicitados ou tentados a praticar atos faltosos, mas também quando uma simples imaginação lhes ocorre de caráter sensual. Por isso o citado poeta no primeiro livro da história de Tebas escreve que, no momento em que Aceste, ama de Argia e de Deifiles, filhas do rei Adrasto, as conduziu diante do do santo pai, na presença dos dois peregrinos, Polínice e Tideu, as virgens ficaram pálidas e avermelhadas e desviaram seus olhos de qualquer outro e fitaram somente o rosto paterno, como se nele se sentissem seguros seus olhos. Oh! Quantas faltas esse pudor refreia! Quantas coisas desonestas e perguntas leva a calar! Quantas cobiças desonestas refreia! Quantas más tentações desvia não somente na pessoa pudica, mas também naquela que não é! Quantas palavras torpes evita! Porque, como diz Cícero no primeiro livro *Dos Deveres*: "Nenhum ato é feio, que não seja feio mencioná-lo." Por isso o homem pudico e nobre nunca profere palavras que não pareçam honestas a uma mulher. Oh! Como fica mal para qualquer nobre que pretende ser homem honrado mencionar coisas que na boca de qualquer mulher não caem bem!

A timidez ou modéstia é um receio de desonra por falta cometida. Desse receio surge um arrependimento da falta, o qual tem em si um amargor que é incentivo para não errar mais. Por esse motivo, o mesmo poeta diz que, naquela mesma passagem, Polínice, ao ser indagado pelo rei Adrasto sobre sua pessoa, ficou em dúvida antes de responder[49], por vergonha da falta cometida contra seu pai e também pelas faltas de seu pai, Édipo, porque parecem permanecer como vergonha para o filho; além disso, não citou o nome de seu pai, mas seus antepassados e a terra de origem da mãe. Por essas razões, fica evidente que a vergonha é necessária nessa idade.

(48) A lenda conta que um oráculo havia predito para Adrasto que suas duas filhas, Argias e Deifiles, teriam tomado por esposo, respectivamente, um leão e um javali.

(49) Polínice havia expulso seu pai Édipo da cidade de Tebas. Édipo tinha desposado a própria mãe Jocasta, depois de ter matado o pai Laio, mas sem saber que os dois eram seus progenitores.

A nobre natureza não mostra somente obediência, meiguice e vergonha nessa idade, mas mostra também beleza e agilidade no corpo, como o texto diz: *E seu corpo enfeita*. Este "enfeita" é verbo e não substantivo; verbo no indicativo do tempo presente na terceira pessoa. Em decorrência disso, cumpre ressaltar que isto também é necessário para nossa boa vida, porque nossa alma tem necessidade de órgãos corporais para realizar grande parte de suas ações e, portanto, haverá de agir bem quando o corpo estiver bem ordenado e disposto em suas partes. Quando estiver bem ordenado e disposto, torna-se belo em seu todo e em cada uma de suas partes, porque a devida disposição de nossos membros produz um prazer de não sei que harmonia admirável e a boa disposição, ou seja, a saúde, esparge sobre aquelas um colorido agradável de contemplar. Dizer, portanto, que a nobre natureza embeleza seu corpo e o torne adequado e esbelto não significa outra coisa senão que o configura numa ordem perfeita e, como as outras coisas que foram expostas, parece que sejam necessárias para a adolescência. Essas coisas a nobre alma, ou seja, a nobre natureza, confere e busca primeiramente essas como coisa que, já foi dito, foi semeada pela divina providência.

Capítulo XXVI

Como esta pequena seção desta primeira parte expôs como podemos reconhecer por sinais evidentes o homem nobre, cumpre prosseguir com a segunda parte que começa assim: *Na juventude, temperada e forte*. Afirma, portanto, que, como a nobre natureza se mostra na adolescência *obediente, meiga e pudica*, e adorna seu corpo, assim também na juventude se revela temperada, forte, amorosa, cortês e leal, cinco coisas que parecem, e são, necessárias para nossa perfeição, enquanto tivermos respeito para conosco mesmos. A respeito disso, procura-se demonstrar que tudo o que a nobre natureza prepara na primeira idade, prepara-o e ordena-o segundo uma disposição da natureza universal que ordena a particular em vista da própria perfeição. Esta nossa perfeição pode ser considerada de duas maneiras. Pode ser considerada segundo diz respeito a nós mesmos; e essa deve ser inerente a nós em nossa juventude, porquanto é o ápice de nossa vida. Pode ser considerada enquanto diz respeito aos outros; uma vez que é necessário antes ser perfeito para depois comunicar a própria perfeição aos outros, convém ter essa perfeição secundária nessa idade, isto é, na idade madura, como mais adiante será descrito.

Deve-se relembrar aqui o que foi exposto no capítulo 22 deste tratado sobre o apetite que em nós subsiste desde o início de nossa vida. Esse apetite não faz outra coisa senão caçar e fugir. Sempre que esse caça aquilo e quanto lhe é necessário e ao mesmo tempo foge daquilo e de quanto lhe é necessário, o homem está a caminho de sua perfeição. Na verdade, esse apetite deve ser cavalgado pela razão porque, como um cavalo sem rédeas, por mais que seja de natureza nobre, por si, sem o bom cavaleiro, não se comporta bem, assim também esse apetite, chamado irascível e concupiscível, por mais nobre que seja, deve obedecer à razão que o guia com freio e esporas, como qualquer bom cavaleiro. Usa o freio quando ele caça, freio que é chamado temperança, a qual mostra o limite até onde se pode caçar; usa as esporas quando foge, para que retorne ao lugar de onde quer fugir, e essas esporas se denominam fortaleza ou magnanimidade, virtude que mostra o lugar onde há que parar e lutar.

Nosso maior poeta, Virgílio, mostra que Eneias estava desse modo sob freio, na parte da *Eneida* em que essa idade é representada. Essa parte compreende os livros quarto, quinto e sexto da *Eneida*. E quanto estava sob freio, pode ser notado quando, após ter recebido de Dido todos os prazeres que serão descritos mais adiante no sétimo tratado[50] e após ter sentido por ela todo o amor possível, teve de partir para percorrer honesto, louvável e frutífero caminho, como é descrito no quarto livro da *Eneida*. Como as esporas foram acionadas, pode ser constatado quando o próprio Eneias, acompanhado somente por Sibila, teve de entrar no inferno para procurar a alma de seu pai Anquises, enfrentando imensos perigos, como é descrito no sexto livro da mencionada história. Por essas razões, revela-se que em nossa juventude é necessário sermos "temperados e fortes" para atingirmos nossa perfeição. E isso faz e demonstra a boa natureza, como o texto o diz de modo expresso.

Para sua perfeição é necessário ainda que essa idade seja amorosa, uma vez que lhe convém olhar para trás e para frente, como algo que está voltado para o sul. Convém amar os pais, dos quais recebeu o ser,

(50) O livro foi interrompido, porém, no término do quarto tratado.

o alimento e a educação, de tal modo que não pareça ingrato; convém amar os mais jovens para que, amando-os, seja magnânimo em benefícios para com eles, a fim de que, em tempos de menor prosperidade, seja por eles sustentado e honrado. Desse amor estava imbuído o citado poeta Eneias, como é mostrado no quinto livro da Eneida, quando deixou os troianos mais velhos na Sicília, sob os cuidados de Aceste, e os livrou das fadigas; e de igual modo quando instruiu nesse local seu filho Ascânio, com os demais jovens, a manejar as armas. Por essas razões revela-se que nessa idade é necessário amar, como o próprio texto diz.

Nessa idade é necessário ainda ser cortês porque, embora seja simpático cultivar a cortesia em qualquer idade, nessa é extremamente necessária. Se a adolescência pode ser facilmente desculpada por mostrar falhas de cortesia, mesmo por causa de sua idade inferior, ao contrário, não pode ser escusada a idade madura, por causa da moderação e da severidade que dela se requer; assim também e com maior razão, com relação à velhice. O excelso poeta Eneias mostra que possuía essa cortesia quando, no sexto livro mencionado, escreve que o rei Eneias, para honrar o corpo do falecido Miseno, que havia sido trombeteiro de Heitor e depois se havia confiado a ele, empenhou-se e tomou do machado para ajudar a cortar a lenha do fogo que haveria de cremar o corpo do falecido, como era costume deles. Por essas razões tem-se como necessária a cortesia para a juventude e a nobre alma, como foi dito, a revela.

A essa idade é necessário ainda ser leal. Lealdade é seguir e realizar o que as leis ordenam e isso convém sobretudo ao jovem, uma vez que o adolescente, como foi dito, merece facilmente perdão por sua minoridade. O ancião, por ter mais experiência, deve ser justo e não um aplicador da lei, a não ser quando seu reto juízo e a lei se conformam perfeitamente, além do que deve guiar-se com justiça e quase sem lei alguma, o que o jovem não consegue fazer. Basta para ele que obedeça à lei e sinta gosto em respeitá-la, como diz o mencionado poeta no citado quinto livro da Eneida, quando Eneias organizou os jogos na Sicília no aniversário do pai, conferindo o que havia prometido pelas vitórias, consignando depois lealmente o prometido a cada vitorioso, como aliás era antigo costume deles, quase uma lei. Por essas razões, torna-se evidente que nessa idade são necessárias lealdade, cortesia, amor, fortaleza e temperança, como reza o texto ora exposto. A alma nobre as revela todas.

Capítulo XXVII

Foi exposto e analisado de modo suficiente a respeito daquela pequena parte que o texto propõe, mostrando as qualidades que a alma nobre empresta à juventude. Por isso, parece que é o caso de prosseguir com a terceira parte que começa assim: *É em sua idade madura*. Nessa, o texto pretende mostrar as coisas que a nobre natureza confere na terceira idade, ou seja, na idade madura. Afirma que a alma nobre na idade madura é *prudente, justa*, magnânima e contente em falar bem dos outros e deles ouvir o que é agradável. Realmente essas quatro virtudes são muito convenientes para essa idade.

Para conferir isso, convém saber que, como diz Cícero no livro *De Senectute*, "Nossa vida tem determinado curso e percurso simples é aquele de nossa boa natureza; a cada idade da vida corresponde o gozo de determinados prazeres." Como é conferido à adolescência, segundo foi exposto anteriormente, aquilo que lhe possibilita alcançar a perfeição e a maturidade, assim à juventude é conferida a perfeição e à idade madura a maturidade para que a doçura de seu fruto seja proveitosa para si próprio e para os outros, porque, como diz Aristóteles, o homem é animal social, uma vez que não se requer dele que seja útil para si próprio somente, mas também para os outros. Por isso se lê que Catão acreditava que tinha nascido para ser útil não a si próprio, mas à pátria e ao mundo inteiro. Tratando-se da própria perfeição, que é conquistada na juventude, convém atingir aquela que ilumine não somente a si próprio, mas também aos outros. Seria conveniente que o homem se abrisse como uma rosa que não pode mais ficar fechada e expandir o perfume que dentro de si gera. Isso convém que ocorra nessa terceira idade.

Cumpre, portanto, ser prudente, isto é, sábio. Para chegar a isso se requer boa memória das coisas passadas, bom conhecimento das presentes e boa visão das futuras. Como diz o filósofo no sexto livro da *Ética*, "é impossível que seja sábio aquele que não é bom", não se deve, portanto, considerar sábio aquele que age com artimanhas e enganos, mas deve ser classificado como astuto, porque, assim como ninguém haveria de considerar sábio aquele levasse a ponta de uma faca na pupila do olho, assim também não deve ser considerado sábio aquele que pratica com frequência o mal, porquanto, ao agir assim, prejudica sempre primeiramente a si mesmo do que os outros.

Observando bem, da prudência provêm os bons conselhos que conduzem a si próprio e aos outros a bom termo nas ações e realizações humanas. Esse é o dom que Salomão, ao ver-se alçado ao posto de governante de seu povo, pediu a Deus, como está escrito no terceiro livro dos Reis. Nem esse mesmo prudente espera que alguém lhe peça "Aconselha-me", mas antecipando-se, aconselha-o sem ter recebido pedido, como a rosa que esparge seu odor não somente para aqueles que se chegam até ela, mas também para todos aqueles que passam por perto. Algum médico ou advogado poderia dizer: "Haveria, portanto, dar meus conselhos e distribuí-los mesmo que não me fosse pedidos, deixando de auferir meus lucros com minha arte?" Respondo como Cristo: "De graça recebestes, de graça dai." Afirmo pois, senhor advogado, que aqueles conselhos que não fazem parte de teu ofício e que procedem unicamente daquele bom senso que Deus te deu (fala-se precisamente de prudência), não os deves vender aos filhos daquele que os deu a ti, mas aqueles que se relacionam com tua arte, que conquistaste, podes vendê-los, não significando com isso que, por vezes, não convenha tirar os dízimos e dar a Deus, isto é, àqueles infelizes que nada mais restou senão o que vem de Deus e de graça.

Também nessa idade convém ser justo, a fim de que os próprios juízos e a própria autoridade sirvam de luz e lei para os outros. Como essa virtude, ou seja, a justiça, era vista pelos filósofos antigos num estágio perfeito nessa idade, confiaram o governo das cidades para aqueles que se encontravam nessa idade e, por esse motivo, o colégio dos reitores foi chamado senado. Oh! Pobre, pobre pátria minha! Quanta compaixão despertas em mim, sempre que leio, sempre que escrevo algo que se relaciona com o governo civil! Uma vez que haverei de tratar da justiça no penúltimo tratado deste volume, por ora é suficiente o pouco que falei dela.

Convém igualmente nessa idade ser magnânimo, uma vez que nessa fase mais se torna necessário o que realmente satisfaz a exigência da própria natureza e a exigência de magnanimidade jamais pode ser satisfeita como nessa idade. Observando bem o procedimento de Aristóteles no quarto livro da *Ética* e aquele de Cícero no livro *Dos Deveres*, a magnanimidade deve manifestar-se em tempo e local, de modo que o magnânimo não prejudique a si próprio e aos outros. Essa não deve ocorrer sem prudência e sem justiça, virtudes que nessa idade é impossível por via natural possuí-las com perfeição. Ai!

Velhacos e tratantes, que deserdais viúvas e órfãos, que roubais aqueles que nada possuem, que tirais e ocupais os postos que pertencem a outros, que com essas coisas preparais banquetes, doais cavalos e armas, tecidos e dinheiro, vestis roupas elegantes, edificais luxuosas mansões e vos acreditais magnânimos! Que é isso senão tirar a toalha do altar e o ladrão cobrir com ela sua mesa? Nem de outra forma deve ser ridicularizada, tiranos, vossa magnanimidade que repete o ladrão que leva para sua casa os convidados e cobre a mesa com a toalha roubada do altar, conservando ainda as figuras eclesiásticas, pensando que eles não notassem. Escutai, obstinados, o que diz Cícero contra vós no livro *Dos Deveres*: "Há muitos, certamente ansiosos por fama e glória, que tiram de uns para dar a outros, acreditando serem considerados bons se os enriquecem de qualquer maneira. Mas isso é tão contrário ao que se deve fazer, que nada mais o é."

Nessa idade é necessário também ser afável, discorrer sobre coisas boas e ouvi-las de boa vontade e então é agradável falar sobre coisas boas, quando houver alguém que escute. Essa idade traz consigo também uma sombra de autoridade, fazendo com que essa idade seja mais ouvida que qualquer outra mais jovem, mesmo porque parece possuir mais belas e melhores informações a transmitir, em vista da longa experiência de vida. Por isso, no livro De Senectute, Cícero diz, pela boca de Catão, o Velho: "Tenho ânsia, vontade e prazer em permanecer em colóquio mais do que costumava fazê-lo."

No sétimo livro das *Metamorfoses*, Ovídio me ensina que essas quatro qualidades são necessárias nessa idade, precisamente naquele relato em que descreve como Céfalo de Atenas veio pedir auxílio a Eaco, na guerra que Atenas sustentou contra Creta. Mostra que o velho Eaco era prudente quando, ao ter perdido quase todo o seu povo por causa de uma pestilência que atingiu o ar, ele sabiamente recorreu a Deus e lhe pediu a restauração do povo extinto. Por seu bom senso que o manteve paciente e o fez voltar-se para Deus, seu povo foi restabelecido mais numeroso que antes. Esse relato mostra que esse homem era justo ao dizer que foi comandante de novo povo, a quem distribuiu sua terra deserta. Mostra que era magnânimo quando disse a Céfalo, após o pedido de auxílio: "Ó Atenas, não me peças auxílio, mas toma-o; não consideres inseguras as forças de que esta ilha dispõe. Esta é a situação real de minhas coisas: forças não nos faltam, ao contrário, temos delas de sobra; o adversário é poderoso e o tempo de doar é propício e sem obstáculos." Oh! Quantas coisas podem ser extraídas dessa resposta! Para bom entendedor, porém, é suficiente o que Ovídio o registra nessa passagem. Mostra que era afável quando fala e retrata com diligência em longo discurso a Céfalo a história de seu povo e seu restabelecimento.

Por essas razões, torna-se evidente que nessa idade são necessárias essas quatro qualidades e a nobre natureza nela as revela, como o expressa o texto. E para que o exemplo citado seja mais memorável, diz que esse rei Eaco foi pai de Telamon, de Peleus e de Foco, e ainda, que de Telamon nasceu Ajax e de Peleus nasceu Aquiles.

Capítulo XXVIII

Depois de analisada esta pequena parte, convém prosseguir com a última que começa assim: *Depois na quarta parte da vida*. Com esta o texto pretende mostrar o que a nobre alma faz na última idade, ou seja, na velhice. Afirma que faz duas coisas: primeiro, que volta a Deus como para aquele porto de onde partiu quando entrou no mar desta vida; segundo, que bendiz o caminho que percorreu, porquanto foi reto e bom e sem sobressaltos de tempestades.

Cumpre relembrar aqui, como diz Cícero no livro *De Senectute*, que a morte natural é para nós como um porto de abrigo depois de longa navegação. Assim é porque, como o bom marinheiro, no momento em que se aproxima do porto, recolhe as velas e suavemente, com velocidade reduzida, entra nesse porto. De igual modo, devemos recolher as velas de nossas ações mundanas e voltar para Deus com toda a nossa disposição e coração aberto, de tal maneira a chegar a esse porto com toda a suavidade e paz. Nossa própria natureza nos confere grande predisposição de suavidade, porque nessa espécie de morte não há dor nem agruras, mas como uma maçã madura se desprende suavemente e sem violência do ramo, assim também nossa alma parte sem dores do corpo em que residia. Por isso, no livro *De Iuventute et Senectute*, diz que "a morte que ocorre na velhice é sem tristeza".

Assim como para aquele que chega de longo caminho, antes de entrar na porta de sua cidade vão ao encontro dele os cidadãos que nela habitam, assim também vão ao encontro da nobre alma, e devem fazê-lo, aqueles cidadãos que já estão na vida eterna. Isso ocorre por suas boas ações e contemplações porque, tendo-se já entregue a Deus e desligando-se das coisas e das preocupações mundanas, lhe parece ver aqueles que acredita estarem junto de Deus. Cícero põe na boca de Catão o Velho estas palavras: "Parece-me ver desde já e preparo-me com grande ansiedade para ver vossos pais, que amei, e não somente aqueles que conheci mas também aqueles de quem ouvi falar."

Nessa idade a nobre alma se entrega a Deus e espera o fim desta vida com grande ânsia e lhe parece deixar a hospedagem e voltar para a própria casa, parece-lhe terminar a caminhada e chegar na cidade, parece-lhe deixar o mar e retornar ao porto. Infelizes e estultos, vós que com as velas içadas correis para esse porto e onde haveríeis de buscar repouso, com o ímpeto do vento abalroais tudo e perdeis, por vossa própria culpa, todo o caminho que percorrestes! Certamente o cavaleiro Lancelot não entrou com as velas içadas, nem nosso nobilíssimo latino, Guido da Montefeltro[51]. Estes nobres recolheram com segurança as velas das realizações mundanas, porque em sua avançada idade se entregaram à fé, renunciando a todos os prazeres e obras mundanas. Ninguém pode invocar como desculpa o vínculo do matrimônio que o prende mesmo na idade avançada, porque não voltam à fé somente aqueles que vestem o hábito e levam vida semelhante a São Bento, Santo Agostinho, São Francisco e São Domingos, mas também se pode voltar à boa e verdadeira religião conservando os vínculos do matrimônio, porque Deus só quer que nosso coração seja religioso. Por isso São Paulo escreve aos romanos: "Não é judeu somente aquele que abertamente o é, nem somente aquela que se constata na carne é circuncisão; mas também aquele que vive oculto é judeu e a circuncisão do coração, no espírito e não na carne, é realmente circuncisão, louvada não pelos homens, mas por Deus."

Nessa idade a alma nobre bendiz os tempos passados e pode muito bem bendizê-los porque, revolvendo sua memória, relembra suas boas obras, sem as quais não poderia chegar ao porto, do qual se aproxima, com tamanha riqueza e com tantos lucros. Faz como o bom mercador que, ao se aproximar de seu porto, examina seus lucros e confessa: "Se não tivesse passado por esse caminho, não teria conse-

(51) Guido da Montefeltro (1220-1298) foi representante do partido gibelino (que apoiava a influência política do imperador da Alemanha na Itália, para reduzir a demasiada influência do Vaticano na península, espécie de busca política do equilíbrio entre o poder civil e o poder religioso), famoso e temido.

guido este tesouro e não teria do que me alegrar em minha cidade, da qual me aproximo." Por isso bendiz o caminho que percorreu.

Que essas duas coisas sejam necessárias nessa idade, demonstra-o o grande poeta Lucano no segundo livro de suas Farsálias, quando relata que Márcia voltou para Catão pedindo e suplicando que a retomasse, mesmo que ora desprovida do antigo viço. Por Márcia entende-se a alma nobre. Podemos aplicar esse relato à vida em si. Márcia foi virgem e, nessa condição relembra a adolescência. Depois casou-se com Catão e, nessa condição, recorda a juventude. Teve filhos que representam as virtudes mencionadas antes e próprias dos jovens. Divorciou-se de Catão e casou-se com Hortênsio, significando que deixou a juventude para entrar na idade madura. Teve filhos também com Hortênsio, representando esses as virtudes mencionadas antes e próprias da idade madura. Hortênsio faleceu, o que pode indicar o fim da idade madura. Viúva – viuvez que relembra a velhice -, Márcia voltou no início de sua viuvez para Catão, o que figura a alma nobre que, no início da velhice, volta para Deus. Qual homem desta terra foi mais digno de ser comparado a Deus do que Catão? Certamente ninguém.

O que é que Márcia diz a Catão? "Enquanto em mim houve sangue", isto é, a juventude, "enquanto em mim houve o vigor maternal", ou seja, a idade madura, que é mãe de elevadas virtudes como foi demonstrado anteriormente, "eu" diz Márcia "segui e cumpri tuas ordens", como a dizer que a alma foi fiel a suas obrigações sociais. Continua: "Tomei dois maridos", significando ter sido fértil em duas idades. "Agora", diz Márcia, "que meu ventre está cansado e que me tornei inadequada para os partos, volto a ti, não devendo mais ser dada a outro marido." Isto significado que a alma nobre, reconhecendo que não possui mais ventre que possa dar fruto, ou seja, sentindo que seus membros atingiram um estado de fraqueza, volta para Deus, aquele que não tem necessidade de membros corporais. Márcia diz, portanto: "Concede-me os pactos do antigo matrimônio, concede-me somente o nome de casamento." É o mesmo que a alma nobre poderia dizer a Deus: "Dá-me, meu Senhor, o repouso em ti; concede-me ao menos que nesta vida que me resta seja chamada tua."

Márcia acrescenta: "Dois motivos me levam a dizer isto. Primeiro, que todos digam de mim, depois de minha morte, que fui mulher de Catão. Segundo, que todos digam de mim que tu não me rejeitaste, mas de bom ânimo me retomaste como esposa." Por esses dois motivos é também impelida a alma nobre, porquanto quer partir desta vida como esposa de Deus e quer mostrar como foi agradável a Deus sua atividade terrena. Infelizes e homens sem caráter, vós que quereis partir desta vida antes como Hortênsio do que como Catão! É agradável terminar com o nome deste aquilo que era necessário expor sobre os sinais de nobreza, uma vez que nele a própria nobreza os revela todos para todas as idades.

Capítulo XXIX

Como o texto mostrou os sinais que distinguem o homem nobre, por meio dos quais se pode reconhecê-lo e sem os quais não se pode, como o sol sem luz e o fogo sem calor, o texto grita, no último trecho que trata de nobreza, para as pessoas: "Vós que me escutais, observai quantos são aqueles que se enganam!" Refere-se àqueles que, por serem de famosas e antigas estirpes e por serem descendentes de antepassados excelentes, acreditam ser nobres, não subsistindo neles qualquer nobreza.

Surgem aqui duas questões que convém responder ao final deste tratado. O senhor Manfredi da Vico[52], ora pretor e prefeito, poderia dizer: "Como cheguei onde estou, invoco a memória e digo que represento meus antepassados que, por sua nobreza, mereceram o encargo da prefeitura, mereceram participar da coroação dos imperados e mereceram receber a rosa do Pastor romano[53]; devo, portanto, receber honras e reverência por parte de todos." Esta é uma das questões. A outra é que aqueles de San Nazzaro de Pavia[54] e aqueles de Piscitelli de Nápoles[55] poderiam dizer: "Se a nobreza é aquilo que foi exposto, isto é, semente divina colocada graciosamente na alma humana, e as descendências ou linhagens não têm alma, como é evidente, nenhuma descendência ou linhagem poderia ser considerada nobre. Ora,

(52) Manfredi da Vico, nobre romano, proprietário de castelos e de grandes extensões de terras na região do Lácio.

(53) A rosa de ouro era uma condecoração especial que o Papa concedia a nobres e governantes antes da Semana Santa.

(54) Família nobre, proprietário de grandes extensões de terras em torno de Pavia, ao sul de Milão.

(55) Certamente família nobre da época, mas da qual não se tem notícias precisas.

isto é, contra a opinião daqueles que afirmam que nossas linhagens são nobilíssimas em suas cidades."

À primeira questão responde Juvenal na oitava *Sátira*, quando começa como que exclamando: "De que valem essas honrarias que remontam aos antigos, se aquele que delas quer cobrir-se vive mal? Se aquele que canta e mostra as grandes e maravilhosas obras de seus antepassados se dedica a vis e míseras obras?" Embora diga o mesmo poeta satírico, "quem haveria de considerar nobre pela boa descendência aquele que dessa descendência não é digno? Isso é a mesma coisa que chamar de gigante um anão". Logo depois, diz ao mesmo: "Entre ti e a estátua erigida em memória de teu antepassado não há diferença alguma, a não ser que a cabeça dela é de mármore e a tua vive." Nisto, digo-o com reverência, discordo do poeta, porque a estátua de mármore, de madeira ou de metal que ficou em memória de homem valente diferencia-se em muito no efeito do mau descendente, porque a estátua sempre transmite a boa opinião naqueles que foram informados sobre a fama daquele que a estátua representa e nos demais incute respeito.

O malfadado filho ou neto faz exatamente o contrário, porque torna duvidosa a opinião daqueles que ouviram falar bem de seus antepassados. A dúvida pode ser expressa desse modo: "Não pode ser verdade tudo o que se diz de seus antepassados, porquanto da semente deles surgiu esse tipo de planta que aí está." Não é honra, mas desonra que deve ser tributada àquele que dá mau testemunho aos bons. Por isso Cícero escreve que "o filho de um valente deve procurar dar bom testemunho do pai". A meu ver, assim como alguém que difama um valente deve ser evitado e ignorado, assim também o mau descendente de bons antepassados deve ser abandonado por todos e o homem bom deve fechar os olhos para não contemplar essa vergonha que denigre a bondade que acabou ficando somente na memória. Para a primeira questão levantada, é quanto basta.

Pode-se responder à segunda questão dizendo que uma linhagem não tem alma própria e, na verdade, costuma-se dizer nobre de certa maneira. Deve-se saber que o todo se compõe de suas partes. Há um todo que possui uma essência simples com suas partes, como num homem há uma essência do todo e de cada uma de suas partes. O que se diz de uma parte, do mesmo modo se diz existir no todo. Há outro todo que não tem essência comum com as partes, como um monte de grãos; mas a sua é uma essência secundária, resultante de muitos grãos, os quais possuem em si verdadeira e primeira essência. Nesse próprio todo subsistem as qualidades das partes, assim como o ser. Por essa razão, costuma-se dizer uma massa branca porque os grãos que a compõem são brancos. Na verdade, essa brancura está somente nos grãos, resultando secundariamente em todo o monte e, desse modo, a massa pode ser dita branca. De igual modo, pode-se designar como nobre uma linhagem ou uma descendência. Deve-se saber que, como para constituir uma massa branca é necessário que prevaleçam os grãos brancos, assim também para tornar nobre uma linhagem é necessário que os homens nobres prevaleçam (digo "prevalecer", superar os outros em número), de modo que a bondade com seus gritos obscure e abafe os contrários que nela estão incluídos. Assim como de uma massa branca de grãos poder-se-ia retirar o trigo grão a grão e grão a grão substituir por sorgo vermelho, mudando finalmente a cor da massa, assim também poderiam morrer, um após outro, os bons de uma nobre linhagem e nela nascer os maus, de tal modo que trocaria de nome e não deveria mais ser chamada nobre mas vil. É o que basta como resposta à segunda questão.

Capítulo XXX

Como foi demonstrado no terceiro capítulo deste tratado, esta canção se divide em três partes principais. Analisadas as duas (a primeira começou no capítulo mencionado e a segunda, no XVI, de modo que a primeira é composta por treze capítulos e a segunda por quatorze, sem o proêmio do tratado da canção que é composto de dois capítulos), neste capítulo XXX e último, convém analisar brevemente a terceira parte que, pelos versos desta canção, foi elaborado como espécie de adorno e começa assim: *Contra-os-errantes minha, tu partirás*. Em primeiro lugar, cumpre saber que todo bom artesão, ao final de se trabalho, deve embelezar e enobrecer sua obra o máximo possível, a fim de que mais célebre e mais precioso dele se afaste. Pretendo fazer aqui a mesma coisa, não como bom artesão, mas como imitador dele.

Contra-os-errantes minha. Este *Contra-os-errantes* é uma palavra só e é o título da própria canção, extraído do exemplo do bom frade Tomás de Aquino que, a um de seus livros, escrito para confundir todos aqueles que menosprezam nossa fé, intitulou-o *Contra os Gentios*. Digo depois que "tu partirás", como se dissesse: "Tu és quase perfeita e não é momento de ficar parada, mas de partir, porquanto teu empreendimento é grande." *E quando estiveres no local em que estiver a senhora nossa*, fala-lhe de tua tarefa.

Cumpre notar que, como diz nosso Senhor, não se deve lançar pérolas aos porcos(56) porque para eles de nada servem e, para as margaridas, é prejuízo. E como diz o poeta Esopo na primeira fábula, é mais vantajoso para o galo um grão do que uma pérola; por isso deixa esta e recolhe aquele. Considerando isso, recomendo com cautela à canção que revele sua função onde estiver essa mulher, isto é, a filosofia. Então essa mulher será extremamente nobre quando se encontrar em seu quarto, ou seja, na alma em que reside. A filosofia não se hospeda somente nos sábios, mas também, como foi provado anteriormente em outro tratado, ela está presente onde quer que se hospede o amor por ela. E a esses aconselho que revelem sua tarefa, porque a eles será útil sua proposição, uma vez acolhida por eles.

E digo a ela: Diga a essa mulher, "*Eu vou falando de vossa amiga*". Trata-se de sua amiga nobreza porque uma ama a outra de modo recíproco, uma vez que nobreza é sempre requerida e a filosofia não volve seu dulcíssimo olhar para outro lado. Oh! Como é belo esse adorno que a ela é conferido no final desta canção, chamando-a amiga daquela cuja própria razão reside no mais secreto da mente divina!

(56) Evangelho de Mateus, 7, 6.

Impressão e Acabamento:
Gráfica Oceano